Couvertures supérieure et inférieure
manquantes

PUBLICATION

de la Société des Sciences historiques et naturelles de l'Yonne.

HISTOIRE

DE

L'AUXERROIS

SON TERRITOIRE, SON DIOCÈSE,

SON COMTÉ, SES BARONNIES, SON BAILLIAGE,

ET SES INSTITUTIONS COUTUMIÈRES ET MUNICIPALES

PAR

A. CHALLE

PARIS
ERNEST THORIN, ÉDITEUR
Libraire du Collége de France, de l'École normale supérieure,
des Écoles françaises d'Athènes et de Rome
7, RUE DE MÉDICIS, 7

1878

INTRODUCTION

Celebrare domestica facta.

Ce conseil, que donnait Horace aux poètes de son temps, est aujourd'hui en grand honneur parmi les hommes qui s'occupent d'études historiques. Avant les annales des pays étrangers, on veut connaitre à fond, non seulement l'histoire générale de son pays, mais aussi celle de sa province, de sa ville natale, du coin de terre où l'on est né et que l'on habite. On veut savoir ses origines, ses vicissitudes, les épreuves qu'il a rencontrées, les efforts qu'il y a opposés, les traverses qu'il a subies, ses périodes de paix et de combats, de calme et d'agitations, de recul et de progrès, et toutes les circonstances, tous les accidents de sa marche vers la civilisation, vers l'ordre et la sécurité, vers une noble et sage liberté. C'est au récit des luttes et des souffrances de leurs pères que les enfants apprennent l'abnégation, le courage et la résignation pour les jours de ces malheurs publics, dont chaque siècle a sa part, dont aucun n'est exempt. La connaissance de toutes ces choses locales est un besoin pour ceux qui aiment leur berceau d'un amour filial. Mais elle n'est pas moins précieuse en France à ceux qui veulent connaitre à fond l'histoire générale de la grande patrie. Car, comme le disait récemment un judicieux et savant écrivain, sous l'apparence de l'unité, l'ancienne France, formée de lambeaux lentement et péniblement arrachés aux dominations féodales et étrangères, ne présentait qu'un assemblage incohérent de provinces séparées entre elles par leurs lois, leurs douanes intérieures, leurs priviléges, la diversité de leurs impôts ; de pays de droit écrit, et de droit coutumier ; de pays d'Etats, et de pays d'Elections ; de villes de communes, de villes de lois, de bonnes villes, de villes seigneuriales ou royales, où la condition des personnes changeait suivant la condition même de ces villes ; de juridictions et d'administrations, toujours en lutte entre elles. Pour reconstituer cette histoire dans toute sa vérité, il faut étudier, case par case, cet immense échiquier royal, ecclésiastique, féodal et municipal, où se rencontrent, sur certains points, des libertés qui dépassent nos libertés modernes, sur d'autres l'asservissement complet au pouvoir absolu, et, à la veille même de la révolution, là servitude mitigée des droits féodaux. L'auteur ci-dessus cité ajoute qu'en mettant en pleine lumière ces dissonnances, les érudits de province rendent un service éminent à la science, par tout ce que leurs livres renferment d'indications nouvelles et de rectifications, au grand profit de l'histoire générale, de celle des faits et des institutions.

Il en est assurément ainsi de notre histoire locale, qui peut montrer, à certaines époques, la puissance de nos évêques supérieure à celle de nos comtes dont ils se disaient les suzerains, ou, selon le langage d'alors, les chiefs-sires, prétention qu'ils produisirent même contre les rois devenus par acquisition les successeurs de nos comtes, et que, chose singulière, ils parvinrent à faire accepter, avec un cérémonial de vassalité, qui en était le symbole assez humiliant. Elle peut aussi, comme compensation, présenter dans la ville d'Auxerre, pendant une longue période, des libertés municipales beaucoup plus étendues que celles dont la France jouit aujourd'hui.

L'histoire de cette ville a déjà été écrite. Mais non celle du pays auxerrois, petite province qui, depuis Appoigny et Seignelay jusqu'à Champlemy et la Charité, et depuis Gien et Cosne jusqu'à Vermenton et Nitry, ne comprenait pas moins de deux cent cinquante lieues carrées, et qui, soumise longtemps à un même régime et à une même domination, se fractionna ensuite en quatre grands fiefs, sans cesser d'appartenir à un même diocèse, et en étant soumis un peu plus tard, et pendant trois siècles, à une même autorité judiciaire.

L'histoire de ses premiers évêques a été consignée par écrit au neuvième siècle, d'après des actes antérieurs et d'anciennes traditions. Depuis cette époque jusqu'à la fin du treizième, après la mort de chacun d'eux, un chanoine, désigné sans doute par le Chapitre, écrivait, sur la vie et les actes de ce prélat, une notice plus ou moins étendue. C'est le recueil de ces biographies, dont le manuscrit original est conservé dans la bibliothèque de la ville d'Auxerre, qui est connu sous le titre de GESTA PONTIFICUM AUTISSIODORENSIUM. Ce travail a été continué jusqu'à la fin du siècle suivant par un écrivain inconnu, que l'évêque Nicolas d'Arcis en avait chargé. Si ces divers écrits ne sont pas toujours d'une impartialité absolue en ce qui concerne les rapports des évêques, soit avec les comtes et barons, soit avec les communautés d'habitants, il est rare de ne pas y trouver certaines réserves par lesquelles l'auteur a mis sa conscience à l'abri, et qui permettent de suppléer à son silence ou à son laconisme. Ils contiennent d'ailleurs une foule de renseignements sur l'histoire féodale et civile de la contrée.

Vers le milieu du dix-septième siècle, Georges Viole, prieur de l'abbaye de Saint-Germain, après des études approfondies sur les chroniques, et des recherches étendues dans les chartriers des divers établissements ecclésiastiques du diocèse, a écrit, dans une œuvre dont nous avons, en outre des manuscrits originaux, trois copies, dont une en deux volumes in-folio, commençant par une chronologie, en dix-sept pages, des principaux événements de la contrée, qui ne se trouve pas dans les deux autres copies, une histoire des comtes d'Auxerre, des barons de Donzy, de Saint-Verain et de Toucy, des évêques et des abbayes, prieurés, chapitres, collégiales et autres établissements ecclésiastiques du diocèse. C'est une œuvre d'un très grand prix, quoique fort écourtée et incomplète en ce qui concerne les comtes et barons, et les établissements qui étaient en dehors du comté, mais on y trouve en grande quantité de curieux détails, des traditions pleines d'intérêt, un savoir sérieux et de consciencieuses appréciations. Par une erreur singulière, deux écrivains, dont je vais bientôt parler, ont attribué à un magistrat de la fin du xviie siècle, appelé Bargedé, comme une œuvre de sa composition, l'exemplaire in-folio de Georges Viole, qui n'est pourtant qu'une copie littérale des deux autres. Bargedé n'a rien fait autre chose qu'un MARTYROLOGE AUXERROIS, recueil d'éphémérides, dans lequel il a, tant bien que mal, enchâssé les événements principaux que Viole avait racontés. Ce qui a pu tromper ces écrivains, c'est que la copie de ce Martyrologe que possède la bibliothèque d'Auxerre est de la même main que celle des deux in-folios de Viole.

Lebeuf a beaucoup profité des précieuses recherches de Viole dans le grand travail qu'il publia, en 1743, sous le nom de Mémoires concernant l'histoire ecclésiastique et civile d'Auxerre. En donnant, M. Quantin et moi, en 1848, une nouvelle édition de ce savant livre, nous en avons étendu le titre en y écrivant : D'AUXERRE ET DE SON DIOCÈSE. L'histoire des évêques forme, en effet, les deux tiers de cet ouvrage, et cette histoire est si approfondie, qu'elle embrasse les rapports des évêques, non-seulement avec les villes du comté, mais avec toutes les parties de leur diocèse. Il n'en est pas de même en ce qui concerne l'histoire civile. Elle se renferme presque uniquement dans les annales de la ville, à l'exception pourtant des donations faites par les comtes et autres grands personnages aux monastères et autres établissements ecclésiastiques de la contrée. De ces libéralités, l'auteur n'en omet aucune, ni rien qui s'y rattache. Cela pouvait alors avoir un grand intérêt pour ces établissements. Il est bien moindre aujourd'hui, si même il n'a pas complétement disparu. Mais elles sont relatées en si grand nombre, et souvent si chargées de détails, que le récit des faits historiques en est obscurci et que la lecture en devient parfois embrouillée et presque fatigante. Sauf cette réserve, on peut dire que sur tout le reste le récit est toujours net et précis. L'auteur y transcrit avec le plus grand soin tous les événements, tous les faits, importants ou non, qu'il a trouvés dans les chroniques et dans les chartes, comptes, registres, mémoires, actes publics ou privés, et autres documents en nombre infini, qu'il a été étudier partout, même dans les études de procureurs. Toutefois, s'il est permis de hasarder quelques observations sur un travail si savant et si consciencieux, mais qui, pas plus qu'aucune autre œuvre humaine, n'est exempt d'imperfection, nous émettrons le regret de voir que l'auteur semble s'être imposé la tâche de s'abstenir de toute critique historique sur les écrits et les faits dont se composent ses récits, et que, dans l'exposé successif des événements quels qu'ils soient, il ne cherche à montrer, ni leur enchaînement, ni leurs causes vraisemblables, ni leurs conséquences nécessaires ou probables. Il se tait sur tout cela et l'abandonne à l'appréciation du lecteur. Cette critique, à laquelle il renonce systématiquement, c'est une des premières lois de l'école historique d'aujourd'hui. Elle veut comme lui, autant, sinon plus encore que lui, que l'on remonte aux sources, que l'on interroge autant que possible les documents contemporains, ou, s'il n'y en a pas, les plus rapprochés par les dates, les chroniques, les correspondances, les chartes, les chartes surtout, mais qu'on n'accepte pas servilement leurs témoignages, qu'on les pèse, en les comparant entre eux et avec les événements généraux de l'histoire contemporaine, en tenant compte des passions, des préjugés, des intérêts de corporation ou de parti, qui souvent ont pu altérer la justice des narrateurs, la couleur des récits et la vérité des faits. Et, pour les chartes, si la plupart sont vraies, il y en a aussi de fausses. Mabillon, qui en a beaucoup signalé, a donné des règles pour les reconnaitre et les exclure.

M. Chardon a eu la pensée de réduire en un récit rapide et suivi, ce que Lebeuf avait chargé et entremêlé de détails devenus aujourd'hui inutiles. Il l'a fait avec un incontestable talent. Son style est correct, sa méthode nette et claire, sa narration ne manque ni de chaleur ni d'entrainement. Mais, sans s'inspirer des principes de l'école moderne, il a négligé de remonter aux sources, aux causes et aux suites, pour en contrôler l'exactitude et le véritable sens. Il s'est abstenu aussi de tout examen critique. Son livre n'est guère qu'un abrégé de Lebeuf, sans y rien contredire, sans y rien ajouter, si ce n'est quelques emprunts au martyrologe de Bargedé, et certaines dissertations peu heureuses, dans lesquelles il a voulu soutenir et réhabiliter des paradoxes historiques, fruits d'une malheureuse infatuation locale, comme l'identification de Gien avec le Genabum des Commentaires de César, et celle de Vellaunodunum avec Auxerre, interprétations que Lebeuf avait d'abord produites, mais qu'il avait eu ensuite le bon sens d'abandonner.

M. Leblanc avait publié, en 1828, des Recherches historiques et statistiques sur Auxerre, ses monuments et ses environs. Avant M. Chardon, il avait soutenu les vieilles erreurs de Lebeuf sur Genabum et Vellaunodunum; c'est du reste un livre bien fait, judicieux, intéressant et d'autant plus estimable, qu'alors le goût et la science de l'archéologie appliquée aux monuments du moyen âge ne faisait que de naître. Si, depuis, plusieurs des appréciations de l'auteur ont été jugées inexactes, c'est à raison des progrès amenés par les observations multipliées et par les études approfondies des hommes spéciaux, sur l'architecture longtemps méprisée et aujourd'hui remise en honneur de cette période historique. Lui et M. Chardon auraient pu aussi être plus complets, si au lieu de s'arrêter au martyrologe de Bargedé, ils avaient puisé plus abondamment dans Viole.

Depuis la publication de ces divers écrits la science s'est enrichie d'un grand nombre de documents nouveaux, chroniques, mémoires, cartulaires et recueils, qui ont singulièrement élargi les horizons de l'histoire nationale, et permis de modifier, rectifier, et compléter bien des récits antérieurs. En premier ordre viennent les grandes et importantes publications de la commission historique du ministère de l'instruction publique.

Pour ce qui concerne notre pays, diverses publications faites chez nous ou près de nous ont apporté à son histoire une somme de révélations, d'éclaircissements, d'indications et de rectifications, suffisante pour étendre et compléter les annales de cette contrée.

Le Cartulaire historique de M. Quantin a mis à notre disposition les textes des chartes intervenues dans toutes les affaires importantes de notre ancien territoire jusqu'à la fin du treizième siècle. Son Inventaire des Archives de l'Yonne complète cette précieuse source de renseignements.

La collection des documents concernant le département de l'Yonne, que, pendant quinze ans d'un travail assidu, a formée M. Léon de Bastard, et que sa famille nous a libéralement abandonnée, est venue ajouter à ce trésor déjà si riche.

L'Inventaire des Archives de la Chambre des Comptes de Dijon, publié par M. Garnier, nous a apporté d'importantes lumières sur une période, jusque-là assez obscure, de nos annales, celle des quatorzième, quinzième et seizième siècles.

Nous en avons trouvé de plus abondantes encore dans l'Inventaire des Titres du Nivernais, fait au milieu du dix-septième siècle par l'abbé de Marolles, et que M. le comte de Soultrait a récemment fait paraître, pour réparer les pertes causées par les incendiaires de 1793, et les dilapidateurs d'une époque plus rapprochée de nous.

Depuis quarante ans que parait régulièrement l'Annuaire historique et statistique de notre Département, et depuis trente ans que s'accumulent les travaux de notre Société des Sciences historiques, leurs volumes nous ont enrichis d'une longue série de documents et de mémoires qui ont mis en lumière beaucoup de faits jusqu'alors inconnus, et rétabli la vérité sur d'autres, restés obscurs ou mal compris.

Enfin, l'intéressant recueil du NIVERNAIS et les savants travaux de Gillet et de plusieurs des doctes membres de la Société nivernaise des sciences et des arts, y ont ajouté de très utiles renseignements sur la partie de notre ancien diocèse, dont les circonscriptions départementales de l'année 1790 nous ont séparés.

Le moment était venu de condenser les résultats de toutes ces informations, de toutes ces rectifications, dans une histoire exacte et complète. C'est ce que nous nous sommes efforcés de faire, en ayant soin de remonter toujours aux sources historiques, en en vérifiant tous les récits, en en contrôlant toutes les indications par une impartiale appréciation. Parmi les sources auxquelles Lebeuf a puisé, il en est une que nous n'avons pu vérifier, mais dont heureusement il a donné dans son ouvrage une analyse, à l'exactitude de laquelle on peut s'en rapporter. Ce sont les actes nombreux qu'il avait retirés des archives de la ville d'Auxerre, pour les étudier à loisir. Après la publication de ses Mémoires historiques, qu'il écrivit en 1743, à Paris, où, sauf quelques courtes apparitions à Auxerre, il resta toujours depuis, il les avait laissés dans sa maison paternelle, qu'il avait aliénée auparavant, mais où il s'était réservé un pied à terre. Ils y étaient encore en 1760, quand il mourut. Par une inconcevable négligence, personne n'en réclama la restitution aux archives. Les titres y restèrent dans une chambre que l'acquéreur et les siens appelèrent longtemps la chambre aux parchemins. Le corps municipal fit venir, peu d'années après, un archiviste de Paris pour mettre en ordre ce qu'il lui restait de titres et de documents. Ni lui, ni personne ne s'occupa de ces vieux actes, et pendant deux ou trois générations l'acquéreur et sa famille employèrent à des usages domestiques ces vénérables et précieux parchemins, dont il ne restait plus rien à la fin du siècle dernier.

Nous avons dû nous en passer pour notre travail. D'ailleurs, ce n'est pas l'histoire de la ville d'Auxerre que nous avons entreprise. Cette ville n'était que la tête d'une petite province qui avait son existence propre, son individualité, ses institutions spéciales, ses intérêts particuliers et multiples. C'est celle du comté originaire et du diocèse tout entier que nous avons écrite, de ce territoire qui a été longtemps soumis à un même régime, à une même domination, et qui, divisé ensuite en plusieurs seigneuries féodales, était toujours resté uni par un lien d'une grande puissance, le même pouvoir ecclésiastique, et l'a été encore depuis le xive siècle jusqu'à 1790 par celui d'une même juridiction.

HISTOIRE DE L'AUXERROIS

PREMIÈRE PARTIE

L'Auxerrois jusqu'à sa première réunion à la Couronne de France.

Le document géographique connu sous le nom de Carte de Peutinger, que, lors de sa découverte, au xvie siècle, on croyait être du temps de l'empereur Théodose, et que, pour cela on appelle d'abord *Table Théodosienne,* mais à qui on paraît accorder aujourd'hui une date beaucoup plus ancienne, et dont, selon les appréciations actuelles (1), le premier fonds remonte jusqu'à Auguste, désigne en gros caractères, sous le nom de *Cambiovicences,* les habitants de l'espace compris entre Auxerre et Nevers. Ce n'est, à la vérité, qu'une carte itinéraire, et les confusions topographiques y sont nombreuses. Néanmoins, des géographes (2), recherchant la signification de ce nom (3), qui

(1) Edition nouvelle de la Carte de Peutinger, par M. Desjardins, p. 71.

(2) Paultre des Ormes (*Annales géographiques* de Malte-Brun, 1809), qui avec d'autres arguments tirés du texte des *Commentaires,* cite des noms de lieux caractéristiques de ce territoire, tels que Bouy le-Tertre, Arz en-Bouy et autres ; Walkenaër (*Géographie de la Gaule*), qui s'appuie principalement sur le texte de Pline, et Vincent (*Mémoire sur l'établissement des Boïes dans la Gaule, 1843*) qui ajoute d'autres noms de lieux à ceux qu'avait cités Paultre des Ormes, notamment la Bouille, près de Saint-Réverien, qui, dans les anciens titres, est appelée la Bouye, les Champs Bouillets, les Prés Buis, etc.

(3) *Cambio* ou *Campio,* en latin et en italien, combattant

n'est écrit nulle autre part parmi ceux des tribus de la Gaule, y ont reconnu les Boii, venus dans la Gaule au nombre de trente deux mille, tant hommes que femmes et enfants, avec la grande invasion des Helvètes, et, qu'après les avoir vaincus, Jules César avait donnés aux Eduens qui les demandaient pour les envoyer en colonie sur leurs frontières (1), parce qu'ils étaient connus comme de bons et courageux soldats. Pline, dans son énumération des nations gauloises (2), place, en effet, les Boii entre les Eduens, les Carnutes et les Sénonais.

Ces deux noms de *Cambiovicences* et de *Boii*, ont fort préoccupé les géographes des deux derniers siècles. Adrien de Valois a cherché sur la carte de France celui qui ressemblait le plus à *Cambiovicences*, et n'a trouvé qu'un petit archiprêtré du diocèse de Limoges, qui s'appelait le pays de *Combrailles*, et dont une petite ville portait le nom de *Chambon*. Mais ce canton, situé dans la montagne, entre Guéret, Aubusson et Boussac, et qui avait à peine vingt-cinq lieues carrées, n'a rien qui puisse se rapporter à ce nom de tribu, écrit en très gros caractères sur la carte de Peutinger. Il y est même en plus gros caractères que ceux des *Cadurci*, des *Treveri*, des *Medioma-*

pour autrui; en allemand *Kampff*, combat, *Kampfer*, bon combattant; en espagnol *Campiador* ou *Campeador*, surnom du Cid, même signification; en français *Champion*, le champion des combats singuliers; *vicem præstare*, s'acquitter d'un devoir. (V. Ducange, qui cite Ulpien, Manilius, la loi des Bavarois, la loi des Lombards, Aimoin, Uspery et beaucoup d'autres).

(1) *Boïos vero, petentibus Œduis, quod egregiâ virtute erant cogniti, ut in finibus suis collocarent*, *concessit*, liv. IV, chap. XXVIII.

(2) *Lugdunensis Gallia habet............ Intùs autem Ædui fœderati, Carnuti fœderati, Boii, Senones, Aulerci, Meldi, Parisii, etc.* liv. IV, chap. XXXII.

trici, et plusieurs autres grandes tribus gauloises. Il ne se rapporte pas davantage à l'étendue du territoire sur lequel ce nom s'étend, et qui comprend à la fois *Ebirno* (Nevers), et *Autissio duro* (Auxerre). Aussi d'Anville, après avoir dit, dans sa *Notice des Gaules*, « qu'il faudrait chercher « les *Cambiovicences* en quelque endroit du Nivernais et « du Morvan, si l'on connaissait qu'il y ait quelque pré- « cision sur les objets de cette espèce dans la Table, » a- t-il ajouté, en parlant de la supposition d'Adrien de Valois : « j'aurais fort désiré de pouvoir étayer cette conjecture « de quelque preuve particulière, ayant à cœur de n'être « pas dans le cas d'omission à l'égard des *Cambiovicences*, « dont le nom, en parcourant la Table, se fait remarquer « plus qu'un autre. »

Quant aux *Boii*, il s'est trouvé au xvie siècle un écrivain du nom de Marlianus, aujourd'hui fort oublié, qui, sans autre appui que de pures conjectures, les a placés entre la Loire et l'Allier, ce qui était en pleine contradiction avec le texte de Pline, qui les met entre les Eduens, les Carnutes et les Sénonais, car, de Moulins où les rejette Marlianus, jusqu'à la limite des Carnutes, qui était au- dessous de Gien, il n'y a pas moins de quarante lieues. Il a été néanmoins copié, sans autre examen par quelques écrivains du même siècle, ce qui a fait dire à Guy Co- quille, l'historien du Nivernais, « que les savants parais- « saient être d'accord sur ce point ». Samson s'y est rangé, et a mis les *Boii* dans l'évêché de Clermont, parce qu'il a confondu la Gergovie (ou *oppidum*) des *Boii*, avec celle des *Arvernes*, que Jules César a assiégée. Adrien de Valois l'a rudement redressé sur cette confusion étrange. Et, quand il chercha la place des *Boii*, tout en citant Guy Coquille qu'il ne voulait pas trop contredire (*haud diffi- culter accesserim*), et après avoir cité le texte de Jules César, portant que, pour secourir les *Boii*, dont la Gergovie était assiégée par Vercingétorix, il alla, venant de Sens et passant au-delà de la Loire, assiéger Bourges *(Avaricum)*, il s'est borné à dire qu'il fallait chercher les *Boii* sur les frontières des Eduens, le plus près possible du Berry. *Equidem in Æduorum finibus quærendos eos esse non procul à Biturigibus contendo.* D'Anville, non plus, n'affirme rien. Il dit seulement que la marche suivie par César pour aller au secours des *Boii* conduit vers la partie du territoire des Eduens, située entre la Loire et l'Allier, tout en ajoutant qu'il ne convient point d'attribuer aux *Boii* une étendue de terrain au-delà de ce que les Eduens pouvaient leur en céder, ce qui implique aussi une réfutation du système de Samson. Il ne serait pas resté sans doute dans des termes aussi vagues, s'il avait remarqué que le texte de Pline est, en cette partie, pleinement confirmé par celui des *Commentaires de César*, qui, dans son septième livre, dit d'abord qu'il avait commencé le siége d'Avaricum, au lieu de s'enfoncer dans les forêts du pays des *Boii*, pour forcer Vercingétorix à lever celui de la Gergovie de cette tribu ; qu'il avait demandé pour cela avec insistance des vivres aux *Boii* et aux Eduens, *de re frumentariâ Boios at æque Æduos adhortari non destitit* ; et que, pour faire échouer ce projet, Vercingetorix avait conseillé aux Gaulois d'incendier et de dévaster tout le territoire Biturige jusqu'au pays des *Boii*, aussi loin que les Romains pourraient s'étendre pour chercher des fourrages et des subsistances, *vicos atque œdificia incendi opportere hoc spatio à Boiâ quoque versus quo pabulandi causâ adire posse videantur*, ce qui montre avec évidence que, de toute la confédération des Eduens, c'était les *Boii* qui étaient le plus à proximité d'Avaricum, proximité qui ne se trouve que dans le pays Auxerrois, depuis Gien jusqu'à Nevers.

Quelle que soit la valeur de cette interprétation, ce qui apparaît comme certain, c'est qu'entre les frontières des Eduens, des Carnutes et des Sénonais, se trouvait un territoire occupé par une autre nation ou tribu. Ce territoire, c'était celui qui, depuis, a été appelé le pays Auxerrois. Si, à l'exception de Pline et de la carte de Peutinger, le nom de ses habitants primitifs n'est cité que dans des documents qui ne remontent pas plus haut que le IIe siècle, il ne faut pas s'en étonner, car César, Strabon et Ptolémée, ne nomment guère qu'une centaine de ces nations. Mais Plutarque (1) affirme que leur nombre était d'environ trois cents ; Flavius Joseph (2) le porte à trois cent cinq, et Appien (3) le fait monter à quatre cents.

Cette tribu n'avait peut-être pas une entière indépendance, car les nations voisines, les Eduens, les Carnutes et les Sénonais, formaient des confédérations, où des tribus clientes se groupaient autour de la tribu dominante. C'est ainsi que, selon d'Anville, les Segusiaves (Forez), les Mandubiens (Alise), les Insubres (Bresse), les Ambarri (Châlon), les Aulerci Brannovices (Mâcon), étaient clients des Eduens. Tout porte à croire qu'il en était de même des *Cambiovicences*, qui, amenés sur ce territoire par les Eduens, étaient naturellement restés aussi leurs clients. C'est l'opinion de Manuce, de Pithou, de Gruter et de Walkenaër. La configuration toute semblable des deux territoires, les rapports qu'elle assurait entre leurs habitants, et que nous verrons se continuer plus tard et pendant un long temps, enfin, l'antagonisme qui, bien des siècles après, ne cessait de se manifester entre

---

(1) *Vie de César.*
(2) *De Bello judaïco.*
(3) *De Bello civili et de Bello gallico*, chap. II.

l'Auxerrois et le Sénonais (1), tout semble indiquer que ces derniers n'étaient pas de même race et n'avaient jamais appartenu à la même nation.

Comme toutes les tribus de la Gaule, celle-ci avait sans doute sa place de refuge fortifiée, son *oppidum*, qui devait être située au sommet de quelque montagne, ou du moins dans des conditions où la nature aidait à la défense, et se trouver au centre de la région. César, dans ses Commentaires, appelle ce pays Boïa et son *oppidum* Gergovia Boïorum. Etait-ce la montagne de Bouy-le-Tertre, où l'on trouve de très vieilles traditions, avec quelques restes d'antiquités gauloises et romaines, et au pied de laquelle on voit, au III° siècle, la ville romaine d'Entrains déjà largement établie ? Etait-ce, comme le prétendent MM. Charleuf et Boniard, Saint-Révérien, où, ces dernières années, on a découvert, sur une étendue de 30 hectares, les substructions d'une ville considérable, avec des débris importants de l'époque romaine ? Etait-ce Entrains, comme le soutient Walkenaër, ou la Guerche, ou Saint-Parize-le-Châtel, comme d'autres l'allèguent ? Nous ne saurions le dire. Il est certain, du reste, que sur ce territoire un nombre si considérable de localités ont conservé la dénomination de Bouy, que M. Roubet (2) croit ne pouvoir l'expliquer que par la grande quantité de buis que l'on y trouve dans les bois, quoique, pourtant, il n'y abonde pas plus que dans toutes les forêts de la zone des terrains secondaires. Mais ce qui paraît avéré, c'est que cet *oppidum* ne pouvait pas être Auxerre, qui était situé à l'une des extrémités du territoire, et qui n'offrait pas des ressources naturelles à la

---

(1) *Gesta Pontificum Autissidorensium.* Vie de l'évêque Robert de Nevers.

(2) Bulletin de la Société nivernaise, 2ᵐᵉ série, t. VIII, p. 92.

défense, si ce n'est sur une colline étroite, qui était loin de pouvoir offrir un asile à tous les guerriers d'une tribu.

Mais, quand le commerce étranger eut pénétré dans le centre de la Gaule par les Phéniciens, qui y échangeaient les marchandises de l'Orient contre les produits des mines qu'elle fournissait en abondance, ou qu'ils allaient chercher jusque dans les îles britanniques, ces hardis navigateurs, ayant remonté le Rhône et la Saône, trouvaient, à une faible distance, pour continuer leur route vers le Nord, la voie fluviale de l'Yonne et de la Seine, et alors dut s'établir, au point supérieur de ces rivières, une population de bateliers, d'auxiliaires et de commerçants, qui fut la première origine d'Auxerre, et cette ville dut, par suite, devenir promptement le principal marché où, de tous les points du territoire de la tribu, l'on apportait les marchandises et les denrées pour l'échange avec l'étranger et pour la consommation de cette population agglomérée.

Deux siècles environ avaient dû s'écouler depuis la création de cet *emporium,* lorsque les Romains envahirent la Gaule, et, pendant cette période, il avait acquis assez de développement pour être devenu la ville principale et comme la capitale commerciale de la tribu.

L'emplacement qu'il occupait alors sur la rive gauche de l'Yonne s'étendait, depuis l'embouchure du ruisseau qui descend de Vallan, jusqu'au pied des collines qui, comme un cirque, encadrent le débouché de cette vallée. Le pont qui existe encore aujourd'hui à l'extrémité sud-est de la ville actuelle, marque le point central de l'espace qu'elle couvrait le long de la rivière, et qui embrassait, avec la partie basse de la ville actuelle, tout ce qui est aujourd'hui le faubourg Saint-Julien. Elle formait ainsi un triangle, dont la base était appuyée sur la rivière, et les deux côtés adossés aux collines environnantes.

Le lieu où cette ville s'était formée s'appelait *Autricum*. Elle en avait pris le nom. Quoiqu'en ait dit Adrien de Valois, les plus anciens documents l'attestent et ils constatent aussi qu'elle l'a conservé pendant plusieurs siècles (1). La haute colline qui la bordait du côté du nord s'appelait le Mont-Autric, comme le porte plus d'un passage du *Gesta Pontificum*, et qu'elle a conservé jusqu'au siècle dernier, sauf l'altération qui, dans ces derniers temps, l'avait fait dégénérer en celui de Mont-Artre. C'est sur ses pentes qui regardent le levant que, selon le vieil usage de la Gaule, s'étendaient les inhumations des habitants, et l'on trouve encore souvent aujourd'hui des débris de ces sépultures, dont une partie est caractéristique de l'époque gauloise, dans toutes les fouilles qui sont pratiquées sur cette colline, jusqu'à la hauteur où elle est coupée par le chemin de grande ceinture.

La ville occupait aussi, dès cette époque, la rive droite de l'Yonne, car, dans la colline de sable qui est au sommet du faubourg Saint-Gervais, situé sur cette rive, on a trouvé récemment, à diverses reprises, des débris de sépultures, parmi lesquels un grand nombre de haches ou ustensiles de silex, des colliers et des bracelets de bronze,

---

(1) Constance, *Vie de saint Germain.—Actes de saint Pèlerin.— Conciles de 573, 583 et 585*, où saint Aunaire signa : *Episcopus Autricæ sedis.—Gesta Pontificum Autissiodorensium.*—Héric *de Miraculis sancti Germani*. Autricum était aussi le nom de la ville de Chartres, comme l'indique Ptolémée. Mais ce nom, qui avait peut-être une signification dans la langue celtique, pouvait être porté par plusieurs villes, de même que ceux de Gergovie et de Bibracte, dont chacun existait pour deux villes différentes, et de Noviodunum, qui l'était pour trois autres.

qui figurent dans les collections du musée d'Auxerre.

Des trouvailles semblables, de l'époque gauloise, ont été faites sur un très grand nombre de points du territoire auxerrois, notamment à Bouy, à Cosne, à Entrains, à Mesve et à Saint-Révérien (1).

Lebeuf, égaré par le nom du ruisseau qui traversait la ville d'Autric, avait cru voir le Vellaunodunum que Jules César, dans sa campagne contre Vercingétorix, en marchant de Sens contre Genabum, assiégea et prit en deux jours. Cette opinion était insoutenable, puisque notre ville ne se trouve, ni sur la route de Sens à Gien, qui a prétendu longtemps être le Genabum des Commentaires, ni sur celle de Sens à Orléans, qui, aujourd'hui et surtout depuis la découverte de l'inscription du Curateur des Génabiens, qu'on y a trouvée (2), est universellement reconnue pour être cette ville de Genabum. Aussi, il fut réfuté d'une manière décisive par d'Anville, dans ses *Eclaircissements géographiques*, et il finit par se rétracter dans ses *Mémoires sur l'histoire d'Auxerre*. M. Leblanc a pourtant reproduit ses assertions dans ses *Recherches historiques* publiées en 1828. M. Chardon, dans son *Histoire d'Auxerre*, qui a paru en 1836, avait prétendu l'appuyer sur des preuves solides, mais il fallait, pour cela, supposer que le texte de César avait été altéré par les copistes, et lui en substituer un autre qui aurait dit tout le contraire. Cette idée singulière, qui ne supporte pas un examen sérieux, est aujourd'hui complétement abandonnée (3).

(1) *Le Nivernais*, album historique et pittoresque.
(2) Une inscription trouvée récemment à Orléans, *Mémoire lu à l'Académie des Inscriptions par M. Léon Renier, 1865.*
(3) V. notre dissertation sur les *Origines historiques attribuées à Auxerre*, dans le t. VII du *Bulletin de la Société des Sciences de l'Yonne*.

Des preuves incontestables n'en établissent pas moins qu'Auxerre a été occupé par les Romains dès la première époque de la conquête. Le musée de la ville contient un de ces lingots en bronze, aplatis, de forme circulaire, et sans empreinte, qui furent la première monnaie de Rome, que l'on désignait sous le nom d'*œs rude*, et dont l'usage a cessé lors de la réforme monétaire de l'empereur Auguste, qui, le premier, fit frapper des pièces à empreintes de ce métal. Cette pièce de monnaie primitive a été trouvée, en 1869, à deux mètres de profondeur, dans le déblaiement de la cour de la mairie. On en peut conclure, qu'au plus tard pendant le temps d'Auguste, il y a eu sur ce point élevé un établissement romain. Mais de plus, une inscription, qui a subsisté jusqu'au siècle dernier sur une pierre employée dans la construction de la tour dite d'Orbandel, portait les noms d'*Aulus Hirtius et Caïus Vibius Pansa*, les deux consuls de l'an 47 avant Jésus-Christ, trois ans avant la mort de Jules César. Les caractères de la pierre étaient retournés, ce qui prouvait que, lors de la construction de la tour, on avait emprunté cette pierre à un monument d'une époque antérieure. On sait que c'est par les noms des consuls en exercice que sous la république, les Romains formulaient leurs dates. Il y avait donc eu à Auxerre, du temps de César, un édifice ou autre monument public construit par les Romains et marqué de leur empreinte.

Dès le règne d'Auguste, on frappait des monnaies dans cette ville. Lors d'une fouille faite en 1799, dans l'ancien enclos de l'abbaye Saint-Julien, on trouva, à un mètre de profondeur, un fourneau où étaient encore de la cendre et du charbon. Sur l'âtre de ce fourneau étaient six coins en bronze, de forme conique, dont trois présentaient la figure de Tibère, laurée et tournée à droite, avec cette inscription :

TI. COESAR DIV. AUG. F. AUGUSTUS.

Tiberius Cæsar divi Augusti filius Augustus.

Les trois autres coins portaient, pour revers de cette médaille, une femme assise et tournée à droite, la main appuyée sur une haste, et tenant un rameau de la main gauche. On lisait autour :

PONTIF. MAX.

Agrippa, gendre d'Auguste, qui était préposé au gouvernement de la Gaule, y fit construire une grande voie qui a gardé son nom. Elle conduisait de Lyon, par Troyes et Reims à Boulogne-sur-Mer. A raison de l'importance que la navigation fluviale donnait à Auxerre, il prolongea le tracé de cette route, en la faisant passer par cette ville d'où, par un détour, elle se dirigeait sur Troyes.

Parmi les autres et nombreuses inscriptions trouvées à Auxerre et qu'à citées Lebeuf, il en est une qui prouve le culte que, même sous la domination romaine, le pays auxerrois rendait à la divinité de la rivière d'Yonne. Elle porte :

AUG. SACR. DEE
ICAUNI
T. TETRICIUS. AFRICAN.
D. S. D. D.

Un curieux chapiteau, trouvé en même temps et au même lieu que les coins de monnaie dont il a été ci-dessus question, et qui est conservé dans le musée de la ville, semble établir que ce culte et celui des autres divinités honorées dans la vieille Gaule s'associaient alors dans le pays, à celui des Dieux de l'empire, représentés sous les mêmes attributs que ceux des Gaulois. Il contient, à ses quatre faces, les effigies de Bel ou Apollon, d'Hésus ou Mars, de Teutatès ou Mercure, et d'une femme tenant en ses mains des guirlandes de cette plante aquatique que l'on appelle sagittaire, parce que ses feuilles sont en forme de flèches. Cette dernière figure peut représenter la déesse Yonne, en même temps qu'une des déesses du culte romain.

Apollon eut bientôt un temple à Auxerre. On a trouvé en 1825, dans les fondations de ce temple, au sommet de l'emplacement de la ville gauloise, deux patères en argent, qui lui avaient été offertes par les représentants ou les administrateurs du second pagus de la cité. Elles portent dans une inscription au pointillé :

DEO APOLLINI R. PAGI II
M. AUTISSIODURI

Il faut lire, selon M. Léon Renier :

*Deo Apollini respublica secundi pagi
municipii Autissiodorensis.*

Le territoire de la cité ou tribu auxerroise était donc divisé alors en deux *pagi* ou cantons. Son nom nouveau était manifestement emprunté à la ville d'*Autricum*, dont la navigation fluviale avait fait le chef-lieu de la tribu, et qui s'était allongé du mot *durum*, lequel exprimait, comme pour un grand nombre d'autres villes gauloises, soit, comme le pensent certains étymologistes, sa situation sur une rivière, soit, comme le dit M. Darbois de Jubainville, d'après la *Grammatica celtica* (1), sa condition de forteresse. Aussi, la carte de Peutinger, qui contient ce nom, l'écrit en deux mots : *Autessio duro, Autessium-la-rivière ou la forteresse.* Autessium ou Autessio n'est manifeste-

(1) *Revue de Champagne et de Brie*, t. III, p. 16.

ment que la corruption d'Autricum, et Autessioduro que celle d'Autriciduro.

Cette inscription de la patère parait être du IIe siècle.

Mais le titre de *municipium*, qui, dans l'origine, avait été réservé aux villes investies d'un privilége spécial, était devenu générique depuis qu'en 212 l'empereur Caracalla avait accordé le droit de cité à toutes les provinces de l'empire. Le nom d'Autissiodorum est écrit aussi dans une inscription itinéraire du musée d'Autun, où il est question de la voie qui conduisait de cette ville à Auxerre, par Entrains et Ouanne, *Interanum* et *Odouna*. La manière d'écrire ce nom a, au reste, beaucoup varié dans les premiers siècles. On trouve dans l'Itinéraire d'Antonin, *Autesiodurum;* qui se rapproche plus d'*Autriciduram*; dans Ammien Marcellin, *Autosidurum*; dans d'autres écrits et dans des monnaies, *Otissiodorum*; *Otosiodorum*, *Autissioderum*, *Autissiodrum*, ce qui mène à Autcedre, Aucedre, Auceure, primitive orthographe du nom de la ville dans les premiers écrits de la langue romane.

Une autre et très précieuse inscription, citée par Manuce, Pithou, Gruter et Lebeuf, et qui est d'une époque où les confédérations des Eduens et des Sénonais étaient encore réunies sous un même commandement, confirme pleinement l'opinion que le pays auxerrois faisait partie, non du Sénonais, mais de la confédération éduenne. Cette inscription était celle du monument funéraire élevé dans Auxerre à un lieutenant ou adjuteur des procurateurs de ces contrées, qui résidait et mourut dans cette ville, lieu central de sa vaste administration. Elle nomme, comme dépendant d'une même cité, toutes les tribus ou nations de la cité ou confédération sénonaise, c'est-à-dire Troyes, Meaux et Paris, et l'on n'y trouve pas le nom de la tribu ou nation auxerroise ou cambiovicensienne, qui, par conséquent, n'appartenait pas à cette confédération. Quant à la confédération éduenne, l'inscription se borne à la dénommer, sans énumérer ses diverses nations ou tribus, dont, tout d'abord, faisait nécessairement partie celle chez laquelle il résidait. En voici le texte :

> MEMORIÆ. AURELI.
> DEMETRI. ADJUTORI
> PROCC. CIVITATIS. SENONUM.
> TRICASSINORUM. MELDO
> RUM. PARISIORUM. ET. CI
> VITATIS. ŒDUORUM. INGE
> NUINIA. AURELIA. CONJUGI.
> CARISSIMO. ET AURELIA. DE
> METRIANE. ET AURELIUS.
> DEMETRIUS. FILI. PATRI.
> CARISSIMO FACIUNDUM.
> CURAVERUNT.

L'occupation romaine a, d'ailleurs, laissé beaucoup de traces, de débris et d'inscriptions sur d'autres points du territoire auxerrois. On en a trouvé notamment à Mesves, désignée dans la carte de Peutinger sous le nom de Massava, et où deux inscriptions portant le nom de *Masava*, ont été découvertes; l'une d'elles, en 1865 ; c'est un *ex voto* à la divinité topique Clusoda (1); à Cosne, ville inscrite sous le nom de Condate ou de Condida dans les documents, à Briare, à Gien, et surtout à Saint-Révérien et à Entrains (2). A Saint-Révérien, on a exhumé, il y a trente ans, toute une vaste ville romaine, et à Entrains on a trouvé, à diverses époques, et on trouve

---

(1) Nouvelles études sur l'inscription romaine trouvée à Mesve, par M. Boucher de Molandon, Orléans, 1838.

(2) *Album du Nivernais.*

encore fréquemment des cippes funéraires, des statuettes, des pavés de marbre, des mosaïques, des poteries, des fragments d'hypocaustes, des bijoux, des armes diverses, des bronzes et médailles grecs et romains, des fragments d'inscriptions, un cachet d'oculiste très curieux, et enfin la plaque d'un *ex-voto* au dieu topique des eaux thermales ou minérales Borvon, offert par les *ærarii* et portant l'inscription suivante :

> AUG. SACRO. DEO.
> BORVONI. ET. CANDI
> DO. ÆRARII. SUB. CU
> RA. LEONI. ET MAR
> CIANI. EX VOTO. R.
> ÆRARII DONA.

On connaissait déjà, par le mémoire ci-dessus cité de M. Léon Renier, le surnom de Borvon, donné à Apollon dans une inscription trouvée à Bourbonne-les-Bains, *Deo Apolloni Borvoni et Damonæ* (1).

Entrains (*Interamnes* ou *Interanum*), ville construite sur une île au milieu d'un lac naturel ou artificiel, dont le dessèchement n'a été terminé qu'au commencement du siècle actuel, et qui, comme son nom l'indique (2), formait, et peut-être depuis des temps très reculés, une cité lacustre, était donc alors un centre important et un sanctuaire païen de grande notoriété. Ce fait bien constant

---

(1) Il se trouve encore, avec la variante de *Bormo*, à Die, à Aix-en-Diois, à Aix-les-Bains, à Bourbon-Lancy et autres stations thermales.

(2) *Interamnes* ou *Interanum* sont le même nom. Le premier est tout latin. Le second est composé du latin par *inter*, et du mot vulgaire *an* ou *on* (eau), qui se retrouvait alors dans presque tous les noms de rivières, ruisseaux et sources de la contrée et de tout le centre de la Gaule, *Sequana, Madrona, Icauna, Lodanus, Odona, Sedanus, Nodanus*, la Seine, la Marne, l'Yonne, le Loing, l'Ouanne, le Serein, le Nouain, etc.

confirme la légende de saint Pèlerin, qui tient une grande place dans les origines du pays Auxerrois, et dont les récits sont le plus ancien événement que nous ait conservé l'histoire de cette contrée.

Nous n'avons de la vie de ce saint personnage que des manuscrits du xe siècle et des trois siècles suivants, mais qui ne sont évidemment que des copies d'une biographie beaucoup plus ancienne, car elle est citée dès le ixe siècle sous le titre de *Passion de saint Pélerin,* par les chanoines Alagus et Rainagola, qui, dans leur *Gesta Pontificum,* déclarent avoir pris leur récit dans son texte. Selon ces documents, *Peregrinus* (saint Pélerin) était un patricien d'une illustre famille romaine, qui avait embrassé le christianisme. Vers l'année 250, le pape Sixte II, ayant appris que les édits de persécution avaient fort diminué dans la Gaule le nombre des chrétiens, l'ordonna évêque, et l'envoya dans cette contrée pour ranimer, par sa parole éloquente, la foi des fidèles, et conquérir de nouveaux prosélytes. Le zélé missionnaire, après un court séjour à Lyon, où de graves dangers l'avaient menacé, était, avec les compagnons de son apostolat, arrivé à Auxerre *(Autricum),* qui n'était pas encore, comme il le fut plus tard, fortifié par des murailles d'enceinte, et y avait prêché publiquement avec un tel succès, qu'une très grande foule de peuple lui avait demandé le baptême, et qu'il put construire une petite église pour y donner les sacrements. Cependant, le paganisme continuait à régner au dehors et particulièrement à Entrains, ville située au centre du pays Auxerrois, où se trouvait un temple somptueux consacré à Jupiter et desservi par un pontife du nom d'Aulercus. C'était l'usage de la contrée, qu'une immense foule de peuple se rendît, à certains jours, aux fêtes de

Decetia — Decise
Ebirno — Nevers
Massava — Mesves
Brivoduro — Briare
Aquis-Segeste, probablement Sceaux, Eaux minérales ou Source thermale, aujourd'ui refroidie.
Agetincum — Sens
Bandritum — Bassou ou localité voisine
Autessio — Auxerre
Aballo — Avallon
Aquis-Bisiney — Entrains, selon Paultre des Ormes, dont la conjecture a acquis un grand degré de vraisemblance par la trouvaille récente d'un ex-voto à Apollo Borvo et Candido, (Borvo ou Bormo) divinité topique des eaux thermales et minérales, dont le nom a été trouvé à Bourbonne, à Aix, à Bourbon l'Archambault, à Néris, à Bourbon-Lancy et autres lieux d'eaux minérales.
Au lieu du nom Boxum il faut probablement lire Borvum.

CALQUE PRIS SUR LA CARTE DE PEUTINGER, p. 17

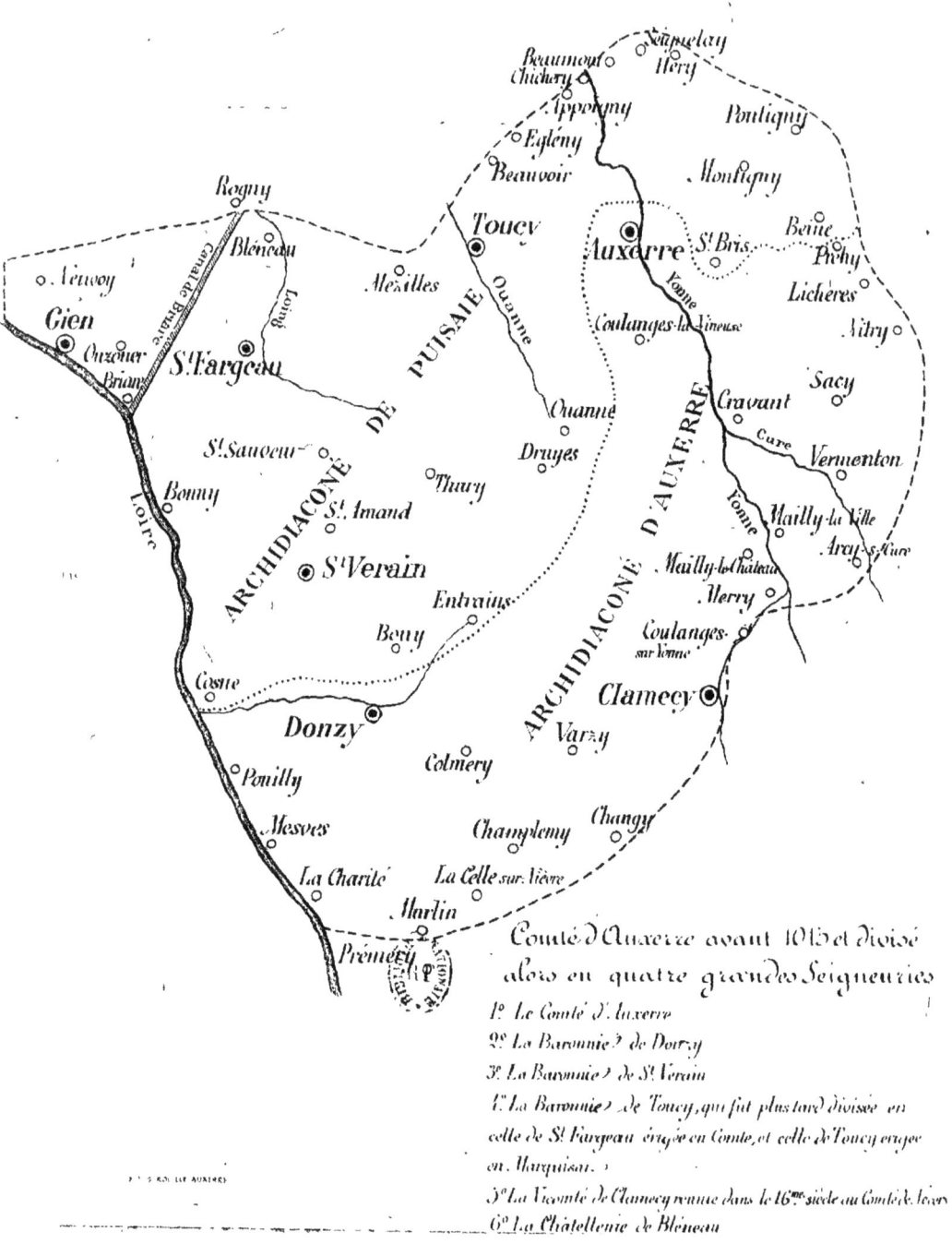

ce culte idolâtre. Peregrinus, pour le combattre sur son propre théâtre, s'était résolu à venir y prêcher publiquement la doctrine de Jésus-Christ. Mais sa parole courageuse suscita une violente émeute. La multitude se porta devant le magistrat pour dénoncer ce vieillard, dont les cheveux courts, au milieu de cette population chevelue, le désignaient comme étranger (1), et qui venait, disait-on, débiter des mensonges au peuple et lui apporter des dogmes nouveaux. Le magistrat, après avoir interrogé l'accusé, qui proclama hautement sa foi et son Dieu, le fit enchaîner et conduire à Bouy, bourg situé sur une haute montagne, à sept kilomètres d'Entrains, où se trouvaient, selon le récit du biographe, des cachots pour retenir les prisonniers et des soldats pour les garder, ce qui semble indiquer qu'il était alors encore une place de refuge et de défense, avec un poste de garnison. Peregrinus, quoique enfermé dans cette prison, continuait à y affirmer, devant les soldats qui le gardaient, la foi de Jésus-Christ, et le peuple, ému par son courage et son éloquence, accourait pour l'entendre. Quelque temps après, l'empereur, selon les uns, d'autres disent *le Prœses* ou juge de la province, se trouvant à Entrains, et à qui l'on avait rendu compte de ce qui s'était passé, fit comparaître devant lui le courageux évêque, et tenta, par ses promesses et ses menaces, de le faire rétracter. Mais n'ayant pu vaincre ses refus, ni étouffer ses énergiques protestations, il le livra à la fureur des soldats, qui le chargèrent de coups et finirent par lui trancher la tête. Le chroniqueur du *Gesta Pontificum* dit que cet événement

(1) *Superveniens nunc quidem tonso capite et jam senio provectus.* (Actes de saint Pèlerin).

se passa sous les empereurs Gallien et Valérien, l'année du consulat d'Emilianus et de Bassus, c'est-à-dire en 259.

Peu d'années après, le pays auxerrois fut le théâtre d'un autre et très nombreux massacre, le martyre de saint Prix et de ses compagnons, qui paraît avoir été exécuté dans des circonstances pleines d'émotions, avec des proportions formidables et pour des causes à la fois politiques et religieuses. Cet événement est raconté, d'après d'anciennes traditions, par la précieuse chronique du *Gesta Pontificum*, qui le place avant le martyre de saint Pèlerin. Mais c'est manifestement une erreur chronologique, car il eut lieu, selon ce récit, sous l'empereur Aurélien, qui régna de l'an 269 à 275. L'histoire du centre et du nord de la Gaule, pendant ces temps si troublés, n'a été écrite par aucun annaliste de cette contrée. Elle n'est qu'à peine indiquée dans de courts et rapides fragments des récits, déjà si laconiques et si obscurs, des rares historiens de l'Empire. Il faut, pour l'éclairer, recourir aux traditions recueillies dans les siècles suivants par des moines ou des prêtres, qui les ont relatées dans les récits de la vie de leurs martyrs ou de la fondation de leurs couvents. Voici ce qui résulte d'une étude d'ensemble de ces divers documents.

Mal défendues par le pouvoir impérial contre les incursions des barbares d'outre-Rhin, et écrasées par d'énormes impôts et par les impitoyables exactions des agents du fisc et les sentences de confiscation qui les laissaient sans ressources et sans moyens d'existence, les campagnes de la Gaule s'étaient soulevées, avaient chassé leurs oppresseurs et assuré pendant quelques années l'indépendance de leur pays. La chaleur que le prêtre Salvien met dans son livre *De gubernatione Dei*, écrit au siècle suivant, longtemps après l'écrasement de ces révoltes, à les excuser, à stygmatiser les excès et les abus du gouvernement impérial, à justifier les tristes extrémités auxquelles les iniquités du pouvoir avaient poussé ces insurgés, que l'on désignait sous le nom de *Bagaudes*, montre assez qu'ils avaient la sympathie et parfois la coopération des chrétiens, que l'intolérance des empereurs et leurs atroces édits de persécution ne pouvaient pas disposer favorablement pour l'Empire, et donne déjà beaucoup de vraisemblance aux traditions des siècles suivants sur la part que pouvait avoir la religion dans ces soulèvements si justifiés.

« C'est des Bagaudes que je veux parler, dit ce coura-
« geux écrivain. Ces rebelles n'ont abjuré la qualité de
« Romains qu'après avoir été privés des droits de leur
« liberté par les magistrats qui les dépouillent et les
« égorgent. Nous sied-il après cela de leur reprocher leur
« malheur et leur état présent? Devons-nous traiter de
« gens sans foi, de rebelles, ceux que nous avons con-
« traints à se révolter? Qui les a faits Bagaudes, si ce
« n'est l'iniquité, l'improbité, les proscriptions et les
« rapines des juges? »

Cette révolte, qui avait trouvé un appui dans les soldats, était devenue bientôt une insurrection générale, et, de 258 à 270, l'indépendance gauloise se maintint sous des chefs militaires qui prenaient le titre d'empereurs des Gaules. La ville d'Autun, restée seule soumise aux Romains, fut prise et saccagée, en 268, après un siége de sept mois. Mais la rivalité des chefs et l'indiscipline des troupes perdirent cette grande entreprise, et, après une campagne sanglante, l'empereur Aurélien vint à bout de ces insurgés, dans lesquels sa haine pouvait confondre les chrétiens avec les Bagaudes. Ce qui survint après sa mort, dans la suite de ces mêmes révoltes, peut donner la signification de ce qui s'était passé de son vivant. La révolte des Bagaudes se ralluma dix ans après lui avec une grande violence, et elle trouva deux chefs, Œlianus et Amandus, qui, sans prendre le titre d'empereurs, exercèrent assez longtemps un pouvoir illimité (1). Ils firent frapper à leur nom des monnaies que l'on trouve dans les collections (2). L'empereur Dioclétien, pour les réduire, mit à la tête d'une puissante armée Maximien Hercule, qu'il nomma César. Après une campagne meurtrière, l'insurrection fut repoussée, vaincue et enfin écrasée dans un camp retranché, où ses derniers efforts s'étaient concentrés, et dont l'enceinte resta longtemps apparente et reçut le nom de Saint-Maur-les-Fossés. Or, Œlianus et Amandus étaient chrétiens, et ne s'étaient soulevés que contre les sacrifices contraires à leur foi, qu'exigeaient les édits impériaux. C'est ce que raconte, au viie siècle, la Vie des fondateurs du monastère qui s'établit sur cette enceinte, et qu'a recueillie André Duchesne dans le premier volume de son Recueil (3).

(1) *Paul Oroze*, liv. VII. — *Eutrope*, liv. IX. — *Sextus Aurelius Victor*, en l'année 285.

(2) *Goltzius, in Thesauro R. A.*, p. 17 à 121, *Gibbon*, éd. du Panthéon, p. 216.

(3) *Ideo videlicet quia Amandus et Œlianus Christianæ cultoris fidei nolebant romanis principibus sacrilegis subdi.*—(*Vita sancti Baboleni*, t. Ier, p. 662).

Le même écrit, parlant du massacre des vaincus du camp de Saint Maur, ajoute :

Habitatores quoque castri, quia erant ut prælibati sumus, christiani, spernantes pro Dei amore curam corporum, ad regna cœlestia transisse credendi sunt per martyrium.

Au reste, Maximien Hercule avait débuté dans sa campagne par le massacre de la légion Thébaine, parce que, selon le texte des Actes de saint Maurice, écrits au vᵉ siècle par l'évêque Euchérius, elle avait refusé de jurer, sur les autels des empereurs, qu'elle combattrait avec la même ardeur les Bagaudes et les chrétiens comme ennemis des dieux, et saint Maurice, primicier de cette légion, avait répondu aux injonctions impériales : « Ces mains sau-
« ront combattre les impies et les ennemis, mais non
« égorger les pieux et les citoyens. Nous nous souvenons
« que nous sommes armés pour les citoyens plutôt que
« contre les citoyens. Nous déclarons que nous sommes
« chrétiens, nous ne pouvons donc poursuivre les chré-
« tiens (1). »

Or voici ce que raconte, sur l'expédition d'Aurélien dans la Gaule et le martyre de saint Prix et ses compagnons, qui en fut un des plus sanglants épisodes, le livre des *Gestes des Évêques d'Auxerre*, dont nous nous bornons à traduire le texte : « L'empereur Aurélien était animé
« d'une telle rage de persécution contre les chrétiens,
« qu'après avoir condamné à Rome beaucoup d'entre
« eux à une cruelle mort, il vint dans les Gaules pour
« détruire le nom du christianisme. Ses satellites parcou-
« rurent, par ses ordres, les villes, les châteaux et les
« retraites des forêts pour y poursuivre les chrétiens. Un
« certain nombre d'entre eux, de diverses cités, ayant
« quitté leurs demeures, s'étaient rendus dans le pays

---

(1) « *Dexteræ istæ pugnare adversus impios atque inimicos scient, laniare pios et cives nescient, meminimus nos pro civibus potiùs quam adversùs cives arma sumpsisse. Christianos nos esse fatemur, persequi christianos non possumus.* » — (*Acta sancti Mauricii*, Recueil des Bollandistes).

« auxerrois, parce que, à cette époque, il était en très
« grande partie couvert d'épaisses forêts. L'officier en-
« voyé à leur poursuite par l'empereur, étant arrivé au
« lieu appelé *Cociacus* (aujourd'hui Saints-en-Puysaie),
« trouva Priscus, personnage chrétien et d'une noblesse
« très illustre, qui était en ce lieu à la tête de nombreuses
« cohortes, venues comme lui de la cité de Besançon.
« L'officier faisant, dans une course effrénée, irruption
« sur ces bataillons, dit : Quelle sédition vous a réunis en
« ce lieu en si grand nombre, ou de quelle religion êtes-
« vous? A quoi la très sainte multitude répondit : Ce n'est
« pas la sédition, c'est notre religion vénérée qui nous a
« amenés ici, étant réunis pour prier celui qui nous a
« rachetés de son sang. Sur quoi, voyant en eux d'iné-
« branlables athlètes dans la foi du Christ, il les fit tous
« massacrer par le glaive. »

Il est facile de voir, en comparant ce récit à ceux de l'histoire générale, que l'empereur Aurélien, venu en 271, à la tête d'une armée considérable, pour combattre cette longue et triomphante insurrection à laquelle avait une grande part le sentiment des chrétiens profondément ulcérés et poussés à bout par la cruauté des persécutions contre leur religion, ayant assiégé et pris la ville de Lyon, et, par la trahison de Tétricus, le dernier chef des insurgés, vaincu la révolte dans une bataille rangée, en faisait poursuivre les débris dans leurs retraites et faisait partout traiter les chrétiens comme des révoltés. Priscus, ce noble patricien de la cité bizontine, était un adhérent zélé du christianisme, et il avait manifestement pris part à la guerre, puisqu'il conduisait, loin de son pays, ses bataillons dans un pays dont les forêts paraissaient lui offrir un refuge, et que c'est à l'entrée du territoire qui, encore aujourd'hui, est couvert de bois, qu'il fut atteint par les troupes qui le poursuivaient. Il pouvait, sans doute, en mettant bas les armes et en abjurant sa religion, obtenir le pardon et l'amnistie. Il s'y refusa, et avec ses compagnons mourut martyr, mais martyr à la fois de l'indépendance gauloise et de la foi chrétienne, et ce n'est pas diminuer l'éclat de sa mémoire, que de la couronner de la double auréole du patriotisme et de la sainteté.

Quoiqu'il en soit, la tradition de ces faits est encore aujourd'hui très vivace dans la région qui les a vus. Les noms de saint Pèlerin et de saint Prix sont, après seize siècles, encore populaires dans la Puisaie et la banlieue d'Entrains. On désigne sous le nom de la Malerue le lieu du massacre de saint Prix et de ses compagnons, et à Bouy une chapelle subsiste encore qui, selon la tradition, a été élevée sur les ruines du cachot souterrain où saint Pélerin fut renfermé, et l'on montre la place où il fut décapité. Dans chacune de ces deux localités, on raconte que ceux qui insultèrent ces saints en leur jetant de la boue furent condamnés à en conserver toute leur vie l'empreinte et à la transmettre à leur postérité. Il y a dans quelques familles de cette contrée une sorte de difformité héréditaire qui consiste dans une grande rugosité et une teinte foncée de la peau qui recouvre la paume de la main. Cela s'appelle *la patte*, et ceux qui en sont atteints sont, par le préjugé populaire, réputés les descendants des insulteurs de nos deux martyrs.

De ces récits légendaires, que nous retenons pour l'histoire générale du pays auxerrois, nous constatons en outre les faits suivants : que ce pays était alors en grande partie couvert d'épaisses forêts; qu'il s'y trouvait alors deux villes puissantes, Auxerre et Entrains; qu'Auxerre était primitivement appelé Autricum, et n'était point encore fermée de murs d'enceinte.

A l'époque de la conquête romaine, la Gaule était divisée en trois parties, savoir : la Belgique, la Celtique et l'Aquitaine, indépendamment de la province déjà romaine, qui était riveraine de la Méditerranée. Selon Suétone, César n'apporta aucun changement à la division territoriale des Gaules, qu'il réduisit en province, en laissant à quelques cités qui avaient bien mérité de lui leur entière autonomie. De ce nombre était la cité des Éduens.

Auguste maintint cette division générale en quatre parties. La province romaine devint la Narbonnaise, et la Celtique s'appela la Lyonnaise. Pour rompre les liens qui existaient entre les peuples, il en réduisit le nombre et les fractionna en soixante groupes. Lyon fut érigé en une sorte de capitale, centre des réunions annuelles des délégués de ces soixante nations. Leurs noms étaient gravés sur un autel dédié à Rome et à Auguste. On a retrouvé, il y a quelques années, un fragment de l'inscription dédicatoire.

Sous l'année 354, Ammien Marcellin fait connaître une division nouvelle, suivant laquelle on y comptait douze provinces. Sextus Rufus en indique quatorze. Le concile d'Aquilée en présente quinze. Enfin, entre les années 395 et 401, la dernière division territoriale des empereurs Honorius et Arcadius comprend dix-sept provinces, et, pour les composer, mentionne cent quinze cités ou nations, nombre dans lequel étaient alors indiquées les quatre cents qu'avait indiquées Appien. La Lyonnaise y est divisée en quatre provinces. Les cités originaires y sont parfois fractionnées. Lyon devient la métropole de la première Lyonnaise. Les Éduens en font partie avec Langres, (*civitas Lingonum*) Mâcon et Châlon, mais le territoire auxerrois n'y est pas compris. La quatrième Lyonnaise, dite aussi Sénonie, comprend les cités des Sénonais, des Carnutes, de l'Auxerrois (*civitas Autisiodorum*), de Troyes (*civitas Tricassium*), d'Orléans, qui était devenue une cité distincte des Carnutes, de Paris (*civitas Parisiorum*) et de Meaux (*civitas Meldorum*). Cette dernière province est placée sous le gouvernement d'un *præses*, subordonné à la direction du préfet du prétoire des Gaules, et, pour le commandement militaire, au duc du *Tractus Armoricanus* et *Nervicanus*, lequel comprend la première et la seconde Aquitaines, la seconde, la troisième et la quatrième Lyonnaises, c'est-à-dire presque tout le littoral de l'Océan, avec les bassins des fleuves et des rivières qui s'y écoulent. Le territoire de ce commandement formait comme un vaste triangle, dont la mer était la base, et dont la pointe remontait jusqu'aux sources de la Seine et de l'Yonne.

C'est au temps de cette division territoriale, sous l'empereur Honorius, que fut entourée des murs qui existent encore aujourd'hui en grande partie, la ville qui donnait son nouveau nom, *Autissiodurum* ou *Autisiodorum*, à tout le territoire de la cité ou nation que la Notice des Provinces appelle les Autisiodes (*civitas Autisiodorum*).

Lebeuf avait prétendu à tort, dans son livre de la *Prise d'Auxerre par les Huguenots*, que cette enceinte datait des premiers temps de la conquête romaine. Il s'est rétracté plus tard et a reconnu, dans ses *Mémoires sur l'Histoire d'Auxerre*, qu'elle était, de plusieurs siècles, postérieure à cette date. M. Leblanc et M. Chardon ont pourtant repris, dans leurs livres, si judicieux d'ailleurs, cette première opinion. Elle n'est plus soutenable, aujourd'hui que cette question de la date des remparts romains des villes du centre de la Gaule a été, pendant les cinquante dernières années, éclaircie par des recherches, des fouilles et des discussions qui ne laissent plus place au moindre doute.

La Gaule avait été souvent, dans le IIIe et le IVe siècle, troublée par des incursions de barbares d'outre-Rhin, qui y portaient le pillage et la dévastation. Mais toujours elles avaient été repoussées, quoique très peu de ces villes fussent pourvues de murailles.

Après la mort de l'empereur Théodose, ses vastes États avaient été partagés entre ses deux fils, et l'empire d'Occident était échu à Honorius, un enfant de onze ans, sous la tutelle de ministres que divisaient d'ardentes rivalités. Profitant de ces discordes, les peuplades avides et belliqueuses de la Germanie accouraient de toutes parts et se préparaient à une grande et formidable invasion. Dans cette situation inquiétante, des ordres impériaux prescrivirent de fortifier de murailles les villes de la Gaule qui en étaient dépourvues, et de relever les remparts de celles qui en avaient eus et les avaient laissé tomber. Le recueil de lois connu sous le nom de Code théodosien, nous a conservé une longue série de ces ordres souverains. Le titre Ier du livre XV *de Operibus publicis* contient les diverses dispositions qui furent prescrites à ce sujet. La loi 34 de ce titre, portée en 396, enjoint aux corps constitués et aux habitants des villes de restaurer les anciennes murailles ou d'en construire de nouvelles. Quelques années auparavant, l'empereur Théodose, substituant, à la tolérance accordée au christianisme par Constantin, sa domination exclusive et l'interdiction de tout autre culte, avait ordonné la démolition des temples du paganisme. Une loi de l'empereur Honorius, rendue en

397, la loi 10 du titre XVI du Code Théodosien, prescrit d'employer à la construction des remparts les matériaux de la démolition de ces temples. D'après une autre loi de l'année 398, les murailles et constructions militaires doivent être dégagées du contact de tous autres édifices publics et privés. Enfin, à la suite de la grande invasion qui était survenue en l'an 407, la loi 49, en date de l'an 412, ordonne que tous les citoyens, sans distinction et sans privilége, soient forcés de concourir à la construction des murs, à l'achat et au transport des matériaux, chacun en proportion de ses propriétés et de l'étendue de ses domaines.

On se mit de toutes parts à l'œuvre, et c'est à cette époque, fin du IVe siècle, ou premières années du Ve, que furent élevées les enceintes de presque toutes les villes de la Gaule, comme on a pu le constater en nombre de lieux dans ces derniers temps, en reconnaissant que les pierres des temples et autres monuments religieux, chargées de sculptures ou d'inscriptions, formaient les premières assises des remparts, sans autre précaution que de tourner à l'intérieur les surfaces qui offraient quelques saillies. Depuis cinquante ans, l'agrandissement de nos villes a fait démolir les vieilles enceintes qui étaient restées intactes pendant quinze siècles, et partout on a trouvé, dans les pierres qu'on en a retirées, de quoi remplir les musées lapidaires que l'on a créés avec ces précieux débris. Cela s'est fait notamment à Sens, à Langres, à Bayeux, à Tours, au Mans, à Beauvais, à Noyon, à Bourges, à Bordeaux, à Poitiers, à Périgueux, à Dax et à Bayonne, comme on l'avait fait chez nous depuis deux cents ans, dans les parties démolies de nos murailles. Lebeuf disait déjà, au commencement du siècle dernier :

« Ces murs n'étaient fondés que sur des débris des
« autels et des statues que l'on avait fait entrer indiffé-
« remment dans l'ouvrage, et je reconnais, tout bien
« examiné, que les pierres qu'on a trouvées chargées
« d'inscriptions où on lisait les noms de Hirtius et de
« Pansa, consuls du temps de César, venaient de quelque
« édifice romain qui avait été bâti aux environs, sans
« doute dans l'emplacement de l'ancien Autric. Une
« preuve évidente que ces pierres n'avaient pas été ori-
« ginairement gravées pour être incrustées dans ces
« murs, c'est que les fragments d'une même inscription
« se trouvent partagés en différents endroits, suivant que
« les morceaux de pierre tombaient sous la main des
« ouvriers. »

Si les mesures de précaution ordonnées par les édits ne purent empêcher l'invasion qui ne tarda guère et livra la Gaule et l'Italie à d'affreuses dévastations, les villes fortifiées étaient du moins à l'abri de ce fléau et leur résistance en put limiter la durée.

C'était le temps où, selon un brillant et sagace écrivain (1), la religion chrétienne, maîtresse des âmes, s'emparait des lois et du pouvoir. Tendant à devenir l'unique inspiratrice de la société romaine, où toute autre forme avait péri, elle entourait, pénétrait de toutes parts cette société, lui enlevait ses grands hommes à mesure qu'ils paraissaient, changeait pour eux le but de l'ambition, la vocation des grands travaux, et mettait partout l'église au lieu de l'empire. La lutte intérieure des sectes, les combats de l'arianisme contre la foi de Nicée n'arrêtaient pas le mou-

(1) Villemain, *Vie de saint Ambroise*, dans la *Biographie universelle*.

vement. Au contraire, l'esprit religieux grandissait par ses divisions. Il ne laissait pas hors de soi d'intérêt suffisant pour une âme élevée. Il entraînait dans les sanctuaires tout homme puissant par la conviction et la parole, et rejetait au second rang les dignités de la politique et de la guerre. Ainsi mourait l'empire. Ainsi s'élevait l'église, l'épiscopat chrétien, presque la seule magistrature de ces temps de barbarie.

Ce mouvement avait été favorisé par les édits des empereurs. En 365, une loi de Valentinien Ier, pour mettre un terme aux abus d'autorité, tant des agents du fisc impérial que des administrations ou corporations municipales désignées sous le nom de Curies, et qui étaient chargées, sous leur responsabilité personnelle, du recouvrement des impôts en même temps que du gouvernement intérieur des villes, avait ordonné que dans chaque *civitas* les hommes libres éliraient un défenseur de la cité (*défensor civitatis*), investi du droit de s'opposer aux exactions des curiales contre le peuple et des officiers impériaux contre les curiales. Plus tard l'empereur Théodose, en supprimant cet office, en transférait les fonctions aux évêques et en accroissait même les attributions. De ce moment les fonctions épiscopales devaient être plus facilement acceptées, ambitionnées même par les familles patriciennes, et les peuples, qui les conféraient par leur suffrage, recherchaient dans le choix des évêques l'influence tutélaire d'un riche et puissant protecteur. On le vit bien dans le pays auxerrois, lorsqu'après les trois ou quatre premiers successeurs de saint Pélerin, sur lesquels l'histoire ne nous donne que peu de renseignements, leur continuateur fut élu, en 385, par le mouvement spontané du suffrage universel. Il s'éleva, dit Étienne Africanus, qui écrivait sa biographie dans le siècle suivant, « une « heureuse sédition des peuples, criant d'une voix una- « nime qu'ils voulaient Amator pour pasteur de la basi- « lique et pour succéder à Elade. » Ce cri fut écouté, et c'est ainsi que fut promu à l'épiscopat celui que nous appelons Saint Amatre, qui était issu de très nobles et très riches parents, car, selon les termes du même biographe, leurs domaines étaient si considérables et situés en tant de lieux, qu'ils n'en connaissaient pas eux-mêmes l'étendue. Il s'était préparé à cette dignité en recevant, quoique marié, et du vivant de saint Elade, les ordres mineurs de l'église.

C'est de son temps que furent détruits dans la contrée les temples, les statues et autres monuments du paganisme, et son biographe raconte qu'il aida saint Martin de Tours, qui était venu exécuter dans l'Auxerrois et tout le pays Eduen, avant que les édits impériaux l'eussent ordonnée, cette œuvre de destruction, plus favorable aux intérêts de la religion qu'à ceux de l'art. C'est aussi sous son épiscopat, et sans doute par ses soins, que furent construits, avec les débris de ces temples et autres monuments, les murs de la cité d'Auxerre, sur une colline, au nord de la ville gauloise, dont le pied était défendu par la rivière, et les deux côtés par de profondes vallées, et qui n'était abordable que du côté de l'ouest par une étroite langue de terre que protégèrent de hauts remparts et des tours massives, dont quatre existent encore aujourd'hui.

Il est probable qu'Entrains reçut alors une pareille ceinture de fortifications, de même que les villes du territoire auxerrois riveraines de la Loire, c'est-à-dire *Ma-*

sava (Mesves), *Condate* (Cosne), *Giemus* (Gien) (1) et aussi Neuvy, si l'on devait voir dans cette dernière le *Noviodunum* dont il est question dans le septième livre des *Commentaires de César*. Mais de ces remparts, s'ils ont existé dans ces villes, il ne reste plus rien d'apparent aujourd'hui, si ce n'est peut-être à Cosne, où l'on croit en voir un dernier débris.

L'évêque Amator eut bientôt à défendre sa province contre les incursions des barbares. Il y eut en 407 une formidable invasion des hordes de la Germanie, les Hérules, les Wisigoths, les Vandales, les Francs, les Alains, les Suèves et bien d'autres encore. Leurs dévastations se prolongèrent pendant cinq ans, et ce n'est qu'en 412 que le centre et le nord de la Gaule parvinrent à en purger leur territoire. Beaucoup de villes avaient été prises et saccagées, mais il ne paraît pas que celle d'Auxerre ait subi le même sort. Elle resta intacte, grâce à sa forte enceinte de murailles. Le flot de l'invasion s'était alors porté vers l'Italie et l'Espagne. Cependant de profondes divisions survenues dans la Gaule entre les généraux romains, Constantin, son fils Constans, Justus et Gerontius, avaient accru les malheurs de l'empire, et Rome fut prise et pillée par les Wisigoths, pendant que l'empereur Honorius restait renfermé dans Ravenne. Alors les provinces du centre de la Gaule, abandonnées à elles-mêmes, s'étaient, pour se mieux défendre contre l'invasion, constituées en une fédération qui, sans cesser de reconnaître l'empereur, ce que constatent les monnaies qu'elle fit frapper

---

(1) La ville romaine de Gien était sur la Loire, mais à 3 kil. au-dessous de la ville actuelle, qui s'est formée autour du château bâti au moyen âge par ses seigneurs.

au type de l'effigie impériale, organisa dans son sein un gouvernement séparé et indépendant des généraux romains, et que l'on appela la République Armoricaine, parce qu'elle comprenait la plupart des villes du *Tractus armoricanus*. On lui donnait aussi le nom de République des Bagaudes, ou Bagaudie, comme on l'avait fait pour les tentatives de sécession de la fin du IIIe siècle.

L'exemple de cette organisation leur avait été donné par les provinces de la Grande-Bretagne.

« Gerontius, dit l'historien Zozime (1), se révoltant
« contre Constantin, gagna les soldats et souleva les Bar-
« bares qui étaient restés dans la Gaule. Constantin ne
« pouvant leur résister, parce que ses principales forces
« étaient en Espagne, ils obligèrent, par leurs incursions,
« les Bretons et quelques peuples des Gaules à se sous-
« traire à l'obéissance de l'empire et à vivre dans l'indé-
« pendance. Les habitants de la Grande-Bretagne ayant
« donc pris les armes, délivrèrent les villes de leur île des
« courses des étrangers. Les Armoriques et les peuples
« des Gaules, suivant leur exemple, établirent parmi eux
« un nouveau gouvernement. »

Cette organisation indépendante se maintint pendant un certain nombre d'années, sans qu'on en sache exactement la durée. La chronique de Prosper dit que ce soulèvement fut appaisé en 437. Mais il se ranima bientôt, puisque, comme nous le verrons plus tard, le patrice Aétius, envoyé comme gouverneur général des Gaules, ne trouva d'autre moyen de la combattre, que de livrer une partie de son territoire à la nation germanique des Alains.

Plus de cinquante villes avaient d'abord adhéré à cette

---

(1) *Liber histor.* 6.

confédération, et, plus tard, un grand nombre d'autres y entrèrent. Les évêques, dont, depuis l'édit de Théodose sur les défenseurs de la cité, la puissance dominait partout le pouvoir municipal, avaient nécessairement une grande part dans cette organisation.

Le territoire Auxerrois faisait partie, comme on l'a vu plus haut, du commandement armoricain embrassant le littoral de l'Océan et le pays entre la Loire et la Seine, et le chef militaire qui y était préposé avait le titre de duc.

Celui qui l'exerçait dans les dernières années de l'épiscopat d'Amator, et qui avait probablement présidé à la défense du territoire auxerrois contre les invasions germaniques, était issu de la famille la plus noble et la plus riche de la contrée (1). Il s'appelait Germanus et sa mère Germanilla. Ces deux noms ont une étymologie teutonique. *Hermann*, homme de guerre, et semblent indiquer une origine germanique. Peut-être quelque chef, venu d'outre-Rhin, dans un temps antérieur, comme auxiliaire de l'empire, s'était-il fixé dans la contrée que ses armes avaient protégée, et y avait-il été récompensé, sur le domaine public, par de vastes possessions que sa postérité avait conservées. Germanilla, sa dernière descendante, les avait apportées en mariage à un patricien gaulois appelé Rusticus. On sait d'ailleurs que l'empereur Constance avait, à la fin du IIIᵉ siècle, transplanté une colonie de Francs dans les contrées de Langres, de Troyes et pays d'alentour, et l'on voit successivement des Francs. Sylvanus, Mellobald, Balton, Ricomer, Cariaton, Arbogaste, revêtus des grandes charges militaires de l'empire.

---

(1) *Quantum ad natales nobilissimus nobilium, quantum ad fortunam, in possessionibus et prædiis ditissimus.* (Gesta Pontificum Autissiodorensium, Vie de saint Germain.)

Germanus avait reçu à Rome l'éducation complète des fils de familles patriciennes, qui les préparait à tous les emplois civils et militaires. Dans sa jeunesse, il avait plaidé au barreau, puis il était entré dans les charges publiques, et avait fini par être élevé dans son pays aux fonctions de duc, ce qui ne peut s'entendre que du duché du commandement armoricain, puisqu'il n'y avait dans toute la Gaule, selon la Notice des dignités de l'empire, que quatre autres commandements de ce titre, savoir : la Séquanie, la seconde Belgique, la première Germanie et le pays de Mayence.

Quelle part prit-il au grand mouvement national qui constitua la fédération armoricaine, c'est ce que ne disent ni le prêtre Constance, qui, à Lyon, à la fin de ce siècle, lui a consacré une biographie, laquelle n'est autre chose que l'histoire de sa vie épiscopale, ni les écrivains qui, après Constance, ont raconté et célébré sa sainteté et ses miracles, sans dire un seul mot des actes, pourtant si considérables et si éclatants, de son existence militaire et politique. Les témoignages de gratitude, de déférence et de respect qu'il reçut en toute occasion, tant des évêques et du peuple, que de l'empereur et de ses plus hauts délégués, enfin l'admiration que le poète Sidoine Apollinaire et l'historien Grégoire de Tours (1), ces illustres écrivains du siècle suivant, témoignent pour sa mémoire, tout semble indiquer que son rôle dans les grands événements politiques du temps fut aussi considérable que salutaire, qu'il sut concilier, dans ces graves conjonctures, les sentiments du patriotisme avec ses devoirs envers son souverain, et qu'il ne contribua pas peu à conserver

---

(1) *Sidon. Apoll.*, lib. VIII, ép. 15. — Greg. tur. — Confesso-Cap., 41

les derniers liens qui rattachaient la république armoricaine au gouvernement impérial, et à amener plus tard une réconciliation entre ces deux puissances pour la défense du territoire national contre l'invasion d'Attila.

Il comptait déjà près de quarante ans et se reposait dans son pays natal de ses glorieux services, quand, en 418, le saint évêque Amator, chargé d'années et sentant sa fin prochaine, songea à réaliser la pensée qu'il avait depuis longtemps, de lui transmettre les fonctions épiscopales, qui, en l'attachant au pays Auxerrois, assureraient irrévocablement à cette contrée sa protection et son puissant appui. Il alla d'abord s'assurer à Autun du consentement du gouverneur de la Gaule, Julius, qui y résidait avec le titre de préfet du prétoire, en lui disant « qu'une « révélation divine lui avait fait connaître que le très « illustre Germanus pouvait seul et devait gouverner sa « sainte église ; » à quoi le préfet répondit : « Quelque « utile et nécessaire que soit Germanus au service de « l'empire, puisque Dieu l'a choisi, comme Votre Béati- « tude me l'annonce, je ne puis pas m'opposer à la « volonté divine. » Le biographe raconte ensuite une scène d'une incomparable grandeur. De retour à Auxerre le vieil évêque convoque tout le peuple à venir sans armes dans son église, et, en ayant fait fermer les portes, s'avance vers Germanus, et, l'entourant avec la foule des clercs et des plus nobles personnages de la contrée, lui déclare la volonté divine, et, mettant la main sur lui, fait d'autorité tomber sa chevelure sous le ciseau et le revêt des ornements épiscopaux.

C'est ainsi que commença l'épiscopat de celui que nous appellerons dorénavant saint Germain, qui devait, pendant trente années, jeter sur le pays auxerrois un éclat et une gloire dont, au siècle suivant, les grands écrivains, sans pourtant nous transmettre le récit détaillé des événements que nous avons déjà cités, parlaient dans les termes de la plus haute vénération. Pour que le caractère du saint évêque ait laissé un si haut renom de grandeur et de sagesse, il faut que son administration se soit signalée par de fécondes créations et par des services éminents, sur lesquels on cherche vainement des détails dans l'œuvre de son biographe. C'est que cet écrit, demandé au prêtre Constance par l'évêque de Lyon, saint Patient, ne devait, selon les termes mêmes de sa dédicace, avoir pour objet que la sainteté du grand évêque d'Auxerre, et les miracles qu'il avait opérés. Ce sont les seules traditions qu'il avait pour mission de transmettre à la postérité. Aussi ne s'occupa-t-il pas de raconter autre chose (1). Il en fut de même du récit légendaire et de l'œuvre poétique qu'un éloquent et savant religieux, Héric, a consacré après trois ou quatre siècles à cette grande mémoire.

Pourtant il est question, tant dans cet historien que dans ceux qui plus tard ont célébré les vertus du saint évêque, de la création de grandes écoles, dans lesquelles il avait recueilli les débris de celles que la guerre et la dévastation avait chassées de Trèves et d'Autun, et qui, devenues célèbres, attiraient à Auxerre des élèves venus de contrées lointaines, et même de pays encore barbares, comme saint Patrick, l'apôtre de l'Irlande, qui devait

---

(1) *Itaque, papa venerabilis, dum et sanctum virum illustrare virtutibus suis desiderans et profectui omnium miraculorum exempla largiri, imperasti sæpissime.* — (*Epistola Constantii, presbyteri ad sanctum Patientem, Lugdunensem episcopum*).

reporter dans son pays les bienfaits de l'enseignement qu'il avait reçu parmi nous. L'intervention puissante par laquelle le grand évêque protégea successivement le pays de la confédération de l'Armorique, tant contre l'invasion des Alains déchaînés contre elle par le patrice Aetius, que contre les vengeances de l'empire et les exactions du fisc impérial, apparaît aussi dans ces récits. Enfin on y entrevoit que le double voyage qui le conduisit en Angleterre et les longs séjours qu'il y fit, n'avaient pas seulement pour objet de combattre, par la prédication, de dangereuses hérésies chez un peuple voisin, mais qu'ils furent surtout déterminés par de graves intérêts politiques, car on y trouve, en les comparant avec les chroniques anglaises, qu'il agit au moins autant en conseiller des rois et en protecteur officiel du pays, et même en homme de guerre et de gouvernement, qu'en évêque et en théologien. Selon le recit de Gildas, Camden et Nennius, cités par l'historien Smollett, comme d'après celui du moine Sigebert de Gembloux, l'ancien duc du *Tractus armoricanus*, était choisi par le pays, comme général, pour le défendre contre l'invasion des hordes sauvages de l'Irlande et de l'Écosse (les Pictes et les Scots), qu'il mettait en déroute dans une grande bataille, et pour repousser les secours dangereux des Danois et des Saxons que, dans son irréflexion, le roi Wortigern avait appelés à son aide. Ce prince, que les avis et la coopération de saint Germain avaient fait triompher, était redressé et réprimandé ensuite dans ses écarts et ses excès par le grand évêque qui, ne pouvant le ramener à la sagesse, le faisait plus tard déposer dans un concile, et remplacer par son fils Wortimer pour le salut du pays. Devenu le conseiller et l'inspirateur de ce jeune prince, il l'aidait et le dirigeait dans ses expéditions et ses combats contre les Saxons, pour les chasser de l'Angleterre, ainsi que dans sa politique de modération et de justice, pour réparer les iniquités de son père (1). Dans une si haute mission et un rôle si élevé, l'illustre évêque du pays auxerrois agissait évidemment comme le délégué et le représentant politique de la Gaule et de l'empire, pour préserver de la ruine un allié important, et sauver chez lui la cause de la civilisation romaine et celle de la religion (2).

Il mourut en 448 à Ravenne, où il était allé négocier auprès de l'empereur Valentinien II, une franche réconciliation avec la république armoricaine, pour réunir toutes les forces de la Gaule contre l'invasion en vue de laquelle Attila organisait alors ses troupes innombrables de Huns et de Tartares, armée la plus nombreuse et la plus formidable qui eût encore franchi le Rhin, invasion que tout montrait comme imminente, et qui, en effet, trois ans après, s'exécuta avec d'effroyables dévastations, jusqu'à ce que toutes les nations qui occupaient déjà ce pays, Romains, Bourguignons, Wisigoths, Francs,

---

(1) *Interim insulam ex more incursantibus ad resistendum Germanus et ipse dux factus, jam in procinctu positis hostibus elati clamore alleluia incipiens, et suis secum clamantibus, idem hostes vertit in fugâ et incruentem obtinens victoriam, ab imminenti periculo eripuit patriam. . . . .*
. . . .
filius Wortimerius sublimatus in regno commisit prælia multa cum paganis qui patrem ejus adjuvabant, victoriam obtinuit a Deo ut cogeret eas insulam hospitem deserere et ad natale solum redire. Deinde renovabat ecclesias, possessiones civibus ereptas restituebat, IMPERANTE SANCTO GERMANO ET ADJUVANTE. — (Sigebert, *Gemblacensis*, ann. 436 et 437.)

(2) Voir, sur sa vie, les remarquables notices de MM. Mahias, Carré et Blin dans le t. 2 du *Congrès scientifique d'Auxerre*.

Armoricains, réunis sous le commandement du patrice Aetius, l'arrêtassent à Orléans, et, après l'avoir fait rétrograder jusqu'en Champagne, la missent en déroute dans les plaines de Châlons.

L'illustre évêque avait fondé à Auxerre, sur la rive droite de l'Yonne, une abbaye, la plus ancienne de la contrée. qui était dédiée à saint Cosme et saint Damien, et, sur la rive gauche, une église, consacrée au martyr saint Alban, et une autre plus petite, ou oratoire, en l'honneur de saint Maurice, dont l'anté-portique, décoré d'une grande figure du saint en bas-relief, a subsisté jusqu'en 1820. Deux siècles après la mort de saint Germain, cet oratoire fut transformé en une abbaye qui prit son nom, et qui était destinée à jeter sur le pays un grand éclat, par les hommes illustres qu'elle produisit et les services éminents qu'elle rendit aux lettres et aux sciences. Les restes du vénérable évêque furent ramenés en grande pompe à Auxerre et inhumés dans ce sanctuaire. Il avait légué à son église tous ses biens, qui étaient très considérables et situés en beaucoup de lieux différents, notamment à Appoigny, Varzy, Toucy, Guerchy, Vercise près Donzy, Poilly, Cussy, Fontenoy, Mézilles, Corvol et Moulins. Vers la fin de ce siècle, la reine Clotilde fit élever, pour abriter dignement son tombeau, une église splendide, dont son fils Clotaire couvrit la voûte de lames d'argent doré, et qui a été plusieurs fois reconstruite depuis. Le chœur qui seul en reste aujourd'hui est du xive siècle. La nef de style roman qui le précédait a été démolie au commencement de ce siècle. Mais la crypte, qui subsiste encore, est en grande partie du ixe siècle. Le beau campanile, qui est maintenant séparé de l'église, n'est très probablement que de la fin du xie siècle ou des premières années du xiie. Il a été reproduit avec une grande similitude, quoique dans de moindres proportions, et peut-être par le même architecte, dans le clocher de l'abbaye de Beaulieu, près Chinon, qui est authentiquement de cette dernière date et qui subsiste encore aujourd'hui.

L'invasion des Huns entraîna en 451 d'affreux ravages dans tout le territoire auxerrois, qui était sur leur passage pour arriver à la Loire, et sur le trajet de leur retraite après la levée du siége d'Orléans. Si l'on en croit la *Vie de saint Loup*, évêque de Troyes (1), Auxerre subit le même sort que tant d'autres villes qui furent prises et saccagées. Ce qui peut confirmer ce récit, c'est que l'évêque saint Fraterne fut massacré par eux, le jour même de son ordination, *à barbaris est martyrio coronatus*, dit le *Gesta Pontificum*, et que, d'après le récit de cette chronique, Auxerre resta dix ans ensuite sans évêque, à raison des cruelles dévastations des barbares dans les Gaules, *ob sævitiam scilicet vastantium Gallias barbarorum*. Il est juste pourtant d'ajouter qu'un chroniqueur du xe siècle raconte que de son temps il était de tradition qu'à aucune époque cette ville n'avait été prise.

Peu d'années après, le territoire des Gaules se trouvait en grande partie partagé entre les Wisigoths, qui en avaient conquis la plus grande partie entre la Loire et les Pyrénées, les Bourguignons, qui en ocupaient une autre part entre le Rhin et le Rhône, en remontant de notre côté, sur la rive droite de l'Yonne, jusqu'à l'embouchure de la Cure, et les Francs, qui tenaient la Belgique et descendaient incessamment du côté du midi. Le surplus se

---

(1) *Vita sancti Lupi apud Suri*, p. 348. — (*Gallia christiana*, t. XII, p. 485.)

composait de ce qui restait au pouvoir de la république armoricaine, y compris le pays Auxerrois, et des débris conservés par l'empire au nord de ces contrées. Bientôt les armées des Francs achevèrent de conquérir par capitulation ce qui était resté à l'empire, et les provinces armoricaines finirent par se réunir à eux, non par la conquête, mais, selon l'historien Procope, par un traité d'association volontaire (1). Cela se passait en l'année 497. De ce moment, le pays Auxerrois dépendit du royaume de Clovis, mais il n'était rien changé à son gouvernement intérieur, qui continuait à se régir avec l'indépendance que les édits romains avaient laissée aux administrations municipales.

Il est regardé comme certain, quoiqu'on n'ait aucun document authentique qui le constate, que peu après ces événements, et par suite d'un traité entre Clovis, roi des Francs, et Gondebaud, roi des Bourguignons, le territoire des anciens *Cambiovicenses* fut partagé en deux, au point de vue de la juridiction ecclésiastique, par l'érection à Nevers d'un évêché, dont le surplus était emprunté au diocèse

---

(1) « Ces villes, qui étaient fortes et prospères, soutinrent la
« guerre avec courage. Alors les Francs les invitèrent à s'asso-
« cier avec eux, et les Armoricains, sauf les habitants de la
« presqu'île, qui voyaient les Francs devenus chrétiens, y
« consentirent avec joie. De plus, les débris des milices ro-
« maines, qui se trouvaient isolées à l'extrémité des Gaules,
« sans communication avec Rome, et qui ne voulaient pas
« passer aux Ariens leurs ennemis, (les Wisigoths et les Bour-
« guignons avaient adopté l'hérésie de l'arianisme), se don-
« nèrent, avec leurs drapeaux et les pays qu'ils occupaient,
« aux Armoricains et aux Francs réunis, en conservant seule-
« ment les mœurs de leur patrie. » — (Procope, *De Bello gothico*
lib. Ier, chap. XII).

d'Autun. Car on voit par la carte de Peutinger que, dans l'origine, ce territoire remontait jusqu'au-delà de Nevers, et que cette ville en faisait partie. Les bourguignons avaient peut-être porté auparavant leurs conquêtes jusqu'à cette limite. A la suite de la division de la Gaule en 17 provinces par l'empereur Valentinien I*er*, les diocèses ecclésiastiques s'étaient formés et limités selon cette division nouvelle, et Nevers n'y figure comme cité pour aucune des provinces Lyonnaises, et n'avait par conséquent pas d'évêque. Aussi, dans aucun des dix conciles tenus de 439 à 500 dans le royaume de Bourgogne, on ne trouve parmi les souscriptions le nom d'un évêque de cette ville. C'est en 505 qu'apparaît pour la première fois Tarsicianus, qui prend le titre d'*Episcopus civitatis Nivernensis*. Ce nouveau diocèse venait donc d'être créé, et comme, dès l'origine, l'évêché de Nevers a été suffragant de l'archevêché de Sens, on en conclut que, par l'effet d'une convention entre les deux rois, il a été pris pour partie sur l'ancien diocèse d'Autun, et pour l'autre et plus grande partie dans le diocèse qui jusque là avait appartenu tout entier à l'évêché d'Auxerre. Depuis cette distraction, le territoire du pays Auxerrois se terminait du côté du midi par une ligne à peu près droite depuis Champlemy jusqu'à trois lieues au-dessus de la ville de Masava, aujourd'hui simple village sous le nom à peu près semblable de Mesves.

C'est dans cet état que ce territoire passa successivement dans le royaume des Francs :

En 524, à Childebert, l'un des fils de Clovis ;

En 558, à Clotaire, son frère ;

En 561, dans le royaume des Francs Austrasiens, d'abord à Gontran ;

Puis, en 593, à Childebert, neveu de Gontran ;

Et, en 595, à Théodoric, fils de Childebert, sous la tutelle de la reine Brunehaut, son ayeule.

Ensuite, après la réunion des royaumes d'Austrasie, de Bourgogne et de Neustrie :

En 614, à Clotaire II ;

En 628, à Dagobert.

Et enfin aux descendants de Dagobert II, jusqu'à Childéric III, le dernier de sa dynastie, que Pépin le Bref fit raser et cloîtrer, en se faisant élire roi des Francs en 741.

Dans cette période, remplie, en ce qui concerne l'histoire générale, de guerres tant étrangères que de race et de famille, de meurtres et de crimes de tout genre, toute sécurité sociale a disparu. La civilisation, la science et la religion tombent dans une triste décadence. Il y a parfois d'assez longues interruptions dans la succession de nos évêques. Elles sont de quatorze mois après Censurius, de dix-huit mois après Ursus, d'un an après Théodose, de sept mois après Grégorius, d'un an après Optatus, de quatorze mois après Eleutherius, de six mois après Romanus. Ce dernier est massacré en 564, on ne sait pourquoi ni par qui. Le *Gesta Pontificum* dit qu'il fut martyrisé par décapitation. C'était le temps des premières querelles entre Chilpéric, roi de Neustrie, et Sigebert, roi d'Austrasie. Grégoire de Tours dit qu'à cette époque le premier s'était emparé de Reims et avait dévasté la Champagne. L'évêque fut peut-être victime de la part qu'il avait prise dans ces ambitieux démêlés. Lebeuf a cherché à mettre quelque ordre nouveau dans la chronologie fort irrégulière de ces prélats. Mais ses conjectures ne paraissent pas de nature à prévaloir sur les récits de la chronique des évêques, qui affirme toutes ces irrégularités.

Dans ce long intervalle, et dans celui qui lui succède, les annales locales ne présentent aucun incident de quelque importance. Le pays est régi par un comte ou par un duc, dont les attributions sont de rendre la justice, soit par lui, soit par ses délégués, dans tout le territoire, de percevoir, en argent et en nature, les mêmes impôts auxquels la province était soumise sous la domination romaine, et enfin de veiller, au point de vue militaire, à la sûreté du pays. En 564, ce comte est Ennius Mummolus, que le roi Gontran élève ensuite aux plus hautes dignités militaires, et qui, après avoir justifié cette faveur par son habileté et les plus éclatants services, trahit la confiance de son maître par une audacieuse révolte, dans laquelle il échoua et périt ignominieusement. En 577, c'est Erpon, à qui Grégoire de Tours donne le titre de duc, et qui, chargé de faire arrêter le fils de Chilpéric, qui, séduit par la reine Brunehaut veuve du roi Sigebert, a trahi la cause de son père, le laisse évader, et, par cette faute, perd son emploi.

Mais l'histoire ecclésiastique du pays offre alors des événements d'un grand intérêt qui nous sont rapportés, tant par le *Gesta Pontificum* que par les écrits des moines contemporains. « A cette époque, dit le moine Jonas dans
« son récit de la vie de saint Colomban, à cause de la
« fréquence des guerres, la vertu de la religion était
« presque abolie. » Pour réagir contre cette corruption presque universelle, le roi d'Austrasie et de Bourgogne, Gontran, au lieu de livrer aux hasards de l'élection populaire le choix d'un évêque en remplacement d'Etherius qui vient de mourir, nomme lui-même à ces hautes fonctions un savant et saint prêtre d'Autun appelé Aunacharius, et que nous connaissons sous le nom de saint

Aunaire; et en 578 ou 580, ce prélat, ayant convoqué en synode ou concile les membres de son clergé, au nombre de sept abbés, trente-quatre prêtres et trois diacres, arrête avec eux un règlement synodal, lequel contient en quarante-six articles une suite de prescriptions et de prohibitions qui peuvent nous montrer quels étaient alors, même dans l'église, les méfaits, les scandales, les abus ou les fautes auxquels il était de l'intérêt public de porter remède.

La vie était triste alors, sans protection, sans sécurité et sans croyances pour consoler du mal présent. Aussi les suicides étaient devenus fréquents. Le réglement les énumère, par immersion, par strangulation, en se frappant d'une arme, ou en se précipitant du haut des arbres. Pour essayer d'apporter un remède à cette funeste épidémie morale, le règlement, en enjoignant de refuser les oblations des suicidés, les prive, en d'autres termes, des honneurs funèbres de l'Église.

La religion était, sinon presque abolie, du moins presque oubliée, et l'on en était revenu à la pratique des grossières superstitions du paganisme gaulois. Le règlement prohibe énergiquement ces pratiques, dont quelques-unes, exprimées par des noms alors connus de tous, sont à peu près inintelligibles pour nous. Parmi les autres nous trouvons les sacrifices aux arbres, les vœux aux fontaines, les sortilèges, les augures sous plusieurs formes différentes, les danses, les chants profanes et les festins dans les églises.

La dissolution de beaucoup de membres du clergé n'était pas étrangère à cette décadence, à cet humiliant retour au vieux polythéisme. On en peut juger par les mesures disciplinaires qu'arrête le règlement, au nombre desquelles sont les suivantes :

Il est interdit aux prêtres de chanter et de danser dans les festins, et aux abbés et moines d'aller se promener dans les noces. — Si un abbé a laissé entrer une femme dans son monastère, il sera enfermé pendant trois mois dans un autre couvent, au pain et à l'eau. — Si un prêtre ou un diacre a fait des enfants ou commis un adultère, qu'il soit déposé, et que l'archiprêtre, qui ne l'a pas fait connaître à l'évêque ou à l'archidiacre, soit mis hors de la communion pendant un an. — Si un moine a commis un adultère dans le monastère, ou s'est rendu coupable d'un vol, et que l'abbé n'ait pas puni le fait, ou ne l'ait pas fait connaître à l'évêque ou à l'archidiacre, qu'il soit transféré dans un autre monastère pour y subir sa pénitence.

On trouve en outre dans ce règlement beaucoup d'autres décisions, tant sur des points disciplinaires ou liturgiques, que sur des choses de droit civil ou canonique, comme les empêchements au mariage entre parents et alliés jusqu'au degré de cousins issus de germains.

Un autre document, très précieux pour la topographie de la contrée, est le règlement que publia le vénérable évêque en 578, au moment où, après l'assassinat du roi d'Austrasie, Sigebert, consommé sur les instigations de la reine Frédégonde, la guerre entre les Austrasiens et les Neustriens était la plus acharnée, pour ordonner dans son diocèse des prières publiques, afin de conjurer les malheurs de ces tristes discordes. Elles devaient durer trente jours et se partager pendant ce mois entre toutes les églises. On voit combien était alors clairsemée la population de ce pays, en grande partie couvert de forêts, puisque, sur un espace qui contient maintenant deux cents paroisses, il n'y en avait que trente-cinq, qui étaient : Appoigny, Venouse, Gouaix (Saint-Bris), Naintry, Arcy-sur-Cure (1), Bazarnes, Accolay, Merry, Courson, Escolives, Druyes, Varzy, Colmery, Champlemy, Bargis, Donzy, Sully, Mesves, Cosne, Tracy, Aligny, Neuvy, Briare, Gien, Bléneau, Cassiniacus (Chastenay), Nantiniacus (probablement Saint-Amand), avec Cella Salvii (petit monastère de Saint-Sauveur) et Cella Mauri (petit monastère de Moutiers), Laoderus (Latré), Bitry, Arquien, Bouy, Entrains, Thury, Levis, Pourrain et Ouanne. Ainsi, pour ne parler que des villes d'aujourd'hui, Seignelay, Cravant, Vermenton, Toucy, Coulanges-la-Vineuse, Saint-Fargeau, n'existaient pas encore comme paroisses à cette époque.

Le règlement prescrivait en même temps des prières dans les monastères, et l'on apprend par ce document qu'il y en avait alors sept dans le diocèse. Saint-Marien, Vulfin, (on ne sait si ce ne serait pas Notre-Dame-du-Pré, près Donzy, ou Saint-Laurent près Cosne), Deciniacus (Saint-Cyr-lès-Chitry), Fontenoy, Coucy-les-Saints (Saints-en-Puisaye), Saissy et Mannay.

L'abbaye de Saint-Germain n'existait pas encore, puisqu'elle ne figure pas dans cette énumération.

Ces abbayes étaient, en quelque sorte, des colonies agricoles, où les moines, qui, selon la règle de saint Benoît, devaient partager leur temps entre la prière et le travail des mains, étaient envoyés pour défricher les bois, dessécher les marais, labourer les terres, et appliquer aussi l'agriculture dans des localités qui, aux siècles précédents, pouvaient avoir été cultivées et fécondes, mais que les guerres incessantes et les invasions des deux

---

(1) Le texte porte *Choræ vicus*. Lebeuf attribue ce nom à Cravant, mais Danville l'a réfuté d'une manière décisive.

derniers siècles avaient converties en déserts. Quelques-uns des religieux étaient détachés dans de petits établissements que l'on appela depuis des prieurés, pour se livrer aux mêmes travaux, élever du bétail et civiliser, par leurs exemples et leurs leçons, les habitants des pays éloignés de toutes autres communications. Les actes de saint Marien, un de ces missionnaires-apôtres, qui fut envoyé à Mézilles, et résida pendant la seconde moitié du ve siècle dans les forêts de la Puisaie, nous apprennent qu'elles recélaient alors des ours, et que leurs rares habitants étaient presque aussi grossiers que ces sauvages animaux.

L'évêque qui remplaça saint Aunaire s'appelait Desiderius et est connu sous le nom de saint Didier. Si l'on en croit la chronique de Frédegaire, qui était son contemporain, et celle d'Aimoin, qui confirme son récit, la reine Brunehaut, se dérobant par la fuite à la poursuite des grands d'Austrasie soulevés contre elle, fut sauvée par un homme pauvre, qui lui servit de guide à travers les plaines de la Champagne et la conduisit à son fils Théodoric, roi de Bourgogne. Cet homme était Desiderius que, dans sa reconnaissance, elle éleva à la dignité d'évêque d'Auxerre. Les chanoines Alagus et Rainagola, qui ont donné sa biographie dans le *Gesta Pontificum*, font, au contraire, de lui un parent de la reine. Ces deux versions ne sont pas inconciliables. Desiderius était du pays de Cahors et, quoique pauvre, pouvait être de la tribu des Wisigoths, dont sortait la reine Brunehaut. Dans ces temps primitifs, la plupart des membres de la tribu étaient ou pouvaient se dire les parents du roi. Quoi-qu'il en soit, la reconnaissance de la reine ne connut pas de limites. Elle éleva et enrichit son sauveur à ce point, que, selon la biographie de ce dernier, il n'y avait pas, de son temps, d'homme plus puissant que lui et qu'il était tellement riche en fonds de terre, qu'il n'y eut pas une église en Bourgogne et en Aquitaine qui ne reçût de lui quelque opulente possession. Les dons qu'il tenait de la reine et de son fils, sur le domaine public dont ils avaient la disposition, le mettaient à portée de prodiguer à tous les plus larges libéralités. Le *Gesta Pontificum* énumère, avec les terres qu'il donna à sa cathédrale, les ornements, bijoux et argenteries dont il les décora, ainsi que les vases et tables d'argent qu'il donna à l'église de Saint-Germain, et dont le poids était de cent dix-neuf livres cinq onces. Il lui donnait, de plus, diverses terres, avec les maisons, prés, bois et troupeaux qu'elles contenaient. La richesse de ces dons porte à croire que déjà Saint-Germain venait d'être transformé en abbaye, quoiqu'il la désigne seulement sous le nom de basilique. Le successeur qui lui fut donné pour l'évêché, est, en effet, qualifié d'ancien abbé de Saint-Germain. Parmi ces terres il en était une qu'on appelait alors les Ferrioles, du nom sans doute des exploitations de fer qui s'y trouvaient ; elle est devenue depuis la ville de Saint-Fargeau. Après tous ces dons, l'évêque était encore assez riche pour affranchir par son testament deux mille serfs sur les vastes possessions qui lui restaient.

La reine Brunehaut prit en affection la ville épiscopale de son libérateur. Auxerre était comme une station intermédiaire entre les royaumes de Bourgogne et d'Austrasie, que possédait son fils. Elle y fit construire, pour sa résidence, à l'angle sud-est de ses remparts, une énorme tour de vingt-deux mètres de diamètre. Du temps de Charlemagne, comme on le voit dans la vie de l'évêque Maurin, cette tour s'appelait toujours la tour de Brunehaut. On en voit encore du dehors la moitié extérieure. L'autre moitié a été rasée au xe ou xie siècle, pour construire sur un autre plan le château des comtes. Les fondations demi-circulaires en ont été retrouvées en 1869, quand, en reconstruisant cet édifice, on a déblayé le sol du rez de chaussée sur une profondeur de deux mètres.

Saint Pallade, successeur de Desiderius, qui, pour ses vertus charitables, fut nommé par l'élection populaire, est célèbre pour avoir fondé à Auxerre, en dehors de la ville romaine, deux abbayes, l'une de femmes, sous l'invocation de saint Julien, sur le bord de la rivière, au bas de l'ancienne ville gauloise, et l'autre sur une éminence du côté opposé et qu'il dédia à saint Eusèbe. C'était le temps où, pour apporter un remède aux désordres de tout genre et à l'effroyable corruption qui, depuis tant d'années, déchiraient et désolaient la France, les évêques fondaient à l'envi des monastères, seuls lieux d'asile qui fussent respectés, refuges de paix, de travail et d'études, pour conserver et sauver ce qui restait de la civilisation, des mœurs et de la religion. L'évêque Desiderius en avait fondé un sur la rive gauche de l'Yonne en aval d'Auxerre, et qu'il avait dédié à saint Germain ; un autre avait été créé près de Cosne et était appelé alors *Monasterium Longoretum*, et depuis, Saint-Laurent ; un autre encore auprès de Donzy, dont le nom primitif fut changé en celui de Notre-Dame-du-Pré. Beaucoup de prieurés, établis en outre sur divers points du diocèse, n'étaient que des abbayes d'un ordre inférieur, dont un certain nombre, qui subsistaient encore en 1790, datent aussi de cette époque.

Saint Vigile, qui vint après, fonda, à son tour, une

abbaye d'hommes avec un hôpital pour les pauvres malades, dans un enclos de vignes qui lui appartenait, au couchant de la ville, que l'on appelait pour cela le monastère de Notre-Dame-la-Dehors, et dont les restes ont subsisté jusqu'en 1865, époque où la ville les a cédés au département pour y construire un nouveau palais de justice. On a longtemps appelé du nom d'étang de Saint-Vigile une sorte de petit lac qui bordait du côté du nord les murs de la cité romaine. C'est l'évêque, sans doute, qui avait eu l'idée de fermer par une chaussée l'extrémité inférieure du vallon étroit par lequel les eaux descendues des collines voisines s'écoulaient auparavant, et d'accroître ainsi la force de la ville qui, des deux autres côtés était inabordable, tant par la rivière qui baignait les pieds de ses murailles, que par la profondeur du ravin qui lui servait de fossé à l'aspect du midi. Ce prélat, qui était de race noble, et probablement un homme de guerre, choisi, non par l'élection, mais par la volonté royale, avait pris sans doute une trop grande part aux compétitions violentes dans lesquelles les hautes fonctions de maire du palais étaient enlevées à Waraton par Gilimer, son fils, et ensuite arrachées à ce dernier par son père. Il en fut victime, car ce dernier le fit assassiner dans la forêt de Villers-Cotterets, en 683.

C'est aussi par un assassinat que périt, en 693, l'évêque Tétricus, qui avait été nommé par l'élection. Mais c'était de la main criminelle d'un prêtre indigne, son propre archidiacre, qu'il fut poignardé, quoiqu'il fût plein de douceur et de bonté (1), mais parce qu'il joignait la fermeté à la douceur et la vigilance à la bonté. Il était

(1) *Mitissimus et omni bonitate ornatus.* — (*Gesta Pontificum.*)

réservé à notre siècle de voir le renouvellement d'un si monstrueux attentat. La tradition veut que ce crime ait été commis dans le village d'Escamps. Mais ce pourrait bien être une erreur, car le texte de la chronique porte seulement qu'il fut frappé sur un banc (*scamnum*), où il était endormi. On a de lui, comme de saint Aunaire, un règlement par lequel il appelle à des prières publiques successives les églises et abbayes de son diocèse. Le nombre en est, à cette époque, de cinquante. Et, parmi les nouveaux villages, on trouve Toucy, Charbuy et Corvol.

C'était un temps d'affreuse anarchie. Des guerres ardentes s'étaient succédé entre la Gaule neustrienne et la Gaule austrasienne. La première avait été vaincue à Testry, par le général des chefs Austrasiens, Pépin d'Herstal, qui était resté seul maître du pays, sous le nom d'un fantôme de roi de la dynastie mérovingienne. Après sa mort, ses capitaines s'emparant, chacun de son côté, des évêchés et du gouvernement des provinces, s'y établissaient en souverains. L'un d'eux, appelé Sawaric, s'étant saisi du pays Auxerrois, s'en fit nommer ou s'en nomma évêque, car déjà le mode de nomination aux évêchés par la libre élection du peuple avait à peu près cessé, et ne reparut guère que deux cents ans après. Celui-ci, selon le *Gesta Pontificum*, s'occupait plus qu'il ne convenait des intérêts du siècle. Oubliant la dignité épiscopale, il réunit des troupes, et se mettant à leur tête, il conquit les pays d'Orléans, de Nevers, de Tonnerre, d'Avallon et de Troyes, où il se constitua un petit royaume. Pour l'agrandir encore du côté du midi, il marchait sur Lyon à la tête d'une nombreuse armée, quand il périt frappé de la foudre. Son armée se dispersa et son royaume s'évanouit. Sur ces

entrefaites, un fils naturel de Pépin d'Herstal, Charles Martel, était parvenu à se faire accepter par la plupart des chefs austrasiens comme successeur de son père, et ayant levé des troupes chez diverses nations de la Germanie, il combattit et soumit à la fois les Neustriens qui avaient relevé la tête, et ceux des Austrasiens qui étaient hostiles à son pouvoir. Bientôt il se trouva en face de plus formidables ennemis. C'étaient les Sarrasins d'Espagne qui, ayant avec d'innombrables armées franchi les Pyrénées, avaient envahi le midi de la France et s'avançaient vers le nord, en remontant la vallée du Rhône et en descendant celle de la Loire. Dans cette terrible conjoncture, où il s'agissait à la fois du sort de la France et de celui de la religion, il fallait absolument opposer des masses de défenseurs à celles des envahisseurs, et pour cela appeler en grand nombre des auxiliaires d'outre-Rhin, en leur offrant, pour s'assurer leur fidélité, une large solde et d'amples récompenses. Dans l'état d'épuisement du pays, les biens du clergé pouvaient seuls suffire à ce pressant besoin. Déjà depuis longtemps l'opulence excessive des églises était, pour les chefs apauvris des Francs, un sujet d'avide jalousie. Grégoire de Tours cite cette exclamation du roi Chilpéric II : « Voyez, notre fisc est devenu pauvre. Nos ri-
« chesses ont été toutes transférées aux églises. Notre
« splendeur a disparu, et les évêques des cités en sont
« investis (1). » Charles Martel n'hésita pas à s'emparer de ces richesses pour les distribuer à ses mercenaires alliés. Le pays Auxerrois n'échappa pas à cette vaste confiscation. Les propriétés de son évêché furent parta-

---

(1) *Grégoire de Tours*, liv. VI, chap. XLVI.

gées entre six grands chefs bavarois, et on ne laissa à l'évêque, pour sa subsistance et celle des prêtres de son diocèse, que cent manses (petites exploitations rurales de dix à quinze hectares environ, comme on en voit encore beaucoup dans notre Puisaie) (1). Les abbayes et les prieurés tombèrent entre les mains des chefs inférieurs, qui devaient laisser aux moines une petite part de leurs revenus. Il faut ajouter, selon un document cité par Georges Viole, que la cinquième partie du revenu de ces biens était réservée aux hôpitaux pour les besoins des pauvres.

Le clergé ne se résigna pas sans une grande douleur à une si complète spoliation. L'évêque Aidulfe en mourut de chagrin. Il eut pour successeur dans son titre épiscopal un puissant chef de guerre appelé Hainmar, qui avait presque toute la Bourgogne sous son commandement, et dont le *Gesta Pontificum* vante la noblesse et la vaillance. C'était peut-être un des six seigneurs bavarois qui s'étaient partagé les biens du diocèse. Il s'était rendu redoutable aux Sarrasins et avait remporté sur eux une grande victoire. Plus tard il subit des échecs et tomba dans la défiance de son maître qui, soupçonnant sa fidélité ou redoutant son ambition, le fit mettre en prison, et il périt dans une tentative d'évasion. S'il n'était évêque que de nom et pour empêcher qu'un titulaire plus sérieux ne le troublât dans son pouvoir, il avait pourtant commencé à améliorer la condition du clergé de sa ville épiscopale, en laissant à l'église cathédrale et à l'abbaye de Saint-Germain, tant pour leur subsistance que pour les hôpitaux qu'elles entretenaient, des propriétés assez importantes.

(1) *Gesta Pontificum.* Vie de l'évêque Aidulfe.

Le pays Auxerrois avait été, dans toutes ses parties, soumis aux désastres de l'invasion, car un corps d'armée des arabes avait ravagé les rives de la Loire depuis Nevers jusqu'à Tours, et un autre, après s'être emparé de Lyon, de Châlon et d'Autun, s'était avancé jusqu'à Sens qu'il vint assiéger. Il fut pourtant repoussé, battu et refoulé vers le midi par l'archevêque Ebbon, mais non sans de grandes et longues dévastations sur son passage.

Le mal avait commencé avant leur venue. Il ne cessa pas avec leur retraite. Ces chefs et ces soldats auxquels on avait livré les vastes possessions du clergé, c'était un autre genre d'invasion. Les églises se trouvaient occupées par des gens de guerre qui y apportaient leurs mœurs licencieuses et turbulentes, leurs habitudes de tyrannie, de pillage et de débauche. La force brutale fut alors maîtresse de la société. Plus de conciles, plus d'écoles, plus de hiérarchie. Les villes se trouvaient sans pasteurs et sans magistrats, les églises et les monastères sans gouvernement. La discipline ecclésiastique ne tarda pas à s'en ressentir et bientôt elle y périt presque entièrement. Les clercs, les moines, les religieuses, dit une chronique (1), vécurent en tous lieux sans frein. L'anarchie sociale n'avait pas encore été si grande. « Le chris- » tianisme, selon le témoignage d'un autre contempo- « rain (2), sembla un moment aboli dans les Gaules, et « dans certaines régions les idoles furent restaurées. »

Cependant, au moyen de cette grande spoliation, qui laissait d'aussi tristes conséquences, Charles Martel s'était donné des soldats tout dévoués, et avec ces barbares il

---

(1) *Gesta episcoporum Trevicensium*.
(2) *Hincmar*, ép. 6, chap. XIX.

avait sauvé la Gaule, l'église et la civilisation. Après sa mort, son fils Pépin fut, par l'assentiment de tout le pays, la consécration des évêques et la soumission des grands, élevé à la royauté. Il se fit sacrer en 755 par le pape, dont il constitua le pouvoir temporel par la remise de l'exarchat de Ravenne qu'il avait conquis. Il battit et chassa les Lombards qui avaient assiégé Rome, et revint en France pour relever l'Eglise, rendre aux évêques leurs sièges et remettre le clergé à la tête de la civilisation.

Avant ou après l'occupation du siège épiscopal d'Auxerre par Hainmar, car l'ordre suivi dans la série des évêques par le *Gesta Pontificum* n'est pas d'accord avec la chronologie des premiers éditeurs de ce livre et celle de Lebeuf, l'évêché avait été donné à un saint personnage, abbé du monastère de Saint-Germain, appelé Quintilien ; cette chronique constate que le père de ce prélat, riche et noble habitant de la contrée, avait fondé à Moutiers une abbaye avec un hospice pour recevoir et héberger les Anglais allant à Rome, et qui, selon un pèlerinage traditionnel, dont l'origine est inconnue, avaient coutume de s'arrêter dans cette partie de la Puisaie.

Ce fait singulier, constaté par un chroniqueur contemporain (1), pose un problème que l'on ne peut résoudre qu'à l'aide de vagues conjectures. Il est vrai que, depuis le siècle précédent, Rome était devenue un pèlerinage très fréquenté par les Anglo-Saxons récemment convertis au christianisme, et qui se continua jusqu'au xe siècle. Mais les forêts de la Puisaie n'étaient pas sur leur route. Elles n'en avaient pas d'ailleurs de praticable. Et de plus il est constaté qu'à leur arrivée à Auxerre, les pèlerins

---

(1) *Gesta Pontificum*.

anglais se détournaient de leur route pour se rendre à Moutiers ; car, sur le chemin qui y conduit, et qui, à une lieue d'Auxerre, quitte la voie romaine qui conduisait en Aquitaine par Ouanne, Entrains et Mesves, on avait construit à cet endroit, sous l'invocation de sainte Walburge, princesse anglo-saxonne, dont la prononciation locale a fait dégénérer le nom en celui de sainte Vauboy, une chapelle qui, selon Georges Viole, était « pour la consolation « des pèlerins anglais, à qui elle pouvait servir d'a- « dresse et d'hospice tout ensemble, » et dont il ne reste aujourd'hui qu'un vieil orme qui l'abritait et qui est en grand renom dans toute la Puisaie. On a supposé, non sans quelque vraisemblance, que ces pèlerinages si longtemps prolongés des Anglais vers les vastes et épaisses forêts de cette contrée, qui sont contiguës à l'ancien territoire gaulois des Carnutes, remontaient à une époque antérieure à leur conversion au christianisme, et qu'ils se rapportaient à quelque sanctuaire druidique, à quelque coutume ou cérémonie de ce culte, qui était encore pratiqué chez eux quand déjà il était aboli dans la Gaule.

Les armées de Pépin traversèrent, à plusieurs reprises, vers le milieu de ce siècle, le pays Auxerrois pour se rendre en Aquitaine, où elles guerroyèrent longtemps. La chronique d'Aimoin constate que la route qu'elles suivaient était d'Auxerre à Mesves par la voie romaine. Là elles franchissaient la Loire par un pont qui a subsisté jusque vers le xiie siècle, époque où il a été remplacé par celui qu'on construisit à La Charité, qui n'est qu'à cinq kilomètres de là, et qui était devenue, par la construction de sa splendide abbaye, une ville importante.

Charlemagne resserra encore les liens qui, grâce aux généreux secours de son père, unissaient les Francs au pontife de Rome, et, au moyen de cet accord, l'empire d'Occident fut rétabli sous sa domination. Aussi se montra-t-il favorable à la restitution graduelle des biens qui avaient été enlevés au clergé. Plusieurs abbayes de notre contrée, notamment celles de Saint-Martin, de Saint-Gervais et de Saint-Eusèbe, rentrèrent sous la dépendance de l'évêché, ainsi qu'un assez grand nombre des domaines (*villarum*), qui lui avaient été enlevés. C'est à cette époque qu'un comte, qu'il avait préposé au gouvernement du pays Auxerrois, et qui était peut-être le fils d'un des six princes bavarois entre lesquels avaient été partagés les biens ecclésiastiques du diocèse, le comte Ermenold fonda à Saint-Sauveur, au milieu de ses possessions, un monastère à la subsistance duquel l'évêque Maurin ajouta le domaine de Saints-en-Puisaie, que l'on appelait encore *Cociacus*, et qui provenait sans doute de l'abbaye qui avait existé en ce lieu dans les siècles précédents. L'évêque Aaron, qui succédait à Maurin, obtint aussi de Charlemagne la restitution de l'abbaye de Saint-Marien.

Les évêques ne tardèrent pas à redevenir d'autant plus puissants que Pépin le Bref les avait fait entrer dans les assemblées périodiques du Champ-de-Mai, où les chefs de guerre décidaient les affaires de la nation, et qu'il les avait par là constitués comme un second ordre dans l'Etat. Les Francs avaient, de ce moment, montré peu d'empressement à se rendre à ces assemblées et avaient laissé le champ libre à l'influence du clergé. Mais, voyant cette influence grandir par la restitution qui lui était faite d'une grande partie de ses anciens domaines, ils s'étaient portés à rechercher pour leurs familles ces positions redevenues riches et prépondérantes. Il ne leur avait pas été difficile, dans ces temps où l'ascendant du pouvoir militaire était si considérable, de les obtenir, soit par abus d'influence dans les élections, soit par la volonté du prince. Cela se fit simultanément dans toute la Gaule. C'est ainsi que de l'an 813 jusqu'à l'an 887, on vit se succéder cinq prélats, Angelelme, Héribald, Abbon, tous deux parents d'Angelelme, Christian et Wala, dont, selon le *Gesta Pontificum*, les deux premiers étaient bavarois et les trois autres étaient aussi de race germanique ou de familles franques (1). On ne vit plus réapparaître des évêques de sang gaulois tant que le diocèse Auxerrois resta comme érigé en bénéfice ou en fief militaire, sous la domination d'un chef qui devenait le véritable maître du pays. Ils paraissaient, du reste, souvent dévoués aux devoirs de leurs fonctions et généreux pour les églises. Ils en construisaient même de nouvelles et distribuaient à toutes de riches présents, et leur donnaient jusqu'à des vases d'or et d'argent. Quelques-uns d'entre eux semblent même avoir eu du goût pour les arts. Ainsi, Angelelme meublait de belles tapisseries sa cathédrale et l'église de Saint-Eusèbe (2), et Héribald avait orné la première de vitraux, ce qui était alors un luxe rare et princier, et de précieuses œuvres de peinture et de sculpture (3).

(1) Lebèuf dit que Wala était français, c'est-à-dire de race gauloise, et il en donne pour preuve qu'il était frère d'Anségise, archevêque de Sens. Mais le chroniqueur ecclésiastique du IX° siècle dit qu'il était de race franque, *genere francus*, à la différence de Wibald, son successeur, de race française, *natione francigenâ*.

(2) *Tapetia etiam optima ad sedilia basilice exornanda plurima contulit.... Cortinas etiam in circuitu altaris Sancti Eusebii... condonavit. — (Gesta Pontificum.)*

(3) *Vitreis quoque ac picturis optimis decoravit..... et sculpturâ et operis elegantiâ renovavit. — (Gesta pontificum.)*

Ce fut le temps de la plus haute prospérité et de la plus éclatante gloire de l'abbaye de Saint-Germain d'Auxerre. Grâce à la libéralité de Charlemagne, qui lui avait rendu partie de ses biens, et à l'impulsion donnée par ce grand empereur aux études et à l'instruction, il s'y forma des écoles qui, par l'étendue et la solidité de leurs leçons, devinrent bientôt célèbres, et en firent la plus vaste université de la France. La tradition, constatée par Georges Viole, et qui, pourtant, ne semble pas dénuée de quelque exagération, rapporte qu'elle ne contenait pas moins de six cents religieux, enseignant à plusieurs milliers d'élèves. Aussi Charlemagne l'avait-il exemptée de tout impôt pour les denrées qu'elle faisait venir chaque année par la Loire sur quatre bateaux, ce qui fut confirmé en 816 par Louis-le-Débonnaire (1). En 847, Charles-le-Chauve confia à cette savante congrégation le soin d'élever l'un de ses fils, à qui il conférait le titre d'abbé de ce monastère, et qui mourut à l'âge de douze ans. A la tête de ces écoles se trouvaient deux hommes d'un grand talent et d'un vaste savoir. L'un était Héric, qui a laissé une histoire des miracles de saint Germain, en prose d'un bon style, et un poème sur la vie de ce grand évêque, vaste composition en six chants, où, avec une prolixité peut-être excessive et une affectation de subtile abstraction qui est le défaut habituel des poètes des temps de décadence, on trouve une facilité de facture et une verve à la fois élégante et chaleureuse. L'autre, appelé Remy, à qui on doit un grand nombre d'ouvrages, tant sur des matières théologiques que sur la grammaire, la musique, et diverses branches de la science, acquit une telle répu-

---

(1) *Cartulaire de l'Yonne*, t. Ier, p. 28.

tation dans l'enseignement, qu'on l'appela à Reims, pour restaurer les écoles de cette ville qui étaient tombées, puis à Paris, pour y fonder la première grande école que cette capitale ait possédée.

Les conquêtes violentes de l'empire de Charlemagne avaient, sous sa domination, réuni aux peuples de la Gaule ceux de l'Italie et de la Germanie. Ce gigantesque édifice ne dura guère. Tout le règne de son fils, Louis-le-Débonnaire, fut troublé par des guerres où, sous l'apparence de querelles de famille, se cachent les revendications et les soulèvements de nations animées les unes contre les autres par d'ardentes antipathies, et que la force seule avait pu quelque temps soumettre et tenir attachées. Le lien acheva de se briser aussitôt après sa mort, survenue en 840. Dans le partage de ses états, qu'il avait fait pour la seconde fois en 837, il avait assigné l'Italie à Lothaire, l'aîné de ses enfants, que, dès l'année 817, il avait investi du titre d'empereur, la Germanie à Louis, l'Aquitaine à Pépin, la France septentrionale et la Bourgogne à Charles-le-Chauve, fils de son second mariage avec Judith de Bavière. Lothaire, mécontent de ce partage, dont l'égalité le resserrait dans des bornes à son gré trop étroites, avait essayé de le rompre du vivant même de son père. Sa tentative, appuyée, sauf certaines réserves, par Louis et Pépin, n'avait abouti qu'à faire ajouter au lot de Charles l'Aquitaine, quand elle devint vacante par la mort de Pépin.

Dès que le décès du vieil empereur eut laissé le champ libre à l'ambition de Lothaire, il reprit ses anciens projets et ne prétendit à rien moins qu'à s'emparer de l'empire tout entier. C'est contre Louis que s'étaient dirigés ses premiers efforts. Il avait passé le Rhin avec une armée considérable, *infinitam multitudinem*, dit Nithard, l'historien de ces guerres, et avait repoussé Louis au fond de la Bavière. Puis, apprenant que Charles venait au secours de son frère, il était revenu sur ses pas, en laissant une partie de ses troupes à Adhelbert, comte de Metz. Mais, après son départ, Louis, dans un retour offensif, avait mis Adhelbert en déroute, repassé le Rhin et fait sa jonction avec Charles, à qui l'impératrice Judith venait d'amener de nouvelles troupes d'Aquitaine. Alors Lothaire, se sentant trop faible contre deux, parut vouloir ouvrir des négociations pour s'entendre avec ses frères. Mais c'était pour gagner du temps et attendre une seconde armée que lui amenait d'Aquitaine son neveu Pépin, avec qui il avait fait alliance, et en faveur de qui s'était soulevée la plus grande partie de cette contrée. Etant parvenu à dérober ses traces, il se met en marche pour aller au-devant de ces secours, qui avaient dû passer par la Loire sur le pont de Mesves. Louis et Charles, quoique ayant fait déjà une longue campagne, subi de pénibles marches et de rudes combats, se décident à poursuivre leur frère, et leurs armées réunies se mettent à sa poursuite à travers les plaines de la Champagne. Lorsqu'ils arrivent à Auxerre, ils trouvent inopinément les troupes de Lothaire assiégeant cette ville forte, qui lui eût servi à défendre le passage de l'Yonne contre ses adversaires. Pour éviter une attaque dans cette situation, Lothaire, fidèle à ses habitudes, paraît vouloir entrer en accommodement. Puis il décampe à l'improviste, et, pour se dérober à leur poursuite, au lieu de suivre la voie romaine qui, par Ouanne et Entrains, conduisait directement à Mesves, il gagne le pays couvert de bois qui s'étend depuis Appoigny et Charbuy jusque dans la Puisaie, et vient établir son campement en face de Fontenoy (1), en occupant toutes les collines qui, depuis ce lieu, s'élèvent jusqu'au village de Fontaine. Là était sans doute son quartier-général, car le nom de Tabor qui, dans la langue slave, comme dans le vieil idiôme germanique, a cette signification, s'est conservé jusqu'au siècle dernier dans une ferme de cette localité, et a été transféré alors au château qui a été construit sur l'emplacement de cette ferme.

Mais le jour même, ses frères se hâtent de le suivre, en côtoyant par la voie romaine le trajet détourné qu'il avait pris, et, parvenant à le dépasser, viennent camper près du bourg de Thury, *Tauriacum vicum*. On reste là trois jours, Lothaire s'efforçant toujours d'entamer de nouvelles négociations pour donner à Pépin le temps d'arriver. Il arrive enfin et fait sa jonction avec l'armée de son oncle. Alors Lothaire change de langage et somme orgueilleusement ses frères de se soumettre à son autorité. « Sachez, « leur dit-il, que le titre d'empereur m'a été donné par « une autorité supérieure, et que j'ai besoin de toute « grandeur pour remplir ma charge (2). » Ils lui répondent que, toute espérance de justice et de paix étant perdue, ils recourront le lendemain, deux heures après la naissance du jour, au jugement du Dieu tout puissant. En effet, le lendemain à la pointe du jour, ils font occuper par le tiers de leur armée le sommet des hautes collines situées en face du camp de Lothaire, et où se trouve aujourd'hui le château du Deffand, et à la seconde heure du jour, engagent le combat sur les bords du ruisseau de Fontenoy, au lieu que Nithard appelle *Brittas* et qui est

---

(1) *Locum ubi castrum poneret Fontanetum petit.* — (Nithard).
(2) *Nithard*, liv. II.

aujourd'hui le bois des Briottes, ainsi que sur un autre point, appelé alors *Solemnat*, et qui est aujourd'hui Solmé. C'était une guerre de races profondément antipathiques les unes contre les autres, quoique issues d'une même origine, plutôt encore qu'une querelle de princes. Francs et Gaulois, d'un côté, combattant pour l'indépendance; Italiens et Aquitains, de l'autre, aspirant orgueilleusement à la domination. De part et d'autre l'acharnement était extrême. Les prêtres, eux-mêmes, s'en mêlaient et marchaient à la tête des troupes. La bataille se prolongea pendant longtemps avec des chances diverses et une terrible furie, lorsqu'une attaque de flanc, dirigée avec une habile impétuosité, au lieu appelé *Fagit* (les hêtres), aujourd'hui le hameau des Foucards, nom vulgaire de ce genre d'arbres, apporta le plus grand désordre dans l'armée de Lothaire qui, sur un autre point, avait paru victorieuse, et décida le sort de la journée. Le carnage fut affreux. Cent mille cadavres jonchèrent, dit-on, le champ de bataille. « Et tant y en eut d'occis de chaque « côté, dit une vieille chronique, que mémoire ne re- « corde mie que il eust oncque en France si grant occi- « sion de crestiens. » On a conservé une complainte en langue latine que, de retour dans son pays d'Aquitaine, un soldat de l'empereur Lothaire, appelé Angelbert, composa sur le sujet de cette bataille, dans laquelle, selon lui, son maître n'avait succombé que par trahison. Elle fut longtemps chantée dans les camps, et sa poésie est à la fois empreinte d'une profonde tristesse et d'une sombre énergie. Nous en traduisons deux strophes pour donner quelque faible idée du style de cette poétique lamentation, dont on dirait que Thomas Moore s'est inspiré dans plus d'une de ses mélodies irlandaises.

« Ils l'appellent Fontanet ou Fontaine, les gens du
« pays, ce village où, du carnage, de la ruine et du sang
« des Francs tremblent encore d'horreur les champs,
« tremblent d'horreur les bois, tremblent d'horreur les
« marais eux-mêmes. . . . .

« Que soit maudit l'anniversaire de ce jour, qu'il soit
« oublié du calendrier, et rayé de toute mémoire, que
« le soleil lui refuse sa lumière, et que son aurore même
« s'éteigne dans les ténèbres ;

« Que ce ne soit qu'une nuit, nuit amère et trop dou-
« loureuse, celle dans laquelle ont péri les braves, les
« habiles aux combats, les vaillants que pleurent leurs
« pères, leurs mères, leurs sœurs, leurs frères et leurs
« amis. »

Rien ne peut mieux peindre l'immensité de ce carnage que la stupeur des vainqueurs eux-mêmes, attestée par l'historien Nithard, quand ils virent le nombre
infini des morts et des blessés.

« Les rois et les peuples, dit ce chroniqueur, pleu-
« rant sur la mort d'un peuple chrétien et frère, réuni-
« rent les évêques qui avaient suivi les armées, et leur
« demandèrent ce qu'ils devaient faire. Ce concile im-
« provisé délibéra en assemblée publique que l'on n'avait
« combattu que pour la justice et l'équité et que cela
« était manifeste par le jugement de Dieu ; qu'en consé-
« quence, tout ministre du Seigneur qui avait pris part
« au combat par ses conseils, ou en combattant de sa
« main, était exempt de péché, et, pour rendre grâce à
« Dieu de cette éclatante manifestation de sa justice, on
« ordonna un jeûne de trois jours. »

Ce fut, en effet, une effroyable tuerie. Mais les conséquences en furent décisives. La France fut à jamais

affranchie de tout asservissement envers l'empire d'Occident, et sa nationalité indépendante se trouva définitivement et irrévocablement constituée.

Des incertitudes avaient longtemps régné sur le lieu de cette grande bataille. Belleforêt et Paradin l'avaient longtemps cherché à Fontenay près Chablis, Guy-Coquille à Corvol-l'Orgueilleux, Daniel à Voutenay, Lebeuf, et, d'après ses indications, plusieurs autres historiens, l'avaient placé entre Druyes et Fontenailles. Ils ont été rectifiés par les mémoires publiés au siècle dernier sur ce sujet par l'ingénieur Pasumot, au commencement du siècle actuel par Paultre-Desormes, et, depuis, par M. le docteur Duché (1), et enfin, par nous-même dans un travail qui a été lu à l'Académie des inscriptions et n'y a trouvé aucun contradicteur.

La Société des sciences historiques et naturelles de l'Yonne a consacré l'emplacement de cette grande action de guerre, en faisant ériger, le 25 juin 1860, au milieu d'une affluence considérable d'habitants du canton et de curieux des cantons voisins, sur le sommet d'une colline dominant, du côté de l'est, le bourg de Fontenoy, un grand obélisque qui a été béni par un grand vicaire délégué spécialement par Mgr l'archevêque de Sens et qui porte les inscriptions suivantes.

Sur l'obélisque :

PRÆLIUM

AD

FONTANETUM

DCCCXLI

---

(1) *Bull. de la Soc. des Sc. hist. et nat. de l'Yonne*, 1860.

Sur le piédestal :   ICI
FUT LIVRÉE
LE 25 JUIN 841
LA BATAILLE DE FONTENOY
ENTRE LES ENFANTS
DE LOUIS-LE-DÉBONNAIRE.
LA VICTOIRE DE CHARLES-LE-CHAUVE
SÉPARA LA FRANCE
DE L'EMPIRE D'OCCIDENT
ET FONDA L'INDÉPENDANCE
DE LA NATIONALITÉ FRANÇAISE

Et, sur le soubassement :

ÉRIGÉ EN 1860, SOUS LES AUSPICES DE LA SOCIÉTÉ DES SCIENCES DE L'YONNE, PAR LES SOINS DU BARON DU HAVELT, MEMBRE DU CONSEIL GÉNÉRAL DE L'YONNE, ET, SELON LE VŒU DE SON BEAU-PÈRE, LE BARON CHAILLOU DES BARRES, L'UN DES FONDATEURS ET LE PREMIER PRÉSIDENT DE LA SOCIÉTÉ.

La sanglante journée de Fontenoy n'avait guère moins épuisé les vainqueurs que les vaincus. Aussi ne put-on pas poursuivre les débris des armées de Lothaire et de Pépin. Ils reçurent des renforts et la guerre recommença, mais sans succès pour Lothaire. Après deux ans, elle se termina par le traité de Verdun. Charles-le-Chauve obtint toute la partie de la Gaule située au couchant de l'Escaut, de la Meuse, de la Saône et du Rhône, étant bornée au midi par la Méditerranée et les Pyrénées, et à l'occident par l'Océan. Ce pays sera désormais isolé et indépendant. C'est le royaume des Français. Louis avait la Germanie, et Lothaire l'Italie avec une longue zône de terre au levant du Rhône, de la Saône et de la Meuse, qui de son nom s'appela la Lotharingie, et plus tard la Lorraine. Ainsi était rompu l'empire de Charlemagne qui avait cru ressusciter l'empire romain et son unité, et qui ne fit que préparer la division des nations modernes et la féodalité. Celle-ci ne tarda guère à paraître. Déjà elle s'était annoncée par quelques concessions, non plus seulement viagères et sous le titre de bénéfices, mais pleinement héréditaires, faites sous les derniers règnes, sous divers titres et avec plus ou moins d'étendue, pour récompenser de grands services. Elle grandit et s'éleva rapidement pendant les trente-sept années de Charles-le-Chauve, qui ne furent qu'une suite continuelle de guerres contre ses frères et ses neveux, contre les Bretons, les Aquitains et les Provençaux, et surtout contre les Normands, ces pirates du Nord, qui, profitant de la discorde des descendants de Charlemagne, envahissaient audacieusement le territoire français en remontant la Seine et la Loire, assiégeaient les villes, pillaient et saccageaient les abbayes et les églises, et portaient partout la terreur et la dévastation.

Pour recruter des défenseurs contre tant d'adversaires, le roi était amené à leur prodiguer les titres, les hautes fonctions, le gouvernement des provinces, des villes et des châteaux. Beaucoup d'entr'eux en obtinrent ensuite la possession absolue et incontestée pour eux et leurs descendance. A la fin du règne, la ligue de tous les chefs préposés à ces commandements, et le besoin indispensable de leurs services pour son projet, celui dont il vit la réalisation dans la dernière année de sa vie, d'obtenir le titre d'empereur, comme l'avait eu son frère Lothaire, arrachèrent à ce prince, en 977, le capitulaire du Kiersy, qui reconnaissait le droit héréditaire pour les ducs, les comtes et tous les possesseurs de bénéfices et honneurs. De ce moment, toute distinction entre le chef ou le magistrat préposé par le roi, et le seigneur propriétaire de la fonction, fut effacée. Le titre de duc ou de comte exprima, non plus seulement une dignité, un office, un honneur, mais une souveraineté héréditaire et transmissible, sous la seule réserve du devoir de fidélité et du service militaire envers le roi. La féodalité était donc désormais écrite dans la loi. Mais, avant qu'elle fût entièrement organisée dans la société, il lui fallait encore l'expulsion du dernier rejeton de la dynastie de Charlemagne.

L'un des premiers actes de Charles-le-Chauve, lorsqu'il eut été affermi par la victoire de Fontenoy, fut le don du comté de l'Auxerrois avec l'abbaye de Saint-Germain, en faveur de Conrad de Bavière, son oncle maternel, qui avait servi sa cause, et, auparavant, du vivant de Louis-le-Débonnaire, ses intérêts et ceux de l'impératrice Judith, avec le plus grand dévouement. Il avait été pour cela, lors des débats et des guerres des enfants du premier lit contre leur père, fait prisonnier, rasé et conduit en exil dans l'Aquitaine. L'évêque d'Auxerre, Héribald, qui avait suivi son parti, avait été forcé de fuir, et s'était réfugié à Rome. On dut à ce prince la réédification de l'église de Saint-Germain et la construction de la crypte qui subsiste encore, dans laquelle il fit déposer les restes vénérés du grand évêque sous l'invocation duquel elle était dédiée. Cet édifice a été reconstruit depuis, du moins pour tout ce qui en existe aujourd'hui. Mais il n'est pas impossible que la nef et le portail qui ont été démolis au commencement du siècle actuel fussent de cette époque. Quant au magnifique campanile qui était relié à l'église par cette vieille nef, et qui reste maintenant isolé, aucun document écrit n'en indique la date, mais il est évident, par son style, que c'est une œuvre de la fin du onzième siècle ou, au plus tard, du commencement du douzième.

Du temps du comte Conrad, Charles-le-Chauve vint souvent à Auxerre et y fit de longs séjours. En 858, dans une période de détresse et d'affaissement de sa puissance, il y passa deux mois. En 863, il y célébra le mariage de sa fille Judith avec Baudoin, dit Bras-de-Fer, grand-forestier de Flandres, titre qu'avaient les gouverneurs pour le roi de cette contrée couverte de forêts. Elle avait été mariée d'abord en Angleterre au roi Ethel-Wulf. Et, après sa mort, au grand scandale de tous, elle avait pris pour second mari le fils de ce prince. Devenue veuve une seconde fois, elle s'était donnée à ce chevalier renommé pour sa force et sa bravoure aventureuse. Le roi avait, pendant trois ans, refusé de l'accepter pour gendre, quoiqu'il fût venu jusqu'à Senlis, à la tête d'une armée, pour conquérir ce consentement. Charles-le-Chauve donna enfin, sur les instantes prières du pape Benoit III, son assentiment, et, pour dot, le riche fief de-la Flandre avec le titre de comte. Il séjourna encore à Auxerre en 867 et 870.

Conrad II succéda à son père dans le comté de l'Auxerrois; mais, ayant pris contre Charles-le-Chauve le parti du roi de Lorraine Lothaire II, il fut dépouillé de cette riche possession qui, en 865, fut donnée, avec le comté de Nevers, à Robert-le-Fort, déjà gardien des marches ou marquis d'Anjou, et qui fut même créé duc de toutes ces contrées entre la Loire et la Seine. C'était l'un des plus vaillants capitaines de Charles. Ce glorieux ancêtre de la troisième dynastie de nos rois, que Lebeuf, après les Annales françaises de Metz, appelle le Machabée de son temps, était aussi, selon quelques chroniqueurs dont l'opinion est suivie par cet historien, fils de Conrad Ier. Mais, selon d'autres, il aurait seulement épousé la veuve de ce prince. Il fut tué, en 867, dans une bataille contre les Normands, qu'il avait souvent battus dans de nombreux combats. Son successeur dans le comté Auxerrois fut un autre fils de Conrad Ier, Hugues, homme de grande puissance et de grande sagesse, disent les Annales de Metz, que l'on surnommait l'abbé, sans doute parce qu'il possédait déjà, depuis la mort de son père, l'abbaye de Saint-Germain. Il eut fort à faire contre les incursions incessantes des pirates normands qui, remontant la Seine et la Loire, ravagèrent, à deux reprises, l'Auxerrois dans toute son étendue, prirent, pillèrent et saccagèrent les abbayes. Ainsi fut brûlée, en 912, celle de Sessy ou Saissy-les-Bois, qui, dit-on, avait été fondée par le roi Clotaire Ier.

On avait construit à Cosne une forteresse pour la défense de cette ville et de sa banlieue, dans lesquelles l'évêque et le chapitre de la cathédrale avaient de grands intérêts, car ils y possédaient quarante manses. Elle put résister, en conséquence, à leurs attaques, ainsi qu'Auxerre, dont les faubourgs seulement furent saccagés et brûlés.

Cette ville elle-même fut presque entièrement réduite en cendres, vers l'an 900, non par eux, mais par cas fortuit. Trois églises même furent consumées, ainsi que le palais épiscopal. A l'exception d'un petit nombre de chefs courageux, rien ne s'opposait plus à la furie de ces bandes de forbans, qui, le plus souvent, étaient fortes à peine de quatre à cinq cents hommes. La race des guerriers et des hommes libres semblait avoir disparu. Les guerres civiles et de famille, et des batailles comme celle de Fontenoy en avaient détruit la plus grande partie. Les villes étaient épuisées et désarmées. Plus de milice, de curie, de trésor municipal. Le peuple des campagnes, réduit à la plus triste condition, n'avait ni le pouvoir, ni la volonté de se défendre. Les paysans se cachaient dans les forêts, ou par misère et par désespoir allaient grossir les bandes des pirates. Les grands ne songeaient, au milieu des calamités publiques, qu'à accroître leurs richesses et leur tyrannie. « Ils ruinaient « par leur lâcheté, dit le chroniqueur contemporain « Ermentarius, le royaume des chrétiens, et étaient ré- « duits à racheter par leurs tributs ce qu'ils auraient dû « défendre par les armes. » C'est ainsi que le roi avait payé par sept cents livres d'argent le départ de ces bandits qui assiégeaient Paris, afin qu'en quittant cette ville, ils remontassent la Seine et l'Yonne pour y piller tout à leur aise.

En 877, Hugues l'abbé s'était démis du comté de l'Auxerrois en faveur d'un soldat plus capable de le défendre. C'était le comte Girbold, qui conserva ce grand fief jusqu'à sa mort, arrivée en 888. Après lui, et lorsque, le roi Charles le Gros étant mort, Eudes, fils de Robert-le-Fort, fut élu à sa place, le comté fut réuni, avec celui du Sénonais, à la Bourgogne, qui avait été érigée en duché, pour être donnée, par le roi, d'abord à Boson, fils de Thierry, comte d'Autun, puis, trois ans après, lorsqu'il en eut fait d'abord un duc de Lombardie et que celui-ci se fut fait roi de Provence, à son frère Richard, que son esprit de sagesse et de droiture firent surnommer le Justicier, et qui était déjà comte d'Autun. C'était peut-être à cette condition seulement qu'Eudes avait obtenu pour son élection à la royauté le concours de ces puissants personnages. Le duc Richard s'efforça de protéger son duché contre les Normands. Il fut vaillamment secondé dans cette entreprise, notamment dans une grande bataille livrée en 910, auprès de Chartres, contre ces pirates, qui perdirent 6,000 hommes, par l'évêque d'Auxerre Gérannus, que nous appelons saint Géran, homme riche et de noble race franque, qui avait été élu par le peuple à cette dignité avec la permission du duc, moins peut-être comme homme d'église, quoiqu'il eût montré déjà des vertus pieuses et charitables, que comme vaillant et habile homme de guerre, et qui justifia la confiance de ceux qui l'avaient choisi, en protégeant par des combats incessants le territoire de son diocèse contre les incursions de ces bandes dévastatrices. Au reste, des documents inédits et des publications récentes les représentent, non comme des hordes tumultueuses et indisciplinées, mais comme des troupes régulièrement recrutées par des associations instituées pour la conquête, parfaitement organisées, équipées et armées, et qui auraient plus tard servi de modèles à la création de l'ordre teutonique, et des ordres religieux des templiers et des hospitaliers.

Au duc Richard succéda son fils Rodolphe ou Raoul, qui se fit élire roi en 923, et qui paraît avoir fait d'Auxerre sa résidence principale. Il y mourut en 936. C'est peut-être sous son règne que la grande tour de Brunehaut, qui formait dans cette ville le palais des rois mérovingiens, fut en partie démolie pour céder la place au château que les comtes ont occupé pendant quatre cents ans, et qui, après eux, est devenu, sous le nom de palais royal, le siége des audiences du bailliage. Le duché de Bourgogne avec les comtés d'Auxerre et de Nevers passa alors à son frère Hugues-le-Noir, et après lui à son gendre Gislebert, puis, après ce dernier, à

Othon, gendre de Gislebert et fi's de Hugues-le-Grand, duc de France. A Othon succéda son jeune frère Henry, surnommé aussi le Grand, frère de Hugues Capet qui avait le duché de France et qui fut élu roi en 987.

Ce fut encore un siècle de guerres continuelles entre les grandes familles qui se disputaient le pouvoir, et tantôt excluaient du trône les faibles descendants de Charlemagne, tantôt les rappelaient pour régner sous leur nom. Dans l'anarchie engendrée par tant de querelles intérieures ou étrangères, au milieu des calamités et des crimes de ce siècle de fer, l'Eglise, dont les hommes de race franque avaient accaparé les évêchés, achève de perdre toute sa force morale. Elle devient, comme la société civile, matérielle, violente, sanguinaire. Plus de constitutions générales, plus de synodes, plus d'instruction religieuse, plus d'ascendant sur les esprits. Le clergé ne cherche plus l'autorité par la foi, mais par les armes et la richesse. Les évêchés, qui ne sont plus donnés par la libre élection du clergé et du peuple au mérite et à la sainteté, mais par la faveur du pouvoir royal à la seule noblesse, sont distribués et reçus comme des fiefs, et deviennent une sorte de théocratie militaire.

Ainsi la force a remplacé partout l'élection, et là où les fidèles et les moines conservent quelque ombre de liberté, la corruption achète ouvertement la dignité. Il n'y a plus guère, à la tête des églises, que des barons avides et belliqueux. Plusieurs sont mariés, et transmettent leurs dignités et leurs domaines ecclésiastiques à leurs enfants, ou bien les donnent en dot à leurs filles, ou en douaire à leurs femmes. L'avenir de l'Eglise semble perdu, car la seule puissance qui pourrait la ramener dans la voie évangélique, celle qui, dans les temps les plus mauvais, n'avait pas pris part à la corruption du clergé, la papauté elle-même, pendant tout le x° siècle, donnait le plus déplorable exemple d'anarchie, de vénalité et de tous les genres d'immoralité. « Jésus-Christ, a dit le cardinal Baronius, historien de « la papauté, dormait alors dans sa barque au milieu « de cette tempête. Alors des courtisanes disposaient « de la chaire de saint Pierre. » Sous ces tristes influences et les invasions qui avaient ruiné les abbayes, dispersé les moines et détruit leurs archives et leurs bibliothèques, les écoles avaient disparu, le flambeau de la science s'était éteint, l'ignorance avait envahi ce qui restait des monastères, à ce point, qu'à l'exception de Cluny, de Saint-Denis et d'un petit nombre d'autres, on avait peine à trouver un moine qui sût écrire, et les plus tristes désordres avaient suivi cet obscurcissement général. En 909, le concile de Trosley se plaint du relâchement de la discipline monastique, et non sans raison, « puisqu'on voyait alors, dit Mabillon (1), dans « les monastères voués à Dieu, au milieu des moines « et des religieuses même, des abbés laïques qui y « vivaient installés avec leurs femmes et leurs enfants, « leurs hommes de guerre et leurs meutes. » Il eût pu ajouter « avec leurs concubines », comme l'a dit dans sa chronique le moine Clarius, de l'archevêque de Sens Archembald, qui s'était installé dans le cloître de Saint-Pierre-le-Vif avec des filles de joie (*cum meretricibus,*) et tua dans une nuit d'orgie douze des quinze moines qui étaient restés avec lui dans le monastère.

---

(1) *Annales bénédictines*, III, p. 330.

Une grande réaction contre de si tristes désordres partit de Cluny vers l'an 950. Saint Mayeul et saint Odilon, après avoir réformé leur abbaye, apportèrent, avec l'appui du duc Henry, le bienfait de cette réformation en nombre d'autres monastères, et notamment à Saint-Germain-d'Auxerre, qui, pour retrouver sa prospérité et son éclat antérieurs, avait pourtant repris, à la fin de ce siècle, la discipline de ses meilleurs jours.

Pendant ce temps s'était constituée la féodalité qui, en renouant les liens de cette société si profondément troublée, lui avait apporté, dans une organisation nouvelle, le seul ordre qu'il fût peut-être possible d'y introduire, pour mettre un terme à l'anarchie dont elle périssait. Les grands vassaux avaient divisé leurs gouvernements, en inféodant à leurs capitaines, sous le titre de comtes, des parties importantes de leurs états; ceux-ci en avaient attribué, en fief, des parties à leurs officiers, et les officiers, en arrière-fiefs à leurs subordonnés, tous sous la condition du devoir de vasselage et de service militaire envers les supérieurs, et de protection des supérieurs envers les inférieurs. Les grands propriétaires qui étaient restés à la tête de leurs domaines avaient dû, le plus souvent, accepter le même vasselage. C'était, à partir du suzerain, jusqu'au moindre possesseur, une chaîne non interrompue de protections et de devoirs réciproques. Mais, dans chaque domaine le seigneur était, sauf ces devoirs envers ses suzerains, maître et souverain d'une manière absolue. Il imposait à ses sujets, libres ou serfs, la paix ou la guerre, percevait sur eux, à son profit, des impôts, et jugeait seul leurs différends. Sous eux la seigneurie était un état indépendant, et, à l'ancienne notion de la patrie avait succédé celle de la seigneurie. Au-dessous du seigneur étaient les hommes libres dans les villes, fréquemment restreints et diminués dans leurs libertés qui étaient qualifiées de simples priviléges, soumis, d'ailleurs, aux mêmes services de paix et de guerre, aux mêmes impôts qui des Romains étaient passés aux Francs, et qui, de ceux-ci, étaient transportés aux seigneurs. Dans la campagne, le servage était universel. Il avait succédé à l'esclavage antique, et, dans ces premiers temps, n'était guère moins rigoureux. La terre appartenait tout entière au seigneur. Le serf ne la cultivait que sous les conditions de travaux et de redevances qui lui étaient imposées. Il était, de plus, taillable et corvéable à la volonté du seigneur, ou, comme disaient les chartes, *in alto et in basso*. Hommes libres et serfs trouvaient du moins dans ce régime un abri et une protection contre les ravages des guerres et des incursions. Le clergé était entré dans cette organisation, non comme corporation, mais comme propriétaire. Les évêchés, les chapitres, les abbayes, et parfois les cures et les prieurés furent des seigneuries féodales, tout à fait semblables aux seigneuries laïques, ayant des suzerains auxquels ils devaient l'hommage et les devoirs féodaux, et des terres vassales dont ils exigeaient le même service. Le territoire de l'Auxerrois ne reconnaissait comme suzerain féodal que le comte qui, depuis l'année 888, était en même temps duc de Bourgogne. C'est à lui que remontaient les hommages et devoirs de tous les possesseurs du sol.

Tel était l'état des choses et des personnes quand survinrent dans ce pays des événements qui y apportèrent de profondes modifications. Ils ont échappé jusqu'à présent aux historiens qui se sont occupés des annales de cette contrée.

En l'an 1002 mourut Henry-le-Grand, duc de Bourgogne, sans laisser d'enfants légitimes. Il fut inhumé dans l'abbaye de Saint-Germain d'Auxerre comme l'avait été la duchesse Gerberge, sa première femme. Celle-ci avait eu d'un précédent mariage avec le duc Adalbert de Lombardie un fils appelé Othon-Guillaume, que Henry avait élevé, qu'il considérait comme son fils adoptif, et qu'il avait fait comte de Dijon. Il l'instituait son héritier et lui léguait tous ses états. Le roi Robert, neveu du duc Henry, soutenant que ce grand fief du duché de Bourgogne devait faire retour à la couronne et qu'on n'avait pu en disposer valablement au profit d'un étranger, le revendiqua, en refusant de reconnaître le testament. Des deux côtés on se prépara à la guerre. Les deux hommes les plus illustres de cette province étaient Bruno, évêque et comte de Langres, parent du roi Lothaire, et dont la sœur avait épousé Othon-Guillaume, et Hugues, comte de Châlon, dont la mère était, selon les uns, sœur, et selon d'autres, tante de la reine Constance, femme du roi Robert. Le duc Henry avait, en secondes noces, épousé quelques années auparavant l'une des sœurs du comte de Châlon, et le comte de Semur l'autre. Ce puissant comte de Châlon avait accru ses possessions et son autorité en se faisant nommer évêque d'Auxerre. Il était déjà chanoine d'Autun, abbé de Saint-Marcel-de-Châlon, de Paray-le-Monial, et de Saint-Georges-de-Couches. Toutes ces riches dignités, qu'il possédait en commende, ajoutaient encore à l'étendue de son influence. Il prit ardemment, avec le comte de Semur, son beau-frère, le parti du roi, et l'évêque Bruno se déclara hautement pour Othon-

Guillaume. Ce dernier avait pour un de ses plus énergiques soutiens Landry, son gendre, que le duc Henry avait fait comte de Nevers. Le comte Landry était d'une race d'hommes de guerre renommés pour leur vaillance. Son bisayeul, le premier du nom de Landry, issu du Poitou, avait été amené en Bourgogne par son frère, évêque d'Autun, et il y avait servi avec tant de fidélité et de vaillance la cause du roi Charles le Chauve, qu'il en avait reçu un fief dans cette province. Son ayeul avait, sous les yeux du duc Richard-le-Justicier, pris d'assaut le château de Maërs (Metz-le-Comte), sur un bandit audacieux dont les excès et la cruauté avaient répandu la terreur dans tout le Nivernais, et qu'il avait fait prisonnier. Son père avait continué excellemment cette grande réputation d'homme de guerre, et lui-même avait montré dans bien des circonstances tant de courage et d'habileté, que les comtes d'Anjou et de Poitou lui avaient fait des offres brillantes pour l'attacher à leur service. Mais, pour le retenir, le duc de Bourgogne lui avait donné la fille ainée du comte Othon-Guillaume en mariage, avec le comté de Nevers (1). Aucun document n'indique qu'il eût aussi le comté d'Auxerre. Si la mère de sa femme, Gerberge, figure sur le registre des obits de la cathédrale sous le titre de comtesse, c'est seulement, sans doute, parce que, duchesse à Dijon, elle était en même temps comtesse à Auxerre. Othon-Guillaume avait pour allié Eudes, le puissant comte de Blois et de Champagne (2). Il est probable que ce dernier avait

---

(1) *Chronic. de origine et historiâ comitum nivern.*, dans le *Recueil des histor. de France*, t. X, p. 258.

(2) *Chronic. Virdunense*, dans le *Recueil des hist. de France*, t. X, p. 203.

fait payer son alliance, et que c'est à cette occasion qu'il était devenu seigneur d'un territoire qui s'étendait de la Cure à l'Yonne entre Vézelay, Mailly-le-Château et Vermenton. Plus tard, et, après la guerre, dont il va être question, lui ou ses successeurs donnèrent en fief la châtellenie de Châtel-Censoir au baron de Donzy et les châteaux de Mailly et Betry au comte d'Auxerre, qui leur en rendaient foi et hommage (1). Châtel-Censoir fut, à une époque ultérieure sous-inféodé, et, on ne sait par suite de quels changements c'est à l'évêque qu'au xiv° siècle le possesseur en rendait foi et hommage.

Aux premières menaces de guerre, Landry, comprenant l'importance qu'aurait dans cette campagne Auxerre, qui était de ce côté comme la clef de la Bourgogne, y avait conduit des troupes aguerries, s'était emparé de cette ville, en avait chassé les adhérents de l'évêque, et l'avait mise en bon état de défense, ainsi que le château ou abbaye de Saint-Germain. Presque tous les barons de Bourgogne, à l'exception des comtes de Châlon et de Semur, suivant les inspirations de Bruno et de Landry, avaient reconnu pour leur duc Othon-Guillaume, et se préparaient à combattre pour lui. Aussi le roi, pour répondre à une ligue si menaçante, avait senti le besoin de joindre à ses troupes celles d'un redoutable auxiliaire, et il avait fait appel à Richard, duc des Normands, dont les hommes de guerre, établis depuis moins d'un siècle dans l'ancienne Neustrie, n'avaient point encore perdu

---

(1) Dubois de Jubainville, *Histoire des Comtes de Champagne*, t. IV, p. 488. — Reconnaissance de l'année 1214, coll. de Bastard, premier carton A. G. — Martenne, *Thesaur. anecd.* t. Ier, col. 820. Lettre du comte Pierre au pape Innocent III, de l'année 1198.

les traditions aventureuses de leurs pères et accoururent avec empressement pour cette expédition, qui leur promettait du pillage et des conquêtes. Trente mille soldats de cette nation, sous la conduite de leur duc, se joignirent à l'armée du roi, qui, accompagné du comte de Châlon, commença la campagne par l'investissement de la forteresse d'Auxerre.

Un moine de Saint-Germain, Raoul Glaber, nous a laissé dans sa chronique le récit de ce siége. Il fut long et sans succès. La ville était forte, facile à défendre, car elle n'était abordable que d'un seul côté; les tours en étaient massives, les fossés profonds, les remparts très élevés, la garnison nombreuse et éprouvée. Les assiégeants étaient sans doute plus experts dans les guerres de surprise et d'aventure que dans l'art d'attaquer et de prendre une place. De nombreux assauts furent tentés et repoussés avec de grandes pertes. On finit par y renoncer et, se tournant du côté du château de Saint-Germain, qui était moins fortifié par la nature, on y dressa pendant six jours des machines de guerre et des échelles, et l'on y donna des assauts, mais sans aucun succès. Alors intervinrent Odilon, abbé de Cluny, et Heldric, abbé de Saint-Germain, qui, remontrant tout ce qu'il y avait de sacrilége à attaquer un sanctuaire si vénéré et qui contenait les reliques de son saint patron, tentèrent, avec les plus vives instances, de détourner le roi de son entreprise. Quelque adonné qu'il fût aux pratiques d'une pieuse dévotion, il ne voulut rien entendre et, prenant son casque et sa cuirasse, il ordonna un nouvel assaut qui fut encore plus désastreux pour ses troupes que les précédents. Les assiégés attribuèrent leur victoire à l'intervention de Saint-Germain, dont, en ce moment, un saint moine sollicitait le secours, en célébrant solennellement la messe sur l'autel de la sainte Vierge, et leurs cris de triomphe se firent sans doute connaître au dehors, car l'esprit du roi en fut profondément troublé, et il leva aussitôt le siége. Alors, et toujours accompagné du comte-évêque, il s'avança avec son armée dans la Haute-Bourgogne, dans l'espoir d'y trouver un pays bien moins défendu. Mais toutes les villes, tous les châteaux étaient en bon état de défense. Il n'en put prendre aucun, et son armée s'en vengea en brûlant et saccageant avec fureur les villages et les récoltes. Ce qui s'ensuivit fut pendant douze ans une lutte acharnée des deux partis, un état de guerre général et continuel. D'un côté, les villes et les seigneurs des comtés de Châlon et de Semur sous la conduite de leurs comtes et avec l'aide des bandes redoutées de Normands, de l'autre tous les seigneurs bourguignons sous le commandement de l'évêque de Langres, du comte Othon-Guillaume et du comte Landry, et aussi avec le secours du comte de Blois, leur allié.

Le roi était parti après la première campagne. Il revint trois ans après et mit le siége devant la ville d'Avallon, qu'il tint bloquée pendant trois mois entiers, et dont il ne put être maître que lorsque la famine contraignit les assiégés à capituler. On voit encore au midi de cette ville des restes de circonvallation que la tradition fait remonter à ce mémorable siége. Il y eut aussi près de la ville de Tonnerre, sous la conduite du prince Henry, fils du roi, quelque grande et très sanglante action de guerre, sur laquelle on n'a aucun détail, car Raoul Glaber, qui la mentionne, ne le fait que par simple allusion, et en citant la vision d'un saint homme qui l'avait prophétisée. La guerre continua ensuite sans interruption, avec un grand acharnement et d'affreuses dévastations. Landry restait maître à Auxerre et dans toute la partie découverte du pays Auxerrois, mais ce qui suivit semble démontrer que, dans toutes la région boisée du centre et du midi, et sur le littoral de la Loire, c'est-à-dire sur la plus grande partie du territoire, l'avantage était pour les troupes de l'évêque Hugues, dont les lieutenants occupaient d'une manière permanente ce pays qui, par le Morvand, communiquait avec le Semurois et le Châlonnais.

Le récit détaillé des événements de cette longue guerre ne se trouve nulle part. La chronique de Raoul Glaber, qui ne donne aucun exposé suivi de l'histoire de son temps, se borne à raconter un certain nombre de faits et d'anecdotes extraordinaires, sans suite ni liaison entre eux. Il ne cite pas même le siége d'Avallon, et se contente de dire que les troupes du roi dévastèrent longtemps par le feu toute la Bourgogne, à l'exception des villes et des châteaux bien défendus.

Le *Gesta pontificum* dit très laconiquement que, « resté
« invariablement fidèle au roi, l'évêque soutint coura-
« geusement avec les siens, longtemps et beaucoup (*diû*
« *et multùm*) les attaques de ses ennemis, qu'il fut
« souvent chassé de son diocèse, mais qu'il trouva
« toujours dans son comté de Châlon un appui dé-
« voué, et y fut vainqueur dans tous les combats qui
« y furent livrés. » On ne rencontre, du reste, dans les rares et très courtes chroniques du temps, que la simple mention, en une ligne ou deux, de cette guerre et des misères qui en furent la suite. Ce qui ressort seulement de leurs récits et des actes des conciles, c'est

que cette dévastation générale par le feu, et cette guerre continue et sans trêve empêchant en tant de lieux différents tous les travaux de la culture et mettant obstacle au labourage et à l'ensemencement des terres, il en résulta pendant bien des années une longue série de famines affreuses et une effroyable mortalité. Raoul Glaber raconte à ce sujet de telles horreurs que nous devons nous borner à traduire son récit.

« Alors en beaucoup de lieux l'horrible faim poussa
« à se nourrir, non-seulement de la chair des animaux
« immondes et des reptiles, mais de celle des hommes,
« des femmes et des enfants, sans considération de la
« parenté, et l'on vit des enfants dévorer leurs mères,
« et des mères leurs petits enfants. » On a constaté que, d'après les récits de cet annaliste, de 970 à 1040, c'est-à-dire en soixante-dix ans, dans ces temps de guerres continuelles et acharnées, il y avait eu quarante-huit années de famine (1).

On apprend aussi par les chroniques que le roi Robert, pour adoucir sans doute le mal qu'il avait fait au pays Auxerrois, nourrissait ensuite à ses frais trois cents pauvres dans la seule ville d'Auxerre ; et que, la guerre ne donnant aucune solution, et ses lamentables suites contristant tous les esprits, il y eût, et longtemps sans succès, des tentatives d'arrangement. L'évêque Hugues de Châlon, à qui le roi avait remis tous ses pouvoirs, convoqua, à Verdun-sur-Saône, sous le nom de concile, une grande assemblée des évêques, des barons, des seigneurs et des parties intéressées. On y discuta des projets de transaction, sans pouvoir se mettre d'accord,

---

(1) **Dareste de Chavannes**, *Histoire des classes agricoles.*

et la guerre continua. Elle dura jusqu'à la mort de l'évêque de Langres, qui était l'énergique et infatigable organisateur de la résistance, et le chef reconnu et obéi du parti contraire au roi. Il mourut en 1014 ou 1015, et Hugues de Châlon convoqua aussitôt un nouveau concile dans le château que possédait à Héry l'abbaye de Saint-Germain. Le roi s'y trouva, accompagné de Léothéric, archevêque de Sens, de Goscelin, archevêque de Bourges, et de beaucoup d'autres prélats, comtes et seigneurs. Là, comme on l'avait fait à Verdun, on apporta des reliques des saints pour émouvoir les cœurs et les disposer à la conciliation (1). Il en vint de Saint-Pierre-le-Vif, de Moutiers et de Châtillon-sur-Seine. Après de longs débats, on tomba enfin d'accord sur les conditions de la paix. Nous trouvons ces conditions, non dans le texte écrit d'un traité qui, s'il a été écrit, a disparu, mais dans son exécution, à laquelle toutes les parties se soumirent, dans les faits qui furent immédiatement accomplis et toujours respectés depuis. Le duché de Bourgogne était délaissé au roi, qui en investissait immédiatement son fils aîné Henri, et donnait en fief le comté de Dijon à Renaud, fils d'Othon-Guillaume, qui épousait la fille du duc de Normandie. Le comté de Bourgogne ou Franche-comté restait à Othon-Guillaume. Landry conservait son comté de Nevers et obtenait en outre, comme fief tenu du roi, et sous le titre de comté d'Auxerre, la ville d'Auxerre avec la moitié, prise du côté du nord, de l'ancien comté ou pays Auxerrois. Son fils Rainaud était probablement fiancé dès lors à la princesse Adélaïde, la

---

(1) *Acta Sanctorum.* — *Acta sancti Veroli presbyteri Castellionis supter Sequanam.*

fille du roi, qu'il épousa quelques années après. L'évêque Hugues, à qui, selon Georges Viole, le roi avait offert tout ce qu'il voudrait choisir dans la nouvelle conquête, recevait pour lui et ses successeurs dans l'épiscopat, la suzeraineté de la moitié méridionale de ce pays. Il en créait trois baronnies, dont les titulaires lui rendaient foi et hommage, celles de Donzy, de Saint-Verain et de Toucy, dont il voulait récompenser les services de ses auxiliaires. La première, qu'il donnait en fief à son neveu Geoffroi de Semur, était composée de la châtellenie de Donzy, de celles d'Entrains, de Billy, d'Etais, de Druyes et de Saint-Amand. Le comte de Blois et de Champagne y ajoutait plus tard celle de Châtel-Censoir, qui continua, toutefois, à relever de lui. La seconde, dont Hugues investit Ithier de Narbonne, son parent du côté de sa mère, comprenait tout le territoire situé entre les rivières de l'Ouanne et du Loing. La ville de Saint-Fargeau, qui se forma depuis, en dépendait. La ville de Toucy, qui était assise sur les deux rives de l'Ouanne, restait commune entre le baron et l'évêque. La troisième baronnie, qui était formée de tout le territoire du littoral de la Loire, depuis Mesves jusqu'à Gien, moins pourtant cette dernière châtellenie, qui peut-être était laissée à un seigneur particulier, et qui, plus tard, se trouva possédée par les barons de Donzy, sans qu'on sache par qui et à quelle époque elle leur avait été donnée, cette troisième baronnie fut érigée en fief au nom d'un chevalier appelé Wibald, que l'on prononça plus tard Guibaud, comme Wilhem se prononça Guillaume, et que, dans le siècle suivant, les moines, dans leurs chartes, ont orthographié Gibaud. Ce personnage, dont l'origine n'est pas clairement connue, était probablement un autre parent de l'évêque, venu aussi des provinces méridionales, car, lorsqu'il bâtit la chapelle de son château, il fit venir, dit-on, de Cavaillon, qui était sans doute sa ville natale et peut-être le fief de sa famille, des reliques de saint Verain, évêque de cette ville, et donna à son château le nom de ce patron vénéré. Par ces arrangements la région de la Puisaie se trouvait divisée entre les trois baronnies. L'existence, pendant le moyen âge, de cette région comme état ou province distincte, avec Saint-Amand pour capitale, est une fable qu'on trouve pour la première fois dans Née de la Rochelle. Saint-Amand n'a été jamais, alors et depuis, qu'une seigneurie relevant de la baronnie de Toucy et ensuite du comté de Saint-Fargeau, qui fut détaché de cette baronnie. Hugues de Châlon, outre la suzeraineté de ces baronnies, se réservait tous les domaines particuliers qu'il y possédait, notamment les châtellenies de Toucy sur la rive droite de l'Ouanne, de Cosne et de Varzy, et, pour assurer et pouvoir défendre dans l'avenir ce droit de suzeraineté, il conservait dans la baronnie de Donzy le château de Château-Neuf, dans celle de Saint-Verain la ville et le château de Cosne, et, près de ces territoires, sur les frontières méridionales du comté d'Auxerre, ceux de Mailly et Saint-Sauveur. Ces châteaux, il les remettait entre les mains du comte, à qui il les inféodait, mais à la condition qu'ils lui seraient rendus dès qu'il le demanderait, ou, selon la clause en usage, qu'ils lui étaient jurables et rendables à son vouloir. La châtellenie de Clamecy, qui était possédée par un vicomte, vassal du comte de Nevers, continuait à rester sous sa dépendance. A Auxerre, l'évêque se réservait, outre son palais épiscopal, l'enceinte des cloîtres de Saint-Etienne, Notre-Dame de la Cité, Notre-Dame-là-Dehors, Saint-Pierre et Saint-Amatre, avec les emplacements où se tenait la foire de la Chalendemai, et la moitié des droits et taxes qui seraient perçus dans la ville et les faubourgs.

En ce qui concerne Cosne, les conditions, selon lesquelles s'établit alors et se maintint plus tard une sorte de possession commune de l'évêque et du comte sur cette ville, sont assez singulières pour mériter d'être citées. Nous les trouvons reproduites dans une charte de l'année 1250, dont le texte se trouve dans l'Inventaire des titres du Nivernais (1).

Chacun d'eux a ses hommes habitant dans la ville ; ceux qui viendront y établir leur domicile y pourront choisir l'un de ces deux seigneurs pour maître ; le comte a ses juifs, et il est interdit à l'évêque d'y clore leurs quartiers. Le comte peut les chasser et les confisquer s'il le juge à propos.

Le château, les remparts et les fossés de la ville avec toutes leurs fortifications, ainsi que la garenne aux connins (lapins) dans l'intérieur de la ville, appartiennent au comte, qui seul a les clefs des portes. Il a de plus le péage sur la Loire, des droits particuliers sur les pêcheurs, et une taxe de quatre sols sur chaque muid de vin entrant dans la ville.

Chacun des deux seigneurs a sa justice civile. Mais le comte seul a pilori et échelle, c'est-à-dire la justice criminelle. Le comte a droit d'ost et de chevauchée sur les hommes de l'évêque, c'est-à-dire qu'ils doivent le suivre dans ses expéditions militaires. Ils doivent venir faire le guet, c'est-à-dire la garde au château, curer les fossés et faire les charrois du bois dont le comte aura besoin pour

(1) Col. 543.

ses palissades et autres œuvres de charpente. Les charpentiers y doivent travailler pour quatre deniers par jour. Cette clause, où il n'est pas question de pierres et de maçons, semble prouver que le château et ses défenses n'étaient alors, comme beaucoup d'autres dans le xie siècle, que des constructions en bois. Si le prévôt du comte a saisi un meurtrier, les hommes de l'évêque sont tenus de le venir voir justicier. Enfin, si des hommes de l'évêque ont à se plaindre, ils peuvent s'adresser au comte qui a droit de garde sur eux. Cette confusion d'attributions seigneuriales fut modifiée dans la suite des temps. Le pouvoir des évêques s'étendit peu à peu au détriment de celui du comte. Au xve siècle, les évêques furent reconnus comme seuls seigneurs de la ville, et un arrêt du Parlement de l'année 1467 leur attribua sur les habitants une juridiction entière, qu'ils ont conservée jusqu'en 1790.

Pour compléter ce qui concerne le traité de paix, il faut ajouter que la châtellenie de Bléneau, tout en continuant à faire partie du diocèse d'Auxerre et à rester soumise au pouvoir spirituel de l'évêque, était cédée au comte du Gâtinais, qui avait été, sans doute, dans cette guerre, un utile auxiliaire pour la cause royale. On lui délaissait, en outre, la suzeraineté de la châtellenie de Saint-Fargeau, qui faisait partie de la baronnie de Toucy.

Enfin, le traité laissait au duc de Bourgogne la riche abbaye de St-Germain, et, par une autre clause, qui a besoin d'explication pour être comprise, la suzeraineté du faubourg Saint-Gervais de la ville d'Auxerre, situé sur la rive droite de l'Yonne. C'est qu'à cette époque, où l'on manquait de routes, la navigation fluviale était au premier rang des moyens de communication, et que celle de l'Yonne, qui liait la Bourgogne avec Paris, lui était assez précieuse pour que le duc voulût être maître d'un port dans la ville d'où partait cette navigation.

Ainsi se trouva transformé le pays Auxerrois, qui avait longtemps été, même depuis l'origine de la féodalité, un seul état, soumis à une seule et même autorité, et qui, de ce moment, était coupé d'abord en deux suzerainetés, celle du comte et celle de l'évêque, et celle-ci divisée en trois baronnies, sans conserver d'autre lien commun que celui du pouvoir ecclésiastique, auquel, quatre ou cinq siècles plus tard, devait s'ajouter pourtant celui de la soumission à une seule et même autorité judiciaire.

Si l'on en croit Georges Viole, le roi fit frapper, en commémoration de la conquête de la Bourgogne, une médaille, portant : « à la face son effigie couronnée et « son nom, avec la date MIII, et, au revers, une femme « assise, attachée à un joug qu'un lion a passé dans son « cou, de la gueule duquel semblent sortir ces mots : « *dum leve sit nec ferre recuso*. L'exergue portant : *Autis-* « *siod.* » Il ne nomme pas l'auteur qui, selon lui, a, depuis peu, donné la représentation de cette médaille. Il ajoute que les religieux de Saint-Germain en avaient fait frapper une autre, bien différente de celle du roi, à la face de laquelle était Saint-Germain en évêque et mitré, tenant sa crosse d'une main, et de l'autre soutenant une église ; au revers était une épée nue, posée en pal. Il dit avoir vu cette médaille, qui avait été trouvée en 1634, dans la démolition de la tour de Saint-Maurice. Nous citons ces faits sans pouvoir les contredire ni les affirmer.

Les nouveaux barons élevèrent aussitôt, au centre de leurs fiefs des forteresses propres à leur défense. Celle que construisit Geoffroy de Donzy, consistait d'abord dans une enceinte de très hautes et très fortes murailles, autour d'un mamelon de forme elliptique, déjà très élevé lui-même, et dont la plateforme ne comprenait pas moins de un hectare vingt-cinq ares. Au centre de cette enceinte, dont les remparts, quoique très découronnés, subsistent encore aujourd'hui, et qui n'avaient pas moins de quinze mètres de hauteur dans les fossés ou dans les parties les plus abaissées, était construit le château avec ses murs, ses tours et son donjon, dont on ne peut aujourd'hui juger la force, puisqu'il a disparu depuis de longues années. A peu de distance et de l'autre côté de la rivière du Nouain, était le bourg de Donzy. Beaucoup plus tard, un second bourg vint s'abriter sous les murs de la forteresse, en prenant le nom de Donzy-le-Château, tandis que ce qui restait du premier s'appelait Donzy-le-Pré. Tous deux se réunirent longtemps après en une seule agglomération. Ce château primitif n'a pas eu une longue existence. Il fut pris et rasé avant la fin du XIIe siècle, ainsi que nous aurons occasion de le raconter. Il est vrai qu'il a été reconstruit depuis, mais sur une moindre échelle. Il n'en reste aujourd'hui qu'une tour de trois étages. Quant à celui de Wibald de Saint-Verain, qu'à raison des forêts qui l'entouraient, on appela Saint-Verain-des-Bois, nom qu'il a conservé jusqu'à la fin du siècle dernier, la masse énorme de son donjon, de ses tours et de ses remparts, dont l'épaisseur et la solidité étaient proverbiales dans la contrée, se maintient encore après huit siècles écoulés, bien que leur revêtement ait, dans les trois derniers siècles et pendant bien des années, été exploité comme une carrière par la ville qui n'avait pas tardé à se former au pied de la puissante forteresse, et qui a elle-même, jusqu'à ce jour, conservé son enceinte de tours et de murailles. Un détail très singulier de cette construction consiste dans des tuyaux acoustiques d'environ quinze centimètres de diamètre intérieur, noyés dans la muraille, et que la ruine du revêtement a mis à découvert, qui descendent en hélice des étages supérieurs du donjon, et, aboutissant près de la porte, devaient vraisemblablement mettre en communication cet étage avec quelque corps de garde intérieur du rez-de-chaussée. Nous ne pouvons admettre à ce sujet l'opinion du Dictionnaire archéologique de M. de Soultrait, et de l'Abécédaire archéologique de M. de Caumont, qui ne voient dans ces tubes, si exigus et descendant de haut en bas, que le moule d'une pièce de charpente intérieure, dont certainement ils seraient bien embarrassés d'indiquer la destination et l'utilité, car elles ne pouvaient apporter aucune consolidation à l'édifice.

Ithier de Narbonne n'eut rien à bâtir, car il trouva à Toucy et à St-Fargeau deux châteaux forts qui avaient été construits à la fin du siècle précédent par l'évêque Héribert.

Un des premiers actes des nouveaux feudataires dut être aussi de découper dans leurs territoires, sous condition de services militaires, et à titre de bénéfices, des fiefs pour leurs principaux officiers, et, par ceux-ci, des arrière-fiefs pour leurs compagnons. Ces feudataires, à l'exemple de leur chef, y construisaient leurs castels. La guerre avait dépeuplé le pays et les terres y étaient en désert. Mais ils y ramenaient la population, en concédant à perpétuité des terres à des cultivateurs, moyennant un cens très modique et sous reconnaissance de leur droit seigneurial. C'est ce qui s'appelait dans le pays le bail de bourdelage. A ce moyen se formaient, autour et sous la protection de leurs tourelles, des villages dont ils devenaient ainsi les seigneurs, tout en restant subordonnés à la suzeraineté du baron. Le nombre de ces fiefs, qui s'accrut plus tard par le défrichement des forêts, n'était pas moindre encore, vers le milieu du xviie siècle, époque où écrivait Georges Viole, de deux cents dans la baronnie de Saint-Verain, de quatre-vingt-dix dans celle de Toucy, et de soixante-dix dans celle de Donzy. Il n'y en avait, selon le même écrivain, que quatre-vingt-dix-huit dans ce qui était resté le comté d'Auxerre, mais ce chiffre est erroné, car un état de ces fiefs, de l'année 1515, en donne cent soixante-treize.

Ce docte prieur de Saint-Germain, dans la liste qu'il a donnée des barons de Saint-Verain, n'est remonté qu'au commencement du xiie siècle. Mais Dubouchet (1) cite un acte de 1048, par lequel Wibald, devenu vieux, faisait des donations nouvelles au prieuré qu'il avait fondé. Et son petit-fils, appelé Gervasius, était le beau-père de Hugues le Manceau, que Viole a placé en tête de sa liste, qu'il avoue pourtant être incomplète, et dont nous aurons occasion de parler plus tard.

La guerre générale était ainsi terminée, mais non les représailles et les vengeances particulières, et les guerres privées de comtés à comtés, de seigneurs à seigneurs, de châteaux à châteaux, tristes fruits des habitudes contractées dans ces ardentes hostilités et ces longues discordes. Le comte Landry soutint ainsi de rudes guerres contre le comte d'Anjou, dont la chronique l'appelle le pire de tous les hommes. Le crédit qu'il conserva toujours auprès du roi lui valut aussi de violentes jalousies, et une chanson satyrique du temps le compare à Achitophel, favori du roi David, et qui trahit son maître. Le comte-évêque Hugues de Châlon ne fut pas des derniers à donner

---

(1) *Histoire de la Maison de Courtenay*, preuves, 9. 108.

l'exemple de ces implacables rancunes, et de l'esprit de perfidie et de cruauté que recélaient ses tristes passions. Le chroniqueur Guillaume de Jumiège raconte que « quelque sujet de querelle s'étant élevé entre ce prélat « et Renaud, comte de Dijon, celui-ci tomba par artifice « entre les mains du comte de Châlon, et fut jeté dans « une prison et chargé de chaînes pesantes. »

Ces choses se passaient en 1024, et le chroniqueur ajoute :

« Lorsque le duc de Normandie en fut informé, il « envoya en toute hâte des députés à Hugues, lui mandant « que, pour l'amour de lui, il eût à rendre la liberté « à son gendre. Mais Hugues fit peu de cas du message « du duc, et, non seulement il refusa de rendre Renaud, « mais il augmenta en outre le nombre de ses gardiens « et ordonna de veiller plus sévèrement sur lui. Ces faits « ayant été rapportés au duc, il commanda sur le champ « à son fils Richard de rassembler une grande armée de « Normands, d'aller en Bourgogne et de faire tous ses « efforts pour venger cette insulte d'une manière terrible.

« Le jeune homme fit toutes les dispositions nécessaires « pour une si grande entreprise. Ensuite, tel qu'une « tempête pleine de violence, il sortit de son pays, renversant « tout devant lui, et, ayant fait sa route avec « une multitude innombrable de Normands, il envahit « la Bourgogne et investit le château de Melinende. Or, « les habitants de ce lieu, se fiant à la solidité de leur « forteresse, commencèrent, pour leur malheur, à provoquer « leurs ennemis à coups de flèches et de traits. « Mais les Normands, animés de la plus cruelle fureur, « assaillirent le château de tous côtés avec une extrême « impétuosité, s'en emparèrent sans différer, le ren-

« versèrent, le livrèrent aux flammes, brûlant aussi les
« hommes, les femmes et les petits enfants. De là ils
« dirigèrent leur marche vers la ville de Châlon et in-
« cendièrent tout le territoire. Alors Hugues, reconnais-
« sant qu'il n'avait aucun moyen de résister à une aussi
« redoutable armée, portant sur ses épaules une selle de
« cheval, vint se rouler aux pieds du jeune Richard,
« implorant en suppliant son pardon pour l'excès de
« sa témérité. Ayant reçu ce pardon, il rendit Renaud,
« livra des otages, et s'engagea par serment envers le
« duc Richard à se rendre à Rouen pour lui donner
« satisfaction. »

Robert de Monte (1) et les grandes chroniques de Saint-Denis racontent aussi cette étrange scène de soumission qui, selon leur récit, s'appelait la *selle chevalière*. Selon une autre chronique normande, le roi Robert avait permis le passage en France des soldats de Richard, « en
« payant leurs dépens, » et elle donne sur cette sorte de Fourches caudines les détails suivants : « Quand Hue
« vit que la ville se perdait, se prit à cap une selle de
« cheval et la mit sur son col, et tout à pied s'en vint aux
« fils du duc Richard, et se jeta aux pieds de Richard
« l'aîné fils, et la selle sur le dos, afin que Richard le
« chevauchât s'il lui plaisait, car telle était l'ordonnance,
« et que ung homme desconfits se rendît, une selle à son
« col. »

C'est à cette scène que se rapportent les vers suivants du poète Robert Wace dans son roman du Rou :

> Quant à Richard vint le quens (comté) Hue,
> Une selle à son dos pendue,
> Son dos offri à chevaucher,

(1) *Recueil des hist. de France*, t. II, p. 320.

> Ne se pot plus humilié.
> C'en estoit coustume en cel jour
> De querre (demander) merci à son seignour.

Ce désagréable incident dégoûta sans doute Hugues de Châlon de la vie politique et militaire, car l'année suivante il associa à son comté son neveu Thibaut de Semur, qui, à sa mort, devint son successeur. Plus tard, Geoffroy II, petit-fils de son neveu Geoffroy de Donzy, eut une part dans le comté de Châlon et la vendit à son co-héritier. Le comte-évêque s'était sans doute laissé entraîner, pendant ces guerres si longues et si acharnées, et peut-être encore plus tard, à de regrettables énormités, car il dut aller à Rome solliciter son absolution aux pieds du Pape, qui la lui accorda par un bref qu'a transcrit littéralement le *Gesta pontificum*, en lui imposant pour pénitence un pélerinage à Jérusalem. Il l'accomplit dans les dernières années de sa vie, et mourut en 1039 dans le monastère de Saint-Germain, où il se fit donner l'habit de religieux. Il avait auparavant désigné son successeur à l'évêché d'Auxerre.

Dans les idées de notre siècle, il peut paraître étrange de voir un évêque porter le casque et la cuirasse, conduire des troupes au combat et ordonner des siéges et des batailles. Cela n'étonnait point alors. Sous le régime féodal, le service militaire au suzerain était dû par tous les possesseurs de fiefs, et il n'y avait d'excuse que pour les infirmités physiques et l'impuissance absolue. Les évêques seigneurs devaient marcher à la tête de leurs vassaux. Le second successeur de Hugues de Châlon, homme pieux et pacifique, subit lui-même cette loi, et conduisit ses chevaliers, sur l'ordre du roi Philippe, au siège du château de Puiset, où il fut fait prisonnier. Et,

CARTE
COMTÉ D'AUXERRE, p 101
créé en 1015
[tel] qu'il à subsisté
jusqu'en 1790

en 1212, l'évêque d'Auxerre, Guillaume de Seignelay, requis par le roi Philippe-Auguste d'amener ses vassaux pour une expédition commandée par le comte de Saint-Pol, ayant satisfait à cette réquisition, mais ayant ensuite quitté l'armée sous le prétexte qu'il ne devait le service militaire que quand le roi commandait en personne, ce prince fit, pour ce manquement, saisir son temporel. L'affaire s'arrangea pourtant plus tard, et le roi accorda même à l'évêque, par une charte (1), une exemption personnelle pour l'avenir. Mais c'était là une exception de faveur, et qui laissait intact le principe du devoir féodal.

Quant à l'évêque Hugues, l'exemple de son acharnement dans les guerres privées fut plus suivi que celui de son repentir. Les passions violentes et avides qu'avaient suscitées cette longue guerre de Bourgogne, se donnèrent carrière d'une manière effrénée, tant dans cette province qu'en dehors. On admit, comme un droit incontestable, la faculté pour chaque seigneur de venger par les armes ses querelles particulières et ses ambitions cupides, de dévaster par le pillage, l'incendie et tout autre mode de ruine, les domaines de son ennemi, les maisons, les bestiaux et les récoltes de ses serfs. La population agricole, misérable et foulée aux pieds, souffrait ainsi de tous les orages de la vie de ses maîtres. Toute sécurité avait disparu, les champs restaient incultes et déserts, et, une longue suite d'intempéries y ayant ajouté ses désastres, il y eut en 1033 une nouvelle famine qui dura trois ans, avec les mêmes horreurs, et d'autres plus affreuses encore que les premières. On déterrait les cadavres dans les cimetières pour les manger. Les voyageurs étaient arrêtés

---

(1) *Lebeuf*, preuves n° 114.

et égorgés pour être dévorés, et l'on vendit de la chair humaine sur les marchés (1). Les évêques tentèrent alors d'apporter quelque remède à tant de maux. De nouveaux conciles réunirent à la fois des prélats, des abbés, des comtes et autres seigneurs, pour y prêcher, et longtemps sans succès, la cause de la miséricorde, de l'intérêt et de la sécurité publics. Hugues de Châlon lui-même en convoqua plusieurs à Autun, à Beaune et à Lyon. Raoul Glaber, qui nous en a laissé le tableau, raconte que la foule du peuple entourait et implorait les membres de ces assemblées, en criant à genoux : La paix ! la paix ! Ce n'est qu'après la mort de cet évêque que l'on put apporter à la fureur du mal ce palliatif, que l'on appela *la trêve de Dieu*, et qui consistait à imposer la paix partout pendant quatre jours de la semaine, du jeudi matin au lundi. Les trois autres jours étaient voués à la guerre. C'était la part du feu.

La ville d'Auxerre avait été, dans cet intervalle, presque complétement détruite à deux reprises différentes par l'incendie. Au mois d'avril 1023, elle avait été réduite en cendres, sans qu'on pût rien sauver que la basilique de Saint-Alban, qui était dans le haut de la ville, près du château des comtes. L'évêque Hugues fit à cette époque reconstruire l'église cathédrale dans le goût nouveau introduit au commencement de ce siècle, c'est-à-dire en pierres de taille et selon le style que l'on a appelé roman. Elle a été remplacée au xiiie siècle par un nouvel et plus vaste édifice dans le style ogival, mais les belles cryptes que l'on admire encore aujourd'hui, et qui ont été restaurées avec tant de goût il y a trente ans, furent dès

---

(1) *Raoul Glaber*, liv. IV, chap IV.

lors respectées, et elles sont telles aujourd'hui que lorsqu'elles sortirent, en 1024, des mains du maître des œuvres. Le chœur de l'église de Châtel-Censoir est de la même époque ou, tout au plus, de soixante ans plus tard. Ce sont les deux seuls monuments de ce siècle qui soient restés dans le territoire de notre ancien comté. Un nouvel incendie détruisit encore en 1035, toute la ville d'Auxerre, à peine rebâtie, moins la cathédrale nouvelle, que préserva la solidité de ses matériaux.

Le comte Landry était mort en 1028, et son fils Rainaud, gendre du roi Robert, lui avait paisiblement succédé dans ses deux comtés du Nivernais et de l'Auxerrois. Le roi lui-même mourut en 1031, et Henry, son fils aîné, qu'il avait désigné pour son successeur, en l'associant de son vivant à la couronne, trouva un compétiteur dans son frère Robert, qui, poussé par la prédilection aveugle et la passion furieuse de sa mère, la reine Constance, et avec l'aide des comtes de Flandre et de Champagne, avait levé une armée et s'était emparé d'un certain nombre de places fortes. L'alliance de Robert-le-diable, duc de Normandie, fournit au roi des secours puissants pour combattre son frère, mais ce n'est qu'à la mort de la vieille reine, en 1033, que la paix se fit entre eux, moyennant l'abandon à Robert du duché de Bourgogne. Ce duc Robert offrait un type complet des passions brutales et cupides de ce siècle, duquel Raoul Glaber dit qu'on ne vit jamais tant de fourberie, de cruauté, d'avidité, de bassesse, de dépravation et d'immoralités de tout genre, tant dans le monde laïque que dans le clergé. Il assassina un jour, dans un festin, son beau-père, le comte de Semur, pour tenter, peut-être, de s'emparer de ses états. Puis il entreprit de ravir le comté de l'Auxerrois à Rainaud, son beau-frère. La guerre s'alluma entre eux et Rainaud fut tué dans une bataille livrée en 1039 au lieu appelé *Saligniacum*, que l'on croit être Seignelay, et Robert prit possession de tout le pays Auxerrois (1). Sur ces entrefaites, le roi vint à Auxerre avec une armée. Peut-être avait-il l'intention de protéger les intérêts de sa sœur Adélaïde veuve du comte Rainaud. Mais il eut alors à se défendre contre un autre de ses frères qui, bien qu'il eût été écarté pour cause d'idiotisme, prétendait à une part dans le royaume, et avait trouvé des partisans et des troupes pour favoriser ses revendications. Ce prétendant fut battu, fait prisonnier et renfermé à Orléans. Le roi avait eu sans doute en cette circonstance besoin de son frère Robert, et il ferma les yeux sur l'usurpation qui avait mis au pouvoir de ce dernier le comté d'Auxerre, au détriment de sa sœur Adélaïde et de son neveu, le jeune Wilhelm ou Guillaume, fils de Rainaud. La domination du duc Robert sur ce pays fut violente et tyrannique. Il opprima le peuple et dépouilla les églises. L'évêque Héribert, à qui Hugues de Châlon avait légué son évêché, était, malgré l'irrégularité de sa nomination, un digne prélat, un esprit sage et honnête, partisan déclaré de la réforme que voulaient introduire contre la corruption du clergé le pape Léon IX et son conseiller le moine Hildebrand, si célèbre depuis sous le nom de Grégoire VII. Il avait pris part, en 1048, au concile de Reims, dans lequel des évêques, et notamment ceux de Reims et de Langres, avaient été déposés pour cause de simonie notoire et scandaleuse. C'était en même temps un homme ferme et qui défendait, autant qu'il pouvait, le peuple et ses prêtres contre les mauvais

---

(1) *Chronique de Vézelay*. — *Breve chronic. de l'histoire des Comtes de Nevers*.

traitements et les exactions violentes du duc. Mais, ne pouvant y réussir, ni supporter plus longtemps une telle oppression, il prit le parti de se retirer, en désignant, pour lui succéder, un prêtre de noble origine, chapelain ou aumônier du roi, appelé Geoffroy de Champallemand. C'était le fils du vicomte de Nevers, et ce choix pouvait paraître au duc Robert une protestation contre l'injustice qui avait dépouillé l'héritier du comté. Mais sa qualité de clerc du palais du roi prévalut et le fit maintenir.

Vers cette époque, la puissance et les ressources du jeune comte Guillaume s'étaient considérablement accrues par son mariage avec l'héritière du comté de Tonnerre, Hildegarde, qui lui apportait en outre l'alliance de son oncle, l'évêque de Langres, et de son beau-frère, le comte de Bar-sur-Seine, et le mettait en état de reconquérir les possessions qu'on lui avait ravies. On ne sait s'il avait pour lui l'appui de ses voisins les barons de Donzy, de Saint-Verain et de Toucy, que pouvait menacer la turbulente ambition du duc de Bourgogne, et qui avaient pu, sous des promesses d'agrandissement, céder aux suggestions artificieuses des ennemis du comte Guillaume. Mais il devait trouver pour auxiliaires, dans le pays Auxerrois, les glorieux souvenirs de son père et de son ayeul. Aussi il y rentra en vainqueur et en reprit l'entière possession. Il eut ensuite à le défendre contre le retour offensif des troupes de Bourgogne. Hugues, le fils aîné du duc, y conduisit une armée et les chroniqueurs racontent un effroyable épisode de cette campagne. Il assiégea et prit la ville de Saint-Bris et, pour la punir de sa résistance, il y mit le feu. Cent dix personnes qui s'étaient réfugiées dans l'église, hommes, femmes et enfants, y furent brûlées. Cet acte de férocité ne lui porta pas bonheur. L'année suivante il fut tué dans une bataille. Alors le duc Robert fit alliance avec le puissant comte de Blois et de Champagne, Thibaut III. Leurs troupes firent jonction, en 1058, à Auxerre, et vinrent attaquer à l'improviste l'abbaye de Saint-Germain, qui était fortifiée de manière à soutenir un siége, mais n'avait pas en ce moment de garnison. Les moines, surpris, ne purent résister et la place fut emportée. Cette attaque d'un des sanctuaires les plus vénérés ne pouvait être alors considérée que comme un sacrilége attentat. Aussi les chroniques racontent que les soldats eux-mêmes s'effrayèrent du crime qu'ils avaient commis, et qu'une terreur panique les ayant saisis tout-à-coup, ils s'enfuirent, laissant le château de Saint-Germain aux moines restés vainqueurs, quoique sans armes (1). Peut-être cette retraite précipitée s'expliquait-elle par le secours qu'auraient subitement apporté de la ville à l'abbaye les soldats du comte Guillaume. Ce qui est certain, c'est que l'année suivante il était encore à Auxerre, car il datait de cette ville une charte en faveur du monastère de la Charité. Mais, en 1060, la guerre continuait dans le comté. Les troupes du comte de Blois prenaient et brûlaient la ville de Toucy, occupée alors par les deux seigneurs Ithier et Aganon, qui, dit la chronique, étaient en discorde, soit parce que l'un d'eux était pour le comte Guillaume, et l'autre pour le duc, soit parce qu'à côté d'Ithier de Narbonne, légitime seigneur d'une moitié de la ville, un autre homme de guerre retenait l'autre moitié, qui appartenait à l'évêque. On ne sait quand finit cette guerre.

(1) *Chronic. Autissiodorense*, dans le *Recueil des Hist. de France*, t. II, p. 292.

Elle l'était certainement en 1063, car on voit dans la vie de saint Hugues (1), que le duc Robert, amené alors au concile d'Autun par l'abbé de Cluny, et sommé d'accorder la paix à l'Eglise, déclara pardonner aux meurtriers de son fils. Il est probable que Guillaume était parvenu à détacher Thibaut du duc Robert, en lui garantissant la libre jouissance de l'opulente abbaye de Saint-Germain, que le duc lui avait cédée comme prix de son alliance, et dont, en effet, les comtes de Champagne conservèrent la possession jusqu'à la fin de ce siècle, comme d'un fief tenu des ducs de Bourgogne, à qui ils en rendaient foi et hommage, et qu'ils ne firent sortir de leurs mains en 1098 qu'en s'en réservant le droit de garde, qu'ils ont exercé jusqu'au milieu du xiiie siècle. Le dernier acte de ce privilége féodal paraît être une charte de 1256, par laquelle la comtesse Marguerite, veuve de Thibaut IV, confirme un affranchissement accordé par les moines à leurs bourgeois (2). Depuis cette époque, le droit de garde de l'abbaye n'était plus exercé que par les comtes d'Auxerre.

Le temps où Guillaume était redevenu paisible possesseur de tout l'Auxerrois vit relever et asseoir sur de nouvelles et larges bases un des plus beaux monastères de France, celui de la Charité. Près de la ville gallo-romaine de Masava (Mesves), sur le bord de la Loire, dans un lieu qui, selon la vieille chronique de Richard de Cluny, s'appelait Seyr (3), et, selon un rituel du xiiie siècle cité par Georges Viole, Sis-Chis, ce qui est à peu près le même nom, avait été fondé dès avant le viiie siècle un cou-

(1) *Acta sanctorum, die 29 aprilis*, p. 689.
(2) *Table des archives de la ville d'Auxerre*, t. Ier, p. 13.
(3) Seyr est le nom grec du soleil. Mais nous ne voyons pas quel parti l'étymologie en pourrait tirer ici.

vent, hospice ou autre établissement charitable, desservi par des moines grecs, soumis à la règle de saint Basile. L'origine de cette fondation, venue de l'orient, à un point où alors remontait une navigation active de la Loire, qui, bien avant la conquête romaine, était fréquentée par les Phéniciens, et qui, après eux, l'avait été certainement par tout le commerce venu des ports de la Grèce et de l'Asie, pour trafiquer avec les Gaules, peut sans doute se deviner. Néanmoins elle pose un problème que l'histoire n'est point encore parvenue à résoudre avec certitude, si ce n'est que le lieu où elle était assise était celui où aboutissaient, sur la rive droite de la Loire, quatre voies romaines, l'une venant du nord-est par Auxerre, une seconde du nord-ouest par Orléans, une troisième de l'est par Autun, et une quatrième du sud-est par Decize, et d'où partait sur la rive gauche la grande voie qui, de la Gaule du Nord, communiquait avec Bordeaux et toute l'Aquitaine, et que dès lors c'était le port d'embarquement de toutes les productions de la Champagne et de la Bourgogne, et de débarquement de tous les approvisionnements qui leur étaient destinés. La navigation de ce fleuve, dont le lit était alors moins ensablé, tenait une grande place dans les conditions d'approvisionnement de ces contrées, comme on peut le voir par la charte de Louis le Débonnaire, qui avait accordé à l'abbaye de Saint-Germain d'Auxerre l'exemption de tout péage pour quatre bateaux qui lui apportaient annuellement les denrées de sa consommation. Dépouillé de ses biens, comme tous ceux de la contrée, par Charles Martel, et relevé en 754 par le roi Pépin, ce monastère avait été, peu après, en grande partie ruiné à deux reprises par les invasions des Wisigoths. Il s'était pourtant maintenu toujours, quoique dans une position assez humble, car ses biens avaient été usurpés, tant par les comtes de Nevers et d'Auxerre que par d'autres seigneurs du voisinage. C'était le moment où la grande réforme ecclésiastique que poursuivait avec une énergique persévérance le pape Léon IX était accueillie avec une grande faveur et commençait à rendre à l'Église son crédit et son éclat. L'évêque Geoffroy de Champallemand entreprit de solliciter la restitution de toutes ces usurpations, et après de longues instances il l'obtint. Une réunion nombreuse de seigneurs et de membres du clergé fut alors convoquée à Auxerre et arrêta les conditions d'une reconstitution, dans laquelle on espérait trouver un puissant auxiliaire de la réforme religieuse et sociale. A cet effet, on annexait le vieux couvent des moines grecs à l'abbaye de Cluny, cette grande pépinière des réformes de ce temps, qui devait lui fournir un personnel nouveau, et, sous la règle de laquelle on le plaçait. On fixait à quatre-vingt le nombre des religieux qui y seraient envoyés, et, en leur rendant leurs biens usurpés, on y joignait les ressources nécessaires pour leur assurer une convenable installation, que l'on transportait du lieu qu'elle avait précédemment occupé et qui était dans la baronnie de Saint-Verain, sur un territoire voisin appartenant au comte d'Auxerre. C'est en 1059 que l'évêque proclamait, dans une charte solennelle, cette sorte de résurrection du vieux monastère grec, dédié à la vierge *Théotocos* (mère de Dieu), qui, sans avoir entièrement disparu, était tombé dans une situation très précaire, et, comme le porte ce document, *statum maximœ dignitatis amiserat* (1). Des dons abondants venus de toutes parts permirent d'y com-

---

(1) *Gallia Christiana*, XII, p. 102.

mencer immédiatement la construction d'une immense et magnifique église, dont une partie, achevée quarante-sept ans après, fut, en 1107, consacrée par le pape Pascal II, et dont le reste fut terminé dans le cours du XIIe siècle. Une ville nouvelle ne tarda pas à se former auprès d'elle, et, dès l'an 1080, le roi Philippe Ier l'autorisait à se clore de murailles. Il y a, sur l'origine de son nom, une touchante tradition que Montalembert a consignée dans son beau livre des *Moines d'Occident.*

« L'un des principaux prieurés de l'ordre de Cluny
« avait, pour armes vraiment parlantes, trois bourses
« ouvertes. Dans ce monastère, situé sur les bords de la
« Loire, entre Orléans et Nevers, le prieur Gérard avait
« pour habitude, non-seulement d'inviter les étrangers
« qui passaient sur cette grande route du nord au midi
« de la France, à accepter son hospitalité, mais de les y
« contraindre. Aussi les pauvres avaient coutume de dire :
« Allons à la charité des moines. Et de ce touchant et
« salutaire hommage sortit le nouveau nom de la Charité-
« sur-Loire, seul souvenir qu'ait su conserver l'ingrate
« postérité. »

Construite dans un style emprunté en grande partie au style byzantin, qui n'était ni usité, ni même connu dans notre région, mais dont le choix trouve peut-être son explication dans les traditions orientales que l'on n'avait cessé de conserver dans le monastère, « elle avait, selon
« une description que nous croyons devoir emprunter au
« précieux recueil du Nivernais, de l'est à l'ouest, cinq
« nefs parallèles. Sa façade se présentait flanquée de
« deux tours carrés, ornées sur toutes leurs faces de
« sculptures inspirées par l'orient et les croisades, et, sur
« le côté principal, d'arcades où figuraient des représen-

« 'tations pieuses sous des archivoltes quintilobées d'une
« rare richesse d'ornementation. On en peut juger par
« l'un de ces bas-reliefs dont on doit la conservation à un
« amateur éclairé, M. Grasset, qui en a donné la descrip-
« tion dans une notice. Quand on avait franchi le narthex
« et le portail, on pénétrait dans la nef principale, éclai-
« rée seulement par des fenêtres haut placées, qui ne
« communiquaient avec les nefs latérales que par des
« travées dessinées en ogives, au-dessus desquelles se
« développaient tour à tour des arcades quintilobées et
« des galeries cintrées dont le contour était orné d'élégants
« feuillages. La plus grande partie de ce splendide édifice,
« déjà mutilée au XVIe siècle, a disparu pendant la révo-
« lution de la fin du siècle dernier. La nef transversale
« (transept), qui est encore debout, étonne par l'élévation
« hardie de ses voûtes. Le chœur s'alonge et s'élargit
« ensuite sous une voûte légèrement ogivée, dont la
« retombée porte sur des piliers ronds dont les chapi-
« teaux sont ornés de figures variées. La plupart des
« signes du zodiaque brillent au-dessus des arcades
« cintrées du chœur. »

Telle est la description que l'on trouve dans le Nivernais. Si elle manque un peu de précision, c'est que ce livre, d'ailleurs si intéressant, date de 1840, alors que l'archéologie monumentale était loin encore des progrès qu'elle a faits depuis. M. le comte de Soultrait a donné, dans son *Répertoire archéologique du département de la Nièvre*, une description plus complète et d'une grande exactitude, dont l'étendue ne nous permet pas de la reproduire ici. Nous nous bornerons à indiquer à grands traits l'état actuel de ce bel édifice, d'autant plus précieux qu'il réunissait dans son plan général et dans ses détails deux arts distincts, le roman de la France centrale et le byzantin du Périgord et de l'Angoumois.

Il avait primitivement une longueur de 120 mètres, c'est beaucoup plus que la cathédrale d'Auxerre, qui n'en a que 97, et presqu'autant que Notre-Dame de Paris, qui en a 123. Il est réduit maintenant à 80 mètres par la démolition des six premières travées des nefs, dont on voit encore les arcs doubleaux surmontés d'arcades bordées de crosses végétales, dans la façade des maisons bâties sur l'emplacement d'une des nefs latérales. Le portail primitif, qui était flanqué de ses deux tours, et qui avec elles présentait une si riche façade, ornée de magnifiques sculptures, a été remplacé, au commencement du xvie siècle, après un incendie qui l'avait ruiné, par un plus petit portail du dernier âge ogival et d'un assez bon goût, qui subsiste encore, quoique isolé. L'une des deux tours a disparu. Celle qui reste, et qui porte le nom de Sainte-Croix, est maintenant séparée de l'église comme l'est, à Auxerre, le clocher de Saint-Germain. L'église est aujourd'hui fermée par un portail moderne sans caractère. Le centre du transept était recouvert par un vaste dôme, recouvert, non d'une calotte hémisphérique, comme à Périgueux, mais d'une tour carrée surmontée d'un étage octogonal, terminé par une flèche d'une grande élévation, et qui a disparu. Le dôme subsiste, quoique très abaissé et caché dans une toiture d'ardoises d'un galbe assez vulgaire. La tour de Sainte-Croix portait autrefois un haut clocher de pierre comme celui de Saint-Germain d'Auxerre. Son état de ruine l'a fait démolir en 1823, et il a été remplacée par une flèche en charpente, recouverte d'ardoises, qui couronne assez pauvrement l'édifice. Les voûtes des nefs ont été reconstruites au xvie siècle. Celles des bas-côtés surbaissées et en matériaux trop faibles, ont tristement besoin maintenant d'être soutenues par des étais. A la même époque, on a supprimé les piliers qui divisaient en deux les nefs latérales. Il n'y a donc plus maintenant que trois nefs au lieu de cinq. La façade de l'église comprenait, outre le grand portail central de même largeur que la grande nef, quatre autres portails plus petits au-devant des quatre nefs latérales, deux au pied de chacune des deux tours, tous en plein cintre, dont l'arcature était portée par des colonnes ornées de riches sculptures avec tympans chargés de figures et de sujets divers. Tout cela n'existe plus qu'en souvenir.

La tour de Sainte-Croix a été pourtant restaurée dans toute sa splendeur, sauf l'étage inférieur qui est resté caché derrière des maisons de triste apparence. Elle est divisée en quatre étages percés de baies de grandeurs diverses et séparés par des frises d'animaux hybrides, des rosaces et autres détails d'ornementation; au premier étage une large baie, au second une rangée d'arcatures trilobées reposant alternativement sur des colonnettes dentelées et sur des pilastres cannelés à chapiteaux variés, au troisième six baies quintilobées, ornées de même, et au quatrième trois baies plus grandes, trilobées et reposant sur des pilastres richement ornementés. Des colonnettes accouplées garnissent les angles des étages de la tour, dont toutes les parties offrent cette profusion de sculptures particulières à la période romane. C'est au tympan de l'un des deux portails de cette tour qu'existait le magnifique bas-relief du XIIe siècle, que M. Grasset a sauvé de la destruction et qui est maintenant encastré dans la paroi sud du transept. Il représente le Christ bénissant et enseignant, entre deux évangélistes entourés d'anges et de saints, et au-dessous, en deux tableaux, l'Adoration des Mages et la Présentation au Temple.

Autour de la nef centrale, du chœur et du transept règne un triforium dont les arcatures trilobées reposent sur des colonnettes festonnées et des pilastres cannelés. Elle est éclairée à l'étage supérieur par des baies cintrées de même ornementation. Le chœur a quatre travées, et le sanctuaire qui le termine est entouré de huit colonnes. Sa voûte est terminée par un cul-de-four ovoïde.

Dans le transept s'ouvrent quatre chapelles qui faisaient face à chacune des quatre nefs latérales. Cinq autres chapelles rayonnent autour du déambulatoire du chœur. Et dans la spacieuse chapelle du fond, celle de la Vierge, s'ouvrent encore, à droite et à gauche, deux autres petites chapelles. Enfin, des cordons d'arcatures trilobées, reposant sur des colonnettes dentelées et pilastres cannelés, courent à l'extérieur autour de la partie supérieure de ce vaste édifice. La galerie byzantine de l'hôtel de la préfecture d'Auxerre et les arceaux quintilobés de l'étage inférieur du clocher de l'église Saint-Eusèbe de la même ville, les tours octogones, les dômes et les portails des églises de l'ancienne abbaye de Saint-Laurent, près Cosne, de Saint-Cydroine, qui était un des prieurés de la Charité, et du bourg de Parly, aussi bien que plusieurs des ouvertures de l'église de Varzy, ont été manifestement copiés sur le plan et la riche ornementation de ce magnifique monument, qui est maintenant bien délaissé et dans un affligeant état de délabrement.

« Il y a, à quelques lieues de Bourges, a dit Victor « Hugo (1), une église romane qui, par l'immensité de

(1) *Littérature et Philosophie mêlées*, t. II, p. 149.

« son enceinte et la richesse de son architecture, rivali-
« serait avec les plus célèbres cathédrales de l'Europe.
« Mais elle est à demi ruinée. Elle tombe pierre à pierre,
« aussi inconnue que les pagodes orientales dans leurs
« déserts de sable. »

Un projet de restauration de cette admirable église avait été étudié et approuvé sous le gouvernement du roi Louis-Philippe. Il allait être mis à exécution, quand est survenue la révolution de 1848, qui l'a fait ajourner. Et maintenant on l'oublie tout-à-fait. Si on ne se hâte pas de le reprendre, ce précieux et grandiose spécimen d'un art dont il nous reste si peu de monuments, s'écroulera bientôt. Un tel travail excède évidemment les forces de la petite ville de La Charité, et peut-être même du département de la Nièvre. C'est à l'État de l'entreprendre, ou tout au moins de l'aider par une large subvention, et il n'est ni digne, ni honorable de méconnaître ce devoir.

La nouvelle abbaye continua le nom de l'ancienne, qui s'appelait Notre-Dame de l'Aumône. Cette fille aînée de Cluny grandit rapidement, et, avec les nouvelles offrandes qui lui arrivèrent de toutes parts par les pèlerinages, elle put bientôt fonder, tant en France qu'en pays étranger, plus de cent prieurés, on a dit même quatre cents, dont les églises, bâties en petit sur le même modèle que la sienne, rappelaient toutes, avec quelques ornementations byzantines, le dôme qui domine encore, quoique fort mutilé, celle de la maison-mère. Il nous reste de ces églises un échantillon très curieux, celle de Laroche Saint-Cydroine. La splendide église de Vézelay, aujourd'hui si bien restaurée, et la curieuse église de Saint-Lazare d'Avallon datent de la même époque que celle de La Charité, mais elles étaient d'un autre diocèse, celui d'Autun, et de style tout-à-fait différent. Le portail de l'église de Vermenton, celui de Parly et son clocher octogone, et la crypte de celle d'Escolives sont aussi du même siècle, ainsi que certaines parties des églises de Saint-Verain, de Saint-Agnan, de Cosne et de Notre-Dame du Pré de Donzy.

L'évêque Geoffroy de Champallemand, obéissant à la même pensée de guerre, par la création ou la réforme des abbayes, contre la corruption et l'immoralité du siècle, rétablit celle de Saissy-les-Bois, en la subordonnant à Saint-Germain. Il installa un abbé séculier avec des chanoines dans celle de Saint-Eusèbe, et fit rendre à l'église d'Auxerre et soumettre à la règle celles de Notre-Dame-la-dehors et de Saint-Amatre, que le duc de Bourgogne, pendant qu'il occupait la ville, avait données, à titre de bénéfice militaire, à l'un de ses chevaliers, dont le fils, évêque d'Autun, les possédait en commende. C'est aussi de son temps et avec son appui que fut fondé, par un vicomte du comte de Nevers, qui était seigneur de Clamecy, le chapitre de Saint-Martin de cette ville avec huit chanoines. Tous ces établissements religieux, abbayes, prieurés, chapitres, ne bornaient pas leur action aux lieux de leur fondation. Ils rayonnaient dans les campagnes et paroisses de leur alentour et y fournissaient des desservants. C'est pour cela que, dans nombre de chartes, il est question d'églises de village données à ces établissements. Ce prélat avait le goût des arts et récompensait par des prébendes canoniales les artistes qu'il employait pour ses travaux de peintures murales et de verrières. On trouve à cette époque, sur le nécrologe de sa cathédrale, des chanoines *peintres* et *vitriers*. De son temps, sa ville épiscopale fut affligée de deux nouveaux incendies.

L'un, en 1062, consuma l'abbaye de Saint-Germain et toutes les maisons qui l'avoisinaient. L'autre, en 1073, dévora tous les quartiers qui longeaient la rivière, depuis ce que l'on appelait le bourg de Saint-Père jusqu'à celui de Saint-Loup. Les maisons alors étant presque toutes construites en bois et couvertes en chaume ou en bardeaux (tuiles de bois), les incendies étaient presque aussi fréquents et aussi destructeurs qu'ils le sont encore à Constantinople. La cathédrale elle-même perdit sa charpente dans le dernier de ces incendies, mais elle fut, en moins d'un an, réparée par les soins et aux frais de l'évêque.

Quand ce dernier mourut, le comte Guillaume fit nommer à sa place son propre fils Robert, auquel il céda en même temps le comté d'Auxerre. *Consul et antistes*, dit son épitaphe, *geminato dignus honore*. Ce n'était point une flatterie, et il se montra, en effet, digne de ce dernier titre. Il fit construire à Régennes un château-fort, pour arrêter les incursions hostiles des habitants du pays Sénonais, que son biographe traite peut-être un peu durement en les appelant des fourbes, et en ajoutant que de tout temps ils ont été les ennemis de l'église et du peuple auxerrois, *dolosos Senonenses, hujus hostes ecclesiœ et urbis perpetuos;* il en bâtit un autre à Parly, pour contenir les dispositions turbulentes des seigneurs et des habitants de Toucy. Ce château était sur une terre qui appartenait au chapitre, et il fallait lui donner un dédommagement : ce fut peut-être d'y construire l'église dont le portail et le clocher d'un art si exquis existent encore aujourd'hui. D'autres croient pourtant que ce précieux bijou architectural, imitation manifeste de la Charité, n'est que du xiie siècle et fut l'œuvre d'un des successeurs de Robert. Continuant la pensée et les projets de son prédécesseur, il releva à l'état d'abbaye St-Laurent près Cosne, qui était tombé à celui de simple prieuré. C'est lui qui fut fait prisonnier au siége du château du Puiset, où, sur l'ordre du roi, il avait conduit la milice féodale de son comté. Son installation à l'évêché avait été contestée, mais sans succès, par le légat du pape Grégoire VII au concile d'Autun. Moins heureux, l'archevêque de Sens Richer et plusieurs autres furent, les uns déposés, les autres suspendus. La réforme ecclésiastique faisait des progrès décisifs par la proscription sévère de toute simonie et vénalité dans les élections et par l'institution définitive du célibat des prêtres.

Il mourut en 1084 et le comté de l'Auxerrois retourna à son père. L'évêché resta vacant pendant trois ans, et puis il y eut une élection par le peuple et le clergé, celle de Humbaud, qui était déjà doyen du chapitre. Mais ce fut la dernière. Depuis cette époque jusqu'au concordat de 1516, le clergé tout entier d'abord, puis le chapitre seulement, procédaient à une élection, ou plutôt à un simulacre d'élection, qui n'était qu'une présentation, à laquelle le roi ou le Saint-Siége n'avaient le plus souvent aucun égard. Le frère aîné du comte-évêque, du nom de Rainaud, avait, après la mort de sa mère, pris possession du comté de Tonnerre, mais il était mort, en ne laissant que des fils en bas âge. Alors ce comté avait été remis à son autre frère qui, comme le père, s'appelait Guillaume, et qui mourut sans enfants quelques années après. Le vieux comte avait donc dû reprendre le gouvernement entier de ses États. Il mourut en l'an 1100, laissant à Guillaume II, son petit-fils, ses trois comtés de Nevers, d'Auxerre et de Tonnerre. Depuis soixante ans, son existence avait été une vie de luttes et de combats continuels. Dépouillé dans son enfance de son comté de l'Auxerrois et entouré d'ennemis intéressés à sa ruine, il avait pris les armes dès le jour où son bras avait pu les porter, et, comme le raconte le moine Hugues de Poitiers, il ne se passa pas, depuis, une seule année sans qu'il eût à livrer ou à soutenir des combats. Sa courageuse et persévérante énergie avait reconquis et maintenu en bon ordre ses États, qu'il gouvernait sagement. Il ne fut jamais, dit la chronique de ce moine, sans avoir au moins cinquante chevaliers à sa suite, et cinquante mille écus d'or dans ses coffres. Enfin, il laissait, en mourant, ses états en paix et respectés de tous ses voisins.

A ce moment, la nouvelle de la prise de Jérusalem et de la délivrance du tombeau de Jésus-Christ par les croisés (1099) excitait dans tout l'occident le plus vif enthousiasme, et, de toutes parts, de nouveaux combattants, suivis d'une multitude immense de pèlerins, se mettaient en marche pour la Palestine, les uns par ferveur de dévotion, d'autres par l'attrait de lointains voyages, une vague ambition ou le goût des aventures. Le jeune comte était de ces enthousiastes, et il annonça aussitôt son intention de partir pour la croisade. Mais c'était une grande affaire que l'organisation des apprêts d'un tel départ. Il fit d'abord de grandes donations à diverses abbayes, afin que l'on y priât pour le succès de son expédition. Il en fit en outre une très importante à l'évêque d'Auxerre, sous la forme d'une concession dont l'objet mérite d'être raconté. Selon le droit coutumier, le seigneur héritait de tous les hommes de sa seigneurie décédés sans enfants légitimes. C'était ce que l'on appelait le droit de main-morte. La coutume avait appliqué ce droit à la succession des évêques, et, dès qu'ils étaient morts, les officiers du comte prenaient possession de tous les meubles du logis épiscopal et de tous les autres effets du défunt. Le jeune comte voulut libérer l'évêché de cette désagréable servitude, et, par une charte du mois de septembre 1102, il y renonça, « tant pour lui que pour « ses successeurs, pour la rémission de ses péchés, ceux « de son père, de sa mère et de ses ancêtres. » Cette coutume, usitée en beaucoup de lieux et qui mettait l'évêque au rang des serfs du seigneur, avait été proscrite par le concile de Clermont, en 1095. Le comte de Blois et de Chartres l'avait abandonnée alors sur les biens de l'évêque de Chartres, et le comte Thibaut II de Champagne fit de même pour l'évêque de Meaux (1). Il s'agissait ensuite, non-seulement de lever parmi ses chevaliers et leurs vassaux un corps de troupes pour cette expédition, mais de pourvoir à leur nourriture et à leurs besoins pendant un voyage qui ne pouvait durer moins de quatre mois. Il fallait pour cela des sommes considérables, de grands approvisionnements et des moyens de transport. Tous ces préparatifs devaient prendre beaucoup de temps, et ce n'est qu'en 1104 qu'on put enfin se mettre en route avec le comte de Bourges, qui était de moitié dans cette aventureuse campagne. Leur petite armée traînait à sa suite un nombre énorme de moines, de femmes, d'enfants et de peuple sans armes. On s'embarqua à Brindes, et, traversant l'Adriatique, on débarqua en Albanie, d'où, par terre, on arriva à Constantinople. Mais on n'eut pas permission d'entrer dans la ville, et après quinze jours on se remit

---

(1) Darbois de Jubainville, *Histoire des Comtes de Champagne*, t. II, p. 305.

en route. Ils y avaient appris qu'un corps de cent mille hommes de toutes nations, Français, Italiens, Bourguignons et Provençaux, commandé par le duc de Bourgogne, le comte de Blois, l'évêque de Milan et le connétable de l'empire germanique, qui les avait précédés et qui s'était engagé avec la plus imprudente irréflexion dans les défilés de la Paphlagonie, venait d'y être presque entièrement détruit avec la multitude de pèlerins qui le suivait. Cette nouvelle ne les arrêta pas. Partis de Nicomédie vers le solstice d'été, au nombre de quinze mille combattants et d'une masse immense de gens sans armes, ils marchèrent vers Iconium, traversèrent pendant plusieurs semaines des pays déjà ravagés et déserts, quand ils rencontrèrent une armée turque, commandée par le sultan de cette ville, qui les harcela et les poursuivit jusqu'à Héraclée, en tuant une multitude de traînards, épuisés de faim, de fatigue, de soif et de maladie, et finit par les mettre en pleine déroute. Les chevaliers, abandonnant la foule éperdue des pèlerins, s'enfuirent à Germanicopolis, ville de la Cilicie, et, sans cesse harcelés par l'ennemi, et, dépouillés par leurs guides qui les abandonnèrent dans le désert, ils parvinrent en petit nombre, après de longues marches à pied et presque nus, à Antioche (1). Ils furent rejoints à quelques mois de là par les débris d'une troisième armée commandée par le comte de Poitou, l'évêque de Clermont, le duc de Bavière et la comtesse Ida, margrave d'Autriche, qui avait eu le même sort. Quatre cent mille pèlerins étaient, selon les termes d'une chronique contemporaine, *sortis de ce monde périssable, pour vivre*

---

(1) *Gesta Dei per Francos.* — Michaud, *Histoire des Croisades*, t. Ier, p. 386.

éternellement dans le sein de Dieu. Le comte, découragé par un si humiliant échec, ne fit pas un long séjour en Palestine. Après avoir fait son pèlerinage au Saint-Sépulcre, et avoir échappé presque miraculeusement à la déroute de Ramla, où le comte de Blois et le duc de Bourgogne furent tués, et le comte de Bourges fait prisonnier, il était revenu dans ses états en 1104. Le baron de Donzy, Geoffroy II, était parti avec la première croisade, après avoir, pour pourvoir aux dépenses de son voyage, vendu la part qui lui appartenait dans le comté de Châlon, et n'était pas encore de retour.

Pendant leur absence, le baron de Saint-Verain avait occupé la ville de Cosne et son château, et s'était approprié à la fois cette forteresse, qui appartenait au comte, et les revenus que l'évêque percevait dans cette ville. Ce seigneur, du nom de Hugues, était, à raison de son origine, surnommé le Manceau. C'était, dans ce siècle, l'usage de distinguer par des surnoms, tirés de quelque particularité de figure, de costume, de caractère, de qualité ou de lieu de naissance, les personnes nobles qu'un peu plus tard on désigna par le nom de leurs terres. Hugues, dont l'existence avait été fort agitée et fort aventureuse, était petit-fils de Herbert, comte du Maine. Gersende, sa mère, était femme en premières noces de Thibaut III, comte de Blois et de Champagne, et, après en avoir été séparée, elle avait épousé Azzo, marquis de Ligurie, et en avait eu deux fils, Hugues et Foulque d'Est. Après la mort de son ayeul Herbert, Hugues était venu prendre possession de son comté du Maine; puis, vers 1090, il l'avait vendu à Hélie, comte de La Flèche, afin de retourner en Italie pour succéder à Azzo, son père. Mais il avait eu de grands débats avec son frère Foulque et avait dû lui délaisser la succession paternelle d'Italie. Marié en premières noces à une fille du célèbre duc de Calabre, Robert Guiscard, il l'avait bientôt répudiée, et, de retour en France, il avait, par l'appui sans doute du duc d'Anjou, épousé en secondes noces la fille unique de Gervasius, troisième baron de Saint-Verain, qui lui-même était fils de Renaud Rongefer, premier du nom, et petit-fils de Wibald, premier baron de cette grande seigneurie (1).

L'évêque Humbaud, trop éloigné, ou trop faible en l'absence du comte, pour faire respecter à main armée ses droits sur la ville de Cosne, eut recours à l'emploi, redevenu alors très efficace, des armes spirituelles. A sa sollicitation, le pape Urbain II prononça l'excommunication de Hugues le Manceau, tant pour son second mariage sans que la répudiation de sa première femme eût été ratifiée par le Saint-Siége, que pour usurpation des biens de l'Église. C'était alors aux yeux du peuple une peine terrible. Les églises restaient fermées, tout culte extérieur était interdit dans les États de l'excommunié, les morts de sa résidence étaient privés de la sépulture religieuse, et toute communication avec lui était interdite aux fidèles. L'audacieux baron céda devant cette manifestation. Il s'humilia, reconnut les droits de l'évêque, rendit la ville et le château de Cosne, fit des dons aux églises, et obtint ainsi la levée de l'excommunication. Déjà, quelques années auparavant, ce moyen redoutable avait suffi à l'évêque pour avoir raison du baron de Donzy, qui, avant de partir pour la croisade, avait eu l'audace de s'emparer du château épiscopal et de la terre de Varzy.

---

(1) *Recueil des Hist. de France*, t. XII, p. 18. — Darbois de Jubainville, *Histoire des Comtes de Champagne*, t. Ier, p. 392.

Il avait fait retraite, et, pour expier son attentat, était parti avec Pierre l'Hermite et Godefroy de Bouillon. Il en revint bien converti et se fit moine de Saint-Benoit dans son propre château, où il avait transféré le monastère de Saint-Caradeuc, qu'avait fondé son ayeul. L'évêque avait eu aussi à se défendre d'usurpations commises sur ses possessions par le baron de Toucy. Il en avait triomphé avec la même énergie et par les mêmes moyens, et, pour assurer à l'avenir ses droits, il obtint du pape Pascal II que tous ses domaines fussent placés sous la protection du Saint-Siége.

Le comte Guillaume II ne fut pas heureux dans ses expéditions militaires. Deux fois il fut fait prisonnier. Lebeuf et M. Chardon ont à tort confondu en une seule captivité ces deux événements de guerre, qui furent séparés par un intervalle de dix ans, et sur lesquels les chroniques fournissent d'ailleurs d'amples détails, dont voici le premier :

Thomas de Marle, fils d'Enguerrand I*er*, tige de l'illustre maison de Coucy, avait, par son humeur querelleuse et la férocité de son caractère, tourné contre lui le roi et le clergé. Il avait notoirement donné asile aux assassins de Gaudry, évêque de Laon, et il faisait la guerre aux habitants d'Amiens, soutenus par leur évêque et par le roi Louis le Gros, qui leur avait donné une commune. Ce prince convoqua ses vassaux pour marcher contre le rebelle. Le comte de Nevers et d'Auxerre se rendit à cet appel. Thibaut IV, comte de Blois, de Chartres et de Champagne, n'y répondit pas, et, comme il avait contre Guillaume une ancienne rancune, il lui fit tendre une embuscade par Hugues le Manceau, l'un de ses dévoués, qui, à Avallon, selon la chronique de Vézelay, ou à Ainay, selon Lebeuf, le fit prisonnier et le conduisit au château de Blois. Peu de jours après, le 6 décembre 1114, le légat du pape tenait un concile à Beauvais, où Thomas de Marle fut dégradé et dépossédé de son fief, et où fut portée une sentence d'excommunication contre ceux qui avaient fait prisonnier le comte, ceux qui avaient été présents à son arrestation, et ceux qui avaient reçu une partie de ses dépouilles ou qui avaient coopéré d'une manière quelconque à l'acte de violence dont il était victime (1). Cette excommunication était motivée sur la violation de la *trève de Dieu*. Le légat envoya la sentence à Yves, évêque de Chartres, avec invitation d'en donner communication à Thibaut, et Yves, qui se portait son défenseur, répondait (2) :

« Thibaut offre de se présenter devant le tribunal
« ecclésiastique chargé de juger cette violation prétendue
« de la trève de Dieu, se soumettant à toutes les règles
« de la procédure canonique, sous la réserve qu'on choi-
« sira un lieu où il pourra se rendre, exercer ses actions
« et produire ses preuves. Il prétend en outre au préa-
« lable se plaindre de l'injustice qui lui a été faite en
« excommuniant avec tant de précipitation et irréguliè-
« rement ses chevaliers, qui n'ont pas violé la trève de
« Dieu, et qui n'ont pas refusé de répondre aux accusa-
« tions dirigées contre leur conduite. Je vous prie d'en
« traiter avec le seigneur roi et de tâcher de rétablir la
« paix entre lui et le comte de Blois, car ce dernier
« donne pour sa défense de si bonnes raisons et oppose
« avec tant d'énergie les torts du roi et du comte de

---

(1) *Gesta Bellovacensis concilii*, dans Labbe. Concile X, 798 E. — *Suger, de vitâ Ludovici grossi.*

(2) *Recueil des Hist. de France*, XV, p. 175.

« Nevers, que sa cause me semble juste, si le contraire
« n'est pas prouvé par une procédure régulière et par
« des raisons invincibles. Le comte de Blois dit qu'il
« mettra volontiers en liberté le comte de Nevers ou don-
« nera caution de le faire, si, après avoir entendu ses
« raisons, les juges des violations de la trêve de Dieu
« s'accordent pour le décider et sur l'inspiration de la
« justice prononcent ainsi. »

On ignore quelle réponse fut faite à cette lettre. Mais le refus du comte Thibaut équivalait à une déclaration de guerre à Louis le Gros. Thibaut ne pouvait soutenir cette guerre avec avantage sans le secours de Henri, roi d'Angleterre, qui était son oncle. Après des négociations entre eux, Henri fournit des troupes à Thibaut et le mit en état de résister au roi de France (1). Louis le Gros avait d'autres griefs contre le roi d'Angleterre, et, avec l'aide du comte d'Anjou et du comte de Flandre, il lui fit la guerre en Normandie. Elle dura trois ans avec des chances diverses, et, pendant tout ce temps, le comte Guillaume restait détenu dans les prisons de Blois, malgré les sollicitations des personnages les plus éminents. Dans un concile tenu à Reims en 1119, sous la présidence du pape Calixte II, Louis le Gros, après avoir exposé ses autres plaintes contre le roi d'Angleterre, ajoutait :

« Thibaut comte est mon vassal. Mais, à l'instigation
« de son oncle, il s'est élevé méchamment contre moi.
« Enflé de ses richesses et de sa puissance, il s'est ré-
« volté. Le perfide m'a fait une guerre barbare et a jeté
« le trouble dans mon royaume, pour le malheur du plus

---

(3) *Recueil des Hist. de France.* — Guillaume de Malmesbury, t. XII p. 14. — *Henrici Huntradiovansis Hist.*, t. XII. p. 34.

« grand nombre. Guillaume, comte de Nevers, homme
« de bien et ami des lois, bien connu de vous, revenait
« du siége d'un château qui appartenait à un brigand
« excommunié, une vraie caverne de voleurs et une fosse
« du démon. Thibaut l'a arrêté et gardé et le garde pri-
« sonnier jusqu'à aujourd'hui. Guillaume revenait de
« cette guerre pacifiquement et avec mon autorisation,
« quand a commencé pour lui cette captivité qui s'est
« continuée jusqu'à ce jour dans les prisons du comte
« Thibaut. C'est en vain qu'une foule de barons a été,
« à plusieurs reprises, le supplier de ma part de lui
« rendre la liberté. C'est en vain que toute la terre de
« Thibaut a été mise en interdit par les évêques (1). »

Le concile se sépara sans avoir rien décidé. Mais la médiation du pape amena, en 1120, un traité de paix, et Thibaut rendit la liberté au comte Guillaume, qui, le 9 décembre de cette année, assistait, à Clamecy, comme témoin, à une charte en faveur de l'abbaye de Pontigny, et, en 1121, prenait part à la première expédition du roi Louis le Gros en Auvergne. Il avait gardé de sa captivité un profond ressentiment contre Hugues le Manceau, et, vers l'an 1130, il crut avoir trouvé l'occasion et le moyen d'en prendre une éclatante vengeance.

Il s'agissait d'un fief qui relevait du comte de Blois, et celui-ci avait appelé plusieurs fois les parties devant son tribunal. Mais Guillaume se défiait de l'impartialité de Thibaut, et, plus puissant que Hugues, il espérait obtenir par la force des armes ce que son adversaire lui contestait. De plus, le comte avait à reprendre son château de Cosne, que Hugues le Manceau avait surpris et détenait de nou-

(1) *Recueil des Hist. de France.* — Orderic, t. XII, p. 726.

veau sans aucun droit. De là une guerre qui fut longue et dont la chronique de Jean de Marmoutiers raconte ainsi le dénouement (1) : « Guillaume rassembla des troupes et
« appela à son aide le roi Louis le Gros et l'évêque d'Au-
« tun. Trois armées réunies viennent assiéger Hugues à
« Cosne. Elles entourent la ville d'un fossé, afin qu'il ne
« puisse s'échapper en abandonnant la forteresse aux
« mains de ses adversaires. Dans cette extrémité, il par-
« vient à faire traverser la ligne par des envoyés qui vont
« avertir Thibaut. Celui-ci convoque ses vassaux, et,
« entre autres le jeune Geoffroy V, dit Plantagenet, comte
« d'Anjou, qui se joint à lui avec quatre cent quarante
« hommes dont cent quarante chevaliers. A la première
« nouvelle de l'approche de ce secours, le roi, qui n'avait
« pas d'intérêt direct dans l'affaire, commanda prudem-
« ment la retraite. Le comte de Nevers et d'Auxerre, s'il
« eût été sage, aurait imité le roi. Mais il avait une haine
« trop vive contre Hugues le Manceau pour s'y résigner
« facilement. Il resta donc devant la place. Enfin Thibaut
« et Geoffroy arrivèrent, et il fut obligé d'ordonner la
« retraite. Geoffroy le poursuivit et l'atteignit, et on le
« vit, donnant l'exemple à ses compagnons, trancher la
« tête à l'un des hommes d'armes, en renverser un autre
« de cheval par un coup de lance impétueux. Il termina
« en faisant prisonnier Guillaume, qu'il livra à Thibaut. »

La liberté du comte Guillaume ne put être recouvrée qu'en payant une forte rançon. Il était libre en 1131 et il assistait alors à une donation que faisait Hugues le Manceau de l'usage de tous ses bois aux chanoines réguliers de Villegondon, abbaye qu'il venait de fonder entre Cosne

---

(1) *Recueil des Hist. de France*, t. XII, p. 522.

et Saint-Verain. Le roi se vengea plus tard du comte de Blois et de Champagne, dans des expéditions mieux combinées, où il fit brûler le château de Bonneval, détruire celui de Château-Renard et ruiner celui de Saint-Brisson. C'est peut-être dans une de ces expéditions que Guillaume put prendre sa revanche sur Hugues le Manceau, en le faisant à son tour prisonnier et en le gardant dans la tour de Decize, où il mourut en 1139. L'inventaire des titres du duché de Nevers, de l'abbé de Marolles, publié par M. le comte de Soultrait, contient, en effet, à la colonne 250, l'extrait suivant :

« *Vidimus* de 1295, de lettres de 1139, disant que
« Hugues le Manceaul, prisonnier en la tour de Decize,
« trois jours avant de mourir, supplia Guillaume, comte
« de Nevers, de prendre la peine de venir le visiter, le
« suppliant avec larmes que, pour le remède de son
« âme, il lui permît de faire une donation aux religieux
« de Saint-Robert de la ville d'Andrie, ou plutôt de con-
« firmer la donation qu'il leur avait faite de toute l'eau
« de la fontaine de Druye, avec huit deniers de cens et
« une obole, ce que le comte lui octroya, l'étant venu voir
« dans la tour de Decize, en présence d'Adelaïs, com-
« tesse de Nevers, Hervé de Toussy, moine chartreux, et
« Belin, clerc dudit comte. »

Cet extrait semble prouver qu'au moment de cette donation, Andryes et Druyes appartenaient au baron de Saint-Verain, sans qu'on sache à quel titre, car ils étaient séparés du territoire de sa baronnie, tant par les châtellenies du baron de Donzy que par celles du comte. La défaite que le comte avait fait subir à Hugues le Manceau fit sans doute entrer en sa possession ces domaines, où lui ou ses successeurs construisirent le beau château de Druyes, dont on admire encore les ruines, comme elle y avait fait rentrer le château de Cosne. Mais le surplus des domaines de la baronnie de Saint-Verain resta au pouvoir de Wibald II, qui était, ou le fils de Hugues, ou le frère de sa femme. Nous donnerons plus loin la généalogie de cette famille.

Les XIe et XIIe siècles virent se reconstituer et grandir l'influence de l'Église qui, au droit brutal de la force, s'efforçait, quoique souvent sans succès, de substituer celui de la justice et de l'humanité, et, aux ténèbres de l'ignorance, le flambeau des lettres et des arts. Elle trouvait chez beaucoup de seigneurs un favorable appui pour reconstituer les abbayes qui avaient disparu dans les guerres et pour en fonder de nouvelles, ainsi que des prieurés, des chapitres et des hospices. C'est à cette époque (1113) que fut fondée, par une colonie de moines venus de Citeaux, l'abbaye de Pontigny, qui devait bientôt atteindre un si haut degré de prospérité. Un chanoine d'Auxerre avait fourni le terrain pour la bâtir. Le comte de Champagne contribua à sa construction, mais c'est le comte Guillaume II qui la dota, sur le territoire de son comté de Tonnerre, de riches possessions, et entre autres de la vaste forêt, en grande partie défrichée depuis, qui s'appelait alors les Comtais, et qui ne contenait pas moins de dix mille arpents (1). L'évêque Humbaut bénit l'église en 1114, puis il partit pour un pèlerinage à Jérusalem et mourut au retour dans un naufrage. A la même époque furent élevées ou créées dans l'Auxerrois, les abbayes de Saint-Marien, de Saint-Père, de Saint-

---

(1) Inventaire des titres du Comté de Tonnerre. Archives de l'Yonne.

Gervais, de Notre-Dame du Pré, de Roches, de Bouras, des Iles, de Crisenon, de Saint-Laurent de Cosne, et d'autres encore, pour lesquelles les donations abondaient. Elles trouvaient parfois des bienfaiteurs dans des seigneurs qui, dans l'âge des passions, les avaient dépouillées à force ouverte, et qui leur faisaient, dans un âge avancé, des restitutions et des libéralités nouvelles avec une générosité parfois peut-être excessive, et toujours, selon les termes usités dans les chartes, pour le remède de leurs âmes.

La papauté voulait alors rester maîtresse, sinon par nomination directe, du moins par une institution formelle et libre, du choix des évêques et des chefs d'abbayes. C'était ce qu'on appelait la querelle des investitures. Elle réussit dans cette entreprise légitime. Mais elle aspirait, dans une pensée qu'elle croyait favorable à la justice et à la civilisation, à de plus hautes destinées. Elle voulait exercer sa domination sur les nations et les rois, se constituer juge, dans l'ordre politique, des besoins des premières et des actes des seconds, relever les peuples de leur serment de fidélité, et distribuer à son gré les empires. Elle n'y put réussir. Grégoire VII, en mourant, protestait de la pureté de ses intentions dans cette prétention qu'il avait soutenue avec tant d'énergie. Le monde ne les a pas révoquées en doute. Mais il a repoussé ce système de théocratie universelle, comme contraire au droit des nations, aussi bien qu'à celui des rois, et plus fécond en abus monstrueux que le droit monarchique.

Les évêques aspiraient aussi à une indépendance absolue dans l'exercice de leur juridiction, même dans les choses temporelles, sur leurs clercs, et dans les églises, les cloîtres et leurs propres résidences. L'évêque

Hugues de Mâcon l'obtint chez nous du comte Guillaume, avec cette seule restriction que les laïques qui auraient commis des délits dans ces lieux lui seraient livrés pour être jugés par sa justice. Il y avait eu, entre le comte et l'évêque, des difficultés sérieuses pour l'exercice de leurs intérêts respectifs dans l'ordre temporel. Elles furent réglées par une sentence arbitrale de saint Bernard, auquel tous deux s'en étaient rapportés. Cette sentence, qui statuait conformément à la possession acquise et respectée depuis longues années, se conformait sans aucun doute au traité fait avec le roi Robert, en 1015, qui avait déterminé les droits des fiefs du comte et de l'évêque, et, sous ce rapport, elle est précieuse pour nous éclairer avec exactitude sur les clauses et l'esprit de ce traité.

Selon cette sentence, « l'évêque posséde dans la ville
« d'Auxerre les cloitres de Saint-Etienne, de Notre-
« Dame, de Saint-Eusèbe, de Saint-Pierre et de Saint-
« Amatre. Le comte n'a rien à y voir, ni aucune juridic-
« tion à y exercer; seulement, si les laïques y commet-
« taient des délits, ils devaient être livrés par l'évêque
« au comte.

« L'évêque et le comte partagent les droits de tonlieu
« (droits sur la vente des marchandises), perçus dans la
« ville et dans les faubourgs. L'évêque a toutefois les
« deux tiers et le comte un tiers de ce qui est perçu à
« la foire de Chalendemai. Le comte a ban de trois
« jours pendant lesquels il perçoit seul des droits sur
« tous, excepté sur l'évêque.

« Le comte reconnait le droit de l'évêque pour ce qu'il
« tient de lui dans la ville et autour de la ville. Mais
« tout ce qui est dans la cité enclose de murs, à l'excep-

« tion des cloîtres, il le tient en fief du roi, et ce qui est
« au-delà du pont il le tient en fief du duc de Bourgogne.
« En conséquence, le comte ne peut faire dans la ville
« et les faubourgs aucun changement sans la permission
« de l'évêque.

« Les habitations et fortifications des châteaux de
« Châteauneuf, Saint-Sauveur, Cosne et Mailly devront
« être remis à l'évêque quand il le requerra. Quand il
« ne les occupera pas, ils seront entièrement à la dispo-
« sition du comte.

« L'évêque prendra dans les bois du comte tout ce qui
« sera nécessaire pour lui et pour l'église de Saint-
« Etienne. Les chanoines de Saint-Etienne auront un droit
« d'usage illimité dans le bois du Thul (aujourd'hui le
« Tureau). »

« Le comte ne pourra acheter sans la permission de
« l'évêque ce qui est du domaine de celui-ci, ni aucune
« dîme. Il devra veiller à la conservation des biens de
« l'évêque comme des siens propres et faire rendre par
« ses hommes ce qu'ils auraient pris.

« L'évêque peut acheter, à crédit, des marchands jus-
« qu'à quarante jours, mais rien au-delà. »

Viennent ensuite des dispositions sur la forêt de Bruère
qui est commune entre le comte et l'évêque, et sur la
chasse qui peut s'y exercer par tous les deux, sur certaines denrées de consommation et sur le pertuis du
moulin de Régennes, appartenant à l'évêque, et qui doit
être maintenu assez large pour ne pas gêner la navigation.

Tels étaient les droits respectifs des parties dans le
comté d'Auxerre. L'évêque était suzerain d'une partie
du territoire intérieur et extérieur de la ville, et des

quatre châteaux qui viennent d'être désignés. Il faut signaler toutefois une méprise probable pour ce qui concerne le château de Mailly, qui était un fief du comte de Champagne, auxquels il en était rendu foi et hommage. On a encore un de ces actes de foi et hommage, émané d'Hervé de Donzy, à la date de 1214 (1). A l'exception de ce que le comte possédait ainsi à titre de fief de l'évêque, tout le reste de son comté n'était tenu en fief que du roi.

Le comte Guillaume II était tenu dans toute la France en grande estime pour son caractère, dans lequel la fermeté était alliée à la justice et à la prudence. Robert de Saint-Marien l'appelle *vir justitiâ et honnestate insignis*. De son temps s'étaient ranimées les traditions d'étude et de science qui avaient autrefois fait la gloire de l'abbaye de Saint-Germain. De nouvelles écoles savantes avaient été créées, et l'éclat de leur enseignement avait acquis un grand renom, car l'histoire nous apprend que Thomas Becket, qui fut depuis archevêque de Cantorbéry et primat d'Angleterre, après avoir étudié à l'Université de Padoue, était venu à Auxerre se perfectionner dans la science du droit. Les évêques de ce siècle, Humbaud, Hugues de Montaigu, Hugues de Mâcon, Alain, étaient des amis de saint Bernard et des hommes d'un savoir éminent. Aussi voit-on que plusieurs papes firent alors de longs séjours dans cette ville : Calixte II en 1119, Innocent II en 1131, Eugène III en 1147, et Alexandre III en 1162. En 1147, lorsque le roi Louis VII, sur le point de partir pour la deuxième croisade, tint un grand conseil à Étampes, pour pourvoir en son absence au gouvernement du

---

(1) Collection de Bastard, premier carton, A. G.

royaume, saint Bernard qui y assistait, dit, en montrant le comte de Nevers et d'Auxerre, et l'abbé Suger : « Voilà « deux épées, cela nous suffit. » Ce double choix fut applaudi par toute l'assemblée et confirmé par le roi. Mais le comte refusa absolument cet honneur, et rien ne put faire fléchir sa détermination. Adonné dans sa vieillesse à des pratiques d'extrême dévotion, il avait résolu de se vouer à la vie monastique, et l'année suivante il abdiqua, pour entrer comme frère convers à la Grande-Chartreuse, où il mourut avant que l'année de son noviciat fût expirée.

Les moines de l'abbaye de Vézelay lui gardaient une rancune, dont leur chroniqueur, Hugues de Poitiers, s'est rendu l'organe en racontant « qu'il mourut des suites de « la morsure d'un chien, et que Dieu avait permis cet « accident pour le punir des peines qu'il avait faites aux « dépositaires du sépulchre de sainte Marie-Magdeleine. » On ne voit pourtant pas que le comte ait attaqué les religieux de Vézelay, ni usurpé leurs biens, et qu'il ait eu de si grands torts envers cette opulente abbaye, sur laquelle il avait le droit de garde, lorsqu'il lui refusait d'envoyer ses soldats pour la protéger, puisqu'elle ne voulait pas se soumettre aux prestations qui, dans les usages du temps, étaient le prix légitime de cette protection, prix qui n'était d'ailleurs que la compensation des dépenses d'une intervention militaire. Les historiens de l'abbaye ont peut-être accueilli avec une confiance trop exclusive les plaintes exagérées des moines, exprimées souvent avec une rudesse arrogante et contrairement à la vérité par Hugues de Poitiers. On en peut juger par celles de ces doléances qui se réfèrent à l'année 1149, quand il est avéré qu'à ce moment le comte était, depuis cinq ans, prisonnier de guerre et ne sortit de prison qu'un an après. Ceux qui ont supposé, chez les comtes de Nevers et d'Auxerre, une ambition envieuse des richesses de Vézelay, oublient que ces seigneurs avaient sur leurs territoires un grand nombre d'autres abbayes opulentes, dont ils prenaient plaisir à grossir les richesses avec la plus prodigue générosité, ainsi qu'à en accroître le nombre par des créations nouvelles, qui se répétèrent jusqu'au milieu du xiiie siècle. Les congrégations religieuses, si utiles et si précieuses au pays tant qu'elles restaient fidèles à l'esprit de leurs institutions, se laissaient malheureusement envahir quelquefois par des pensées d'orgueil et d'avidité quand le progrès de leurs richesses les avait élevées au niveau des puissances du siècle, et tout ce qui ne cédait pas aux caprices de leur ambition leur semblait un attentat contre leurs droits et une attaque contre l'Eglise.

Guillaume III, son fils, eut, dès les premières années, une grave affaire sur les bras. C'était en 1152, pour la nomination d'un évêque en remplacement de Hugues de Mâcon. Deux élections successives avaient eu lieu et avaient donné, à deux partis, des résultats contradictoires. Un troisième parti voulait aller à Rome, afin de demander pour évêque le prieur de l'abbaye de Clairvaux, dont saint Bernard était abbé. Le comte s'y opposait et tenait pour le candidat qui avait eu la majorité dans la deuxième élection. Saint Bernard écrivait alors au pape Eugène avec plus de passion peut-être que de justice.

« Le comte de Nevers ne marche pas sur les traces de
« son père. Il est opposé non seulement au bien dans
« cette élection, mais à tout autre bien. Il ne songe qu'à
« envahir les terres et les revenus des églises, comme

« un lion qui se prépare à se jeter sur sa proie. Il est
« disposé à recevoir pour évêque un mahométan, un
« juif, qui on voudra, pour n'avoir point celui qu'il se-
« rait à propos de donner à l'église d'Auxerre, parce
« qu'il juge qu'il n'y a que lui qui connaisse ses mauvais
« desseins et qui puisse s'y opposer. »

Non content de cette lettre, le fougueux abbé de Clairvaux en écrivait deux autres au pape et une au roi. L'affaire était épineuse. Elle traîna en longueur, et, pour la résoudre sans trop exciter personne, le pape présenta un étranger, Alain, abbé de Rivour, qui fut admis sans autre réclamation.

Le pays fut agité ensuite par de longues guerres entre le comte et les barons de Donzy, de Saint-Verain et de Toucy. Et d'abord avec Godefroy ou Geoffroy IV, baron de Donzy, qui s'était mis en possession de la châtellenie de Gien que le comte revendiquait. A quel titre l'occupait-il? Etait-ce du chef de ses pères, était-ce comme acquéreur du dernier seigneur, ou comme son héritier du chef de sa femme? On ne le sait pas. On ignore aussi sur quoi le comte fondait sa revendication, si c'était comme seigneur suzerain de la ville, ayant droit au retour du fief à défaut d'enfants mâles, ou au retrait féodal contre l'acquéreur, en lui remboursant son prix d'achat. Toujours est-il que la question se discutait et, à ce qu'il paraît, se débattait par les armes. L'un des incidents de cette guerre, c'est, si l'on en croit les auteurs de l'*Art de vérifier les Dates*, que le comte avait pris et ruiné, en 1157, la forteresse de Châtel-Censoir. Cela est asssez douteux, car la chronique, à laquelle ce fait est emprunté, porte, *Castrum Cœsaris*, et non *Castrum Censurium*. Or, ce nom de *Castrum Cœsaris* est donné à Sancerre, par abréviation, en même temps que celui de *Castrum sacri Cæsaris*, par la chronique des Miracles de saint Benoît, et nous allons voir bientôt la guerre engagée avec le comte de Sancerre. Après bien du sang répandu, peut-être, et bien des villages ou châteaux dévastés, l'affaire fut portée devant le roi, et parut assez embrouillée pour que ce prince jugeât qu'elle ne pouvait être tranchée que par le duel judiciaire, cet absurde genre de preuve qu'admettait la jurisprudence de ces temps barbares. Il déclara donc qu'il y avait lieu à gages de bataille, et il assigna jour dans la ville d'Etampes au comte et au baron, ou aux chevaliers qui devaient leur servir de champions selon l'usage admis. On ne sait ce qu'il en advint. L'affaire était peut-être encore en suspens, lorsqu'un incident singulier vint la compliquer. Le baron avait fiancé sa fille à Ansel, seigneur de Traînel; les noces se firent à Donzy, et, dit la chronique que nous citons pour ses singuliers détails de mœurs, « Godefroy « donnait à Ansel Neuilly, Saint-Front et Ouchy-le-Châ- « teau, et Ansel lui donnait pour cela cinq cents livres et « plus. Ansel était parti le jour même. Il arriva ensuite « que le comte Etienne de Sancerre, fils du comte de « Champagne, la prit pour femme, et que Godefroy, pour « se ménager un puissant auxiliaire contre le comte « d'Auxerre, lui donna Gien en mariage. » Selon une autre version, qu'ont adoptée les auteurs de l'*Art de vérifier les Dates*, les choses se seraient passées plus dramatiquement, et le comte de Sancerre aurait enlevé, à la sortie de l'église, la femme que venait d'y épouser Traînel. Mais Hervé, fils de Godefroy de Donzy, se trouvant privé, par la dotation que son père avait faite, d'un fief héréditaire, refusa son consentement à la cession de

Gien, et alla porter ses plaintes au roi Louis VII. Le roi, qui fut toujours ami du droit et de la justice, ne put souffrir qu'ils fussent violés, et avec une armée il vint assiéger et prendre Gien, qu'il remit ensuite à Hervé. C'est là le récit de l'auteur anonyme de la vie de Louis VII. Un autre document dit que, sur la plainte d'Ansel, Etienne de Sancerre fut assiégé dans son château de Saint-Aignan, fait prisonnier par son père le Comte Henri de Champagne et par le roi, et contraint à rendre Gien et à indemniser le mari offensé, même, ajoute-t-on, en lui rendant sa femme. Les choses en restèrent là à cette époque. Le baron de Donzy conserva la possession de Gien, mais la question du droit de propriété demeura réservée par les protestations du comte d'Auxerre, et elle devait encore donner lieu plus tard, pour un des ses successeurs, à des guerres sanglantes et désastreuses.

Une autre guerre qui paraît avoir occupé plusieurs années le comte Guillaume III, c'est celle qu'il soutint entre une ligue formée par Nargaudus ou Narjod II, baron de Toucy, Wibald ou Guibaud II, baron de Saint-Verain, et Guillaume, seigneur de Dampierre, qui était un des vassaux du baron de Donzy. On ne sait ni la cause, ni les incidents, ni le dénouement de cette guerre, et c'est sans preuve aucune que M. Chardon a supposé, dans son *Histoire d'Auxerre*, que « ces seigneurs furent contraints de « s'armer contre lui pour réprimer sa cupidité, et obtin- « rent le succès que méritait la légitimité de leurs droits. » Cela est de pure imagination. Mais la guerre paraît avoir été assez sérieuse pour que le comte Guillaume ait dû protéger les campagnes de son comté d'Auxerre contre les incursions de ses ennemis, en mettant d'autorité des garnisons dans les bourgs de Diges et d'Escamps, qui appartenaient à l'abbaye de Saint-Germain, et en faisant établir, dans les bois du prieuré de Moutiers, de ces sortes de redoutes ou retranchements ruraux, que l'on appelait alors des haies, *haïas*, c'est-à-dire des enceintes de fossés autour des larges haies d'arbres et d'arbustes qui, dans cette région boisée, entouraient, comme des murailles végétales, les champs, les bois et les cours des fermes. On connait ces détails, parce qu'après la fin de la guerre le comte donna des chartes pour reconnaître les droits des religieux, bien que toutes ces entreprises eussent servi à protéger les propriétés et les serviteurs de l'abbaye.

Il eut aussi avec Vézelay de longs différends, dans le récit desquels les historiens de cette abbaye, tenant pour vérité toutes les plaintes du moine Hugues de Poitiers, qui rédigeait la chronique du monastère, n'ont peut-être pas été plus impartiaux qu'ils ne l'avaient été pour son père. Ils ne peuvent imputer à Guillaume III, pas plus qu'à Guillaume II, des usurpations, ni des incursions sur les possessions de l'abbaye. Ce qu'ils lui reprochent, c'est d'avoir, lui qui avait le droit et la charge de gardien de l'abbaye, encouragé la ville de Vézelay dans sa résistance et son insurrection, dont, pourtant, ils ne peuvent nier, sinon le droit et la justice absolus, du moins les causes assez sérieuses d'excuse, et d'avoir ensuite sollicité en faveur des malheureux habitants la miséricorde du roi. Le désaccord principal entre l'abbaye et ses sujets consistait en ce que les religieux, dans l'orgueil de leur domination, prétendaient juger en dernier ressort toutes les réclamations élevées contre elle par les habitants, qui demandaient, au contraire, la faculté d'en appeler devant la cour féodale du comte. Il s'était, en effet, introduit dans le cours de ce siècle une coutume, passée bientôt en règle absolue, qui autorisait l'appel devant la justice du suzerain de toutes les sentences des juges seigneuriaux. Tous les seigneurs, toutes les abbayes des comtés de Nevers, d'Auxerre et de Tonnerre s'était soumis à cette jurisprudence. Vézelay seul, dirigé par l'intraitable opiniâtreté de l'abbé Ponce, y résistait. Le comte était peut-être fondé à refuser sa protection aux religieux qui voulaient se soustraire à ce droit partout accepté et reconnu, et, en blâmant cette obstination, en refusant d'envoyer ses hommes d'armes pour en servir les inexorables et insatiables sévérités, il ne faisait qu'user d'un droit qu'il est difficile de contester. Les sollicitations des religieux au Saint-Siége et à la Cour, les moyens qui leur avaient réussi pour obtenir gain de cause, et que leurs adversaires, qui n'écrivaient pas de chroniques, n'ont pu nous faire connaître, mais que les pratiques d'autres intéressés dans des situations semblables peuvent nous faire soupçonner, firent pendant un temps triompher l'abbaye. Toutefois, il était permis aux hommes sages et impartiaux de plaindre les malheureux bourgeois et marchands, eux qui, peut-être venus du dehors et de pays plus libres, avaient enrichi la petite ville par leur industrie et leur commerce, et se voyaient soumis au régime le plus oppressif des serfs. En conduisant lui-même au roi les habitants pour implorer le pardon ou l'atténuation des excès auxquels les avaient entraînés cette série de rigueurs et d'exactions intolérables, que les historiens sont amenés à blâmer eux-mêmes, le comte ne faisait qu'une chose juste et charitable; et ce devoir d'humanité qu'il remplissait méritait peut-être une appréciation plus indulgente.

Nous ne trouvons non plus aucun motif pour l'accuser, comme l'a fait l'histoire de M. Chardon, de « n'avoir « cessé pendant sa vie de tourmenter l'évêque. » Aucun grief sérieux ne peut être cité à l'appui de cette imputation, et l'on voit, au contraire, le comte, toujours large et généreux dans ses libéralités au clergé, s'empresser de renouveler, en 1157, la reconnaissance, peut-être trop facile et trop large, que son père avait donnée douze ans auparavant, par la médiation de saint Bernard, à l'évêque Hugues de Mâcon. Il ajouta même dans cet acte, comme jurables et rendables à ce prélat, les châteaux de Bétry et de l'Orme, dont il n'était pas question précédemment.

Guillaume IV commença, comme avait fini son père, par des libéralités au clergé. Les chanoines d'Auxerre et les moines de Saint-Germain reçurent de lui de nouveaux bienfaits. Bientôt il fut engagé dans une guerre contre les comtes de Sancerre et de Joigny. Les historiens en laissaient jusqu'à ce jour l'origine et les causes dans une assez grande obscurité. Nous arrivons à l'éclaircir en comparant entre elles toutes les relations des chroniqueurs et des chartes contemporaines. Le comte Etienne, fils de Henry le Libéral, comte de Champagne, avait reçu, dans la succession de son père, avec le comté de Sancerre, la baronnie de la Ferté-Loupière, qui comprenait une partie de la vallée d'Aillant, et s'étendait depuis les Ormes et Sommecaisse jusqu'aux portes de Joigny. Il l'avait divisée en deux parties et en avait cédé ou engagé une au comte de Joigny. De cette seigneurie partaient souvent des incursions qui venaient piller et dévaster la partie contiguë du comté d'Auxerre. C'était une piraterie traditionnelle, car on a vu plus haut que, du temps de l'évêque Robert de Nevers, cette partie de l'ancien pays sénonais était déjà peuplée de pillards que l'on qualifiait d'éternels ennemis des habitants de l'Auxerrois. Pour apporter un terme à ce désordre, le comte Guillaume ne se contenta pas de mettre une forte garnison à Appoigny ; ses soldats, poursuivant les pillards, portèrent la guerre sur le territoire de la baronnie de la Ferté. Le comte de Joigny appela alors à son aide Etienne de Sancerre, et le sort de la guerre paraît n'y avoir pas été à l'avantage de leurs troupes. Alors le comte de Sancerre, pour y faire diversion, passa la Loire et entra avec une armée dans le comté de Nevers. Pour faire face à ce danger, le comte Guillaume prit à sa solde un corps de troupes mercenaires qui, sous les noms de Routiers, Cottereaux ou Brabançons, vendaient leurs services aux seigneurs féodaux en humeur de guerre ou en besoin de défense, et, les réunissant à ses hommes d'armes, il livra au comte de Sancerre, près de la Marche, entre la Charité et Nevers, une bataille dans laquelle le comte de Sancerre fut mis en déroute avec un grand massacre de ses soldats. La petite chronique (*Breve chronicon Autissiodorense*) place cet événement en 1165. Selon le récit plus vraisemblable de Robert de Saint-Marien, écrivain contemporain, ce fut en 1163. Repoussé chez lui, le comte de Sancerre y fut probablement poursuivi, et c'est peut-être à cette époque qu'il faut placer la prise et ruine de Sancerre par le comte de Nevers et d'Auxerre, désastre que l'on a appliqué, et probablement à tort, à Châtel-Censoir, *Castrum Cæsaris dirutum est*, événement que place, en 1157, la petite chronique faite longtemps après coup, et peu exacte sur les dates. Cette guerre semble s'être terminée par la cession au comte Guillaume, à titre d'engagement ou autrement, de la moitié qu'avait conservée le comte Etienne dans la baronnie de

la Ferté, cession qui n'aurait toutefois été suivie que d'une possession très troublée, puisqu'en 1186 le comte Pierre de Courtenay y renonça vis-à-vis du comte de Champagne, *par amour de la paix,* comme le portent les termes de la charte. Mais cette guerre n'avait pu être soutenue qu'avec de grands dommages causés aux possessions de l'évêque et du clergé. Appoigny et Varzy avaient beaucoup souffert de l'occupation des Brabançons, dont le comte, après avoir vaincu à l'aide de leurs services, avait sans doute assez de peine à se débarrasser. L'évêque Alain s'en plaignait vertement au roi. « La main du comte, disait-il
« dans une lettre, est encore étendue, et il ne cesse point
« de faire sentir des marques de sa colère sur les terres
« ecclésiastiques. Plein de menace, il bande son arc
« contre les biens qui appartiennent à l'église, essayant
« de disposer de tout à sa volonté et de soumettre tout à
« ses pieds. Les seigneurs imitent son exemple pour
« avoir ses bonnes grâces, et forgent de nouvelles pré-
« tentions, et parce qu'on ne leur accorde pas ce qu'ils
« demandent, ils menacent de nous piller. Il n'y a que
« vous, Sire, qui puissiez nous donner du secours, et
« vous opposer à ses efforts pour la maison de Dieu. C'est
« pourquoi nous vous prions d'envoyer quelqu'un qui
« prenne sous sa protection Varzy, Appoigny et nos
« autres terres. Ce comte ne m'a point encore prêté foi
« et hommage, et même il ne promet pas de le faire, et,
« à moins que celui qui commande aux vents et à la mer
« n'y mette la main, nous devons nous attendre à de plus
« grands maux (1). »

(1) Duchesne, *Recueil des Hist. de France*, t. IV. Ep. Alani. 222.

Les chanoines d'Auxerre écrivaient aussi à l'archevêque de Sens, pour se plaindre de « ces soldats déter-
« minés appelés Brabançons qui, sans doute par l'ordre
« du comte, s'étaient logés dans leurs terres, sur les-
« quelles ni lui ni ses prédécesseurs n'avaient jamais eu
« aucun droit (1). » Le roi appela le comte auprès de lui
et lui assigna un jour pour règler cette affaire, qu'on eut
beaucoup de peine à terminer, en promettant que cela
ne se renouvellerait pas. Mais l'évêque et le chapitre
auraient-ils été plus à leur aise, si, au lieu des Cottereaux qu'on tenait à Varzy pour les opposer aux Sancerrois, ou des Brabançons qui occupaient Charbuy et
Appoigny pour les protéger contre les ravageurs du
Gâtinais, garnisons nécessaires, qu'il leur fallait loger et
nourrir, c'eût été les bandes des comtes de Sancerre et
de Joigny, qui, parcourant un pays mal défendu, fussent
venus les piller et les brûler.

Il y avait dans les lettres de l'évêque une prétention
d'une autre et plus grave nature, c'était l'hommage qu'en
termes généraux il réclamait du comte, c'est-à-dire qu'il
paraissait vouloir que celui-ci lui rendît foi et hommage,
ou en d'autres termes, se reconnût son vassal non seulement pour les fermes et châteaux que le comte pouvait
tenir de lui, mais pour le comté d'Auxerre tout entier,
en alléguant que son père l'avait fait, ce que niait
Guillaume. On mit en arbitrage cette difficulté devant les
abbés de Citeaux, de Clervaux et de Pontigny. Ils rendirent en 1164 leur sentence, qui régla des questions de
détails sur les droits de l'évêque dans la ville et les faubourgs d'Auxerre, et les interpréta largement, mais qui

(1) *Duchesne*, t. IV.

se tut sur la foi et hommage demandés, ce qui pouvait passer pour le rejet de cette nouvelle et exorbitante prétention.

Il y était dit (1) :

« Que le terrain du marché dans Auxerre était commun
« entre l'évêque et le comte ;

« Que les taxes à lever seraient fixées d'accord entre
« l'évêque et le vicomte agissant pour le comte, et que
« les autres gens de ce dernier n'auraient rien à y voir ;

« Que l'évêque était seul propriétaire du terrain de la
« Chalendemai (champ de foire extérieur), et que le
« comte n'y pouvait rien bâtir ;

« Que les officiers du comte ne pourraient enlever les
« chevaux de l'évêque ou des églises, ni rien exiger
« d'eux pour la construction ou la réparation des for-
« teresses ;

« Enfin, que le comte n'avait aucun droit, pour
« quelque délit que ce fût, sur les biens des officiers que
« l'évêque avait à Auxerre, quand même ils se mêleraient
« de commerce et en vivraient. »

Un différend non moins important est celui que le comte eut alors à soutenir avec l'abbaye de Vézelay. Lebeuf et M. Chardon l'ont très inexactement rapporté. L'insurrection de la commune avait été vaincue et écrasée par les religieux et les secours qu'ils avaient reçus du roi, mais il en était résulté de grandes ruines dans l'industrie et le commerce de la ville et de grandes pertes de revenus pour l'abbaye. La discorde se mit alors entre les moines. Il s'y forma un parti qui voulait transiger avec le comte de Nevers et d'Auxerre. Hugues de Poitiers, qui était du parti

---

(1) *Duchesne*, t. IV.

contraire, a naturellement dit beaucoup de mal, et même raconté des horreurs sur les principaux membres de ce parti. N'a-t-il dit que la vérité? Nous n'en pouvons juger, puisque nous n'avons d'autre rapport que le sien. Sur ces entrefaites, l'abbé Ponce, cette tête de fer, mourut, et il fallut lui donner un successeur. La majorité, qui était pour continuer les traditions de cet abbé, désigna Guillaume de Mello, frère d'un grand seigneur de la contrée, et en même temps elle prononça l'exclusion de l'abbaye des principaux membres de l'opposition. Mais il fallait que ces décisions fussent confirmées par le chapitre de l'abbaye de Cluny. C'était la loi qu'avait établie le pape Pascal II et que Calixte II avait confirmée. Guillaume de Mello avait apparemment des raisons pour douter d'un accueil favorable de ce côté, et il s'arrangea très habilement pour s'en passer. Apprenant que le pape Alexandre III revenait d'Italie, il alla en toute hâte l'attendre à son débarquement. Cluny avait de grands torts aux yeux du Saint Père. Cette abbaye avait refusé de reconnaître sa nomination avant que le conflit entre lui et l'élu d'un autre conclave, l'anti-pape Victor, eût été jugé par un concile. Aussi s'empressa-t-il de relever par un bref spécial l'abbaye de Vézelay de toute subordination envers Cluny. Quand Guillaume de Mello revint triomphant avec ce titre, le parti opposant ne se tint pas pour battu. Il avait appelé devant le pape, et de l'élection du nouvel abbé, et de l'exclusion de ses chefs. Il fit porter directement cet appel à Rome par une députation spéciale qu'accompagnait l'abbé du monastère de Bouras, dont l'appui semble indiquer que leur cause n'était pas indigne d'une sérieuse attention. Ils y trouvèrent d'abord de puissants protecteurs. Mais Guillaume de Mello, qui les avait suivis, parvint à empêcher toute décision, et, pour plus de sûreté, il ne quitta le pape qu'au moment où celui-ci se rembarquait pour l'Italie, c'est-à-dire en août 1165. Tous ces faits ressortent du récit même de Hugues de Poitiers. C'est alors que, si l'on en croit ce chroniqueur, le comte commit une grave imprudence et même quelque chose de plus. Il pénétra de force, et en enfonçant les portes, avec la comtesse Ida, sa mère, et une suite nombreuse de seigneurs, dans l'abbaye qu'on refusait de lui ouvrir, et somma les moines de réintégrer ceux dont ils avaient prononcé l'exclusion. Et, comme la majorité s'y refusa et déclara qu'elle préférait quitter Vézelay, il remit la gestion de leurs biens et la perception de leurs revenus à son prévôt de Châtel-Censoir.

Tel est le récit du chroniqueur. Mais ce récit est-il impartial? Le comte n'allait-il pas là dans une intention conciliatrice et pour essayer de rétablir la paix et l'harmonie entre les deux partis? La présence de sa mère semble l'indiquer. Lorsqu'il reconnut l'impossibilité de mettre d'accord des adversaires si irreconciliables, le soin qu'il prit après le départ de ceux qui allaient à Paris, de charger son prévôt de la perception des revenus n'était qu'une mesure conservatrice des intérêts de tous, jusqu'à ce que le pape eût prononcé sur l'appel des opposants. On peut juger d'ailleurs de la bonne foi du chroniqueur, par les violentes injures qu'il adresse non-seulement au comte, mais à sa mère, la comtesse Ida, qu'il appelle la *vieille Hérodias*, la *nouvelle Jézabel de la race d'Amalec*. C'était pourtant une femme pieuse et dévouée à l'Église. L'abbaye de Saint-Germain d'Auxerre et celle de La Ferté, près Nevers, la comptaient au nombre de leurs bienfaiteurs, et on la voit, en 1165, malgré les démêlés que son fils avait avec l'évêque, faire à ce prélat une donation, en une seule fois, de trente familles de serfs qui habitaient la paroisse de Varzy, dans le vallon de la Chapelle de Saint-André. Le comte Guillaume IV n'était venu et n'avait agi qu'en vertu du droit de garde et de gîte qu'avaient toujours eu ses ancêtres sur l'abbaye de Vézelay. Les moines nièrent alors ce droit, qu'ils avaient eux-mêmes invoqué auprès du comte Guillaume II, mais les chartes constatent qu'au siècle suivant, ils le reconnurent dans la personne du comte Hervé de Donzy en 1220, dans celle du comte Guy en 1223, dans celle du comte Eudes en 1258, et toujours il a été exercé depuis par les comtes et ducs de Nevers (1).

Quoiqu'il en soit, les partisans de Guillaume de Mello, sans vouloir entendre les propositions que demandait à leur faire la comtesse Ida, se mirent en route et allèrent à Paris, où ils furent présentés au roi, qui n'entendit que leurs plaintes et non les explications de leurs adversaires, et de qui ils obtinrent un ordre au comte de réparer ses torts en les réintégrant dans l'abbaye et en leur rendant leurs biens. A ce premier ordre le comte refusait d'obéir. Mais il recevait ensuite, pour le cas de refus, une sentence papale d'excommunication. En même temps le roi venait à Sens avec des troupes, et, ayant mandé devant lui l'abbé et le comte, il forçait ce dernier à promettre sa soumission. Le roi parti, le comte traînait l'affaire en longueur. Mais, sur la nouvelle du retour du roi à la tête de son armée, il finit par s'abaisser, et, sous des conditions qui ne sont pas nettement connues, il jura paix et amitié aux moines de Vézelay. Il n'en profitèrent guère. Les représailles impitoyables et sanglantes dont ils usèrent

(1) *Inventaire des titres du Nivernais*, col. 171, 368 et 573.

envers leurs adversaires ne leur servirent pas davantage Le mécontentement des habitants subsista, et trois ans après il y eut chez eux une nouvelle, quoique moins violente, insurrection. Alors on se décida à une autre marche. On accorda une charte de suppression de la main-morte et d'affranchissement, avec la concession d'une limite aux exactions arbitraires, quoique sans concéder pourtant aux habitants un droit d'administration indépendante. Mais il était trop tard. La prospérité, chassée par la violence, ne revint pas. En opprimant la liberté, on avait banni le commerce et l'industrie. On avait tué la poule aux œufs d'or. Les pèlerins, ne trouvant plus la sécurité, les agréments et les avantages que le commerce leur procurait, oublièrent le chemin du sépulcre de la Madeleine. La gêne survint, puis la décadence progressive et irrémédiable, et l'abbaye ne revit jamais les jours de splendeur et de richesse que son avidité et son obstination avaient à jamais anéantis. Les moines de La Charité avaient été mieux avisés. Ils avaient laissé toute liberté, toute indépendance au commerce et à l'industrie, et ils y ajoutèrent le droit pour les habitants d'administrer eux-mêmes leurs intérêts. Aussi, leur prospérité durait et s'accroissait sans cesse, quand celle de Vézelay était déjà depuis longtemps éclipsée.

Nous ne pouvons passer sous silence un trait du comte Guillaume, que raconte, mais que probablement aussi dénature le moine Hugues de Poitiers. Il alla, dit le chroniqueur, surprendre Montferrand en Auvergne, où il avait ouï dire qu'il y avait de grandes richesses, livra la ville au pillage, et, pour l'exempter de l'incendie, se fit promettre une grosse somme d'argent par les habitants, dont il emmena le seigneur pour ôtage. Sans justifier un tel acte, qui n'était que trop dans les mœurs du siècle, nous sommes portés à croire que la rancune haineuse du moine de Vézelay peut présenter comme un acte de brigandage, un fait de guerre qu'autorisaient les usages du temps, et que le seigneur de Montferrand pouvait bien n'être qu'un auxiliaire du comte de Sancerre dans la guerre contre le comte d'Auxerre, qu'après la victoire de la Marche, ce dernier, avec ses Brabançons, avait poursuivi jusque chez lui et forcé dans le refuge de sa forteresse.

Il tira plus de gloire et de profit d'une expédition qu'il entreprit en 1166, avec le roi Louis VII et le duc de Bourgogne Hugues III, contre Guillaume Ier, comte de Châlon, afin de le punir des vexations odieuses qu'il avait fait subir aux églises et de ses inexcusables et meurtrières agressions contre l'abbaye de Cluny, dont il avait forcé et pillé le monastère et massacré plusieurs religieux. Pour obtenir satisfaction, l'évêque de Châlon et l'abbé de Cluny avaient invoqué la protection du roi et du duc de Bourgogne, et ce dernier avait écouté leurs plaintes avec d'autant plus de faveur, que l'absorption du comté de Châlon entrait dans les projets d'agrandissement qu'il pratiqua toute sa vie avec succès, et qui, toutefois, en ce qui concerne ce comté, ne purent être complétement réalisés qu'au siècle suivant, par son petit-fils, le duc Hugues IV. Le comte de Nevers, d'Auxerre et de Tonnerre entra dans cette ligue, tant par l'intérêt affectueux et reconnaissant qu'il portait à Cluny, pour les bons offices qu'il en avait eus dans ses querelles avec Vézelay, que pour les avantages qu'il espérait de cette guerre et dont il trouva la réalisation. Le comte de Châlon ne put résister à de si puissants ennemis, et sa ville capitale ayant été prise d'assaut, il fut forcé de capituler, en cédant celle de Mont-Saint-Vincent qui avait été prise aussi, et que le roi donna pour moitié au duc et au comte. Le comte la délaissa ensuite tout entière au duc, moyennant la cession de territoires qui agrandissaient son comté de Tonnerre, et qui comprenaient, à ce que l'on croit, l'importante baronnie de Cruzy. En même temps l'évêque de Châlon leur inféoda une grande seigneurie qu'il possédait, on ne sait de quelle origine, entre la Champagne et le Tonnerrois, et qui comprenait les bourgs de Ricey, Lannes, Bagneux-la-Fosse, Beauvoir, Bragelogne, et les droits désignés sous les noms du grand parcours de Saint-Vincent et du grand terrage de Molesme et de Channes. D'abord indivise entre eux, cette riche possession, que l'on appelait le fief de Saint Vincent, tomba ensuite tout entière, par une série de rétrocessions, dans le comté de Tonnerre.

Ces guerres, dont le comte Guillaume avait vu les redoutables vicissitudes, lui firent sentir le besoin de mettre à l'abri des incursions inopinées d'un ennemi les faubourgs de sa ville d'Auxerre, restés jusque-là en dehors de la vieille ville fortifiée que l'on appelait la cité. Il fit tracer un plan d'enceinte qui les embrassait tous et en fit aussitôt commencer l'exécution, qui, poursuivie avec ardeur et persévérance, fut bientôt terminée, à l'exception de la clôture de murs le long de la rivière, qui ne fut faite que sous le comte Pierre de Courtenay, en 1193. Ce sont les murailles dont la plus grande partie subsiste encore aujourd'hui, après avoir été réparées et parfois reconstruites, à diverses époques. On y comprit l'abbaye de Saint-Germain. Une des tours, appelée la Tournelle, dont le nom est resté à ce quartier, et dont on a retrouvé les fondations il y a quelques années, en construisant le nouveau pont, plongeait dans le lit même de la rivière. Il en était de même d'une forte bastille au bout de l'ancien pont. La ville entière était par ce moyen aussi complétement fortifiée que l'art le permettait à cette époque.

Cette grande œuvre terminée, avec d'autant plus de facilité que tous les matériaux avaient été trouvés sur l'emplacement même, où se trouvaient partout sous le sol, ces pierres pouvant à la fois être employées comme moellons ou converties en chaux par la cuisson, et que la main-d'œuvre avait été fournie pour la plus grande partie par les habitants, le comte voulut accomplir le projet qu'il méditait depuis plusieurs années, d'aller à son tour à la croisade. Il partit avec un corps de troupes, en emmenant avec lui son jeune frère, le comte Guy. Mais, à peine débarqué, il mourut le 24 octobre 1168, de la peste qui désolait alors le littoral de la Syrie. Il avait, en arrivant, trouvé dans une situation périlleuse les chrétiens de la Palestine. Prévoyant pour eux un prochain désastre, il voulut que l'évêque de Bethléem trouvât alors un asile dans ses états, et il lui légua à cet effet l'hospice que son père avait construit en 1117 dans le faubourg de Clamecy appelé Panthenor. Vers la fin du xiiie siècle, quand les latins furent forcés de quitter la Palestine, l'évêque de Bethléem vint s'établir à Clamecy avec le titre et la dignité de son ordre. Mais c'était un évêché sans diocèse. Et ses successeurs, malgré un édit favorable du roi Charles VI, de l'an 1413, n'ont jamais exercé les fonctions épiscopales sans de vives réclamations du clergé de France, qui ne les considérait que comme des prélats *in partibus infidelium*. On leur assigna seulement une pension. Les comtes et ensuite les ducs de Nevers n'en ont pas moins continué jusqu'en 1790 à nommer des évêques de Bethléem, mais comme les simples titulaires d'un bénéfice.

Un chroniqueur contemporain, Jean de Sarisbéry, évêque de Chartres, accuse, dans un langage plein d'amertume, le comte Guillaume d'avoir été à la fois dur pour les pauvres et avide à usurper les biens du clergé. « Plusieurs grands princes, dit-il, ont repris le voyage « de la terre sainte. Mais les revers qu'ils ont éprouvés, « au lieu des brillants succès dont ils s'étaient flattés, « font croire que Dieu n'agréait pas des présents qui sont « le fruit des rapines et des injustices. Le comte de Nevers « est de ce nombre. Ce n'est ni par les traits des Parthes, « ni par l'épée des Syriens qu'il a péri. Une si glorieuse « fin modérerait les regrets de ceux qui sont inconso- « lables de sa perte. Mais ce sont les larmes des veuves « et les gémissements des pauvres qu'il a vexés, les « plaintes des églises qu'il a dépouillées, qui sont cause « qu'il a échoué dans son expédition et qu'il est mort sans « honneur au champ de gloire. »

Nous ignorons si le comte fut dur aux pauvres et aux opprimés, la philanthropie était une vertu bien rare parmi les seigneurs de son temps, mais, en ce qui concerne les églises, ces reproches sont tout au moins exagérés. Lebeuf dit, en effet, que les « archives des églises et des monas- « tères fournissent des preuves de ses libéralités et de « l'attention qu'il eut d'en favoriser plusieurs de ses « bienfaits. » Pontigny, Saint-Germain, le chapitre d'Auxerre, Saint-Marien, Reigny, Crisenon et la Charité furent au nombre de ses obligés, et il fonda en outre à Fontenet, près Corvol-l'Orgueilleux, un nouveau monastère pour des religieux de l'ordre de Grandmont. Jean de

Sarisbéry avait été secrétaire de saint Thomas de Cantorbéry et l'avait accompagné dans le séjour qu'il fit à Vézelay, et c'est de là sans doute qu'il avait rapporté contre le comte des préventions mal justifiées. Il faut, au reste, se rappeler ce que dit l'historien des Croisades, que l'envie de justifier ces expéditions inspirait souvent aux chroniqueurs, contre les hommes de guerre dont les expéditions n'avaient pas réussi, des critiques et des satyres dont l'histoire impartiale ne saurait adopter l'exagération. Pour confondre les incrédules et pour montrer toute la vérité des jugements de Dieu, ils se croyaient obligés de rembrunir leurs tableaux et de présenter les soldats de la Croix sous les couleurs les plus odieuses (1).

Le comte Guy n'avait que dix-sept ans lors de la mort de son frère, qui, n'ayant pas d'enfants, le laissait pour son seul héritier. Il revint en France en 1169, et de graves événements ne tardèrent pas alors à survenir dans le pays auxerrois. Le roi Louis VII, après son divorce avec Eléonore d'Aquitaine, avait eu de grandes guerres à soutenir pour contenir l'ambition turbulente de Henri Plantagenet, qu'elle avait pris pour son second mari. La paix avait été signée en 1160, au château de Montmirail-en-Perche. Peu après Henri avait négocié un mariage entre son fils Geoffroy et la fille unique du duc de Bretagne, et, à la faveur de ce projet d'alliance, il exerçait presque en Bretagne le pouvoir souverain. Il était par lui-même possesseur de la Normandie, et par son fils Henri-Court-Mantel, du comté d'Anjou. Sur ces entrefaites mourut un riche seigneur, Guillaume Goeth, qui possédait dans la province du Perche, interposée entre ces deux États, la

---

(1) *Michaut,* t. VI, p. 8.

baronnie de Montmirail et cinq autres grandes seigneuries, dont la réunion était appelée le Perche-Goeth. Il avait pour gendre Hervé III, baron de Donzy, à qui échéaient ces vastes domaines, et qui, paraissant avoir de graves raisons de craindre qu'ils ne fussent revendiqués par son oncle Thibault-le-Bon, comte de Blois et de Chartres, s'était avisé de traiter avec le monarque anglais pour qu'il lui en garantît la propriété, et lui avait, à cet effet, livré le fort château de Montmirail, en même temps que sa forteresse de Saint-Aignan, qui était enclavée dans les états du comte de Blois. Le roi Louis VII vit dans cet acte du roi d'Angleterre une intention de rompre la paix, et dans celle du baron de Donzy une trahison qui méritait une répression d'autant plus éclatante, que c'était le temps où Henry venait de faire assassiner, dans la cathédrale de Cantorbéry, l'archevêque Thomas Becket qui, après avoir trouvé longtemps à Pontigny, à Vézelay et à Sens, un asile contre les persécutions de ce prince, était retourné dans son diocèse sur les promesses les plus solennelles d'oubli du passé et de sécurité pour l'avenir. Crime exécrable et qui soulevait partout une universelle indignation. Il convoqua donc immédiatement ses vassaux, et tout d'abord le jeune comte Guy, à se trouver avec une armée à Auxerre, et quand ils y furent rassemblés, il se mit à leur tête, pour aller assiéger dans sa forteresse de Donzy l'allié du prince anglais. Le jeune comte Guy y alla pour conduire lui-même le ban de ses chevaliers. Combien de temps dura ce siège? On n'en sait rien. Situé sur une hauteur isolée de toutes parts, assez vaste pour recevoir une nombreuse garnison et fortifié d'une manière formidable, à la fois par l'art et la nature, le château du puissant baron dut résister à plus d'une attaque. Mais il fut enfin pris, soit par famine, soit par assaut, et le roi le fit sur le champ démolir et raser. La petite chronique auxerroise ne contient sur un fait si grave que ces deux lignes : « En 1170 le château de Donzy fut renversé par « Louis, roi des Français, et Guy, comte du Nivernais. » Robert de Monte, continuateur de Sigebert de Gembloux, est moins laconique et donne plus de détails sur les causes de ce conflit (1). Le comte Guy était trop jeune encore et sa voix d'un poids trop faible dans le conseil, pour que l'on puisse attribuer à son influence cette destruction de la forteresse du rival de sa famille, mais les ressentiments qu'avaient laissé subsister les guerres précédentes entre les comtes d'Auxerre et les barons de Donzy permettent de croire que Guy ne les vit pas tomber sans une grande satisfaction. Le baron de Donzy obtint plus tard son pardon, et son château fut rebâti, mais dans des proportions moindres que celles qu'il avait reçues au commencement du siècle précédent.

Cette guerre et ce siége avaient été une cause de grandes dépenses pour le jeune comte, qui avait eu peut-être aussi à payer de grosses dettes contractées par son frère dans la Croisade dont l'issue lui avait été si funeste. Il mit sans doute, pour les acquitter, de lourdes tailles sur ses sujets, et, ce moyen n'étant pas suffisant, il tenta d'abord d'établir dans l'Auxerrois un impôt sur les pressoirs, puis une dîme sur la récolte des vins. Mais les intérêts du pays trouvèrent un énergique défenseur dans le nouvel évêque, Guillaume de Toucy, de l'illustre maison de Narbonne qui tenait la baronnie de ce nom. Il fulmina spécialement contre la dîme et ceux qui la vou-

(1) *Recueil des Hist. de France*, t. XIII, p. 313.

draient prélever, une sentence d'excommunication devant laquelle le comte dut s'arrêter. Ce jeune seigneur essaya alors, dans la ville d'Auxerre, d'un autre moyen, pour lequel il trouva chez les habitants un acquiescement empressé. C'était de les affranchir, et de leur accorder, moyennant un large prix qui lui serait payé, le droit de se constituer en commune pour la gestion de leurs affaires et d'y exercer par leurs élus les droits d'administration et de juridiction en matière de police, que possédaient depuis un certain nombre d'années déjà quelques villes du nord de la France, et que le roi Louis VII avait accordés en 1149 à la ville de Sens, mais, à la vérité, pour les lui retirer trois ans après sur les plaintes du clergé. On était d'accord sur ce sujet, et le roi avait concédé au comte la permission nécessaire. Il y trouvait cet avantage que les villes ainsi émancipées devenaient des villes royales et leurs habitants les sujets directs du roi, soumis, avec leurs priviléges, à son service de guerre et à l'imposition éventuelle des taxes qu'il viendrait à créer. Mais l'évêque se mit à la traverse de ce projet, alléguant, peut-être, que selon la sentence de saint Bernard, de l'an 1145, aucune chose nouvelle ne pouvait être établie dans la ville sans sa permission. En vain le roi lui témoigna son vif mécontentement d'une opposition qui voulait ravir une ville importante à sa couronne. L'évêque tint bon. Il sut trouver d'autres moyens de donner satisfaction au roi, et, comme le rapporte Lebeuf, par le moyen d'une grosse somme qu'il paya au monarque et à ses officiers, il obtint un plein succès, et le projet de commune dut être abandonné.

Le comte paraît s'en être pris alors aux églises et aux abbayes de ses seigneuries qui étaient hors du diocèse

d'Auxerre, car celles de ce diocèse étaient trop bien défendues par Guillaume de Toucy ; même, dit-on, à celle de Vézelay, qu'il essaya de faire contribuer soit à ses dettes passées, soit aux frais d'une guerre nouvelle qu'il méditait. Mais elles trouvèrent de fermes protecteurs dans les évêques de Nevers et d'Autun, qui usèrent aussi contre lui de la voie sévère de l'excommunication, si terrible selon les idées de ce temps. Sur ces entrefaites, il tomba gravement malade à Clamecy. On crut qu'il allait mourir, et aucun prêtre ne voulait lui donner l'absolution. Les deux évêques d'Autun et de Nevers s'y refusaient. Celui d'Auxerre, Guillaume de Toucy, fut plus généreux. « A Dieu ne plaise, dit-il, qu'on nous puisse
« reprocher qu'un si grand homme, qui, outre cela, est
« notre comte, meure excommunié entre nos mains. Je
« me porte sa caution envers ceux au sujet desquels la
« sentence d'excommunication a été lancée. » Le comte en revint, et, de retour à la santé, montra sa reconnaissance à l'évêque, qu'il appelait son protecteur et son père (1).

Guy réussit mieux à Tonnerre, où il ne se trouvait pas en face du pouvoir épiscopal. Il échangea, en 1174, moyennant un prix sur lequel on tomba d'accord, les tailles arbitraires auxquelles les habitants de cette ville étaient soumis, et dont la perception entraînait souvent les plus monstrueux abus, contre une simple dîme sur les récoltes et un droit de cinq sols par chaque maison habitée. Cette convention, qui paraît toute simple aujourd'hui, était un immense bienfait pour les habitants qui, de serfs taillables à merci et miséricorde, devenaient

---

(1) *Gesta Pontificum*, *Vie de Guillaume de Toucy.*

seulement débiteurs d'un impôt limité, et la charte qui fut dressée devint le fondement des libertés qui se développèrent plus tard pour la population tonnerroise.

Les sommes qu'il en obtint ne contribuèrent peut-être pas peu à l'encourager dans une guerre étourdie contre son cousin le duc Hugues III de Bourgogne, en refusant de lui rendre foi et hommage pour les terres qu'il tenait de lui, tant du chef de son frère Guillaume IV, que de celui de sa femme Mathilde, petite-fille du duc Hugues II. Les chances du combat ne lui furent pas favorables. Il fut battu et fait prisonnier au mois d'avril 1174, et ne recouvra sa liberté l'année suivante que par la médiation de l'archevêque de Sens et du comte de Champagne. Le traité de paix reconnaissait le jeune comte homme-lige du duc pour ces terres. Il stipulait en outre la démolition de deux de ses forteresses élevées sur la frontière de Bourgogne. La rançon à laquelle il s'obligea était considérable. Ses sujets eurent, selon l'usage, des taxes extraordinaires à payer pour la fournir, et de plus, il se procura cinq cents marcs d'argent des religieux de La Charité, en leur vendant son droit de seigneurie sur la ville qui s'était formée autour de leur abbaye et qui était déjà close de murs, et cinq cents livres des chanoines d'Auxerre pour le rachat de son droit de gîte dans leurs villages de Chichery et de Pourrain. Cette dernière somme qui, au pouvoir actuel de l'argent, n'équivaut pas à moins de cinquante mille francs, montre quelle lourde charge imposaient aux domaines du clergé ces droits, illimités dans la durée et le nombre de leurs séjours, et dans les dépenses de nourriture, tant pour le seigneur que pour les hommes de sa suite.

Il vécut deux ans encore, non sans avoir dédommagé

plusieurs établissements ecclésiastiques par de généreuses libéralités, et mourut le 18 octobre 1175 ou 1176, ne laissant que deux enfants en bas-âge, Guillaume et Agnès, qu'il confiait à la tutelle du roi Louis VII. Sa veuve avait toutefois la garde-noble de ses enfants, ce qui lui donnait la jouissance usufruitière de leurs possessions jusqu'à leur majorité. Il était son second mari, et elle en prit après lui, en trois ans, deux autres qui eurent successivement le titre de comtes de Nevers, d'Auxerre et de Tonnerre, savoir : Pierre de Flandre et Robert de Dreux. Elle se sépara du dernier en 1184, pour cause ou sous prétexte de parenté. Le douaire qu'elle avait reçu de Guy consistait dans le comté de Tonnerre, qu'elle conserva jusqu'en 1192, époque où, ayant perdu ses deux enfants, elle se retira, pour prendre le voile, à l'abbaye de Fontevraud, en ne se réservant qu'une modique pension. Son fils Guillaume, qui était le cinquième du nom comme comte d'Auxerre et le sixième comme comte de Tonnerre, mourut en 1181 à l'âge de dix ou douze ans. A cet âge si tendre il fit, ou on lui arracha, pour l'abbaye de Saint-Michel, de Tonnerre, et pour celle de Crisenon, des donations considérables auxquelles sa mère paraît avoir consenti, et qui furent depuis l'objet de vives, mais inutiles réclamations. En sa personne finit la ligne masculine de nos comtes héréditaires, qui avait duré près de de deux cents ans. Dans ses dernières générations le sang de cette race illustre s'était apauvri. Les trois derniers comtes étaient morts jeunes, et, après la mort du dernier, l'autre enfant, la comtesse Agnès, ne devait pas tarder à le suivre. Le roi Philippe-Auguste l'avait fait venir à Paris après la mort de son frère, et en 1184, quand elle n'était pas encore nubile, il la maria au prince Pierre de Courtenay, son cousin-germain, petit-fils du roi Louis-le-Gros, en stipulant pour prix de cette alliance, ou pour droit d'achat, la cession à son profit de la châtellenie de Montargis, qui faisait partie des domaines des Courtenay.

Le premier acte que l'on connaisse du nouveau comte, après quelques libéralités de joyeux avénement à des établissements ecclésiastiques, est un généreux bienfait accordé aux habitants d'Auxerre. La partie la plus riche et la plus peuplée de cette ville, *optima pars* (1), avait été, le 21 juillet 1188, détruite par un terrible incendie. Le comte, sa femme et sa belle-mère étaient alors au château de Druyes, où une députation leur porta la triste nouvelle, en sollicitant leur assistance. Les habitants non nobles de presque toutes les villes de cette partie de la France étaient alors, comme ceux des campagnes, plus ou moins étroitement soumis au servage, car selon le moine Adalbéron, dans son poème adressé dans le siècle précédent au roi Robert (2), il n'y existait que trois classes d'hommes, les clercs pour prier, les nobles pour se battre et les serfs pour travailler. Les serfs de corps et de poursuite, qui, rivés au sol, ne pouvaient le quitter sans la permission du seigneur, c'étaient tous les habitants des campagnes et tous les cultivateurs. Les habitants des villes de quelque importance, ouvriers ou marchands, quoique dits libres ou francs, étaient aussi des serfs, dont la liberté ou la franchise consistait uniquement dans le droit de quitter, par leur seule volonté, le pays natal, pour transporter ailleurs leur résidence. Mais tous étaient également soumis aux exactions arbitraires de la taille, des corvées

---

(1) *Breve Chronicon Autissiodorense.*
(2) *Recueil des Hist. de France*, t. X, p. 120.

et des amendes, et de plus, à la main-morte, signe caractéristique de la servitude, selon le vieux jurisconsulte Beaumanoir, d'après laquelle le seigneur héritait de ce que possédaient ceux qui mouraient sans enfants légitimes.

Or, à ces hommes qui sollicitaient sa générosité dans leur infortune, le comte répondit par un magnifique bienfait. C'était la remise de la main-morte, c'est-à-dire l'abolition de leur servage, le don de leur liberté, pour qu'ils pussent reconstruire en sécurité leurs maisons, assurés qu'elles resteraient à toujours leur propriété et celle de leurs familles. Il leur fit aussitôt expédier une charte dont la traduction littérale doit être transcrite ici, comme le premier monument de liberté qui ait été concédé dans le comté auxerrois.

« Au nom de la sainte et indivisible Trinité, Amen.
« L'usage des lettres a été trouvé pour que les choses qui
« se font temporellement ne soient pas livrées à l'oubli
« par la suite des temps. C'est pourquoi, que tous pré-
« sents et à venir sachent que moi Pierre, comte de
« Nevers, et moi comtesse Agnès, son épouse, par intui-
« tion divine de piété, et de l'avis de notre conseil, nous
« avons remis tout à fait et à perpétuité, à nos bourgeois
« d'Auxerre, c'est-à-dire les libres, tant présents que
« futurs, la main-morte que nous avions sur eux, pour
« le meilleur rétablissement de ladite ville que le feu
« avait si lamentablement brûlée. Et, pour que cela soit
« exécuté et inébranlable à toujours, Nous avons ordonné
« que la présente soit munie de nos sceaux. Les témoins
« de cette chose sont Mathilde, comtesse et dame de
« Tonnerre, notre mère, Clarembaud de Noyers, Etienne
« Borne, Létéric d'Auxerre, Richard de Chastelluz, Ro-

« chéric, Hugues Gonaud, Pierre de Courson. Fait publi-
« quement à Druyes, l'an de l'Incarnation du Seigneur,
« 1188, c'est-à-dire l'année où le seigneur roi a pris la
« Croix, le jour de l'Octave de la bienheureuse Marie-
« Magdeleine, qui fut le 4 des Calendes d'août. »

Il ajouta, en 1190, à ce bienfait, une dispense aux maçons et charpentiers de le suivre dans ses expéditions de guerre ou chevauchées, afin que la ville ne manquât pas d'ouvriers pour sa reconstruction.

En 1188, comme le porte cette charte, le roi Philippe-Auguste avait pris la croix à Gisors avec le prince anglais Richard Cœur de Lion, c'est-à-dire qu'ils avaient promis solennellement de partir, dans une quatrième croisade, dans le but de reprendre la ville de Jérusalem, que Saladin avait occupée par capitulation le 3 octobre 1187. Le comte Pierre devait, à la tête de ses chevaliers, accompagner le roi ; et, pour pourvoir aux dépenses de cette expédition, il était autorisé à percevoir une contribution de douze deniers sur chacune des maisons de ses comtés. Cette autorisation était consignée dans une lettre du roi, portant règlement de la monnaie frappée par le comte et des conditions de son cours. L'Inventaire des titres constate que c'est à Clamecy qu'était le lieu de cette fabrication pour le comté de Nevers, et à Auxerre pour le comté de l'Auxerrois. Le monnayage livré, sous les Mérovingiens, au travail de monétaires particuliers, avait été centralisé par Charlemagne, pour n'être exercé que dans les ateliers royaux. Il comprenait, comme pièce d'or, la livre, et comme pièce d'argent, le sol, vingtième partie de la livre, et le denier, douzième partie du sol. L'alliage n'était que d'un vingt-quatrième, et le titre était dès lors à 23/24 de fin Mais dès la fin du IXe siècle, le privilége de battre monnaie avait été envahi, en même temps que la plupart des droits royaux, par de grands vassaux héréditaires. On en avait frappé à Auxerre dès cette époque. Alors aussi commença l'altération des monnaies par une plus forte proportion d'alliage, qui monta beaucoup dans le XIe siècle et s'accrut encore dans le XIIe. La monnaie royale de Philippe-Auguste n'était plus qu'à 10/24 de fin. Celle que fit frapper Pierre de Courtenay était plus faible encore. Elle contenait deux tiers d'alliage et seulement quatre deniers de fin, c'est-à-dire qu'elle n'était que de 8/24, dont il devait être tiré seize sols et huit deniers, ou deux cent quatre deniers dans un marc d'argent du poids usité à Troyes. Le mal augmenta encore plus tard, et l'on vit en certains lieux de la monnaie à 5/24 de fin. Cela dura jusqu'à la réforme de saint Louis, qui reporta la fabrication de la monnaie royale à 23/24 de fin (1). Le mal ne cessa toutefois complétement qu'au XIVe siècle, par la restitution du privilége du monnayage à la royauté. Mais alors l'altération prit un autre caractère. Ce fut de changer arbitrairement par ordonnance royale le taux de circulation des monnaies, abus dont on vit tant de scandaleux exemples jusqu'à la fin du XVe siècle. Le commerce et le travail n'avaient d'autre moyen de défense contre tant de fraudes, que de rehausser les prix des denrées et les salaires, selon les quantités d'alliage ou les changements de valeurs monétaires. Au reste, la rareté des métaux précieux les surenchérissait alors. Et à mesure que leur quantité s'en est accrue, sans en diminuer le titre, le prix des choses nécessaires à la vie a

---

(1) M. Ad. Vuitry, *Les Monnaies et le régime monétaire de la monarchie féodale jusqu'à Philippe-le-Bel.*

augmenté dans la même proportion. Une charte de Pierre de Courtenay, de 1210, fait connaître qu'une journée de maçon ou de charpentier ne se payait alors que quatre deniers (1). Le roi, en autorisant la nouvelle monnaie du comte Pierre, interdisait d'ailleurs à lui et à ses successeurs de jamais altérer ni frauder cette monnaie, ni en diminuer le titre, et, à cet effet, tous les barons et les membres du clergé obtenaient le droit de la faire vérifier à toute époque. Puis il est dit dans la charte que, tant pour l'indemnité due au comte à raison de cette fabrication, que pour le voyage de Jérusalem, il lui est accordé un droit de faîtage de douze deniers sur chaque maison (2).

Diverses causes retardèrent l'expédition, qui ne partit qu'en 1191, et, pour en couvrir les dépenses, le roi avait imposé sur tous ceux qui n'y prendraient pas part une dîme que l'on appela la dîme Saladine. Cette campagne commença mal pour le comte, qui, avant son arrivée à Messine, fut forcé par une tempête de jeter à la mer une partie de ses équipages pour alléger son vaisseau. Le roi l'en dédommagea par une indemnité de six cents marcs d'argent. Dès le début, la discorde se mit entre le roi de France et Richard qui, ayant succédé à son père, était devenu roi d'Angleterre, et elle continua en Palestine. On prit pourtant Ptolémaïs, qui était assiégée depuis deux ans. Mais on n'eut guère d'autre succès, et, au commencement de 1193, le roi, dont la santé s'était altérée dans ce climat, revint en France. Pierre, qui revenait avec lui, ne retrouva plus sa femme, la comtesse Agnès, qui était morte en 1192. L'année suivante il se remaria avec

(1) *Lebeuf*, preuves, n° 78.
(2) *Lebeuf*, preuves, n° 70.

Iolande de Flandre, sœur des comtes Baudoin et Henry, qui devaient être successivement empereurs de Constantinople.

Les bourgeois d'Auxerre n'étaient plus serfs, mais, comme sujets du comte, ils restaient soumis, selon la coutume, à des contributions en argent et en travaux, appelées tailles et corvées, à des services personnels désignés sous le nom de chevauchées, à des amendes pour infractions et délits. Et toutes ces redevances, tous ces devoirs, toutes ces obligations n'avaient, dans leur fixation, d'autre limite que la volonté arbitraire du seigneur. C'était seulement par la fixation d'un chiffre déterminé à l'avance, modéré dans sa proportion et accepté de part et d'autre comme une loi invariable, qu'ils pouvaient se dire en possession d'une sérieuse liberté. Mais, comme cette fixation comportait l'abandon par le seigneur de droits consacrés par la coutume et une possession immémoriale, il était juste de l'en dédommager par une indemnité convenable. Il était à cette époque menacé par les comtes de Brienne d'une guerre qui, en effet, éclata peu de temps après, et les besoins d'argent que cette imminence lui faisaient ressentir ne furent peut-être pas sans influence sur la concession de ces nouvelles franchises. Les deux parties s'entendirent à ce sujet. Nous ne savons quelle fut la somme que les habitants eurent à payer, mais voici ce qu'ils obtinrent en échange, par une charte du mois de novembre 1194. Elle fut passée à Sens, ce qui semble indiquer qu'elle avait été préparée par la bienfaisante médiation de l'archevêque, qui était un vénérable et savant prélat, Michel de Corbeil (1). L'évêque d'Auxerre,

---

(1) *Lebeuf*, preuves t. IV, p. 377.

Hugues de Noyers, ne paraît pas y avoir mis opposition. Toutefois, il s'abstint d'y paraître.

La taille, les corvées et toute autre exaction, sous quelque titre que ce fût, étaient abolies ;

Chaque habitant avait seulement à payer une redevance annuelle qui, pour les plus riches, ne pouvait pas excéder vingt sols. Le sol d'alors équivalant, selon le pouvoir actuel de l'argent, à environ douze francs d'aujourd'hui, c'était à peu près 240 francs. Pour les moindres et les pauvres, la taxe était moindre et en proportion de leur avoir.

Les chefs de familles étaient seuls soumis à cette taxe. Les célibataires en étaient exempts.

Les amendes pour infractions ou délits, qui étaient autrefois de soixante sols, étaient réduites à cinq sols. Seulement, pour l'homicide, le rapt ou le vol, elles restaient à l'arbitraire du comte.

L'abolition de la main-morte était confirmée. Chacun pouvait hériter de ses parents collatéraux et léguer sa succession à son gré.

La chevauchée, ou service militaire, ne pouvait plus être exigée qu'à l'intérieur du comté, si ce n'est dans un rayon assez rapproché pour que l'on pût y revenir pendant la nuit.

De même, pour les tournois, les habitants ne pouvaient être conduits qu'à Joigny, à Chablis ou à Rougemont.

Les sexagénaires et les infirmes étaient exempts de tout service.

Les habitants ne pouvaient être traduits en justice hors de la ville d'Auxerre, ni être saisis ou arrêtés dans leurs biens et leurs personnes tant qu'ils s'en rapporteraient à la justice du comte.

Le comte avait droit à un crédit de quarante jours, mais rien de plus pour les vivres qu'il voudrait acheter.

Les bourgeois pouvaient avoir des gardes pour leurs blés et leurs vignes; mais les amendes étaient pour le comte.

Il aurait pendant tout le mois d'août le ban du vin, c'est-à-dire le droit exclusif de vendre celui de ses vignes. Mais il ne pourrait céder ce droit à personne.

Point de ban de vendange. Chacun était libre de vendanger quand il le voudrait.

Les possesseurs d'héritages au jour de la charte étaient, vis-à-vis du seigneur, réputés propriétaires. Il ne pourrait pas contester le caractère et la durée de leur possession.

Deux autres clauses ont besoin d'explication.

D'abord celle qui concerne les juifs, qui ne pourront pas réclamer de leurs débiteurs plus de deux ans d'intérêts. Après les avoir, dans le siècle précédent, persécutés, brûlés ou bannis, on avait fini, comme on avait besoin d'argent et qu'on n'en trouvait que chez eux, par les tolérer à Auxerre. Ils y étaient même assez nombreux et y avaient une synagogue au milieu de la ville, et un cimetière particulier, hospitalité qu'ils payaient probablement bien cher. Mais le retour des persécutions n'était pas bien éloigné. En attendant, on commençait dans cette charte à les rançonner par la prescription de leurs intérêts. Après un certain nombre d'années, lorsque les querelles qu'eut le comte avec l'évêque, et dont nous parlerons bientôt, furent apaisées, il scellait sa réconciliation avec ce prélat, en se laissant arracher un ordre d'expulsion de ces malheureux juifs, et la synagogue était transformée par l'évêque en une église dédiée à saint Regnobert (1).

Puis il était dit dans la charte que les gages d'un duel qui serait pacifié ne seraient plus que de sept sols six deniers. Le combat singulier figurait alors au nombre des preuves judiciaires, au civil comme au criminel. Si celui qui n'avait pas d'autres preuves à fournir pour un droit ou un fait qu'il alléguait, offrait de se battre contre son adversaire, on ne pouvait le lui refuser. On combattait entre nobles à l'épée, entre vilains au bâton. L'issue du combat, c'était, selon les idées et le langage du temps, le jugement de Dieu. Le battu perdait son procès et payait l'amende et les frais. Le juge faisait consigner dès l'abord les gages du duel, et ce pouvait être une somme considérable. Mais, d'ordinaire, les plaideurs, surtout les clercs, les femmes et les vieillards, avaient le droit d'envoyer un champion à leur place. Champion de duels, c'était un métier, comme autrefois gladiateur à Rome. Il y a, à ce sujet, un passage curieux dans une transaction de l'an 1187 entre le comte et l'abbaye de Saint-Germain, relativement aux bois de Monboulon et Bruère, qui leur appartenaient en commun. Il y est dit que si l'on a un procès avec des étrangers, à l'occasion de cette propriété, et qu'il y ait lieu à un duel, les gages seront communs, et que l'on s'entendra, dans le cloître de Saint-Etienne, pour l'accomplissement du duel, c'est-à-dire pour le choix d'un vigoureux champion (2). Au reste, celui qui avait de-

---

(1) Chronique de Robert Abolanz, dit Robert de Saint-Marien.

(2) *Lebeuf*, preuves n° 77.

mandé le duel pouvait ensuite et dans tous les cas y renoncer et se retirer, mais il perdait ses gages, qui étaient confisqués au profit du seigneur; c'était un frein contre les provocations téméraires. Toutefois la fixation arbitraire du taux des gages dépassait le but et pouvait empêcher le retour à la vérité et à la justice, car l'énormité des gages à abandonner pouvait ruiner le plaideur. C'était donc rentrer dans une mesure relativement sage, que de limiter cette amende à un chiffre modéré, en attendant que le sens commun fît disparaître cette grossière déraison du prétendu jugement de Dieu.

Toutes ces dispositions ne s'appliquaient, bien entendu, qu'aux hommes du comte, à ses anciens serfs, car il y avait dans la ville des habitants, à la vérité en beaucoup moins grand nombre, qui étaient serfs de l'évêque, du chapitre ou de l'abbaye de Saint-Germain, étant venus, à diverses époques, des domaines de ces membres du clergé résider dans la ville. La charte ne changeait rien à leur état.

Cette précieuse transaction était entourée des conditions les plus solennelles; appel de la protection du roi, excommunication, dans le cas d'infraction, par l'archevêque et par les évêques de Nevers, de Langres et d'Autun. Le nom de l'évêque d'Auxerre, Hugues de Noyers, n'y est pas. Est-ce parce qu'il était alors, comme on le verra plus tard, en discorde violente avec le comte? Est-ce parce que ce noble et hautain prélat blâmait cette concession à des vilains, ou que, comme son prédécesseur, Guillaume de Toucy, il repoussait ce qui pouvait nuire à ses droits, et conduire, dans sa ville épiscopale, à l'organisation d'une commune? Le comte y donnait, au reste, pour cautions ses barons, qui étaient Philippe, seigneur de Gien, Dreux de Mello, Geoffroy, son sénéchal, Itier de Toucy, son vicomte d'Auxerre, D. de Seignelay, Létéric, Balledarde, Pierre de Courson et autres vavasseurs du comté d'Auxerre.

Par une charte de l'an 1200, le roi confirma cette transaction, mais seulement pour la durée de la vie du comte, parce que celui-ci n'avait, au jour de l'acte, que l'usufruit légal, et, au jour de cette confirmation, que la jouissance viagère, par un traité dont il va être bientôt question, du comté d'Auxerre, qui appartenait à sa fille.

Cet acte mémorable, dont le duc de Bourgogne, Hugues III, avait fourni l'exemple et le modèle, en donnant une charte de commune à la ville de Dijon en 1187, eut des conséquences importantes pour la contrée. D'autres localités ne tardèrent pas à en ressentir l'influence. Dès l'an 1198, le comte Hervé de Donzy accordait les mêmes conditions à ses hommes de Donzy et à ceux qu'il avait à Cosne.

En 1202, l'évêque faisait remise de la main-morte et de la taille arbitraire à sa ville de Varzy, moyennant une dîme sur les vins.

En 1204, le chapitre accordait la même faveur à ses hommes d'Auxerre, moyennant 600 livres de Provins.

La ville de Clamecy était affranchie par son Vicomte en 1213, et Sacy, dont le territoire était divisé en deux seigneuries, recevait, dans l'une d'elles, sa charte d'Ascelin de Merry, et, pour l'autre, elle l'eut en 1237 du prieur de Saint-Jean de Jérusalem.

Vézelay recevait la sienne des moines ses seigneurs, en 1222.

Le comte Guy de Forez concédait, en 1229, la charte de

Lorris à Mailly-le-Château et Mailly-la-Ville, et, en 1237, à la ville de Vermenton.

Andryes recevait en 1255 sa charte de franchise.

Les serfs que l'abbaye de Saint-Germain avaient à Auxerre et son village de Perrigny étaient affranchis en 1256.

La ville de Saint-Verain obtenait la sienne de son baron en 1259,

Monéteau et Sommeville la recevaient du chapitre en 1263.

Chitry, de son seigneur, en 1275.

Appoigny, les Bries et Bailly, de l'évêque, en 1276.

Puis viennent les affranchissements de Lichères et Nitry, en 1278;

Coulanges-la-Vineuse, par le comte de Joigny, son seigneur, en 1279;

Cravant, par le chapitre, qui n'y consentit qu'après de violents débats, à la suite desquels plusieurs habitants étaient partis, et pour lesquels d'autres furent forcés de venir à genoux faire amende honorable aux chanoines pour un prétendu complot formé contre eux, en 1280;

Gy-l'Évêque et autres lieux dépendant de sa prévôté, par l'évêque, en 1283.

Après quoi viennent : Accolay, en 1290;

Égleny, Saint-Martin-sur-Ocre et Beauvoir, par le chapitre, en 1302;

Parly, Pourrain, Villemer, Bassou et le Val-de-Mercy, en 1303;

Sainte-Pallaye, Prégilbert et Sery, en 1319;

Rouvray, en 1325;

Irancy, en 1328;

Diges et Venouse, en 1342;

Chichery, en 1352 ;
Escamps, en 1361 ;
Orgy et Chevannes, en 1367 ;
Charbuy, en 1382 ;
Charentenay, en 1392 ;
Chemilly, près Seignelay, en 1416 ;
Chamoux, en 1442 ;
Préhy, en 1452 ;
Cussy-lès-Courgis, en 1455 ;
Trucy et Héry, en 1477 ;
Lindry et Bleigny-le-Carreau, en 1479,
Et Beaumont, en 1492 (1).

La date des autres affranchissements est ignorée. Ces actes abolissaient la servitude, mais ne donnaient pas aux habitants le droit d'administrer leurs intérêts communs, qui ne l'étaient que par le seigneur ou son délégué. Ce dernier avait souvent le titre de maire, mais il n'était qu'un préposé du seigneur. Il en était spécialement ainsi dans tous les villages de l'abbaye de Saint-Germain. Quelques villes obtinrent plus tard des chartes spéciales de commune pour s'administrer elles-mêmes. Coulanges-la-Vineuse l'obtint en 1365 (2).

En dehors du comté, Avallon fut affranchi en 1200, Beaune reçut sa charte de commune en 1203, Chagny, en 1224, et Châlon, en 1259 (3).

Les seigneurs avaient, à vrai dire, tout intérêt à ces

---

(1) *Lebeuf*, preuves nos 99, 188, 201 et 208. — *Cart. de l'Yonne*, t. III, nos 565, 693, 701, 714, 1009, 1050. — *Invent. du Nivernais*, col. 300, 611 et 613. — Coll. de Bastard.

(2) Secousse, Ordonnances des rois de France.

(3) *Pérard*, p. 274, 316, 324.

affranchissements. Ils en recevaient d'abord le prix en argent. Puis, si le nouveau régime était une source de prospérité pour le village ou la ville affranchis, le seigneur profitait de l'accroissement de la population par les redevances qu'il en tirait. Plusieurs chartes du xve siècle constatent que les étrangers ne voulaient plus venir habiter les villages encore soumis à cette époque à la main-morte, et que les terres y restaient vagues et sans culture, parce que les habitants les quittaient.

Indépendamment de la taille fixe et convenue que percevait le seigneur après l'affranchissement, il conservait encore souvent des prestations en nature, des journées de travail pour corvées, le droit de gîte, le droit de crédit, une taxe sur les maisons, le droit exclusif de chasse et de pêche, le droit de justice par son bailli, les amendes, le droit de retrait sur les héritages vendus, les péages, les bannalités, les taxes dites de tonlieu sur les foires et marchés, et enfin l'aide extraordinaire dans les quatre cas admis par la coutume, du mariage de sa fille, de son fils armé chevalier, de son départ pour la croisade, et de sa rançon quand il était prisonnier de guerre.

Peu après cet arrangement de l'an 1194, le comte eut avec les trois frères, Guillaume, Gautier et Jean, comtes de Brienne, qui étaient parents de la comtesse Agnès, une guerre dont les chroniques nous laissent ignorer les causes et les incidents, si ce n'est que l'armée que ces ennemis avaient amenée de la Champagne, traversant et ravageant le Tonnerrois, qui était possédé à titre de douaire par la comtesse Mathilde, veuve du comte Guy, et les états du comte Pierre, son gendre, s'avança jusqu'à Vézelay, qu'ils assiégèrent, bien que cette ville n'appartînt ni au comte, ni à la comtesse, prirent et brûlèrent les villages d'Asquins et de Blannay. Tel est le laconisme des chroniques de ce siècle, que la petite chronique auxerroise, pas plus que celle de Robert de Saint-Marien, qui mentionnent ces faits de guerre, ne disent ni les motifs de cette agression, ni à quelles conditions la paix fut rétablie. Tout ce que l'on présume, c'est que Jean de Brienne, l'un d'eux, possédait dans l'Auxerrois ou sur ses frontières quelque seigneurie, qu'il tenait probablement en fief du comte de Champagne, entre la Cure et Châtel-Censoir, et qu'il y eut quelque conflit à ce sujet. On sait seulement qu'il possédait le village de Saints-en-Puysaie, et qu'il le vendit, en 1210, au baron Hervé de Donzy, qui était devenu comte de Nevers par son mariage avec la fille du comte Pierre (1).

Trois ans après, ce comte eut à combattre un ennemi plus redoutable et à soutenir une guerre dont les suites furent désastreuses pour lui. Il revendiquait contre Hervé IV, baron de Donzy, la châtellenie de Gien, comme devant lui appartenir en vertu d'un traité conclu directement avec Philippe de Donzy, qui venait de mourir, et qui était frère et prédécesseur d'Hervé. On voit, en effet, dans la transaction de 1194, citée plus haut, au nombre des barons du comté d'Auxerre, ce Philippe, qui prend la qualité de seigneur de Gien, et qui ne pouvait figurer parmi eux que parce qu'il était, par cette châtellenie, le vassal du comte d'Auxerre. Hervé méconnaissait ce traité et en appelait aux armes pour décider la question. Pierre de Courtenay, ne se contentant pas pour cette guerre de l'aide de ses barons, ou peut-être ayant cru son adversaire trop peu redoutable pour qu'il fût besoin de lever tout le ban de ses vassaux, avait pris à son service une

---

(1) *Inventaire des titres du Nivernais*, col. 278.

bande de routiers qui faisaient la guerre pour qui voulait les payer, et que cette fois les chroniques appellent des *Cottereaux*. C'étaient des hordes indisciplinées, habituées à la rapine et au pillage, et plus redoutées des paisibles habitants que l'ennemi lui-même. L'armée du comte était réunie près de Cosne, ville qui appartenait à l'évêque, sauf le château qui était au comte, mais qui, à la suite de cette guerre, tomba entre les mains du baron de Donzy, et, sauf les droits de l'évêque, a toujours depuis fait partie du Donziais. Les chartes de l'abbaye de St-Laurent, située à peu de distance de cette ville, constataient, au dire d'une chronique qui sera citée plus loin, que les Cottereaux avaient dévasté le monastère et même détruit l'une de ses deux églises, dédiée à saint Étienne. C'est près de là que s'sngagea la bataille. Hervé y fut vainqueur. Les Cottereaux, surpris peut-être dans quelque orgie de débauche, furent mis dans une déroute complète, et, ce que n'ont dit ni Lebeuf, ni M. Chardon, le comte Pierre y fut fait prisonnier et emmené dans le château de Donzy (1). C'était le jour de l'Invention des reliques de saint Étienne, et il parut, dit le chroniqueur, que « les saints martyrs « Étienne et Laurent avaient aidé Hervé dans cette vic- « toire. »

Le baron de Donzy demanda, pour la rançon du comte, la main de sa fille Mathilde, que dans le langage vulgaire on appelait Mahaud, qui n'était pas encore nubile, et qui avait droit du chef de sa mère au comté de Nevers. Il fit si bien valoir sa cause auprès du roi, que, par la médiation de ce monarque, un traité fut conclu à Paris sur cette base au mois d'octobre. L'acte qui en est resté est

(1) Chronique des comtes de Nevers. — Bibliothèque nationale, manuscrit latin, n° 13903, f° 16.

sous la forme d'une lettre donnée par Hervé, qui constate ainsi les conditions arrêtées (1) :

« Le roi nous donne pour épouse la fille de Pierre, « comte de Nevers, avec ce comté, à condition toutefois « que Pierre aura sa vie durant les terres que le roi lui « assignera prochainement, lesquelles, après sa mort, « feront retour à nous, à notre épouse et à nos enfants. « Pour le rachat du comté, nous donnons au roi, moi et « mon frère Renaud, Gien et toute sa châtellenie. Si notre « épouse vient à mourir sans enfants, la châtellenie de « Gien reviendra à nous et à nos enfants, moyennant « trois mille francs d'argent de la monnaie de Troyes. « En outre, d'ici à la célébration du mariage, je ferai « faire par tous mes hommes l'assurement au roi que je « le servirai envers et contre tous ceux qui peuvent vivre « et mourir, comme mon souverain-lige, et que je ne « manquerai jamais, pour quoi que ce soit, de rester à « sa cour pendant le temps requis. Après le mariage, je « ferai faire le même assurement par les hommes du roi « et du comte. Et si quelqu'un refuse, je me mettrai à la « disposition de mon seigneur. Jusque-là, je livre comme « garantie le château de Cosne. Je m'engage à encourir « l'excommunication des évêques d'Auxerre et de Nevers « et l'interdit, si je ne remplis pas les conditions pré- « sentes. Si par hasard je venais à me séparer de mon « épouse, je le rendrais au roi et le roi me rendrait le « château de Gien. »

Le roi rendit ensuite l'ordonnance suivante sur les terres que devait conserver Pierre de Courtenay (2) :

---

(1) *Cartulaire hist. de l'Yonne*, t. II, p. 501.
(2) Trésor de la Chambre des Comptes de Nevers. — *Bulletin de la Société nivernaise*, t. 5, 2ᵉ série, p. 71.

« Philippe, par la grâce de Dieu, roi des Français.
« Que tous sachent que nos chers cousins Pierre, comte,
« et Hervé de Gien s'en sont rapportés à notre décision
« sur la paix à faire entre eux. Nous, pour le bien de la
« paix et l'intérêt du pays, avons statué ainsi : Ledit
« Pierre, tant qu'il vivra, tiendra Tonnerre et son terri-
« toire et aussi tous les fiefs appartenant à Tonnerre. Et
« aussi, tant qu'il vivra, Auxerre avec les fiefs apparte-
« nant à Auxerre. Après la mort dudit Pierre, toutes les
« choses susdites reviendront audit Hervé et à Mathilde,
« fille dudit Pierre, ou à leurs héritiers. Pierre tiendra
« pour toujours Mailly avec toute sa châtellenie, moins
« Vézelay, si Vézelay est de cette châtellenie. »

Comme l'évêque était en possession de la suzeraineté de Gien, le roi, pour en acquérir la pleine souveraineté, racheta cette suzeraineté par l'abandon du droit de procuration et de gîte qui lui appartenait, d'après la coutume, dans toutes les résidences épiscopales, et en se soumettant à délivrer à Auxerre, le jour de l'Invention de Saint-Etienne, cent livres de cire, qui auparavant étaient payées, à Gien, par le seigneur de cette ville.

Le mariage ne put avoir lieu immédiatement, vu l'âge peu avancé de l'épousée. Elle avait été promise auparavant à Philippe, comte de Namur, beau-frère de Pierre de Courtenay, et cette promesse avait été l'une des conditions de l'union de Pierre avec Iolande de Flandre. Mais le roi avait désapprouvé ce projet de mariage, et, par un acte daté de Montargis, du mois de décembre, Pierre s'engageait, pour le cas où sa fille n'épouserait pas Hervé, à ne point la marier, sans la permission du roi, avec le comte de Namur (1).

(1) *Cartulaire hist. de l'Yonne*, t. II, p. 502.

Hervé prit immédiatement possession du comté de Nevers, et, pour l'arrondir, il acheta de Pierre de Courtenay la châtellenie de Saint-Sauveur, qui était une des dépendances laissées au comté d'Auxerre par le traité de 1015. L'évêque, qui s'était réservé seulement la suzeraineté du château, la faisait reconnaître de temps en temps par des déclarations de jurable et rendable. Cela avait été stipulé par la sentence arbitrale de saint Bernard, en 1145, et depuis par une reconnaissance nouvelle en 1184. Dès 1207, Hervé agissait comme seigneur de cette châtellenie, en déclarant, par une charte de 1207 (1), qu'il permettait à l'abbé de Saint-Germain de vendre les bois qu'il possédait à Saint-Sauveur, moyennant l'abandon de moitié du prix. Et, depuis, Saint-Sauveur a toujours fait partie du Donziais. Dans une notice sur Hervé de Donzy, que nous avons déjà citée, M. de Lespinasse fait connaître que l'Inventaire des titres du duché du Nivernais, par l'abbé de Marolles, porte, au livre IV, n° 173, la mention d'une vente faite en 1204 par Pierre de Courtenay à Hervé du château de Saint-Saulge pour 1,340 livres de Provins. Nous avons vainement cherché cet article dans la publication qu'a faite M. de Soultrait de cet inventaire, dont beaucoup de détails inutiles ont été sans doute par lui négligés. M. de Soultrait a d'ailleurs constaté que les noms de localités dans des titres très anciens avaient été parfois mal lus et étaient altérés par de Marolles. Et comme la possession du château de Saint-Saulge, ni d'aucun autre du comté de Nevers par le comte d'Auxerre, après la cession entière et sans réserves qu'il en avait faite, n'est ni indiquée nulle part, ni vraisemblable, nous

---

(1) *Lebeuf*, preuves n° 102.

sommes portés à croire que l'acte de vente de 1204 concernait le château de Saint-Sauveur, dont nous voyons Hervé en possession trois ans après. Au reste, cette vente du *castrum Sancti-Salvii*, par Pierre à Hervé, est expressément mentionnée dans la chronique des comtes de Nevers, qu'a publiée la Société Nivernaise dans le t. V, 2° série de son Bulletin, p. 73. Seulement, l'auteur, en renvoyant d'ailleurs au f° 50 du Cartulaire, qui contient l'acte de cette vente, lui donne la date de 1203.

C'est vers cette époque que l'évêque Hugues de Noyers consacra la division de son diocèse en deux archidiaconés, suivant une ligne peu régulière qui allait du nord-est au sud-ouest. L'un, dit archidiaconé d'Auxerre, qui comprenait Auxerre, Coulanges-la-Vineuse, Courson, Coulanges-sur-Yonne, Vermenton, Clamecy, Varzy, Donzy, La Charité, Pouilly et Cosne; l'autre, dit archidiaconé de Puisaie, embrassait Pontigny, Seignelay, Appoigny, Ouanne, Druyes, Toucy, Saint-Sauveur, Entrains, Saint-Amand, Saint-Fargeau, Bléneau, Gien, Briare, Bonny, Neuvy et Saint-Verain. Cette division, qui, chose remarquable, paraît conforme à celle que les géologues eussent tracée d'après la nature des terrains, laissait au premier la zône des terrains jurassiques et donnait au second les terrains sableux, crétacés et tertiaires. Il se peut que le règlement qu'établit à ce sujet l'évêque, n'ait fait que confirmer d'anciennes traditions qui remontaient jusqu'à l'époque romaine et ait par là conservé distincts les deux *pagi* de la *Civitas Autissiodorensis*. On n'a pas le texte du règlement épiscopal, mais seulement la lettre du pape Innocent III qui, en 1204, approuve cette division (1).

---

(1) *Supplém. au Cartul. hist. de l'Yonne*, p. 400. — *Bréquigny*, t. IV, p. 354.

Depuis on a vu, à diverses époques, deux archidiaconés ajoutés à ceux-là sous le titre d'archidiaconés de Saint-Bris et de Varzy.

Le comte Pierre eut avec cet évêque de graves et longues querelles, qui tinrent une grande place dans son existence et qui furent marquées, de part et d'autre, par des actes d'un emportement et d'une violence inouïs. Les excès et les torts de ces deux rivaux s'expliquent assez par le caractère qu'un document contemporain attribue à chacun d'eux.

Selon le chanoine Eustache, auteur de la vie de Hugues de Noyers dans le *Gesta Pontificum*, le comte Pierre était fier de sa haute naissance, d'un esprit léger, irréfléchi, facile à s'irriter, et d'une violence, dont, dans les querelles et les injures, rien ne pouvait modérer l'exaltation.

Le même biographe, dans son impartialité, dépeint ainsi le caractère de l'évêque Hugues, qui appartenait à l'illustre famille des barons de Noyers, et n'était pas moins fier de sa noblesse que le comte Pierre de sa haute origine. Avec ses éminentes qualités, il signale ses travers et ses défauts :

« D'une stature médiocre, mais d'une belle prestance,
« habile et actif en affaires, d'un sens profond qui dans
« les conseils lui faisait toujours trouver le meilleur
« avis, d'une parole facile, abondante et persuasive,
« profondément versé dans les lettres et dans tous les
« genres de science, écrivain, poète et musicien, compo-
« sant en tout genre avec la même facilité, mais trop
« rapidement pour que ses œuvres aient mérité de lui
« survivre, aimant la compagnie des hommes de guerre,
« discutant sans cesse avec eux des choses militaires, et
« proposant toujours du nouveau en fait de manœuvres

« ou de tactique, choses dans lesquelles il était compé-
« tent, car il lisait et relisait Végèce *(de Re militari)*, qui
« était son auteur favori. Affectueux et correct avec les
« siens, il était malheureusement possédé, comme pres-
« que tous les grands, d'une avarice cupide, qui le pous-
« sait, contre toute justice, à des exactions, à l'oppres-
« sion de ses sujets et à l'usurpation des droits d'autrui,
« et, quand il était en colère, il ne connaissait aucun
« frein à sa fureur de renverser et de nuire. Il portait,
« malheureusement aussi, moins d'intérêt et donnait
« moins d'attention aux choses spirituelles qu'aux tem-
« porelles. »

Dans les détails que nous donne son biographe sur son administration, on le voit, en effet, dépenser et prodiguer, sans compte ni mesure, en constructions et en créations dans ses résidences épiscopales, à Varzy, à Toucy, à Cosne, puis élever de somptueux châteaux à Appoigny et à Beauretour près Charbuy, pour y susciter des merveilles de magnificence en canaux, viviers et étangs, en parcs, jardins et en garennes fermées et peuplées de toute espèce de gibier, et surtout pour agrandir et compléter dans les plus vastes proportions les logis splendides et les formidables fortifications du château de ses pères, cette puissante forteresse de Noyers, qui appartenait à son jeune neveu, dont il était le tuteur, et où, dit le bon chanoine Eustache, « il enfouissait sans scrupule la
« meilleure part de ses revenus épiscopaux, qui eussent
« été bien mieux employés aux besoins de l'Eglise et au
« soulagement des pauvres. »

Entre ces deux caractères si fiers, si dominateurs et si emportés, qui avaient dans leurs affaires des points de contact obligés et fréquents, la concorde ne pouvait guère durer. Nous ne savons ni en quoi consistaient leurs dissidences, car le biographe a jugé à propos de n'en rien dire, ni de qui provinrent les premiers torts. Il y en eut sans doute des deux côtés. Chacun contestait les droits de l'autre et poussait ses familiers à les méconnaître (1). Les choses en vinrent bientôt, sans que nous sachions pour quel motif ou sur quel prétexte, à l'interdit jeté par l'évêque sur toutes les églises du comté d'Auxerre. Elles furent fermées par son ordre, la publicité des offices interdite, les cloches condamnées au silence. Tout ce que put obtenir le chapitre d'Auxerre, après un long maintien de ce régime, c'est que l'interdiction serait limitée dans chaque ville à la durée du séjour qu'y ferait le comte. Dès que son approche était signalée, on sonnait la grosse cloche de la cathédrale, pour que tout le monde fût averti, et à l'instant tout se taisait, tout se fermait dans les églises. Dès qu'il venait de partir et quand il était encore aux portes de la ville, une nouvelle volée de la grosse cloche donnait le signal de la réouverture. Comme de pareils procédés irritaient le comte sans fléchir ses résolutions, l'évêque ajouta bientôt à l'interdit l'excommunication personnelle. Il en résulta sans doute de grandes agitations, des clameurs populaires, de violents mécontentements qui le forcèrent à abréger ses séjours à Auxerre, et peut-être même dans le comté. Dans ceux de Nevers et de Tonnerre il était à l'abri de tous ces tracas, car rien ne troubla sa bonne intelligence avec les évêques de Nevers et de Langres. Cet état de choses ne dura peut-

(1) *Tum ab eo, tum ab aliis qui vel de ipso nocendi familiare sumebant exemplum vel quibus eo non resistente, in ecclesias dei facultas erat debacchari. (Gesta Pontificum).*

être pas moins de dix ans. A la vérité le comte passa, dans cet intervalle, deux ans à la croisade, et comme il accompagnait toujours le roi dans ses campagnes de guerre, qui furent nombreuses, il eut peu d'occasions de se trouver en face de son adversaire. Puis, dans les dernières années, il était sans doute encouragé dans sa résistance par l'exemple du roi Philippe-Auguste. Ce prince, ayant perdu sa première femme, avait épousé en secondes noces Ingerburge de Dannemarck. Mais le lendemain même de ses noces, il l'avait renvoyée, et assemblant un concile d'évêques, avait fait prononcer la dissolution de son mariage, et avait épousé Agnès de Méranie. Alors le pape Innocent III avait écouté et accueilli les plaintes d'Ingerburge, et, s'emportant contre les refus et les procédés du roi, l'avait excommunié et mis son royaume en interdit. La sentence d'excommunication fut publiée dans tous les diocèses de France, à l'exception de celui d'Auxerre. Il n'est pas absolument prouvé que dans cette circonstance, Hugues de Noyers prît parti pour le roi. C'est peut-être seulement par une infatuation aussi étrange qu'erronée, et dont il consigna sérieusement l'affirmation dans sa réponse au pape. « Le roi, selon lui, n'avait rien « et n'était rien dans le diocèse d'Auxerre, dont l'évêque « était seul maître et souverain, comme le tenant de « Saint-Germain, qui, disait-il, en avait été seigneur « absolu et l'avait légué à ses successeurs. » Erreur grossière. Saint Germain n'avait pas été le seigneur de la contrée. Il n'y avait pas de seigneurs dans son temps. Philippe-Auguste avait pendant bien longtemps méprisé les menaces et les foudres du Saint-Siége. Les évêques observant l'interdit, il les chassait et les dépouillait de leurs biens ; ses barons faisant eux-mêmes des représentations, il les repoussait et les disgraciait; les peuples murmurant et menaçant de se soulever, il les faisait taire à force de dureté et de hauteur. Mais, après plusieurs années de résistance, forcé par les progrès de la clameur générale et unanime, il finit par reconnaître que la royauté n'était pas encore assez forte pour lutter contre l'Eglise, et, se décidant à céder, il renvoya Agnès de Méranie et reprit Ingerburge, pour se réconcilier avec la papauté.

Pierre de Courtenay reçut sans doute l'invitation pressante, et peut-être l'ordre formel de se soumettre à une semblable réparation. Mais l'intraitable évêque la voulut complète et profondément humiliante. L'un des actes de la résistance du comte avait eu, à la vérité, le caractère d'une odieuse et sauvage brutalité. Un jour que sa présence à Auxerre faisait interdire toutes les cérémonies religieuses, une pauvre femme, dont l'enfant venait de mourir, étant venue en larmes et avec des cris déchirants, se plaindre à lui de ce que l'on refusait de donner à cet enfant la sépulture religieuse et en terre sainte, il avait ordonné à ses soldats de l'inhumer dans la chambre et devant le lit de l'évêque. Le prélat implacable ne se contentait pas d'une soumission et d'une réparation avec des paroles d'excuse et de regret; il exigeait que le comte déterrât de ses propres mains le cadavre de l'enfant et que, pieds nus et vêtu de simple toile comme un homme du peuple (1), il le portât sur ses épaules jusqu'au cimetière. On ignore dans quelles circonstances et par suite de quelles nécessités impérieuses se soumit à une telle ignominie un

(1) Lebeuf a traduit le texte par ces mots, *en chemise*, ce n'est pas tout-à-fait exact. Il y a, *satis indutus lineis, velut plebeius quilibet*.

prince du sang, qui portait si haut la fierté de son illustre origine. Peut-être une émeute populaire, l'abandon de ses propres serviteurs, ou quelque autre événement plus grave encore, exerça sur sa détermination une influence à laquelle il ne pouvait résister. L'archevêque de Bourges, qui était son oncle, et l'archevêque de Sens, son ami sincère, étaient venus d'ailleurs pour le presser, et au besoin le supplier, de ne pas repousser ce calice d'amertume, ce à quoi il finit enfin par se décider.

Mais cela ne suffisait point encore à apaiser la rancune de l'évêque, dont son biographe nous dépeint en ces termes le caractère irascible et intraitable : « Lorsqu'il en voulait sérieusement à quelqu'un, rien ne pouvait contenir sa passion immodérée de lui nuire et de l'écraser. » *Contra quemlibet, indignatione conceptâ, ruinæ suæ ac nocendi libidine immoderatâ plerumque fræna laxaret.* Le vicomte d'Auxerre, Pierre de Courson, avait suivi les ordres de son maître dans ses mesures hostiles au clergé. L'évêque lui reprochait même, quoique peut-être à tort, d'en être l'instigateur. Il lui fallait pour victime ce seigneur, qui était un des principaux barons du comte. Il voulait, disait-il, dompter « la cruauté de cette bête féroce. » Il exigea que le vicomte lui fût livré, et, le faisant monter sur une charrette, enchaîné et sa tête chauve complétement nue, il le fit promener dans les rues et les places d'Auxerre, ignominieusement abandonné aux risées et aux huées de la populace. Le biographe avoue que « cette vengeance n'était peut-être pas conforme à « la mansuétude évangélique, mais il ajoute qu'il avait « jugé utile cet exemple redoutable aux mal intention-« nés. » Il fut plus inexorable encore envers un autre vicomte appelé Ewrald ou Ewraud, qui avait succédé dans

Auxerre à Pierre de Courson, et était ensuite passé, comme vicomte de Nevers, au service d'Hervé de Donzy. Il lui reprochait on ne sait quelle polémique dommageable à l'enseignement ecclésiastique. Il lui imputait aussi d'avoir fait saisir et frapper à mort dans une église un homme, un criminel probablement, qui, s'étant échappé des mains de ceux qui le conduisaient, s'y était réfugié comme dans un lieu d'asile. Il le poursuivit comme hérétique devant un concile qui siégeait à Paris et dont l'arrêt, rendu sur son insistance et qui livrait le vicomte au bras séculier, pour y être condamné au supplice du feu, fût, quelques jours après, exécuté à Nevers (1).

On peut juger par ce fait de l'ardeur qu'il mit à réprimer les doctrines hérétiques, assez difficiles à définir, qui, de l'Italie ou du midi de la France, avaient pénétré dans son diocèse, et qu'il poursuivait par le fer et le feu. Nous ne pouvons mieux faire à ce sujet que de transcrire littéralement ce qu'en dit son biographe.

« Il affirmait si magnifiquement la foi catholique et
« brûlait pour elle d'une telle ardeur, qu'il travaillait en
« toute diligence à prendre les petits renards (*vulpeculas*)
« qui dégradent la vigne du seigneur Sabaoth et la font
« dégénérer en vigne sauvage. Il s'armait avec d'autant
« plus de chaleur contre ceux d'un noble bourg de son
« diocèse, celui de la Charité, que les erreurs des héré-
« tiques y bouillonnaient davantage. Il les y poursuivit
« avec une si énergique persévérance, que plusieurs
« d'entre eux, qui venaient de divers diocèses, faisant
« une pénitence publique et abjurant leur hérésie, re-

---

(1) Robert de Saint-Marien. — Labbe. *Concilia*, t. XI, 1re partie, p. 24.

« vinrent sagement au giron de notre mère l'Eglise. Les
« autres, plus entêtés, s'exilant de leur pays natal et de
« leurs familles pour sauver leur vie, s'enfuirent en Italie
« ou en Albigeois, auprès des complices de leurs erreurs.
« C'est ainsi qu'il réussit dans son entreprise, qui le fit
« justement surnommer le *marteau des hérétiques.* » Le
chroniqueur Robert Abolanz, dit Robert de Saint-Marien,
accentue en termes moins vagues les actes du prélat.
« Il se prit, dit-il, aux plus riches bourgeois qui furent
« excommuniés, et puis livrés au bras séculier, l'an
« 1098. »

Il poursuivit avec la même sévérité une association
mystérieuse, dont les membres, très nombreux en France
et surtout en Bourgogne, portaient pour signe de ralliement un capuchon de toile avec la médaille de plomb de
Notre-Dame-du-Puy, et que pour cela on nommait les
caputiés. Ce n'était pas une secte religieuse. Mais, dit le
biographe que nous avons déjà cité, « dans leur diabo-
« lique et pernicieuse invention, et ignorant ou oubliant
« que la servitude avait été méritée par le péché, ils
« disaient que les hommes, nés originairement du même
« père, avaient droit à la même liberté ; que la distinc-
« tion des rangs était une confusion contraire à l'ordre
« naturel et à la religion. Ils rejetaient ainsi toute disci-
« pline et tout respect des pouvoirs sociaux, et dans leur
« folie, ils méditaient de recourir à la force, pour reven-
« diquer cette liberté si formidable aux pouvoirs établis.
« Hugues de Noyers déploya toutes ses rigueurs dans son
« diocèse contre cette pestilence, et, ayant trouvé, un jour,
« dans sa terre de Gy-l'Evêque, des hommes armés, il
« fit prendre tous ceux des habitants de ce bourg qui
« portaient des capuchons, et en les frappant de fortes

« amendes, pour leur apprendre que les serfs ne devaient
« pas se révolter insolemment contre leurs seigneurs,
« il les condamna à rester une année entière la tête nue,
« exposés aux chaleurs brûlantes de l'été et aux froids
« rigoureux de l'hiver, sans aucune coiffure. L'archevêque
« de Sens, oncle de l'évêque, passant fortuitement par
« là, ému de pitié pour ces malheureux, blâma cette
« condamnation et la fit cesser. Mais l'évêque parvint
« ainsi à extirper cette folie de son diocèse. »

Ce n'était pas la première tentative des malheureuses victimes du servage pour secouer et briser leurs lourdes chaînes. Le xi® siècle en avait déjà fourni des exemples. Les siècles suivants devaient en apporter encore d'autres, destinés à échouer devant une inflexible et écrasante domination, jusqu'à ce que les progrès bien lents de l'humanité et de la justice vinssent un jour faire triompher la libérale et sainte doctrine de l'égalité devant la loi.

En 1199, l'archevêque de Sens, Michel de Corbeil, étant mort, Hugues de Noyers brigua cette haute dignité ecclésiastique, et si l'on en croit son biographe, il y était appelé par le vœu général, ce dont il est permis de douter. Mais le pape Innocent III, soit qu'il se rappelât le refus qu'avait fait ce prélat de publier dans son diocèse la bulle d'excommunication, soit plutôt que, quelque ardent qu'il fût lui-même, il aimât chez ses coopérateurs une âme moins hautaine et un caractère plus prudent et moins porté à la violence, refusa d'accéder à ce choix et appela à ces hautes fonctions son savant maître Pierre de Corbeil. L'évêque termina son orageuse carrière dans un voyage à Rome, où, à peine arrivé, il tomba malade et mourut en 1206, après vingt-quatre ans d'épiscopat.

Vers cette époque, il survint dans le monastère de la

Charité d'étranges désordres, qui n'étaient du fait, ni de l'évêque, ni du comte d'Auxerre ; mais on n'en peut dire autant du comte de Nevers ; ils sont racontés tout au long dans une lettre très étendue du pape Innocent III, qui se trouve dans le *Recueil de Baluze* (1). Hervé de Donzy avait un jeune frère du nom de Geoffroy, qu'il destinait aux honneurs de l'Eglise, et qui, entré dans l'ordre de Cluny, avait été envoyé à la Charité, dans la pensée sans doute de le mettre plus tard à la tête de cette importante abbaye. Le monastère avait un prieur appelé Guillaume qui, bien qu'il eût déjà un autre prieuré, celui de Sézanne, ne paraissait pas disposé à céder sa place à ce jeune prétendant. En 1204, la ville et le couvent avaient subi le désastre d'un incendie considérable, auquel il avait fallu remédier par des travaux dispendieux. Cet établissement était déjà fort endetté. Les moines attribuaient cet état de leurs finances à la mauvaise gestion du prieur, et d'ailleurs la suprématie de l'abbaye de Cluny commençait peut-être à leur peser. Dans cette disposition d'esprit, ils se persuadèrent, ou on leur persuada qu'ils pouvaient d'eux-mêmes se débarrasser d'un mauvais prieur et s'en donner un autre. En conséquence, ils le déposèrent, et ayant lieu de croire que le jeune Geoffroy serait pour eux un puissant et précieux protecteur, ils le nommèrent à sa place. Mais l'abbé de Cluny, soutenant que, d'après les statuts du prieuré, c'était à lui seul, sur l'avis de son chapitre, qu'il appartenait de déposer un prieur, et même d'en nommer un autre, s'empressa d'accourir. A son approche, son envoyé, qui le précédait, fut reçu avec des injures, puis les portes de la ville et du couvent furent

(1) T. II, p. 665. Ep. 144. L. IV.

fermées. L'abbé trouva cependant quelqu'un qui lui ouvrit les portes et le fit pénétrer dans l'intérieur du cloître. Mais alors Geoffroy, les moines et les serviteurs, qu'on avait armés pour la circonstance, se retranchent dans les clochers et les combles, d'où ils accablent de pierres l'abbé et ses compagnons. Son cheval en fut gravement blessé, et il dut prendre la fuite et chercher dans la ville un refuge qu'il trouva dans la maison d'un bourgeois. Pendant ce temps les religieux, de plus en plus animés, appellent à leur secours le bailli et les soldats du comte de Nevers. Par leurs soins, les clochers et les combles sont munies d'arcs, de flèches, de balistes et de pierres, les trompes et les fifres se mêlent aux cris des soldats, le couvent prend l'aspect d'une forteresse disposée pour soutenir un siége, et l'on ordonne de garder les portes de la ville pour retenir l'abbé prisonnier. Non moins énergique dans ses procédés, l'abbé déclare Geoffroy rebelle, dilapidateur, contumace, prononce sa déposition et met le couvent en interdit. Cependant les adhérents de ce jeune prieur n'en continuent pas moins à revêtir leurs aubes et à célébrer les offices au son des cloches, tandis que les gens du comte se saisissent de quelques hommes et de plusieurs chevaux appartenant à l'abbé. Comme cette situation se prolongeait, l'abbé se détermina à convoquer sur les lieux mêmes le chapitre général de l'ordre. Il tente de s'établir au château de la Marche, qui dépendait de l'abbaye. Mais les religieux et les gens du comte refusent de lui en ouvrir les portes. Après de nouveaux pourparlers, qui n'aboutirent qu'à des rixes et à des violences, l'abbé, les prieurs et les religieux qu'il avait appelés se réunirent en conseil près de l'enceinte de la ville et déposèrent Geoffroy, en rétablissant Guillaume comme prieur, puis il adressèrent au pape un procès-verbal circonstancié. Le pape, avant de prendre une décision, chargea les évêques de Troyes et de Meaux et l'abbé de Souvigny de lui fournir des renseignements exacts sur des faits si étranges. Ils vinrent à la Charité, mais n'y purent entrer, car on leur en ferma les portes. Ils en écrivirent au roi, en le priant de retirer aux révoltés l'appui du comte de Nevers, et de prendre les moyens nécessaires pour réprimer leur insolence. Le roi acquiesça à ces sollicitations et fit connaître au comte ses intentions. Celui-ci se contenta de promettre ses bons offices et une prompte pacification, mais ne fit rien, espérant sans doute que l'affaire traînée ainsi en longueur, n'aurait pas de suites. Il en fut autrement. Le roi insista et renouvela par trois fois ses ordres, et le comte, se rendant à Paris, tenta de nouveau d'étouffer les instantes doléances des Clunisiens. Mais le roi, pensant qu'il était temps d'en finir, rassembla des troupes qui marchèrent sur le Nivernais. Hervé, cette fois, n'osa résister. Il se soumit et accompagna le maréchal du roi à la Charité. Tout n'était pourtant pas fini par là.

Les moines, à la vue de cette multitude d'hommes armés, se revêtent des ornements sacerdotaux, et s'avancent processionnellement aux portes de la ville en présentant aux soldats les images du crucifix, les reliques des saints et même la sainte hostie dans l'ostensoir. Les hommes d'armes du roi, ne se laissant pas fléchir par ces processions, brisent les portes, frappent les religieux, les poursuivent et mettent le monastère au pillage. C'est par ces moyens violents que l'ordre fut rétabli. Cluny rentra en possession de ses anciens droits, Geoffroy dut faire place à son heureux rival, et le pape, dans une bulle de l'année suivante, qui conservait à l'abbaye le titre de *Fille ainée de Cluny*, adressait aux religieux ces paroles sévères : « Que par la suite vos bonnes œuvres éc'atent « d'autant plus devant les hommes, que les désordres « passés ont eu une plus éclatante publicité. »

On n'osa pas toutefois prendre à partie le comte de Nevers. Il était trop puissant et trop redoutable pour qu'on ne fermât pas les yeux sur la part qu'il avait eue dans cette insurrection monacale. Depuis on régularisa le concours des religieux dans le choix de leur prieur. Ils furent admis à présenter une liste de trois candidats sur lesquels le chapitre de Cluny faisait son choix ; le grand-prieur de la Charité tenait la première place dans le chapitre après l'abbé de Cluny, et ce monastère, le premier rang dans les prieurés de l'abbaye. Le grand prieur se nommait un substitut qui portait le titre de prieur.

Ces faits peuvent montrer quelle était alors la puissance et parfois l'agitation de ces grands établissements monastiques. Pour avoir une idée de leur richesse et de leur luxe, on peut citer une ordonnance de réforme du pape Grégoire IX, portant que l'abbé de Cluny devra dorénavant se contenter dans son voyage d'une suite de seize chevaux, et le prieur de la Charité de huit seulement. La ville de la Charité était déjà puissante et d'une grande prospérité commerciale. Elle avait deux paroisses en 1202 et on dut en créer une troisième en 1220. Mais, au lieu de suivre l'exemple des moines de Vézelay, qui, jaloux de la richesse des marchands de leur ville, se plaisaient à les asservir et à les écraser, ceux de la Charité, aussitôt après la cession que leur avait faite en 1174 le comte Guy, et qui les constituait seigneurs de la ville et de la châtellenie, avaient donné à leurs habitants les libertés les plus étendues et favorisé le commerce de tous leurs efforts. On n'a plus la charte originaire de ces franchises, mais elle est rappelée dans un acte de 1177 (1) et il est constaté que dès la fin du XIIe siècle, la ville était gouvernée par des échevins qu'avaient librement élus ses habitants (2).

Pierre de Courtenay et Hervé de Donzy prirent part tous deux à l'odieuse croisade qui fut organisée en 1209 contre les Albigeois et dont le souvenir est resté comme l'un des plus grands crimes du moyen-âge. Les provinces du midi de la France étaient riches, prospères, calmes, animées d'un esprit pacifique. Elles toléraient des sectes hérétiques qui existaient chez elles depuis près d'un siècle et qui ne troublaient pas la paix publique. On voulut forcer les princes de cette contrée à sévir contre elles. Ils s'y refusèrent. Alors on ameuta contre eux les passions étroites, haineuses et guerroyantes de la noblesse du nord et du centre de la France, et les sentiments de jalousie héréditaire et traditionnelle dont elle était animée contre les méridionaux. Le pape Innocent III proposa contre eux une croisade qui fut acceptée avec une sauvage ardeur par les hommes de guerre et d'église de cette région, toujours dominés par un sentiment de haine envieuse contre les richesses de la civilisation aquitaine et provençale. Le roi Philippe-Auguste eut la sagesse de s'abstenir d'y prendre part. Mais les évêques, les comtes, les barons, se coalisèrent à l'envi pour cette œuvre d'un fanatisme barbare. On arrêta, le 1er mai 1209, à Villeneuve-le-Roi, les conditions d'une association guerrière

---

(1) *Inventaire des titres du Nivernais*, c. 611.

(2) Histoire manuscrite du prieuré de Cluny. — *Le Nivernais*, t. II, p. 18.

pour l'invasion de ces pays amis de la paix, et pour l'extermination de ses hérétiques et de leurs protecteurs. Hervé de Donzy y assistait, et probablement aussi le comte Pierre son beau-père, et, quelques mois après partaient de Lyon pour cette odieuse expédition l'archevêque de Sens, les évêques d'Autun, de Clermont, de Nevers, de Bayeux et de Lisieux, avec le duc de Bourgogne, les comtes de Nevers, de Saint-Pol et de Joigny, et un nombre considérable d'autres seigneurs qui avaient pris la croix et que suivait une très nombreuse armée. Le comte d'Auxerre n'était pas avec eux, mais il ne tarda pas à les rejoindre. Le premier exploit fut la prise de Béziers, dont on passa la population entière au fil de l'épée.

« Là, dit la chronique (1), se fit le plus grand massacre
« qui se fût jamais fait dans le monde entier, car on
« n'épargna ni vieux, ni jeunes, pas même les enfants
« qui tétaient. On les tuait et faisait mourir. Voyant cela,
« ceux de la ville se retirèrent, ceux qui le purent, tant
« hommes que femmes, dans la grande église de Saint-
« Nazaire. Les prêtres de cette église devaient faire tinter
« les cloches quand tout le monde serait mort, mais il
« n'y eut son de cloches, car ni prêtre vêtu de ses habits,
« ni clerc ne resta en vie. »

De là on passa au siége de Carcassonne, et, pour y réussir, on attira le vicomte de Béziers, qui la défendait, à une conférence dans la tente de Pierre de Courtenay, et, quand il s'en retournait, on le fit prisonnier. C'est alors que, révolté des horreurs et des perfidies dont il était témoin, le comte d'Auxerre voulut partir, et que rejetant toutes les prières et toutes les offres qui lui

---

(1) *Recueil des Hist. de France*, t. XIX, p. 19.

étaient faites, même celle du commandement général de l'armée, il revint dans ses états. Hervé y resta plus longtemps, mais il ne tarda pas beaucoup à se dégoûter aussi de cette horrible guerre de carnage et de dévastation, qui, après le refus qu'il fit aussi du commandement général, continua avec la même fureur et jusqu'à complète extermination, sous la conduite de Simon de Montfort. Nos comtes y furent remplacés en 1213 par notre évêque Guillaume de Seignelay et son frère Manassès, évêque d'Orléans. Le *Gesta Pontificum* garde le silence sur leur coopération, qui est cependant attestée par Pierre de Vaux de Cernay, l'historien de cette expédition. Il est juste pourtant d'ajouter qu'il parle aussi des actes de charité de ces deux prélats. Georges Viole confirme son récit, tout en mentionnant l'armée qu'y conduisit Guillaume de Seignelay.

Pierre de Courtenay, à son retour de cette triste guerre, qui avait sans doute épuisé ses ressources, avait voulu établir divers genres de taxe sur ses sujets d'Auxerre. Il y trouva une résistance devant laquelle il s'arrêta et reconnut que sa prétention était contraire au droit de franchise créé par sa charte de 1194. Le nouvel acte qu'il donna à ce sujet nous montre qu'elle concernait les étaux, les auvents des boutiques, le mesurage des terres, la monnaie, les corporations des drapiers et des bouchers. Il eut la loyauté d'y renoncer d'une manière absolue, et reconnut en même temps le droit pour les habitants de répartir entre eux leurs impositions municipales pour les affaires de leur ville.

L'année suivante, 1214, Philippe-Auguste remportait dans les plaines de la Flandre, sur les nombreux ennemis coalisés contre lui, la grande victoire de Bouvines. Pierre de Courtenay y combattit vaillamment à côté du roi. Mais du côté des ennemis était le fils qu'il avait eu de son second mariage et qui était âgé de vingt ans. Il n'est pas bien prouvé que Hervé de Donzy se trouvât dans les rangs des coalisés, mais ce qui est certain, c'est qu'il n'était pas dans l'armée du roi. Ce comte avait le renom d'un homme de guerre habile et expérimenté, mais son caractère est signalé sous de fâcheux aspects par plusieurs chroniqueurs. Mathieu Paris le compare au traître Ganelon. Le *Gesta Pontificum* est loin aussi de lui être favorable. Il parle dans les termes les plus amers de sa perfidie et de sa méchanceté. Guillaume le Breton affirme qu'il était engagé dans de secrètes intrigues avec le roi d'Angleterre, et lié même par un traité qui promettait sa fille en mariage au fils de ce monarque. Philippe-Auguste lui pardonna pourtant et se contenta du renouvellement de son serment de fidélité. Ces ménagements lui étaient conseillés par sa politique. Il avait lui-même sur la fille d'Hervé des intentions qu'il réalisa plus tard. Il est douteux que le comte Hervé vécût en bonne intelligence avec la comtesse Mathilde, sa femme. Les chartes révèlent l'existence d'une demande en nullité de son mariage pour cause de parenté, adressée au pape, non par elle, ni par son père, mais par le duc de Bourgogne, son proche parent, et une pareille démarche sans son aveu paraît bien peu probable. Le pape ordonna d'abord une instruction sur cette demande, mais Hervé s'en tira avec beaucoup d'habileté. Il était à cette époque en grande querelle avec les religieux de Vézelay, qui, après lui avoir contesté le droit de garde et celui de gîte ou de procure que, comme ses prédécesseurs au comté de Nevers, il avait sur leur abbaye, avaient été forcés d'en reconnaître l'existence en présence du cardinal de Saint-Étienne, délégué par le Saint-Siége pour juger cette question, et d'avoir à lui payer à cette occasion une somme de six cents marcs d'argent. Le pape était une fois encore sollicité par eux de leur venir en aide. Hervé obtint d'eux, par ses promesses, qu'ils écrivissent à Rome qu'il les tiendrait quittes de tout, et qu'ils n'auraient qu'à se louer de ses procédés et de son désintéressement et pourraient en tout temps compter sur sa protection, si la question de son mariage était résolue à sa satisfaction par une excuse de bonne foi et de longue possession. Le pape, heureux peut-être d'éviter ainsi le retour des longues difficultés que les querelles de Vézelay avaient apportées à ses prédécesseurs, mit fin alors à l'instruction qu'il avait déjà ordonnée, et, par une bulle du 10 décembre 1213, accorda la ratification du mariage, sous la condition de certaines fondations religieuses et d'une expédition en terre sainte. Lebeuf ne parle pas de cette bulle dans ses Mémoires, et le père Anselme, dans son *Histoire des grands Officiers de la Commune*, l'interprète à contresens, en supposant qu'elle enjoignait aux deux époux de se séparer.

A la fin de l'année 1215 (l'année finissait alors à Pâques), Pierre de Courtenay reçut la nouvelle de son élection au trône de Constantinople. Les Croisés s'étaient emparés en 1203 de cette ville, avaient détrôné la dynastie grecque et créé un empire latin. Baudoin, comte de Flandre, avait été choisi pour empereur. A sa mort, survenue peu d'années après, son frère Henri, que, par une singulière méprise, M. Chardon, dans son *Histoire d'Auxerre*, appelle Henri Lascaris, avait été élu pour lui succéder, et celui-ci venant aussi à mourir, les barons latins avaient choisi son beau-frère Pierre de Courtenay, pour occuper ce trône, si difficile à défendre et à conserver. Il accepta et commença aussitôt les préparatifs de son départ, en levant dans ses divers états un corps de cinq mille hommes qu'il devait emmener avec lui à travers l'Italie et la Dalmatie. Pour se procurer les sommes nécessaires, il dut d'abord lever les tailles extraordinaires que la coutume accordait au seigneur partant pour la croisade Il emprunta, de plus, de son gendre Hervé de Donzy une somme considérable, pour sûreté de laquelle il lui engagea sa baronnie de Cruzy. Puis il concéda à prix d'argent aux habitants de la ville de Tonnerre une charte de commune, en leur abandonnant un certain nombre de terres, et notamment une grande prairie qu'elle possède encore et qui est devenue entre ses mains le beau jardin ou promenade du pâtis. Il traita peut-être dans des conditions analogues avec d'autres villes dont les chartes ont disparu depuis. Il fit de même avec les habitants d'Auxerre un traité dont le texte a été conservé et porte la date du 15 mars 1215. Il leur afferme pour six ans, moyennant une somme de deux mille francs par année (équivalant à deux cent trente mille francs d'aujourd'hui), savoir la censive de vingt sols au maximum, les cinq sols de droit de faîtage, les amendes pour tout genre de délits, les échoittes et autres profits seigneuriaux, sans exception, et de plus la jouissance de son château pour la tenue des assemblées de leur administration. La Communauté devra, aux termes de cet acte, élire douze bourgeois et ceux-ci nommer un prévôt, et, tous réunis, administrer à leur gré les affaires intérieures de la commune. Ils devront, de plus, nommer trois jurés pour toutes les affaires extérieures. Si le roi venait à appeler pour service de guerre le ban du comté, le contingent serait conduit par celui qui remplacerait le comte. Toutes les garanties sont, du reste, données pour que les élus de la commune puissent agir avec une entière indépendance. Enfin il nommait, pour le remplacer en son absence, son frère Robert de Courtenay et l'évêque Guillaume de Seignelay.

Cela fait, il partit pour Rome où il fut sacré par le pape dans la basilique de Saint-Laurent-hors-les-Murs. On voit encore sous le portail de cette église les restes d'une fresque qui représente ce couronnement. Il se mit ensuite en marche et traversa les états vénitiens; puis, à l'instigation du légat qui l'accompagnait, il commit la faute grave de s'arrêter à assiéger, pour le compte de Venise, la ville de Durazzo. Il ne put la prendre et y perdit un temps précieux. Ensuite il s'engagea au cœur de l'été dans les montagnes et les forêts de l'Albanie, où la faim, les fatigues et les privations de tout genre épuisèrent son armée, que harcelait sans cesse un ennemi qu'on ne pouvait atteindre. Il eut alors la faiblesse et l'aveuglement de consentir, sur les conseils du légat, un traité avec Théodore Comnène, prince d'Epire et neveu du dernier empereur grec, qui s'engageait à le laisser passer et à lui fournir des vivres, pourvu que ses soldats déposassent leurs armes. Ils furent à peine désarmés, qu'on les dispersa pour les anéantir en détail, et lui-même, fait prisonnier, fut retenu en captivité, où il mourut ou fut tué trois ans après.

En son absence, Hervé de Donzy, qui n'avait eu que deux enfants, dont un fils qui mourut jeune, avait marié sa fille, en 1217, au prince Philippe, petit-fils de Philippe-Auguste, et frère aîné de celui qui fut le roi Louis

VIII « Elle était si riche en espérances, dit André
« Duchesne (1), que les plus grands rois de l'Europe
« désirèrent de la marier à leurs enfants. » Il lui donnait
pour dot Montmirail et ses autres grandes possessions
du Perche. Mais ce jeune prince mourut un ou deux ans
après, et ces terres revinrent au comte Hervé. Ce mariage
dont n'ont pas parlé les historiens d'Auxerre est constaté
par des documents authentiques (2). La jeune veuve se
remaria en 1221 au comte Guy de Châtillon. Dans une
charte de 1219 entre le roi et le comte Hervé, ce dernier
avait juré qu'il ne la marierait pas sans la permission du
roi, qui excluait d'avance ses ennemis, le roi d'Angleterre, le comte Thibaut de Champagne, le duc de Bourgogne et le sire Enguerrand de Coucy.

Hervé était parti en 1218, en conduisant avec lui la
comtesse sa femme, pour aller, en exécution de son vœu,
rejoindre les Croisés qui assiégeaient à l'une des embouchures du Nil la ville de Damiette. Le siège s'avançait,
quand lui parvint la mort de son beau-père Pierre de
Courtenay. Il quitta l'Egypte à la hâte, non sans un grand
mécontentement des Croisés qu'il abandonnait, et revint
en France pour prendre possession des comtés d'Auxerre
et de Tonnerre. Mais il n'y réussit pas d'abord, au moins
pour Auxerre ; l'évêque Guillaume de Seignelay et le
comte Robert de Courtenay, n'ayant pas la preuve du
décès du comte Pierre, refusèrent à Hervé l'entrée de
cette ville. Ce n'est qu'un an après, et lorsque Guillaume
de Seignelay eut été appelé à l'évêché de Paris, qu'il put
y pénétrer à la tête de ses troupes. Voici le récit que

(1) *Histoire de la maison de Vergy*, p. 108.
(2) Teulet, *Trésor des Chartes*, t. I, p. 473.

donne de cet événement le biographe de l'évêque, et le triste portrait qu'il fait du comte Hervé.

« Il ne parut que trop combien, non seulement l'église,
« mais toute la ville perdit par le départ du digne prélat,
« car le comte Hervé, ce tyran oppresseur des hommes,
« si redouté pour sa cruauté, qui n'avait pu, par la
« résistance de l'évêque, en venir à ses fins, dès qu'il
« connut son départ, s'empara, par la force des armes,
« de la ville que ses habitants n'osèrent pas défendre,
« et la soumit à son pouvoir, lorsque rien ne prouvait
« encore la mort du comte Pierre, qui, en partant pour
« Constantinople, avait confié sa ville à ce vénérable
« pontife. L'entrée de ce seigneur effrayait d'autant plus
« qu'il était connu pour être d'une atroce méchanceté,
« *atrocior habebatur.* »

L'auteur raconte ensuite « qu'Hervé commença par
« s'emparer de la villa épiscopale de Gy, en faisant
« prisonnier celui qui la gardait pour l'évêque; puis, que
« le chevalier Regnaud Rongefer, de la maison de Saint-
« Verain et vassal d'Hervé, s'empara de la ville épisco-
« pale de Varzy; qu'un autre de ses hommes de guerre
« fit prisonnier et tint incarcéré le doyen du chapitre de
« la cathédrale, pendant que ses chevaliers Dreux de
« Mello et Etienne d'Arcy se ruaient sur les biens ecclé-
« siastiques avec d'affreuses dévastations et de cruels
« massacres. » C'est à l'aide de ces violences que le comte Hervé brisait l'opposition que le clergé, protecteur du droit et des libertés du peuple, voulait faire à sa prise de possession. Lorsqu'il y fut parvenu, il réunissait dans ses mains, avec les trois comtés d'Auxerre, Nevers et Tonnerre, et la baronnie de Donzy, qu'il avait fort agrandie, les deux importantes seigneuries de S¹-Aignan et de Mont-

jay, et les grands domaines du Perche-Goëth, vaste ensemble qui le rendait égal en puissance aux plus grands vassaux du royaume. Une mort enveloppée de mystère enleva alors, le 21 janvier 1221, dans son château de Saint-Aignan, ce dominateur si puissant et si détesté. Les chroniques ne disent autre chose si ce n'est qu'il fût empoisonné, *veneno occiditur*, et se taisent sur les auteurs de cette mort. Seulement, un moine dominicain, en écrivant, plusieurs années après, un livre intitulé : *Le Miroir historial (Speculum historiale,)* disait qu'on en avait soupçonné les hérétiques dont ce comte était l'ennemi. Il était l'ennemi de beaucoup d'autres, et le champ des soupçons pouvait s'étendre assez loin. Les moines de Pontigny, auxquels il avait fait un riche legs, allèrent chercher son corps pour l'inhumer dans leur église. Il avait fondé, peu d'années auparavant, le monastère de l'Epeau et la Chartreuse de Bellary, comme condition, disait-on, du bref qui validait son mariage nonobstant l'empêchement de parenté. Il avait fait aussi de grands dons à l'abbaye royale de Saint-Martin de Tours, qui, à raison de ces libéralités, l'avait admis au rang de ses chanoines laïcs, « pour sa dévotion, dit la charte, et l'a-« mour qu'il avait pour Saint-Martin (1). »

Avec lui s'éteignait la dynastie masculine des barons de Donzy, fondée en 1015. Elle avait fourni dix seigneurs, savoir :

Geoffroy ou Godefroy Ier de Semur, qui avait sous sa garde et protection plusieurs terres de l'abbaye de Saint-Germain ;

(2) *Inventaire des titres du Nivernais*, col. 1216.

Hervé Ier, que Née de la Rochelle appelle à tort Eudes, mais qui, selon Dubouchet, s'appelait aussi Dalmatius ;

Godefroy II ;

Hervé II, dont le troisième fils, Sawaric, devint seigneur de Vergy par son mariage avec l'héritière de cette maison, et fut la tige de l'illustre famille de ce nom ;

Godefroy III, qui dans sa jeunesse avait encouru les censures ecclésiastiques pour s'être emparé de la terre épiscopale de Varzy, qu'on lui fit restituer, et qui, sur ses vieux jours, se fit moine dans le monastère de Saint-Caradeuc. Il avait hérité d'une part du comté de Châlon et la vendit en l'an 1097, à son cohéritier, pour s'en aller à la première croisade ;

Godefroy IV, qui eut de vifs démêlés avec Guillaume III d'Auxerre pour la châtellenie de Gien, et offrit de prouver son droit par combat singulier, auquel il fut admis par le roi Louis VII, et dont on ignore la suite. Plus tard, il avait donné sa fille en mariage au comte de Sancerre, pour qu'il défendît cette possession, de nouveau menacée par le comte d'Auxerre ;

Hervé III qui, s'étant fait rendre Gien par le comte de Sancerre, était allé à la croisade, et, à son retour, avait, en se liguant avec le roi d'Angleterre, encouru la colère du roi Louis VII, qui prit et rasa son château de Donzy ;

Puis, successivement les trois fils de ce dernier, Guillaume, Philippe et Hervé IV.

Georges Viole, dans sa chronologie, a omis Hervé Ier. Mais Dubouchet et l'*Art de vérifier les Dates* les ont rétablis d'après les chartes.

L'évêque Guillaume de Seignelay, à son retour de la croisade albigeoise, en 1215, arrêta le plan et fit commencer la construction de la cathédrale actuelle d'Auxerre.

Celle que Hugues de Châlon avait construite en 1020 menaçait ruine. Elle lui paraissait d'ailleurs, selon les expressions de son biographe, triste et malpropre, parce que ses voûtes ou ses plafonds n'étaient, selon le style et le goût en usage lors de leur érection, que très peu élevés. Un nouveau style architectural, plus élancé, plus élégant, plus orné, et qui, en même temps, offrait de meilleures garanties de solidité, avait succédé au style roman dans lequel on bâtissait deux cents ans auparavant. L'évêque voyant, c'est son biographe qui le dit, que de toutes parts, d'autres églises de cette nouvelle architecture élevaient leurs têtes d'une merveilleuse beauté, résolut de construire la sienne dans le même goût, et sur un plan dont il confia l'étude aux plus habiles maîtres des œuvres. Il fit d'abord démolir la partie orientale, c'est-à-dire le chœur et le déambulatoire de l'ancienne église, et comme on en trouva les fondations très solides, il se borna à bâtir dessus, en laissant intactes la crypte et sa voûte, mais en élevant sur la construction nouvelle des voûtes en arc ogival d'une immense hauteur et d'une incomparable légèreté. La démolition avait altéré la solidité des deux tours latérales qu'avait l'ancien édifice, et quand on eut fini de construire le nouveau chœur, l'une d'elles, la tour méridionale, s'écroula avec un grand fracas, sans toutefois affecter l'œuvre qu'on venait d'achever. On la continua donc, mais en donnant au transept et à la nef plus de largeur. La construction fut longue, dispendieuse et souvent interrompue, faute de fonds ou par le malheur des temps. Pendant les trois siècles qu'elle dura, des modifications furent apportées dans les détails d'ornementation, selon le goût des temps nouveaux, mais non dans le plan primitif, qui fut religieusement maintenu. Ce que l'on en exécuta ne fut terminé qu'au seizième siècle, et l'une des tours nouvelles resta toujours inachevée.

On a appelé cette admirable église la reine des cathédrales de second ordre. Ce n'est peut-être pas assez dire : il en est de plus vastes, il en est d'une ornementation plus splendide ; mais il n'en est pas dont les proportions soient plus harmonieuses, et qui, dans sa structure générale et ses diverses parties, offre un plus noble type de la majesté, de la splendeur et de la grâce du style ogival. C'est une tradition à Auxerre, et elle a été racontée aux vieillards d'aujourd'hui par des témoins oculaires, que, malgré le mépris que témoignait le siècle dernier pour l'architecture religieuse du moyen âge, Germain Soufflot, l'architecte du Panthéon, quand, au temps de ses plus grands succès, il venait dans cette ville [voir sa famille, se plaisait à visiter et contempler ce noble édifice, à y passer même des heures entières, et à proclamer son admiration pour le génie et l'habileté de ses constructeurs.

C'est de ce siècle que datent un grand nombre d'églises du diocèse, notamment dans l'Yonne, Pontigny, Mailly-le-Château, Mailly-la-Ville, Saint-Sauveur, Prégilbert, Vincelles, Monéteau, Champs, Beine, et, dans la Nièvre, Bellary, L'épeau, Clamecy, dont pourtant la tour et le portail sont de la fin du xv⁰ siècle, Béthléem, Saint-Pierre de Varzy, Neuvy, Pouilly, Entrains, Pougny, Trucy-l'Orgueilleux, Billy, Beugnon, Saint-Martin du Tronset. On peut y ajouter le chœur des églises de Chemilly près Seignelay, Crain, Eglény, Gurgy, Leugny, Levis, Lucy, Saint-Cyr-les-Colons, les nefs de Chitry, Vermenton et Saint-Bris, la tour et le portail de Gy-l'Evêque. La reconstruction de l'église de l'abbaye de Saint-Germain fut commencée dans le dernier quart de ce siècle et achevée dans la première moitié du siècle suivant. Ce travail comprenait la croisée, le chœur et une partie des collatéraux. La nef, qui datait du neuvième siècle, fut seulement consolidée à cette époque. Elle a été démolie au commencement du siècle actuel, et c'est ainsi que la tour couronnée d'un beau clocher, qui date du onzième ou du douzième siècle, est restée isolée. On a démoli aussi alors une autre tour, celle du côté du nord, dite de Saint-Maurice, qui était plus ancienne que celle-ci, moins haute, et sans être surmontée d'un clocher. Alors aussi on a fait disparaître les trois avant-corps de l'édifice, dont celui du centre était l'atrium ou pronaos, celui de droite la chapelle de Saint-Jean-Baptiste, et celui de gauche, celle de Saint-Michel. Tous trois étaient surmontés de frontons triangulaires à tympans sculptés en demi relief.

Le premier acte de la comtesse Mathilde, devenue veuve, fut de donner satisfaction aux appréhensions du roi, qui n'eût pas vu sans une grande émotion les vastes domaines de cette comtesse passer par un second mariage en des mains qui lui fussent hostiles. Moins d'un mois après la mort de son mari, elle prenait l'engagement de ne pas se remarier sans son consentement et de lui faire fidèle et bon service. (1) Telle était la règle du droit féodal.

La charte de franchise municipale que son père avait concédée, en 1194, à ses hommes de la ville d'Auxerre, n'était que pour la durée de sa vie et avait fini avec lui. Mathilde était donc dans son droit en reprenant la

---

(1) Supplément au *Cartulaire de l'Yonne*, p. 120.

plénitude de son pouvoir seigneurial. Mais elle l'avait dépassé, en voulant y rétablir la main-morte que son père et sa mère avaient abolie en 1188. Ce fut l'objet de vives réclamations, et à ce qu'il paraît, de graves résistances, dont nous ne connaissons l'importance que par l'amnistie qui leur fut accordée dans la charte nouvelle dont nous allons parler. Sur ces entrefaites, il était survenu de sérieuses craintes de guerres avec le comte de Champagne, Thibaut IV, qui, jeune, ambitieux, et se flattant d'un succès facile contre une femme, paraissait menacer le comté de Tonnerre. On s'attendait à la reprise d'une guerre qu'il avait soutenue, pour la succession de son père, contre Erard de Brienne, mari de sa sœur consanguine, guerre dans laquelle les seigneurs de Seignelay, de Noyers, de Tanlay, de Saint-Florentin, de Montréal et d'Epoisses avaient pris part pour ce prétendant, et où Hervé de Donzy n'était resté neutre que moyennant certains avantages qui lui avaient été accordés. Elle avait été suspendue en 1221 par une trêve que l'on croyait fragile et de peu de durée. On savait que le comte Thibaut méditait le projet d'élever une forteresse sur la frontière et près de la ville de Tonnerre. La comtesse sentait le besoin de s'assurer des ressources financières pour être en mesure de faire face à ces inquiétantes éventualités. C'est sans doute ce qui la détermina à entrer en arrangement avec les habitants d'Auxerre, non seulement pour leur concéder définitivement les franchises qu'ils avaient obtenues de son père, mais pour les étendre et les compléter par des dispositions nouvelles, moyennant un prix dont elle ne parle pas, mais qui n'en était pas moins la condition ordinaire de ces importantes concessions.

La charte qui fut dressée et jurée au mois d'août 1223 dans son château de Ligny confirmait celles de 1188 et de 1194, notamment en ce qui concernait :

L'abolition de la main-morte sur les hommes qui étaient libres ;

Le remplacement des exactions et corvées arbitraires par une taille dont le maximum était déterminé ;

La réduction des amendes et celle des gages des duels ;

Les remplacements et exemptions pour le service militaire et les autres chevauchées ;

Le droit de ne pouvoir être distrait de la justice d'Auxerre ;

La limitation des crédits qui devraient être accordés au seigneur.

Toutefois le maximum de la taille, pour les plus riches, est porté de vingt sols à cinquante sols (environ six cents francs de notre monnaie actuelle). Les célibataires tenant ménage ne sont plus exempts de la taille. Ils paieront cinq sols, ou moins, selon leur fortune, d'après l'estimation des jurés, et contribueront pour les affaires de la commune, comme les hommes mariés. Quant au service militaire et à la chevauchée, ils seront absolument illimités, tant que la comtesse ne sera pas remariée. Si elle se remarie, ce service ne pourra être exigé que pour accompagner le comte en personne ; mais il ne sera plus limité au territoire du comté.

De nouvelles et favorables concessions complètent d'ailleurs celles des précédentes chartes.

Le bienfait de la suppression de la main-morte est étendu à tous les hommes de la comtesse, à ceux de corps et de poursuite comme aux hommes libres. Elle ne conserve plus de serfs à Auxerre. Tous les siens sont également affranchis.

La commune est formellement et régulièrement instituée. Les habitants éliront douze jurés qui, non-seulement, comme ceux de la charte de 1194, régiront à leur gré toutes les affaires de la ville, mais qui, de plus, fixeront, pour chaque citoyen, de concert avec un délégué de la comtesse, le taux de la taille à laquelle il sera soumis ; et même ce délégué ne sera choisi par elle que sur une liste de quatre de ses conseillers, qui sera présentée par les douze jurés.

Le droit de sceau est accordé aux habitants pour leur commune. Ce sceau était d'azur aux douze têtes d'échevins ; et le sceau de la comtesse est confié à deux hommes loyaux, *legales homines*, établis par elle pour sceller les chartes.

Tous les étrangers qui, étant venus à Auxerre, n'auront point été réclamés dans l'année, par leurs seigneurs, deviendront bourgeois de la ville.

Enfin, il ne sera fait aucune poursuite pour les débats et discordes qui ont précédemment existé entre les habitants et la comtesse.

Après quelques autres dispositions de détail viennent des règlements spéciaux et curieux à connaître pour l'histoire des mœurs et du commerce de ce temps, en ce qui concerne les juifs, le change et la draperie.

Les juifs, que le comte Pierre avait bannis quand il s'était réconcilié avec l'église, mais, qu'après lui, Hervé, qui leur était moins hostile, avait laissé rentrer, pourront, d'après la charte nouvelle, faire preuve en justice de leurs créances et autres droits, par le témoignage de deux hommes de la comtesse. Le taux des intérêts qu'ils pourront percevoir est limité à trois deniers pour livre par semaine, ce qui donnait le chiffre assez énorme de soixante-cinq pour cent par an. Et ils ne pourront en aucun cas réclamer plus d'un an d'intérêts.

Le change était alors un grand commerce. Les monnaies variaient de valeur, selon les villes de leur fabrication ; Paris, Tours, Provins, Troyes, et beaucoup d'autres encore en fournissaient, auxquelles leur voisinage donnait sur notre place une grande circulation. Aussi y avait-il à Auxerre une halle pour le commerce des changeurs. La corporation des changeurs était riche, et on la voit, en 1223, dans une charte que Lebeuf a recueillie, faire don d'une maison à l'abbaye de Celles. La charte porte que nul changeur ne pourra y prendre place s'il ne se soumet à la juridiction des juges de la comtesse. S'il s'y refuse, il sera chassé de la halle. S'il y revient, tout ce qu'il aura étalé devant lui sera confisqué. S'il survient une rixe dans la halle au change, tout coup porté sans effusion de sang sera puni d'une amende de soixante sols (environ trois cent cinquante francs), et s'il y a effusion de sang, l'amende sera triple. On ne peut faire le commerce de change sans être reçu, mais toute personne est reçue en payant un droit à la comtesse. Toutefois les épiciers et les ciriers (marchands de cierges, bougies et chandelles) de la ville, ou fréquentant habituellement ses foires, pourront l'être sans rien payer.

Le commerce de la draperie avait aussi sa halle spéciale, et cette halle a son privilége. C'était qu'un débiteur qui, trouvé dans la ville ou sur son territoire, pouvait être arrêté s'il ne donnait un gage ou une caution pour le paiement de sa dette, était à l'abri de toute mesure semblable dans l'enceinte de cette halle.

Telle est la charte que la comtesse fait serment d'observer, que son gendre et sa fille doivent aussi jurer, qui sera jurée avec elle par neuf de ses barons, dont les noms sont indiqués, qu'après elle tous ses successeurs dans le comté d'Auxerre devront jurer et faire jurer par cinq de leurs chevaliers, et qui est placée sous la sauvegarde de l'archevêque de Sens et des évêques d'Auxerre et de Nevers, lesquels devront prononcer contre ses violateurs l'excommunication et l'interdit. Elle a toujours reçu, depuis, son exécution, comme le titre principal des libertés municipales d'Auxerre, tant que l'Auxerrois a eu des comtes particuliers.

L'année suivante la comtesse concédait à la ville de Tonnerre, moyennant, sans doute, des conditions de finance équivalentes, une charte de franchise qui, réunie à celles que cette ville tenait de ses prédécesseurs, mettait ses habitants sur le même pied de liberté communale que ceux de la ville d'Auxerre.

C'est que les projets du comte de Champagne commençaient à prendre un corps et à se manifester d'une manière assez inquiétante. Usant de l'influence que lui donnait sur les religieux de Saint-Germain son titre féodal de gardien de l'abbaye, il les avait amenés, en 1224, à signer une convention pour créer à frais communs une Villeneuve dans des terrains qu'il possédait à trois lieues de la ville de Tonnerre, près du bourg de Flogny. L'année suivante, il démasquait son projet d'y établir une forteresse, et un nouvel acte était signé avec les religieux pour l'autoriser à en faire à lui seul la construction (1). Il se mettait à l'œuvre en toute hâte, et élevait

---

(1) Arch. de l'Yonne, fonds de Saint-Germain.

des remparts et un donjon dans ce lieu, qui devenait la Villeneuve-Mauger ou Maugis, et, pour n'être point troublé dans l'exécution de son projet par une rupture de sa trêve avec Erard de Brienne, il accordait à ce dernier un supplément d'indemnité annuelle de douze cents livres (environ cent cinquante mille francs d'aujourd'hui) (1). Alors la comtesse, comprenant que le bras d'un homme était nécessaire pour la défendre, se décidait à prendre un second mari. Elle s'unit en 1226 à un chevalier renommé, le puissant comte Guy de Forez, qui lui-même était veuf avec trois fils. Dès l'année suivante, la guerre paraissait imminente, car Thibaut faisait, avec la duchesse Alix de Bourgogne et Hugues III, son fils encore mineur, un traité par lequel ceux-ci prenaient l'engagement de l'aider contre le comte d'Auxerre et de Forez (2). Retardée par ce traité, la guerre n'éclatait que deux ans plus tard. Cette fois, Hugues III, devenu majeur, se mettait du côté du comte Guy, avec les comtes de Bar, de Boulogne, de Saint-Pol, et d'autres encore qui avaient de justes griefs contre le jeune et peu scrupuleux comte de Champagne. Au mois de juillet 1229, les troupes coalisées, réunies à Tonnerre, marchaient sur Saint-Florentin, brûlant, dit la chronique, les châteaux et les villes. La Villeneuve-Maugis était détruite de fond en comble, et il n'en restait que les fossés, dont il subsiste encore des traces profondes, que les archéologues du siècle dernier et de la première moitié de notre siècle ont mal à propos considérées comme l'enceinte d'un camp

---

(1) Darbois de Jubainville, *Hist. des comtes de Champayne*.

(2) Recueil de Pérard. — Recueil manuscrit de Pierre Pithou.

romain. Tant que leur véritable origine n'était pas constatée par la découverte des actes d'association de 1224 et 1225, cette erreur était possible. Elle ne saurait l'être désormais. La guerre se poursuivit quelques mois encore, et le sort du comte de Champagne paraissait fort compromis, quand le jeune roi saint Louis s'interposa pour le sauver des suites de ses imprudences. Le comte de Forez n'avait pas attendu si longtemps. Il avait signé à Auxerre, sous la médiation du cardinal Romain de Saint-Ange, un traité qui sanctionnait la ruine de la malencontreuse forteresse et interdisait de la relever. (1).

Afin de pourvoir aux dépenses de cette expédition, il avait fait tout d'abord avec les habitants d'Auxerre un traité par lequel, moyennant le paiement annuel d'une somme de mille livres pendant six ans, ils étaient quittes de toute redevance envers lui. Mais ensuite, pour grossir ses revenus, il avait eu la mauvaise pensée d'altérer la monnaie qu'il faisait frapper, et, au lieu de seize sous huit deniers que devaient lui fournir un marc d'argent, comme le prescrivait l'ordonnance du roi Philippe-Auguste, qui avait été scrupuleusement exécutée jusqu'alors, il en tirait subrepticement dix-huit sous et demi. C'était une perte de onze pour cent que subissaient les habitants, quand ils présentaient cette monnaie au change. Trop faibles pour se plaindre, ils courbaient la tête sous cette exaction, mais l'évêque Henri de Villeneuve et le chapitre de la cathédrale, sous la garantie desquels la monnaie avait été placée par cette ordonnance, prirent leur défense. Ils portèrent leurs griefs devant l'archevêque de Sens qui, au mois d'avril 1231, enjoignit au comte de

(1) Recueil de Pérard.

cesser cette pratique abusive, et le contraignit à revenir à l'ancien usage. (1). Lebeuf, dans son *Histoire*, M. l'abbé Duru, dans le 2ᵉ volume de la *Bibliothèque historique de l'Yonne*, p. 255, et, après lui, l'abbé Laureau, dans un mémoire, d'ailleurs plein d'intérêt, qu'a publié le *Bulletin de la Société des Sciences de l'Yonne* (2), ont allégué que l'évêque était en possession de frapper lui-même de la monnaie, et que c'était pour protéger les produits de sa fabrication, qui était au cours légal, qu'il était intervenu dans cette occasion. Rien n'autorise cette supposition. Déjà Duby l'avait faite dans son traité *des Monnaies des Barons*, t. I, p. 35, mais en avouant qu'il ne connaissait aucune pièce de monnaie épiscopale. Il se fondait sur un acte de l'année 1315, mentionné dans la Table alphabétique des matières des registres du parlement, et qui portait, selon lui, que l'évêque avait droit de forger de la monnaie blanche dont le titre légal est indiqué. M. Ed. de Barthélemy, trompé par cette citation, qui était le fruit d'une erreur, a reproduit l'assertion de Duby dans ses *Recherches sur les Monnaies d'Auxerre*. Mais M. l'abbé Laureau avoue que cet acte, qui est transcrit dans le *Traité des Monnaies de Leblanc*, p. 198, parle seulement du comte, et nullement de l'évêque; il n'indique, en effet, comme frappant monnaie, que six évêques en France, et celui d'Auxerre n'est pas de ce nombre. Toutes les monnaies comtales de cette ville sont uniformes: Le nom de la ville entre deux grenetis; dans le champ une croix; au revers, point de légende, une croix dans le champ; trois points superposés coïncidant avec chacune des

---

(1) Lebeuf, preuves, n° 166.
(2) T. IX. p. 195.

branches de la croix. C'est là le type des monnaies du comte Pierre, et des monnaies auxerroises antérieures ou postérieures. Jamais, jusqu'à ce jour, on n'a trouvé, dans le pays ni ailleurs, des pièces de monnaie auxerroise d'un autre type et qui accusassent une fabrique des évêques d'Auxerre, et il est, par là, suffisamment démontré que ces prélats n'étaient ni dans le droit, ni dans l'usage d'en frapper. Il faut donc restituer à l'évêque et à son clergé l'honneur de n'avoir agi en cette circonstance que pour la protection de l'intérêt public et de la justice.

Le même évêque avait énergiquement soutenu la cause de la liberté du commerce dans une autre occasion, où, à la vérité, elle était liée à son intérêt particulier. Deux italiens, de Sienne et de Lucques, étaient venus à Auxerre pour s'y établir, et probablement y faire la banque et le prêt à usure, genres de commerce habituellement tenus alors par des gens de cette nation, dont le souvenir est conservé encore dans cette ville par le nom de la rue des Lombards, et, pour leur sécurité, ils s'étaient déclarés bourgeois de l'évêque, auquel ils payaient sans doute, comme c'était l'usage, le même tribut que les juifs payaient au comté. Les officiers du comte voulurent, malgré cette déclaration, les soumettre à leurs taxes seigneuriales, et, sur leur refus, firent la saisie de toutes leurs valeurs. Mais alors intervint l'évêque qui réclama et fit reconnaître son droit de seigneur sur les étrangers qui venaient dans la ville et se mettaient sous sa protection. Il leur fit restituer ce que l'on avait saisi, et contraignit les préposés du comte à les laisser paisiblement et sans redevance continuer leur commerce. Ces conflits de juridiction et de pouvoir étaient très fréquents alors entre les évêques et les comtes. Ils se reproduisent presque à chaque page dans les récits du *Gesta Pontificum* pendant les douzième et treizième siècles. Le droit et la justice sont souvent du côté de l'évêque. C'est pour ce que l'on appelle aujourd'hui le progrès, c'est-à-dire pour le développement et l'application des idées de justice, de vérité et de civilisation, que souvent l'Église fait entendre sa voix. Elle proteste contre les guerres privées, contre le duel admis comme preuve judiciaire dans les procès (1), contre les injustices et les cruautés envers les faibles et les opprimés. Elle a pourtant sa part dans les barbaries du temps. Elle est inexorable dans ses persécutions contre les hérétiques et les juifs. Elle veut dominer, non seulement dans les matières spirituelles, mais aussi dans la politique et le gouvernement des Etats. Elle se plaint sans cesse d'usurpations, et cependant ses richesses et sa puissance vont toujours en s'accroissant jusqu'à la fin de cette période. Ce n'est qu'avec le quatorzième siècle que l'on voit leur progrès s'arrêter, et cesser en même temps ces interminables débats.

Il y eut, de 1230 à 1233, entre le comte Guy et l'abbaye de Vézelay quelques démêlés que la petite chronique de l'abbaye exagère évidemment en les qualifiant de guerre. Il s'agissait toujours des droits de garde et de gîte dont les moines ne voulaient pas acquitter la redevance. Le comte voulut faire occuper la ville par ses soldats si on persistait à en refuser le paiement. Les religieux répondirent d'abord par une excommunication, mais ils finirent par offrir, à titre de transaction, de payer au comte une somme de huit mille livres parisis pour le rachat intégral

---

(1) Lettres d'Alexandre IV à Guy de Mello, de l'an 1238. Lebeuf, preuves n° 193.

de cette dette, ce qui fut accepté, et mit fin aux longs débats des comtes avec l'abbaye (1).

Le comte Guy de Forez avait d'autres embarras sur lesquels nous n'avons pas de détails et qui lui suscitaient de grandes dépenses. En 1234, il avait fait aux habitants d'Auxerre un nouveau bail de leurs redevances. La somme qu'ils lui avaient avancée était assez considérable pour qu'ils eussent été dans la nécessité de contracter un grand emprunt avec des négociants de Reims. Et, quand il mourut, quelques années après, il était personnellement endetté de seize mille livres (environ deux millions de francs d'aujourd'hui). Il est vrai que la croisade dans laquelle il se laissa entraîner avait pu y contribuer pour beaucoup. Mais les guerres privées de seigneur à seigneur, de château à château, dans lesquelles il avait souvent à intervenir, pouvaient bien aussi y être pour quelque chose. Ces guerres, qui étaient alors le droit de tous les nobles, entretenaient un état permanent de brigandage et de dévastation. Le château fortifié s'en pouvait le plus souvent défendre, et c'était sur les malheureux serfs, résidant dans des villages ouverts ou des habitations isolées, que s'abattaient impitoyablement les désastres et la ruine. Dans l'antiquité, la guerre, comme l'atteste Diodore de Sicile, respectait toujours le bétail, la charrue et les récoltes du laboureur. C'était tout l'opposé dans cette période du moyen âge. Les serfs étant la propriété du seigneur, c'était sur eux et sur leur humble industrie, dont la sécurité est si essentielle à l'intérêt public, que se vengeait son ennemi privé.

La comtesse Mathilde et son mari s'étaient émus de la

(1) Inventaire des titres du Nivernais, p. 448.

misère de ces pauvres cultivateurs, et ils promulguèrent, au mois d'avril 1235, pour y mettre un terme, une nouvelle ordonnance, le premier monument de ce genre dont l'histoire de ces temps fasse mention. Elle servit sans doute de modèle au roi saint Louis, quand, vingt-deux ans après, en 1257, il publia son édit de pacification intérieure, qui commençait par ces mots : « Sachez que « par délibération de notre conseil, nous avons prohibé « toute guerre dans notre royaume, tout incendie, tout « empêchement aux charrues. »

Quoique je l'aie déjà citée dans un autre ouvrage, je crois devoir la reproduire ici, en ajoutant que comme elle ne mentionne, pour son application, que les comtés de Nevers, d'Auxerre et de Tonnerre, c'est, sans doute, surtout à la comtesse Mathilde que l'honneur de cette généreuse pensée doit être rapporté. En voici la traduction (1) :

« Nous, Guy, comte de Nevers, et moi, Mathilde, son « épouse, comtesse,

« Nous faisons savoir à tous ceux qui ces présentes « lettres verront, que nous et nos amis et féaux, (suivent « les noms de ces seigneurs, au nombre de huit ou dix), « nous attachant aux traces de nos prédécesseurs, nous « établissons et ordonnons que nul n'ose, en quelque « occasion que ce soit, arrêter ou dépouiller le laboureur « qui cultive les champs, le vigneron qui cultive la « vigne, le faucheur qui fauche les prés, le berger qui « conduit et ramène les moutons. Il sera tenu d'en « faire restitution dès qu'il en sera requis. Nous or-« donnons de plus qu'en aucune occasion qui que ce

(1) *Trésor des Chartes*, c. 256, n° 24.

« soit, dans nos comtés de Nivernais, Auxerrois et
« Tonnerrois, n'ait l'audace et la méchanceté de ren-
« verser ou incendier une maison. Les forteresses sont
« pourtant exceptées de la présente interdiction. Si qui
« que ce soit incendie ou détruit une maison, et qu'averti
« par nous ou nos préposés de réparer le tort et dom-
« mage, il ne l'a pas fait dans les quarante jours, nous
« ordonnons qu'il soit banni des comtés susdits, et que
« tous les fiefs qu'il tient de son seigneur soient saisis,
« et ne soient rendus que quand le dommage aura été
« pleinement réparé, et nous voulons que le banni ne
« puisse être rappelé de son bannissement, que de la
« volonté ou du consentement de celui qui aura subi le
« dommage. »

Nous devons ajouter toutefois que, selon un document de la chambre des comptes de Nevers, cité par les auteurs de l'*Art de vérifier les dates*, Mathilde, devenue veuve pour la seconde fois, se serait, en une circonstance au moins, où les entraînements de la colère l'emportaient sur les inspirations de la générosité, montrée oublieuse des nobles sentiments dont témoigne cette ordonnance. Ayant essuyé un refus de Dreux de Mello, seigneur d'Epoisses et de Château-Chinon, à qui elle avait demandé de mettre à sa disposition le château de Lormes, pour l'occuper, comme étant un fief-lige du comté de Nevers, elle fit mettre le feu aux maisons et forteresses de ce manoir seigneurial.

En 1235, le pape Grégoire IX fit prêcher dans toute l'Europe, par les religieux de Saint-Dominique et de Saint-François, une sixième croisade, pour venir au secours de la Palestine, dont la situation était fort compromise. Le comte Guy de Forey prit, l'année suivante, la croix avec le duc de Bourgogne, les comtes de Bretagne, de Champagne, de Mâcon et de Joigny. Chacun d'eux fit ensuite de grands préparatifs pour ce lointain voyage ; et, comme l'argent des Juifs leur était nécessaire, et que ce n'était pas la violence qui pouvait le faire sortir de ses cachettes, un concile défendit de les maltraiter, de les dépouiller de leurs biens et de leur faire aucun outrage. Au moment où les croisés allaient partir, un bref du pape vint leur enjoindre de demeurer pour faire la guerre à l'empereur Frédéric II, de qui le Saint-Siége avait à se plaindre. Ils répondirent : « Nous avons fait tous nos préparatifs. Nous « avons engagé ou vendu nos terres, nos maisons et nos « meubles. Nous avons quitté nos amis et nos familles, et « annoncé notre arrivée en Palestine. La religion et l'hon- « neur nous défendent de retourner sur nos pas (1). » Ils partirent donc. Mais, cette fois encore, l'indiscipline et la discorde se mirent entre eux, comme elles régnaient déjà parmi les croisés du pays. Ils furent ignominieusement battus à Gaza. Plusieurs des chefs tombèrent entre les mains des infidèles. Après deux ans d'inutiles tentatives, le découragement prit les autres, et, en 1244, ils s'embarquèrent pour revenir. Guy de Forez, qui était déjà malade depuis plusieurs mois, mourut en débarquant sur les côtes de la Pouille. Ses restes furent ramenés à Montbrison, et on lui éleva dans la cathédrale un monument où il est représenté couché sur son tombeau.

La comtesse Mathilde, sa veuve, avait vécu en bonne intelligence avec les trois évêques Henri de Villeneuve, Bernard de Sully et Renaud de Saligny, qui se succédèrent à Auxerre, de 1220 à 1247. Tous trois étaient sages

(1) Mathieu Paris. — Albéric. — Richard de Saint-Germain.

et pacifiques, et le biographe de Bernard de Sully le caractérise en disant que « la vaine gloire du monde lui était odieuse. » Il en fut autrement de Guy de Mello, qui vint après eux, et dont les actes, racontés par son historien, se rapprochent des procédés violents du bouillant Hugues de Noyers. Il ne ressemblait guère à son père, seigneur de Saint-Bris, si débonnaire, si généreux, si bon compagnon et toujours si prêt à mettre tout le monde d'accord, qu'on l'avait surnommé le porte-paix, *pacis bajulus*. Aussi, ce fils, à l'air plus qu'austère, à l'extérieur inculte, à la chevelure négligée, était, de ses trois fils, celui qu'il aimait le moins. L'écrivain loue pourtant son zèle pour le bien de l'Eglise et l'intérêt du peuple, sa dévotion, son entente des affaires, tout en faisant des réserves sur sa rigueur intraitable quand il s'agissait d'humilier les superbes et de combattre ceux qui lui résistaient. Il en avait donné de tristes preuves à Verdun, dont il avait d'abord été évêque. Cette ville était alors gouvernée par un maire et des échevins qui, selon la vieille coutume, étaient en possession d'imposer des taxes et des péages pour entretenir les fortifications. N'ayant pu les amener à réformer ce régime qui, selon lui, était une usurpation sur le pouvoir épiscopal, il avait quitté la ville en la mettant en interdit, et s'était retiré dans son château de Charny, d'où un jour il sortit à la tête d'une troupe armée, pour s'emparer du troupeau communal que l'on conduisait au pâturage. Les habitants étaient alors venus en armes pour reprendre leur bétail. Mais les soldats du prélat étaient mieux armés et plus aguerris, et, quoi qu'ils ne fussent guère que trois cents chevaliers, ils avaient mis en fuite ces masses indisciplinées, dont beaucoup d'hommes avaient été tués et un plus grand nombre faits prisonniers, et ils étaient rentrés dans la ville en vainqueurs. Réduits alors à se soumettre, les habitants avaient dû s'humilier et demander un pardon qui ne leur avait été accordé que moyennant une rançon de dix mille livres (environ treize cent mille francs de la valeur actuelle de notre monnaie). Le biographe a intitulé ce chapitre de son récit : *Comment l'évêque prit d'assaut (expugnavit) les habitants de Verdun.*

Tout en prenant possession de l'évêché de cette ville, il avait conservé la charge de doyen de l'église d'Auxerre, qu'il exerçait depuis longtemps, et, à la mort de l'évêque Renaud de Saligny, il lui succéda, « tant par élection, dit « le texte un peu équivoque, que par postulation cano- « nique, l'autorité apostolique étant intervenue, » et, ajoute-t-il avec quelque flatterie peut-être, à la grande joie des clercs et du peuple. Il ne tarda pas à y montrer ses énergiques qualités d'homme de guerre. La châtellenie épiscopale de Varzy avait été, comme nous l'avons dit plus haut, envahie dans la dernière année de la vie du comte Hervé, par Renaud Rongefer, deuxième du nom, de la maison des barons de Saint-Verain, et seigneur des Monts. Et, quoi qu'on eût arrêté son usurpation, il continuait, de temps en temps à y faire des incursions de pillage et d'oppression. Pour en faciliter le succès et l'impunité, il faisait ajouter de nouvelles fortifications à son château, assez voisin de la ville de Varzy. L'évêque, à peine installé, se mit en campagne à la tête de ses troupes, mit le siége devant cette redoutable forteresse, la prit d'assaut et en rasa tant les anciennes constructions, que les nouvelles. La guerre ne se termina pourtant pas par ce coup de force, et souvent l'audacieux châtelain tendit des embuscades à l'évêque, qui, dans ses tournées, habile et prudent autant qu'intrépide, parvint toujours à y échapper.

Il s'en prit ensuite à la comtesse, ou du moins à ses préposés. Un malfaiteur, appelé Robin le Chevrier, avait commis quelque grave délit, pour lequel il avait été condamné à un bannissement temporaire, sous peine de mort en cas de retour. Ayant eu l'audace de revenir avant le terme, il avait été, sur la poursuite d'une famille puissante appelée les *Souefs*, condamné à être pendu par sentence du prévôt, et la sentence avait reçu son exécution. L'évêque qui tenait alors le siége n'avait pas réclamé. Mais Guy de Mello, comme doyen du chapitre, alléguant que ce coupable était un clerc, avait demandé qu'il lui fût remis. Il avait alors porté son appel devant le pape, et, devenu évêque, il reprit l'affaire et fit tant qu'il contraignit le prévôt de la comtesse, les deux frères Souefs et leurs complices, à venir, vêtus seulement de braies et de chemises, pieds nus et des verges dans les mains, porter eux-mêmes, du lieu du supplice jusqu'à la cathédrale, le cercueil dans lequel on avait mis les restes du supplicié, à assister ensuite à une messe des morts célébrée par l'évêque lui-même, et à payer à l'église une somme de trois cents livres. Quand les puissances temporelles résistaient à ses injonctions, ce prélat procédait immédiatement par voie d'interdit et d'excommunication. Mais on abusa tant de ces foudres ecclésiastiques qu'elles finirent par perdre de leur efficacité. Certains baillis et autres officiers du roi cessèrent de leur prêter main-forte, et l'opinion publique elle-même en eut moins d'émotion. Alors plusieurs évêques allèrent trouver le roi saint Louis, à l'instigation de Guy de Mello, qui, portant en leur nom la parole, le pria, dit Joinville, de « commander à ses baillis et seigneurs

« qu'ils contreignent les excommuniés qui auront sous-
« tenu la sentence en ce jour, pourquoi il facent satisfaction
« à l'Eglise, car, Sire, la crétienté dechiet et font entre vos
« mains, et décherra encore plus si vous n'y mettez con-
« seil. » Le roi, ajoute le chroniqueur, répondit « qu'il le
« ferait volontiers, mais que, en li donnant cognoissance,
« si la sentence était droiturière ou non. » Et, sur leur
refus de se soumettre à cette condition, il leur dit
« qu'aussi de ce qu'il afférait à li, ne leur donneroit-il
« jà la cognoissance, ne commanderait jà à ses serjans
« que il contreinsissent les excommuniés à eulx fère
« absoudre, fust tort, fust droit. Leur rappelant qu'ils
« avaient pendant sept ans tenu le comte de Bretagne en
« excommunication, et qu'il avait été ensuite absous par
« la cour de Rome, il termina en disant : Si je l'eusse
« contraint dès la première année, je l'eusse contraint à
« tort. »

Cette résistance d'un prince si dévoué à la foi religieuse dut calmer un peu l'ardeur exubérante de l'impétueux prélat.

Sa vocation pour les combats l'entraîna deux fois en Italie : une première fois, en 1264, pour guerroyer à la tête d'une petite armée qu'il avait levée, afin d'aider le pape Urbain IV à vaincre un soulèvement d'insurgés. La seconde fois, en 1265, pour prendre part à la guerre de Charles d'Anjou, frère de saint Louis, investi par le pape du royaume de Naples et de Sicile, contre le prince Manfred, fils de l'empereur Frédéric, qui revendiquait ce royaume. Il y avait le titre de légat du Saint-Père, mais, comme le raconte son biographe, il n'en portait pas moins le casque et la cuirasse, et, dans son ardeur, ne se contentant pas de suivre les soldats, il marchait et chargeait à leur tête, combattant toujours au premier rang, comme le plus hardi chevalier. Il ne revint dans son diocèse que quand la guerre fut terminée par la défaite et la mort du prince Manfred.

Il était, du reste, ami de la magnificence et des arts. C'est lui qui construisit toute la partie du palais épiscopal qui subsiste aujourd'hui et qui est comprise dans l'hôtel de la préfecture, y compris la galerie byzantine qui regarde le levant. Il éleva aussi à Beauretour, à Régennes, à Varzy et à Villechaul près de Cosne, des constructions dont son historien vante le vaste développement, le luxe et le bon goût. Il remit en vigueur les prescriptions de la sentence arbitrale de Saint-Bernard, pour la remise entre ses mains des châteaux de Saint-Sauveur, Châteauneuf, Cosne et Mailly, et, ajoutant aux clauses de cet acte, il contraignit, par la censure ecclésiastique, la comtesse Mathilde, non seulement à lui ouvrir ces châteaux pour y résider quand il le jugerait à propos, mais à lui en remettre les munitions de guerre, dont, en partant, il confiait la garde à ses propres soldats, pour les conserver tant qu'il le jugerait à propos. Il était, du reste, assez attaché à son diocèse pour refuser l'archevêché de Lyon, auquel le pape l'avait appelé.

La comtesse Mathilde n'avait pas eu d'enfants de son second mariage. Elle avait, du premier, une fille appelée Agnès, qu'elle maria d'abord, comme nous l'avons dit plus haut, au prince Philippe, petit-fils de Philippe-Auguste, et en secondes noces à Guy de Châtillon, comte de Saint-Pol. L'un et l'autre moururent jeunes. De cette dernière union étaient nés une fille et un fils. Celui-ci, appelé Gaucher ou Gauthier, fut tué en Egypte, à la première croisade de saint Louis, en défendant héroïquement le roi, gravement malade, contre les ennemis qui le firent prisonnier. Ce prince était, au dire de Joinville, « dans un si triste état, que l'on croyait qu'il allait « passer le pas de la mort. » Gaucher de Châtillon avait commandé l'arrière-garde dans la retraite, après la bataille de Mansourah, et il combattait encore pour sauver le roi. « Seul, il défendit longtemps l'entrée d'une rue « étroite qui conduisait à la maison où de fidèles servi- « teurs cherchaient à rappeler le monarque à la vie. On « le voyait, tantôt fondre comme un éclair sur les infi- « dèles, les disperser, les abattre, tantôt se retirer pour « arracher de son corps les flèches et les dards dont il « était hérissé. Il retournait ensuite au combat, et, se « dressant de temps en temps sur ses étriers, il criait de « toutes ses forces : A Châtillon, chevaliers, à Châtillon ! « Où sont mes prud'hommes ! Le reste de l'arrière-garde « était à quelque distance et personne ne paraissait. Les « musulmans, au contraire, accouraient en foule. Enfin, « accablé par le nombre, tout couvert de traits, percé de « coups, il tomba. Aucun des croisés ne put le secourir, « ni être témoin de sa fin héroïque. Son cheval, tout san- « glant, resta aux infidèles, et ses derniers exploits furent « racontés par un guerrier musulman, qui montrait son « épée, en se vantant d'avoir tué le plus brave des chré- « tiens (1). »

Si l'on en croyait Née de la Rochelle (2), la comtesse Mathilde aurait, dès l'année 1241, donné à Gaucher de Châtillon son comté de Nevers, en ne se réservant que ceux d'Auxerre et de Tonnerre. Aucun document ne con-

---

(1) Michaut, *Histoire des Croisades*, t. IV, p. 239.
(2) Mémoires sur le département de la Nièvre.

firme cette assertion. La comtesse a, dans des chartes postérieures, continué à prendre le titre de comtesse de Nevers, et aucun des chroniqueurs de la croisade ne donne le titre de comte à Gaucher de Châtillon.

La sœur de ce dernier, Iolande de Châtillon, épousa Archambaud de Bourbon et mourut avant sa grand'mère, en laissant deux filles, dont l'aînée, appelée Mathilde, comme sa bisayeule, recueillit dans la succession de celle-ci les trois comtés de Nevers, Auxerre et Tonnerre, qu'elle ajouta à la baronnie de Donzy, possédée déjà par elle du chef de sa mère.

Mathilde de Courtenay, qui mourut en 1257, laissait un testament qui témoigne de ses sentiments pieux et charitables. Elle y fait des legs importants à quarante églises et abbayes, à quatre léproseries et aux hospices et hopitaux du comté de Nevers, et, de plus, une somme considérable à distribuer en aumônes aux pauvres. Dans ce nombre, il y a, pour le diocèse d'Auxerre, neuf abbayes : la Charité, les Iles, Bonras, Crisenon, Bellary, Saint-Germain, Saint-Marien, Pontigny et les Roches ; deux prieurés : Fontenay, près Corvol, et Saint-Nicolas, près Entrains ; quatre églises : Saint-Étienne d'Auxerre, Notre-Dame-de-la-Charité, Saint-Martin de Clamecy, et Montenoison ; et deux léproseries : celles d'Auxerre et de Donzy. Il y a aussi des legs pour l'abbaye de Reigny, qui, quoique voisine d'Auxerre, appartenaient au diocèse d'Autun. Elle avait fondé elle-même plusieurs monastères, celui des Dominicains ou frères prêcheurs, appelés aussi Jacobins, à Auxerre, celui des Iles dans la même ville, celui du Reconfort dans le diocèse d'Autun, où elle choisit sa sépulture, et celui de Lézinnes, dans le diocèse de Langres.

Ses exécuteurs testamentaires sont : le roi saint Louis, l'archevêque de Sens, les évêques d'Auxerre et de Nevers. Elle les charge de restituer ce qu'elle pourrait avoir pris ou reçu sans droit, et d'indemniser les personnes envers lesquelles elle pourrait avoir commis quelques actes d'usurpation ou d'extorsion. Toutes ces dispositions respirent un esprit de droiture, de justice et de générosité. Mais la malignité ne perd jamais ses droits, elle ne pardonne aux puissances de la terre aucune imperfection, aucune faiblesse, et nous trouvons dans l'histoire restée manuscrite, qu'écrivait, vers le milieu du xviie siècle, le prieur dom Viole, « que les bourgeois d'Auxerre racon-
« taient encore tous les jours une infinité de fables sur
« elle, et la plupart à son désavantage. »

Mathilde, deuxième du nom, son arrière-petite-fille, avait été mariée, en 1247, à Eudes, fils aîné de Hugues IV, duc de Bourgogne. Elle en eut trois filles et mourut en 1262. Son mari conserva la garde des trois comtés jusqu'au mariage de l'aînée, qui épousa, en 1266, le sixième fils du roi saint Louis, Jean, surnommé Tristan. Celui-ci prit immédiatement possession de tous les domaines de la famille. Les deux autres filles se marièrent en 1268, la seconde, Marguerite, avec le frère de saint Louis, Charles d'Anjou, roi de Naples et de Sicile, et la troisième avec Jean de Châlon, seigneur de Rochefort, fils de Jean dit le Sage (1), dernier comte de Châlon. Celui-ci avait cédé au duc de Bourgogne ce comté, en échange des grandes seigneurie de Salins, Pracon, Villafaut, Ornans et Château-Vil-

---

(1) C'est ce que dit l'*Art de vérifier les dates*. Mais, selon le Bulletin de 1866, n° 4, de la Société des Sciences de Poligny et selon les actes publics qui y sont transcrits, c'est le comte

lain, et qui, ayant d'ailleurs dans la Franche-Comté d'autres grandes possessions, conservait le titre de comte de Châlon, en même temps que Hugues, l'ainé de ses fils, était comte de Bourgogne du chef de sa femme.

Pendant qu'Eudes possédait le comté d'Auxerre, il eut, au sujet de la monnaie qu'il avait fait fabriquer, d'assez vifs débats avec l'évêque Guy de Mello ; non pas qu'elle ne fût conforme au type prescrit par le roi Philippe-Auguste dans son règlement de 1188, mais parceque ses officiers l'avaient émise sans l'avoir fait au préalable vérifier par l'évêque, puis parce qu'ils avaient fait publier une défense d'en recevoir ou d'en faire circuler, d'autre dans le comté. Le premier grief était dénué de fondement. Le règlement de 1188 permettait à l'évêque de faire vérifier à toute époque la monnaie du comte, mais n'imposait pas cette vérification avant toute émission. Toutefois la défense publiée était irréfléchie et contraire, à la fois, à l'intérêt public, dont les besoins exigeaient une masse de numéraire, que la nouvelle fabrication était insuffisante à produire immédiatement, et aux droits du roi, dont il n'appartenait pas à un seigneur de proscrire la monnaie dans ses domaines. Aussi l'évêque eut-il gain de cause sur cette question.

Il se présenta, en 1259, une autre occasion de lutte, et, cette fois, entre le comte et les religieux de la Charité, dans laquelle encore il n'eut pas l'avantage.

Depuis la fin du xii⁰ siècle, les habitants de la ville de

---

d'Auxerre lui-même, et non son père, qui reçut ce surnom, justement mérité pour les affranchissements et les judicieuses constitutions de communes qu'il accorda à plusieurs de ses villes de la Franche-Comté.

la Charité étaient affranchis et constitués en commune, pour administrer leurs intérêts par des échevins de leur choix. Mais ces magistrats n'avaient pas, comme les douze jurés d'Auxerre, le droit de juridiction sur les matières de police et de délits simples. C'était le prieur de l'abbaye qui exerçait cette juridiction par son prévôt, et qui, peut-être, s'en servait pour exiger des bourgeois enrichis par le commerce de lourdes taxes, devenues nécessaires aux religieux pour leurs splendides et luxueuses constructions. Les habitants réclamaient ce privilége de juridiction, que possédait, en vertu de ses chartes de franchise, la ville d'Auxerre, ou demandaient que, tout au moins, l'exercice de la justice fût confié à un magistrat nommé directement par le comte. Eudes donnait son approbation à ce vœu et encourageait les habitants dans leur résistance aux sentences des préposés de l'abbaye. Le prieur invoquait le droit seigneurial, dont les religieux avaient été investis sans limites par la cession que leur avait consentie le comte Guy en 1175, et soutenait, avec quelque raison, que le droit de justice était l'attribut principal du fief, d'après les règles du droit féodal. La situation devenait grave. Pour prévenir la rébellion, le prieur prit une mesure énergique. Ce fut d'armer quelques vassaux, et de citer les bourgeois à son tribunal, en leur enjoignant d'obéir à ses sentences. Ceux-ci s'y étant refusés, les soldats envahirent le lieu de l'assemblée, se saisirent des chefs de la sédition, les conduisirent en prison et dispersèrent les autres. A la première nouvelle de ce coup d'autorité, le comte somma les prieurs de mettre les prisonniers en liberté, et, sur leur refus, il envoya des troupes pour ravager les domaines de l'abbaye. Les religieux portèrent alors leur plainte au roi, qui invita d'abord le comte à retirer ses troupes jusqu'au jugement de l'affaire, et, après examen, rendit une ordonnance qui mettait fin au débat, en plaçant, assez arbitrairement peut-être, la ville et le ressort de la Charité sous sa dépendance immédiate. Elle ne laissait au comte que le droit de garde gardienne, tel qu'il avait été exercé par le temps passé.

En 1267, le comte Eudes partit à son tour pour la croisade. La situation des chrétiens de Palestine paraissait presque désespérée. Ce triste état de choses était, pour la plus grande partie, le fruit des discordes perpétuelles de leurs chefs, et aussi des deux ordres religieux qui s'étaient voués à la défense du saint sépulcre, les Templiers et les Hospitaliers, et qui, au lieu de tourner leurs armes contre les musulmans, se livraient parfois entre eux des combats acharnés. Tous sollicitaient avec instance de nouveaux secours de l'occident. Ils ne furent entendus qu'en France, où de nouveaux combattants se réunirent pour aller à leur aide, en élisant pour leur chef le comte Eudes qui accepta cette périlleuse mission. La nouvelle expédition qu'il conduisit n'amena aucun résultat favorable, et Eudes y mourut à la peine en 1267. Trois ans après, saint Louis, dans l'accès d'un zèle religieux que les sages avis de ses conseillers n'avaient pu refroidir, entreprenait encore une nouvelle croisade. Il débarquait au mois de juillet 1270 en Afrique, près de Tunis, sur les ruines de Carthage, et, quelques semaines après, il mourait de la dyssenterie. Avant lui avait succombé à la contagion son fils Jean, qui l'avait suivi dans cette triste campagne. Ce jeune prince était né en Egypte dans la première croisade du roi son père, où la reine, malgré l'état avancé de sa grossesse, accompagnait son mari.

Elle était accouchée pendant la captivité du roi, et c'est de là, selon le chroniqueur Geoffroy de Courlon, que venait le surnom de Tristan, parce qu'il était né dans la tristesse. C'est tristement encore qu'il mourait dans la seconde de ces funestes expéditions. Il fut le dernier de nos comtes que dévorèrent les croisades. Sur dix princes de cette famille qui y étaient allés, il n'en était revenu que cinq. La comtesse Iolande se trouvait ainsi veuve à l'âge de vingt ans. Moins de deux ans après, elle se remariait avec Robert de Béthune, comte de Flandre.

Un grand procès s'était élevé entre elle et ses deux sœurs, au sujet de la succession de leur mère. Iolande prétendait que les possessions de celle-ci ne formaient qu'un seul et même comté, et qu'étant l'aînée, elle pouvait le conserver en entier, sauf à faire à ses sœurs des parts en argent. Le Parlement de Paris, devant lequel l'affaire fut portée, ordonna d'abord une enquête, d'où il ressortit clairement qu'issus de trois origines différentes, ces domaines avaient toujours formé trois comtés séparés, et il en ordonna, en conséquence, en 1212, le partage en trois lots, en donnant toutefois à l'aînée le choix de celui qu'elle voudrait. Elle choisit Nevers. Marguerite opta pour Tonnerre, et Auxerre, avec les quatre-vingts paroisses de son comté, resta à Alix, la troisième sœur qui était mariée au comte Jean de Châlon. Quant à la succession de leur grand-père, elle fut aussi partagée. Iolande, comme l'aînée, eut la baronnie de Donzy; Marguerite, les terres du Perche, et Alix, les seigneuries de Saint-Aignan et de Montjay. A l'occasion de ce partage, l'*Histoire d'Auxerre* par M. Chardon tombe dans de singulières erreurs. Elle suppose d'abord que le comté de Nevers a été agrandi des baronnies de Donzy et de Saint-Verain. C'est une étrange confusion. La baronnie de

Saint-Verain n'avait jamais appartenu à Hervé ni à
Mathilde. Elle était restée dans les mains de ses seigneurs
particuliers, dont nous donnerons plus tard la liste, et y
demeura jusque vers la fin du xv° siècle. Quant à Donzy,
Iolande l'obtint, non comme un agrandissement du
comté de Nevers qui relevait du roi, mais comme une
baronnie séparée, dont l'évêque d'Auxerre était suzerain,
et qui ne cessa pas de relever de lui. Le même historien
a aussi mal à propos supposé qu'à l'occasion de ce partage, le comté de Tonnerre avait été augmenté de
quinze ou seize paroisses prises sur le comté d'Auxerre.
Les deux comtés d'Auxerre et de Tonnerre sont au contraire restés alors, et toujours depuis, ce qu'ils étaient
auparavant. Ce n'est qu'un 1542, lors de la création des
circonscriptions financières appelées Généralités, et divisées en arrondissements appelés Élections, que, procé-
dant sans avoir égard aux divisions féodales, on attribua
à l'Élection de Tonnerre, qui dépendait de la Généralité
de Paris, un assez grand nombre de paroisses prises sur
les Élections d'Auxerre et de l'Auxois, qui étaient de la
Généralité de Dijon, mais qui n'en restaient pas moins
soumises dans leur entier à leurs seigneuries et à leurs
bailliages respectifs.

Les évêques d'Auxerre étaient, dans ces temps du
moyen-âge, de très riches et très puissants seigneurs. Un
état de leurs revenus à la fin du xiii° siècle, que Lebeuf a
trouvé dans leurs archives, a été donné par lui au n° 238
des preuves de son histoire. L'addition de ses divers articles, tant en argent qu'en nature, ne s'élève pas à moins
de six mille livres, qui, au pouvoir actuel de l'argent,
équivalent tout au moins à sept cent mille francs d'aujourd'hui. Dans ce total de 6,000 liv., Auxerre entre pour

910 liv. Ce sont en grande partie des droits seigneuriaux ou ecclésiastiques. Appoigny y entre pour 750 liv., Gy-l'Evêque pour 370 liv., Charbuy pour 400 liv., Varzy, pour 1,960 liv., Cosne pour 450 liv., Sacy pour 110 liv., et Toucy pour 310 livres. Si aux revenus en argent on ajoute ce qui provenait en nature des vignes, terres et prés, le produit des moulins, étangs et forêts, et enfin les taxes éventuelles sur les foires, marchés et marchandises, on trouve un chiffre total qui, ne serait pas aujourd'hui moindre de huit cent mille francs. Ce revenu était, à la vérité, grevé de charges que Lebeuf a trouvées sur les mêmes registres et qui s'élèvent à environ 300 liv., payées tant au chapitre qu'à divers établissements ecclésiastiques. Il n'en restait pas moins sans aucune proportion avec les fortunes privées d'alors, et très supérieur à celui que les comtes tiraient de leur comté d'Auxerre. Il a considérablement diminué depuis, de siècle en siècle, d'abord par la dépréciation successive de l'argent qui a réduit à presque rien les tailles, cens et autres droits seigneuriaux, dont le taux originaire, très élevé, était fixé par des conventions ou par la coutume, et n'a jamais subi d'augmentation ; aussi, à la fin du siècle dernier, ces droits seigneuriaux ne représentaient pas la centième partie de leur valeur primitive. Les aliénations de biens et les usurpations commises à la faveur des longues périodes de troubles et de guerres, avaient aussi diminué grandement les revenus fonciers. Aussi, en 1775, le revenu de l'évêché d'Auxerre, atténué sans doute, comme l'étaient tous les autres dans les déclarations exigées, n'était porté dans l'état officiel général que pour 50,000 livres, chiffre évidemment bien inférieur à la vérité, puisque, selon un document de l'époque,

la terre de Varzy produisait, à elle seule, 40,000 francs. A ce chiffre, il n'était dépassé que par celui de sept évêchés du royaume, et il était supérieur à celui de sept des seize archevêchés. Mais au xiii° siècle, la richesse de nos évêques était au moins douze fois plus considérable. C'est probablement ce qui avait inspiré à l'évêque Hugues de Noyers, quand le pape Innocent III lui demandait de publier la bulle d'excommunication de Philippe-Auguste, cette pensée d'orgueil, que le roi n'avait rien dans le diocèse d'Auxerre, et que tout y appartenait à l'évêque qui en était le *chief-sires*, c'est-à-dire le souverain. Cette fière réponse n'avait probablement pas été sans enfler le cœur de ses successeurs, et c'est là peut-être ce qui leur avait suggéré l'ambition d'étendre jusqu'au comté même d'Auxerre la suzeraineté qui leur appartenait sur les baronnies de Donzy, Saint-Verain et Toucy, et dont un singulier cérémonial, celui de se faire porter le jour de leur installation par les titulaires de ces grandes seigneuries était devenu le symbole. Quelques explications sont nécessaires sur ce singulier droit de portage.

Dans les premiers siècles, les évêques d'Auxerre avaient été toujours élus par le clergé et les fidèles. Mais du vii° au x° siècle, ce droit était à peu près tombé en oubli. Le pouvoir royal s'y était presque toujours substitué. Dans la première partie de cette période, c'était habituellement pour des hommes de guerre ou de cour, de race germanique pour la plupart, car, là aussi, on avait vu ce que M. Drapeyron a récemment fait remarquer, que les seigneurs Francs, voyant les richesses et l'influence politique dont jouissaient les siéges épiscopaux, les avaient avidement convoités et envahis. En 909 quand mourut l'évêque Héribald, alors qu'Auxerre, comme toute la Bourgogne, respirait sous le gouvernement tutélaire de Richard le Justicier, et que néanmoins les incursions des Normands étaient une menace perpétuelle pour la contrée, le vœu général du pays appelait à sa succession un chanoine de race franque appelé Gerannus, connu de tous pour sa charité et sa piété, et en même temps pour son courage et son habileté comme homme de guerre, double qualité dont la réunion était fort appréciée à cette époque troublée et désolée par tant d'incursions dévastatrices. Le vicomte qui gouvernait alors le comté pour le duc de Bourgogne sentit la convenance et le besoin de donner satisfaction à ce désir unanime, et il obtint du duc et du roi Charles le Simple, l'autorisation de laisser le choix de l'évêque à l'élection. Gerannus fut élu à l'unanimité des suffrages, et, dans la joie de ce triomphe électoral, on improvisa pour celui que l'on créait à la fois chef de la guerre et de la prière, le renouvellement du vieux rite germanique de l'élévation sur un pavois porté par des épaules humaines, comme on le faisait jadis aux temps mérovingiens, pour montrer au peuple le roi qui venait d'être élu. Le *Gesta pontificum* raconte ainsi cet incident :

« On félicite le nouvel élu, et aussitôt, grâce à la dili-
« gence des clercs et à l'empressement de la multitude
« innombrable du peuple, précédé et suivi des chœurs de
« musiciens jouant de leurs instruments, il est porté
« sur les épaules des religieux à l'église cathédrale de
« Saint-Etienne, et là, revêtu des ornements épiscopaux,
« et installé avec honneur dans le siége sacerdotal. »

Tel est le premier exemple du portage des évêques, inauguré par l'enthousiasme du droit d'élire que l'on avait perdu depuis deux siècles, et par l'heureux choix du prélat guerrier sur lequel on comptait pour la défense du pays, en même temps que par les souvenirs du pavois des rois mérovingiens. Il s'écoule ensuite près d'un siècle et demi sans que le livre fasse mention d'un fait semblable. Il n'en est plus question qu'en 1040 pour l'évêque Héribert II, qui ne tenait pas son titre de l'élection, mais du legs que, par un abus dont ce temps a donné bien des exemples, lui avait fait, avec l'assentiment du roi Henri Ier, Hugues de Châlon, le puisssant comte-évêque, qui avait soutenu pour le roi Robert la longue guerre de la succession du duché de Bourgogne, et qui avait donné à ses officiers une si large part des fiefs de la province. Ce nouveau prélat était sans doute un homme de guerre comme celui de qui il recevait l'évêché, et il fut installé par le roi lui-même qui venait en Bourgogne avec une armée pour combattre une rébellion dont les auteurs se couvraient du nom d'un de ses frères. Le nouvel élu avait probablement convoqué le ban de ses vassaux feudataires, parmi lesquels, comme favori du comte Hugues, il comptait sans doute beaucoup d'amis, pour se joindre aux troupes du roi, et c'est dans ces circonstances qu'on vit se renouveler pour lui la vieille cérémonie du pavois, mais, cette fois, non par des moines, mais par des chevaliers, et que, selon le récit de la chronique, il fut installé dans la chaire épiscopale, et porté à l'église sur les épaules de personnes nobles, *nobilium humeris deportatus*.

Après ce texte, l'on ne lit plus dans les autres biographies du livre du *Gesta*, qui finit à l'année 1278, aucune mention d'un fait de portage. Mais voici ce qui résulte de diverses chartes qu'on trouve dans le *Gallia christiania*.

En 1207, Guillaume de Seignelay ayant été élu évêque,

convoqua, pour le porter, en sa qualité de baron de Donzy, Hervé IV, qui, par son mariage avec Mathilde de Courtenay, était devenu comte de Nevers, en cédant au roi sa châtellenie de Gien. La convocation était motivée sur ce que le père d'Hervé, comme baron de Donzy, avait porté le précédent évêque, qui était Hugues de Noyers. Ce fait du père était-il un acte de pure gracieuseté envers un prélat qui appartenait à l'illustre famille des barons de Noyers? Cela pourrait bien être. Mais comme il n'avait pas en même temps signifié une protestation, pour que le fait ne tirât pas à conséquence, Guillaume de Seignelay s'en prévalait comme d'une possession équivalente à titre, ce qui était assez conforme au droit juridique de cette époque. Hervé refusait toutefois de déférer à la convocation, en disant que si son père avait fait en cette circonstance un acte de soumission féodale, ce n'était peut-être que comme seigneur de Gien, que possédait maintenant le roi, et non comme baron de Donzy. L'évêque avait beaucoup insisté après coup pour avoir une reconnaissance, et alors Hervé qui était sur le point d'aller à la croisade contre les Albigeois, lui donna en 1209 une charte où il reconnaissait que ce prélat était en possession du droit de portage, *in possessione memoratæ portationis*, à raison d'un fief que son père tenait de l'évêque, se réservant toutefois de s'en décharger, s'il pouvait prouver que ce devoir n'avait été rendu qu'à raison de la seigneurie de Gien (1).

Vingt-cinq ans après, en 1234, Guy, comte de Forez, second mari de Mathilde de Courtenay, et possédant, en cette qualité, la baronnie de Donzy, requis de remplir, à

---

(1) *Gallia christ*, t. XII, p. 149, ch. 68.

raison de ce fief, envers l'évêque Bernard de Sully, le devoir de portage, dont ce prélat disait avoir possession et titre, *saisinaim et litteras,* lui faisait savoir, par lettre, qu'il lui envoyait un mandataire qui s'acquitterait de cette charge, en ajoutant toutefois que si, comme on le lui avait dit, c'était pour la châtellenie de Gien, et non pour celle de Donzy, que devait se faire le portage, l'évêque laissât en repos et tînt quittes lui et ses successeurs (1). Guy possédait alors, non-seulement la baronnie de Donzy, mais aussi le comté d'Auxerre. Cependant il n'est pas question dans cette charte d'un droit de portage pour ce comté, qui, par conséquent, n'avait pas été requis.

Douze ans plus tard, Mathilde étant devenue veuve pour la seconde fois, refusait formellement de porter ou faire porter l'évêque Renaud de Saligny, qui prétendait que ce droit lui était dû par elle, comme comtesse d'Auxerre. Celle-ci, résistant à cette prétention, deux arbitres sont nommés au mois d'octobre 1246, un chanoine appelé Jean Ruffin, et le chevalier Bureau de la Rivière, pour juger cette difficulté (2). Ils doivent statuer avant la Pentecôte, et, s'ils ne sont pas d'accord, nommer un tiers qui devra prononcer avant la fête de la Madeleine. On n'a pas leur sentence, mais on a ce qui en tient lieu, et mieux encore. C'est un acte donné par la comtesse elle-même, au mois de juin suivant, au nouvel évêque Guy de Mello, successeur de Renaud de Saligny, et qui accepte cette notification. Il porte que, comme on lui a justifié par lettre du comte Hervé, son premier mari, que l'évêque d'Auxerre

---

(1) *Gallia christ.*, p. 157, ch. 85.
(2) *Ibid.* p. 161, ch. 90.

était en possession d'être porté le jour de son intronisation par ledit Hervé, *à raison du fief de son hérédité*, il lui paraît que ledit Hervé *et ses prédécesseurs* étaient tenus de ce devoir. En conséquence, elle enverra le jour de Pâques un mandataire pour la remplacer dans le devoir de portage dont elle est tenue comme détenant la baronnie de Donzy (1). Elle la détenait alors, soit comme douairière, soit comme ayant la garde-noble, c'est-à-dire la tutelle de ses petits-enfants, issus du mariage de sa fille Agnès. Les arbitres avaient donc consacré par leur sentence que les comtes d'Auxerre n'étaient nullement tenus de cette charge, et l'évêque avait accepté cette décision.

Cependant, vingt-quatre ans après, en 1271, quand la comtesse Mathilde et ses petits enfants étaient morts, son arrière petite-fille Iolande, étant veuve de Eudes de Bourgogne, sans être majeure encore, et possédant conjointement avec ses deux sœurs, les trois comtés et la baronnie de Donzy, un nouvel évêque, Érard de Lesignes, prétend à être porté par elle comme comtesse d'Auxerre, et, pour justifier cette demande, on produit une charte que l'on dit être du comte Pierre de Courtenay, datée de l'an 1207. et énonçant qu'après une enquête il reconnaissait qu'il était tenu de porter les évêques le jour de leur installation (2). Iolande, tout en se reconnaissant tenue du portage pour la baronnie de Donzy, jugea sans doute que cette charte, qui n'avait été présentée, ni à Hervé de Donzy en 1209, ni à Guy de Forez en 1234, ni à la comtesse Mathilde en 1246, ni aux arbitres qui avaient

---

(1) *Gallia christ.*, p. 162, ch. 91.
(2) Elle est dans le *Gallia christ.*, p. 148, ch. 66.

prononcé en 1247, et qui apparaissait pour la première fois plus de 60 ans après la mort de celui à qui on l'attribuait et de ceux qui auraient pu contrôler son contenu, était une pièce fausse, œuvre ténébreuse de quelque clerc trop zélé, comme Mabillon en a cité tant d'exemples, et elle se refusa formellement à y adhérer. Chose étrange : Pierre de Courtenay, de son vivant, avait signalé lui-même la fausseté de chartes qu'on lui attribuait. En écrivant, au mois de juillet 1210, au pape Innocent III, que c'était de la comtesse de Champagne qu'il tenait les châteaux de Mailly et de Bétry, il disait que l'évêque lui avait montré des lettres portant que lui, Pierre, tient Mailly de l'évêque, mais que ces lettres sont fausses et scellées d'un sceau qui n'est pas le sien (1). Ici se place une charte assez singulière que l'on trouve aussi dans le *Gallia christiana* (2). C'est un acte par lequel le duc de Bourgogne Hugues IV, père du mari décédé d'Iolande, déclare qu'elle a reconnu le droit de l'évêque à être porté par la comtesse d'Auxerre. Sur ces entrefaites, il est survenu entre elle et ses sœurs le grand procès devant le Parlement suivi d'un arrêt qui ne lui laisse que le comté de Nevers et attribue le comté d'Auxerre à sa sœur Alix, femme de Jean de Châlon. Alors apparaît une reconnaissance émanée d'elle, à Lesignes, château de l'évêque, sous la date du mois de mai 1273 (3), qui, démentant l'attestation du duc Hugues IV, porte qu'elle s'était formellement refusée à admettre la prétention de l'évêque. Mais que, depuis, on lui a produit la charte de Pierre de Courtenay de l'année 1207, et que, se rendant

---

(1) Martenne, *Thesaur Anecdot.*, t. I, col. 820.
(2) P. 174.
(3) Ibid., et Lebeuf, *Preuves*, n° 217.

à cette preuve, elle confesse que cette prétention était fondée. Quant à la comtesse Alix, on n'a pas la moindre reconnaissance d'elle. On n'en a pas plus de son mari, le comte Jean de Châlon. Mais en 1280 il fait hommage à l'évêque Guillaume de Grez de château de Coulanges-sur-Yonne qu'il tenait de lui. Il n'est pas dressé d'acte qu'il ait signé ou scellé à cette occasion, mais voici une chose étrange : Lebeuf dit qu'en présence de témoins très notables, il fit en même temps hommage à l'évêque du comté d'Auxerre. Et le *Gallia christiana* contient, en effet (1), une attestation de quatre abbés et des supérieurs de deux couvents d'ordres mendiants d'Auxerre, portant que le seigneur avait reconnu que le comté d'Auxerre relevait de l'évêque, que ce prélat l'en avait aussitôt investi, ainsi que du château de Coulanges-sur-Yonne, et que le comte avait promis sur les saints Évangiles de défendre et de protéger la personne de l'évêque et les droits de son église. L'absence de toute charte de reconnaissance du comte suffit à montrer le peu de valeur d'un tel certificat, dont les auteurs, en entendant les promesses de défense de la personne et des droits des évêque à l'occasion d'un château dont le comte était feudataire, avaient pu se méprendre sur le sens de son hommage. On doit donc tenir pour certain que jusqu'à la fin du xiiie siècle les comtes d'Auxerre n'avaient jamais reconnu le droit de suzeraineté que les évêques s'efforçaient de s'attribuer sur le comté, ni ne s'étaient jamais soumis au droit bizarre de portage que seuls avaient accepté les barons de Donzy, de Saint-Verain et de Toucy, comme le symbole de leur vasselage. Passe encore

---

(1) P. 179.

pour ceux-là qui relevaient de l'évêque et lui rendaient régulièrement foi et hommage de leurs fiefs. Mais le comte d'Auxerre ne tenait le sien que du roi. La sentence arbitrale de saint Bernard l'avait reconnu. Elle n'en exceptait que certains châteaux dont l'évêque s'était, dans l'origine, réservé la suzeraineté, et ce que le comte possédait à Auxerre en dehors du fief du roi. Il est même à remarquer que jusqu'en 1102 l'évêque était personnellement le main-mortable du comte, à qui appartenait toute la succession mobilière de ce prélat. Cependant la prétention des évêques à la suzeraineté du comté, qui avait été d'abord formulée clandestinement par l'évêque Hugues de Noyers, quand elle pouvait passer pour le subterfuge d'un sujet loyal qui voulait, par ce prétexte, sauvegarder la dignité royale contre la publication humiliante d'une bulle papale d'excommunication, cette prétention ambitieuse, produite ensuite sous la forme d'un simple cérémonial à la participation duquel les comtes étaient conviés, puis sous celles d'une réquisition formelle pour le succès de laquelle on mettait tant de moyens divers en action, et malgré ses échecs, toujours persévérante et habile, ne tardera guère à en venir à ses fins, comme nous le verrons un peu plus tard.

Disons seulement, quant à présent, qu'en 1306, l'évêque Pierre de Belleperche eut la velléité d'appeler les quatre barons à son intronisation, mais que, selon son biographe, le roi Philippe-le-Bel, qui se trouvait en ce moment à Auxerre, s'y opposa. Il n'est plus ensuite question, dans l'histoire des évêques, de la présence du comte d'Auxerre ou de son délégué à cette cérémonie qu'à partir de Michel de Crency, en 1481. Nous en parlerons quand nous en serons arrivés là.

L'évêque Erard de Lesignes qui, en 1270, avait succédé à Guy de Mello, son oncle, n'était guère moins ardent que ce dernier. Il eut, avec le comte Jean de Châlon, un démêlé dont l'objet était sans doute bien futile, puisque le *Gesta Pontificum,* tout en en racontant les suites graves, n'en indique pas même la cause. Néanmoins, sous prétexte de violation des priviléges de l'Eglise, et mettant en oubli les sages paroles du roi saint Louis, il n'hésita pas à excommunier le comte et la comtesse. Et, comme cela ne servit à rien, il mit en interdit la ville d'Auxerre et le comté de l'Auxerrois tout entier. Le comte appela de la sentence devant le Saint Siége, et l'évêque alla à Rome et y resta obstinément deux ans entiers pour la faire valoir. Il n'y gagna qu'une maladie dont il mourut en 1178, et le chapeau de cardinal que, pour le consoler de son échec, le pape lui envoya à son lit de mort. Avec l'extérieur de la simplicité d'une colombe, dit son biographe qui excuse la ténacité de son caractère, il n'y eut pas de cœur plus exalté pour défendre ce qu'il regardait comme les droits de son église.

Il avait eu plus de succès auparavant dans un long débat qu'il soutint contre le monastère de la Charité, et que nous devons citer comme un curieux tableau de l'esprit et des mœurs de cette époque. On lui avait signalé une femme de cette ville comme suspecte d'hérésie. Il demanda qu'on la lui livrât, ce que refusa le prieur, parce que c'était une bourgeoise de l'abbaye. L'évêque jeta alors un interdit sur la ville. Les moines, sans s'en émouvoir, n'en continuèrent pas moins à inhumer dans les cimetières les personnes qui venaient à décéder, en disant qu'ils avaient un privilége du Saint-Siége qui les autorisait à agir ainsi dans tous les cas d'interdit. La querelle se prolongea pendant deux ans entiers. Elle ne fut terminée que par un arbitrage de l'archevêque de Sens et de l'abbé de Cluny, qui imposèrent les conditions suivantes :

1° Que la malheureuse femme serait livrée à l'évêque ;

2° Qu'un moine du monastère viendrait, à genoux, humblement et dévotement, prier l'évêque de lever l'interdit ;

3° Que vingt corps qui avaient été inhumés dans le cimetière seraient déterrés, et que l'évêque leur donnerait l'absolution, après quoi ils resteraient exposés à l'air pendant qu'un sermon serait prêché à l'église de Saint-Pierre et qu'on y célébrerait une messe des morts, à l'issue de laquelle on les remettrait dans leurs fosses.

Les religieux et la population de la Charité durent se soumettre à ces conditions si profondément humiliantes.

Enorgueilli de sa victoire, l'évêque en avait ensuite remporté une autre contre le prévôt et les officiers du comte, qui, sans l'autorisation épiscopale, avaient percé dans les murs de la ville d'Auxerre une porte par laquelle on pouvait pénétrer dans le cloître du chapitre, lequel cessait par là d'être clos. Un interdit qu'il lança à cette occasion sur la ville les força à remettre les choses dans le premier état. C'était là sans doute ce qui l'avait encouragé dans sa dernière entreprise d'excommunication et d'interdit général, qui lui réussit si mal et fut la cause de sa mort. C'est de son temps, et en joignant aux ressources propres de l'abbaye de Saint-Germain les subventions des nombreux prieurés de cette abbaye, que fut reconstruite la partie de l'église de ce monastère qui avait été élevée en 524 par la reine Clotilde, et qui menaçait ruine, par suite, disent les annalistes, de deux incendies dont elle avait été endommagée.

Avec Érard de Lesignes finit la période qui avait commencé dans le xe siècle, par Hugues de Châlon, d'évêques pris, tantôt par l'élection, tantôt par le pouvoir royal, dans les grandes familles seigneuriales de la contrée, et dès ce moment cessent les conflits qui se succédaient si fréquemment entre nos comtes et ces fiers prélats, presque aussi puissants qu'eux. Il y en eut pourtant encore un vers 1290, avec l'évêque Guillaume de Grez, qui avait fait arrêter de son office un des bourgeois du comte. Le comte y répondit en faisant arrêter par représailles soixante bourgeois de l'évêque. On alla au Parlement, qui blâma les deux parties (1), et l'affaire n'eut pas d'autres suites. Ceux qui suivirent, et à la nomination desquels le clergé local n'eut aucune part, sont, pendant la première moitié du xive siècle, de cette race des légistes du conseil du roi, qui, continuant et développant, quoique parfois avec une ardeur trop hâtive et trop peu prudente, les sages traditions et les exemples de saint Louis, ont tant contribué à faire prédominer le pouvoir royal sur les priviléges et les abus de la vieille féodalité, comme sur les aspirations ambitieuses de la théocratie, mais avec de regrettables tendances au despotisme absolu. Dans la seconde moitié de ce siècle, nous avons pour évêques des hommes attachés, soit à la cour, soit aux fonctions intérieures de la chancellerie papale d'Avignon, toute dévouée au roi. L'un d'eux, Pierre de Mornay, devient chancelier de France. Quatre autres arrivèrent au cardinalat, ce sont : Pierre de Mortemar, en 1328 ; Talayrand de Périgord, en 1330 ; Pierre de Cros, en 1351, et Audoin Albert,

(1) *Olim*, II, 230.

en 1352. Presque tous furent mêlés aux plus grandes affaires du royaume. Mais le clergé du diocèse, qui ne recevait d'eux aucune assistance, leur reprochait leur peu de souci pour le troupeau qui était confié à leurs soins.

Les mœurs et les habitudes de ce temps tendaient déjà à s'adoucir et à s'améliorer. Cependant, un petit fait, que Lebeuf a cité d'après Georges Viole, peut montrer quelle était encore leur grossière rudesse, même chez les membres du clergé. Voici en quels termes il est raconté par le bon prieur de Saint-Germain, qui ne saurait être suspect de partialité contre les moines de son couvent :

« Un ecclésiastique nommé Guy Bécarre, vicaire du
« chœur de l'église cathédrale, ayant trouvé dans sa
« vigne, plantée assez proche du monastère de Saint-
« Germain, un porc-sanglier qui était privé et appar-
« tenait à l'abbé Guy, il le tua sur le champ. Ce qui étant
« venu à la connaissance de quelques religieux libertins,
« ils s'en allèrent ensuite *ravager la maison dudit Bécarre*
« *et arracher sa vigne*, duquel acte l'évêque d'Auxerre
« Pierre de Mornay, les ayant voulu punir, l'abbé s'y
« opposa, offrant d'en faire lui-même la correction, et sur
« le refus de l'évêque, il en appela au Saint-Siége de
« Rome, où il se transporta, quoique cassé de vieillesse,
« et dans trois ans de séjour il ne put faire juger cette
« affaire. Par un accord subséquent il fut déterminé aux-
« quels cas les évêques d'Auxerre pourraient connaître
« des déportements des religieux de Saint-Germain. »

Vers cette époque une mesure d'un grand intérêt pour le Donziais avait accru l'importance de la ville de Donzy. Jusque-là la justice y était rendue en dernier ressort et sans appel par les prévôts-juges, tant dans les sept châtellenies de la baronnie, que dans les seigneuries vassales de ce territoire. Le comte Louis Ier de Flandre, qui possédait cette baronnie en même temps que le comté de Nevers, y établit, en 1308, comme cela se passait déjà depuis longtemps à Auxerre et à Nevers, un second degré de juridiction, en créant à Donzy un bailliage pour recevoir et juger les appels de toutes ses justices particulières et de toutes celles des seigneurs ses vassaux. Ce tribunal se composait d'un lieutenant, ayant qualité de premier juge, d'un assesseur, d'un procureur fiscal et de son substitut. Et, plus tard, par une ordonnance du roi Philippe-le-Bel, on pouvait aller par appel du bailliage de Donzy au bailliage royal de Saint-Pierre-le-Moutier. Cet état de choses, qui constituait une précieuse amélioration pour la condition des habitants, subsista jusqu'à la réunion du comté d'Auxerre à la couronne, qui amena l'établissement à Auxerre d'un bailliage royal, auquel furent subordonnées toutes les justices du Donziais (1).

La même année 1308 vit se livrer dans la baronnie de Saint-Verain la dernière de ces batailles privées que jusque-là le régime féodal avait considérées comme son droit incontestable. Le roi saint Louis les avait interdites d'une manière absolue dans ses domaines par un édit de l'année 1257, qui sous lui et sous son successeur n'avait pas toujours été religieusement exécuté. Philippe-le-Bel le renouvela pour tout le royaume, avec de sévères menaces pour le cas d'infraction, d'abord en 1297, puis en termes plus sévères encore en 1303 et en 1308. Mais, au mépris de ces défenses, deux jeunes seigneurs, qui venaient d'être armés chevaliers, Erard II, baron de Saint-Verain et Oudard de Montaigu, s'étant

---

(1) *Née de la Rochelle*, t. II, p. 363.

pris de querelle et défiés, convinrent de vider leur différend, avec l'assistance de leurs amis et partisans, à un jour choisi, et dans un lieu que les chroniques ne désignent que comme étant du diocèse d'Auxerre. Erard y vint avec le comte de Sancerre, Dreux de Mello et Miles de Noyers qui depuis plusieurs années déjà était l'un des deux maréchaux de France; et Oudard, avec le Dauphin d'Auvergne, Bernard de Mareuil et d'autres encore. Chacun des champions avait amené ses partisans en grand nombre, et ce fut une véritable bataille. La victoire se déclara pour Erard. Les chroniques se taisent sur le nombre des morts. Elles disent seulement que Dreux de Mello fit prisonnier Bernard de Mareuil, qui refusa de lui rendre son épée et ne voulut la remettre qu'au comte de Sancerre. Les vainqueurs célébraient leur triomphe. Mais le roi Philippe-le-Bel, apprenant cette audacieuse violation de ses ordonnances, mit un terme à leur joie, en faisant arrêter tous les chefs de cette hardie prise d'armes. Erard et le comte de Sancerre, et même, selon M. Ernest Petit (1), le maréchal de Noyers, furent conduits dans les prisons de Melun et y expièrent leur désobéissance par une assez longue détention (2).

Erard n'y survécut pas longtemps, et, avec lui, s'éteignit la dynastie masculine des barons de Saint-Verain. Elle en comptait onze depuis l'année 1045, y compris Hugues le Manceau, qui n'était que le mari d'une héritière, mais après lequel la baronnie paraît être revenue à un membre de la ligne masculine.

---

(1) Histoire du maréchal de Noyers.

(2) Continuateur de Nangis. — Jean de Saint-Victor, chronique inédite, citée par Lebeuf.

1° Wibald ou Gibaud, qui probablement était parent du comte-évêque Hugues de Châlon, et qui bâtit la forteresse et fonda le prieuré de Saint-Verain (1);

2° Renaud Rongefer, son fils (2);

3° Gervasius ou Gervais, fils de Renaud, vers 1080 (3). Il alla à la première croisade, et pour acquitter les dépenses de ce voyage, vendit aux religieux de la Charité, moyennant 3100 sous, sa seigneurie de Pouilly;

4° Hugues Ier, dit le Manceau, gendre de Gervais, lui succéda vers 1140. Il fonda l'abbaye de Villegondon, réunie depuis à celle de Roches, et, ayant fait longtemps la guerre à Guillaume II, comte d'Auxerre, mourut son prisonnier en 1134;

5° Wibald ou Gibaud II, qui était, ou le fils d'un second mariage de l'héritière de Saint-Verain, veuve de Hugues le Manceau, ou son neveu et son héritier, car le père de ce Wibald, qui figure avec lui dans un acte de 1173, était appelé Regnaud Rongefer, comme le second baron de Saint-Verain, et a transmis ce nom à plusieurs de ses descendants, seigneurs, comme lui, de l'importante seigneurie des Monts. Ce Wibald soutint, avec le baron de Toucy et le seigneur de Dampierre, de longues guerres contre le comte Guillaume III et mourut en 1186;

6° Godefroy ou Geoffroy, son fils;

7° Hugues II, frère du précédent;

8° Wibald ou Gibaud III, son fils. En 1240 un de ses frères devint, par alliance, seigneur de Bléneau, et un autre, seigneur de Bazarnes;

---

(1) Dubouchet, *Hist. de la maison de Courtenay*, p. 108. — *Inventaire des titres du Nivernais*, col. 308.

(2) Dubouchet, *Ibid.*

(3) *Recueil des hist. de France*, t. XII, p. XVIII.

9° Hugues III, fils du précédent. Il était aussi seigneur de Jussy, et donna en 1284 la seigneurie du Saulce aux Templiers ;

10° Erard Ier, qui avait épousé Jeanne de Mello, fille du seigneur de Saint-Bris et nièce de l'évêque Guillaume de Mello ;

11° Enfin, Erard II.

Sa fille unique épousa Hugues, comte d'Amboise, et porta la baronnie de Saint-Verain dans cette maison qui, comme nous le verrons plus tard, la conserva jusque vers la fin du xve siècle.

Les renseignements manquent sur ceux d'entre ces barons qui ont pu prendre part aux Croisades. Mais il n'est pas à douter que plus d'un chevalier de cette race vaillante et aventureuse dut y figurer. On en a pour garants les noms empruntés à la Palestine, que portent plusieurs localités dans le voisinage de leur forteresse, comme Jérusalem, Bethléem, Nazareth et Jéricho, et qui leur ont été sans doute donnés par quelque baron à son retour d'outre-mer.

Dans la seconde moitié du siècle précédent s'était éteinte aussi la dynastie masculine des barons de Toucy, qui avait commencé de même à la fin de la grande guerre de la succession de Bourgogne, par un seigneur de la maison de Narbonne, fils puîné peut-être du comte de Mâcon, qui était de cette maison, et probablement parent du comte-évêque de Châlon, par la mère de ce dernier. Son nom n'est pas connu, mais c'était sans doute celui d'Itier, que portèrent la plupart de ses descendants. Aussi le placerons-nous sous ce nom en tête de la liste des seigneurs de cette baronnie :

1° Itier de Narbonne ;

2° Itier II, son fils ou son petit-fils, qui était, en 1060, en débat avec Aganon, lequel représentait peut-être l'évêque à qui appartenait la moitié de la ville, lorsque Thibaut III, comte de Blois et de Champagne, qui, avec le duc Robert de Bourgogne, faisait la guerre au comte et à l'évêque d'Auxerre, la prit et la brûla ;

3° Itier III, qui alla avec Hugues son frère, en 1097, à la première croisade, où tous deux périrent ;

4° Norgald, prononcé depuis Norgaud, et ensuite, par corruption, Narjot, qui, après les précédents, alla à la croisade, et mourut, en 1120, en recommandant, par testament, à sa famille, de réparer les vexations qu'il avait commises envers la seigneurie de Villiers, qui appartenait à l'abbaye de Saint-Benoît ;

5° Itier IV qui, à son tour, prit la croix à Vézelay et suivit, en 1147, le roi Louis VII à la croisade, après avoir fait de grandes donations aux abbayes de Roches, de Pontigny et de Crisenon. On croit qu'il y mourut ;

6° Narjot II, qui fit la guerre avec le baron de Saint-Verain et le sire de Dampierre contre le comte Guillaume III et mourut vers 1180 ;

7° Itier V, qui combattit à Bouvines pour Philippe-Auguste, puis alla, en 1218, à la croisade, et mourut en 1231. Il eut deux frères. Narjot, l'un d'eux, qui faisait aussi partie de cette croisade et dont le fils fut, en 1251, régent temporaire de l'empire latin de Constantinople, et, l'autre, appelé Anseau ou Ancelin, qui acquit un grand renom d'homme de guerre et de négociateur au service de Guillaume de Villehardoin, prince d'Achaïe, et qui prit part aussi à la croisade de 1250, celle de saint Louis, en Egypte :

8° Jean, qui était aussi de cette dernière croisade, et

mourut en 1256 ou 1258, ne laissant qu'une fille appelée Jeanne, qui épousa, en 1260, Thibaut II, comte de Bar. Leur descendance a possédé jusqu'en 1450 et a vendu alors à Jacques Cœur cette baronnie, dont l'importance s'était augmentée par la création et les grands accroissements de la ville de Saint-Fargeau.

Pour les comtes d'Amboise et ceux de Bar, la baronnie de Saint-Verain et celle de Toucy n'étaient que des possessions lointaines, qui pouvaient donner de grands produits, mais où ils ne résidaient jamais.

La comtesse d'Auxerre Alix, femme du comte Jean Ier de Châlon, mourut jeune, ne laissant qu'un fils appelé Guillaume, que son père garda d'abord sous sa tutelle, et qu'il maria, en 1291, avec Eléonore, fille d'Amédée V, dit le Grand, comte de Savoie. En 1292, les possessions de ce jeune seigneur s'accrurent du comté de Tonnerre, que lui donna sa tante Marguerite, veuve du roi Charles d'Anjou. Il prit une part assez importante dans la politique et les guerres du roi Philippe-le-Bel, et d'abord dans ses premiers différends avec le pape Boniface VIII.

Dans une première bulle adressée au roi, le souverain-pontife s'était dit « établi par Dieu sur les rois et les « royaumes pour les juger avec majesté du haut de son « trône. » Philippe-le-Bel lui fit répondre par des ambassadeurs que « le gouvernement temporel appartient « aux rois, qui sont au-dessus de tous les pouvoirs « vivants. » Alors le pape convoqua tous les chefs du clergé de France pour les consulter sur « les infractions « commises par le roi aux priviléges de l'Église. » Mais vingt-cinq évêques de France, ayant à leur tête Pierre de Mornay, évêque d'Auxerre, lui résistèrent, et, sur ses menaces, en appelèrent au futur concile des censures qu'il pourrait prononcer contre eux. Le roi, de son côté, convoqua les États-généraux du royaume, où le comte Jean de Châlon tint une place distinguée, et qui déclarèrent énergiquement « que le pape était la cause des « désordres qui étaient sur le point d'éclater, par les « entreprises insoutenables qu'il faisait contre les droits « du roi et du royaume, et où il avait été jusqu'à avancer « que le royaume de France lui était soumis pour le « temporel, prétention qu'on était résolu, quoi qu'il dût « arriver, de ne pas souffrir. » Les communautés religieuses de l'Auxerrois adhérèrent, par des adresses, à la résistance du roi, et, parmi elles, les inventaires des archives du royaume citent le chapitre de la cathédrale et les couvents des Frères-Prêcheurs et des Cordeliers. La querelle ne se prolongea pas moins assez longtemps, et, malheureusement pour lui, Philippe-le-Bel s'y laissa entraîner à des excès odieux et des violences personnelles contre le pape, dont sa mémoire reste gravement entachée.

Il se donna un autre tort grave par la guerre injuste entreprise contre le comte de Flandre, qu'il voulait dépouiller de ses États. Les riches et puissantes villes de la Flandre prirent parti pour leur seigneur. Des troupes que le roi envoya contre elles furent écrasées et mises en déroute à Courtray, par les milices flamandes. Alors le roi leva une armée de douze mille cavaliers et cinquante mille fantassins, et, à leur tête, livra à Mons-en-Puelle, le 22 août 1304, une grande bataille dans laquelle il les défit complétement. Mais trois semaines après la Flandre avait déjà mis sur pied une nouvelle armée qui allait attaquer le roi pendant qu'il faisait le siège de Lille. Devant une aussi formidable résistance, il renonça, pour le moment, à ses projets de conquête, et un traité rendit au comte de Flandre, qui était prisonnier, sa liberté et ses droits. Mais les desseins hostiles du roi n'étaient pas abandonnés, et on restait vis-à-vis de ce pays dans une situation de menace incessante qui devait peu tarder à aboutir au renouvellement de cette guerre désastreuse. Quinze cents Français avaient péri à Mons-en-Puelle, et de ce nombre fut le comte d'Auxerre qui, selon un chroniqueur (1), mourut étouffé par la chaleur et la poussière plutôt que par les blessures qu'il avait reçues. Sa mort fut vivement regrettée. La prudente et judicieuse politique de son père l'avaient fait surnommer le Sage. Quant à lui, ses éminentes qualités et ses éclatants services, tant dans la paix que dans la guerre, lui avaient mérité le nom de Guillaume-le-Grand (2). Il laissait deux enfants encore mineurs, un fils appelé Jean, comme son grand-père, et une fille du nom de Jeanne, qui restèrent sous la tutelle de leur mère, remariée au comte Dreux de Mello. Le partage qu'ils firent plus tard donna à Jeanne le comté de Tonnerre, définitivement séparé par là du comté d'Auxerre, lequel entrait dans le lot du jeune comte Jean II de Châlon.

Il se passa alors, dans la dernière année du règne de Philippe-le-Bel, de graves événements, auxquels le pays Auxerrois prit une large part.

La royauté avait, à la fin du xe siècle, changé, par l'élection de Hugues Capet, de nature et de caractère. Le titre de roi, sans pouvoir défini, et sans aucun droit ni de faire les lois, ni d'établir aucune imposition ni perception

---

(1) Continuation de Nangis.
(2) *Art de vérifier les dates.*

hors de ses domaines, avait été donné à ce duc de France, le plus puissant des sept grands feudataires qui se partageaient alors les provinces françaises. Mais l'indépendance du pouvoir seigneurial absolu subsistait en droit et en fait, non-seulement pour les six autres, mais aussi pour les feudataires inférieurs, et pour les seigneurs particuliers, vassaux de ceux-ci, avec droit de guerres privées, et domination administrative et financière sans limite sur leurs sujets roturiers, libres ou serfs. La réaction, pour étendre le pouvoir royal au détriment du despotisme féodal, avait commencé au xiie siècle, sous Louis-le-Gros. Elle avait continué quoique lentement sous ses successeurs, s'était accrue sous Philippe-Auguste, et s'était plus largement développée sous saint Louis, mais sans jamais prétendre au droit de prélever des taxes ou impôts ailleurs que dans les domaines particuliers du roi. Ces domaines, bornés dans l'origine au duché de France, s'étaient, il est vrai, de règne en règne, largement augmentés par achats, conquêtes ou traités, et à la fin du règne de saint Louis, ils embrassaient plus de la moitié de la France, mais jusque-là aucune imposition n'avait été réclamée par le roi en dehors de ses domaines. Philippe-Auguste avait pourtant tenté d'établir, en 1190, sous le prétexte de sa croisade, et sous le titre de dîme Saladine, une contribution générale. Mais devant les réclamations et la résistance du clergé, il avait été forcé dès l'année suivante, non-seulement d'y renoncer, mais de reconnaître publiquement qu'il n'y avait nul droit, et d'en faire amende honorable. Saint Louis avait parfois perçu des dîmes ecclésiastiques, mais du consentement formel du clergé. Il avait aussi reçu en quelques circonstances, d'un certain nombre de villes, diverses subventions, mais toujours de leur consentement, et seulement à titre de dons. Toutefois, avec l'accroissement des domaines royaux, les guerres et les forces militaires avaient reçu de coûteuses extensions. Ce n'était plus le service personnel et gratuit des nobles qui y suffisait. Il s'agissait, tant pour eux que pour les troupes auxiliaires et soldées auxquelles on devait recourir, d'un surcroît considérable de dépenses, auquel les revenus des domaines royaux ne pouvaient pas, dans ces guerres si fréquemment renouvelées, pourvoir complétement.

Les premières années du règne de Philippe-le-Bel, en continuant pour l'extension du pouvoir royal les traditions auxquelles applaudissait une classe nouvelle, le tiers-état, qui s'était formé dans les communes affanchies et les villes agrandies par le commerce et la richesse éclos sous un régime de liberté, avaient été marquées par des mesures et des créations aussi grandes que sages, et par des actes d'une salutaire et ferme politique (1). Mais les excès tyranniques, les cruautés odieuses et les fiscalités plus qu'abusives dans lesquels se laissa entraîner ensuite son gouvernement suscitèrent de vifs et profonds mécontentements. Il n'avait pu, qu'avec d'énormes sacrifices, lever et soutenir, pour les guerres injustes qu'il entreprit contre la Flandre, des armées qui étaient beaucoup plus considérables que ce que l'on avait vu jusqu'alors en milices d'infanterie, et qu'il avait fallu mettre sur pied pour les opposer à celles des villes flamandes. Ces milices ne pouvaient, comme les bans féodaux des chevaliers étaient tenus par la coutume de le faire, subvenir elles-mêmes aux dépenses de leur armement et de leur entretien. Il lui avait fallu, pour cela, non-seulement établir des impôts

---

(1) *La France sous Philippe le Bel*, par M. Boubaric, p. 428.

directs qui n'avaient pas été autorisés par consentement préalable, sur les nobles et le clergé, comme sur les classes roturières de la France entière, ce qui était la première exaction de ce genre que l'on eût encore vue dans ce pays, mais aussi grever le commerce de lourdes taxes indirectes qui avaient suscité des mécontentements, des émeutes et des révoltes, et, de plus, recourir aux plus déplorables expédients, comme la confiscation en masse de tous les biens des Juifs, expulsés deux fois par lui du royaume, la destruction inique et violente de l'ordre des Templiers et la saisie de ses richesses, l'altération frauduleuse, et plusieurs fois répétée dans une énorme proportion, des monnaies royales, et la fixation mobile et arbitraire de leur valeur. Ces dernières et coupables manœuvres avaient dû, pour la réussite de leurs odieuses combinaisons, être précédées de la suppression du droit de monnayage dont un très grand nombre de seigneurs étaient depuis trois siècles en possession. A ces mesures despotiques, il avait ajouté, par une étrange erreur économique, une sorte de blocus continental contre les flamands, qui consistait d'abord dans l'interdiction d'envoyer en Flandre aucune sorte de denrées et de marchandises, et, plus tard, en 1302, d'en exporter aucune hors du royaume, ce qui ajoutait la ruine de l'industrie et du commerce à celle dont l'énormité des impôts frappait la propriété, et, de plus, en 1304, de conduire à Rouen, par la Seine, sous aucun prétexte, ni blés, ni vins, ni autres marchandises, de peur que de là elles ne fussent transportées par la mer en Flandre ou autres contrées du nord (1). Le clergé et les fidèles n'avaient jamais pardonné au roi les honteuses violences qui avaient abrégé les jours du pape Boniface

(1) Secousse, *Recueil des Ordonnances.*

VIII. La noblesse était profondément ulcérée des coups mortels qu'il avait portés à la féodalité, et de ce qu'en lui retirant le privilége de fabriquer des monnaies, il s'en était réservé le monopole, pour en abuser à son aise, et enfin de sa sanglante et inique destruction de l'ordre des Templiers. Toutes ces causes amenèrent la formation d'une ligue formidable des villes, des seigneurs et des membres du clergé, pour résister à tant de mesures oppressives et ruineuses. La ville d'Auxerre tenait alors une meilleure place qu'aujourd'hui parmi les villes riches et industrieuses du royaume. C'est elle qui eût l'honneur de l'initiative dans cette hardie et courageuse entreprise. Il est vrai que, de toutes les provinces de France, c'était le pays auxerrois qui souffrait le plus de l'interdiction absolue du commerce d'exportation.

Dès cette époque, et depuis bien longtemps auparavant, une vaste partie du territoire auxerrois était complantée de vignes, dont le produit jouissait, tant en France qu'à l'étranger, d'une grande réputation. Un poëte de ce pays, Héric, les célébrait au ixe siècle :

Uberibus glebis et opimi munere Bacchi.

Une vieille chanson du xve siècle, vantant les vins exquis d'Auxerre, d'Irancy et de Coulanges, disait :

Auxerre est la boisson des rois,
Heureux qui les boit tous les trois.

Un chroniqueur flamand du xe siècle, Lambert d'Ardres, avait dit de ces vins :

Autissiodorium vinum pretiosissimum.

C'est qu'en Flandre, comme en Angleterre et dans tous les pays du nord, les vins de Bourgogne étaient alors

18

préférés à tous les autres, et, parmi ces vins, ceux de l'Auxerrois tenaient le premier rang. La chronique de Valenciennes, décrivant la magnificence d'un banquet donné en 1334 par le comte Guillaume de Hainaut, place les vins d'Auxerre avant tout les autres, et spécialement avant les vins de Beaune. La facilité du transport rapide par l'Yonne et par la Seine et la navigation de la Manche, à une époque où le défaut de routes praticables et les péages multipliés dont elles étaient chargées mettaient un grand obstacle aux débouchés des autres vignobles, avait peut-être contribué à cette grande renommée. Au XVIIe siècle encore, cet obstacle était tel, si l'on en croit Boisguilbert, qu'avec les frais de douanes intérieures et le mauvais état des chemins, les vins qui se donnaient à un sou la mesure en Anjou, se vendaient vingt et vingt-quatre sous en Normandie et en Picardie. Aussi, lorsque Paris devint une ville riche et populeuse, c'étaient les vins que l'Yonne lui amenait, c'est-à-dire ceux de l'Auxerrois et du Tonnerrois, qui l'alimentaient presque exclusivement, et cela a duré jusqu'à la fin du siècle dernier. Au XIVe siècle, Paris était loin de pouvoir absorber tous ces produits. Mais les pays du nord et particulièrement les villes si industrieuses et si riches de la Flandre étaient la principale clientèle commerciale des vignerons de l'Auxerrois, et leurs marchands venaient chaque année s'approvisionner à l'étape d'Auxerre, grand marché où s'amenaient tous les vins des vignobles de la contrée. Ils s'entreposaient dans de vastes caves monumentales qui ont subsisté jusqu'au changement survenu dans les habitudes de ce commerce, c'est-à-dire au commencement du XVIIe siècle, et dont les voûtes, alors démolies en partie seulement, ont été retrouvées il y a quelques années sous l'emplacement actuel de la halle au blé (1). Aussi, lorsqu'en 1302 et 1304, l'exportation des vins fut interdite et la navigation de la basse Seine fermée au commerce, en même temps que l'énormité des impôts et les funestes effets de l'altération des monnaies répandaient la misère à l'intérieur, ce pays fut complétement ruiné. Les récoltes, qui avaient coûté tant de frais et d'avances aux producteurs, encombraient leurs celliers, sans trouver aucun acheteur ; la culture de la vigne, désormais sans profit, était abandonnée, et tous ses ouvriers étaient condamnés à l'inaction et réduits à la plus profonde misère.

C'est du sein de cette ruine locale que partit l'explosion. Le comté d'Auxerre et tous les seigneurs du comté partageaient la gêne et le mécontentement de leurs sujets, car, faute de ressources, ceux-ci ne pouvaient payer ni tailles, ni cens, ni péages, ni aucunes taxes de commerce et de consommation. Alors, les habitants nobles et non nobles du comté, après de longues et inutiles pétitions et réclamations au Conseil du roi, s'entendirent avec ceux du comté de Tonnerre qui avaient le même intérêt, et que gouvernait à cette époque le comte Jean de Châlon, comme tuteur de sa sœur encore mineure. Et tous

---

(1) On a cru, lors de la découverte de ces voûtes ruinées, qui étaient portées par des piliers et des arceaux gothiques d'un beau travail, que c'étaient les caves de l'hôtel des Chevaliers hospitaliers qui en était voisin, et où l'on voyait encore les colonnes et les chapiteaux d'une chapelle ou d'une salle capitulaire. J'ai moi-même émis cette opinion dans une notice insérée au Bulletin de la Société des Sciences de l'Yonne. Mais des documents retrouvés depuis nous ont appris que là se trouvait l'*étape aux vins*, qui était alors chez nous ce qu'elle est encore dans quelques villes du Midi, c'est-à-dire le grand marché du pays.

réunis adressèrent en commun des lettres aux villes et aux seigneurs de la Bourgogne, de la Champagne, du Beauvoisis, du Vermandois, de la Picardie, de l'Artois, du Forez et autres provinces, pour leur proposer la formation d'une grande association de résistance. Cet appel fut entendu avec faveur dans toutes les classes de la société. La noblesse et la bourgeoisie firent trève à leurs défiances mutuelles et se liguèrent pour résister aux exactions arbitraires du roi. Un grand nombre de membres du haut clergé se joignirent à elles. On a conservé la réponse par laquelle ils firent connaître leur adhésion aux propositions des comtés de Tonnerre et d'Auxerre. Voici la teneur de celle des nobles et villes de la Champagne (1).

« A tous ceux qui verront ou ouiront ces présentes
« lettres, les nobles et communiers de la Champagne,
« pour nous, pour les pays de Vermandois, de Beauvoi-
« sis, du Perthois, de la Fère, de Corbie, et pour tous
« les nobles et communes de Bourgogne, et pour nos
« alliés et adjoints étant dedans les points du royaume
« de France, salut. Sachent tous que comme très excel-
« lent et très puissant prince, notre très cher et redouté
« sire Philippe, par la grâce de Dieu roi de France, a

---

(1) *Lettres sur les Anciens Parlements*, par le comte de Boulainvilliers, t. II, p. 29 à 81. — Guizot, *Histoire de la civilisation*. Il y a sept actes analogues aux archives nationales. — Trésor des Chartes, layette intitulée : Ligue des nobles. Par une erreur singulière, M. Henri Martin, qui cite celle-ci, y voit une proclamation de la Champagne pour indiquer l'adhésion de l'Auxerrois et du Tonnerrois. Le texte de la pièce mentionne au contraire l'adhésion de la Champagne aux propositions émanées de l'initiative de ces deux comtés.

« fait et relevé plusieurs tailles, subventions, exactions
« non dues, changement des monnaies, etc., par quoi
« les nobles et les communs ont été moult grevés et
« amoindris...... et n'appert pas qu'ils soient tournés
« en l'honneur et profit du roi et du royaume, ni en
« défense du profit commun. Desquels griefs nous avons
« plusieurs fois requis et supplié humblement et dévote-
« ment ledit sire le roi que ces choses voulût défaire et
« délaisser, de quoi n'en a rien fait. Et encore en cette
« présente année 1314, ledit notre sire le roi a fait im-
« position non dûment sur les nobles et les communs
« du royaume.... laquelle chose ne pouvons souffrir ni
« soutenir en bonne conscience, car ainsi perdrions nos
« honneurs, franchises et libertés, et nous et ceux qui
« après nous viendront. Pour lesquelles choses dessus-
« dites, et pour nous et pour nos parents, alliés et autres
« du royaume de France, en la manière que dessus est
« dit, avons juré et promis par nos serments, léaument
« (loyalement) et en bonne foi, pour nous et nos hoirs,
« aux comtés d'Auxerre et de Tonnerre, aux nobles et
« communs desdits comtés, leurs alliés et adjoints, que
« nous, en la subvention de la présente année et tous
« autres griefs et novelletés non duement faits et à faire,
« que le roi de France, notre sire, ou autres leur vou-
« drait faire, les aiderons et secourerons à nos propres
« coûts et dépens. Et, à savoir, qu'en cette chose aidant,
« avons retenu et retenons, voulu et voulons que toutes
« les obéissances, féautés, léautés et hommages, jurés ou
« non jurés, et toutes autres droitures que nous devons
« au roi de France, notre sire, et à nos autres seigneurs
« et à leurs successeurs, soient gardés, sauvés et ré-
« servés. »

Le roi furieux d'abord, mais bientôt profondément consterné et épouvanté de ces actes, où le respect des droits établis s'associait d'une manière si remarquable à la résistance contre le despotisme, s'arrêta ensuite devant cette grande et formidable manifestation, qui n'était pas seulement celle de la noblesse, comme l'a dit M. Boutaric, dans *La France sous Philippe-le-Bel,* mais celle du pays tout entier. Il retira ses ordonnances sur les nouvelles impositions, et promit de ne plus altérer les monnaies, et, peu de semaines après, il mourut d'un mal inconnu, selon le continuateur de Nangis, et, selon d'autres, de la suite d'une chute de cheval, mais dans un état de marasme produit sans doute par de tardifs et profonds regrets. A son lit de mort, s'adressant à son fils aîné, il se reprocha d'avoir accablé son peuple d'impôts et demanda pardon des scandales et des mauvais exemples qu'il avait donnés (1). Louis-le-Hutin, son successeur, s'empressa de réparer ses torts et ses injustices. L'un de ses premiers actes fut de lever l'interdiction des exportations, et celle de la libre navigation de la Seine, qui, selon ses promesses, ne devait plus être soumise qu'à un modique péage (2). Son ordonnance portait que ce péage ne serait que de cinq sols par tonnel. Le tonnel ou tonneau, mesure tombée aujourd'hui en désuétude dans notre pays, était de deux muids, ou six cents pintes de Paris. Ce droit de péage, au pouvoir actuel de l'argent, équivalait à 10 fr. par muid. Les habitants d'Auxerre attachaient tant d'importance à cet acte de modération fiscale, qu'ils le firent enregistrer dans le cartulaire de leur

---

(1) *Recueil des hist. de France,* t. XVI, p. 206.
(2) Ordonnances des 15 mai et 4 juillet 1315.

ville, comme le couronnement de leurs libertés commerciales.

On vit renaître à cette époque, comme un écho mal compris de la grande ligue dont nous venons de parler, une association de gens du peuple des campagnes, qui avait apparu déjà au milieu du siècle précédent, et que l'on avait appelée la révolte des *Pastoureaux*. Voici ce qu'en disent les chroniques : « C'était en 1251, quand
« était arrivée en France la triste nouvelle des désastres
« et de la captivité du roi saint Louis en Egypte, après la
« bataille de Damiette. Le peuple s'émut d'indignation de
« l'abandon du roi. Dieu était offensé, disait-il, du luxe
« des prélats et de l'orgueil des chevaliers. C'était aux
« petits à délivrer la terre sainte. Un homme que l'on
« appelait le Maître de Hongrie, parcourut les campagnes
« et appela les serfs, les pastoureaux, les pauvres à la
« croisade. La multitude le suivit avec les aventuriers,
« les excommuniés, les voleurs. Les prédications de cette
« tourbe populaire devinrent menaçantes contre le clergé.
« On se répandait en invectives contre ses richesses, ses
« débauches et son orgueil. Des paroles on passa aux
« faits, et, dans une émeute, vingt-cinq prêtres furent
« massacrés à Orléans. La reine-mère, régente du
« royaume, qui avait d'abord favorisé ce mouvement,
« espérant qu'il serait utile à son fils, envoya des sol-
« dats contre cette *ribaudaille,* qui menaçait tout de
« destruction. Les seigneurs et les milices des communes
« se portèrent alors contre eux. On les massacra çà et
« là, *comme des chiens enragés.* Leur chef fut tué dans le
« Berry, les attroupements se dissipèrent, et l'association
« disparut (1). »

(1) **Continuateur de Nangis.** — **Geoffroy de Courlon,** p. 525.

Ils reparurent, sous une autre forme et sur un autre prétexte, en 1317. C'était, disaient-ils, par suite des injustices et des extorsions iniques et vexatoires qu'ils avaient à subir dans les causes portées devant les *Officialités*, nouvelle juridiction créée par les évêques, et qui, par ses envahissements continuels, tendait à se substituer à tous les tribunaux. Ces gens, parmi leur multitude toute laïque, élurent un roi, un pape et des cardinaux, résolus à rendre le mal pour le mal, et voulant répondre par leur haine opiniâtre à la malice de leurs oppresseurs. Quoique le clergé les eût excommuniés, ils se déclaraient absous et s'administraient entre eux les sacrements ecclésiastiques, ou les faisaient administrer de force par les prêtres. Cette association, née dans le diocèse de Sens, s'étendit bientôt aux diocèses voisins et dans celui d'Auxerre, où elle trouvait vivantes encore, quoique tenues secrètes, les traditions des *Caputiés*, qu'au commencement du siècle précédent, l'évêque Hugues de Noyers avait poursuivis avec une si inflexible sévérité. On étouffa, avec une semblable rigueur, cette nouvelle révolte des serfs, qui devait faire une nouvelle explosion quarante ans plus tard, et avec une fureur bien autrement meurtrière, sous le nom de la Jacquerie. Mais ils s'étaient ranimés en 1320, et en si grand nombre, qu'ils formaient une armée qui n'était pas moindre de quarante mille hommes, voulant, disaient-ils, comme au siècle précédent, aller outre mer combattre les ennemis de la foi. Ils commirent mille excès de désordre et de pillage dans les villes, même à Paris, puis s'acheminèrent dans le midi pour s'embarquer. Mais on les traqua de toutes parts et on finit par les exterminer (1).

(1) Continuateur de Nangis. — Grandes chroniques de Saint-Denis.

Peu après ces événements, les libertés municipales de la ville d'Auxerre reçurent, par un acte solennel, sous le comte Jean II, leur sanction définitive. Elles dataient, pour la première fois, de la libération de la main-morte, que leur avait accordée le comte Pierre de Courtenay, en 1188. Six ans plus tard, en 1194, il avait, mais seulement pour la durée de sa jouissance usufruitière, concédé aux habitants tous les droits d'une libre commune, sans toutefois consacrer en termes formels le droit d'administrer eux-mêmes les intérêts de leur ville. Cette lacune avait été remplie par sa fille, la comtesse Mathilde, dont la charte de 1223 portait :

« La communauté de la ville élira chaque année douze
« citoyens qui traiteront toutes les affaires qui concerne-
« ront cette communauté comme ils le jugeront conve-
« nable, et, tant pour cet objet, que pour la conservation
« de mes droits, seront assermentés (*jurati*). Ces douze
« à leur tour désigneront quatre hommes de mon con-
« seil, et je choisirai parmi ces quatre mon mandataire
« qui prêtera serment et prononcera avec eux. »

Cette clause avait toujours été entendue en ce sens que les douze élus que l'on appelait les *jurés* devaient assister le bailli de la comtesse à ses audiences, même pour les procès civils, et le prévôt à la sienne pour les affaires criminelles. Mais souvent il était arrivé que ces magistrats n'avaient aucun égard à l'avis de la majorité des jurés. Ce fait, et divers autres excès de pouvoir commis par le bailli et le prévôt, avait été l'objet de réclamations portées au comte, qui, en 1320, après un examen approfondi, et en confirmant les chartes de ses ancêtres, décida :

1° Que quand des douze jurés sept seraient d'un avis

uniforme, le bailli et le prévôt seraient tenus de s'y conformer, et que la sentence serait réputée celle du comte ;

2° Que, seulement dans les cas qui n'offriraient aucune difficulté, le bailli pourrait agir sans appeler les jurés ;

3° Que tous les lundis, les jurés devraient venir à l'audience, faute de quoi le bailli pourrait juger à lui seul ;

4° Que le comte ne pourrait faire arrêter un habitant, ni saisir ses biens, si ce n'était pour cause de larcin, homicide, ou rapt, ou crime puni de mort ou de bannissement ;

5° Que, cependant, il ne pourrait, ni le bannir, ni le mettre dans les fers, ni même l'appliquer à la question, que de l'avis de la majorité des jurés ;

6° Que si un juré était absent, ou parent des prisonniers, il se ferait remplacer par un bourgeois non parent, qui ferait serment sur les évangiles de faire son devoir aussi bien que celui dont il tiendrait la place (1).

On voit par là combien était étendu le pouvoir de ces élus, qui, en réalité, étaient les juges en toute matière de leurs concitoyens, en même temps qu'administrateurs de leurs intérêts communs, et il est intéressant de constater à quel degré de liberté nos ancêtres étaient parvenus dès cette époque.

Les sages conseils d'Amédée le grand, comte de Savoie, et ayeul maternel du jeune comte, n'avaient probablement pas été sans influence sur cette extension à Auxerre des franchises communales, qu'il favorisait lui-même dans ses états. Plus tard, le jeune comte donna pleine

---

(1) Archives de la ville.

satisfaction à diverses plaintes des habitants, sur ce que son bailli, sans l'aveu des douze jurés, avait arrêté des bourgeois et opéré des saisies dans l'enceinte du change, qui était un lieu exempt, selon les anciennes chartes ; sur ce que des officiers entravaient le droit qu'exerçaient les douze jurés de nommer des courratiers ou courtiers pour le commerce ; sur ce qu'ils contestaient le droit de chasse qu'avaient les bourgeois dans la forêt du Bar ; et, enfin, sur le droit qui appartenait à tout étranger venant résider à Auxerre, de se déclarer bourgeois de l'évêque ou du chapitre. Dans toutes ces difficultés, le comte Jean II se montra conciliant et religieux observateur des vieilles chartes de franchises.

Après la mort d'Amédée V, il se trouva engagé, en Savoie, dans la politique aventureuse d'Edouard le libéral, fils d'Amédée, et se joignit à lui dans la guerre qu'il soutenait contre Guignes VIII, dauphin de Viennois. Il n'y fut pas heureux, car, en 1326, il fut fait prisonnier dans la bataille de Varey, où Edouard avait été battu. On le conduisit à Grenoble, et il y resta en prison jusqu'au 25 mai 1329, où il fut délivré, sous promesse d'une forte rançon, en se soumettant, au cas où il ne tiendrait pas la parole qu'il donnait de la payer, à ce que son comté d'Auxerre, sa baronnie de Saint-Aignan et sa terre de Montjay fussent confisqués au profit du roi. Depuis, il s'acquitta de cette rançon, avec l'aide de ses sujets, envers les deux chevaliers, qui l'avaient fait prisonnier, Guy de Morges et Antoine d'Hostang (1). Un peu plus tard, il entra en guerre avec Eudes IV, duc de Bourgogne, pour de grands intérêts dans ses possessions de la Franche-

(1) Guichenon, Histoire de Savoie.

Comté, qu'il tenait de son père. Ces événements se passaient dans cette province, et le comté de l'Auxerrois n'y fut pas mêlé. Le roi Philippe de Valois les réconcilia, et trouva en lui, dans ses premières guerres contre les Anglais, un auxiliaire aussi brave qu'expérimenté. Mais, en 1346, la malheureuse bataille de Crécy lui fut funeste. Il y fut tué avec le comte de Blois, neveu du roi, le comte de Flandre, le comte de Sancerre, le duc de Lorraine, le duc de Bourbon, le comte de Savoie, le comte d'Alençon, le comte de Bar, l'évêque de Nimes, le vieux roi de Bohême, le comte d'Harcourt, le comte d'Aumale et une foule d'autres seigneurs.

Son fils Jean III, qui lui succéda, avait déjà, par ses mérites et ses hautes qualités, un rang distingué parmi les principaux seigneurs du royaume. Il faisait partie du conseil du prince Jean, fils du roi, dans l'administration qu'eut ce dernier du duché de Bourgogne, pendant la minorité du duc Philippe, et, plus tard, il fut honoré de la dignité de grand-bouteiller de France, une des premières charges administratives et financières de la couronne, et qui donnait la présidence de la Chambre des comptes. Il résidait peu dans son comté, et c'est sans doute à cette absence qu'il faut attribuer une sorte de guerre civile entre les habitants d'Auxerre et le chapitre de leur cathédrale. Le sujet n'en était guère important. Il s'agissait de savoir si les habitants pourraient continuer à passer librement par les rues du cloître chapitral pour se rendre à la fontaine de Saint-Germain et à la rivière. Mais la querelle s'échauffa, on en vint des deux parts aux injures, aux menaces, aux violences. Il y eut même des blessures et des meurtres. Quand on se fut bien battu, on finit par où on aurait dû commencer, on transigea, et le passage fut concédé moyennant une indemnité.

Cependant, une guerre, bien autrement grave, et qui ne devait pas durer moins de cent ans, s'était allumée entre la France et l'Angleterre, et devait amener dans tout le royaume, et spécialement dans le pays auxerrois, les plus grands malheurs et les plus ruineuses dévastations.

Après la mort du roi Charles le Bel, en 1338, sans laisser d'enfants mâles, les princes et barons du royaume, réunis en assemblée solennelle, avaient appelé à lui succéder Philippe de Valois, son plus proche parent dans la ligne masculine. Edouard III, roi d'Angleterre, revendiquait la couronne, comme fils d'une sœur du roi défunt. Mais on lui opposait la loi salique, qui excluait les femmes tant qu'il existait des parents du côté masculin. Il en appela aux armes pour décider la question. La guerre commença, en 1339, avec des chances diverses. En 1346, l'armée du roi de France, où régnaient l'anarchie et l'indiscipline, était presque anéantie à Crécy, par la tactique et la discipline anglaises, et l'Anglais s'établissait en France par la prise de Calais. Philippe de Valois étant mort en 1350, la guerre continua avec le roi Jean, son successeur. En 1356, à la honteuse bataille de Poitiers, une armée française de 45,000 combattants, déplorablement conduite et follement commandée, fut mise en complète déroute par 8,000 anglais. Le roi Jean y fut fait prisonnier avec un nombre immense de seigneurs et de chevaliers. Le comte d'Auxerre avait été pris quatre jours auparavant, en conduisant, avec la plus imprudente témérité, une reconnaissance au milieu de l'armée ennemie, et y avait reçu de telles blessures à la tête, que, lorsqu'il s'en rétablit, sa raison en resta gravement affaiblie. Le fils aîné du roi, qui fut depuis le sage roi Charles V, prit la régence. Les

États-généraux du royaume furent assemblés, mais de funestes divisions achevèrent de tout gâter. D'une part, Charles le Mauvais, roi de Navarre et gendre du roi Jean, voulait prendre la régence. D'une autre part, les États, avec le prévôt des marchands de Paris, Etienne Marcel, et l'évêque de Laon à leur tête, voulant faire succéder l'ordre et l'économie aux gaspillages, aux désordres financiers de tout genre, et à la ruineuse altération des monnaies que l'on avait pratiquée plus scandaleusement encore que ne l'avait fait Philippe-le-Bel, s'irritèrent des retards et des difficultés qu'ils rencontraient, et leurs violences furieuses allèrent jusqu'à assassiner, dans la chambre et sous les yeux du régent, ses deux principaux conseillers. De toutes parts on courut aux armes. Dans cette anarchie, et sous l'excitation des chefs du parti hostile au régent, les paysans s'insurgèrent en nombre immense dans les provinces voisines de Paris, brûlant les châteaux, égorgeant en masse hommes, femmes et enfants, et, dans ce formidable soulèvement que l'on appelait la Jacquerie, menaçant la société tout entière d'une effroyable catastrophe. Puis, après quelques mois de cette sanglante dévastation, repoussés, poursuivis par les hommes d'armes de tous les partis, ils furent exterminés avec autant de cruauté qu'ils en avaient mise dans leurs massacres. Au milieu de tous ces désastres, la peste noire avait envahi la France, et y décimait la population, qu'en même temps affligeait une affreuse famine. Les Anglais reparaissaient au cœur du royaume. Le prévôt des marchands était tué au moment où il voulait leur livrer Paris, et le roi de Navarre signait un traité pour partager la France avec eux. Et ce triste prince, auquel on a donné justement le surnom de *Mauvais*, voyant dans l'excès de ces désordres l'augure de son prochain triomphe, appelait à son aide des bandes de soldats désœuvrés, de routiers, de malfaiteurs de toutes nations, Anglais, Flamands, Bretons, Français, Allemands et autres, qui, alléchés par l'espoir d'un riche butin, accouraient pour prendre part à lá curée, et se mettaient à la solde des capitaines dont l'audace et l'habileté leur promettaient d'abondantes captures. Ils couvraient toutes les routes, interceptaient toutes les communications, arrêtaient tout commerce, affamaient toutes les populations, forçaient les châteaux, occupaient ceux dont ils s'étaient emparés, surprenaient et pillaient les villes, et étendaient de toutes parts le réseau de leur dévastation, devant laquelle cessait toute culture, ce qui accroissait les désastres de la famine et amenait une effroyable mortalité. Il faut lire dans Froissard le tableau de ces calamités (1).

« En ce temps, le royaume de France était si rempli
« de Navarrois qu'ils étaient maîtres et seigneurs du
« plat pays et des rivières, et aussi des cités et bonnes
« villes, dont un si cher temps vint en France, qu'on
« vendait un tonnelet de harengs trente écus (2), et toutes
« choses à l'avenant. Et mouraient les petites gens de
« faim, que c'était grand pitié, et dura cette dureté, cette
« cherté, plus de quatre ans..... Ainsi était embesoigné
« et guerroyé de tout lez (de toutes parts), le royaume de
« France en toutes ses parties. En ce temps furent pris
« plusieurs forts châteaux en Brie, en Champagne, en
« Valois, en l'évêché de Noyers, de Soissons, de Senlis
« et de Laon.... desquels plusieurs chevaliers et écuyers

---

(1) Chap. 60 et suivants de la deuxième partie du liv. Ier.
(2) Environ quinze cents francs de la valeur actuelle.

« de divers pays étaient chefs et capitaines. Pardevers
« Pont-sur-Seine, vers Provins, vers Troyes, vers Auxerre
« et vers Tonnerre, était le pays si entrepris de forts
« guerroyeurs et de pilleurs, que nul n'osait issir (sortir)
« des cités et des bonnes villes.... Une autre compagnie
« de gens d'armes et de brigands (soldats armés à la
« légère et seulement de brigandines), assemblés de tous
« pays entre la rivière de la Seine et la Loire, par quoi
« nul n'osait aller entre Paris, Vendôme, Orléans et
« Chartres... et ne demeura place, ville, ni forteresse,
« si elle ne fut trop bien gardée, qui ne fut adonc robée
« (pillée) et courue, et chevauchaient aval le pays par
« troupeaux, ci vingt, ci trente et quarante, et ne trou-
« vaient qui les détournât ni rencontrât, pour eux porter
« dommage. D'autre part, au pays de Normandie, avait
« une plus grande compagnie de pilleurs et robeurs
« Anglois et Navarrois, desquels Messire Robert Canolle
« jà dès longtemps tenait cette ruse, et finât (finançait)
« bien de cent mille écus, et tenait grand foison (quantité)
« de soudoyers à ses gages, et les payait si bien, que
« chacun le suivait volontiers (1).

« Ce personnage qui, selon un autre passage de la
« chronique, était moult renommé pour le plus able
« (habile) et le plus subtil homme qui fût sur toutes les
« routes, et le mieux aimé de tous pauvres compagnons,
« et qui plus de bien leur faisait, » et que, francisant son
nom, Froissard appelle Robert Canolle, et les grandes
chroniques de France, Robin Canolle, était, selon l'orthographe anglaise, Robert Knowles, nom qui se prononce
comme en français Knolles. D'origine obscure, il était venu

(1) *Froissart*, ch. 71.

en Bretagne en 1342, comme simple homme d'armes, à la suite du capitaine Gauthier de Mauny, guerroyer pour la comtesse de Montfort contre Charles de Blois, son compétiteur, et, dans cette guerre acharnée de la succession de Bretagne, il avait acquis le renom d'une des meilleures lances de l'Angleterre. Dans le fameux combat des trente, si célèbre dans l'histoire de cette province, qui se livra en 1351, entre les Anglais de Ploërmel, commandés par Richard Brembro, et les Bretons de Josselin, conduits par Beaumanoir, il était un des tenants de Brembro, et son nom est cité en tête de ceux des quatre champions Anglais qui tinrent bon jusqu'au soir et se rendirent les derniers. L'année suivante (1352), il avait pris sa revanche en faisant prisonnier le jeune et déjà célèbre Duguesclin. Du reste, animé de ces passions cupides et mercantiles qu'on reprochait aux Anglais, il s'était fait, comme certains *condottieri* italiens dans les temps antérieurs, entrepreneur de brigandages, prenant à ses gages des troupes de bandits pour les conduire aux combats et au pillage moyennant une solde et une part dans les bénéfices, et traitant la guerre comme un métier industriel. Il était, du reste, sans scrupule, comme il le prouva plus tard, en 1373, quand il viola une capitulation jurée, en défendant le château de Derval contre le même Duguesclin, après en avoir clandestinement relevé les fortifications, au mépris de cette capitulation demandée et obtenue (1).

Au mois d'août 1358 (2), ayant formé en Bretagne un corps de trois mille hommes, il en partit avec Alain de

---

(1) Froissard, liv. Ier, deuxième partie, chap. 398.
(2) Froissard, qui raconte une partie de cette expédition, lui

Buch, si célèbre depuis sous le nom de Captal de Buch, et, remontant la rive gauche de la Loire, entra dans le Berry, « cheminant tout parmi, dit Froissard, ardant et « exillant (brûlant et ravageant) ce bon pays de Berry, et « entra en Auvergne, par où il avait entrepris de passer « pour venir voir le pape et les cardinaux en Avignon, et « avoir de leurs florins, » ainsi que venait de leur en extorquer le fameux Arnaud Cervolle, dit l'archiprêtre. Mais les seigneurs de l'Auvergne et du Limousin, réunis sous les ordres du Dauphin d'Auvergne au nombre de six mille hommes, vinrent pour lui livrer bataille; et, devant une force si imposante, les Anglais se retirèrent en toute hâte. On ne les poursuivit pas. Alors ils traversèrent la Loire, et, dans la nuit du 11 au 12 août, ils surprirent la ville de la Charité, où ils trouvèrent dans les maisons particulières, dans l'abbaye et dans son église, d'immenses richesses, et, ne se contentant pas de les piller et d'exercer de terribles cruautés contre les habitants, ils exigèrent une forte rançon pour le rachat de la ville, qu'ils menaçaient de brûler. Le prieur de l'abbaye et quelques-uns

---

donne par erreur la date de 1359. Née de la Rochelle (Mémoire sur le Nivernais), qui en parle d'après l'histoire manuscrite des prieurés de la Charité, la place en 1346, quelques jours seulement après la bataille de Poitiers, ce qui est un anachronisme grossier. Les grandes chroniques de France la fixent en 1358, et cette date est authentiquement confirmée par les documents des archives d'Auxerre. Ces deux chroniques doivent d'ailleurs être rapprochées pour bien saisir l'ensemble des faits. Car Froissard, qui raconte la surprise de la ville de la Charité, ne dit pas un mot de celle d'Auxerre. Et, au contraire, les grandes chroniques de France racontent dans le plus grand détail celle d'Auxerre, et passent sous silence celle de la Charité.

des principaux habitants, qui s'étaient retirés à Nevers, avisèrent au moyen de sauver leurs concitoyens d'un tel désastre. On traita avec les Anglais, moyennant vingt-quatre mille livres, qui au pouvoir actuel de l'argent, équivalent environ à douze cent mille francs. Mais on ne put trouver à emprunter immédiatement cette somme, et les Anglais conservèrent la ville en gage, en y laissant une forte garnison, et, tant qu'ils y restèrent, firent de là des chevauchées de pillages, de meurtres, d'incendies et de rançonnement dans tous ceux des villages et bourgs du Donziais et de la baronnie de Saint-Verain, qui n'étaient pas protégés par de puissantes forteresses. L'année suivante les habitants obtinrent du régent un prêt de dix mille cinq cents livres, au moyen duquel, après un an d'occupation, ils purent recouvrer leur liberté. Mais, sans attendre davantage, et laissant dans la ville une forte garnison, Robert Knowles, avec le reste de sa troupe, était descendu dans l'Orléanais, où il s'était rendu maître de la petite ville de Château-Neuf, et dans le Gâtinais, où il s'était emparé, selon les grandes chroniques de Saint-Denis (1), d'une forteresse appelée Malicorne.

Le régent, voulant alors combattre ces envahisseurs par les mêmes moyens qu'ils employaient, avait pris à sa solde la bande de l'archiprêtre Arnaud de Cervolles, autre *condottiere*, qui tantôt guerroyait pour son compte personnel, comme il fit à Avignon, où il obtint du pape, pour ne pas attaquer cette ville, un rachat de soixante mille florins et « le pardon de tous ses péchés, » tantôt vendait au roi ses services dont il s'acquittait avec une très douteuse loyauté. Cette fois Charles V l'avait envoyé

---

(1) T. II, f° 186.

contre Robert Knowles. Il vint mettre le siége devant Malicorne, mais après quelque temps, soit que la place lui parût trop forte et la garnison trop nombreuse, et que les assauts qu'il lui livra eussent été infructueux, soit que des bandes qui tenaient la campagne fussent venues secourir les assiégés, il fit retraite, et, selon les expressions du chroniqueur, « il s'en partit honteusement, sans « prendre ladite forteresse. »

Pendant que ces choses se passaient, une autre bande de routiers, qui était venue dans la forêt d'Othe, avait pris le château d'Aix appartenant à l'évêque de Troyes, puis, se rapprochant de Saint-Florentin, s'était emparé du château de Champlost. De là elle fit une tentative sur la ville de Troyes. Mais elle fut vigoureusement repoussée par la garnison qu'y commandait le gouverneur, appelé de Beaudemont, qui lui tua cent vingt hommes et en prit pareil nombre. Les autres revinrent alors sur leurs pas, et, ne s'y croyant pas en sûreté, mirent le feu aux châteaux d'Aix et de Champlost, et, s'acheminant ver l'Auxerrois, surprirent le fort château de Régennes, qui appartenait à l'évêque d'Auxerre. De là ils allèrent attaquer et prendre celui de Champlay, près de Joigny, pour intercepter aux Auxerrois à la fois la navigation fluviale et la grande route de Paris, en même temps qu'une autre bande venue par le Tonnerrois, et qui y tenait déjà le château de Bragelogne, s'emparait de celui de Ligny. Les garnisons de ces diverses places se voyant en force, venaient faire des courses jusqu'aux portes d'Auxerre, et le 10 janvier de la même année (l'année ne finissait alors qu'à Pâques), elles ne craignirent pas de venir en tenter l'attaque et l'escalade. Mais Guillaume de Châlon, fils ainé du comte d'Auxerre, avait depuis quelque temps appelé près de lui, pour défendre cette ville, un certain nombre de gentilshommes expérimentés à la guerre, et qui avaient pu organiser la milice des habitants, où on ne comptait pas moins de deux mille hommes et plus, complétement armés. On cria aux armes, et toute cette population, même les ecclésiastiques qui, dans ces temps critiques, n'étaient pas dispensés du service militaire, courut aux remparts, et l'ennemi fut repoussé. L'évêque Jean d'Auxois se mourait en ce moment, et les chanoines descendirent des remparts la pique à la main, pour venir lui administrer les derniers sacrements. Enorgueillis de leur victoire, les Auxerrois se livrèrent à une confiance trompeuse. Ils trouvèrent que cette garnison de chevaliers et d'écuyers, qu'on leur avait amenée, leur coûtait trop cher, et que, retranché que l'on était dans de bonnes murailles, on pouvait se passer de leurs services. La bourgeoisie et le peuple étaient d'ailleurs animés alors contre les nobles d'un sentiment de défiance et d'aversion qui n'avait que trop éclaté dans les États-Généraux récemment tenus à Paris. Ils n'hésitèrent donc pas à congédier toute cette noblesse, qui partit et alla sans doute à Seignelay où à Saint-Maurice-Thizouaille, dont les seigneurs avaient déjà réuni un certain nombre de leurs amis dans leurs châteaux qui offraient un refuge aux habitants du voisinage, et d'où l'on pouvait contenir les incursions de l'ennemi. Toute la population des faubourgs d'Auxerre rentra dans la ville. Le couvent de Saint-Julien fut abandonné, et celui de Saint-Marien fut démoli, ainsi que plusieurs autres édifices qui pouvaient servir de retraite et de couvert aux ennemis. On se crut, après cela, à l'abri de tout danger. On se persuada que l'ennemi n'oserait jamais revenir, et dans cette trompeuse sécurité, on se relâcha des mesures de vigilance. Il est probable aussi que, dans les loisirs forcés qu'amenait l'interruption de tout commerce et qu'entretenaient les habitudes d'une existence quasi militaire, on vit, chez nous, comme dans des circonstances analogues nous ne l'avons que trop vu il y a quelques années, naître et se répandre dans la population armée des habitudes d'intempérance incompatibles avec les nécessités de la discipline et de la surveillance.

Pendant ce temps, le château de Merry-au-Bois, ou Merry-la-Vallée, avait été occupé aussi par une bande qui venait, soit de Régennes, soit de Malicorne, ce qui en tout cas rapprocha ces deux troupes et leur permit de se mettre en rapport, comme celle de Régennes l'était probablement déjà avec celle de Ligny, et les mit à portée de se concerter ensemble pour tenter sur Auxerre, par une de ces manœuvres habiles et mystérieuses qui leur étaient familières, une surprise de nuit. Ils eurent bientôt des intelligences dans la place, car il y a toujours, dans les bas-fonds de la société, des gens qui n'ont rien à perdre et ont tout à gagner dans le désordre, et dont la conscience ne répugne à aucune trahison. Une chronique manuscrite, citée par Lebeuf (1), raconte que plusieurs habitants leur servirent d'espions et d'auxiliaires. Au jour donné, 10 mars, dimanche des brandons, avant la pointe du jour, les bandes venues tant de Malicorne et de Merry-la-Vallée, que de Régennes et de Ligny, et peut-être encore de quelque autre château qu'elles occupaient, étaient réunies, non au débouché de la route venant de Régennes, où la garde pouvait se faire avec vigilance, mais sur un autre point, près de la porte d'Egleny, où ils avaient sans

(1) **Chronique de Jean de Guise, abbé de Saint-Vincent.**

doute des raisons de croire que la surveillance était endormie. Aussi, ayant en silence planté leurs échelles, elles entrèrent sans rencontrer aucune défense et coururent d'abord au château, où personne n'était éveillé, et qu'elles purent prendre sans aucune résistance. Puis, se partageant entre les divers quartiers, ces bandits tuèrent ceux des habitants qui voulaient sortir de leurs demeures, et, désarmant ensuite toute la population, purent organiser un vaste et universel pillage des maisons et des églises, suivi bientôt d'un rançonnement, qu'il fallut consentir pour échapper à l'incendie. J'ai raconté en grand détail tous ces événements en 1837 dans le premier volume de l'Annuaire historique de l'Yonne. Je supposais alors que le projet et l'exécution de cette action de guerre devaient être attribués à Robert Knowles seul, comme chef unique de cette expédition. Une étude plus approfondie des documents, ordonnances et lettres de rémission, m'a montré depuis qu'il n'était qu'un des participants de cette entreprise, qui comptait neuf chefs de bandes dont on trouvera les noms plus loin. Le récit de la chronique que je vais citer donne même à peine son nom. Seulement, comme de tous ces hommes de guerre il était le plus riche et le plus habile dans l'industrie du brigandage, c'est entre ses mains que furent déposés, pour le compte commun, le titre de dette qui, comme on le verra bientôt, fut extorqué aux habitants, et les joyaux et vases d'argenterie que l'on se fit donner par les gens d'église pour sûreté de cette créance.

Toutes les circonstances de ce triste événement sont racontées d'une manière si saisissante par les grandes chroniques de Saint-Denis, que je ne puis mieux faire que de transcrire textuellement leur récit :

« Le jour des brandons ensuivant (1358), avant le point
« du jour, plusieurs garnisons angloises qui s'étaient
« assemblées à Régennes, près d'Auxerre, à deux lieues,
« partirent dudit lieu de Régennes, et allant à Auxerre,
« y trouvèrent petite ou nulle garde. Si (aussi) échellèrent
« la ville par devers la porte d'Eglény, et entrèrent les
« Anglois dedans pardessus les murs, et prirent ladite
« cité et le château avant soleil levant. Et jà soit ce que
« (bien que), en ladite ville eût grand foison de gens
« habitant, et bien y en eût deux mille et plus bien armés,
« toutefois y trouvèrent les Anglois petite résistance. Et
« à la prise de ladite ville furent faits trois chevaliers,
« l'un appelé Robin Canolle et l'autre Thomelin Foulque,
« et un autre dont je ne sais le nom, lesquels étaient
« capitaines de grand foison d'Anglois. Et y mirent deux
« chevaliers Anglois, desquels l'un était appelé Jean
« Darton (d'Alton) et l'autre messire Nicole Tamore (Stam-
« worth). Au château de laquelle ville fut pris messire
« Jean de Châlon, fils au comte d'Aucerre et sa femme,
« et plusieurs autres de ladite ville. Échappa peu
« d'hommes et de femmes qu'ils ne fussent pris par les
« Anglois. Toutefois en mirent-ils peu à mort. Mais
« mirent tout à rançon et pillèrent ladite ville en telle
« manière qu'il n'y eut rien de mucé (caché), qu'ils ne
« trouvèrent. Et toutefois disait-on qu'ils n'étaient pas
« plus de mille entre maîtres et varlets. Et disaient
« plusieurs, tant de la ville, comme desdits Anglois,
« qu'ils avaient trouvé tant de biens qu'ils valaient bien
« cinq cent mille moutons d'or, et les rançons des per-
« sonnes singulières qui valaient trop grossement. Et
« quand lesdits Anglois se virent tous seigneurs de ladite
« ville, et qu'ils l'eurent pillée environ huit jours après

« ladite prise, ils parlèrent à aucuns des plus notables
« seigneurs et leur dirent qu'ils ardraient (brûleraient)
« toute ladite ville ou la plus grande partie, et enfor-
« ceraient aucuns lieux qui y étaient, et tiendraient francs
« ceux qui demeureraient là habitant, en ce qu'ils ne
« seraient point ars (brûlés), au cas que iceux habitants
« rançonneraient (rachèteraient) ladite ville. Et de ce fut
« traité par plusieurs journées entre lesdits Anglois et
« ceux de ladite ville. Et finalement furent d'accord,
« c'est à savoir que les Anglois auraient pour la rançon
« de ladite ville quarante mille moutons d'or et soixante
« perles du prix de dix mille moutons, et si (aussi)
« emporteraient tous les biens qu'ils auraient trouvés si
« ils voulaient, excepté les joyaux de l'église de Saint-
« Germain, lesquels ils prendraient pour gage seulement
« jusques à temps qu'ils fussent payés de la rançon
« dessus dite. Mais ceux de la ville se obligèrent à ceux
« de ladite église Saint-Germain de racheter lesdits joyaux
« des Anglois dedans la nativité Saint-Jean-Baptiste en
« suivant, ou de payer perpétuellement aux dits religieux
« chacun an trois mille florins de rente. Et si (aussi)
« feraient lesdits Anglois abattre des murs de ladite ville
« tant comme bon leur semblerait, et ardoir (brûler)
« les portes. Lesquelles choses furent accordées à ainsi
« être faites, par ceux qui traitaient pour ladite ville. Et
« pour ce allèrent aucuns d'iceux vers ledit régent pour
« avoir son consentement sur ce. Et, pendant ce, lesdits
« Anglois firent abattre les créneaux des murs de ladite
« ville, pour remplir les fossés de pierres desdits murs et
« ardoir les portes. »

L'évaluation du pillage à la somme de 500,000 moutons
d'or était sans doute exagérée. C'était une vanterie de

pillards. Le mouton d'or, qui était de 52 au marc, valait vingt-cinq sous d'argent. Mais comme les métaux précieux étaient alors beaucoup plus rares qu'aujourd'hui, et qu'une journée d'hommes ne se payait alors qu'un sou et trois deniers, et un bichet de blé, du poids de soixante-quinze livres, que trois sous, les 500,000 moutons d'or représentaient, au pouvoir actuel de l'argent, selon les évaluations de M. Leber, non une somme de six millions de francs, comme l'a dit M. Chardon dans son Histoire, mais celle de soixante-deux millions cinq cent mille francs. Même en réduisant cette somme de moitié, il en faudrait conclure que la ville d'Auxerre était alors plus riche qu'aujourd'hui, comme on pourrait conclure, du chiffre de plus de deux mille hommes qui avaient pu alors se bien armer à leurs dépens, que le chiffre de la population n'était guère moins considérable qu'il n'est maintenant. Il est vrai qu'alors, où le prêt à intérêts n'était pas permis, chacun conservait son argent en coffre-fort, jusqu'à ce qu'il trouvât un placement à sa convenance en fonds de terre ou en rente foncière.

Par contre, il nous paraît peu probable que les diverses bandes qui s'étaient associées pour ce coup de main sur une ville de douze ou quinze mille habitants, n'y eussent envoyé qu'un millier d'hommes, quant nous savons par Froissard que Robert Knowles en avait trois mille sous ses ordres. Il est vrai qu'il avait dû en laisser une partie en garnison à la Charité, à Château-Neuf et à Malicorne. Mais ce qui lui restait disponible, réuni aux bandes de Régennes, de Ligny et de Merry-la-Vallée devait fournir un contingent beaucoup plus considérable. Nous sommes donc portés à croire que, dans les récits de ces bandits, la jactance du soudard se joignait à la vanterie du pillard, pour dissimuler la force et grossir le butin.

Aux détails que contient ce récit, Lebeuf ajoute que les chefs avec lesquels les habitants traitèrent, et dont le plus grand nombre étaient Anglais, se qualifiaient tous de capitaines pour le roi de Navarre. Les joyaux de l'abbaye de Saint-Germain, qui furent donnés en gage, avaient été cachés par les religieux dans un caveau sous le pavé de leur église. Mais il est probable que les pillards n'étaient pas même entrés dans ce sanctuaire, alors encore aussi renommé et aussi vénéré en Angleterre qu'en France. Le grand nom de Saint-Germain avait conservé dans ce pays sa popularité, et le tombeau de l'illustre évêque était toujours visité chaque année par beaucoup de pèlerins Anglais. C'est sans doute à cela que se rapporte ce que disaient, selon le chroniqueur, les capitaines Anglais, que si on refusait le rançonnement, *ils enforceraient certains lieux* qu'ils avaient respectés.

Ces joyaux dont la piété des rois, des princes et des plus grands seigneurs avait, à l'envi, de siècle en siècle, enrichi les châsses et les reliquaires de l'abbaye, étaient d'une valeur inappréciable. Ils se composaient d'abord de nombreux vases d'argent doré, contenant, avant de les remettre aux Anglais, selon l'inventaire qui en fut fait, « très grande quantité de reliques des saints apôtres, « martyrs et confesseurs et saintes vierges. » Trois de ces vases étaient chacun du poids de vingt-un marcs d'argent. Puis, il y avait deux pièces d'une richesse incomparable.

L'une était ce que l'inventaire appelle une bonne croix d'or, et ce qu'un autre document, que nous citerons plus tard, qualifie de « taublet (ou tableau) d'or croisé, pesant

« six marcs et demi, qui était garnie de quarante-trois « bonnes et grosses émeraudes, douze gros saphirs et « quatre-vingt grosses perles ». L'autre comprenait, en deux parties, les fronteaux de devant et de derrière de la châsse qui contenait les reliques de saint Germain. Le premier était en or massif, le second en argent doré. Ils étaient garnis de deux gros diamants, soixante-sept saphirs, soixante-dix grosses émeraudes, trois cent quatre-vingt-dix-sept perles, quatre-vingt-sept grenats, trois grosses améthistes et un gros camée.

On en détacha d'abord soixante grosses perles que l'on remit aux Anglais pour une valeur de dix mille moutons d'or. Puis on leur remit le reste en gage, sous l'obligation contractée envers les religieux de l'abbaye par une assemblée des cent cinquante principaux habitants, de restituer ces trésors dans les six mois ou de payer une rente perpétuelle de trois mille florins d'or. Cet acte existe encore dans les archives de la ville. Il porte la date du 20 avril 1359 (1). Il y est dit « que par un traité fait « avec Jean Dalton, Robert Knoulles (sic), Nicolas de « Damorse, Thomas Foulques, Nicole d'Agoust, Thomelin « Surevost, Pierrequin de Bomberg, Dalbon de Haton et « Bidon Dupuy, tous capitaines du roi de Navarre, pour ra- « cheter ladite ville, par eux prise, du feu, du glaive et du « pillage, il fut convenu qu'on leur paierait une somme « de quarante mille florins d'or; et comme ils n'ont « pas cet argent tout prêt pour payer cette somme, on « doit leur donner pour otages les joyaux et reliquaires de « l'église de ladite abbaye de Saint-Germain, dont l'in- « ventaire est transcrit audit acte ». Dans les noms de ces

---

(1) Table des archives, t. III, p. 21.

neuf capitaines Navarrais, il y en a deux au moins qui sont évidemment Français, et un Allemand. Ces bandes et leurs chefs comprenaient des gens de toutes les nations de l'Europe.

Il y eut ensuite, au sujet de ces gages si précieux, d'étranges péripéties. Les capitaines Anglais, qui désiraient fort les échanger contre de l'argent comptant, les confièrent à un certain nombre de riches habitants, afin qu'ils allassent à Paris faire un emprunt suffisant pour acquitter la dette de la ville, en les donnant en gage aux capitalistes qui voudraient leur avancer cet argent. Ils partirent, mais Paris était alors si troublé et si obéré par une longue suite d'agitations et de désastres, qu'ils ne purent réussir dans leur négociation. Ils revenaient tristement, lorsqu'entre Joigny et Auxerre, ils furent attaqués par une bande de gentilshommes franc-comtois, sujets de l'Empire et étrangers à la France, qui faisaient pour leur compte le même métier de voleurs de grand chemin que les bandes Anglaises faisaient au nom du roi de Navarre, et qui leur prirent, avec l'argent dont ils étaient porteurs, (grand finance, dit le chroniqueur de Saint-Denis), les joyaux bien autrement précieux qu'ils rapportaient.

Devant ce vol bien constaté, et dont les auteurs furent vainement poursuivis les jours suivants, les Anglais, tout furieux qu'ils étaient, durent se contenter d'une obligation de quarante mille moutons d'or, souscrite avec les formalités les plus solennelles par l'assemblée des habitants, et qui demeura déposée entre les mains de Robert Knowles, comme le plus âpre au gain et le plus habile manieur d'affaires de tous ces gens d'armes. Le pillage qu'ils avaient si largement commencé pendant une semaine entière, ils le reprirent avec une nouvelle ardeur, et les églises y perdirent sans doute des vases précieux qui avaient échappé aux premières perquisitions. Puis ils firent ruiner et abattre une partie des remparts de la ville, dont les matériaux remplirent les fossés. Après quoi le gros de la troupe partit le 30 avril, en emportant à Malicorne et à Château-Neuf « toute la « pillerie d'Auxerre. » Mais ceux qui tenaient garnison à Régennes revenaient souvent prendre dans cette ville les vivres qu'ils y avaient laissés, en même temps qu'eux et ceux de Ligny continuaient leurs brigandages sur les campagnes des environs. Cela dura jusqu'au mois de septembre, et voici quel fut pendant ce temps le triste sort de ce pays. Un ordre du régent avait défendu, sous peine d'être considéré comme traître et puni comme tel, de fournir aux Anglais et Navarrais, vivres, armes et tout ce qui pourrait servir à leur entretien. Malgré cette défense, les malheureux habitants des villages, menacés de mort et d'incendie par ces soldats étrangers, ne pouvaient se refuser à leurs exactions et réquisitions. D'un autre côté, les seigneurs de Seignelay et de Saint-Maurice-Thizouaille, et ceux qui s'étaient joints à eux pour la défense de cette forteresse, même les gens de la contrée qui y avaient trouvé un refuge, avaient eux-mêmes besoin de vivres, et leurs détachements battaient la campagne pour en trouver et en prendre. Les pauvres cultivateurs qui n'avaient pas abandonné leurs villages étaient ainsi dépouillés par les deux partis, et ceux d'entre eux, qui étaient rencontrés conduisant des réquisitions, étaient attaqués, battus et souvent mis à mort par les hommes d'armes, tant Anglais que Français. Tous ces faits sont constatés dans les lettres de rémission qui furent accordées

lors de la cessation de la guerre, en mai 1361, « au sei-
« gneur de Seignelay et à tous coupables de rapt,
« incendies, homicides et pillages qui avaient commis
« ces méfaits (1), et aux habitants de Vermenton,
« pour s'être laissés rançonner d'argent, de marchan-
« dises et de corvées par le chef Anglois qui occupait
« Ligny (2). » Ils étaient d'autant plus dignes de cette
rémission, qu'ils s'étaient, selon les termes d'une ordonnance rendue ensuite au mois d'avril 1368, « loyalement
« portés (comportés) en défendant contre les routiers leur
« château, et fait leur devoir en le défendant (3). » Parmi les
pertes qu'avait causées aux Vermantonais cette invasion,
était celle du titre original des franchises qui leur avaient
été accordées au XIIIᵉ siècle par leur seigneur. Celui d'entre
eux qui avait caché cette charte dans les combles de
l'église, avait sans doute été tué à la prise du château.
On ne l'y retrouva que cinquante-deux ans après, en 1411,
comme le constate une ordonnance royale du 29 novembre de cette année, qui la visa et la confirma pour
les protéger contre le prévôt d'Auxerre, qui les troublait
dans l'exercice de leurs priviléges. Les mêmes désordres
avaient eu lieu dans un large rayon autour de la ville de
La Charité, qui restait au pouvoir des Anglais, et y furent
l'objet de semblables lettres de rémission.

Le premier jour de septembre 1359, les bandits Anglais
et Navarrais, avertis de l'approche d'une armée Française
commandée par le connétable Robert de Fiennes, quittèrent
Auxerre, et la nuit suivante arriva l'avant-garde sous les

---

(1) Lebeuf, nouvelle édition, preuves, n° 166.
(2) *Trésor des Chartes*. Collection de Bastard, vol. 14.
(3) Secousse, *Recueil des ordonnances*, t. 5 p. 111.

ordres de l'évêque de Troyes, Henry de Poitiers. Si l'on en croit le continuateur du *Gesta Pontificum* (1), cette armée n'était pas moindre de cinquante mille hommes. Elle se hâta de relever les fortifications de la ville, en faisant murer les portes, et mettre, à la place des murs rasés, des tonneaux vides qu'on remplit de pierres, et en moins de deux jours elle se trouva à l'abri d'une surprise. Le connétable et l'évêque partirent ensuite pour aller dégager La Charité et quelques autres places des bords de la Loire que les Anglais occupaient. Ils distribuaient des garnisons dans toutes les villes et forteresses de quelque importance, et laissèrent à Auxerre un corps de quatre cents armures de fer et d'un plus grand nombre de troupes légèrement armées, qui étaient plus que suffisants pour la défendre. Mais elle n'en restait pas moins bloquée par les garnisons anglaises de quelques châteaux du voisinage. Il peut sembler que l'armée royale était bien en état d'assiéger et de prendre ces châteaux, qui n'étaient occupés parfois que par une poignée de bandits, « mais, « selon ce que dit Froissard, nul des princes ni des gen- « tilshommes ne s'osait montrer contre ces gens de bas « étage venus l'un après l'autre sans nul chef homme de « bien, et étaient assez embesoignés les barons, che- « valiers et écuyers de garder leurs maisons et forte- « resses. » La prudence extrême du régent avait d'ailleurs ordonné de rester partout sur la défensive, sans se hasarder en rase campagne à des combats, dans lesquels l'expérience et la discipline anglaises pouvaient avoir l'avantage. Mais, si l'on en croit le continuateur du *Gesta Pontificum*, ces défenseurs du pays ne valaient

---

(1) Labbe, t. Ier, p. 314. Vie de l'évêque Ithier de Jarosse.

guère mieux pour lui que les ennemis. Ils dépouillaient les habitants de tout ce qui leur était resté ; ils entraient et pillaient partout, et leur conduite n'était pas moins tyrannique que celle des étrangers.

Pour s'arracher à la misère, et nourrir les troupes qu'on leur avait laissées, Auxerre et les bourgs et villages de sa banlieue n'avaient d'autres ressources que les récoltes de vin que les Anglais n'avaient pu consommer entièrement, et que Paris, quoique fort appauvri aussi, attendait avec impatience. Mais la rivière était fermée par la garnison de Régennes et la route de terre par celle de La Motte ou château de Champlay. Le siége de ces forteresses eût pris beaucoup de temps, et peut-être sans succès. Pour y pourvoir, le connétable vint, et le 1er décembre il fit, avec les capitaines de ces deux places, une capitulation assez humiliante, et que Lebeuf n'a qu'inexactement rapportée (1). Il a même altéré le nom d'un d'entre eux, Danquin Hatton, qu'il appelle Danquin de Dalton. Selon ce traité, ces capitaines promettaient de laisser passer, tant par eau que par terre, toutes marchandises, mais sous la condition d'un péage de trois moutons d'or par chaque vingtaine de queues de vin. On s'engageait en outre à leur payer, pour les faire déguerpir, vingt-six mille florins d'or, dont seize mille florins dans le mois, et les dix mille autres cinq semaines après. Dans les dix jours qui suivraient le paiement du premier terme, ils devaient quitter les forteresses, mais ils se réservaient de les brûler en partant. Et, pour la garantie du dernier solde de dix mille florins, on leur donnait en ôtage quatre chevaliers qui devaient être gardés par eux jusqu'à parfait

---

(1) Elle est dans le grand *Recueil de Rymer*, t. VI, p. 147.

paiement. Ils prenaient l'engagement de ne pas revenir dans le pays pendant un an, et on se chargeait de les faire escorter à leur départ par une troupe suffisante jusqu'à Nogent-le-Rotrou. Enfin, le traité était subordonné à l'agrément du roi d'Angleterre et du duc de Lancastre. Si ces princes le désapprouvaient, les soldats resteraient dans leurs forteresses et rendraient l'argent qu'ils auraient reçu, en gardant seulement un florin par chaque vingtaine de queues de vin qui seraient déjà passées.

Aussitôt après la signature de ce triste traité, les Auxerrois, pour se procurer les ressources dont ils avaient un urgent besoin, firent partir pour Paris seize cent vingt tonneaux de vin vieux (1), qui étaient donnés en garantie, sur une estimation de seize florins par tonneau, pour un emprunt de trente-deux mille florins qu'ils contractaient. On ne leur prêta que vingt-huit mille florins. Mais leur vin ayant été vendu vingt florins le tonneau, ils eurent une somme plus que suffisante pour se libérer.

Sur ces entrefaites arrivèrent des ordres du roi d'Angleterre pour interdire de délivrer les deux forteresses. Il fallut ajourner leur évacuation, qui ne fut obtenue qu'au mois d'octobre 1360, après la conclusion de la paix. Mais de nouveaux désastres devaient encore auparavant ajouter

---

(1) Lebeuf, et après lui M. Chardon, ont, par une énorme erreur, ajouté un zéro à ce chiffre, dont ils ont fait seize mille deux cents tonneaux. Le traité est conservé dans les archives de la mairie d'Auxerre. Il ne porte que 1620 tonneaux, c'est-à-dire 3240 muids, ce qui est déjà une quantité assez respectable. Le tonneau était alors chez nous la mesure de compte en usage, comme il l'est encore à Bordeaux. Il était chez nous de 600 pintes ou deux muids. A Bordeaux, il était et il est encore de 900 pintes ou 864 litres.

aux malheurs de la France. Dès le mois de novembre 1359, le roi Édouard III était parti de Calais avec une armée qui n'était pas, disait-on, de moins de cent mille hommes, dont six mille armures de fer. Il était suivi de huit mille charriots portant tous les genres d'agrès et d'approvisionnements nécessaires pour ses voyages et le séjour de ses troupes. Il traversa lentement l'Artois et la Picardie, entra en Champagne, vint menacer pendant un mois la ville de Reims, où il croyait pouvoir entrer pour se faire sacrer roi de France; mais n'y pouvant pénétrer, il se dirigea vers Troyes, puis vint à Saint-Florentin, où, dit Froissard, « il se fit grand assaut et fort, mais rien n'y conquirent « les Anglois, et, quand ils se partirent, ils vinrent par « devers Tonnerre, et là eut grand assaut et dur, et fut « la ville prise par force, et non le château. Mais les « Anglois gagnèrent au corps de la ville, plus de trois « mille pièces de vin. » L'armée marchait sur deux colonnes. Au sortir de Reims, celle que commandait le duc de Lancastre passa devant Sens sans l'attaquer, et dut rejoindre l'autre par l'Auxerrois, en cheminant par Seignelay et Chablis; et, ayant fait leur jonction à Tonnerre, ils vinrent à Noyers qu'ils n'attaquèrent pas, et devant lesquels ils défilèrent en remontant le Serein jusqu'à Guillon. Là ils s'arrêtèrent au mois de janvier, en stationnant dans l'Auxois entre Époisses, Flavigny et Avallon « et, dit Froissard, toujours couraient leurs maréchaux et « leurs coureurs le pays, ardant, gâtant et exillant tout « autour d'eux, et rafraîchissaient toujours l'ost de nou- « velles pourvéances. » La reine Jeanne, qui gouvernait la Bourgogne au nom de son fils du premier lit, Philippe de Rouvre, fit avec eux, moyennant 200,000 écus d'or, un traité pour les empêcher d'y entrer. Au mois de février ils partirent, passèrent sous Vézelay, traversèrent l'Yonne à Coulanges, et, un semblable traité de rançonnement ayant affranchi le comté de Nevers et la baronnie de Donzy de leur présence, ils traversèrent la Puisaie et le Gâtinais, pour arriver aux portes de Paris.

Le régent de France, Charles V, avait, dès l'ouverture de cette campagne, donné les ordres les plus précis pour que l'on approvisionnât les villes fortes et les châteaux, et qu'on s'y tînt renfermés sans risquer aucun engagement au dehors. Ces sages mesures avaient assuré le salut de la France. En dépit des dévastations de l'ennemi, les populations fuyant devant lui et se réfugiant dans les bois avec leurs bestiaux et leurs subsistances, l'armée Anglaise, épuisée par une longue marche d'hiver et manquant de vivres, harcelée aussi par des bandes qui massacraient les traînards, couvrait les routes de cadavres et était fort affaiblie en arrivant près de Paris. Des négociations furent entamées, et la paix fut signée à Bretigny, le 8 mai 1360. Les conditions en étaient douloureuses. Le roi Édouard renonçait au trône de France moyennant l'abandon en toute souveraineté de tout le duché de Guyenne et de Gascogne, du Poitou, de la Saintonge, de l'Angoumois, du Limousin, du Ponthieu, de Montreuil, de Guines et de Calais. La rançon du roi Jean était fixée à trois millions d'écus d'or.

Pour la payer on établit une aide ou imposition générale de douze deniers par livre, ou cinq pour cent, sur le prix de la vente de toute espèce de marchandises. Et la ville d'Auxerre, pour relever ses fortifications et remettre son pont et ses chemins en bon état, fut autorisée à imposer sur toutes les denrées qui passeraient sous ce pont ou entreraient en ville par terre, un droit de deux sous par queue de vin ou autres marchandises du même poids, deux sols par charriot chargé, un sou par charette, un demi sou par bête de somme chargée, deux deniers par cheval, un denier par chaque porc ou mouton. Cette autorisation fut renouvelée en 1367 (1).

Selon les termes de ce traité de paix, toutes les forteresses occupées en France par les Anglais, leurs adhérents et alliés, devaient être, après le premier terme de ce paiement, abandonnées et restituées. L'ordre en fut donné le 9 octobre suivant. Il comprenait, pour l'Auxerrois et la Bourgogne, « Régennes, Ligny, Malicorne, « Champlay, et toutes autres forteresses occupées et « détenues pour cause et occasion de guerre (2). » Elles furent restituées, mais non gratuitement. Il fallut payer à Nicolas Stamworth, qui commandait alors à Régennes et Champlay, et à Guillaume Starqui, qui tenait Ligny et Bragelogne, 3,500 réaux monnaie d'argent et 2,000 moutons d'or, ce qui équivalait à plus de 200,000 francs de notre monnaie d'aujourd'hui. Le roi fut forcé d'approuver ces exactions, non compris celles qu'ils arrachèrent à beaucoup de villages. C'est ainsi que le bourg de Chitry dut payer à Guillaume Starqui 350 écus d'or pour se libérer de réquisitions en nature qu'il prétendait lui être dues (3). Après quoi les bandes d'Anglais et Navarrais reçurent ordre de se dissoudre.

Mais des milliers de ces hommes, accoutumés à vivre de désordre et de pillage, incapables de rentrer dans une existence paisible et privée, se rallièrent sous de nouveaux

(1) Lebeuf, *Preuves* n° 309.
(2) *Rymer*, t. VI, p. 273.
(3) Quantin, Mémoires sur les comtes de la maison de Châlon dans le t. VI du *Bulletin de la Société de l'Yonne*.

chefs et recommencèrent une guerre sans prétexte, où le brigandage s'avouait de lui-même dans toute sa féroce impudence. Les uns se mirent aux ordres du roi de Navarre, les autres agissaient pour leur compte personnel. « Ils se nommaient les Tard-venus, dit Froissard, « parce qu'ils venaient encore pour piller au royaume « de France, » et ils comptaient bien se dédommager de ce retard.

La ville d'Auxerre, prise par les Anglais et reconquise, non par le comte, mais par l'armée du roi de France, pouvait, d'après le droit public d'alors, être réunie à la couronne. Mais une décision royale du mois de décembre l'avait rendue au comte, parce que le malheur de sa prise ne pouvait être imputée à ce seigneur, mais à l'imprudence grave et à l'inaction de ses habitants. « Comme par la « deffaute et coulpe des bourgeois et habitants de la ville « d'Aucerre, disaient les lettres royales, ladite ville ait « été naguères perdue et destruite par Robert Canolle et « ses complices ennemis de notre dit royaume, pour ce « que lesdits bourgeois et habitants, qui par leurs grans « avarices, orgueil et malvais gouvernement, vouldrè de « euls garder ladite ville, boutèrent et mirent hors d'icelle « partie de plusieurs gentilshommes qui par avant « longue pièce estaient venus en ladite ville en la com- « pagnie du fils de notre très cher et féal cousin et « conseiller le comte d'Aucerre, bouteiller de France, « pour ladite ville et tout le pays garder et défendre et « résister aux dits ennemis de tout leur pouvoir (1). » Les habitants perdaient, par cette ordonnance, le droit de garder les clés des portes de leur ville. Ils n'en furent

(1) Lebeuf, *Preuves*, n° 296.

remis légalement en possession qu'en 1411 par une autre ordonnance du 24 novembre (1).

Dès l'année 1361, le pape Innocent VI, qui était Français de cœur comme d'origine, adressait un bref au comte d'Auxerre, pour l'exhorter à se mettre en garde contre les coureurs, et à ne pas permettre qu'il s'en installât sur ses terres. Cet avis fut reçu par le jeune comte Jean IV qui, son frère Guillaume étant mort avant la prise d'Auxerre par les Anglais, avait été investi par le roi, dès le 28 janvier précédent, de l'administration et gouvernement des comtés d'Auxerre et de Tonnerre et des autres domaines de son père pendant l'absence de celui-ci qui était resté en ôtage en Angleterre, et, selon les termes de l'acte royal, « pour certaines causes et essoynes de maladie et d'autres « choses justes et raisonnables, desquelles pleinement « sommés informés. » C'était l'état mental du comte Jean III, qui, par suite de ses blessures à la tête, était considérablement affaibli, et dont on parlait ainsi à mots couverts. Le jeune comte prit aussitôt des mesures de défense pour protéger tous ses états. Mais sur ces entrefaites une nouvelle calamité mit le comble aux misères inouïes de la France. Les privations, la famine, les angoisses de l'esprit et du corps avaient partout ruiné la santé publique. L'affreuse peste noire de 1348 reparut. Dès le commencement de 1361 elle se déclara avec une violence inouïe. Durant trois années l'Auxerrois, comme tout le reste du royaume, en fut cruellement ravagé. En même temps qu'elle enlevait à Dijon la reine Jeanne et son fils, l'évêque Ithier de Jarosse en fut une des premières victimes. Il en mourut dans son château de Villechaul le

(1) *Recueil des ordonnances*, t. IX, p. 655.

8 juin 1361 (1). Quand les effroyables ravages de cette meurtrière contagion eurent cessé, on évalua à plus d'un tiers de la population ce qui avait été enlevé par ses deux invasions.

Les incursions des troupes de malfaiteurs n'étaient ni ralenties ni diminuées par ce triste état de la santé publique. L'une de ces bandes s'était emparée par artifice du fort château des Murs, voisin de la ville de Corbeil, et le nombre de ces brigands s'accroissant de jour en jour, ils saccageaient et dévastaient la campagne dont les habitants s'enfuyaient pour se réfugier à Paris, interceptaient les routes et entravaient gravement la navigation de la Seine dont ils pillaient les bateaux. Ceux qui avaient le devoir de la protéger s'en acquittaient fort mal, tout en exigeant pour cela une aggravation ruineuse des droits de péage. Le continuateur de Guillaume de Nangis, qui parle à mots couverts de ces désordres, donne même à entendre que les pillards avaient des complices dans les régions supérieures, car il raconte à cette occasion l'apologue du loup et du chien ligués ensemble pour voler les moutons, le loup venant en emporter un, et le chien faisant semblant de le poursuivre, jusqu'à ce qu'étant hors de vue, ils se missent à dévorer en commun leur proie (2). L'Auxerrois, dont tout le commerce d'exportation se faisait avec Paris par la navigation fluviale, se trouvait, par là, dommageablement atteint dans ses intérêts. Aussi le jeune comte dut-il organiser une expédition militaire pour réduire ces forbans. Il vint assiéger leur

(1) Supplément au *Gesta Pontificum*, dans Labbe, t. Ier, p. 514.
(2) *Spicilége de d'Achery*, t. XI, p. 885 et 887.

repaire. Ce fut un siége en règle, selon le chroniqueur, avec des balistes qui lançaient des boulets de pierres. Après une longue résistance, les assiégés rendirent la place par une capitulation qui les expulsait loin de cette contrée. De là, lorsqu'après la mort du roi Jean, en 1364, Charles V lui avait succédé, le comte Jean IV avait suivi du Guesclin, dans une campagne sur la Basse-Seine, contre d'autres routiers du roi de Navarre, et avait participé avec lui à la prise de Rolleboise, Mantes et Meulan. Entrant ensuite en Normandie, l'armée française rencontra à Cocherel les troupes navarraises, commandées par Jean de Grailly, surnommé le captal de Buch, et on se prépara à le combattre. « Les chevaliers, dit Froissard,
« regardèrent entre eux et pourparlèrent longuement
« quel cri pour la journée ils criraient, et à quelle ban-
« nière ou pennon ils se retrairaient. Si y furent grand
« temps sur un état que de crier Notre-Dame-d'Auxerre,
« et de faire pour ce jour leur souverain le comte d'Au-
« xerre. Adonc regardèrent les chevaliers qui là étaient
« l'un l'autre et lui dirent : Comte d'Auxerre, vous êtes
« le plus grand de mise, de terre et de lignage qui soit
« ici, si pouvez bien par droit être chef. » Mais le comte d'Auxerre refusa, disant « qu'il était encore trop jeune
« pour encharger si grand faix et tel honneur, et c'est,
« ajouta-t-il, la première arrêtée (bataille rangée) où je
« fusse oncques. Pourquoi vous prendrez un autre que
« moi. » Et il désigna du Guesclin, qui fut accepté pour chef.

La troupe, si bien commandée, remporta une éclatante victoire. Jean IV avait avec lui son jeune frère Louis de Châlon, et tous deux combattirent vaillamment. On les désignait par la couleur de leurs écharpes. Le premier reçut le surnom du chevalier blanc, et le second celui du chevalier vert. Cette bravoure était malheureusement, chez le jeune comte d'Auxerre, accompagnée d'une grande violence de caractère, dont peut donner une idée le fait suivant, que constatent des lettres de rémission qui lui furent accordées. Pendant qu'il se trouvait à Paris, peu avant la bataille de Cocherel, un sergent royal était venu lui signifier une saisie, il le frappa de deux coups de poignard, et tel était l'effroi qu'il inspirait, que le prévôt royal n'osa l'arrêter et le laissa partir librement (1).

Quand, après cette campagne, il revint à Auxerre, son comté était parcouru et dévasté par d'autres bandes de pillards, qui étaient celles de l'archiprêtre Arnaud de Cervolles. Arcy-sur-Cure et Donnemarie-en-Puisaie étaient occupées par elles, et le 3 juillet 1363, des lettres royales datées de Troyes attribuaient à ce chef de bande une somme de 3,700 francs d'or pour qu'il les fit évacuer (2).

Pour se mettre à couvert de leurs incursions, les villes et bourgs de l'Auxerrois, par les conseils du comte, se construisaient des enceintes de remparts. Vermenton était autorisé, pour cela, par l'ordonnance d'avril 1378, à s'imposer d'une dîme sur toutes ses récoltes. Et les villages dont un tel travail excédait les ressources, comme Églény et Chitry, fortifièrent leurs églises pour s'y réfugier et s'y défendre. La charte par laquelle celui de Chitry était autorisé en 1364 à faire contribuer tous ses habitants à

(1) Quantin, Mémoire déjà cité sur les comtes de la maison de Châlon.
(2) Archives nationales. Compte des aides du diocèse de Langres. Collection de Bastard, 1ᵉʳ carton, A. G.

cette dépense et à une garde continue, donne un pénible tableau de ce triste état de choses (1). « Comme la plus grande
« et saine partie des bourgeois et habitants de la ville de
« Chitry nous ait donné à entendre et montré en com-
« plaignant qu'ils sont à misérable povreté, tant pour le
« fait des guerres du roy d'Angleterre, comme pour les
« ennemis qui, de jour en jour, viennent et vont en
« ladite ville, et icelle pillent, volent, courent et mettent
« en perdition, et nous aient requis qu'il nous plût em-
« parer et enforcer l'église de ladite ville, à leurs frais,
« mises et dépens, pour conserver les corps et les biens
« d'iceux habitants. » Le comte envoie en conséquence
le capitaine de la ville d'Auxerre pour faire exécuter
cette fortification, et, ajoute le texte, « il contraignit iceux
« habitants à y contribuer et à faire guet et garde en icelle,
« tant par jour comme par nuit, si comme il est accoutu-
« mé en tel cas en nos autres forteresses anciennes. »

D'autres villages, occupés par ces bandits ne parvenaient à s'en délivrer qu'en leur payant d'énormes rançons. C'est ainsi qu'en juillet 1365 les forteresses de Cézy et Saint-Aubin, dans le canton de Joigny, étaient mises à rançon pour mille livres d'or, et qu'au mois d'octobre 1367, le comte de Tancarville ne rendait le fort de Migé que moyennant 4,000 livres. Les habitants des autres paroisses des bailliages de Sens et d'Auxerre étaient obligés de contribuer à ces rachats (2).

Sur ces entrefaites, la ville de la Charité fut, pour la seconde fois, surprise et occupée par une troupe de ces brigands, qui couraient pour le compte du roi de Navarre.

(1) Lebeuf, Nouvelle édition, preuves n° 301.
(2) Quantin, ibidem.

Ce fut une étrange aventure. Un frère de ce prince qui, à la tête de douze cents hommes, bataillait pour lui, entre la Loire et l'Allier, en détacha trois cents qui, marchant de nuit et se cachant le jour, dans les bois, vinrent à la Charité, « une grosse ville et bien fermée, « dit Froissard, mais qui sans doute aussi était bien « mal gardée, et, l'échellèrent sans nul écri et se « boutèrent dedans. » Comme la nuit était obscure, et qu'ils ne connaissaient pas le labyrinthe de ses rues étroites, ils n'osaient aller loin, de peur de tomber dans une embuscade, et se tinrent, en attendant le jour, sur une grande place où personne ne demeurait. Mais on les avait entendus et vus, « et en ce temps, ajoute Froissard, « se sauvèrent ceux de la ville, car si très-tôt qu'ils « sentirent leurs ennemis ainsi venus, ils emportèrent à « effort leurs meilleures choses dans les bateaux qui « étaient sur la rivière de Loire, et y mirent femmes et « enfants tout à loisir, et puis nagèrent à sauveté, devers « la cité de Nevers. Quand il fut grand jour, les na- « varrois, anglois et gascons qui avaient échellé la ville, « se traînèrent avant et trouvèrent toutes les maisons « vides. » Mais cette ville, dont ils mirent les fortifications dans un état formidable, fut pour eux une précieuse place de guerre. Leur nombre s'augmenta bientôt. Le frère du roi de Navarre y envoya en toute hâte trois cents armures de fer, et une foule nombreuse de leurs compagnons vint se joindre à eux. De là, ils faisaient des excursions au loin, et successivement jusqu'aux portes de Bourges, de Nevers et d'Auxerre. Ils tentèrent sur Tonnerre une attaque de vive force, ils y furent repoussés, mais cet échec ne diminua pas leur audace.

Le roi réunit alors, sous le commandement du connétable de Fiennes et des maréchaux de Boucicaut et de Blainville une armée nombreuse et bien pourvue de tous les moyens d'attaque pour aller assiéger cette ville. Le comte d'Auxerre et son frère Louis, qu'à tort l'Art de vérifier les dates, a pris pour son fils, y conduisirent la noblesse et les milices de l'Auxerrois. La résistance fut vive, l'ennemi, très-nombreux aussi, faisait de fréquentes sorties où il y avait de rudes engagements, et où se produisaient ce que Froissard appelle « de belles apertises « d'armes. » Au sortir de l'une d'elles, le jeune Louis de Châlon qui, comme son frère, s'était fort distingué, fut armé chevalier. Le siége se prolongeant, le roi y appela le duc de Bourgogne Philippe le Hardi, son jeune frère, qui guerroyait auparavant dans le comté de Montbéliard, et qui vint avec mille hommes renforcer les assiégeants. Ceux-ci réunissaient alors, selon le chroniqueur, toute la fleur de la chevalerie de France. D'un autre côté, le roi de Navarre sollicitait Robert Knowles de venir leur livrer bataille. Mais celui-ci, devenu, par son habileté et ses services, le principal appui, et comme le bras droit du comte de Montfort, qui faisait alors le siége d'Auray, et tenait beaucoup à prendre, sans plus de retard, cette importante place, ne put déférer à cette demande, et la ville de la Charité fut rendue par une capitulation qui laissait la vie et la liberté à ses défenseurs, sous serment de ne pas, de trois ans, servir contre le roi de France pour la cause du roi de Navarre. On laissait ainsi, comme au château des Murs, des bandits sans foi partir et s'éloigner d'un côté, pour revenir bientôt d'un autre. La guerre contre les anglais se ralluma ensuite et dura jusqu'à la mort de Charles V, en 1380, mais, grâce à sa prudente fermeté, avec des succès si complets, qu'il ne restait alors en leur pouvoir que les trois villes de Calais, Bayonne et Bordeaux.

L'ardeur aventureuse du comte Jean IV et de son frère les conduisit, aussitôt après la prise de la Charité, en Bretagne, où du Guesclin allait avec le comte Charles de Blois, pour essayer de faire lever le siége de la ville d'Auray. Il s'y livra une grande bataille, mais la fortune leur fut contraire. Charles de Blois y fut tué. Le comte d'Auxerre gravement blessé et fait prisonnier, ainsi que son frère et le brave du Guesclin. « Jean IV, dit Frois« sard, fût féru en travers du coup d'une hache qui lui « abattit la visière de son bassinet, et lui entra la pointe « de la hache en l'œil, et l'eut depuis crevé, mais pour « ce, ne demeura mie (pas) qu'il ne fût encore un très-« bon chevalier. » Il était, par suite de cette affreuse blessure, resté plus de trois mois sans parler. Sa rançon fût fixée à la somme énorme de 60,000 francs. Il put, pour la payer, établir une taille sur celles des communautés d'habitants de ses comtés qui n'avaient pas été libérés cet impôt par des chartes d'affranchissement. Quant aux autres, et en particulier à la ville d'Auxerre, il fit, à leur bonne volonté, un appel qui fût généreusement entendu. Les habitants du comté, pour venir à son secours, lui offrirent l'une des trois aides suivantes, à son choix.

Où la dîme de leurs récoltes en blé et en vins, pendant trois ans ;

Où un fouage (taxe sur les maisons) de trois francs par chaque feu, pendant le même temps ;

Où un franc par chaque queue de vin qu'ils vendraient pendant cette durée.

Le comte accepta la dîme, en la prenant sur la récolte

de vin seulement, en reconnaissant d'ailleurs que les habitants n'y étaient pas tenus, et en confirmant toutes les chartes de liberté de la ville d'Auxerre. Il mit fin en même temps à tous les débats qui avaient été précédemment élevés sur le sens et l'étendue de ces chartes, et spécialement en reconnaissant aux habitants le droit de conserver les clés des portes de leur ville, droit qu'il leur avait contesté d'abord en 1362, après que le roi lui eut restitué cette ville reconquise par son connétable.

Les sommes qu'il perçut ainsi ne lui suffirent pas pour acquitter sa rançon, soit qu'il en eût employé une partie pour payer celle de son frère, soit qu'il l'eût dissipée en folles dépenses, car, longtemps après, le chevalier qui l'avait fait prisonnier, fit un procès à ce dernier, pour qu'il eût à solder cette dette. Tous deux avaient d'ailleurs terni leur gloire, en prenant une part malheureusement trop active aux troubles intérieurs du royaume, et en se mettant à la tête de ces routiers déclassés qui, ne pouvant se déshabituer de la guerre, la faisaient pour leur propre compte, et, sous le nom de *Grandes Compagnies*, portaient partout la dévastation. Du Guesclin réussit à emmener la plus grande partie de ces malandrins en Espagne, pour Henry de Transtamare, contre Pierre le Cruel. Le chevalier verd l'y suivit. Il revint après la campagne d'Espagne, où il ne s'était pas enrichi, dans le comté de Tonnerre, que son frère lui avait laissé, et y fit payer par les habitants le reliquat de sa rançon de 1365. Il y mourut en 1398.

Les habitants d'Auxerre avaient longtemps fait de vaines recherches pour connaître les larrons qui leur avaient dérobé les joyaux de l'abbaye de Saint-Germain. Ils surent seulement que c'étaient des hommes d'armes bourguignons. Alors ils eurent l'heureuse pensée de s'adresser, pour arriver à les découvrir, à l'ancien abbé de Saint-Germain, Guillaume de Grimoard, qui avait été, en 1362, élevé au souverain pontificat, sous le nom d'Urbain V. Ce bienfaisant pontife, tant par l'attachement qu'il n'avait cessé de conserver pour les religieux de son abbaye, et par sa vénération pour le saint et illustre patron de ce monastère, que par le bon souvenir qu'il avait gardé des excellents procédés que la ville avait toujours pour lui, prit vivement cette affaire à cœur. Il fulmina en 1367 une excommunication contre les auteurs du vol, et l'adressa, avec un pressant monitoire, aux archevêques de Besançon, de Lyon et de Sens, pour les faire publier dans leurs provinces. Ce moyen réussit, et on sut bientôt que les voleurs étaient deux chevaliers de la Franche-Comté, pays bourguignon, relevant, non de la France, mais de l'Empire, et qui s'appelaient Simon de Saint-Aubin et Hugues de Binant.

Informé de ce résultat, le saint-père réclama, de la manière la plus pressante, l'intervention de l'archevêque de Besançon, en même temps que l'official et l'aumônier de l'abbaye se rendaient dans ce pays. Ils y trouvèrent un puissant seigneur de la contrée, Guy de Rochefort, qui leur offrit de se charger, à ses risques et périls, de leur faire restituer les joyaux volés de la ville d'Auxerre, si elle voulait lui concéder, pour un an et demi, une taxe sur ses vins. La proposition ayant été acceptée par une délibération régulière, Guy de Rochefort mit les délégués de l'abbaye en rapport avec les deux gentilshommes. On sut qu'ils avaient mis les joyaux en gage chez un usurier qui leur avait prêté 1043 florins d'or et sept gros tournois d'argent, et on obtint d'eux, qu'en rendant cette somme au prêteur, et, en leur payant une somme de 500 florins, ils consentiraient à leur entière restitution. Ces conditions furent acceptées et exécutées. Ce fût l'objet de deux actes reçus les 4 et 5 octobre 1368, par un notaire d'Auxonne, dont les minutes, recueillies par les archives de la Côte-d'Or, ont été publiées il y a quelques années dans la *Revue des Sociétés savantes* (1). Ces actes contiennent la description des précieux joyaux, c'est-à-dire de la croix ou tableau croisé en or massif, et des deux fronteaux de la châsse de Saint-Germain. Ils mentionnent toutes les perles et pierres précieuses dont ces joyaux étaient enrichis, et dont nous avons ci-dessus donné l'énumération.

Après la restitution, qui en fut faite au monastère, la ville d'Auxerre restait toujours débitrice de 40,000 florins pour lesquels elle avait souscrit une obligation en bonne forme, aux capitaines navarrais. C'était Robert Knowles qui en était dépositaire. Cet homme de guerre, enrichi dans son métier de chef de bandits, mais qui s'était distingué depuis par de grands services de guerre dans les armées de son pays, avait été créé baronnet par le roi d'Angleterre; il était dorénavant sir Robert Knowles. Le prince de Galles l'avait, en 1369, dit Froissard, fait « maître et souverain de tous les chevaliers de son hôtel, « pour cause d'amour et de vaillance, et d'honneur. » Quelques mois après, il avait eu le commandement d'un corps d'armée qui était venu de Calais jusqu'aux portes de Paris, et, quoique cette expédition n'eût pas eu grand succès, il n'en était pas moins demeuré, dit le même chroniqueur, « en la grâce du roi et du prince. »

(1) Juillet 1870, p. 64.

Le duc de Bretagne, en raison des grands services qu'il en avait reçus, l'avait investi des puissantes baronnies de Derval et de Rougé.

Parvenu à un haut degré de puissance et de richesse, il se préoccupait sans doute d'expier ses anciens méfaits. On cite de lui plusieurs fondations pieuses d'une grande importance, notamment celle d'un hospice, à Rome, pour les Anglais. Au début de sa carrière, il avait adopté modestement un écu dont le chevron était chargé de trois trèfles. Mais sa devise vantarde et provoquante portait, selon Froissard :

> Qui Robert Knowles prendra,
> Cent mille moutons gagnera.

Plus tard, après ses grands services et ses succès en France, il voulut en consigner la mémoire sur son écusson, et il porta d'or à la fasce de gueules chargée de trois fleurs de lys d'or.

C'est encore à la bienveillante protection du pape Urbain V que les habitants durent la libération gratuite qu'ils obtinrent de leur dette, dont le titre était entre les mains du soudard autrefois si rapace. Sur l'intervention de ce généreux bienfaiteur, l'ancien chef de routiers finit par consentir à la remise de son titre au pape, en donnant quittance pour ce qui le concernait, et en lui demandant seulement de le garantir des réclamations possibles de ses compagnons, les autres capitaines navarrais, qui, probablement, d'ailleurs, ne comptaient plus guère sur le recouvrement de leur créance.

« Mehus (mû) de pitié, porte la charte qu'il délivra le
« 10 avril 1370 (1), par remords de conscience des maux

---

(1) Lebeuf, *Preuves*, n° 311.

« que lesdits habitants ont soufferts, pour l'amour de
« Dieu, et pour la Sainteté et Révérence de notre Saint
« Père le Pape, et par l'espérance et amour que nous
« entendons avoir avec lui et à tous ses conseils et
« adhérents, nous quittons lesdits bourgeois et habitants
« des obligations et sommes dessus dites, et promettons
« en bonne foi, à jamais riens demander, en tant comme
« il nous puet ou pouvait appartenir..... lesquelles
« obligations nous avons baillées à Ermand Ochel Dervalt
« de Cologne, sergent d'armes du roi de France, pour
« porter à Notre Saint Père le Pape, à en ordonner et
« faire sa volonté, et li supplions et requérons humble-
« ment, de par nous, que il plaise à Sa Sainteté nous
« pourvoir de remède convenable en telle manière que
« ceulx qui étaient nos compagnons esditz obligations,
« ne nous en puissent accuser, grever, ne jamais rien
« demander. ».

Robert Knowles compléta la bonne grâce de son procédé, en remettant au sergent d'armes du roi, dix pièces de l'argenterie de Saint-Germain, qu'il avait conservées. Tout cela fut rapporté à Auxerre, et, selon la chronique du *Gesta pontificum*, l'évêque et les religieux portèrent les reliques et vases sacrés sur le grand autel, et rendirent à Dieu de solennelles actions de grâce. Ajoutons que le pape Urbain V, pour surcroit de gracieuseté, faisait don à l'abbaye, afin de réparer son église gravement endommagée, d'une somme de 4,544 florins, qui était due à la Chambre papale, par l'évêque Pierre Aymon.

En dépit des recommandations du saint-siége et des ordonnances de Saint-Louis, le duel judiciaire n'était pas encore aboli, à cette époque, dans le comté de l'Auxerrois, car on le trouve mentionné, adouci et réglementé dans la charte d'affranchissement, que donnait en 1325, l'abbaye de Saint-Germain, à ses serfs du bourg de Rouvray. Cet acte porte (1) :

« De rechief, nous avons octroyé et accordons à nosditz
« bourgois, bourgoises, habitants et ceulx que dit est,
« que se (si) aulcun d'eulx baillent ou offrent gaige de
« bataille li uns contre l'autre, en jugement ou autre-
« ment, que doresnavant dudit gaige, de leur auctorité
« et voulenté, soit receuz, jugiez ou non, ils pourront
« accorder et faire paix ensemble sans dangier de justice
« et sans amende. Et se ainsi estoit que ledit gaige fut
« jugié et oultrez, et les parties présentes en champ, et
« eux combattant ou non, dudit gaige lesdits pourront
« accorder et faire paix ensemble, pour payant à justice
« 60 sous tournois, et se ledit champ de bataille estoit
« de tout accompli et li un vaincuz, que cilz qui sera
« vaincu et si plège (ses cautions), se aulcuns y a, seront
« quittes d'amende envers justice, pour payant par une
« fois pour principal et plège 100 sols tournois, sans
« emporter ni avoir aucune pénitence ou peine cor-
« porelle ou civile. »

Le comte Jean IV, dont les commencements avaient été si brillants, eut une triste fin. La violence de son caractère l'entraîna dans de bien fâcheuses aventures. Un de ses serviteurs ayant été, pour ses méfaits, condamné à être pendu, il voulut, de son autorité, le sauver, et, pour cela, alla l'arracher des mains de l'exécuteur et brûler le gibet. Arrêté par ordre du roi, et emprisonné au Louvre, il s'évada et se retira dans ses

---

(1) Secousse, *Recueil des ordonnances des Rois*, t. 7, p. 723.

possessions de la Franche-Comté. Là, il fit assassiner un sergent du duc de Bourgogne, qui venait lui signifier des exploits de justice (1), et, poursuivi, revint se cacher à Conflans, près Paris. Le duc l'y fit prendre et le fit conduire en prison au château de Lille, d'où il fut transféré en Bourgogne pour y être jugé. Sur les instantes prières de puissants protecteurs, la peine capitale qu'il encourait fût commuée en une confiscation d'une partie de ses domaines, et à la double condition que les barrières et les portes des châteaux qu'on lui laissait seraient abattues et rasées, et qu'il fonderait, sur le lieu du meurtre, une chapelle, dont le bénéfice serait à la collation du duc (2). Quand il fut mis en liberté, il refusa d'exécuter la sentence, et, assiégé pour ce refus, dans sa forteresse de Rochefort, il y fut pris, puis enfermé dans le château de Poligny, où il mourut misérablement en 1369 (3).

Cette fin ignominieuse du descendant d'une illustre race détermina le roi à réunir le comté d'Auxerre à la France. Il y fut sans doute encore conduit par une autre considération. Le rétablissement du duché de Bourgogne qu'avait opéré le roi Jean en faveur de son plus jeune fils, pouvait susciter au royaume dans l'avenir des embarras et des dangers, dont le passé ne fournissait que trop d'exemples. Charles V avait eu occasion de manifester à ce sujet sa pensée quand la mort du duc d'Orléans

---

(1) Gollut, *Trésor des histoires de la république séquanaise*, t. 598.

(2) De Barante, *Hist. des ducs de Bourgogne*, t. 1er, p. 419.

(3) Chevalier, *Hist. de Poligny*, t. 2, n° 17. — Archives du Doubs, chambre des comptes de Dôle. — Quantin, *Bulletin de la Société de l'Yonne*, t. 6, 174.

fit rentrer son apanage dans le domaine de la couronne. Il avait annoncé alors son intention de ne le jamais reconstituer. Les dernières volontés de son père pour la Bourgogne avaient dû être religieusement exécutées. Mais le mariage du jeune duc avec la fille du comte de Flandre avaient singulièrement accru la puissance de ce prince qui, avec les provinces flamandes, acquérait encore, par cette union, le comté de Nevers et la baronnie de Donzy que les comtes de Flandre possédaient depuis un siècle. L'acquisition du comté d'Auxerre pouvait tenter le duc de Bourgogne pour arrondir ce qu'il possédait déjà de ce côté ; Louis de Châlon, qui guerroyait en Espagne pouvait n'en pas revenir, et le duc aurait toute facilité pour traiter de ce comté avec les deux sœurs non encore mariées de ce jeune seigneur. Ces réflexions conduisirent sans doute le roi à s'annexer la ville et le comté d'Auxerre. Il n'exécuta pas ce projet despotiquement et par violence, il procéda d'une manière plus conforme à une politique prudente, mais peut être peu scrupuleuse. Le vieux comte Jean III existait encore, c'était lui qui, quoique atteint d'une débilité d'esprit qui l'avait fait interdire par la décision royale de 1363, était encore titulaire du comté. On lui fit consentir une vente au profit du roi. L'acte fut dressé devant notaire le 25 janvier 1370. Une lettre royale qui annonce aux magistrats d'Auxerre cette acquisition, et que l'on y conserve dans les archives, porte qu'elle a été faite moyennant un prix de 20,000 francs d'or. Cependant Lebeuf dit que l'inventaire du trésor royal constate le paiement de 31,000 francs. Voici sans doute l'explication de cette différence de chiffres. On n'avait reculé, pour obtenir cette vente, devant aucun moyen, car on trouve dans la table

des Mémoriaux de la Chambre des Comptes la note suivante : « Mention du don fait par le roi à Perrette Darni-
« chot, femme dudit comte d'Auxerre, de quoi marier ses
« deux filles, en récompense de ce qu'elle avait *induit*
« *son mari* à faire ladite vente. » La comtesse d'Auxerre,
Marie Crespin, dame des Louves et de Boutrevant, était
morte depuis longtemps. Le comte avait eu ensuite deux
filles d'une Perrette Darnichot. Mais, s'il avait épousé
celle-ci, ce ne pouvait être que de la main gauche, car
ces filles n'eurent aucune part dans sa succession. On leur
en avait donnée une du vivant du comte, au moyen d'une
somme de 11,000 francs, qui, ajoutée au prix de 20,000
francs portés dans l'acte, élevait le prix réel et total à
31,000 francs. Ce prix représentait, au pouvoir actuel
de l'argent, non pas 310,000 francs comme l'a dit
M. Chardon, mais environ 1,700,000 francs, car la livre
d'alors équivalait, selon les évaluations de M. Leber,
à 55 francs d'aujourd'hui. Il n'en était pas moins de
beaucoup inférieur à la véritable valeur de ce grand
domaine ; aussi il y eut de vives réclamations de la
famille. Marguerite, l'une des deux filles légitimes du
comte, son frère étant alors absent, poursuivit devant
le parlement l'interdiction de son père ; puis un procès
s'engagea avec le domaine royal. Il fut très long et
dura bien plus que la vie du roi et que celle du
comte Louis de Châlon. Enfin il se termina en 1404
par une transaction, aux termes de laquelle on paya à
la famille un supplément de prix de 35,750 livres
tournois. On crut même à propos de faire consentir par
toute cette famille un nouvel acte de vente, qui est mentionné dans les Mémoriaux de la Chambre des Comptes
à la date de 1447. Les deux filles de la comtesse Marie

y figuraient avec les enfants de leur frère Louis, mais on n'y voit pas celles de Perrette Darnichot qui, comme bâtardes, n'avaient, selon le droit d'alors, aucun titre à l'hérédité.

Ainsi, telles ont été, depuis les premiers documents de l'histoire, la condition et les vicissitudes du pays Auxerrois, jusqu'à sa première réunion à la couronne de France.

D'abord, avant la conquête de la Gaule par les Romains, un territoire dépendant de la nation Eduenne, en très grande partie couvert de forêts, ayant cependant, au moins depuis que le commerce des Phéniciens avait, par la navigation fluviale, pénétré jusqu'au centre du pays, des ports sur l'Yonne et sur la Loire. Puis, après l'achèvement de la conquête romaine, l'établissement au milieu de ce territoire d'une tribu germanique, sorte de colonie militaire, pour en défricher et cultiver le sol, et en défendre les frontières contre ses ennemis, tribu que Pline, après Jules César, appelle *Boii*, et qui est désignée sur la carte de Peutinger, sous le nom de *Cambiovicenses*.

A la fin du quatrième siècle, par suite de la division de la Gaule en dix-sept provinces, ce territoire est devenu une *Civitas*. Les besoins et les rapports du commerce lui ont donné pour chef-lieu la ville d'Autricum, et il entre, sous le nom d'Autissiodorum, dans la quatrième province lyonnaise, qui est composée des tribus ou nations de Sens, qui en est la capitale, d'Orléans et de Chartres qui formaient les *civitates* des Carnutes, de Troyes (Tricassium), de Meaux (Meldi), et de Paris (Parisii). Les circonscriptions hiérarchiques des centres du culte chrétien se conforment à cette division politique, et Sens devient la métropole des six autres évêchés.

Lorsque le siècle suivant était près de finir, les conquêtes des Burgondes ou Bourguignons, remontant du midi et ayant occupé Nevers, et celles des Francs descendant du nord et ayant pris possession d'Auxerre, se rencontrent sur le territoire de la *civitas Autissiodorun*, et le coupent en deux parties à peu près égales. Pour celle que les Bourguignons ont conquise, et à laquelle ils ajoutent peut-être une partie du diocèse d'Autun, un évêché est par eux créé à Nevers, qui néanmoins continue à être soumis à la métropole de Sens. L'évêché d'Auxerre ne conserve que le reste de son ancien territoire.

Quand ensuite la Gaule se divise en Neustrie et en Austrasie, et tant que dure cette division, le territoire restreint de l'évêché d'Auxerre, auquel est désormais borné le pays Auxerrois, fait partie de l'Austrasie.

Au neuvième siècle, après que la grande bataille de *Fontanetum* a assuré définitivement l'indépendance de la nationalité française, ce pays est constitué en Comté séparé, et donné par Charles-le-Chauve à son oncle Conrad. Il est ensuite, en 888, réuni au duché de Bourgogne, sous Richard-le-Justicier, et y reste jusqu'à la mort du duc Henri, en 1002. Mais vient alors la longue guerre de la succession de Bourgogne, à la fin de laquelle, en 1015, il est divisé féodalement en deux parties. La moitié méridionale entre sous la suzeraineté de l'évêque, qui y crée trois grandes baronnies. L'autre est donnée, comme comté héréditaire, sous la suzeraineté du roi, à Landry, déjà comte de Nevers, et il reste au pouvoir de sa descendance masculine, jusqu'en 1181, et, après l'extinction de celle-ci, dans celui de sa postérité féminine, jusqu'en 1371, où il est cédé par le dernier comte au roi Charles V.

Dans cette longue période, qui, sauf les deux premiers

siècles, et, dans le moyen âge, les douzième et treizième, est pour lui une suite non interrompue d'invasions, de guerres et de désastres, il est soumis successivement aux Romains, puis aux deux premières dynasties des Francs ; et quand l'organisation féodale l'a détaché de la monarchie française, pour fonder un état séparé, les habitants de ses villes et de ses campagnes se trouvent tous, quoique à des degrés différents, sous le joug du servage, qui, pour les campagnes, remontait jusqu'aux premiers siècles, et qui s'était étendu aux villes pendant la durée de l'anarchie féodale. Mais, avant la fin du xiie siècle, ses deux villes principales, Auxerre et la Charité, sont affranchies, la première par le comte, et la seconde par les religieux ses seigneurs, et investies du droit de s'administrer elles-mêmes. Ce mouvement d'affranchissement se continue dès le commencement du xiiie, et se poursuit sans interruption pendant le cours de ce siècle et du siècle suivant dans les villes de second ordre et dans les paroisses rurales ; et quand, en 1374, le pays Auxerrois est, par l'acquisition de Charles V, réuni à la couronne de France, une grande partie des populations, et même de beaucoup la plus grande, soumise encore à de lourdes charges, est pourtant déjà libérée de l'humiliante condition du servage.

HISTOIRE DE L'AUXERROIS

SECONDE PARTIE

HISTOIRE DE L'AUXERROIS

SECONDE PARTIE

L'Auxerrois depuis sa première réunion à la Couronne de France.

Informés de l'achat que le roi venait de faire de leur comté, les habitants de l'Auxerrois, qui y voyaient à juste titre beaucoup d'avantages pour leur pays, avaient offert de contribuer au paiement du prix, sous la seule condition de l'engagement que prendrait le roi de ne jamais aliéner ce comté, ni le séparer de la couronne. Cette offre avait été acceptée, et une ordonnance du mois de juillet 1371 en avait authentiquement sanctionné les conditions. Elle portait :

« Considérant que la ville et cité d'Aucerre et aucuns
« des lieux, villes et chasteaux appartenant audit comté
« sont assis sur la rivière d'Yonne, et en pays et lieux
« dont moult de biens puent (peuvent) chascun jour
« venir et estre admenés et conduits en notre bonne ville
« de Paris, destrois et passage estant sur ladite rivière et
« sur la rivière de Seine, sans danger, empeschement
« ou destourbier aucun d'aucun moyen seigneur, et
« qu'icelle ville et comté d'Auxerre et autres villes et
« forteresses appartenant à icelui comté sont bienséans,
« utiles et pourfitables pour nous et couronne de France,
« et en frontière de partie de Bourgogne où nous n'avons

PAGINATION DECALEE

« de présent aucun domaine, et par lesquels lieux et
« forteresses, s'aucunes guerres ou commotions ave-
« naient, ou s'aucuns ennemis nous voulaient d'aven-
« ture grever au pays, icelui pays et les autres parties
« en venant par deça pourraient être gardés et défendus
« et tenus en sûreté.

« Attendu aussi la grand dévotion, affection, grand
« désir et bonne volonté que les bourgeois, habitants
« et bonnes gens dudit comté et pays d'Aucerrois ont
« d'être en notre main et nos sujets, et en notre sei-
« gneurie sans moyen, et le grand profit et honneur
« qu'ils attendent y avoir et que nous voulons que eux
« et leurs successeurs et le pays y ait perpétuellement,
« et aussi l'aide et subside qu'ils nous ont fait en faisant
« ledit achat et pour icelui payer........................

« Nous le savons appropriés.... et approprions, unissons
« et annexons perpétuellement à nous, à nos successeurs
« et au domaine de la couronne de France...... et pour
« que jamais ils en puissent être ôtés, séparés, détruits
« ou aliénés, ni baillés à aucun de notre lignage, ni à
« autre quelconque personne.................... ».

Cette ordonnance ni aucun autre document ne nous
font connaître à quelle somme s'élevait l'aide que les
habitants avaient offerte pour obtenir cet avantage d'être
toujours et indissolublement unis à la couronne. Le
texte ci-dessus nous montre seulement que ce n'était
qu'une aide, c'est-à-dire une partie du prix.

Mais au mois de septembre suivant arriva un secrétaire du roi, membre de la Chambre des Comptes, appelé
Nicolas de Verres, pour négocier d'autres conditions.
Il offrait plusieurs bienfaits nouveaux et d'une grande
importance, la création d'un bailliage royal, l'institu-

tion de précieuses mesures de police et de voirie, des réparations immédiates dans tous les châteaux du comté, y compris celui d'Auxerre où se tiendraient les assises du bailliage, des garanties et concessions aux établissements ecclésiastiques qui avaient dans cette ville leurs bourgeois particuliers, etc., etc., si l'on consentait à imposer sur toutes les terres du comté une dîme de toutes les récoltes pendant quatre ans pour fournir au roi de quoi payer la totalité du prix de son acquisition. Des assemblées furent successivement convoquées par lui tant à Auxerre que dans les autres villes du comté. Il eut ensuite des conférences avec les grands vicaires de l'évêque alors absent, et avec les chanoines de la cathédrale et les religieux de Saint-Germain. L'évêché était occupé par Pierre Aymon, conseiller du roi, et qui occupa diverses ambassades, en Flandre, en Espagne et auprès de l'empereur. Le grand crédit dont il jouissait à la cour ne fut peut-être pas sans influence sur la conclusion de cette grande affaire, qui peut-être n'avait été engagée que sur son initiative. Après bien des débats on tomba d'accord. Le rapport qu'adressa Nicolas de Verrès à la Chambre des Comptes et qui a été publié en 1847 par M. de Bastard (1), constate les résultats de ces négociations, avec de curieux détails sur l'état et les mœurs du pays.

Tous les habitants deviennent bourgeois du roi, même ceux qui jusqu'alors avaient été bourgeois de l'évêque et de divers établissements religieux. Ceux de Saint-Germain étaient très nombreux. Ils s'élevaient jusqu'au cinquième de la population, par suite d'un vieil usage

---

(1) *Annuaire de l'Yonne* de 1847, p. 91.

selon lequel le bourgeois du roi qui épousait une bourgeoise de Saint-Germain suivait la condition de sa femme, et au contraire la femme qui épousait un bourgeois de Saint-Germain suivait la condition de son mari. Et comme, depuis les affranchissements accordé dans le XIII° siècle, la condition diverse des bourgeois n'avait plus d'autre effet que de les maintenir dans les juridictions de leurs anciens seigneurs, et que la qualité de bourgeois du roi concédée à tous aurait pour effet d'annuller toute autre juridiction que celle du bailliage royal, il est accordé au chapitre de la cathédrale et à l'abbaye de Saint-Germain des compensations par des cédules séparées, mais que l'on n'a pu retrouver. Ces compensations consistaient sans doute à substituer à la juridiction de ces établissements sur les personnes, quelque quartier qu'elles habitassent, la juridiction sur les quartiers avoisinant tant le cloître canonial que l'abbaye. Il y eut, en effet, à Auxerre, jusqu'en 1789, outre les peux officialités de l'évêque et du chapitre, quatre justices seigneuriales, dont chacune avait son quartier, celle de l'évêque, celle du chapitre, celle de Saint-Germain, et enfin celle de l'abbaye de femmes de Saint-Julien. Celle-ci avait son bailli, mais les justiciables y manquaient presque complétement.

Quant à la compensation accordée à l'évêque, elle consistait à reconnaître sa suzeraineté sur tout le comté, prétention qu'avaient, ou ouvertement ou sourdement, élevée, depuis près de deux siècles, ses prédécesseurs, et que l'on n'avait jamais reconnue jusque là, si ce n'est sur les châteaux que les évêques avaient donnés à titre de fief aux comtes. Mais, du moment que le comté était transféré au roi avec la condition d'inaliénabilité entre ses mains, cette suzeraineté devenait un titre purement nominal, et sans autre effet que la cérémonie de portage par le procureur du roi sans délégation spéciale, que l'on regardait comme un rite insignifiant, et que le paiement pour cette fois du droit établi par la coutume féodale sur la transmission des fiefs. Ce droit était le *quint* et le *requint*, c'est-à-dire le cinquième du prix et le cinquième d'un second cinquième, ce qui atteignait vingt-quatre pour cent. Il fut fixé par transaction à trois mille livres.

Les habitants obtenaient aussi d'incontestables avantages. Ils ne seraient plus dorénavant forcés d'aller plaider à Sens. Un bailliage royal était créé à Auxerre et le bailli de Sens y viendrait tenir ses assises pour les procès du comté ; il aurait dans cette ville deux lieutenants, un conseiller, un avocat et un procureur du roi.

Le nombre excessif des sergents du comté, qui était de cinquante, se trouvait réduit à douze, chiffre auquel on en ajoutait six, pour faire dans le comté des tournées de garde et de surveillance, sous la conduite du châtelain ou de son lieutenant.

La ville d'Auxerre recevait deux capitaines qui étaient immédiatement choisis et désignés, ainsi qu'un préposé à la voirie du comté.

Les châteaux d'Auxerre, de Coulanges-sur-Yonne et de Mailly seraient réparés et mis en bon état. On construirait des halles à Auxerre, et une grange à Vermenton.

A quoi le texte ajoutait cette clause caractéristique et qui donne l'explication des épidémies pestilentielles qui dévastaient si souvent les villes du moyen âge :

« Et parceque la ville est très orde (sale) et pleine
« de fange et d'ordures, pour ce que de tout temps il
« not (il n'y a eu) ordonnance en ladite ville, pour

« tenir ladite ville dorénavant nette et munde (propre),
« est ordené ce qui suit :

« Premièrement que chacun en droit soi nettoie ou
« fasse nettoier devant son huis de toutes ordures en
« la ville d'Aucerre dedans quinze jours après ce qu'il
« sera crié de par le roi, et porter les ordures en cer-
« taines places hors de la ville par l'ordonnance du
« bailli d'Aucerre et de son lieutenant ;

« Item quiconque voudra prendre ou lever des fiens
« (fumiers) de ladite ville, il le pourra faire si ceux
« à qui ils seront ne les levaient dedans lesdits quinze
« jours ;

« Item que les ordures et fanges étant en rues et
« places où il n'a aucuns habitants qui puissent être
« contraints à les ôter, seront ôtées aux frais et dépens
« de la ville ;

« Item que quiconque sera défaillant ou délaiant
« de faire les choses dessus dites après lesdits cris et
« invitations, il paiera, par chacun jour qu'il deffaudra,
« deux sous parisis, et y sera contraint par corps...»

Après quoi viennent des dispositions pour qu'on ne puisse plus bâtir le long des rues ou des chemins royaux, sans respecter l'alignement donné par le voyer ;

Quatre paires de sceaux et contre-sceaux sont remis aux villes d'Auxerre, de Vermenton, Mailly-le-Château, et Coulanges-sur-Yonne, qui étaient alors les plus considérables du comté. Il en sera donné aussi à Mailly-la-Ville.

Tout cela et beaucoup d'autres dispositions de détail étant convenus, les villes et villages du comté se soumettent pour trois ans à une dîme du dixième sur leurs récoltes de blé et de vin. Elle ne doit toutefois être que d'un vingtième dans quelques localités qui ont le plus souffert des ravages de la guerre et sont restées les plus pauvres.

Sur le vu de ce rapport, le roi promulgua deux ordonnances datées du mois de septembre 1371. La première reproduisait le contenu de la lettre du mois de juillet précédent, portant que le comté nouvellement acquis et ce qui pourrait y être joint par la suite serait uni inséparablement au domaine de la couronne. La seconde établissait dans la ville d'Auxerre un bailliage royal, dont le bailli de Sens était titulaire sous le titre de bailli de Sens et d'Auxerre, et réglait le ressort de ce bailliage, qui embrassait non-seulement les villes et villages du comté, ses fiefs, arrière-fiefs et tous les lieux qui y étaient enclavés, mais encore tous ceux qui étaient assis dans le diocèse d'Auxerre et dehors, entre les rivières de Loire, d'Yonne et de Cure, et qui étaient plus près de la ville d'Auxerre que de celle de Villeneuve-le-Roi, où était à ce moment le bailliage de Sens. Par là se trouvaient de nouveau rattachés à Auxerre, au point de vue judiciaire, les baronnies de Donzy, de Toucy et de Saint-Verain, qui n'avaient pas cessé d'y être unies par les liens de la puissance ecclésiastique.

Ainsi, la création du bailliage n'était pas un pur don du roi. Elle était achetée par les sacrifices des habitants. Dès l'année suivante, le siége en était établi dans le château des comtes, devenu, selon le nom nouveau qu'on lui donna, le Palais-Royal. Les assises du bailli jugeaient les appels ou les plaintes de toutes les justices locales du nouveau ressort. La justice ordinaire de la ville n'en restait pas moins soumise au prévôt royal, assisté des douze jurés. Le bailli de Sens et le prévôt de Villeneuve-le-Roi ne virent, qu'avec un vif regret, une distraction de territoire qui resserrait leur compétence dans des bornes plus étroites, et ils s'efforcèrent, pendant quelque temps, d'attirer à leurs tribunaux les affaires des localités comprises dans le ressort du nouveau bailliage. Quelques villes portèrent d'elles-mêmes leurs appels à Villeneuve-le-Roi. Les religieux de Saint-Germain et même l'évêque entreprirent aussi d'échapper à la juridiction du bailliage, et d'y soustraire les villes et bourgs dont ils étaient seigneurs temporels. Mais une nouvelle ordonnance de 1378 et plusieurs arrêts du Parlement anéantirent leurs prétentions. Après la mort du roi Charles V, le duc de Bourgogne, pour le comte de Charolais son fils, qu'il avait fait comte de Nevers et baron de Donzy, arracha même à la faiblesse de Charles VI une déclaration qui rendait le Donziais à Villeneuve-le-Roi. Mais le Parlement n'y eut aucun égard, et deux arrêts de 1391 et 1393 assurèrent à Auxerre tout le ressort que lui avait accordé l'ordonnance de 1371 (1).

La ville d'Auxerre obtint aussi un hôtel des monnaies royales. Cet établissement était encore en pleine activité en 1420, comme le constate une ordonnance du 10 août de cette année, qui nomme Auxerre parmi les huit villes qui en possédaient alors. Il fut d'abord dirigé par des officiers royaux, appelés Maîtres des monnaies. Mais en 1437, on le donna à bail par adjudication (2).

La réparation complète des fortifications d'Auxerre

---

(1) Pelée de Chenouteau. *Détails historiques sur le bailliage de Sens*, p. 580.

(2) Secousse, *Recueil des ordonnances*, t. II, p. 97. — *Inventaire des archives de la chambre des comptes de Dijon*, t. II, p. 763.

était un travail aussi considérable que nécessaire. Il s'agissait de relever presque partout les remparts que les Anglais avaient abattus. Le roi Charles V avait autorisé pour cette dépense une taxe de seize deniers sur chaque bruneau de sel qui serait vendu dans la ville. Cette autorisation était renouvelée en 1378, pour douze deniers, et durait encore en 1388. On avait en outre établi, pour le fisc royal, un impôt direct, sous le nom de fouage, qui, selon une charte du bourg de Chitry de l'année 1379 (1), n'était pas moindre de deux francs par feu, ce qui, au pouvoir actuel de l'argent, équivalait à la somme d'au moins 100 fr. d'aujourd'hui, mais qui devait remplacer toutes les aides perçues auparavant sur les marchandises. On fit, à cette occasion, un recensement de tous les feux imposables, et l'on n'en trouva, dans la ville d'Auxerre, que 1,034, ce qui, calculé à cinq têtes d'habitants par feu, ne donnait que 5,170 habitants. Si l'on ajoute à ce nombre les membres du clergé et les nobles et officiers qui étaient exempts, et les indigents qu'on ne portait pas sur les rôles et qui, par les malheurs du temps, pouvaient être assez nombreux, on ne trouve au plus que huit à neuf mille habitants. Il y avait donc eu depuis 1348, par la guerre, l'invasion et les maladies pestilentielles, une dépopulation d'environ un tiers, puisqu'à cette dernière époque, on comptait plus de deux mille hommes complétement armés à leur frais, ce qui suppose vraisemblablement plus de douze mille habitants. Les impôts du fisc royal étaient répartis par deux Élus nommés en titre d'office par le roi, et dont le nombre, successivement augmenté sous les règnes suivants, composa

---

(1) Lebeuf, *Preuves* n° 323.

bientôt un tribunal, qu'on nomma Élection, qui, avec le pouvoir de répartition, obtint celui de statuer sur toutes les difficultés et réclamations en matières d'aides et contributions. Il ne faut pas les confondre, comme l'a fait Lebeuf, avec les deux gouverneurs du fait commun, appelés aussi élus par ce qu'ils l'étaient par le suffrage universel en même temps que les douze jurés, mais dont les attributions étaient limitées aux affaires contentieuses de la ville.

Selon le droit public du temps, les affranchissements des serfs n'étaient devenus définitifs qu'après l'approbation des chartes par le pouvoir royal. Le roi Charles V approuva celles de plusieurs communautés d'habitants du comté, notamment, en 1365, la charte de commune qui, en 1279, avait été donnée à Coulanges-la-Vineuse, par le comte de Joigny, son seigneur, et en 1371, les deux chartes qui avaient été accordées à Mailly-le-Château et Mailly-la-Ville, en 1229, par le comte Guy de Forez, sur le modèle de la charte de Lorris (1). Il confirma aussi celle que la ville d'Auxerre tenait de la comtesse Mathilde, en y faisant toutefois deux modifications qui n'étaient guère que de forme, et ne touchaient pas aux priviléges des habitants. La première portait que le serment de maintenir ces priviléges, qui devait être, au commencement de chaque règne, prêté par les comtes, ne le serait plus que par le bailli et les autres officiers, au nom du roi ; et la seconde, que l'excommunication, qu'en certains cas prévus, pouvaient prononcer contre le comte l'archevêque de Sens et l'évêque d'Auxerre, ne le pourrait être contre le roi. Sauf ces modifications, le roi déclarait

---

(1) Secousse, *Recueil des ordonnances royales*, t. V, p. 665 et 715.

que, pour tout le reste, l'ancienne charte de la comtesse était maintenue dans sa force et vigueur (1). Le servage n'était pas encore complétement supprimé dans tout le comté. Un certain nombre de villages et de bourgs y restaient assujettis. Nous trouvons, dans un acte de dénombrement de la ville de Saint-Bris, du 3 octobre 1406, que ses habitants étaient encore soumis à la taille haute et basse, c'est-à-dire à la taille arbitraire, au gré du seigneur, à un droit de faîtage sur chaque maison, et enfin, à la corvée (2). On ignore à quelle époque elle cessa. Il y a eu encore des serfs dans quelques-unes de nos paroisses, jusqu'à la fin du seizième siècle.

Quand Charles V mourut, en 1380, la guerre contre les Anglais était à peu près terminée. Mais les corps de troupes, dont l'emploi n'était plus nécessaire, et qui n'étaient pas licenciés, parcouraient les campagnes et y stationnaient à leur gré, au grand détriment des habitants, qui n'obtenaient leur départ qu'à prix d'argent. C'est ainsi qu'en 1376, nous voyons le bourg de Chitry contribuer pour dix florins d'or dans la somme qu'il avait à payer à un écuyer breton, appelé Jean de Balesme, « afin de le faire partir avec une grande quantité de « gens d'armes, qui étaient avec lui, logés au pays « Auxerrois (3). » En 1380, la persistance d'abus semblables motivait l'envoi à Paris d'une députation spéciale du clergé et de la noblesse du comté. Aussi, les villages continuaient à s'imposer de lourds sacrifices pour se clore de murs, afin de pouvoir fermer leurs portes à ces bandes de soldats errants. Les religieux de Saint-Germain

---
(1) Secousse, *ordonnances*. t. VI, p. 416.
(2) Collection de Bastard, 3ᵉ carton.
(3) Lebeuf, *Preuves* n° 319.

le faisaient ainsi, en 1382, pour le bourg d'Héry, dont ils étaient seigneurs.

Le roi laissait pour son successeur un enfant de douze ans, sous la tutelle de ses oncles, les ducs d'Anjou, de Berry et de Bourgogne. Le premier n'eut rien de plus pressé que de s'approprier son trésor, et il prétendait à gouverner seul, comme tuteur. Les autres, non moins ambitieux, avides et prodigues, s'empressaient de revendiquer leur part du pouvoir et des finances. Tant que la guerre avait duré, les besoins de la défense nationale et de l'expulsion définitive des Anglais dont le joug était abhorré, avaient exigé de lourdes impositions, et Charles V avait dû, pour les établir, se passer du concours des États-généraux, que l'occupation du territoire par les troupes ennemies ne permettait pas de réunir. Ces impôts ou aides de diverses natures, sur le sel, sur les vins, et sur toute espèce de marchandises s'étaient élevés jusqu'à douze deniers par livre, c'est-à-dire cinq pour cent du prix. On avait, pour les remplacer, créé l'impôt direct du fouage. Mais, tant que la délivrance du sol ne fut pas complète, ils avaient subsisté ensemble. Au mois de janvier 1380, la guerre ayant cessé dans le centre et le nord du royaume, le roi avait supprimé les aides dans toute cette partie de ses états, c'est-à-dire dans toutes les provinces de la langue d'oïl. Le jour même de sa mort, 16 septembre 1380, il avait aussi ajouté, par une ordonnance en bonne forme, la suppression du lourd impôt du fouage. Dans les premières semaines qui suivirent, les oncles du jeune roi avaient donné leur assentiment à ces résolutions. Mais, deux mois après, ils le retirèrent et voulurent rétablir tous les impôts de guerre. Ils les augmentèrent même, et le fouage, dans de simples villages, fut porté à trois francs par feu (1). Il s'ensuivit partout de graves soulèvements. À Paris, et dans beaucoup d'autres villes, la population s'arma, en se saisissant des armes dans les dépôts publics qui les contenaient. Pendant deux ou trois mois, ce fut une suite non interrompue de violences, d'affreux désordres et de meurtres, tant sur les préposés au recouvrement des finances, que sur les gentilshommes qui ne payaient pas leur part de ces impôts, et que l'on accusait d'en bénéficier. Après avoir étouffé ces émeutes par des promesses de conciliation, les princes entreprirent de faire la guerre aux villes de Flandre, soulevées contre leur seigneur. Les provinces de France durent fournir, pour cette destination, de l'argent et des soldats. Le comté d'Auxerre eut à y envoyer cent cavaliers, tout équipés, dont cinquante archers, et à fournir mille francs pour leur solde. La puissante armée qu'on avait formée, écrasa à Rosebecq l'insurrection flamande, qui y perdit quarante mille hommes.

Forts de cette victoire, les princes revinrent à Paris à la tête de leurs troupes, et en rétablissant toutes les taxes, noyèrent, dans les flots sanglants de leur réaction, les résistances populaires. Après de nombreux supplices, on s'arrêta, pour changer en peines civiles les punitions des coupables, c'est-à-dire pour leur faire racheter leurs têtes par d'énormes amendes équivalant à la confiscation. Le comté d'Auxerre, que l'impôt sur les vins exaspérait, avait pris une large part au soulèvement de la résistance. Des documents que nous n'avons pu retrouver, mais que les historiens, et Mezeray, tout le premier, ont pu vérifier, signalent la ville d'Auxerre avec celles de Rouen,

---

(1) Lebeuf, *Preuves* n° 326.

d'Orléans, de Troyes et de Sens, où les rigueurs de la répression furent exercées avec le plus de sévérité.

Cette ville était trop intéressée dans la question de l'impôt sur les vins, dont la première création date de cette triste époque, pour ne pas se montrer au premier rang, parmi celles qui le repoussaient. De tout temps, elle y a été hostile, et trop souvent par de sanglantes émeutes. Cet état de choses, les violents mécontentements qu'il suscita, les abus qu'il entraîna, et la longue série de désordres qui s'ensuivirent, se révèlent dans une ordonnance royale du 28 février 1388, qui institue une commission de cinq membres, dont faisait partie l'évêque d'Auxerre, Ferry Cassinel. Elle était chargée de rechercher, et les exactions illégales qui avaient pu être commises par les Élus, receveurs, fermiers et autres agents du fisc qui auraient fait payer ce qui n'était pas dû, et les crimes et méfaits de ceux qui auraient « battu et viléné « lesdits officiers et fermiers, » et on lui confiait la mission de « punir les coupables selon leurs abus, dé-« mérites et excès, et selon la nature des cas, la considé-« ration du personnel et leur malice (1). »

Ce qui suivit ces événements, ne fut, pendant de longues années, qu'une série de douloureuses calamités. Le roi Charles VI, tombé en démence, laissait le pouvoir à ses oncles, et, plus tard, avec eux, à son jeune frère, le duc d'Orléans, qui se le disputaient avec frénésie et luttaient d'usurpations arbitraires et de dilapidations. Sous l'influence de tant de malheurs et de cette longue série d'oppressions et de résistances, de despotisme et de révoltes, la moralité publique avait subi de graves affais-

---

(1) Secousse, *Recueil des ordonnances*, t. VII.

sements. Les droits et les devoirs étaient incroyablement méprisés dans toutes les classes de la société. La haute noblesse, en présence des rivalités et des envahissements journaliers des princes du sang, ne mettait plus de frein à ses caprices tyranniques, et les classes inférieures, au spectacle des révoltes de la bourgeoisie, perdaient tout sentiment d'ordre et de subordination, et croyaient tout permis à leurs grossières convoitises. Dans toutes les classes, même dans le clergé, le sens moral était complétement oblitéré. Les preuves n'abondent que trop de cette perversion universelle des mœurs et des caractères. Les faits suivants pourront en donner une idée.

En 1382, des lettres de rémission sont accordées à un habitant d'Auxerre, appelé Perrin Chantepinot, qui avait tué en pleine rue le curé de Varzy. Elles constatent que le curé a été pris par une patrouille, dont Chantepinot faisait partie avec le châtelain, pour un des coureurs de nuit qui troublaient souvent, par leurs excès, le repos des habitants et l'ordre public, et que ces perturbateurs étaient des gens d'église de cette ville, c'est-à-dire sinon peut-être le curé, du moins le vicaire et les chanoines, qui « avaient
« fait et faisaient souventes fois, par nuit, plusieurs excès
« et maléfices, au contempt et vitupère ou du roi et de ses
« officiers de Varzy, spécialement ceux de justice, et, avec
« ce, avaient battu de nuit un des sergents du bailli (1). »

Dans une autre pièce, qui est un arrêt du Parlement, de l'an 1387, nous trouvons d'étranges révélations. L'évêque d'Auxerre, Ferry Cassinel, qui avait auparavant occupé le siége de Lodève, et qui, comme ses deux prédécesseurs, était un homme de cour résidant fort peu

---

(1) Lebeuf, *Preuves* n° 327.

dans son diocèse, avait été, pour des causes à nous inconnues, et par une procédure qui laisse supposer des motifs fort étranges, excommunié par son successeur. Il y avait alors à Auxerre, un clerc appelé Etienne de Mailly, qui, après avoir exercé à Autun les fonctions ecclésiastiques d'official, avait quitté ce service, et, étant venu se fixer à Auxerre comme avocat, y plaidait devant toutes les juridictions. Il fut chargé par l'évêque de Lodève des mesures à suivre pour publier cette excommunication. Pour se venger de cette audace, et, selon cet avocat, pour le courage qu'il avait montré dans la défense « de bon-« nes gens que la cour ecclésiastique était coutumière « de travailler, gaster et exiller, » l'évêque l'avait pris en haine, et avait dit en plein chapitre : Qui me délivrera de cet homme? Et, ne s'en tenant pas à ces menaces, il envoya un jour son frère, le chevalier Guillaume Cassinel, prendre l'avocat récalcitrant, le mettre sur un cheval, avec les deux pieds liés sous le ventre de sa monture, et le conduire, « avec deux compagnons, dont « l'un fut pendu depuis », au château de Régennes, où on l'emprisonna dans une étable, les bras attachés à deux gros anneaux de fer. Revenant quelques jours après, le chevalier Guillaume Cassinel lui fit donner la torture. Pendant ce temps, l'évêque avait saisi et séquestré ses biens.

Etienne de Mailly étant parvenu à s'évader, fit signifier un triple appel, à l'archevêque de Sens, au Saint-Siége, et au Parlement. La cause étant présentée au Parlement, ce tribunal ordonna la comparution des parties en personne, ainsi que celle du chevalier Guillaume Cassinel, et envoya de Paris un huissier pour citer ce dernier en même temps que son frère. L'arrêt qui fut rendu constate que les parties plaidèrent elles-mêmes leurs causes. Sans nier les faits, l'évêque disait que l'avocat était un homme de mauvaise réputation, qui plaidait le pour et le contre, qu'il était faussaire et receleur, et que c'était pour cela qu'il l'avait fait arrêter. L'archevêque de Sens intervenait au procès pour réclamer le demandeur, comme étant, en qualité de clerc, son justiciable. Mais, on n'y eut pas égard. Le procureur général prit la chose au sérieux. Il concluait à ce que l'évêque fût condamné en 16,000 francs de dommages-intérêts, son frère à 8,000 francs, et tous deux à une amende honteuse (ce que nous appelons aujourd'hui amende honorable), sans chaperon et à genoux. Mais, selon Lebeuf, l'évêque était un familier du roi, qui, dans sa démence, le retenait presque toujours auprès de lui, lui donnait toute sa confiance et le comblait de ses dons. Cela ne fut sans doute pas sans influence sur l'esprit du Parlement, qui n'adjugea pas les dommages-intérêts requis, mais ordonna que tous les biens de l'avocat lui seraient restitués, et qu'il reprendrait librement l'exercice de sa profession, sans que personne y pût mettre obstacle ; et il délégua un huissier pour faire exécuter son arrêt en tout droit et vigueur, et, comme porte le texte, *viriliter et debite*.

Lebeuf n'a rendu compte de ces faits que très imparfaitement. Il a été rectifié, par M. L. de Bastard, qui a donné le texte de l'arrêt. Lebeuf dit au reste que cet évêque ne prit guère part depuis aux affaires de son diocèse, qu'il n'en fut pas moins appelé à l'archevêché de Reims, mais qu'il mourut sans en avoir pris possession, et qu'en quittant Auxerre il laissa l'évêché endetté de 1,750 florins d'or, et le loyer épicopal en mauvais état.

Il avait apparemment, ajoute Lebeuf avec une fine ironie, beaucoup aidé sa famille (1).

De l'un de ses successeurs, Philippe des Essarts, qui occupa le siége seize ans après, dit encore Lebeuf, il n'y eut rien d'éclatant, que les atteintes qu'il essaya de porter à la juridiction du chapitre de la cathédrale (2).

Ce fut bien pis du successeur de ce dernier. « Il eut, « au dire du même historien, un embarras de famille « peu convenable à son état. Il s'agissait de pourvoir à « deux enfants naturels qu'il avait eus d'une demoiselle. « Il les fit légitimer (3). »

Lorsque les diverses classes de la noblesse, de la bourgeoisie et du clergé donnent de tels exemples de révolte contre la loi, l'ordre et les mœurs, on ne saurait attendre des classes inférieures, celles qui vivent du travail de leurs mains, qu'elles fassent mieux que ceux qui les conduisent, les emploient et leur commandent. Le dernier document que nous citerons, en fournira un exemple assez remarquable.

Le Recueil des ordonnances royales constate (4) qu'en 1392, plusieurs gens d'églises, nobles, bourgeois et habitants de la ville et du comté d'Auxerre, adressent au roi « grief, clameur et complainte, » sur ce que les ouvriers vignerons et laboureurs, qu'ils emploient pour travailler à la journée, au lieu de travailler, selon l'ancien usage, jusqu'au coucher du soleil, se sont mis sur le pied, « en abusant, fraudant et décevant, d'abandonner « leur ouvrage à nonne, c'est-à-dire vers trois heures

---

(2) Lebeuf, t. II, p. 15.
(3) *Ibid*. p. 40.
(3) *Ibid*. p. 50.
(4) Secousse, t. VII, p. 556.

« après midi, et qu'ils emploient le reste de la journée à
« travailler pour leur compte, dans leurs propres vignes
« ou autres propriétés. »

Les plaignants exposent encore « que les gardes,
« messiers ou sergents qui sont ordonnés ou commis
« pour garder les vignes et autres labourages, et le fruit
« étant en icelles, dont ils ont et prennent prix et salaires,
« de leur autorité prennent, cueillent, mangent et
« donnent des raisins et autres fruits étant en leur garde,
« et en font moust (vin doux), et plusieurs excès et
« outrages au préjudice de ceux à qui lesdites vignes et
« autres labourages appartiennent. »

Ces désordres sont apparemment passés en habitude,
au point d'être regardés comme un droit par ceux qui
les commettent, car il est besoin d'un ordre royal pour
les réprimer. Le bailli de Sens et d'Auxerre et le prévôt
de cette dernière ville sont chargés « de faire crier et
« publier, dans tout le comté, et de faire tenir, garder
« et accomplir l'ordonnance suivante :

« Charles etc. (suit l'exposé des griefs.)

« Voulant tels abus abattre et faire cesser, ordonnons
« que dores en avant, tous ouvriers et laboureurs,
« hommes et femmes, toutes fois qu'ils voudront gaigner
« (travailler à la journée), viennent ès lieux et places
« ordonnées, accoutumées en ladite ville d'Aucerre et
« autres lieux et villes du pays d'Aucerrois avant soleil
« levant, et après ce qu'ils auront été alloués et retenus,
« œuvrent et se boutent là où leurs maîtres et maîtresses
« les ordonneront et employeront, bien et loyaumont,
« et se tiennent et œuvrent continuellement èsdits ou-
« vrages, et gagnent leurs salaires jusqu'à soleil couché,
« sans revenir à ville, en issir (sortir), ni partir de leur

« labourage, si ce n'est pour prendre leur récréation de
« boire et de manger raisonnablement, et aussi que
« lesdits ouvriers et laboureurs ne puissent prendre
« outre de cinq sols tournois par journée. » (Le sol d'alors équivalait, selon M. Leber, à 10 fr. d'aujourd'hui, ce qui montre avec évidence une erreur de copie dans l'ordonnance, qui portait sans doute cinq deniers, car on verra plus tard, qu'à la fin du siècle suivant, le prix de la journée était réglé à quatre blancs, c'est-à-dire à environ cinq fr. d'aujourd'hui). L'ordonnance ajoute : « Et
« ce, sur peine de 60 sols tournois d'amende, en quoi
« écherra et encourra envers nous chacun qui défaudra
« de ce faire.

« Et outre, que les gardes, sergents ou messiers des
« dites vignes et autres labourages, ni autre pour eux,
« ne prennent, cueillent, ou souffrent prendre ou cueillir
« par autres à qui il n'appartient dores en avant esdites
« vignes, vergers et jardins ou courtillages, raisins ni
« autres fruits pour faire moust nouvel, ou autres excès
« ou dépenses, sous peine de six livres tournois d'a-
« mende. »

Les ouvriers vignerons, ramenés ainsi à des conditions raisonnables de travail, et à un maximum de salaire très rémunérateur, ne se tinrent pas pour satisfaits. Ils se pourvurent au Parlement contre les sentences qui appliquaient cette ordonnance. Mais elles furent confirmées par un arrêt du 20 juillet 1393, avec cette seule modification que, depuis Pâques jusqu'à l'Exaltation de la Croix (13 septembre), ils ne quitteraient leur ouvrage qu'autant de temps avant le coucher du soleil qu'il en faut pour revenir de la vigne chez eux, sans s'arrêter en chemin, faute de quoi ils perdraient le salaire de tout le jour. (1).

Le désordre, arrêté ainsi dans le comté d'Auxerre, se continuait dans le Donziais et les villes riveraines de la Loire. Les habitants de la Charité adressèrent leurs vives plaintes au Conseil du roi et obtinrent au mois de mars 1402 une ordonnance semblable à celle de 1392 (2).

Ces actes de l'autorité publique reçurent, pendant quelques années, une entière exécution. Mais à la suite des guerres et des troubles intérieurs qui revinrent, le désordre et les démêlés reparurent, et nous les retrouverons dans une prochaine période de cette histoire.

Les rivalités ardentes des oncles et du frère du roi en démence, pour la direction du gouvernement et la dilapidation des finances, loin de cesser à la mort de Philippe le Hardi, duc de Bourgogne, survenue en 1404, prirent un caractère plus violent encore avec son fils, le duc Jean-sans-Peur, et arrivèrent, en 1405, à un commencement de guerre. « Il y avait, dit Juvénal des « Ursins, division entre les seigneurs, lesquels avaient « gens d'armes sur les champs, qui faisaient maux in- « nombrables. » Les hommes de guerre du duc d'Orléans entrèrent dans le Donziais. Après quelque séjour et de grands désordres à l'abbaye de Saint-Laurent, près Cosne, elles firent des courses jusqu'aux portes d'Auxerre, et mirent à contribution Escamps, Diges, Appoigny et les villages environnants. Les fortifications d'Auxerre mettaient la ville à l'abri d'un coup de main, et les

(1) Archives de la ville d'Auxerre.
(2) Secousse, *Recueil des ordonnances*, t. VIII, p. 493.

habitants, sans en exempter les prêtres, n'en faisaient pas moins la garde sur ses remparts. Il y eut une réconciliation apparente entre les princes, mais elle ne dura guère. En 1407, Jean-sans-Peur faisait assassiner, de nuit, le duc d'Orléans, dans une des rues de Paris. La guerre tarda peu à s'allumer par la coalition des enfants du duc d'Orléans et leurs alliés, sous la direction du comte d'Armagnac, beau-père du fils aîné. Les coalisés que, du nom de leur chef, on appela les Armagnacs, réunirent à Gien une armée, composée en grande partie d'aventuriers du midi, dont l'avidité et la fureur dévastatrice étaient proverbiales.

Après avoir pris la ville de Saint-Fargeau et quelques autres places voisines, ils s'étaient mis en marche vers Paris, en laissant dans cette petite ville une garnison qui pillait et saccageait tout dans un large rayon autour d'elle. Le comte d'Amboise, qui suivait ce parti, avait dans son château de Saint-Verain un capitaine appelé Jean de Cabelonne, qui se distinguait par des excès plus monstrueux encore. « Il surprit l'abbaye de Saint-
« Laurent pendant que les religieux chantaient la grande
« messe, pilla tous les vases sacrés d'or et d'argent,
« châsses, reliquaires, calices, livres, couverts d'argent,
« grand nombre de riches ornements et tous les meubles
« du monastère, se saisit des habitants du bourg qui
« s'y étaient réfugiés, et emmena au château de Saint-
« Verain l'abbé et les religieux avec cent vingt de ses
« habitants liés et garrotés, dont il espérait tirer une
« grosse rançon (1). » Leur armée en faisait autant autour de Paris qui leur avait fermé ses portes, et toute

---

(1) Georges Viole. *Abbaye de Saint-Laurent*, p. 1560.

cette contrée, livrée à d'affreux ravages, revit les calamités du temps des grandes compagnies, pendant que chacun des deux partis négociait pour avoir le secours des Anglais. Les Armagnacs revinrent ensuite à leur point de départ et se concentrèrent dans le Berry. Jean-sans-Peur, qui était accouru au secours de Paris, prenait habilement le rôle apparent d'un défenseur de l'ordre et d'un ennemi des abus. Il dénonçait la mauvaise administration exercée par ses adversaires au nom du roi et au détriment du clergé, de la noblesse et du peuple. Il déclarait n'être venu que « pour remettre justice sus et « assembler les trois États, afin d'aviser au gouver-« nement, car ceux qui disaient l'avoir, gâtaient « tout (1). » Bien que sa conduite démentît de si belles protestations, c'est par elle qu'il gagnait beaucoup de partisans. Il en trouva de dévoués dans le comté d'Auxerre, dont les habitants, se déclarant pour lui, s'empressèrent de contribuer de tous leurs moyens au succès du siège que ses troupes vinrent mettre devant Saint-Fargeau. Les villes fournirent pour cette entreprise leurs milices, des vivres, des armes et des munitions de guerre. Auxerre se distingua entre elles, en envoyant des bombardes, de la poudre et des boulets de pierre. Après un assez long siège et deux assauts, la ville fut prise avec son château. Pendant ce temps une nombreuse armée était organisée par le duc de Bourgogne, qui se mettait à sa tête, et, emmenant avec lui le malheureux roi, le conduisait, en passant par Auxerre, Entrains et la Charité, devant Bourges, où s'étaient retirés les Armagnacs. Après un

---

(1) Chronique du religieux de Saint-Denis. — Juvenal des Ursins.

mois de siège, soutenu de part et d'autre avec une grande fureur, les ressources des assiégés s'épuisaient et leurs rangs commençaient à s'éclaircir. L'armée du roi n'était guère en meilleur état. Elle manquait aussi d'argent et de vivres, et souffrait beaucoup d'une épidémie engendrée par l'insalubrité des marais de l'Yèvre, près desquels elle était campée, et par la puanteur des cadavres qui encombraient les abords du camp. Plus de mille chevaliers et écuyers étaient morts, ainsi qu'un grand nombre de soldats. Les chefs du parti d'Armagnac avaient tenté une alliance avec les Anglais qui, pour profiter des discordes du royaume, offraient successivement leur secours aux deux partis. On arrêta un de leurs émissaires porteur d'un traité déjà signé. C'en fut assez pour que le duc de Bourgogne se décidât enfin à la paix. Il en prépara les conditions, et tout le monde s'empressa de quitter ce foyer d'infection pour se rendre à Auxerre, où, au nom du roi, la paix devait, disait-on, être irrévocablement arrêtée. L'armée qui revenait, partie par La Charité et Entrains, partie par Gien et la Puisaie, sema partout la peste, dont il périt plus de mille soldats sur les routes, et qui resta longtemps dans ce pays où elle fit d'affreux ravages.

Dans les premiers jours d'août 1412, on vit arriver à Auxerre, avec une suite immense, le roi, le dauphin, le duc d'Anjou, qui conservait le titre de roi de Sicile, quoiqu'il eût perdu son royaume, et qui était revenu en France pour prendre la part des dépouilles de cet État, les ducs de Bourgogne, de Bourbon, de Berry et de Bar, le comte de Nevers, et une foule d'autres grands seigneurs des deux partis. Ils apportaient la contagion avec eux, et beaucoup en moururent en route ou à peine arrivés.

D'une autre part il vint des députations du Parlement de Paris, de la Chambre des Comptes et de l'Université, le prévôt de Paris, le prévôt des marchands, les échevins et un certain nombre de bourgeois de cette ville ; des archevêques, des évêques, des abbés, des députés de Rouen, Caen, Amiens, Tournay, Laon, Reims, Troyes, Langres, Tours et autres villes principales, tous mandés au nom du roi, pour donner une grande solennité au traité qu'on allait conclure. Le jeune duc d'Orléans y arriva le dernier, avec le comte de Nevers son frère, et une suite de deux mille cavaliers.

On se rendit le 22 du mois d'août dans l'église cathédrale qui avait été ornée pour la circonstance de tapis de soie et d'étoffes d'or. Un trône, surmonté d'un dais de drap d'or s'y trouvait préparé. Le roi, qui était alors dans le plus triste état de santé, ne put l'occuper. Le dauphin, duc de Guyenne, y monta à sa place, ayant à sa droite les ducs de Berry, de Bourgogne, de Bourbon, de Bar, le connétable d'Albret, puis une multitude de comtes et de barons, distribués selon le rang de leur noblesse. A gauche étaient les archevêques et les autres dignitaires du clergé. En face et un peu plus bas les chanceliers de France et de Guyenne, les députations des cours souveraines, les magistrats et députés de Paris et des bonnes villes. Toutes les portes de l'église étaient ouvertes. Une foule immense les assiégeait, mais les soldats préposés à la garde des portes tenaient le peuple à distance, en repoussant à coups de plats d'épée ou de manches de leurs piques ceux qui s'approchaient trop près. On attendit pendant quelque temps le jeune duc d'Orléans, qui parut enfin avec son frère, tous deux vêtus de deuil qu'ils n'avaient pas quitté depuis la mort de leur père, et suivis d'un cortége imposant. Le duc de Bourbon alla le recevoir et le conduisit au dauphin, qui l'embrassa et le fit asseoir à côté du duc de Bourgogne. Alors le chancelier de France ayant rappelé l'objet de la convocation, on lut à haute voix les articles du traité par lequel on se promettait réciproquement paix et alliance fraternelle. Puis les princes, la main posée sur l'Évangile et sur les reliques des saints, jurèrent qu'ils exécuteraient fidèlement toutes les conditions écrites. Les prélats, la main sur la poitrine, les gentilshommes l'épée en terre et la main levée, affirmaient tous qu'ils avaient le traité pour agréable et qu'ils le ratifiaient. Il y eut là un moment d'attendrissement. La nature reprit pour un instant son empire sur ces cœurs implacables. On songea sans doute alors à cette pauvre France déchirée, ensanglantée, ruinée, pour la querelle particulière et les ambitions de deux membres de cette famille princière, dont le devoir était de la protéger, de la pacifier et de la défendre. Aussi, selon le récit des contemporains, on vit des larmes couler de tous les yeux, et l'on voua à la damnation des traîtres ceux qui enfreindraient l'alliance en quoi que ce fût. Dans cette favorable disposition des esprits, on entonna un *Te Deum* d'actions de grâces, qui fut entendu à genoux par tous les assistants, et toutes les cloches de la ville annoncèrent la réconciliation si vivement désirée. Le soir et les jours suivants il y eut entre les princes des festins et des réjouissances, où tout le monde affecta un retour de confiance et une satisfaction sans réserve. Les ducs de Bourgogne et d'Orléans se montrèrent souvent ensemble, unis en apparence comme deux frères, et même une fois montés sur le même cheval. Le bon peuple d'Auxerre applaudissait par des cris de joie : « Ils criaient

« souvent à hauts cris, dit Monstrelet, *Gloria in excelsis*
« *Deo,* comme s'ils voulaient dire : Louée la glorieuseté
« des cieux. Il leur semblait être proprement miracle de
« Dieu, attendu la division qui avait été si grande entre
« si grands seigneurs, laquelle était si rapaisée.....
« Néanmoins aucuns envieux et mauvaises langues ne
« s'en taisoient pas en derrière et en faisoient leurs
« gorgées. »

Ces *mauvaises langues* n'avaient, hélas ! que de trop justes raisons d'en faire leurs *gorgées*, car quelques jours après, lorsque tous ces princes furent partis, le bruit se répandit que le duc de Bourgogne avait proposé, dans son conseil particulier, de profiter de l'occasion pour se défaire en même temps du duc de Berry et des deux enfants d'Orléans, et que le coup n'avait manqué que parce que Pierre des Essarts, prévôt de Paris et frère de l'évêque d'Auxerre, s'y était opposé et les en avait avertis.

On ne tarda guère, en effet, à se séparer et sous d'assez tristes auspices. La peste que ces princes avaient apportée dans la ville y faisait d'effrayants ravages. Le roi était dans un état de santé si déplorable, qu'on ne put l'emmener qu'en bateau. Et l'on venait d'apprendre que les Anglais, par suite du traité qu'ils avaient fait avec les Armagnacs, et voulant profiter pour leur compte des désordres de la France, s'avançaient à marches forcées vers la Loire, par le Cotentin et le Maine. A la nouvelle de la paix conclue ils gagnèrent Bordeaux, en annonçant l'intention de reconquérir le duché d'Aquitaine, et recommencèrent les hostilités. Le traité de paix fut bientôt laissé de côté par les Armagnacs qui, sur des prétextes plus ou moins plausibles, vinrent l'année suivante assiéger Arras.

Il y eut ensuite une paix nouvelle, aussi fragile que les précédentes, et bientôt violée. Paris fut successivement au pouvoir des deux partis, avec d'effroyables massacres. Pendant ce temps les troupes anglaises faisaient des progrès et le duc de Bourgogne pactisait secrètement avec elles. Il ne se joignit pas à l'armée française qui les combattit en 1415 à Azincourt et y fut ignominieusement battue par la témérité indisciplinée et la présomptueuse ignorance des princes et seigneurs, comme il en avait été dans le siècle précédent à Crécy et à Poitiers. Ses deux frères, le comte de Nevers et le duc de Brabant, se séparant de lui, y étaient venus, et tous deux y furent tués, ainsi que Hugues d'Amboise, baron de Saint-Verain. Des trois fils de Charles VI, les deux aînés moururent à peu de mois de distance, en 1417. Celui qui restait, et qui devait être plus tard le roi Charles VII, n'avait encore que dix-sept ans, et prit le titre de dauphin. Élevé dans la haine du duc de Bourgogne, il voulait prendre parti contre lui. Celui-ci, s'attribuant toujours le rôle de défenseur des intérêts populaires, lançait contre
« les gens de petit état qui tyrannisaient le royaume, un
« manifeste où il leur imputait l'empoisonnement des
« deux jeunes princes, et déclarait qu'il poursuivrait par
« le feu et par le sang la punition des coupables et le
« relèvement du pauvre peuple, afin que les bons et
« loyaux sujets ne payassent plus dorénavant aides,
« impositions, tailles, gabelles, ni autres exactions,
« comme il appartenait au noble royaume de France. »
Beaucoup de villes, comme Rouen, Amiens, Reims, Châlons et Troyes, croyant à la sincérité de ce langage, adhérèrent à la la ligue qu'il proposait. Auxerre, où le duc avait beaucoup de partisans, se joignit ouver-

tement à elles, et son exemple fut suivi par plusieurs petites villes du comté, notamment Saint-Bris, Vermenton et Mailly-le-Château, et près d'elles, Brienon et Chablis. Mais ce sentiment n'était pas unanime, car selon les registres du chapitre cathédral que Lebeuf a pu consulter, cela fit naître, « dans cette contrée deux partis, « l'un de royalistes, l'autre de Bourguignons, et qui pro- « duisit des courses si fréquentes dans les campagnes, « que le clergé de la cathédrale commença à se dis- « penser d'aller en procession hors les murs. » Le comté d'Auxerre se trouvait donc partagé entre les deux factions, et de part et d'autre on commençait à s'armer et à tenir la campagne.

Interrompue quelque temps par un nouvel accommodement, la division des princes se ralluma avec un violent acharnement, et se couronna en 1419 par l'assassinat de Jean-sans-Peur à Montereau, dans une conférence avec le dauphin. Alors son fils Philippe-le-Bon, par un odieux et funeste traité, livra la France aux Anglais. Le roi Henri V épousait la princesse Catherine, fille de Charles VI, et était déclaré d'avance héritier et régent de la couronne de France, dont Charles VII « était débouté, » et le nouveau régent prenait, en grande pompe, possession de Paris. Près de nous, Sens et Villeneuve-sur-Yonne tombaient au pouvoir des Anglais ; Joigny et Guy de La Trémouille, son seigneur, se donnaient aussi à ce parti. Charles VII s'était retiré à Bourges, en confiant à Georges de la Trémouille, parent, mais non ami du comte de Joigny, la défense de ce qui lui restait dans le Gâtinais et l'Auxerrois. Le cardinal de Bar, seigneur de Toucy et de Saint-Fargeau, avait remis à ce capitaine la garde de ces places, et les lui engagea ensuite pour sûreté des sommes qu'il en avait reçues à titre de prêt et d'avances. Le maréchal de Lisle-Adam fut envoyé alors par le duc de Bourgogne, « avec « grand foison de gens d'armes, dit Monstrelet, pour tenir « frontière contre les Dauphinois, qui très fort dévastaient « le pays. » Il attaqua la ville de Toucy, qui se défendit avec un héroïsme dont les chroniques de Monstrelet et de Pierre de Fenin contiennent une intéressante relation, que nous croyons devoir reproduire.

« Le maréchal de Lisle-Adam, le seigneur de Croï et « plusieurs autres capitaines bourguignons, dit le premier « de ces chroniqueurs, vint, avec seize cents cavaliers, « assiéger Toucy, où repairait très souvent le seigneur « de la Trémouille. Ils arrivèrent devant soleil levant, « ajoute Pierre de Fenin, puis on assaillit cette ville dans « laquelle il n'y avait que deux ou trois gentilshommes « seulement, par quoi le commun fut bien ébahi. Mais « nonobstant cela ils se raffermirent et bien se défen- « dirent. Aussi les échelles étaient-elles trop courtes. « Puis on fit faire des échelles plus longues, avec des « marteaux de fer (crocs de fer et autres habillements de « guerre, dit Monstrelet), et au troisième jour on y livra « un grand assaut. Mais ils se défendirent encore mieux « qu'ils n'avaient fait au premier, tant qu'ils tuèrent un « gentilhomme appelé Auger de Saint-Wandrille, vaillant « homme de guerre, lequel demeura mort dans les fossés, « sans qu'il fut possible aux Bourguignons de le rap- « porter. Avec cela ils en navrèrent plusieurs, et, de « pleine venue, dit Monstrelet, fut pris un capitaine de « brigands appelé Tabary, qui avait autrefois mené « guerre aux Anglais. »

On appelait brigands des gens de guerre armés seulement de brigandines, espèce d'armure à lames étroites.

Mais ces troupes légères, sortes d'enfants perdus, recrutés à l'aventure étaient sans doute des pillards effrénés, puisque leur nom est resté pour désigner des gens de sac et de corde, capables de tous les excès et de tous les crimes. C'est, au reste, ce que dit Monstrelet dans un autre chapitre, sur ce Tabary, qui, comme les routiers des siècles précédents, était toujours à la disposition de ceux qui le payaient le mieux, ou lui donnaient le plus à piller, et la description de sa bande, que donne le chroniqueur, est un assez curieux document.

« Auquel temps régnait... sur les marches de Nor-
« mandie un capitaine de brigands nommé Tabary qui
« tenait la partie de Bourgogne et était de petite stature
« et boiteux. Lequel souvent assemblait quarante ou
« cinquante paysans, une fois plus, l'autre moins,
« habillés et armés de vieils haubergeons, jaques, vieilles
« haches, demi-lances où il y avait massues au bout,
« et autres habillements de pauvre état, à tout lesquels
« s'en allaient, les uns sur méchants chevaux et juments,
« et les autres à pied, embuchés ès bois où se tenaient
« les Anglais. Et quand ils pouvaient aucun prendre,
« ledit Tabary leur coupait la gorge. Et pareillement
« faisait à ceux tenant le parti du dauphin. Et ainsi en fit
« à plusieurs, dont grandement était haï des dessus dites
« parties. »

Aussi Pierre de Fenin ajoute-t-il, à propos des gens de Tabary, qui furent presque tous tués, « que l'on en
« faisait grande risée, parce que c'étaient gens de pauvre
« état. »

Il termine d'ailleurs ainsi le récit de l'expédition contre Toucy :

« Quand les gens du duc Philippe virent que ces bons

« hommes se défendaient si bien et qu'ils considérèrent
« qu'ils ne les pourraient avoir d'assaut, ils se retirèrent
« en leur logis, où tost après leur vint nouvelles que
« leurs ennemis les venaient combattre. Lors le seigneur
« de Lisle-Adam monta à cheval et tous les Picards qu'il
« avait avec lui, et alla au-devant d'eux pour les trouver
« sur les champs. Les Dauphinois qui avaient leurs
« espies en ouïrent les nouvelles, et, pour ce qu'ils
« n'étaient pas assez puissants pour attendre lesdits
« Picards, ils se retirèrent en une forte église nommée
« Escamps-Saint-Germain, à deux lieues et près d'Aus-
« soire (Auxerre). Là outre alla ledit seigneur de Lisle-
« Adam assiéger avec ses Picards, et y tint siége de dix-
« huit jours, et tant fit que ceux qui étaient dedans cette
« église se rendirent à sa volonté. Puis après ce moustier
« fut abattu, c'est à savoir la fortification qui était autour.
« Delà le seigneur de Lisle-Adam et ses Picards se ren-
« dirent à Troyes. »

Les villes de la Charité et Cosne s'étaient aussi déclarées pour le duc de Bourgogne. En 1419 un de ses écuyers, qui avait à sa cour la charge de panetier, et qui dans les documents du temps est appelé successivement Perrinet Grasset, Gressard ou de Grasset, vint, avec un corps de troupes y tenir garnison. Les religieux de l'abbaye de la Charité passaient pour être favorables à la cause du dauphin, car ils furent fort maltraités, et leur église pillée par ce capitaine et ses gens. Deux ans après, Charles VII vint en personne attaquer cette ville avec une armée de vingt mille hommes et s'en empara sans coup férir. De là il alla assiéger Cosne. Après une longue résistance les assiégés capitulèrent et promirent d'ouvrir leurs portes s'ils n'étaient pas secourus avant le soir du

18 août. Le roi d'Angleterre en en recevant la nouvelle, réunit en toute hâte des forces considérables et se mit en marche à leur tête. Mais il tomba malade en route et remit le commandement à son frère, le duc de Bedfort. Le duc de Bourgogne, qui avait de son côté convoqué les chevaliers de la Flandre, de l'Artois et de la Picardie, amena une armée considérable. Ils traversèrent tous le comté d'Auxerre, et ayant fait leur jonction à Vézelay, arrivèrent devant Cosne avant le jour prescrit. Mais à l'approche d'une force aussi formidable, Charles VII rendit les ôtages qu'il avait reçus et se retira à la Charité, et de là à Sancerre pour empêcher les Anglais de passer la Loire et d'entrer dans le Berry. A ce moment le roi Henri V mourait à Vincennes, et, sur la nouvelle qui lui en arrivait, l'armée anglaise se retirait en toute hâte. Quelques semaines après lui, mourait le roi Charles VI, qui, dans sa démence, n'en était pas moins l'objet d'une sympathie et d'une pitié universelles. Ce n'est pas à lui qu'on imputait les malheurs de la France, où on lui donnait le surnom du *Bien-Aimé.*

Bonne d'Artois, veuve du comte Philippe de Nevers, qui possédait, comme tutrice de ses enfants, ce comté, et qui, dès l'année précédente avait tenté d'établir une trève de neutralité entre ses sujets du Nivernais, du Donziais et de la Puisaye d'une part, et les troupes du dauphin, renouvela alors, de concert avec le cardinal de Bar, ses tentatives, et non sans succès (1). Cependant Perrinet Grasset revint plus tard, quand en 1423 la Charité fut reprise par les anglo-bourguignons, et y resta malgré l'opposition de la comtesse qui appréhendait son humeur batailleuse

---

(1) **Inventaire des** titres du Nivernais, col. 31.

et tracassière, comme capitaine de La Charité. Mais la volonté du duc de Bourgogne le maintint. Pendant ce temps, la garnison de cette ville, qui était partie pour faire des incursions dans l'Auxerrois, s'empara de Varzy, de Mailly-le-Château, de Coulanges-la-Vineuse et d'Escamps. Une de leurs bandes, commandée par le bâtard de la Baume, surprit même la forte ville de Cravant, qui appartenait au chapitre d'Auxerre. Mais à peine s'y étaient-ils établis, qu'ils furent attaqués, débusqués et mis aux fers par une troupe de chevaliers bourguignons qui étaient accourus en toute hâte au premier bruit de cet événement, et qui avaient à leur tête un des plus braves capitaines de la Bourgogne, Claude de Beauvoir, sire de Chastellux, lequel en 1418 avait, en récompense de ses services à Paris, été fait maréchal de France.

Sur ces entrefaites, des partisans de Charles VII s'étaient réunis en Champagne, et y tenaient les champs avec leurs troupes contre les Anglais, qui les repoussèrent à Pont-à-Mousson. Le jeune roi envoya alors, pour les soutenir, un corps auxiliaire de quatre mille Écossais, commandé par leur connétable Jean Stuart. Quand ils eurent passé la Loire à Gien, ils apprirent que Cravant, pris par les gens de leur parti, avait été repris par ceux du duc de Bourgogne. Mais on ajoutait que la tour de cette place tenait encore. C'était inexact; la tour avait été prise presque en même temps que la ville. Le connétable partit aussitôt pour secourir la tour et assiéger Cravant, en même temps qu'il envoyait demander au roi des bombardes et des munitions pour ce siége. On ne les lui envoya pas, parce qu'on lui avait ordonné d'aller droit en Champagne. Il s'obstina néanmoins à ce siége qui, faute d'artillerie, ne pouvait consister que

dans des assauts qui furent énergiquement repoussés, et dans un blocus qui dura cinq semaines. La place n'était pas approvisionnée de vivres, et les assiégés en furent réduits à manger leurs chevaux pour ne pas mourir de faim. Avertis de cette situation, les Anglais envoyèrent à leur secours une armée de quatre mille hommes commandés par les comtes de Salisbury et de Suffolk, en même temps que Jean de Toulongeon, maréchal de Bourgogne, accourait avec ce qu'il avait pu réunir de troupes dans la province. De son côté, le roi envoya le maréchal de Séverac avec quatre cents hommes d'armes et routiers Espagnols, auxquels se joignirent tous ceux de ses gentilshommes et soldats qui occupaient déjà diverses places dans l'Auxerrois. Les Anglais et les Bourguignons firent leur jonction à Auxerre, le 30 juillet 1423. Monstrelet raconte que « quand ils furent
« un peu réfectionnés de boire et de manger, se rassem-
« blèrent lesdits seigneurs en l'église cathédrale de la
« ville et là prirent leurs conclusions telles que ci-après
« seront déclarées. »

C'était l'ordre général de la marche et de la bataille, selon les usages de rigoureuse discipline à laquelle les Anglais devaient tous leurs succès. Le chroniqueur en donne le texte que l'on proclama et publia à son de trompe dans toute la ville et qui portait,

« Que chacun devait se pourvoir de vivres pour deux
« jours et que la ville en envoyât après l'ost tant qu'on
« en pourrait réunir,

« Que deux maréchaux seraient nommés, un dans
« chaque nation pour avoir regard sur leurs hommes.

« Que l'on partirait le lendemain à dix heures, avec

« une avant-garde de cent vingt homme, moitié d'An-
« glais et moitié de Bourguignons,

« Que les Anglais et Bourguignons fussent d'accord et
« unis ensemble en bonne union, sans faire débats ni
« remords, sous peine d'être punis à la volonté des
« capitaines,

« Qu'arrivé au lieu où l'on devait combattre, tout
« le monde se mettrait à pied et que ceux qui en feraient
« refus seraient mis à mort, et que les chevaux seraient
« menés à une demi-lieue en arrière,

« Que chaque archer fît un piochon aiguisé à deux
« bouts pour ficher devant lui quand besoin serait,

« Que nul ne fût assez hardi pour prendre prisonnier
« au jour de la bataille, jusqu'à ce qu'on vît pleinement
« que le champ fût gagné, et qui, si on prenait quel-
« qu'un, il fût aussitôt occis; et, avec lui, celui qui
« l'aurait pris, s'il en faisait encore refus,

« Qu'enfin nuls ne chevauchâssent devant ni derrière
« sans l'ordonnance des capitaines, sur peine capitale,
« mais se tînt chacun en l'ordonnance où serait mis.

« Et le lendemain, ajoute Monstrelet, quand ils eurent
« ouï la messe en grande dévotion et bu un coup, ils
« se départirent de la ville en grande fraternité et allèrent
« à Vincelles, à une petite lieue de leurs ennemis. »

Jehan Régnier, dont les poésies ont eu dans leur temps une si grande renommée, qui, après une longue pérégrination guerrière dans toutes les contrées littorales de la Méditerranée, était revenu à Auxerre, où depuis longtemps sa famille tenait un rang élevé dans la bourgeoisie, et qui avait embrassé avec ardeur la cause du duc de Bourgogne, dont, en récompense de ses services, il avait été nommé chambellan, échanson et lieutenant au bailliage, accompagnait cette expédition à la tête des milices Auxerroises.

Cette sévère discipline assura la victoire aux troupes anglo-bourguignonnes. Lebeuf a raconté cette journée d'après des traditions probablement exactes. L'armée assiégeante s'était massée sur les hauteurs de la rive droite de l'Yonne, au levant de la ville qui les séparait de la rivière. Les ennemis, en quittant Vincelles, étaient passés sur cette rive pour les attaquer, mais en approchant, ils la trouvèrent si fortement retranchée, qu'ils changèrent leur plan d'attaque, et, revenant sur leurs pas, traversèrent la rivière, pour avancer par la rive gauche. Le lit de cette rivière au devant de Cravant a été changé de place au siècle dernier, quand on a reconstruit le pont écroulé. Il décrivait auparavant une sinuosité au pied même des remparts. On l'a redressé, pour l'en éloigner de deux cents cinquante mètres, et il laisse maintenant une petite plaine au levant de la ville. Les voyant approcher de ce côté, l'armée française voulut s'opposer à ce qu'ils y entrassent, et, par une grande imprudence, abandonna ses fortes positions pour aller tout entière au-devant d'eux, sans songer que par cette manœuvre elle dégarnissait et rendait libres les issues par lesquelles la garnison pouvait sortir. Les archers Anglais, dont l'habiletée consommée était aussi une des causes des succès de leurs troupes, engagèrent l'action avec plus de facilité dans cette position nouvelle. Plus exercés, et peut-être mieux fournis de flèches que leurs adversaires, ils balayèrent les bords de la rive droite et, après trois heures de tir, les repoussèrent, et firent reculer les hommes d'armes exposés à leurs coups sans pouvoir y répondre. Les Anglais et Bourguignons purent alors passer à gué la rivière, sur laquelle, quoique Lebeuf ait supposé le contraire, il paraît résulter d'un document que nous allons faire connaître, qu'il n'y avait pas alors de pont. Cravant n'était, en effet, traversé à cette époque par aucune route. La bataille s'engagea alors corps à corps, et, pendant que les Français étaient combattus de face, la garnison, par une sortie furieuse, vint les attaquer par derrière, et jeta dans leurs rangs un désordre qui se termina par une affreuse déroute. Nous avons le bulletin officiel de cette terrible journée. C'est la lettre suivante adressée au duc de Bourgogne par le maréchal de Toulongeon, que M. Canat de Chizy a retrouvée en 1860 dans les comptes du receveur de Bourgogne, aux archives de Lille.

« Hier, avant huit heures du matin, arrivâmes
« devant la ville de Cravant en la compagnie de Mgr le
« comte de Salisbury et Mgr de Suffolk, qui avaient
« avec eux une assez belle et gente compaignie, et
« d'autres vos sujets environ quinze cents hommes,
« et là, trouvâmes nos ennemis en bataille d'une part
« de la rivière d'Yonne, qui étaient six mille et sept
« cents combattants, et nous de l'autre côté de la rivière.
« Et là fut l'escarmouche qui dura bien trois heures,
« et environ midi gaignasmes sur eux la rivière à pied,
« où nous entrasmes jusqu'à la sainture, et se neut
« que grâce à mon seigneur la journée fut nôtre. Et
« y fut pris le conétable d'Escosse, le comte de Ven-
« tadour, le sieur de Gamaches, le neveu dudit conétable.
« Messire Emery de Sévrac, maréchal du Dauphin, et
« messire Robert de Loyre, morts en la place, comme
« disent ceux qui les ont visités, et plusieurs autres
« jusqu'au nombre de mille hommes. Et la chasse qui

« a duré à Mally-le-Châtel qui s'est rendu prestement,
« et à Bazarnes. Et aussi sur la place qu'ils avaient
« prise pour combattre sont morts, par les rapports des
« hérauts, bien quinze cents hommes..... et y estoient
« de votre pays les bannières qui s'en suivent, c'est à
« sçavoir.... Mons. le comte de Joigny, messire Renier
« (Regnier), mons. de Cormarin, mons. de Nostain et
« messire Jacques de Villiers ont mis très grant paine
« et diligence que la chose se soit si bien conduite et
« mise à exécution à votre honneur (1). »

Le connétable Jean Stuart avait été fait prisonnier par Chastellux. Il fut depuis mis à rançon. Le maréchal de Toulongeon eut pour sa part dans cette rançon une somme de 20,000 livres (500,000 fr. d'aujourd'hui). La part de Chatellux ne fut sans doute pas moindre. On s'enrichissait ou se ruinait alors par la guerre, selon qu'on était vainqueur ou prisonnier.

Cette victoire fut suivie de la reddition de Mailly-la-Ville, d'Escamps, de Coulanges-la-Vineuse et de toutes les petites places qu'avaient occupées les soldats de Charles VII. Un détachement de l'armée anglaise s'achemina de là vers Toucy qui, selon Monstrelet, se rendit à eux après peu de jours, ce qui ne les empêcha pas de la brûler, par rancune, sans doute, de sa belle défense en 1420. L'incendie fut si violent et si destructeur, que selon une vieille inscription, il n'en resta que les remparts pour marquer qu'il y avait eu là une ville. Cette inscription était placée sur une tour qui restait

---

(1) Archives de Lille, reg. de Charles VII, f° 225. — Léopold Niepce, *Hist. de Senecey.* — *Hist. des Bauffremont, Bulletin de la Soc. hist. de Lyon*, 1876, p. 21.

de l'ancien château. Elle portait, après quelques indications sur son ancienneté, ces mots lugubres :

> Peu ou rien ne fut sauvé d'ici
> Hors les remparts, seule marque de ville
> Qui retint le nom de Toucy.

Les deux églises qu'elle contenait furent elles-mêmes réduites en cendres. Un terrier de l'année 1683 constate qu'à la suite de cet affreux désastre, ceux des habitants qui lui avaient survécu émigrèrent tous, et que la ville resta déserte pendant longues années. De là les Anglo-bourguignons allèrent prendre Saint-Fargeau, dont le capitaine fut fait prisonnier. C'était sans doute le maréchal de Chastellux qui avait conduit cette expédition, car le 15 mai 1424 le duc de Bedfort, régent du royaume pendant la minorité de son neveu Henri VI, lui fit don de cette ville et de toutes les seigneuries qui en dépendaient et que l'on avait confisquées sur le cardinal de Bar, comme ayant suivi le parti de Charles VII. Cette confiscation n'eut pourtant pas de suite. Le cardinal, qui était dans de bons rapports avec le duc de Bourgogne, parvint à la faire rapporter, en justifiant qu'en 1421 il avait adhéré au traité de neutralité qu'avait proposé la comtesse de Nevers (1), et, pour donner des gages de toute abstention d'hostilité, il constitua pour gardien et gouverneur de ses seigneuries en Puisaie le chevalier Perrinet Gressard ou Grasset, qui prit aussi dans les mêmes conditions le bail de l'abbaye fortifiée de Moutiers (2). Le maréchal de Chastellux fut sans doute indemnisé d'une

---

(1) Inventaire des titres du Nivernais, col, 31.
(2) Archives de l'Yonne, fonds de Moutiers.

autre façon ; il eut le vicomté d'Avallon et plus tard le gouvernement du Nivernais.

Il rendit la ville de Cravant au chapitre d'Auxerre, qui dut en être d'autant plus reconnaissant, que, d'après le droit public d'alors, les villes et châteaux appartenaient à ceux qui les avaient conquis. Aussi les chanoines, par une délibération solennelle, lui octroyèrent, pour « lui et ses héritiers mâles, et, à défaut de mâles, pour « les maris des filles, les fruits et revenus d'une prébende « de leur église, toutes et quantes fois qu'ils iraient « en ladite église et seraient à une des heures chantées « en icelle, où ils pourraient entrer, en surplis ou sans « surplis, et vêtus comme ils le jugeraient convenable ; « et que l'on célébrerait à perpétuité le lendemain de « l'Assomption, pour lui et les siens, une messe qui « serait appelée la Messe de la Victoire, et qui, après « son décès, serait convertie en un obit célébré solen- « nellement et à perpétuité en ladite église le jour « anniversaire de sa mort. Qu'en outre il pourrait élire « sa sépulture dans cette église où bon lui semblerait. »

Cette délibération a reçu son exécution tant qu'a existé le chapitre. Trente ans plus tard, quand Claude de Beauvoir mourut, il fut inhumé dans l'église, où on lui éleva un monument orné de riches sculptures et qui a été détruit par le vandalisme de 1793. Ses descendants, lorsqu'ils venaient à Auxerre, assistaient à l'office « bottés, éperonnés, couverts d'un surplis, le baudrier avec « l'épée par-dessus, gantés des deux mains, ayant sur le « bras gauche une aumusse et sur le poing un faucon, « tenant de la main droite un chapeau bordé, couvert de « plumes blanches. » Une exibition de ce costume traditionnel eut lieu devant Louis XIV, dans un séjour qu'il fit à Auxerre. Les jeunes courtisans, en voyant cette apparence de mascarade, se mirent à rire. Le roi resta sérieux et les reprit sévèrement, en leur disant : Messieurs, il n'y a aucun de vous qui ne dût être très honoré d'un tel privilége et qui a été si glorieusement acquis. Les canonicats laïques n'étaient pas autrefois sans exemple. Nos rois étaient en France chanoines de Saint-Martin-de-Tours, et, à Rome, de Saint-Jean-de-Latran. Ce dernier canonicat est encore inscrit dans la basilique de Saint-Jean-de-Latran au nom du chef du gouvernement français. Le costume laïque et le faucon sur le poing n'étaient pas non plus alors une nouveauté dans l'église cathédrale d'Auxerre. C'était un privilége du trésorier du chapitre, comme signe de la noblesse de son emploi, de s'y montrer ainsi une fois par an. Il y a eu à ce sujet une enquête et une transaction avec le chapitre en 1464 (1).

Les clauses secrètes du traité qu'avait fait, en 1420, le duc Philippe-le-Bon avec le roi d'Angleterre, n'ont jamais été révélées. Il est probable que la cession du comté d'Auxerre en était une. Car, depuis ce temps, tout s'y était fait, sinon en son nom, du moins par ses ordres. En 1424, il lui en fut donné un titre apparent. C'était un acte par lequel le duc de Bedfort lui en attribuait la possession temporaire, à titre d'engagement, pour des sommes dont on n'indique pas le chiffre, et que l'on dit avoir été par lui prêtées. Le comté était par là soustrait de plein droit à l'autorité du bailli de Sens, qui, auparavant, y présidait à la fois à la justice, à la police, et aux affaires militaires.

(1) Lebeuf, *Preuves* n° 370.

Le premier acte de cette possession fut d'attribuer le titre et les fonctions de bailli à Jehan Regnier, qui venait de se distinguer si vaillamment à la bataille de Cravant.

Ainsi se voyait détaché de la couronne de France le comté de l'Auxerrois, que nos pères s'étaient tout réjouis en 1371 d'y voir réuni, et cette séparation ne devait pas durer moins d'un demi-siècle.

La guerre ne discontinuait pas. Charles VII avait obtenu des Etats-généraux, convoqués successivement à Bourges, à Poitiers et à Carcassonne, des subsides pour soutenir la guerre. Et un assez grand nombre de capitaines, attachés à sa cause, tenaient sur divers points la campagne contre les Anglais. L'échec de Cravant ne les décourageait pas, et plusieurs d'entre eux passaient fréquemment la Loire pour faire de nouvelles incursions dans l'Auxerrois. Le bâtard de la Baume, le même qui avait d'abord surpris Cravant, et Thibaut de Termes, à la tête de deux cents hommes, s'étaient de nouveau emparés, entre autres places, de Mailly-le-Château et de Joux-la-Ville, et avaient même tenté une attaque contre la forte place de Noyers. D'autres, appelés Février et le bâtard de Coux, avaient surpris Corvol et la ville d'Entrains, qui était encore, à cette époque, comme le prouve un plan du xvi⁰ siècle, une île au milieu d'un lac. Il y avait aussi des chefs de bandes, qui n'appartenaient à aucun parti que celui du brigandage, et qui faisaient la guerre pour leur profit particulier. L'un d'eux, qui s'appelait Jacques d'Espailly ou de Pailly, et, de son nom de guerre, Fort-Epice, était déjà, par son habileté et ses méfaits, la terreur de la contrée. Une expédition nouvelle, commandée par le maréchal de Chastellux et le bailli d'Auxois, attaqua et reprit successivement, en l'an

1427, toutes ces petites forteresses (1). Châtel - Censoir était probablement de ce nombre. Il avait été saccagé et incendié, et peut-être tous ses habitants massacrés, dans une surprise dont le récit n'est pas venu jusqu'à nous, car cette année-là, lors de l'établissement d'un nouveau rôle d'affouage, les Élus constatèrent que, de cent vingt-deux chefs de famille imposables que cette ville contenait auparavant, il n'en restait pas un seul, et que tous les habitants, sans exception, avaient disparu (2).

Le comté d'Auxerre n'en continua pas moins à être sans cesse battu par les bandes des deux partis, qui y prenaient et reprenaient sans cesse les châteaux et bourgs fortifiés, et exerçaient dans le pays d'incessantes dévastations. Le maréchal de Chastellux y fit encore une campagne, en 1429, pour chasser les ennemis de son souverain, qui, après son départ, y revinrent avec la même assurance. Si la ville d'Auxerre comptait beaucoup de partisans du duc de Bourgogne, le parti opposé avait aussi ses amis dévoués. L'évêque Philippe des Essarts paraît avoir été de ceux-là, car, devant des manifestations hostiles, il dut quitter la place et rester absent pendant plusieurs années. Son successeur, Jean de Corbie, à peine installé, en 1426, était accusé d'avoir livré aux bandes de Charles VII, ses châteaux de Régennes et de Gy-l'Évêque. Mais le mouvement avait été comprimé, l'évêque banni ou mis en fuite. On avait découvert sans doute quelque conspiration contre la cause bourguignonne, car les comptes du receveur du bailliage mentionnent, à la date de 1427, l'exécution par la potence

(1) Archives de la Côte-d'Or, Chambre des comptes. — Née de la Rochelle.
(2) Ibid.

de Jacques Lelièvre pour forfaiture, et celle de Guillaume Perrot, valet de guerre du capitaine Fortépice, et ils constatent qu'il avait été fait des travaux à la tour Gaillarde de la vieille cité d'Auxerre, pour qu'elle servît de prison.

La ville et le château de Saint-Verain, qui, jusque-là s'étaient défendus contre les bourguignons, tombèrent, en 1426, entre leurs mains par capitulation, probablement à la suite d'un siége prolongé, alors que toutes les ressources de ses défenseurs étaient épuisées. Les seuls documents que l'on ait à ce sujet, consistent dans un rapport de cette date, au duc de Bourgogne, par le chevalier Jean de Hermelay, constatant que les places de Saint-Verain et de Bonny, ont été remises entre ses mains par Jean de Lesco et Regnault Guillain, qui les tenaient pour la comtesse d'Amboise, et dans une procuration donnée par celle-ci, à son fils, en 1427, pour en négocier la restitution. On n'a même de ces deux pièces que la courte analyse que l'on trouve dans l'*Inventaire des titres du Nivernais* (1).

Après avoir perdu Mailly-la-Ville, en 1427, Thibaut de Termes rejoignit Dunois, le bâtard d'Orléans, dont il était un des capitaines les plus entreprenants, et qui cherchait les moyens de faire lever le siége de Montargis qu'avaient entrepris les Anglais. Comme il avait, depuis plusieurs mois, dans ses incursions, parcouru toutes les localités de la Puisaie, il put faire connaître à Dunois, qu'en coupant à la fois toutes les chaussées des nombreux étangs que recélait alors ce pays, depuis les sources du Loing et de l'Ouanne, on pouvait inonder la vallée

---

(1) Inventaire, col 32.

qui, sous les murs de Montargis, séparait en deux parties le camp des Anglais, et attaquer alors avec grandes chances de succès, les troupes qui occupaient la rive gauche et qui ne pourraient être secourues par celles de la rive droite. Cette manœuvre fut exécutée avec intelligence et vigueur, et, le 5 septembre 1427, le pont fragile qui séparait les deux corps, étant emporté par les eaux, l'armée de gauche fut écrasée par les Français de Dunois, et celle de droite leva le siége en toute hâte.

Dans une notice qu'a publiée vers 1865 le Bulletin de la Société Archéologique de l'Orléanais, on conteste que l'inondation qui emporta le pont fût due au grossissement subit des eaux de ces deux rivières de l'Ouanne et du Loing, par la coupure des étangs de leurs vallées. Mais c'est une tradition, qui, de tout temps, s'est répétée dans la Puisaie, et que l'on y trouve encore aujourd'hui. La légende s'y joint même dans des récits qui accusent évidemment un fait historique. Ainsi, si vous visitez la source du Loing, on vous montrera une grosse pierre qui, dit-on, retient un fleuve qui est dessous. Et l'on vous dira que si vous leviez cette pierre, vous noyeriez toute la ville de Montargis.

Malgré ces succès partiels, une série de défaites successives avait mis aux mains des Anglo-Bourguignons presque toutes les villes de la rive droite de la Loire, notamment la Charité, Cosne, Varzy et Saint-Fargeau et, tant par ces échecs que par suite des rivalités hostiles et acharnées des favoris du roi, la cause de ce prince paraissait gravement compromise. Au mois d'octobre 1428, une nombreuse armée, commandée par le comte de Salisbury, vint assiéger Orléans. La ville est vigoureusement défendue, tant par ses habitants que par de vaillants chevaliers qui viennent s'y renfermer et qui commandent des troupes aguerries. Le siége, poursuivi avec ténacité, durait depuis cinq mois, et les assiégés voyant toutes leurs ressources s'épuiser, commençaient à se décourager. Dans les derniers jours de février, on vit passer à Auxerre une petite bande de gens de la Lorraine, qui disaient voyager pour affaires de commerce. Ils étaient cinq ou six, dont deux jeunes paysans. L'un de ceux-ci paraissait avoir seize à dix-sept ans. Ils allaient dans la Puisaie, et, de là à Gien. On sut depuis que ce jeune villageois était une fille, sous des vêtements d'homme. C'était Jeanne d'Arc, cette jeune fille dont M. Henri Martin a écrit que son caractère et ses actions n'ont rien de pareil dans l'histoire du genre humain. Elle allait à Chinon, pour dire au roi qu'elle était envoyée par Dieu, afin de faire lever le siége d'Orléans, et le conduire à Reims, pour y être sacré. Les autres étaient son escorte. C'étaient deux gentilshommes et leurs valets, qui avaient reçu cette mission du gouverneur de Vaucouleurs, et Pierre d'Arc, le frère de la jeune fille.

« Ils partirent, dit la chronique (1), et passant par Au-
« cerre et plusieurs autres villes, villages et passages du
« pays des ennemis, et aussi par les pays obéissant au
« roi, où régnaient toutes pilleries et voleries, sans qu'ils
« eussent ou trouvassent aulcun empêchement. Ils
« avaient passé aulcunes rivières à gués bien profonds, et
« des passages renommés pour leurs périls et dangers,
« sans quelconque inconvénient, dont ils estoient esmer-
« veillés, et vinrent jusques en cette ville de Chinon. »

Deux mois après, le 29 avril, Jeanne la pucelle entrait

(1) *Chronique de la Pucelle*, édition Buchon, p. 1429.

par force à Orléans, et, le 8 mai, le siége en était levé, les Anglais battus et en retraite. Et, le 17 juin, Charles VII, conduit à Reims par l'héroïque vierge de Domremy, avec une armée de douze mille hommes, par Gien et Auxerre, y était sacré par l'archevêque et oint de la sainte ampoule. Troyes, Châlons et Reims, lui avaient ouvert leurs portes. Il en était autrement à Auxerre, selon le récit de la chronique.

« Le roi vint loger, avec son ost, devant ladite ville
« d'Aucerre, laquelle ne fit pas pleine obéissance, où ils
« vinrent devant le roy lui prier et requérir qu'il voulût
« bien passer oultre, en demandans et requérans absti-
« nence de guerre, laquelle chose leur fut octroyée par
« le moyen et à la requeste du sieur de la Trémouille,
« qui eut deux mille écus, ce qui fit que plusieurs sei-
« gneurs et capitaines furent très mal contents d'icelui
« de la Trémouille et du conseil du roy, et mêmement
« la pucelle à laquelle il sembloit qu'on l'eut bien eue
« aisément d'assaut. Toutefois, ceux de ceste ville bail-
« lèrent et délivrèrent plusieurs vivres aux gens de l'ost
« du roy, lesquels estoient en grande nécessité..... Après
« que le roy eut été logé devant ladite ville d'Aucerre
« trois jours, il en partit avec son ost, en tirant vers la
« ville de Saint-Florentin, où ceux de la ville lui firent
« pleine obéissance. »

Après le sacre de Reims et le retour du roi à Gien, Jeanne d'Arc dut accompagner le connétable d'Albret et le maréchal de Boussac, pour une campagne dans le Donziais et le Nivernais, afin d'achever, comme on disait, de nettoyer le cours de la Loire, au mois de décembre 1429. On prit, grâce à sa vaillance héroïque, Saint-Pierre-le-Moutiers, et aussi, selon quelques-uns, la ville de

Cosne. La Charité, que défendait Perrinet Grasset, fut aussi attaquée, mais cette tentative échoua. Les auteurs du *Nivernais* racontent que, par un adroit stratagème, cet habile homme de guerre parvint à jeter la terreur dans la petite armée française, qui leva le siége et abandonna son artillerie. Cette dernière circonstance est peu probable. On fut sans doute averti de l'arrivée prochaine d'un secours aux assiégés. C'est, en effet, à ce moment que le maréchal de Chastellux et le bailli d'Auxois venaient de reprendre, pour la seconde fois, les petites forteresse de l'Auxerrois. Ils devaient avoir avec eux une force nombreuse. Le roi attendait d'ailleurs le retour du connétable, pour envoyer son armée du côté de Paris. Ce sont sans doute ces causes diverses qui, jointes à la rigueur de la saison, détérminèrent le départ de l'armée du connétable, mais, il se fit en bon ordre et sans déroute. Il est inexact encore que, comme le dit le même livre, Charles VII vint, l'année suivante, en personne, avec Jeanne d'Arc, pour recommencer ce siége. Dès le mois de mars suivant, la pucelle était envoyée dans l'Ile de France. Elle prenait Lagny à la fin de ce mois, et, le 23 mai, elle était faite prisonnière à Compiègne par les soldats du sire de Luxembourg, qui la vendait aux Anglais, par lesquels, après un an de torture, elle devait être livrée au bûcher. Charles VII resta toute cette année à Chinon et à Poitiers, pendant que des chefs de bande de son parti, trop faibles pour s'attaquer à une ville de la force de la Charité, revenaient dans l'Auxerrois, et, plutôt peut-être pour leur profit personnel que pour l'intérêt de sa cause, continuaient leur guerre de surprises et de pillages.

On commençait d'ailleurs, même en Bourgogne, à être

las du joug de l'étranger, et de toutes parts on aspirait à la paix avec la France. Le peuple Auxerrois, qui avait adhéré avec entraînement à ce manifeste du duc Jean-sans-Peur, de l'année 1417, où il se posait en ennemi des impositions, tailles, gabelles et autres exactions, avait éprouvé une première déception lors de sa réunion à la Bourgogne, en voyant le receveur du duc continuer à exiger, comme ceux du roi le faisaient par le passé, « les « impôts sur le sel, les cordes, les ais, les futailles, le « lin, le chanvre, la bricolle (charronnage et bourrèlerie), « le napage (toiles), et d'autres dont le sens et l'objet « sont assez difficiles à comprendre aujourd'hui (1). » Ce fut bien autre chose, quand on vit, en 1429, apparaître de nouvelles taxes sur les « poissons de mer « et d'eau douce, la volaille, les céréales, la paneterie, « les épices, les draps, les bestiaux, la boucherie, les « cuirs, les peaux, les armes, la poterie d'étain, les sou-« liers, la graisse, la friperie, le plâtre, le foin, les cercles « et les vins. » (2) Il fallut bien s'y soumettre, et reconnaître que le fisc du duc était encore plus âpre que celui du roi dans ses plus grandes exigences.

Dans les deux années suivantes, la ville de Saint-Bris, le château de Régennes, les bourgs de Villemer et Neuilly et plusieurs autres places avaient été pris par les Français, et ensuite assiégés et repris par les Bourguignons. Auxerre et les autres villes du comté se ruinaient à fournir les vivres et munitions et la solde des troupes pour ces expéditions, et les garnisons que l'on mettait dans les

---

(1) Comptes du receveur pour 1426. Inventaire des Archives de la Côte-d'Or. *Chambre des Comptes*, t. Ier, p. 278.

(2) Comptes du receveur pour l'année 1429-1430. *Ibid.*

places reconquises n'étaient pas moins onéreuses aux habitants que celles qui venaient d'en être expulsées.

En 1431, Auxerre était bloqué et menacé par les bandes royalistes. Au mois d'août de cette année, un grand convoi de vivres y était envoyé des frontières de Bourgogne pour ravitailler la ville. Il avait fallu, pour le protéger, une escorte qui n'était pas moindre de huit cents hommes d'armes, et commandée par Chastellux, Guy de Bar, Guillaume de Rochefort, Perrinet Grasset et Jehan Regnier. L'année suivante, au mois d'octobre, un nouveau convoi de vivres y arrivait encore, sous l'escorte de près de huit cents hommes d'armes et de quatre cents archers (1).

Ainsi, telle était la situation que le nouveau régime avait amenée : Prolongation et continuité des guerres, troubles partout, perturbation et dévastation continuelle des campagnes, anéantissement du commerce par les entraves apportées à la circulation sur les routes et à la navigation fluviale, et accroissement démesuré des impôts. Les malheureux cultivateurs, voyant que les produits de leur travail étaient dévorés par les routiers et les hommes de guerre, abandonnaient leurs champs pour se joindre à ces bandes de ravageurs. Dans cet état, la culture diminuait, et la famine venait, avec les épidémies qui en étaient la suite inévitable. Au mois de septembre 1431, les envoyés du duc avaient signé avec le roi une trêve de deux ans, pour toutes les frontières de la Bourgogne, du Bourbonnais et de la France royale. Elle fut observée par les troupes régulières du roi, mais elle ne le fut pas par les

---

(1) Comptes du receveur Mathieu Regnault. Archives de Dijon.

bandes de gens sans aveu qui continuaient à dévaster le pays. Le pape Eugène IV intervint, en 1432, pour essayer de réunir les princes qui se faisaient une guerre si acharnée. Il y eut, au mois de septembre de cette année, des conférences à Semur, mais sans résultat. Il y en eut une autre à Auxerre, au mois de novembre, où se rendirent les délégués des deux rois, avec un légat du pape, le sire de Chastellux et deux autres envoyés du duc de Bourgogne, trois députés du grand concile qui se tenait alors à Bâle, et quatre seigneurs, au nom du duc de Bretagne. Elle n'aboutit pas davantage et la guerre n'en continua qu'avec plus d'obstination. Les Anglais avaient repris Montargis, mais, dans l'Auxerrois, Fortépice s'était emparé de Mailly-la-Ville, Mailly-le-Château, Saint-Verain et Clamecy. Chassé de cette dernière ville par le comte de Nevers, il surprit, en 1433, la ville d'Avallon, en même temps que d'autres chefs de bandes occupaient Ligny, Maligny, Chitry, Brienon, Champlost, Ervy, et un grand nombre d'autres places, tant en Champagne et dans le Tonnerrois que dans la Bourgogne. Le duc, qui était en Flandre, sollicité par les Etats de Dijon de venir au secours de la province, réunit alors une armée nombreuse et une puissante artillerie, et vint reprendre toutes ces forteresses, y compris Avallon, qui ne tomba qu'après un siége de six semaines (1). Puis il s'en retourna dans ses Etats de Flandre. Mais les bandes de guerroyeurs, chassées d'un côté, se reformaient de l'autre. Fortépice s'empara de Coulanges-la-Vineuse en 1434, et, dans la difficulté de reprendre cette ville, les capitaines

(1) Voir notre mémoire sur le siége d'Avallon dans l'*Annuaire historique de l'Yonne* de 1857.

bourguignons se décidèrent à la lui racheter. Il en coûta 6,700 écus d'or au duché de Bourgogne, pour le faire partir et aller brigander ailleurs. Un des derniers désastres que le pays Auxerrois subit dans cette guerre, fut la prise d'assaut, l'incendie et la ruine de la ville de Donzy par les troupes du roi. Elles étaient commandées par Regnault Guillain, le même qui, après avoir longtemps défendu le château de Saint-Verain, avait été forcé de le rendre au duc de Bourgogne, et qui, depuis, n'avait cessé de guerroyer dans la contrée (1).

Les chroniques ne parlent pas de cet événement. Mais il est raconté par Née de la Rochelle et les auteurs du *Nivernais*, d'après les traditions locales et les énonciations formelles de l'ordonnance du roi Charles VII, du 11 avril 1448, qui permit d'établir un octroi, afin d'entourer de murailles la nouvelle ville construite pour remplacer l'ancienne. Celle-ci était sur la rive droite d'un ruisseau affluent du Nouain, à côté du vieux monastère de Notre-Dame-du-Pré. La nouvelle fut établie autour de l'église qui restait de l'ancien monastère de Saint-Caradeuc, et au pied du château qui, déjà ruiné en 1170, avait été reconstruit au quatorzième siècle. La vieille ville finit aussi par se relever, et forma ensuite, avec la nouvelle, une même ville en deux quartiers, que l'on appelait Donzy-le-Pré et Donzy-le-Château, mais elle a fini depuis par se réunir à celle-ci.

La misère et le mécontentement étaient au comble quand le duc Philippe-le-Bon se décida enfin à mettre un terme aux malheurs de la France. Il y eut, à la fin de 1434 entre les ducs de Bourbon et de Bourgogne, des confé-

---

(1) *Georges Viole*, t. III, p. 3215.

rences préparatoires qui d'abord devaient se tenir à Donzy. Mais en arrivant dans cette malheureuse ville ruinée, son aspect lamentable décida Philippe-le-Bon à aller attendre le duc de Bourbon à Nevers. « les ducs s'y rac-
« commodèrent complétement, dit Monstrelet, en mon-
« trant semblant d'avoir l'un envers l'autre très fra-
« ternel et très grand amour ensemble, et autant d'af-
« fection que s'ils n'eussent pas tant de fois désolé
« réciproquement leurs domaines par le fer et par le feu,
« et fait pendre de part et d'autre les prisonniers rendus
« à discrétion, ce qui fit dire haut et clair à un chevalier
« de Bourgogne qui était là : Entre nous autres sommes
« bien mal conseillés de nous aventurer et mettre en péril
« et danger de corps et d'âme pour les singulières volontés
« des princes et grands seigneurs, lesquels, quand il
« leur plaît, se réconcilient l'un avec l'autre, et souventes
« fois advient que nous en demeurons pauvres et dé-
« truits. »

L'arrangement que firent les deux ducs n'était qu'une trève. On s'ajourna au mois de juillet pour avoir à Arras de nouvelles conférences qui amenèrent enfin, le 7 août 1435, la paix entre la Bourgogne et la France. Le duc reconnaissait Charles VII pour roi de France et se détachait de l'alliance anglaise moyennant, entre autres conditions, la cession qui lui était faite des comtés d'Auxerre, de Bar-sur-Seine et de Mâcon. Les Anglais n'y adhéraient pas et la guerre continua avec eux. Elle ne se termina qu'en 1450 par leur complète expulsion du territoire français.

Rien ne fut changé dans le comté d'Auxerre par ce traité, si ce n'est que, réunis à la Bourgogne, ses habitants participaient aux libertés de ce duché. Il ne pouvait, en conséquence, être soumis qu'aux impôts qu'avaient votés les États de la province, dans lesquels ils étaient représentés par trois députés de leur choix, un pour le clergé, un pour la noblesse, et un pour le tiers-état. Mais, comme on laissait en même temps subsister la juridiction des Élus qui étaient chargés de la répartition de l'impôt sur toutes les communautés d'habitants du comté, le tiers-état ne concourait pas, comme le faisaient les autres parties de la province, à la nomination d'un des trois Élus-généraux qui avaient dans celles-ci la répartition de cet impôt. Et ainsi le tiers-état du comté prenait bien part au vote des impositions, mais non à leur division et répartition entre la province et le comté, ni entre les divers villages, bourgs et villes de ce comté, ce qui plus tard et pendant longtemps motiva de vives plaintes et des procédures dont nous ne verrons la solution que dans le xviie siècle.

Mais dans le Donziais il fallut compter avec Perrinet Grasset, qui avait été depuis longtemps institué gardien des places de La Charité, Cosne, Saint-Fargeau, Varzy et autres, et qui recevait pour cela un traitement annuel de 4,000 livres (1). Il y a dans l'*Inventaire des Titres du Nivernais* un document singulier sur ce sujet. C'est la mention du serment prêté en novembre 1436 par cet homme de guerre « de tenir le traité de paix et union
« fait par le duc avec le roi, comme bon et loyal sujet et
« vrai obéissant de Sa Majesté, c'est-à-dire de rendre au
« roi les places qu'il tient, moyennant aussi qu'il plaira
« à Sa Majesté de donner lettres par lesquelles il sera
« ordonné que ledit Perrinet soit payé de la somme de
« 1,500 livres pour le paiement de la somme de 333 livres

---

(1) Inventaire des titres du Nivernais, col. 32

« 8 sous 6 deniers par mois à lui accordée par ledit « traité. » Et le même jour le roi lui accordait par lettres patentes « l'exemption d'aller à la guerre, étant occupé « pour le service du duc dans le comté de Nivernais » (1). Il garda encore la Charité malgré cette convention, et le roi n'en put rentrer en possession qu'en 1440, et en lui payant une somme de 7,800 livres.

Le soulagement que les populations de l'Auxerrois attendaient du traité de paix fut long à venir. Le duc de Bourgogne leur demanda un subside extraordinaire de 600 livres pour subvenir aux affaires de la province. On essaya de résister. L'évêque Laurent Pinon, bien qu'il fût une créature du duc et son ancien confesseur, fit des remontrances. Les chanoines de la cathédrale, et les religieux de Saint-Germain engagèrent même leurs vassaux à ne pas payer. Tout fut inutile, et il fallut se soumettre à cette nouvelle exaction (2). Puis, aux ravages des troupes de guerre succédèrent ceux, plus désastreux encore, des *Écorcheurs*. C'étaient des bandes de routiers habitués à vivre de pillage, et même des soldats sous le commandement de capitaines qui avaient acquis un grand et honorable renom dans les armées du roi, et qui, malgré ses ordres réitérés, et sous le prétexte d'une protestation contre une paix humiliante, ne rougissaient pas de se livrer autour des frontières de Bourgogne à ce métier de brigands, dans lequel il paraît même qu'ils étaient suivis par des foules de paysans qui, spoliés et ruinés, avaient pris goût au brigandage et se mettaient, pour vivre à l'aise, à la solde de ces chefs. Ils recommen-

---

(1) Inventaire des titres de Nevers, col. 44 et 231.
(2) Lebeuf, *Preuves* n° 358.

cèrent à prendre et occuper des villes et villages. On trouve dans l'*Inventaire des Titres du Nivernais*, à la date du 7 février 1436, un mandement du comte Charles de Nevers à Perrinet Grasset, qualifié de capitaine-général des pays de Nivernais et Donziais, à l'effet d'appréhender et faire prisonniers tous les sujets du comte qui seraient sortis de son obéissance pour entrer en garnison aux places de Coulanges-la-Vineuse, Toucy, Mailly-le-Château, et autres places frontières du Nivernais (1). Fortépice qui, après sa capitulation de 1434, était allé guerroyer en Lorraine pour le duc René contre la Bourgogne, revint alors et recommença, avec ses exploits si redoutés, cet étrange commerce de vendre aux capitaines de Bourgogne les châteaux qu'il avait pris et dans lesquels on venait sans succès l'assiéger. C'est ainsi qu'en 1436 il se faisait payer treize cents écus d'or pour rendre la place de Mailly-le-Châtel. Il reparaissait les années suivantes avec la même audace et la même habileté. Mais il fut tué en 1439 dans les fossés de la ville de Chablis qu'il assiégeait. Il était sans doute seigneur de la puissante châtellenie de Saint-Maurice-Thizouaille, car son corps y fut conduit pour y être inhumé. Les comptes du doyenné de Courtenay constatent cette inhumation par les soins de sa femme (2). En 1440 une ordonnance du roi prononçait la confiscation des biens qu'il avait acquis par ses brigandages. Ce document, que M. Tuetey a publié dans son livre sur les Écorcheurs, donne un saisissant tableau des sinistres exploits de ces bandits. Il énumère d'abord les places fortes que Fortépice a envahies depuis la paix et a refusé

---

(1) Inventaire, col. 236.
(2) *Inventaire des Archives de l'Yonne*, t. II, p. 291.

de rendre malgré les ordres du roi. Puis il ajoute : « Et
« qui plus est, pendant sa demeure ès dites places, lui et
« ses susdites gens et complices, de son commandement
« ou consentement, ont couru en diverses parties de notre
« royaume, y ont prins grande quantité de prisonniers,
« les ont traitez inhumainement et composez à grands
« rançons, tellement que partie d'eux périrent ou y sont
« en prisons misérables, prins et violé femmes et filles,
« appâtisé (épuisé de vivres) villes et villages, en ont ârs
« (brûlé) et détruit grant nombre, tué et meurtry mauvai-
« sement plusieurs personnes, et faict tous aultres maux
« que faire eussent peu noz anciens ennemis et adver-
« saires, commettant par ce envers nous pure rébellion
« et désobéissance. »

Les incursions de ces hordes de bandits durèrent sans
relâche jusqu'en 1444 (1). Ils prirent en 1443 la ville de
Clamecy, conduits par Pierre Aubert surnommé Fortépée,
que Née de la Rochelle a confondu à tort avec Fortépice
mort quatre ans auparavant, et qui se qualifiait de capitaine de gendarmes et de traits pour le roi, et par trois
autres chefs de bande appelés le Bâtard de Beaujeu,
Antoine de Toussaines et Pierre de Colombiers. Ils la gardèrent près d'un an, et ne la rendirent qu'à Guillaume
de Jaloigny, maréchal de France, qui, au mois de
mai 1444, la remit en la possession du comte de Nevers (2).
Quand ces affreux désordres eurent pris fin, on put constater dans les campagnes une effrayante dépopulation.
Les meurtres, les maladies et les privations avaient fait

---

(1) Marcel Canat. Documents inédits sur l'*Hist. de Bourgogne*,
p. 443.
(2) Inventaire du Nivernais, col. 594.

périr un grand nombre d'habitants. D'autres, qui par excès de misère avaient suivi les brigands, n'étaient jamais revenus. D'autres encore s'étaient expatriés pour échapper aux tortures et aux massacres. Beaucoup de bourgs étaient et restèrent abandonnés pendant plus de vingt ans. Les champs étaient incultes, et des plaines autrefois fertiles et cultivées étaient envahies par les broussailles. Dans certains villages le bois avait poussé dans les rues et autour de l'église, qui parfois était seule restée debout. Le bailli d'Auxerre, pour obtenir un secours aux religieuses, autrefois si riches, du couvent de Saint-Julien d'Auxerre, constatait « que leurs domaines « ne donnaient aucun produit, et que leur église, leurs « granges, maisons et manoirs étaient moult ruineux et « désolés par le fait des guerres et autres fortunes (1). »

Au milieu de ces désastres et des désordres qu'ils entraînaient, les mœurs ne s'étaient ni adoucies ni améliorées. On vit en 1466 dans l'église cathédrale d'Auxerre ce que Lebeuf appelle le plus grand scandale qu'on eût peut-être vu depuis plusieurs siècles. Deux frères, chanoines tous deux, étaient en violente inimitié. L'un d'eux, armé d'une épée, voulut, en pleine église, en frapper son frère. Sur l'ordre du doyen du chapitre, trois témoins s'efforcèrent de le désarmer, l'un d'eux fut blessé et blessa lui-même l'assaillant. Ce dernier alla à Rome et en rapporta une absolution. Puis il accusa le doyen à raison de l'ordre qu'il avait donné et qui avait amené l'effusion du sang. Une partie des chanoines, chose inexplicable, se retourna contre ce dernier. Il fallut une cérémonie pour réconcilier l'Église, et l'auteur de la que-

---

(1) Lebeuf, *Preuves* n° 363.

relle en fut quitte pour une amende. Mais il y eut ensuite contre le doyen une poursuite, où, chose aussi étrange que scandaleuse, l'évêque prit parti contre lui, et que la mort de ce prélat put seule arrêter.

Peu d'années auparavant la querelle des vignerons et des propriétaires de vignes de l'Auxerrois s'était ranimée. Les premiers se refusaient à exécuter l'ordonnance royale de 1392 et l'arrêt du Parlement de 1393 qui les obligeaient à faire leur journée de travail complète depuis le lever du soleil jusqu'à son coucher, si ce n'est que, depuis Pâques jusqu'au mois de septembre, ils pourraient quitter la vigne assez à l'avance pour être revenus chez eux à soleil couchant. Ils intentèrent pour cela, en 1442, un nouveau procès devant le bailli, et, n'y ayant pas réussi, ils s'étaient pourvus par appel devant le Parlement. L'affaire y traîna jusqu'en 1455 sans recevoir de solution définitive. A cette époque la guerre était complètement terminée et l'ordre renaissait partout. Aussi, n'espérant plus aucun succès de leur appel, ils se décidèrent à accepter, à titre de transaction, les termes de l'ordonnance royale de 1392. Cette transaction fut homologuée au Parlement le 11 mars 1456. Ils avaient cependant obtenu, par un arrêt de 1444 que la durée de leur repos et de leurs repas pendant la journée fut fixée à trois heures, ce qui fut maintenu par la transaction. Le prix de la journée avait été taxé à quatre blancs (environ cinq francs d'aujourd'hui), et en 1479 une sentence du bailli condamnait à l'amende l'un d'eux qui se l'était fait payer neuf blancs.

Le comté d'Auxerre, que le duc de Bourgogne possédait depuis 1424, et même en réalité depuis 1420, changea de maître en 1437. Jean de Bourgogne, second fils de Philippe, comte de Nevers, en devint maître et seigneur par la cession que lui en fit son oncle, le duc Philippe-le-Bon. Lebeuf, et après lui M. Chardon, ont dit que le duc avait seulement cédé pour quelques années à son neveu l'usufruit de ce comté. Leur erreur est manifeste. La vérité est que de 1437 à 1465 le comté fut possédé en toute propriété par le cessionnaire, et voici à quelle occasion.

Jean-sans-Peur avait perdu ses deux frères, Philippe, comte de Nevers et Guillaume, duc de Brabant, tous deux tués à la bataille d'Azincourt. Le duc de Brabant ne laissait pas d'enfants, et sa succession revenait, tant à son frère Jean, qu'aux deux enfants de son frère Philippe. La comtesse Bonne d'Artois, sa veuve, prit possession au nom de ses deux fils du comté de Nevers, et le duc Jean se saisit du duché de Brabant, qu'après lui posséda son fils Philippe-le-Bon. Le partage des deux successions ne fut réalisé régulièrement qu'en 1437. Charles, l'ainé des fils, eut le comté de Nevers et le Donziais. L'autre, appelé Jean, et, du lieu de sa naissance, surnommé Jean de Clamecy, n'eut que le comté d'Étampes, et, pour compléter sa part, Philippe-le-Bon, qui gardait tout le duché de Brabant, lui cédait le comté d'Auxerre, estimé être d'un revenu de 600 livres. L'acte de cession est analysé dans l'*Inventaire des Titres du Nivernais*, sous ce titre : « Délaisse-
« ment et transport par le duc de Bourgogne à Jehan de
« Bourgogne son neveu du comté d'Aucerre (1). »

C'est en effet le comte Jean qui, en 1422 donnait l'ordre au bailli d'Auxerre de faire achever l'Hôtel-de-Ville, malgré l'opposition de quelques marchands (2), et qui, en 1458, permettait aux habitants de cette ville « de

---

(1) Inventaire, col. 42.
(2) Lebeuf, *Preuves* n° 367.

« construire un horloge public sur la porte auprès du « château et d'en placer la cloche sur une tour du châ-« teau appelée la Tour Gaillarde (1). C'est encore lui qui, en 1465, annonçait par une lettre qu'il avait révoqué le seigneur de Villarnout de ses fonctions de gouverneur (2), et, quand il vint à Auxerre en 1464, il lui fut offert en cadeau, comme le dit Lebeuf, un bœuf, douze moutons, deux muids de vin de pinot, cinq quarts d'hypocras, un brochet, deux livres de poudre de duc et cent bichets d'avoine.

Le comte Jean de Clamecy avait été frustré dans ce partage de 1437. On lui avait annoncé que le comté d'Auxerre produisait à son seigneur un revenu de 600 livres. Cela pouvait être exact dans les temps de calme et de prospérité. Mais les guerres et les incursions des écorcheurs avaient ruiné le commerce et la culture de ce pays, et son produit était tombé en 1447 à 450 livres. Jean se plaignit amèrement de cette déception. Le duc reconnut en 1448 la justice de ces plaintes, comme il est constaté par une seconde pièce ainsi analysée par l'abbé des Marolles, dans son *Inventaire des Titres du Nivernais*, dont nous avons consulté le manuscrit à la bibliothèque nationale (3), et qui parait avoir échappé à M. de Soultrait.

« Copie d'une lettre de Philippe, duc de Bourgogne, « faisant comme le dit le duc, en récompense de 600 livres « de revenu dont il était tenu envers le comte d'Étampes, « son neveu. Il lui laisse, en supplément au comté « d'Aucerre qui ne valait plus que 450 livres, les villes,

(1) Lebeuf, *Preuves* n° 372.
(2) *Ibid.* n° 382.
(3) *Inventaire manuscrit*, à la bibliothèque nationale, t. II, p. 268,

« terres et seigneuries de Péronne, Roye et Montdidier,
« le 13 de juillet 1448. »

Cet acte n'avait pas été soumis à l'approbation du roi Charles VII. Aussi, en 1461, le comte de Charolais, qui fut depuis le duc Charles-le-Téméraire, et qui gouvernait la Bourgogne sous le nom de son père affaibli par la vieillesse, demanda à son cousin la rétrocession des trois villes de Picardie. Celui-ci refusa d'y consentir, et, pour l'aider dans sa résistance, le roi Louis XI rendit le 14 septembre 1463 une ordonnance qui approuvait « la « cession faite audit Jean de Bourgogne de la comté « d'Aucerre et des châtellenies de Péronne, Roye et « Montdidier (1).

Deux ans après, en 1465, Jean de Clamecy, devenu comte de Nevers par la mort de son frère aîné, et que le roi Louis XI avait fait gouverneur de Picardie, lui était resté fidèle au milieu de ce formidable soulèvement d'intérêts et d'inimitiés coalisées que l'on appela la guerre du bien public, et dont le chef était le comte de Charolais. Cette guerre fut terminée par le traité de Conflans, aussi humiliant qu'onéreux pour le roi, et qui, entre autres clauses, transmettait au comte de Charolais, à titre d'hérédité perpétuelle, les châtellenies de Péronne, Roye et Montdidier. Quelques jours après, en 1466, le comte de Charolais s'emparait par surprise de Péronne, où était Jean de Clamecy, le faisait prisonnier et le transférait à Béthune, et là, par menace de mort, il le forçait à signer une renonciation aux cessions qui lui avaient été faites en 1437 et 1448, en même temps qu'à tout droit sur le duché de Brabant. Mais le secrétaire du comte Jean,

(1) **Inventaire des titres du Nivernais**, col. 42.

avant d'apposer le sceau de son maître sur la charte, y cachait une protestation contre la violence à laquelle il avait dû céder, et réitérait ensuite cette protestation par un acte séparé, et, en 1467 Louis XI, qui avait su habilement éluder et neutraliser les clauses du traité de Conflans, rentrant en guerre contre Charles-le-Téméraire devenu duc de Bourgogne par la mort de son père, relevait par une ordonnance Jean de Clamecy, qu'il qualifiait de comte de Nevers et duc de Brabant, du consentement qui lui avait été extorqué, et en ratifiant la cession de 1437, le maintenait dans la possession du comté d'Auxerre et des trois châtellenies (1).

C'est donc un fait incontestable que le droit de propriété de Jean de Clamecy sur le comté d'Auxerre, et son exercice de ce droit jusqu'en 1465. Il peut être vrai que le duc Philippe-le-Bon n'avait abandonné ce comté qu'avec l'espoir d'y rentrer un jour sous un prétexte quelconque. Il se pourrait même qu'il se fût réservé le droit de le faire en donnant à son neveu d'autres terres de même valeur, et que, pour s'y conserver des amis, il y entretenait des correspondances suivies. C'est sans doute à raison de rapports de cette nature que les habitants sollicitaient en 1461 son intervention pour obtenir une réduction des droits sur les vins, semblable à celle que le duc venait d'accorder à ses propres sujets. La demande put être adressée à la fois au comte Jean et au duc. La décision fut favorable et rendue peut-être de concert. Et, quels qu'en aient été les termes, il n'en est pas moins certain que les actes avaient transféré au comte la propriété aussi bien que le

(1) Secousse. *Recueil des Ordonnances.* — Inventaire des titres de Nevers, col. 42.

revenu, et, qu'après la réduction des droits et jusqu'en 1465, c'est au comte que les habitants les ont payés.

Mais à partir de cette date, Charles-le-Téméraire se mit d'autorité et se maintint en possession du comté, et le 31 octobre 1465 il écrivait à ses habitants : « N'est pas « dans notre intention de souffrir que vous soyez dores « en avant en autres mains que celles de mon très honoré « seigneur et père et en la nôtre, et ferons toujours, « pour vous et pour la bonne ville, cité et habitants « d'Aucerre, tout le mieux que bonnement pourrons. »

Aussitôt après il accordait aux habitants une exemption des aides et impôts pour un an. Et en 1466, sur ce qu'il lui fut exposé qu'un prolongement de cette exemption serait bien nécessaire pour repeupler la ville, dont tant de désastres divers avaient considérablement diminué la population, il l'accorda pour quatre années. Ce repeuplement fut loin de s'opérer rapidement, car pendant les années 1467, 1468 et 1469, il y régna une maladie pestilentielle qui emporta plus de trois mille personnes, quoique la plus grande partie de ses habitants l'eût quittée. Ce triste mal, après quelques intermittences, reparut plus tard, et en 1476, on ne cessait de faire des processions avec les reliques des saints, pour en être délivré.

Le roi Louis XI était parvenu à échapper aux clauses les plus onéreuses du traité de Conflans, en achetant l'abstention de quelques-uns des coalisés, et en en écrasant d'autres du poids de sa vengeance sous des prétextes particuliers. Mais il avait perdu tout le profit de cette habile politique, en se laissant attirer dans le château de Péronne, où Charles le Téméraire l'avait fait prisonnier, et l'avait forcé ensuite à assister et même à coopérer à la ruine et au massacre des insurgés liégeois, dont la révolte était son ouvrage. Il s'y reprit en 1470, avec l'appui des États-généraux convoqués à Tours, qui le tinrent pour dégagé de tous ses serments et déclarèrent le duc Charles coupable de lèse-majesté. Après de grands succès de guerre obtenus par le roi à Amiens et à Saint-Quentin, le duc était cité à comparaître devant le parlement, et l'on tentait de se saisir de ses provinces frontières. C'est alors que le comté d'Auxerre changea de maître par un arrangement entre le roi et le comte Jean de Clamecy. Ce dernier, perdant toute espérance de le recouvrer sur le terrible duc de Bourgogne, consentit à le céder à Louis XI qui, en échange, lui donna la vicomté de Paris avec un traitement de 5,000 francs. Nous n'avons pas trouvé l'acte qui devait constater cette cession du comté. Il est resté secret, ou bien elle n'était que verbal. Mais les événements qui suivirent en manifestent l'existence. Et en tous cas il fut réalisé vingt ans plus tard, le 14 juillet 1490, par un autre acte que consentit régulièrement le comte Jean au profit du roi Charles VIII (1). Quand à la cession de la vicomté de Paris, elle est mentionnée dans la donation que le comte Jean en fit à sa fille, la comtesse d'Orval, le 22 juin de la même année 1490 (2). Ainsi revint définitivement à la couronne de France le comté d'Auxerre, qui en était séparé depuis cinquante-un ans, et qui avait été abandonné par les Anglais au duc de Bourgogne pour prix de sa défection.

Si l'on veut se faire une idée du luxe princier dont était entourée la cour des anciens comtes de Nevers et

---

(1) **Inventaire des titres du Nivernais**, col. 41.
(2) *Ibid.* col. 596.

d'Auxerre, et du nombre de chevaliers, écuyers et serviteurs qui, sous divers titres, étaient attachés à leurs personnes, on peut consulter les renseignements que donne l'*Inventaire des Titres du Nivernais* sur l'état de maison de ce dernier comte, Jean de Clamecy (1), qui ne possédait plus le comté d'Auxerre, et n'avait ni le comté de Tonnerre, ni les grandes seigneuries du Perche, du Berry et de l'Anjou qu'avaient possédées les anciens comtes, et qui n'était que comte de Nevers, de Rethel et d'Etampes, baron de Donzy et seigneur de Dourdan. Le 12 janvier 1468, « considéré les grandes pertes et
« dommages qu'il dit avoir faits, charges et insuppor-
« tables affaires qu'il a eues, tant pour les divisions de
« la guerre, que pour le douaire de madame sa sœur
« et arrérages d'icelui qu'il lui faut payer, à cause de
« quoi il est en arrière de ses finances et grandement
« endetté jusqu'à ce qu'il soit au-dessus de ses dites
« affaires, en conséquence il opère un retranchement sur
« le personnel de sa maison. » Ce personnel, en pages, gens d'écurie, chambellans, conseillers, maîtres d'hôtel, panetiers, échansons, écuyers tranchants, écuyers d'écurie, écuyers de cuisine, valets servants, valets de chambre, barbiers, fourriers, sommeliers, huissiers de salle, officiers de cuisine, valets de pied, médecin, secrétaires, trésorier, contrôleurs, clercs d'office, confesseur, chapelains, clerc de chapelle, officiers d'armes et chevaucheurs d'écurie, ne sera plus que de cent treize personnes, non compris vingt-cinq autres pour le service de la comtesse.

Trois ans après, en 1477, l'état des affaires du comte s'étant amélioré, une nouvelle ordonnance porte le

---

(1) Inventaire, col. 577, 578 et 579.

personnel pour le comte à cent cinquante cinq personnes, non compris les valets de chiens, les portiers, les tambours et les lavandiers.

Aussitôt après ce traité de cession, la ville d'Auxerre attira spécialement l'attention du roi. Pour en gagner les habitants, il commença par leur accorder pour dix ans l'autorisation d'un octroi destiné à la réparation de leur pont sur l'Yonne, que le duc de Bourgogne n'avait autorisé que pour un an. Puis il leur dépêcha deux envoyés pour les sommer de lui rendre leur ville et de recevoir la garnison qu'il leur enverrait. Les esprits étaient très partagés à Auxerre sur cette question. Le comte Jean de Clamecy n'avait qu'un petit nombre de partisans. Ils étaient rares, car on le connaissait peu ; d'autres adhéraient à la politique du roi contre la Bourgogne, parce que c'était avec Paris qu'étaient la plupart des relations de commerce du pays. Mais le duc avait des agents actifs et dévoués, puissants dans le pays, dès longtemps attachés à sa politique. On discuta vivement et longtemps dans une assemblée générale. Pendant qu'on s'y animait avec passion, une troupe bourguignonne entra dans la ville pour l'occuper. Ce fut l'occasion d'une émeute où le sang coula, et un des plus notables habitants fut tué. Le couvent de Saint-Germain, dont les moines étaient partisans déclarés du roi, fut saccagé, et leur abbé, Hugues de Thiard, fut forcé de prendre la fuite et, resté cinq ans en exil, ne put revenir qu'en 1475. La force militaire l'emporta, et il fut alors répondu au roi qu'on était décidé à rester attaché à la Bourgogne. De graves incidents suivirent cette résolution. Des bateaux de vin, qui étaient en route pour Paris, furent confisqués et donnés par le roi à

Olivier Ledain, son valet de chambre et son confident. Puis les places et châteaux du voisinage, occupés par les soldats du roi, Joigny, Brienon, Saint-Florentin, Seignelay, Régennes, Guerchy et Neuilly, commencèrent des incursions journalières, qui mettaient la ville à l'état de blocus. Les habitants eurent le crève-cœur de voir des ennemis vendanger leurs vignes. Le clergé crut apporter quelque obstacle à ces pillages, en faisant dans la campagne des processions extraordinaires avec les reliques des saints, mais cette démonstration fut sans résultat. Le duc, auquel les Auxerrois adressèrent leurs vives lamentations, avait alors dans la Flandre, l'Artois et la Picardie, de plus grandes difficultés à surmonter. Il écrivit de là au roi pour se plaindre, et il obtint une trêve de quelques mois qui fut mal observée et ne dura guère. Le roi fit en outre publier des défenses de conduire aucunes denrées ou marchandises dans les états du duc. Et, comme les habitants du comté n'osaient déjà plus en mener aucune dans les possessions royales, dans la crainte des confiscations, ce fut un blocus complet et régularisé. Les Auxerrois ne se hasardaient même plus à aller à une demi-lieue de distance cultiver leurs terres, ou chercher les choses dont ils avaient besoin. Au mois de juin 1472 ils entreprirent une expédition du côté de Joigny pour se procurer des vivres et des bestiaux. Mais ils furent coupés et entourés par trois cents hommes de la garnison de Seignelay, qui en couchèrent cent-soixante sur la place et en prirent plus de quatre-vingts, pour la rançon desquels il fallut capituler. Enfin, il leur arriva le secours d'une garnison bourguignonne, commandée par le seigneur de Chastellux. Puis les habitants de l'Auxois reçurent de Dijon l'ordre de leur délivrer au prix ordinaire autant de blé qu'ils en auraient besoin; et, un peu plus tard, le comte de Romont leur amena un renfort de troupes, qui assiégea, prit et fit démolir les deux châteaux les plus voisins et qui leur causaient le plus de dommage, ceux de Régennes et de Beaulche.

La trêve était expirée au mois de mai 1472, et l'on resta encore pendant dix-huit mois dans tout le comté à l'état de guerre et au milieu des plus grandes privations. Il y avait des garnisons bourguignonnes à Saint-Bris, à Coulanges-la-Vineuse, à Cravant, à Vermenton et à Arcy-sur-Cure. Et, d'autre part, celle qu'avait à Vézelay le comte de Nevers, et celle que commandait dans le château de Seignelay le bâtard de Savoisy continuaient pour la cause du roi leurs incursions jusqu'au centre du comté, y faisaient des prisonniers et y enlevaient des bestiaux. Les soldats bourguignons n'avaient d'ailleurs guère plus d'égards pour les personnes et les biens des villageois, qui étaient également dépouillés et rançonnés par chacun des deux partis, sous le prétexte qu'ils fournissaient des provisions à l'autre. Dans Auxerre on était en de grandes anxiétés sur ce qui se passait au dehors, et l'on n'en obtenait des nouvelles que par des messagers secrets. C'était le plus souvent des femmes que l'on employait à ce service (1). Une trêve nouvelle fut conclue au commencement de 1474, mais sans être mieux observée qu'auparavant.

Pendant ce temps, Charles le Téméraire, dans ses projets d'ambition aussi vastes qu'insensés, faisait la guerre en Allemagne et restait onze mois à assiéger la

---

(1) Quantin. Episode de l'histoire dans l'Auxerrois. *Bull. de la Soc. des Sc.*, t. XXVIII, p. 31.

ville de Neuss ou Nuys, sans pouvoir la prendre. Quand il revint, ce fut pour entrer dans une nouvelle expédition en Lorraine. Il assiégeait et prenait Nancy, et ce succès pouvait faire craindre à Louis XI que, s'alliant aux Anglais, il tournât avec eux tous ses efforts contre la France. C'est pourquoi le roi conçut la pensée de l'amener à une conférence, pour le détourner de ce projet par des propositions conciliatrices, sauf à trouver plus tard le moyen d'en éluder la réalisation. Il lui proposa donc de se réunir à Auxerre, mais le duc refusa d'y venir. C'était, selon Lebeuf, en raison des maladies contagieuses qui y régnaient. On reçut l'ordre de chercher un autre lieu, mais qui fût plus sûr que ne l'avaient été Montereau pour Jean-sans-Peur, et Péronne pour Louis XI. Tout le cours de la rivière d'Yonne fut tu dié depuis Joigny jusqu'à Auxerre, à l'effet d'y établir un pont qui fût à l'abri de tout danger. On en leva le plan, qu'on envoya au duc à Nancy, et au roi à Plessis-lès-Tours. Mais le rapport adressé à Louis XI signalait, sur ce parcours, une trentaine de gués, ce qui lui semblait sujet à de graves inconvénients (1). Pendant que cette négociation se poursuivait, les projets du duc se tournaient contre la Suisse. Il y entrait une première fois avec une armée formidable, pour être mis en déroute à Granson, et l'année suivante, avec une autre qui fut anéantie à Morat. Alors il retournait en Lorraine, pour assiéger de nouveau Nancy que l'on avait repris contre lui, et il y trouvait la mort le 3 janvier 1477, laissant la princesse Marie, sa fille, pour unique héritière de ses vastes états, dont le duché de Bourgogne était le moindre. Louis XI, qui avait établi des postes

(1) Quantin, *Ibid*.

pour son service, apprit après trois jours cette nouvelle, et fit aussitôt occuper la Bourgogne par ses troupes, et convoquer les États de cette province pour faire reconnaître que, comme fief masculin, elle devait revenir à la couronne de France. Ils répondirent d'abord que dans la loi féodale les femmes n'étaient nullement exclues, et qu'en supposant qu'il en fût autrement, il y avait des héritiers mâles plus proches que le roi. Cette dernière raison était décisive, et le véritable héritier était le comte de Nevers, Jean de Clamecy. Mais tout cela était sans force contre la volonté du roi. Le comte Jean était fort avancé en âge, il avait soixante-deux ans, et se sentait trop faible pour soutenir son droit. D'ailleurs il n'avait que des filles, qui après lui n'eussent pas hérité de ce grand fief. Aussi ne se présenta-t-il même pas, et les États cédèrent. Les troupes royales entrèrent, en conséquence, à Dijon qui, pour compensation, obtint la création d'un parlement de Bourgogne.

Pareille chose venait déjà d'arriver à Auxerre. On ne pouvait rien opposer légalement au comte Jean, pas même sa renonciation arrachée par violence et qu'une ordonnance du roi avait déclarée nulle. Mais Louis XI, qui n'avait pas hésité à opposer cet obstacle aux injustes prétentions du duc de Bourgogne, ne s'y arrêtait plus quand l'intérêt de son ambition était en jeu. Il pouvait d'ailleurs, sans doute, montrer l'acte de cession que lui avait consenti le comte Jean en 1470. C'est par le comté d'Auxerre qu'il voulait commencer sa main-mise sur la Bourgogne, espérant que l'exemple de sa soumission entraînerait plus facilement l'adhésion du reste de la province. Par son ordre, Jean de Bosredon, son lieutenant en Champagne, et Jean Rapine, son conseiller et son maître

d'hôtel, arrivaient le 14 janvier à Héry, d'où ils expédiaient à Auxerre un de leurs gentilshommes, avec un héraut d'armes, pour sommer les habitants de se soumettre à l'obéissance du roi. Tout le monde n'était probablement pas d'accord, car l'envoyé tardait à revenir. Alors, sans plus attendre, le lieutenant et le maître d'hôtel se mettent en marche, font leur entrée, et, trouvant réunie dans la chambre du conseil une assemblée composée de douze bourgeois jurés, des gouverneurs et procureur du fait commun, et de plusieurs notables bourgeois, ils présentent leurs lettres de créance, et les informent « que le roi les a chargés et leur a commandé de venir
« prendre possession de cette ville et de toutes celles du
« comté et de les mettre en son obéissance, et en outre
« de prendre le serment en particulier et en général des
« gens d'église, officiers, nobles, bourgeois, manants et
« habitants, d'être et demeurer pour jamais, perpétuelle-
« ment, vrais et obéissants sujets au roi, et d'obéir à
« tous ses bons commandements, comme bons et loyaux
« sujets sont tenus et doivent faire à leur naturel et sou-
« verain seigneur. »

Le procès-verbal de cette séance qui fut dressé par le bailli Jean Regnier, successeur et neveu de Jehan le poëte, constata que « sur la réquisition qui leur en fut
« faite, ils le firent libéralement et de bon cœur, remer-
« ciant en toute humilité le roi leur seigneur, de ce que
« son bon plaisir et noble vouloir était de les réunir à la
« couronne de France, et aussitôt, pour montrer leur
« vraie obéissance, laissèrent et délivrèrent toutes les
« clés des portes et poternes de ladite ville à mondit
« seigneur le maître d'hôtel, lequel avait présenté des

« lettres d'institution de Gouverneur de l'Auxerrois (1). »

Cette annexion était une page de plus à la salutaire et glorieuse œuvre de l'unification du territoire français. Il y avait toutefois bien des gens qui, soit par un sentiment de dévouement traditionnel à la dynastie de nos comtes, soit par une sympathique pitié pour l'orpheline qui était la dernière héritière de ces riches et puissants ducs de Bourgogne, éprouvaient un vif regret d'échanger le libre régime du passé contre le despotisme astucieux et cruel du nouveau maître. Mais on était depuis longues années en guerre, on en avait tant subi les deuils, les calamités, les catastrophes et les misères, que l'on ne pouvait songer à une résistance contre un si redoutable maître. Aussi se soumit-on, tant dans Auxerre, que dans les autres villes du comté et spécialement à la Charité, en faisant peut-être contre fortune bon cœur, et sans autre hésitation. On envoya seulement au roi une députation, chargée, « par lettres de procuration passées par devant « deux tabellions royaux, de solliciter de lui quelques « faveurs en échange du serment d'obéissance. » Toutes les demandes que présentèrent les députés furent accueillies, et ils rapportèrent trois ordonnances, qui étaient d'une grande et heureuse importance (2).

La première portait « abolition et amnistie complète « pour ceux qui avaient tenu le parti du duc de Bour- « gogne, de tous cas, même offenses et délits à l'encontre « de la couronne, autorité du roi et majesté royale, de « toutes prises, pillages, rançonnements, de toutes « peines, amendes et autres choses semblables; et

---

(1) Lebeuf, *Preuves* n° 395.
(2) Lebeuf, *Preuves* n°s 394, 396 et 397.

« maintenant et confirmant les habitants dans tous les
« priviléges, coutumes, usages, libertés, franchises et
« exemptions données et octroyées par les rois de France
« et comtes d'Auxerre. » L'ordonnance y ajoutait la mention spéciale d'un privilège très précieux pour le commerce des vins, qui était, comme il l'est encore, le principal commerce du pays, c'était « le privilége
« de la jauge (droit de fixation par la ville et de vérifica-
« tion des mesures de capacité), et de la nomination par
« elle des quatre maîtres jurés de ce droit. »

La seconde était le maintien de tous les officiers, magistrats et agents dans les fonctions qu'ils occupaient, à la seule exception du gouverneur, qui était remplacé par le maître d'hôtel Jean Rapine.

Et enfin une troisième, qui « créait, établissait et éri-
« geait dans la ville et comté, perpétuellement et à tou-
« jours, un bailliage et juridiction ordinaire et royale et
« en chef, sous le nom et titre de bailli d'Auxerre, où
« viendraient, ressortiraient et répondraient toutes les
« villes enclavées dans le comté et tous fiefs et arrière-
« fiefs, et semblablement toutes les villes, villages, habi-
« tants, nobles et non nobles, de tout état ou condition,
« situés et assis en l'évêché d'Auxerre et autre part, entre
« les rivières de Loire, Yonne et Cure, tout ainsi et pour
« la forme qu'ils faisaient d'ancienneté, après l'union
« faite de ladite comté à la couronne par le roi Charles V,
« et qu'ils étaient au temps et par avant le bail fait par
« le roi Charles VII au duc Philippe de Bourgogne. » Il ne restait qu'à nommer le bailli, ce qui tarda quelques années, et fut fait enfin en 1487.

Il y eut, pour l'étendue de ce ressort, de nouvelles et vives protestations du comte de Nevers comme seigneur du Donziais, de la ville de Cosne, du seigneur de Seignelay, et d'autres encore, mais elles furent sans résultat.

A ces faveurs le roi ajoutait toutes sortes de bonnes paroles, talent de cajolerie dans lequel il était passé maître, « qu'il avait su par son maître d'hôtel la vraie
« obéissance qu'ils lui avaient faite, et que, démontrant
« leur loyauté, étaient les premiers qui s'étaient mis
« entre ses mains, dont, si alerte et de bon cœur que
« faire se pouvait, il les remerciait, et que, en rémuné-
« ration de ce, il était délibéré de les entretenir et gar-
« der en leurs libertés et franchises, et aussi en tous leurs
« états et offices, et que, si aucunes subventions avaient
« été mises sur eux du temps du feu duc, lui le roi
« les abolissait, et les maintiendrait et traiterait ainsi
« qu'ils étaient du temps du duc Phillippe, et qu'il n'ou-
« blierait jamais qu'ils étaient les premiers qui s'étaient
« mis en ses mains (1). »

Il tint parole pour les impôts que le duc Charles avait ajoutés à ceux du temps de son père, et contre toutes nouvelles exactions de ce genre qui lui furent proposées. Une ordonnance constatant cette faveur fut adressée le 22 janvier au gouverneur, pour être publiée dans tout le comté. Un mois après, une ordonnance nouvelle favorisa encore la ville d'Auxerre, en établissant pour le fait des aides, c'est à dire pour les contributions publiques dont la juridiction était exercée par les Élus, et pour le Grenier à sel, autre institution et juridiction fiscale, la même étendue du ressort que pour le nouveau bailliage de cette ville. Il accorda aussi aux habitants d'Auxerre le droit d'approvi-

---

(1) Lebeuf, *Preuves* n° 395.

sionner eux-mêmes le Grenier à sel, en achetant directement aux salines, selon le prix ordinaire, et en fournissant au Grenier royal, à un prix convenu d'avance, cette marchandise qui était alors monopolisée, pour être revendue à un taux plus élevé aux contribuables. Il les autorisa enfin à lever un droit sur les mesures de blé et de vin, pour en appliquer le produit à l'entretien de leurs fortifications. On trouve encore dans les comptes de l'année 1478 d'intéressants détails sur les embellissements et les travaux d'art qu'il fit alors exécuter dans le vieux château des comtes d'Auxerre, pour y installer somptueusement les audiences du nouveau bailliage. Le clergé de la contrée eut aussi sa part dans les générosités du roi. Les chapitres, abbayes et autres communautés du comté lui ayant remontré les pertes qu'ils avaient souffertes pendant la guerre, obtinrent d'être dispensés de payer le droit fiscal d'amortissement sur ce qu'ils pouvaient avoir acquis ou reçu à titre de dons, legs ou autres concessions, dans les soixante dernières années. En échange de ce généreux procédé, le chapitre de la cathédrale décida qu'une messe d'actions de grâce serait célébrée tous les ans le 13 janvier.

Tant que la Bourgogne ne fut pas totalement pacifiée et complètement acquise, Louis XI entretenait une correspondance avec les magistrats d'Auxerre et de la Charité, pour leur recommander la vigilance et le soin de ses intérêts, et se faisait tenir au courant de tout ce qui se passait autour d'eux. Il semble pourtant que toutes ces attentions ne suffisaient pas pour lui acquérir des sympathies unanimes, car on le voit déployer en même temps, pour affermir sa domination, les voies de rigueur qui ne lui étaient que trop familières. Les comptes du receveur pour l'année 1479 portent textuellement :

« Frais pour un collier de fer mis à une potence pour « corriger les malfaiteurs, malgraceurs du nom du roi, « et pour indemniser trois maîtres des hautes-œuvres « venus, l'un de Sens, l'autre de Troyes, et le troisième « de l'hôtel du roi, pour savoir s'il y avait aucune chose « à besoigner touchant leur office. »

Ce dernier, le maître des hautes-œuvres de l'hôtel du roi, était probablement ce Tristan si redouté que Louis XI appelait son compère, et c'est sans doute lui qui avait donné ce rendez-vous sinistre aux bourreaux de Sens et de Troyes « pour les choses qu'ils avaient *à besoigner* dans « le comté d'Auxerre. » La sévérité royale allait parfois jusqu'à d'étranges extrémités. On subissait alors dans ce pays les atteintes d'une de ces épidémies meurtrières qui revenaient si souvent, et que l'on confondait dans ces temps sous le nom générique de peste. Auxerre avait fait venir d'Abbeville, pour soigner les pestiférés, des religieuses que l'on appelait les Béguines. Interdire pendant cette période d'anxiétés et de souffrances, toute distraction agréable, c'était assurément aggraver l'action du fléau. Néanmoins l'ordre en était venu, et il était apparemment bien formel, car on se croyait obligé de l'exécuter rigoureusement. Les comptes constatent la condamnation à cent sous d'amende d'un vicaire d'une des paroisses, qui avait fait des remontrances au substitut du procureur du roi contre l'injonction qu'il avait reçue de défendre à ses paroissiens de danser le jour de leur fête patronale. Ils relatent en même temps l'emprisonnement et la punition de tabourins (ménétriers) pour avoir, malgré cette défense, joué de leurs instruments et fait danser.

Un sergent appelé Reinaud subissait aussi l'amende pour avoir joué aux dés, et avoir dit, assez raisonnablement à ce qu'il nous semble, que c'était grand dommage pour la ville d'empêcher de jouer, et qu'il fallait bien passer le temps à jouer, puisqu'on ne savait que faire (1). Ces détails donnent peut-être un tableau assez vrai de la sombre et ombrageuse tyrannie du vieux Louis XI. On put constater à cette époque que la population imposable de la ville, qui en 1388 était tombée au chiffre de 1034 feux, ne s'était pas relevée depuis. La longue série des misères de ce siècle l'avait maintenue à cette triste proportion. Un rôle qui fut dressé en 1478, pour la levée d'une imposition de deux sols six deniers par mois sur chaque feu, ne donna que 128 fr. 10 c., ce qui fixait le nombre des feux imposables à 1028. Mais depuis cette époque il s'accrut assez rapidement, et, trente-sept ans après, en 1515, un nouveau rôle fait pour l'impôt de la cense, dans lequel n'étaient compris ni les nobles ni les membres du clergé et autres exempts, comprenait 1884 feux (2).

Sentant sa santé s'affaiblir dans ces dernières années, le vieux roi prodiguait les neuvaines, les pèlerinages et les offrandes à la vierge et aux saints en renom, pour en obtenir son rétablissement. En 1477 il vint solennellement et en grande dévotion au tombeau de Saint Edme dans l'abbaye de Pontigny, et fit à cette maison une fondation de 1,200 francs de rente. Empêché d'y revenir l'année suivante, il voulut que le clergé d'Auxerre y allât pour lui,

---

(1) Archives de la Côte-d'Or. Chambre des comptes. *Compte du receveur.*

(2) *Ibid. Inventaire manuscrit*, t. 25, p. 652.

et il lui envoya, pour cette procession, deux cierges du poids de trente livres chacun. En décembre 1479 un de ses valets de chambre venait dans cette ville avec une lettre datée de Plessis-lès-Tours, par laquelle le roi priait les Auxerrois de lui faire savoir si la peste était encore chez eux. Quoique la réponse portât que le mal avait cessé, il différa le nouveau voyage qu'il avait l'intention de faire à Pontigny, et finalement y renonça. Mais il donna à l'abbaye des vignes auprès de Dijon, « afin que « les religieux priassent Dieu, Notre-Dame et Saint « Edme pour lui; pour le dauphin son fils, et pour la « reine, et, ajoutait-il, pour la bonne disposition de « notre estomac, que vin et viande ne nous y puissent « nuire, et que l'ayions toujours bien disposé (1).

Cette épidémie contagieuse, qui avait empêché la venue du roi, était loin d'être complétement éteinte. Elle se ralluma quelques années après, et en 1499, ses ravages à Auxerre devinrent si graves que toutes les autorités se retirèrent à Saint-Bris, et que les familles aisées se dispersèrent dans les environs.

Les prétentions au comté d'Auxerre n'avaient pas été abandonnées par la princesse Marie et Maximilien d'Autriche qu'elle avait épousé. La guerre qui avait été engagée ne le leur avait pas rendu. Après la mort de la princesse, la paix fut conclue à Arras, sous la condition du mariage futur de leur fille Marguerite, qui n'avait encore que trois ans, avec le dauphin qui en avait douze. Le traité de paix tenait lieu de contrat de mariage, Il portait que cette princesse apportait en dot les comtés de Bour-

(1) Archives de Pontigny. — *Histoire de Pontigny*, par l'abbé Henri, p. 403.

gogne et d'Artois avec ceux d'Auxerre et de Mâcon, et il y était dit que si Marguerite ne devenait pas l'épouse du dauphin, ces deux derniers reviendraient à Philippe, frère de la jeune princesse, qui serait tenu d'en rendre hommage au roi. Mais celui-ci avait eu soin d'ôter toute chance à cette éventualité, en stipulant que dans ce cas il prendrait possession des villes de Lille, Douai et Orchies, qui avaient une bien autre importance, pour les souverains des Flandres, que des comtés enclavés au milieu des états du roi. Le comte Jean de Clamecy intervenait à ce traité pour faire des réserves sur le duché de Brabant, qui lui avait été cédé par son oncle en échange du comté d'Auxerre, ce qui impliquait sa renonciation définitive à toute prétention sur ce comté.

Louis XI mourait en 1483. Grâce à sa politique habile et profonde, quoique trop souvent entachée d'astuce et de cruauté, il avait abattu la grande féodalité et accompli l'œuvre difficile et heureuse de l'unification de la France, à la seule exception du duché de Bretagne. Quelques années après sa mort, le cas prévu par le traité d'Arras se présenta et vint déranger ses combinaisons, quand son fils, pour épouser l'héritière du duché de Bretagne, renvoya à Maximilien sa fille Marguerite. Il fallut en venir à un nouveau traité. Charles VIII laissait à ce prince la Franche-Comté et l'Artois, dont il se contenta, et le comté d'Auxerre échappa ainsi au danger de perdre sa qualité de français. Il y fut pourtant encore exposé neuf ans plus tard, en 1504, lorsque le roi Louis XII, pour obtenir de l'empereur l'investiture du duché de Milan, dont il était follement infatué, conclut à Blois un traité qui promettait la main de sa seconde fille, la princesse Claude, à Philippe d'Autriche. Il y convenait imprudemment, pour le cas où il mourrait sans enfants mâles, de laisser à ce gendre la Bourgogne et le comté d'Auxerre. Heureusement que l'année suivante, étant malade, et s'effrayant des troubles qui pouvaient être un jour la conséquence de ce traité, il ordonna par testament le mariage de la princesse avec son neveu François, duc d'Angoulême, mariage qui fut conclu en 1506.

C'est sous le règne de Louis XI que fut apporté, dans l'orthographe du nom de la ville d'Auxerre une modification qui eût dû en changer la prononciation. Lors de la substitution, dans le langage, du roman vulgaire au latin, on avait fait d'*Autissiodorum*, *Autcedre*. Plus tard, pour l'adoucissement de ce nom peu harmonieux, on trouve *Ausseure*, *Auceure*, puis *Ausserre* et enfin *Aucerre*. Si l'on en croit Lebeuf (1) le nom d'*Auxerre* (par un x) se trouve pour la première fois dans une dépêche du duc de Bourgogne, Charles le Téméraire, de l'année 1469, datée de Bruxelles. Alors le roi Louis XI, à qui s'adressait cette dépêche, en fit copier l'orthographe dans les lettres et actes qu'il fit dresser pour la réunion du comté à la couronne. Et, même, chose singulière, le nom d'Auxerre est écrit successivement des deux manières dans les actes de 1476, qui concernent la constitution du bailliage royal. Charles VIII rétablit dans ses lettres adressées à la ville le vieux nom d'*Aucerre*. Mais sous François Ier et depuis, la nouvelle orthographe a toujours été employée par la chancellerie royale. Cependant la vieille forme du nom fut longtemps plus tard pratiquée à Auxerre, et on la trouve encore vers 1660 dans les manuscrits de Viole. Mais dès 1553, Pierre Grognet, dans le

---

(1) *Histoire de la prise d'Auxerre*, p. 72.

recueil de poésies qu'il publiait à Paris sous le titre de *Description de plusieurs bonnes villes et cités*, écrivait :
« Cité d'*Auxerre* aimée et renommée. »

Au contraire, les livres imprimés dans cette ville pendant le xve siècle et le premier tiers du xvie, persistent à se servir du vieux nom d'*Aucerre*. Ce n'est qu'à partir de 1643 qu'ils se soumettent à l'x. Peu à peu tous les habitants s'y sont soumis aussi en écrivant. Mais la prononciation n'a pas changé pour cela, si ce n'est chez quelques étrangers trompés par la forme orthographique. Toutefois, si le nom de la ville se prononce invariablement comme *Aucerre*, celui des habitants, Auxerrois, est par beaucoup d'entre eux prononcé comme le veulent les règles de l'orthographe.

A la même époque où mourut Louis XI, une des trois grandes baronnies du pays auxerrois, celle de Saint-Verain disparaissait, en se fondant dans la baronnie de Donzy.

Depuis la mort d'Erard II, dernier descendant mâle des Wibald de Saint-Verain, elle avait été possédée par quatre générations des comtes d'Amboise,

Hugues Ier, mort vers 1337,

Jean, mort en 1358,

Hugues II, mort vers 1390,

Hugues III, tué à la bataille d'Azincourt en 1415.

Elle avait été alors partagée entre les trois filles de ce dernier seigneur. Mais le manoir héréditaire, dont relevait tout le reste de la seigneurie, était échu à Isabeau, et son mari, Jean d'Aigreville, avait reçu le titre de baron de Saint-Verain, qu'il avait transmis à son fils Jean, et celui-ci, à son fils Pierre. Ce dernier, et les héritiers qui possédaient toutes les autres parties de cette grande terre, les vendirent successivement à Jean de Clamecy comte de Nevers, et baron de Donzy, par plusieurs actes, dont le premier est de 1460, et le dernier de 1489 (1). Les comtes de Nevers, qui, plus tard, en 1538, obtinrent le titre de duc, n'en continuèrent pas moins à reconnaître pour cette baronnie de Saint-Verain la suzeraineté de l'évêque. A la date de 1627 Charles de Gonzague, duc de Nevers, délivrait à l'évêque Dominique Seguier un acte de dénombrement « de sa baronnie et château de Saint-« Verain (2). »

Louis XI n'avait laissé qu'un fils, Charles VIII, âgé de treize ans, sous la tutelle de sa sœur Anne, mariée au sire de Beaujeu, qui n'en avait que vingt-deux, mais qui était douée de l'énergie et de l'habileté de son père. Elle était en même temps pieuse et bienfaisante, et elle installa dans la ville de Gien, qui lui appartenait, un couvent de minimes du vivant même de Saint-François de Paule, leur fondateur, et pour desservir l'hôpital, des religieuses de Sainte Claire, que de ce nom, on appelait les Clarisses. Il y eut, dès l'année 1484, un réveil d'indépendance de la grande aristocratie féodale. A la tête de ce

---

(1) Inventaire des titres du Nivernais, col. 304, 305, 306 et 310.

(2) *Ibid.*, col. 308. On trouve dans cet inventaire, col. 309, la mention d'une lettre du roi Philippe de Valois, pour la mouvance du château de Saint-Verain, laquelle doit, y est-il « dit, tenir désormais de la baronnie de Donzy. » Il est difficile d'expliquer cette attribution erronée et démentie par une longue série d'actes antérieurs et postérieurs. C'était peut-être une tentative d'usurpation, au temps de la mort d'Érard II, par le comte de Nevers, qui était alors Louis II de Flandre. Elle n'a eu en tous cas aucun résultat à son profit, ni à celui de ses successeurs.

parti, qui voulait s'emparer du pouvoir, était le duc d'Orléans, qui fut depuis le bon roi Louis XII. Il adressa une protestation aux bonnes villes du royaume, et Auxerre reçut de lui une lettre qui, sous le prétexte que la régence du royaume de France ne pouvait tomber en quenouille, l'engageait à se joindre à lui contre le gouvernement de la dame de Beaujeu. En même temps des gens de guerre de son parti parcouraient les campagnes et reprenaient leurs habitudes de troubles et de pillage. Le gouverneur de l'Auxerrois, Olivier de Koatmen, se déclarait pour lui. Mais le pays, fatigué d'agitations, lui résista énergiquement, et il fut forcé de s'enfuir. Pendant ce temps la régente poursuivait les rebelles, les assiégeait à Beaugency, et les forçait à se rendre. Ils recommençaient l'année suivante, et trouvaient en Bretagne un appui qui leur échappait bientôt, car, dans une bataille livrée à Saint-Aubin-du-Cormier, la révolte était vaincue, et le duc d'Orléans fait prisonnier. C'est cet état de désordre, sans doute, et l'insécurité des routes rendant les déplacements difficiles et dangereux, qui motiva une singulière protestation de l'Auxerrois, contre sa réunion à la province de Bourgogne et la nécessité d'envoyer des députés à l'assemblée de ses Etats, comme on l'avait fait depuis l'année 1424. Il y avait eu, à la vérité, dans cette année, quatre sessions des États de Bourgogne, qui d'ordinaire n'étaient convoqués qu'une fois tous les trois ans. Appelés une première et une seconde fois en mars et en juillet, les habitants d'Auxerre y avaient envoyé des députés. La troisième fois, ils se contentèrent d'adresser une lettre au président et au lieutenant du roi. Mais quand on les convoqua pour la quatrième fois, au mois de décembre suivant, ils arrêtèrent en délibération, que leur

ville « était exempte de toute juridiction ordinaire et
« extraordinaire du duché de Bourgogne, et qu'elle n'é-
« tait pas tenue de comparoir aux États. » Et ils envoyèrent cette protestation à Dijon par un d'entre eux que le
procès-verbal qualifie de praticien. On ne sait quelle suite
fut donnée à un acte aussi contraire à l'intérêt de la contrée. Quoique soumis pour le jugement des procès au
parlement de Paris, si le comté d'Auxerre avait à choisir
pour l'administration civile et financière entre le sort
d'un pays d'État comme était la Bourgogne, qui, ne payait
d'autre taille que celles que ses représentants avaient librement consentie, qui disposait elle-même de l'emploi
des fonds que ceux-ci avaient votés pour les besoins de la
province, et la condition des pays d'Election, où l'imposition était purement arbitraire et dépendait du bon plaisir
du roi ou de ses ministres, on ne pouvait sans déraison
préférer ce régime asservi à celui du libre vote, et c'était
le cas de proclamer ce que, depuis, Saint-Julien-de-Ba-
leux a justement dit dans son livre *De l'origine des
Bourgongnons* : « Certes, les États sont la plus belle
« marque que les Bourgongnons sçauraient avoir. Et
« mieux vaudrait à la Bourgogne avoir perdu le titre de
« première partie de France, que l'usage des Estats. »

Lorsque Charles V avait reçu en 1371 des habitants
du comté d'Auxerre le prix moyennant lequel il l'avait
acheté du comte Jean III de Chalon, et lorsque, après la
mort du duc Charles-le-Téméraire, Louis XI les avait vus,
les premiers de toute la Bourgogne, accepter la réunion
de leur pays à la France, tous deux avaient pris solennellement l'engagement de ne jamais le séparer du domaine
de la couronne. Aussi fut-on étrangement surpris en 1489
d'apprendre que le roi Charles VIII venait de faire don de

ce comté à Engilbert de Clèves, petit-fils du comte Jean de Clamecy par sa mère Isabelle, femme du duc Jean de Clèves. Cette donation avait été faite, le 21 février de cette année, dans le contrat dressé pour le mariage projeté entre ce prince et Charlotte de Bourbon, cousine du roi. On ne pouvait s'expliquer que par une surprise faite à la jeunesse et à l'inexpérience du roi, cette violation d'un double engagement pris, à deux fois distinctes, par la parole royale, ce démembrement d'une ville et d'une petite province récemment acquises, et auxquelles Louis XI avait paru attacher un si grand prix.

Le pays voyait, dans cette distraction, la perte de toutes les garanties de protection, de liberté et de sécurité qu'il avait cru trouver dans sa réunion irrévocable à la couronne de France. Aussi on ne tarda pas à passer de l'émotion à la résolution de protester contre cette aliénation, et d'user de tous les moyens possibles pour la faire révoquer. Des remontrances furent d'abord portées à Lyon où la cour se trouvait, et comme on n'en obtint immédiatement aucun résultat, et qu'on se fut assuré que le jeune comte de Clèves n'avait pas fait encore homologuer son titre par le Parlement, toutes les villes du comté s'empressèrent de présenter à ce haut tribunal une requête qui fut reçue par un arrêt du 21 avril 1490. En même temps elles signifiaient à l'évêque d'Auxerre une opposition à ce qu'il admît, soit le comte de Clèves, soit le comte de Nevers, à l'hommage du comté dont il était suzerain.

Cette énergique résistance arrêta tout. Le roi comprit la nécessité de revenir sur cette violation irréfléchie d'un traité solennel. La donation fut annulée et remplacée par une pension annuelle de 2,000 francs. Il existe aux archives de Dijon (1) une quittance de l'année 1491, par Engilbert de Clèves, comte d'Auxerre, seigneur du pays de Cahyn et de Boulencour-en-Céry (sic), « de la somme de « 2,000 francs pour et en récompense du revenu du comté « d'Aucerre, pour l'année commençant au 1er octobre, « que le roi lui a donnée en faveur de son mariage.. » Le 23 mai 1493 Charles VIII, qui, pour épouser Anne de Bretagne, avait renvoyé à Maximilien d'Autriche sa fille Marguerite, à laquelle le roi son père l'avait d'abord fiancé, signait à Senlis un traité par lequel il restituait les comtés d'Artois et de Bourgogne, et conservait celui d'Auxerre avec ceux de Mâcon et de Bar-sur-Seine. Et en 1515, la pension de 2,000 francs, qu'il avait constituée à Engilbert, était encore payée, car Charlotte de Bourgogne, devenue veuve de ce seigneur, en léguait les arrérages à ses enfants (2). Engilbert, qui en 1490, avait fait frapper des monnaies auxerroises à son nom, n'en continua pas moins à prendre le titre de comte d'Auxerre. Ce titre lui fut donné dans les procès-verbaux des séances tenues par le roi au Parlement, le 8 juillet 1493 et en 1499. Après lui, il fut pris en 1515 par son second fils, et, après la mort de ce dernier, en 1537, par François de Clèves, qui devint comte de Nevers à la mort de Marie d'Albret, sa mère, et qui en 1538 vit ériger son comté de Nevers en duché-pairie. Son fils Louis prit encore le même titre en 1542. Mais il paraît qu'après lui ses successeurs s'abstinrent de le prendre. Ce n'était d'ailleurs qu'un titre nu, comme celui de roi de Jérusalem que portèrent les ducs de Savoie devenus rois de Sardaigne et de Piémont (3).

(1) *Inventaire manuscrit*, t. XXIII, p. 579.
(2) Inventaire des titres du Nivernais, col. 21.
(3) Crosnier. Nouvelles études sur les comtes et les ducs de Nevers. *Bull. de la Soc. Nivernaise*, t. 3, p. 492.

Avant la fin du xve siècle la ville d'Auxerre fut enrichie d'un monument des plus gracieux. C'était la haute et fine aiguille, posée sur de délicats piliers et de minces arcs-boutants en bois revêtu de plomb, qui surmontait la tour romaine dite Tour Gaillarde, au sommet de laquelle était placée la cloche de l'horloge publique. Cet élégant campanile a disparu en 1825 dans un incendie, et n'a été remplacé que par un édicule assez disgracieux. C'est aussi à cette époque, 1495, que cette ville reçut pour la première fois dans ses murs une dérivation des fontaines de Vallan, qui lui amena des eaux en abondance. Jusque là elle n'était alimentée que par des fontaines du bord de la rivière, par des puits, et par des citernes. Un petit aqueduc qui lui avait, dans les temps antérieurs, amené les eaux de la fontaine de Sainte-Geneviève, située sur un côteau à l'ouest de la ville, avait été coupé, au xiie siècle, par la creusée des fossés dont elle avait été alors entourée. Il avait été rétabli depuis, sans doute, avec un changement de parcours, mais ne pouvait donner que des ressources insuffisantes.

Vers la même époque avait été achevée la majestueuse tour de la cathédrale, et son magnifique portail chargé d'admirables sculptures qui, à deux époques néfastes, ont subi d'odieuses et stupides mutilations, mais dont l'admirable ensemble charme encore les regards des connaisseurs. Le portail, actuellement isolé, de l'église Notre-Dame de la Charité date aussi de la fin de ce siècle, ainsi que la chapelle, alors reconstruite, de Notre-Dame-de-Galle, dans la ville de Cosne; ce dernier sanctuaire avait été bâti au ixe siècle par l'évêque Wala, de qui il tenait son nom.

Il faut rappeler aussi qu'en 1488 la ville de Donzy fut

affligée d'un grave incendie qui ravagea la vieille et vénérable église de Saint-Caradeuc. Selon la légende, des moines bretons, fuyant devant les désordres de la guerre et peut-être de l'invasion des normands, avaient, aux IXe ou Xe siècle, apporté dans ce pays, les reliques de Saint-Caradeuc, le patron de leur monastère. Accueillis par les habitants, ils s'étaient établis d'abord dans un lieu que, du nom de leur pays, on appela la Bretonnerie, puis dans le village de Bagneux, d'où un des premiers barons de Donzy les appela dans cette ville, où il leur bâtit un couvent, avec cette église qui, au XIIe siècle, avait été érigée en collégiale.

C'est vers la même époque, en 1478, qu'apparait près d'Auxerre, dans la petite ville de Chablis, l'imprimerie qui, inventée vers 1440 par Gutenberg, ne s'était encore montrée en France, qu'à Paris, à Lyon et à Angers. Pierre Lerouge y imprima en 1478, « *Le livre de bonnes meurs* », en 1483 le *Breviarium autissiodorense*, et peu après, le *Missale autissiodorense*. L'évêque Jean Baillet, qui lui fit imprimer ces deux derniers ouvrages, était un savant prélat, ami de la science et des arts. Il avait fait exécuter en Artois ou en Flandre, les magnifiques tapisseries représentant la légende de l'Invention des reliques de Saint Etienne, dont il fit don à son église cathédrale.

A la fin de ce siècle, la France avait été délivrée du fléau des guerres intérieures dont elle avait si longtemps et si douloureusement souffert. Elles étaient transportées en 1492 sur le sol étranger, par les expéditions que conduisit en Italie le roi Charles VIII, et qui, commencées d'une manière si brillante et si victorieuse, tournèrent ensuite promptement contre ses armes. Il en fut de même quelques années après sa mort, survenue en 1498, et sous ses deux successeurs, pendant presque toute la première moitié du siècle suivant. Mais, dans ce riche pays, la guerre nourrissait la guerre. Le bon et sage roi Louis XII avait ramené l'économie dans les finances, et diminué le fardeau des impositions. Le calme, la sécurité et l'aisance étaient revenus dans nos campagnes. On put alors s'occuper d'une grande et salutaire amélioration au point de vue juridique, la mise par écrit et rédaction des coutumes locales.

Dans la France du moyen âge, et surtout au nord de la Loire, il n'y avait d'autre règle, pour le jugement des conflits et des discussions sur les intérêts tant civils que féodaux, que les usages locaux. Tout y était soumis, les successions, les contrats, les donations, les testaments, les tutelles, l'étendue et les limites des droits de l'agriculture, les servitudes urbaines et rurales, aussi bien que les fiefs, les censives et les droits seigneuriaux. Rien de tout cela n'était écrit, et tout variait, non-seulement de province à province, mais aussi de ville à ville, et parfois de village à village. Quand il s'agissait d'appliquer une de ces règles qui était contestée, les tribunaux avaient pour jurisprudence d'appeler le témoignage de tous ceux des habitants qui voulaient venir attester l'usage et les précédents. Cela s'appelait faire une enquête par turbe. Le dire de la multitude proclamait la loi de la tradition dans la localité. C'était une inextricable confusion. Lorsque le roi Charles VII eut achevé de chasser les Anglais de la France, il tourna ses regards vers ce chaos judiciaire, et s'efforça d'y introduire quelque ordre rationnel. Il publia en 1453 une ordonnance portant que « les coutumes, usages et styles de tous les pays du « royaume, seraient rédigés et mis par écrit par les cou-

« tumiers, praticiens et gens de chacun pays, lesquelles
« coutumes seraient apportées devant lui, pour les faire
« voir et vérifier par les gens de son grand Conseil et
« ceux du Parlement, et, par ainsi décrites et con-
« firmées, pour être gardées et observées dans chaque
« pays, sans autre preuve que ce qui serait écrit dans ce
« livre. »

Ce grand travail ne fut achevé qu'après plus d'un siècle, et, quand il fut terminé, on constata qu'il y avait en France environ soixante coutumes générales ou de provinces, et trois cents coutumes particulières, ou de villes et villages.

Les troubles de la dernière moitié de ce siècle retardèrent longtemps la mise en œuvre de cette grande pensée. On s'y mit enfin. En 1490 on avait rédigé la coutume du Nivernais, et en 1493 celle du Bourbonnais. L'année suivante, le roi Charles VIII adressait aux habitants de l'Auxerrois l'ordre de suivre cet exemple. On le tenta. Un coutumier provisoire fut même préparé par les officiers royaux, les praticiens des diverses justices, et les délégués des communautés, pour fondre, dans une règle commune, les nombreuses divergences qu'en bien des points de sérieuse importance offraient les diverses coutumes locales. Mais les gens du clergé et de la noblesse refusèrent de se rendre à Auxerre pour fournir leurs observations sur ce travail. Le 2 avril 1506 le roi Louis XII adressait au bailli de la province des lettres-patentes pour les y contraindre, sous peine de saisie du temporel contre le clergé, et de fortes amendes contre les nobles. Ils finirent par se rendre, pour la plupart, à ces injonctions, et le 30 septembre 1507, l'assemblée générale se réunissait à Auxerre, sous la présidence du lieutenant-général du bailliage, avec le concours de l'avocat et du procureur du roi, de neuf avocats, de six procureurs du bailliage, et de l'official de l'évêque ; ce prélat agissant, tant comme chef du clergé, que comme seigneur de Varzy, Oudan, la Chapelle-Saint-André, Cosne, Régennes, Appoigny, Charbuy, Gy-l'Évêque et Sacy en partie. Le chapitre de la cathédrale y était représenté comme seigneur de Cravant, Accolay, Monéteau, Chemilly, Charmoy, Chichery, Eglény, Merry, Lindry, Beauvoir, Pourrain, Parly et la Racine, Oisy et Chivres (1). Les délégués des abbayes et autres établissements ecclésiastiques, et ceux des principaux seigneurs laïcs s'y trouvaient également. La comtesse de Nevers, qui avait été convoquée en sa qualité de baronne du Donziais et de Saint-Verain, faisait défaut, aussi bien que les habitants de Donzy, Cosne et autres villes et villages de ces baronnies. Les seigneurs, ecclésiastiques et habitants des châtellenies de Saint Fargeau et Bléneau, bien que faisant partie du diocèse d'Auxerre et soumis à la juridiction du bailliage, n'étaient pas convoqués, parce qu'ils suivaient de temps immémorial les coutumes de Lorris-Montargis. Il en était de même de celle du baron de Toucy située sur la rive gauche de l'Ouanne ; celle de l'évêque qui était sur la rive droite était de la coutume d'Auxerre. La ville de Toucy, qui appartenait en commun au baron et à l'évêque, était coupée en deux coutumes. Le quartier bas suivant celles de Montargis, et le quartier

(1) Il ajouta depuis à ces possessions les seigneuries de Cheny, Chemilly-sur-Beaumont, Corsain, Saint-Martin-sur-Ocre, Montigny-la-Coudre, Préhy, Sacy en partie, Villemer et Villiers-les-Hauts. En 1786, il avait environ 120,000 livres de revenu, non compris le quart en réserve de ses bois qui comprenaient 3356 arpents. (Archives de l'Yonne).

haut restant dans celle d'Auxerre. Aussi fut-elle convoquée successivement à Auxerre et à Montargis, et prit-elle part à la discussion des deux coutumes.

Lorsque les intéressés furent réunis en assemblée générale, on donna d'abord lecture du projet de coutumier déjà rédigé. Il contenait six chapitres pour le droit féodal, et dix-huit autres pour le droit civil. Les quatre premiers chapitres du droit féodal traitaient des justices seigneuriales divisées en haute, moyenne et basse, ils reconnaissaient au seigneur qui avait haute justice, « la « juridiction et connaissance des cas pour lesquels « échéait peine de mort, incision de membres, fustiger, « flétrir, pilorier, escheller, bannir et autres semblables « droits, d'avoir signes patibulaires à trois ou quatre « pilliers, et non plus s'il n'était comte ou baron, le « droit de justice civile, de poids et mesures, d'épaves, « aubaine, trésor, etc, et aussi le droit de prendre pour « son compte les achats de biens que les gens d'église « voudraient faire dans sa terre, et s'il n'en voulait pas « user, celui de percevoir une indemnité de trois années « du revenu ou du sixième du prix de vente. »

La moyenne et la basse justice n'avaient justice civile ou criminelle que pour ce qui n'excédait pas soixante sols. Mais elles pouvaient avoir « siége notable, prévôt, « maires, sergents et prisons. » La moyenne ne différait de la basse, qu'en ce qu'elle pouvait faire « main-mise, criées « et subastations, créer et bailler tuteurs et curateurs, « faire scellés et inventaires, interposer décrets pour « l'aliénation des biens des mineurs et autres, et faire « émancipations, » toutes choses qui étaient interdites à la justice basse ou censiaire.

La coutume reconnaissait implicitement le servage,

car elle n'accordait qu'à franche et libre personne le droit de se déclarer bourgeois du roi, ce qui s'accomplissait « en faisant ses devoirs de bourgeoisie et les solennités en « tel cas requises. »

Un chapitre traitait des fiefs et des rapports entre le seigneur féodal ou suzerain, et ses vassaux ou feudataires, et de la succession des fiefs avec droit d'aînesse.

Un autre traitait des censives, c'est-à-dire des taxes ou redevances proportionnelles qui étaient réclamées par les seigneurs, en vertu de leur droit féodal, sur tous les biens et héritages situés dans la seigneurie, alors même qu'ils étaient possédés par des personnes libres et franches.

Les autres chapitres, s'occupant du droit civil, comprenaient les servitudes rurales et urbaines, les rentes et criées, les contrats et conventions, le retrait lignager, les prescriptions, la communauté de biens, tant entre époux qu'entre associés tacites, ou, selon le texte, vivant à commun pot et sel, genre d'association presque inconnu aujourd'hui, mais alors très fréquent dans les campagnes de notre contrée, les rentes foncières, les bâtards, les douaires, les donations, les testaments, successions et rapports, les tutelles et curatelles, et les usages et pâturages.

La discussion qui s'ouvrit ensuite constata sur beaucoup d'articles d'assez grandes divergences. Celles de la châtellenie de Varzy parurent assez nombreuses et assez graves pour qu'on les consignât dans un chapitre spécial et séparé, sous le titre de Coutume de Varzy. Il y eut après cela, de la part des membres du clergé et de la noblesse, des contredits sur plus d'un point, et en particulier, sur trois articles d'une assez grande importance, qui, nonobstant cette opposition, furent provisoirement admis.

Le premier portait : « Tous héritages sont réputés
« francs, s'il n'appert du contraire, et que celui qui y
« prétend charge de cens ou redevance, quelle qu'elle
« soit, ne le prouve ou ne le montre suffisamment, »

C'était la présomption légale de l'allodialité absolue, c'est-à-dire de la franchise des héritages, ou, en d'autres termes, la consécration de la maxime *nul seigneur sans titre*, comme elle était reconnue par les coutumes de Troyes, de Dijon et de Bourges. Mais elle était repousssée par un très grand nombre d'autres coutumes soumises à un principe opposé, qui se résumait en ces termes, *nulle terre sans seigneur*. Pour neutraliser le texte du projet proposé, et favoriser leur système d'usurpation et d'envahissement, les seigneurs voulaient y ajouter ces mots, *fors* (à l'exception) *du cens et des dîmes, s'il n'y a privilége au contraire*. Mais, malgré leur résistance, la rédaction première resta seule dans la coutume.

Le chiffre du droit de mutation que percevaient les seigneurs, sous le titre de *lods et ventes*, sur les donations et ventes des biens de leurs sujets, offrait, selon les localités, beaucoup de variations. Le chiffre variait de sept deniers à deux sols par livre, c'est-à-dire d'environ trois pour cent à dix pour cent du prix de la vente ou de la valeur de l'immeuble. Il s'agissait de savoir si on l'uniformiserait, soit en le portant au taux le plus élevé, soit en le réduisant au taux le plus abaissé. On tomba d'accord de laisser la chose se poursuivre dans chaque lieu, selon l'ancien usage. A cette époque, où la plus grande partie du territoire était condensée dans la main des seigneurs et du clergé, où l'agriculture ne connaissait pas encore les prairies artificielles, les droits d'usage et pâturage sur le terrain d'autrui étaient d'une importance capitale pour les petits cultivateurs. C'est en en concédant dans leurs bois et forêts, que les seigneurs ecclésiastiques ou laïques étaient parvenus à ramener des habitants sur leurs terres, si fréquemment dépeuplées par les guerres, les pestes et les famines. Mais ces concessions n'avaient le plus souvent pas été constatées par des titres écrits, ou bien les titres avaient péri par accidents ou vétusté, et la plupart de ces droits s'exerçaient en vertu seulement d'une possession immémoriale. Les seigneurs élevaient la prétention de supprimer ceux qui n'étaient pas justifiés par un titre écrit, et surtout ceux qui avaient été jusque-là exercés gratuitement et sans être accompagnés du paiement d'une redevance annuelle. Sur ce point encore leur prétention fut rejetée, et il fut décidé que la possession immémoriale suffirait pour la justification du droit.

Le procès-verbal de ces discussions et le texte de la coutume furent imprimés en 1539, sous le titre de *Coustumes du pays et du bailliage d'Auxerre*. Les exemplaires en sont devenus d'une extrême rareté. La bibliothèque de cette ville en possède un. Ce procès-verbal fut recommandé à l'application de tous les tribunaux du ressort, en attendant qu'il reçût la consécration d'une ordonnance royale. Mais les résolutions qu'il contenait sur les points qui viennent d'être rappelés blessaient certains intérêts qui ne cessèrent depuis de les attaquer par tous les moyens, et qui parvinrent à retarder indéfiniment l'approbation officielle. On peut juger de la passion et du peu de scrupule des opposants par ce fait étrange, qu'ils falsifièrent le texte adopté, dans une édition qu'ils firent imprimer clandestinement, et où ils glissèrent frauduleusement un article supposé, qui faisait dire à la coutume le contraire de ce qu'elle avait décidé sur la question d'allodialité ou franchise des héritages. Cet article, inventé par d'effrontés faussaires, portait :

« *Item* que nul ne peut tenir aucun héritage en justice
« haute, moyenne et basse d'un seigneur, sans payer
« audit seigneur la censive, ou à celui qui est seigneur
« censier, s'ils n'ont titre du contraire. »

A la faveur de cette intrusion mensongère, on surprit, devant plusieurs juridictions, des sentences arrachées à la bonne foi trompée des magistrats, et qui consacraient des usurpations audacieuses et de véritables vols. Pour ne pas interrompre le récit sur ce sujet, nous dirons dès à présent le succès qu'obtint en définitive cette frauduleuse combinaison. Cinquante-quatre ans après cette première rédaction, en 1558, le roi Henri II donna mission à un président et à deux conseillers du Parlement, de rédiger et mettre par écrit les coutumes dans les provinces du ressort de ce haut tribunal, où on ne s'était pas encore mis d'accord sur leur rédaction, et en même temps dans celles où les procès-verbaux de rédaction seraient perdus et adirés, et aussi dans celles où s'étaient élevés des différents sur l'interprétation d'articles incomplets ou équivoques. Auxerre était au nombre des villes indiquées par l'ordonnance royale, sans préciser la cause qui y rendait nécessaire une nouvelle rédaction. Les trois magistrats étaient chargés « d'as-
« sembler les gens des trois états, et de nouvel rédiger
« et accorder, et si besoin était, de muer, corriger et
« abroger la coutume ou partie d'icelle, et faire procès-
« verbaux des débats et oppositions. »

Cette mission, donnée aux magistrats, fut répétée dans des lettres-patentes du roi François II, du 24 août 1560, et, enfin, dans une ordonnance de Charles IX du 5 janvier 1561. Se conformant à ces instructions, ils assemblèrent à Auxerre, le 15 juin de cette dernière année, les seigneurs ecclésiastiques et laïcs, les délégués des communautés d'habitants, les magistrats du bailliage et autres juridictions, les notaires au nombre de douze, les avocats, au nombre de trente-cinq, les procureurs, au nombre de soixante-deux. Le duc de Nivernais protesta contre l'annexion du Donziais et de la baronnie de Saint-Verain au ressort du bailliage, et contre leur soumission aux coutumes de l'Auxerrois. Il se fondait sur des lettres-patentes du roi Henri II, qui, en érigeant le comté de Nevers en duché, lui avaient accordé, pour le Donziais, une juridiction ressortissant directement au Parlement de Paris. Ce titre royal avait été enregistré par le Parlement, le 15 novembre 1554. Mais l'évêque, la ville d'Auxerre et les officiers du bailliage avaient formé opposition à cet arrêt, qui avait été rendu sans qu'ils eussent été appelés, et, le procès n'ayant encore reçu aucune solution, les lettres-patentes étaient jusque-là restées, en cette partie, sans exécution. Les officiers du bailliage de Sens intervinrent aussi, pour revendiquer la juridiction de ces deux baronnies, et le seigneur de Seignelay, pour être soumis au ressort de Sens. Mais toutes ces prétentions furent rejetées. On mit ensuite en discussion une rédaction nouvelle de la coutume, qui avait été préparée par une commission préparatoire. Elle était plus ample et plus développée que la première, dont elle modifiait plusieurs dispositions, en même temps qu'elle supprimait la coutume locale de Varzy. Le nombre des chapitres était réduit de moitié. Il n'était plus que de douze. Le tiers-état y avait fait maintenir, pour les usages et pâturages, le droit des usagers, résultant de la possession immémo-

riale sans titre à l'appui, et sans aucun paiement de
redevances. Mais il n'avait pu obtenir que le droit perçu
par les seigneurs, sous le titre de lods et vente continuât
à varier dans les divers localitées, selon la possession
ancienne. On l'uniformisait, en le portant, à la fois, à un
droit fixe de deux sols pour le contrat, puis à celui de vingt
deniers pour livre, c'est-à-dire le douzième du prix de la
vente, ce qui était exorbitant. Tout ce qu'il put obtenir,
c'était l'exemption pour les actes d'échange, lorsqu'ils
étaient faits sans soulte. Il n'avait pu non plus faire
maintenir le principe de la franchise des héritages sauf
preuve contraire. La maxime opposée, *nulle terre sans
seigneur*, avait été inexorablement soutenue et inscrite
dans le projet, sur la réquisition des membres de la
noblesse et du clergé. C'est surtout sur ce point que l'on
débattit, quand la discussion fut ouverte. On se prévalut
de part et d'autre de décisions rendues en sens opposé
sur la question. Mais, bien que l'avocat du tiers-état dé-
nonçât et démontrât le faux commis dans les éditions
frauduleuses du texte, il ne put obtenir gain de cause.
Depuis le commencement du siècle, beaucoup de magistrats avaient profité des édits qui permettaient aux
roturiers d'acheter des terres nobles. Des fils de bourgeois
enrichis dans le commerce et devenus seigneurs de villages, étaient entrés dans la magistrature, et l'esprit de
la jurisprudence s'en était ressenti. Elle était devenue
moins favorable aux franchises des communautés d'habitants. On en eut une nouvelle preuve dans la décision des
conseillers chargés de la révision de la coutume, qui,
« adhérant à la voix des deux états d'église et de noblesse, »
déclarèrent qu'à l'ancien texte, qui portait seulement,
comme celui de la coutume de Troyes, « Tous héritages

« sont tenus et réputés francs et libres de censive, s'il
« n'appert du contraire, » il fallait ajouter les mots suivants, qui en dénaturaient complétement le sens : « Excepté que, si un seigneur a accoutumé de prendre censive
« en sa terre, le particulier ne s'en pourra exempter par
« quelque temps que ce soit, s'il n'a titre ou convention
« au contraire, mais sera tenu payer icelle censive à la
« raison des autres héritages sujets et redevables à icelle.»
Ainsi, il devait suffire qu'un seigneur eût dans son domaine, par usurpation ou autrement, un seul censitaire, pour que les autres habitants, sans que l'on eût égard à leur possession immémoriale de franchise, fussent soumis à pareil cens, s'ils n'avaient un titre qui les en exemptât. Avec cette disposition additionnelle, il n'y avait plus guère de terres allodiales dans les seigneuries du pays Auxerrois, où auparavant, en vertu d'une longue possession, elles étaient en nombre considérable. C'était, par un trait de plume, une véritable révolution de servitude foncière dans la contrée.

Le pays Auxerrois avait été trop dévasté et ruiné par les guerres des quatorzième et quinzième siècles, pour qu'on songeât à y élever des constructions monumentales. On ne cite guère dans cette période, et jusqu'à la mort de Louis XI, que la reconstruction de l'église de St-Germain d'Auxerre au quatorzième, et les nefs, les portails du transept, et la porte de gauche du grand portail de la cathédrale de cette ville. Mais, à partir du règne de Charles VIII, et dans le siècle suivant jusqu'au commencement des guerres religieuses, les villes et les villages se décorent à l'envi d'œuvres d'art merveilleuses. On voit s'élever et se terminer la majestueuse tour du midi de la cathédrale et les précieuses sculptures de son grand portail, et à Chevannes, Courson, Fontenoy, Lain, Lainsecq, Thury, Migé, Ouanne, Saints, Sainte-Colombe, Taingy, Treigny, Moutiers, Charentenay, Charbuy, Crain, Gy-l'Évêque, Irancy, Mézilles, Saint-Bris, Saint-Fargeau, Châtel-Censoir, Cravant, Héry, Leugny, Seignelay, Toucy, et beaucoup d'autres lieux, se construire en entier ou se compléter par des parties de constructions nouvelles, soit dans le style flamboyant du dernier âge ogival, soit dans le style nouveau de la renaissance, une foule d'églises, d'un goût élégant et grandiose, qui sont encore aujourd'hui, à juste titre, l'ornement et l'orgueil de nos paroisses rurales. Le Donziais a moins de monuments de cette époque. Il en a pourtant quelques-uns de très remarquables, surtout dans le canton de Saint-Amand. Mais aussi il est plus riche que le comté d'Auxerre en églises plus ou moins bien conservées du douzième siècle.

La baronnie de Donzy qui, depuis le mariage d'Hervé IV avec Mathilde de Courtenay, avait toujours été possédée par les mêmes seigneurs que le comté de Nevers, en fut séparée en 1523, par un partage qui l'attribuait à Charlotte, l'une des filles du troisième mariage de Jean de Clamecy, que, du nom de sa mère, l'on appelait Charlotte d'Albret. Elle l'apporta en mariage à Odet de Foix, Ier du nom, qui, en mourant, la transmit à son fils Odet II, après la mort duquel Claudine de Foix, sa sœur, la recueillit : mais, au décès de celle-ci, elle arriva à son cousin François Ier de Clèves, comte de Nevers, dont le comté avait été, en 1538, érigé en duché-pairie, et se trouva ainsi de nouveau réunie à ce duché, sous le rapport du droit de propriété, sauf la soumission à l'évêque, aux points de vue religieux et féodal, et au bailliage d'Auxerre, au point de vue judiciaire.

Il est peut-être à propos de raconter aussi tout de suite ce qu'était devenue à cette époque, et ce que devint ensuite la baronnie de Toucy, qui, depuis l'année 1155 avait été possédée par la famille des comtes, puis ducs de Bar, et était restée en leur possession pendant 195 ans. Elle avait fourni, dans cet intervalle, neuf barons, qui sont :

Le comte Thibaut II, mort en 1317 ;

Le comte Jean II, en 1325 ;

Le comte Edouard, en 1337 ;

Le comte Henri IV, en 1344 ;

Le duc Robert, en 1395. Il était resté longtemps sous la tutelle de sa mère, la comtesse Iolande de Flandre, dont M. de Smyttère a écrit l'histoire ;

Le duc Jean III, en 1415 ;

Le cardinal Louis, en 1430 ;

Jean, marquis de Montferrat, en 1445 ;

Les deux fils de ce dernier, propriétaires par indivis, la vendirent en 1450 à Jacques Cœur, le célèbre et malheureux argentier de Charles VII, qui, emprisonné en 1451, fut condamné en 1453 et dépouillé par confiscation de tous ses biens. Cette vaste baronnie de Toucy avait été adjugée à vil prix à Antoine de Chabannes, l'un de ses juges, qui rebâtit le château de Saint-Fargeau, créa dans cette ville une collégiale de cinq chanoines, et joignit par acquisition la châtellenie de Charny à celle de Saint-Fargeau. Son fils Jean hérita de cette importante terre qui, après sa mort, fut partagée entre ses deux filles. Antoinette, mariée à René d'Anjou, eut Saint-Fargeau et Charny ; et Avoie, la seconde fille, mariée à Aymar de Prie, conserva la baronnie de Toucy, qui fut en 1622 érigée en marquisat. Disons tout de suite par qui furent ensuite possédées ces deux seigneuries.

Saint-Fargeau et Charny passèrent de René d'Anjou à son fils Nicolas et furent érigés en comté en 1541.

Puis à Renée, fille de ce dernier, qui les apporta en mariage à François de Bourbon, duc de Montpensier, entre les mains duquel ils devinrent un duché-pairie en 1562 ;

Henri de Bourbon-Montpensier recueillit de son père ce duché, et le transmit à sa fille Marie, qui épousa Gaston, duc d'Orléans, et frère de Louis XIII.

La mort de celle-ci le fit passer à sa fille Anne-Marie-Louise d'Orléans, que l'on appelait Mlle de Montpensier. Elle en sépara Charny, qu'elle vendit en 1661, et ayant épousé en mariage secret le comte de Lauzun, elle lui donna cette terre.

Lauzun la vendit en 1714 au financier Crozat, qui la revendit un an après à Michel Lepeletier des Forts. Elle reçut de nouveau, en 1729 le titre de comté, et passa successivement à Michel-Étienne et Louis-Michel Lepeletier, son fils et son petit-fils.

Quant à Toucy, ses possesseurs successifs furent :

Aymar III de Prie, mort en 1536 ;

Aymar IV, gouverneur d'Auxerre en 1568, mort en 1570 ;

René, mort en 1606 ;

Aymar V, mort en 1622 ;

Henri, pour qui la terre fut érigée en marquisat ;

Louis, son frère ;

François de Prie ;

Louise, sa fille, femme du maréchal de la Motte-Houdancourt, morte en 1709 ;

Charlotte-Éléonore-Madeleine, leur fille, mariée au duc de Ventadour, qui la vendit en 1720 au contrôleur-général Law. Après sa banqueroute, la terre fut achetée par le conseiller-général de Lorraine d'Yssoncourt, dont le fils la céda au célèbre financier Pâris de Montmartel ;

Après ce dernier vint son neveu, de Perratière, receveur-général de Normandie, qui bâtit le château actuel à la place du vieux château-fort du xi° siècle ;

Puis sa sœur, veuve et douairière de Micault, qui la céda à son fils Joseph Micault d'Harvelay ;

Et de ce dernier elle passa à son frère, Jean Vivant Micault de Courbeton, président au Parlement de Dijon, qui périt sur l'échaffaud en 1793.

A côté de la baronnie qui était sur la rive gauche de l'Ouanne, et soumise à la coutume de Lorris-Montargis, se trouvait sur la rive droite, la châtellenie de l'évêque, régie par la coutume d'Auxerre. On sait déjà que la ville était commune entre elles. Chacun des deux seigneurs y avait son bailli pour les affaires de sa seigneurie et pour les affaires de la ville, dont le bas, comme nous l'avons dit plus haut, reconnaissait la coutume de Lorris-Montargis, et le haut celle d'Auxerre ; les deux baillis siégeaient à tour de rôle, chacun pendant trois ans.

Le seizième siècle avait commencé, dans ce pays, avec la peste, triste augure des malheurs qui devaient s'y déchaîner. Cette meurtrière contagion y fut en quelque sorte endémique pendant tout le cours du siècle, avec de violentes recrudescences intermittentes, surtout en 1525, 1531, 1544, 1585 et années suivantes. Les villes, et spécialement Auxerre, en étaient plus maltraitées que les campagnes. A plusieurs reprises, les magistrats du bailliage et des autres juridictions, la quittèrent pour transporter leurs audiences dans une localité moins dévastée par le fléau. Saint-Bris en était surtout indemné, mais non toujours, ni complétement, car tout le territoire en fut successivement affecté.

Il y eut aussi de terribles incendies, qui affligèrent surtout la ville de la Charité. Elle en avait subi de graves au treizième siècle, dont un en 1203, qui avait consumé une rue entière, avec une de ses églises. Elle en eut trois pendant le seizième siècle. Un premier, en 1505, dans un effroyable orage, où la foudre avait en partie abattu le clocher et la tour du dôme, et gravement atteint le campanile de Sainte-Croix. Ils furent réparés peu d'années après par le prieur Jean de la Magdeleine; un second, en 1524, qui consuma cent soixante maisons avec les halles; et un troisième, plus terrible encore, en 1559, où le feu, allumé dans l'abbaye, en brûla la plus grande partie, ainsi que de son église, et, de là, s'étendant sur la ville, y dévora deux cents maisons. Le monastère avait été mis en commende dès l'année 1488, par la nomination du cardinal Charles de Bourbon, avec le titre d'administrateur du prieuré. Toutefois, c'est probablement à ce prince que l'on doit le portail actuel de l'église. Il eut pour successeurs au même titre, Antoine de Roches, puis Jean de la Madeleine, déjà grands-prieurs de Cluny. En 1557, le prieuré fut donné à Robert de Lenoncourt, évêque d'Auxerre, qui commença par réduire de soixante à trente le nombre des religieux, et garda ensuite ce bénéfice jusqu'en 1574. Puis il le céda à son neveu, Philippe de Lenoncourt, auquel déjà, en 1558, il avait résigné son évêché. Après le court gouvernement de deux prieurs pris parmi les religieux, cette opulente commende passa successivement, de 1595 à 1625, à trois membres de la famille de Clèves, dont les deux premiers joignaient à ce titre celui d'évêque de Béthléem, et le dernier était le fils de Charles de Gonzague, duc de Nevers. Les Lenoncourt et surtout les de Clèves commencèrent la reconstruction des parties détruites par le feu de l'église de Notre-Dame, sauf les six premières travées des nefs et le clocher du côté du midi, qui ne paraissent pas avoir jamais été relevés, du moins en totalité. Ce grand travail ne fut toutefois parachevé qu'en 1696, par le prieur Jacques-Nicolas Colbert.

La mise en commende, cette mesure de confiscation partielle, avait été autorisée par un concordat de 1516, que justifiait malheureusement l'état notoire et scandaleux d'indiscipline et de désordre de la plus grande partie des monastères. Mais, par un abus non moins funeste, elle permettait au roi de livrer à l'avidité des gens de cour la plus forte part des revenus de ces communautés. Ce régime de dilapidation fut, dans la première moitié du seizième siècle, le sort de toutes les grandes abbayes du diocèse, et leurs abbés commendataires furent loin d'imiter, pour l'entretien et la reconstruction des édifices religieux, les exemples généreux de ceux de la Charité.

Auxerre eut aussi son désastre, en 1525, dans l'effondrement du chœur et du rond-point de son église de Saint-Eusèbe, qui datait du douzième siècle. On le reconstruisit cinq ans après, non dans sa forme primitive, mais, du moins, dans un style de renaissance fort élégant et fort gracieux. Sa chute avait altéré la solidité de la flèche du clocher, que l'on rebâtit en même temps. Une taille avait été, pour ces travaux, répartie sur tous les habitants.

A la même époque, fut construite à Auxerre, la belle tour de l'église de Saint-Pierre. Ce sont les paroissiens qui en ordonnèrent le travail et en payèrent la dépense. Elle s'éleva à vingt-deux mille francs, équivalant à environ trois cent mille de nos jours. Cette paroisse était alors la plus commerçante et la plus riche de la ville. L'église, qui datait du douzième siècle, ne fut reconstruite qu'au siècle suivant. Mais l'anté-portail, œuvre gracieuse de la renaissance, dans laquelle, peut-être, furent employés des fragments empruntés à un édifice gallo-romain, est de cette époque. Il y a, à l'église de Neuvy-Sautour, un portail du même style. Dans le même temps, on reconstruisait beaucoup d'églises des siècles antérieurs, dont partie tombaient en ruine. Beaucoup d'entre elles sont d'une remarquable élégance. On peut citer, entr'autres, Seignelay, Saint-Bris, Cravant, Toucy, Leugny, Châtel-Censoir, Clamecy, Mont-Saint-Sulpice, Chevannes, Ouanne, Fontenoy, Molême, Thury, Lainsecq, Perreuse, Sainte-Colombe, Etais, Treigny, Surgy, Colmery, Saissy ou Cessy, Ciez, Bitry, Dampierre, Saint-Laurent (maintenant Saint-Jacques) de Cosne, Saint-Amand et beaucoup d'autres. Le pays s'était enrichi dans la paix, qui malheureusement allait être bientôt et bien douloureusement troublée.

Une des calamités de cette époque, c'étaient les restes des bandes de vagabonds et de malfaiteurs, dernier écho des écorcheurs du siècle précédent, qui infestaient encore parfois les routes et troublaient la sécurité des campagnes. Elles avaient quelquefois une étrange organisation, comme on en peut juger par l'extrait d'une sentence du bailliage d'Auxerre, de l'année 1523, qui nous est tombée sous la main, et qui porte : « Jugement qui condamne « J. Chaulvyn, capitaine, de la Borde, lieutenant, la Sau- « vagère, enseigne, à être décapités, leurs corps mis en « quartier, et leurs têtes exposées au bout d'une pique,

« sur le pont de la ville ; Truchot et Triboulet, archers, à
« être pendus, pour pilleries, violements de femmes,
« bouteurs de feu et autres crimes. »

La décapitation était alors, en cas de condamnation
capitale, le privilége de la noblesse. Etait-ce donc des
gentilshommes ces chefs de bandits ? Les noms de deux
d'entre eux et la peine qui leur est appliquée, peut le
faire supposer. On se demande à cette occasion si cette
bande n'était pas une troupe régulière. C'était le temps
où le connétable de Bourbon, voyant ses biens confisqués
par arrêt du Parlement, à l'instigation de la mère de
François Ier, venait de faire un traité secret avec Charles
Quint et Henri VIII, pour partager avec eux la France,
et, sur le point d'être surpris, s'était enfui subitement et
avait rejoint en Italie les troupes ennemies, qui en
chassèrent l'armée française. Douze mille lansquenets
étaient entrés en Bourgogne, pour fermer au roi le retour
d'Italie. On disait qu'une partie de la noblesse avait
trempé dans le complot, et le roi en paraissait fort
effrayé. L'événement prouva que ses craintes étaient mal
fondées. La noblesse resta fidèle. Mais le connétable avait
ses affidés et ses dévoués, dont quelques-uns avaient pu
se jeter dans le Nivernais, le Donziais et l'Auxerrois, pour
y faire diversion par une guerre de partisans, et il se
peut que le capitaine Chaulvyn et ses gens ne fussent que
des soldats venus du Bourbonnais, et qui, dans leur malencontreuse expédition, vivaient de pillages et de désordres.

On vit encore, à cette époque, beaucoup de nos villages
se fermer à grands frais de murailles et de portes. Il n'y
a pas lieu de s'en étonner. Quarante ans de paix intérieure depuis la mort de Louis XI avaient ramené l'ai-

sance dans le pays. Mais on entendait parler de guerres nouvelles, qui pouvaient troubler, et ce bon ordre, et la richesse acquise par un travail paisible. On avait vu, en 1515, une armée suisse venir assiéger Dijon. En 1524, les troupes allemandes, commandées par le connétable de Bourbon, envahissaient la Provence. Cette nouvelle invasion n'avait pas eu plus de suites que la précédente. Mais, l'année suivante, François Ier perdait la bataille de Pavie, et, fait prisonnier, était conduit en Espagne, où il restait deux ans dans une étroite prison. Puis les discussions religieuses, qui commençaient avec une grande violence, n'étaient pas sans inspirer de fâcheux pressentiments. Le fait est que c'est de cette époque, entre 1520 et 1560, que datent beaucoup des enceintes fortifiées dont l'on voit en si grand nombre les restes dans nos villages de l'Auxerrois.

Pour compensation de tant de causes de désastres et d'inquiétudes, les premières années de ce siècle virent cesser un asservissement aussi humiliant que dispendieux auquel était soumis depuis plus de trois cents ans le commerce extérieur du comté Auxerrois. Aucun des historiens de la ville n'a dit un seul mot de ce fait, si considérable pourtant dans l'intérêt du pays.

Les annales du moyen-âge constatent toutes les usurpations de la force commises durant cette époque, sous couleur d'usage et de priviléges. Elles retracent, non-seulement les exactions que les seigneurs temporels et spirituels se permettaient sur leurs terres, mais encore celles dont la bourgeoisie s'enrichissait dans certaines villes aux dépens du commerce extérieur. Paris, comme toutes les villes puissantes assises sur des fleuves, avait abusé de sa position pour s'emparer de la navigation de la Seine dans un certain rayon, et pour attirer à lui tout le commerce fluvial. Il avait établi dans son sein une hanse, ou association de marchands, dont l'origine se perd dans les siècles les plus reculés. L'un des envahissements de cette hanse ou cette ligue, formée par la confrérie des marchands qui s'intitulaient *marchands de l'eau*, fut de les faire participer aux profits de toutes les opérations commerciales qui s'effectuaient dans l'étendue de la prévôté de Paris par la voie fluviale. La partie de la Seine qui bordait la ville et sa banlieue était censée leur propriété. Ils possédaient déjà depuis longtemps le monopole du commerce de la basse Seine dans la banlieue de Paris, et, à la fin du xiie siècle, Philippe-Auguste leur avait concédé celui de la haute Seine et de ses affluents. Leur autorité était sans conteste sur tout le parcours qui s'étend entre Auxerre et la Normandie, et aucun bateau ne pouvait, à moins d'être sous le patronage d'un des membres de l'Association, dont il fallait payer le courtage, aborder dans la banlieue de Paris, ni même la traverser pour se rendre de Normandie en Bourgogne, ou de cette dernière province dans la première (1). Un extrait des comptes de l'abbaye de Saint-Bertin, qu'a publié il y a quelques années le Bulletin de la Société des Antiquaires de la Morinie, constatait les mésaventures d'un bateau de vin acheté à Auxerre pour les religieux de ce monastère par un de leurs préposés. Arrivé à Paris, son bateau fut saisi par les agents de la hanse, et il dut plaider assez longtemps pour essayer, mais en vain, de se soustraire à leurs exactions. Ce fut bien pis encore quand, arrivé à Rouen, il débarqua

---

(1) Frégier, *Histoire de l'administration de la place de Paris*, t. II, p. 167.

pour acheminer son convoi vers sa destination, et il lui en coûta, cette fois, plus de retard, de frais et de dépenses qu'à Paris. Exaspéré par ces vexations, le commerce d'Auxerre se décida à saisir le Parlement de ses réclamations. Le procès dura longtemps, mais il fut enfin jugé par un arrêt de l'année 1315, qui décida que les priviléges de la hanse ne s'étendaient pas jusqu'à obliger les marchands de la Bourgogne, qui envoyaient directement leurs marchandises à Rouen, à se mettre sous le patronage d'un marchand de Paris, et ils furent autorisés « à mener et des-« cendre librement leurs vins et autres marchandises à « la ville de Rouen et à les mettre en cellier ou autre-« ment (1). » Quant à l'asservissement, pour les vins ou autres marchandises qu'Auxerre expédiait à Paris, il restait complet, et les marchands auxerrois pouvaient se dire les serfs de ceux de Paris. Auxerre fut moins heureux aussi, quand, pour se venger de la hanse, il essaya d'empêcher les marchands parisiens de mettre à terre sur son port les cargaisons de sel qu'ils avaient expédiées de la Normandie. Ces marchands invoquèrent le secours du roi, et bientôt le comte d'Auxerre, contraint par son souverain, dut obéir aux injonctions de la corporation, et reconnaître que ses sujets avaient eu le tort de mettre obstacle au commerce des Parisiens dans leur ville (2). Les marchands de vin en gros de Rouen, appuyés par une juridiction tutélaire qui existait chez eux sous le titre de Vicomté de l'eau, et ceux de l'Auxerrois, s'étaient coalisés pour soutenir le grand procès de 1315 en commun devant le parlement, et c'est sans doute pour assurer à toujours

(1) Archives de la ville.
(2) Octave Noël, *Les corporations de Paris.*

l'exécution de cet arrêt réparateur, qu'il se forma ensuite, sous le nom de Confrérie du corps des marchands de vin de Rouen, une association qui a subsisté jusqu'en 1790, et qui avait des membres correspondants, sous le titre de maîtres honoraires, dans divers pays viticoles. Nous possédons un tableau des membres de cette confrérie en 1787, qui porte qu'elle avait été créée en 1400, et qui contient les noms de vingt maîtres marchands dans la ville et la banlieue de Rouen, et de seize maîtres honoraires dans diverses villes. Sur ce dernier nombre, il y en a cinq d'Auxerre, un de Chablis, un de Joigny, ce qui prouve bien qu'à cette époque encore c'étaient les vins de notre pays qui avaient la préférence sur tous les autres en Normandie. Les autres noms se partagent entre Beaune, Mâcon, Chaumont, Orléans, Meun-sur-Loire, Montpellier, Saint-Geniez et Charantet. Le dernier reste du vieux despotisme commercial des Parisiens dura jusqu'à François Ier, qui, par ses lettres-patentes du 5 octobre 1522, abolit enfin les priviléges qu'avait la hanse en dehors de la banlieue de Paris, et accorda nommément aux habitants d'Auxerre et du comté, la permission « de vendre et faire vendre, par eux, leurs serviteurs
« et facteurs, les vins de leurs crus aux marchands de
« Paris, Rouen, et autres sujets du roi qui avaient accou-
« tumé de se fournir de vin en ladite ville et comté, et
« de les mener et faire mener aux dites villes et autres
« lieux du royaume que bon leur semblera. (1). »

Cette époque du xvie siècle vit renaître aussi dans le comté d'Auxerre, après une longue éclipse, la haute instruction publique, que nous appelons maintenant l'enseignement

---

(1) Archives de la ville.

secondaire, qui avait brillé d'une vive splendeur pendant le IXe siècle dans les écoles de l'abbaye de Saint-Germain, et qui, au XIIe, s'était ranimée dans cette ville, où Thomas Becket était venu accroître et compléter la science qu'il avait été dabord chercher à l'Université de Padoue. Un chanoine de la cathédrale d'Auxerre, appelé Guillaume de Charmoy, avait légué à la ville une somme importante pour constituer cette œuvre d'une si haute utilité. Ses exécuteurs testamentaires achetèrent « une maison des- « tinée à faire un collége pour l'instruction des jeunes « enfants de ladite ville et du pays, » et l'offrirent en 1538 au corps municipal qui l'accepta. Le recteur et les régents y avaient leur demeure, et les classes qui y furent organisées reçurent des élèves de toutes les parties du diocèse (1). Quelques années plus tard une ordonnance royale, datée de 1561, rendue conformément à la proposition des États d'Orléans, accrut les ressources de cet établissement, par la concession qu'elle faisait d'une prébende canoniale aux recteurs des colléges. Ce fut le point de départ de cette grande institution qui, installée à la fin du même siècle, par les bienfaits de l'évêque Amyot, dans un autre et plus vaste local, et prenant alors sérieusement le nom de collége, n'a jamais cessé depuis de distribuer un enseignement solide à la jeunesse de la contrée, et d'où sont sortis tant d'hommes éminents par leur caractère, leur science et leurs services.

L'ordre judiciaire reçut peu après dans ce pays de grands et féconds accroissements. Une ordonnance du roi

---

(1) Quantin, *Histoire de l'Enseignement secondaire et supérieur dans les pays du département de l'Yonne*, Annuaire de 1877.

Henri II institua, en 1557 des *Présidiaux* dans les principaux bailliages de France, au nombre de trente. C'était une juridiction nouvelle, qui connaissait de toute matière criminelle, hors les cas de lèse-majesté, et, en dernier ressort, de toutes les matières civiles jusqu'à 250 livres tournois ou 10 livres de rente annuelle. Leurs sentences, jusqu'à 500 livres, ou 20 livres de rente, étaient, de plus, exécutoires par provision et nonobstant appel. Plus tard, en 1774, quand la valeur relative de l'argent était diminuée dans une grande proportion, leur compétence en dernier ressort fut portée à 2,000 livres. Le bailliage d'Auxerre fut érigé en siège présidial. Il se composait du bailli, ou lieutenant-général, du lieutenant-criminel, du lieutenant particulier, de neuf conseillers, deux commissaires enquêteurs, d'un avocat du roi et d'un procureur du roi. Ce personnel fut plus tard augmenté, et comprenait en dernier lieu dix-huit conseillers, y compris un conseiller chevalier d'honneur et deux avocats du roi. Le bailli, par la suite des temps, n'eut plus, en matière judiciaire, qu'un titre honorifique, et la lieutenance générale pouvait même en être séparée. Le bailliage tenait une fois par an, le lendemain de la Trinité, une assise générale, où étaient appelés tous les juges royaux et seigneuriaux du ressort, pour répondre aux plaintes qui auraient pu être portées contre eux. De ces justices seigneuriales, il n'y en avait pas moins de quatre cent trente dans le ressort. Il tenait en outre deux autres assises par an, pour user de son droit de surveillance générale sur les huissiers et sergents, et, s'il y avait lieu, adresser des remontrances ou prononcer des condamnations disciplinaires.

Les autres tribunaux royaux étaient :

L'*Élection*, juridiction purement financière, chargée de la répartition de la taille et autres impositions directes, et du jugement de toutes les réclamations ou difficultés en matière d'aides, gabelles ou autres impôts indirects. Il ressortissait de la cour des Aides de Lyon, et comprenait un président, douze conseillers et un procureur du roi ;

La *Prévôté*, qui n'avait juridiction que sur la ville et son territoire, et seulement sur les affaires de police. Elle avait quatre magistrats, le prévôt, son lieutenant, un conseiller et un procureur du roi ;

La *Gruerie*, qui poursuivait et jugeait toutes les affaires des eaux et forêts, et comprenait trois magistrats ;

Et enfin le *Grenier à Sel,* administration et juridiction spéciale pour l'application des lois sur le monopole du sel.

Ces tribunaux s'accrurent encore en 1555 dans l'Auxerrois, d'une juridiction nouvelle, la *Prévôté des maréchaux*, qui avait pouvoir sur les vagabonds, les voleurs de la campagne et les faux monnayeurs. On lui donna plus tard des attributions pour prévenir les duels, en jugeant et conciliant les conflits et débats d'honneur entre les gentilshommes. On avait créé deux de ces juridictions dans l'Auxerrois, une à Auxerre et une seconde à Donzy. Mais celle-ci comprenait le Nivernais en même temps que le Donziais.

En 1563 fut aussi créée une juridiction qui était destinée à une plus longue durée, c'est celle des *Consuls,* ou tribunal de commerce, chargée de connaître « des diffé- « rends entre marchands pour faits de marchandise ou de « négoce. » Son ressort embrassait non-seulement celui du bailliage, c'est-à-dire le comté d'Auxerre et les baronnies de Donzy, de Saint-Verain, de Toucy avec Saint-Fargeau, Bléneau et Clamecy, mais encore les territoires de Joigny,

Tonnerre et Avallon. Aussi avait-il ses procureurs spéciaux au nombre de cinq. Il a subsisté dans cet état jusqu'en 1790. La ville d'Auxerre, dans laquelle cette juridiction nouvelle fut établie, par un édit du mois de mars de cette année, était la sixième qui en obtint, après celles de Paris, Bordeaux, Orléans, Troyes et Angers. En reconnaissance de ce bienfait, ce tribunal plaça alors et conserva longtemps dans son auditoire un portrait du roi Charles IX, qui est maintenant au musée de la ville.

En 1551 avait été instituée par le roi Henri II, l'organisation administrative des « Intendants de justice, police « et finances et commissaires départis dans les Généralités « du royaume pour l'exécution des ordres du roi (1). » Il en était attaché un à chaque Généralité, circonscription qui avait été établie longtemps auparavant pour le recouvrement des finances, et où il y avait, avec un receveur général, un bureau des Trésoriers généraux de France. Plus tard, en 1704, on institua dans la plupart des Élections un substitut de l'Intendant, avec le titre de subdélégué. Auxerre et Tonnerre eurent chacun un de ces fonctionnaires. Mais l'Élection de Tonnerre relevait de la Généralité de Paris, et celle d'Auxerre de la Généralité de Dijon. Le territoire de ces Élections était singulièrement découpé. Elles s'enchevêtraient l'une dans l'autre, avec une apparence de désordre inextricable, sans tenir compte des vieilles divisions féodales. Ainsi une partie du comté de Tonnerre était réunie à l'Élection de Saint-Florentin, et, en récompense, traçant dans le comté d'Auxerre les plus bizarres circonvolutions, elle entourait en très grande partie cette ville et comprenait vingt-six

---

(1) Ordonnance du mois de janvier 1551.

paroisses de ce comté, savoir : Monéteau, Charbuy, Pourrain, Parly, Diges, Chevannes, Escamps, Vallan, Gy-l'Évêque, Champs, Jussy, Trucy, Charentenay, Irancy, Arcy-sur-Cure, Lichères, Préhy, Nitry, Sacy, Bazarnes, Escolives, Vaux, Appoigny, Chichery, Courgis et Pontigny, en même temps que l'Élection de Saint-Florentin en prenait sept autres, Montigny, Venouse, Rouvray, Villeneuve-Saint-Salve, Bleigny-le-Carreau, Lignorelles et Beines, et que celle de Joigny en recevait une, Égleny. C'est là ce qui a fait dire à M. Chardon, dans son Histoire d'Auxerre, que le comté de ce nom avait perdu dès le XIIIe siècle, dans le partage fait entre les trois filles du comte Eudes, seize ou dix-sept paroisses qui avaient été réunies au comté de Tonnerre, ce qui était de tout point erroné.

A raison de cette singulière configuration de l'Élection de Tonnerre, le subdélégué de son territoire avait obtenu l'autorisation de résider à Auxerre. Mais le comté de l'Auxerrois n'en subsistait pas moins dans son intégralité. Si l'intendant régissait les affaires civiles dans sa Généralité, les affaires militaires, telles que la levée et la conduite du ban et de l'arrière-ban de la noblesse, et celle des milices étaient, pour tout le comté et le Donziais, dans les attributions du bailli de l'Auxerrois, qui, comme dans les petites provinces, tenait lieu du gouverneur et en avait les fonctions. C'est sous son nom qu'étaient dressées toutes les expéditions des sentences du bailliage et des actes des notaires. Il était à la fois chef du bailliage sous le titre de lieutenant-général qu'il avait le plus souvent, quoi qu'il n'assistât pas aux audiences ordinaires, et, étant choisi toujours parmi les officiers d'armes, chef militaire sous le titre de bailli royal. Il prenait aussi celui de grandbailli d'épée (1). Le dernier bailli, Claude-Edme-Thomas-Marie, seigneur d'Avigneau, fut installé le 28 mars 1777. C'est donc à tort que dans la carte du comté d'Auxerre, que l'on trouve dans les Mémoires historiques de Lebeuf, ne figurent pas les paroisses qui avaient été rattachées aux élections de Tonnerre, Saint-Florentin et Joigny. Nous les avons rétablies dans celle que nous annexons à notre histoire. Gien, Clamecy et la Charité avaient chacun une Élection. Ouanne, Saint-Sauveur et les localités environnantes étaient de l'Élection de Clamecy, Saint-Fargeau et Bléneau de celle de Gien; Donzy, de celle de Nevers, et Cosne de celle de la Charité.

C'est aussi à cette époque que le corps municipal de la ville d'Auxerre fut complété par la permission d'élire un maire. La comtesse Mathilde, en concédant l'administration de la ville par douze jurés à désigner par l'élection des habitants, leur avait adjoint un délégué qu'elle devait choisir elle-même parmi ses conseillers. Par la suite des temps ce délégué avait reçu le titre de Prévôt, et ses pouvoirs avaient été limités à des attributions judiciaires. Puis, pour la conduite des affaires contentieuses, les douze jurés, nommés aussi échevins, avaient été augmentés de deux et ensuite trois agents, auxquels on donna le nom de gouverneurs du fait commun. Tout cela était satisfaisant pour le bon examen et le juste réglement des intérêts municipaux, mais assez défectueux pour la direction journalière, la surveillance continue et l'esprit de suite. L'administration pouvait être sage et éclairée, et néanmoins, pour une bonne marche des affaires, il fallait un

---

(1) Loiseau, *Traité des Offices non venaux et des Charges militaires*, p. 325.

chef, et l'on regrettait souvent de ne pas l'avoir. Beaucoup d'autres villes étaient dans le même cas; et ce fut en 1560, aux États-Généraux d'Orléans, l'objet de vives réclamations, auxquelles le chancelier de Lhospital promit d'avoir égard. Et l'année suivante, sur la demande instante des habitants d'Auxerre, il fit rendre par le roi une ordonnance qui leur permettait d'en choisir un tous les deux ans, à la place d'un des trois gouverneurs. Il était autorisé à assembler les autres gouverneurs et les échevins une ou deux fois par semaine pour traiter les affaires de la ville.

La grande émotion du pays était, à cette époque et depuis plusieurs années déjà, dans les dissensions et les querelles sur la réforme que Luther et Calvin prétendaient introduire dans la religion. Avant d'en entamer le récit, il n'est pas inutile, pour expliquer les dissidences qui se produisirent, de jeter un coup d'œil sur l'administration des évêques qui s'étaient succédé dans le diocèse depuis que le comté avait été réuni à la couronne. Lebeuf, qui a écrit leur histoire, constate que les quatre premiers, depuis Guillaume d'Estouteville (1376), jusqu'à Jean de Thoisy (1410), étaient tous des gens de cour, qui ne se mêlaient guère des affaires de leur diocèse et n'y faisaient que de rares séjours. L'un d'eux, Michel de Creney, qui était resté dix ans sans venir se montrer dans sa ville épiscopale, et qui s'y décida enfin en 1401, paraît avoir eu, à la cérémonie de son portage, un délégué du roi Charles VI. Il en fut de même en 1410 pour Philippe des Essarts, qui, plus diligent, ne se fit attendre que quatorze mois. Mais, selon le même historien, « il n'y « eut rien d'éclatant dans l'épiscopat de ce dernier, que « les atteintes qu'il essaya de donner à la juridiction du

« chapitre de la cathédrale, et jusqu'en 1435, c'est-à-dire
« pendant quinze ans, son nom ne paraît que dans les
« procédures. » Ce chapitre était un corps considérable, riche et puissant. Il contenait soixante-trois
prébendes, dont cinquante-huit attribués à autant de
chanoines et de dignitaires. Quatre étaient partagées
par huit semi-prébendés ou chanoines tortriers. Il y
avait, de plus, vingt-quatre chapelains qui étaient
attachés à l'église. Cette corporation était très vigilante
et très susceptible pour le maintien de ses droits et
de ses prérogatives, et, depuis que la prise de possession du comté par le roi avait mis un terme aux
conflits entre les comtes et les évêques, il était bien rare
qu'il n'en survînt pas entre les évêques et le chapitre. Les
riches familles du pays étaient largement représentées
dans ce corps, et l'opinion publique prenait toujours
parti pour lui dans ces démêlés. Il sut se défendre contre
les procédés violents de son évêque. Et, quand celui-ci
faisait emprisonner un chanoine et excommuniait le
doyen du chapitre, le chapitre à son tour faisait arrêter
le clerc Notaire de l'évêque et excommuniait son Official,
puis faisait condamner ce prélat par le Parlement à des
réparations civiles, et le contraignait enfin à signer une
transaction. Les deux évêques qui suivirent, de 1426 à
1449, ne résidèrent pas. Le premier, parce qu'étant
partisan de Charles VII, et ayant pris part à un mouvement en sa faveur, il dut se dérober par la fuite aux
vengeances du parti bourguignon. Le second, parce
qu'étant confesseur du duc Philippe-le-Bon, il devait
toujours suivre ce prince, que ses graves affaires retenaient
presque constamment dans ses états des Flandres. Il en
fut de même d'Enguerrand Signard, qui était le confesseur

de Charles le Téméraire. Entre ces deux évêques se place Philippe de Longueil, qui résidait constamment et s'occupait avec un grand zèle de son administration, mais qui, toujours selon Lebeuf, « n'était pas d'humeur à « négliger ses droits et à se relâcher des soumissions « qu'il croyait lui être dues. » On le vit bien dans ses querelles avec le doyen, avec les chanoines, avec les religieux de Saint-Germain, avec les frères-prêcheurs ou dominicains, et avec le corps municipal. Entre le chapitre et lui, les choses allèrent jusqu'à un interdit et une excommunication lancée contre le doyen, le pénitencier, le sous-chantre et dix-huit autres chanoines qui résistaient à ses prétentions. De son côté le chapitre arrêtait des résolutions qui allaient jusqu'à interdire à ses membres d'accepter les invitations à dîner de l'évêque, de lui préparer un siége dans l'église, de lui servir de ministres quand il officiait, avec ordre de retirer de ses mains la crosse et les ornements pontificaux qu'on lui avait prêtés, de lui demander ceux qu'il devait au chapitre, et de refuser de laisser entrer les étrangers qui viendraient pour l'aider dans les offices. De si violents débats dans le sein de l'Église, de tels scandales donnés de part et d'autre, n'étaient certainement pas de nature à servir les intérêts de la religion.

Jean Baillet qui vint après n'a, au contraire, laissé que de bons souvenirs. C'était un prélat sage, éclairé, obligeant, ami des arts, des bonnes mœurs et de la paix. C'est lui qui, le premier, profitant d'un art nouvellement inventé, fit imprimer en 1483, par Pierre Lerouge, le missel et le bréviaire à l'usage du diocèse. C'est lui aussi qui fit don au chapitre de cette belle suite de tapisseries sur le martyre et l'invention des reliques de Saint-

Étienne, qui, après avoir orné pendant deux cents ans le chœur de l'église, furent cédées en 1770 à l'Hôtel-Dieu d'Auxerre, qui les possède encore aujourd'hui.

Il eût fallu, pour combattre avec avantage la réforme, que ses bonnes traditions de résidence, de piété, de régularité, de prudence et de conciliation, fussent continuées par ses successeurs. Malheureusement il n'en fut pas ainsi, et l'on vit, de 1513 à 1570, bien des relâchements, bien des abus, bien des scandales affligeants. On vit se succéder dans cette période sur le siége d'Auxerre six évêques, tous grands seigneurs, occupés au dehors par des ambassades ou des fonctions de cour ou de l'Etat, qui ne résidaient guère ou pas du tout dans leur diocèse et, quand ils venaient, étaient parfois loin de donner de bons exemples. Ce fut d'abord François de Dinteville, dont les deux frères étaient, l'un maître d'hôtel du roi et gouverneur du dauphin, et l'autre grand-veneur. Lui-même fut aumônier de Louis XII et de François Ier, Lebeuf vante « son train superbe et ses grandes dépenses à la cour. » Cela était sans doute fort imposant, mais Rabelais parle gaiement de sa simplicité d'esprit et de ses habitudes d'intempérance, qui lui avaient fait donner par François Ier le surnom de *Sitio*, (j'ai soif). Et l'on trouve, en effet, dans les archives de l'Yonne, des mémoires de ses énormes approvisionnements de vins de choix pour son château de Régennes, et pour son hôtel de Paris, qui donnent une grande vraisemblance aux éloges ironiques du joyeux curé de Meudon.

Il est vrai qu'il avait pu ne pas trouver de censeurs dans sa ville épiscopale. Dès le XIIe siècle, une dénomination proverbiale, tout à l'avantage des habitants de Sens comparés à ceux d'Auxerre, signalait l'amour des premiers pour les arts du chant, et celui des seconds pour les produits exquis de leurs vignobles. On disait *li chanteor de Sens, li buveor d'Auxerre.* Longtemps après, le vieux couplet sur un chanoine de l'Auxerrois, qui, arraché dans sa stalle aux douceurs du sommeil, pour qu'il chantât à son tour une antienne, s'était mis à entonner une chanson à boire, s'il n'était pas rigoureusement anecdotique, exprimait du moins une notoriété peu édifiante sur une insobriété dont n'étaient pas même exempts les membres de notre clergé. De ces vieilles mœurs la tradition n'était pas encore entièrement perdue à la fin du siècle dernier, si nous en croyons des récits de cette époque. Tout cela pourrait être, sinon une justification, du moins une excuse, pour un personnage d'une condition ordinaire. Mais, pour un évêque, il est permis d'en douter. Après lui ce fut son neveu, de mêmes nom et prénoms que lui, qu'il avait fait d'abord chanoine, puis doyen du chapitre, et à qui il résigna ensuite son évêché, comme un héritage, « qui resta peu à Auxerre, » dit Lebeuf, mais qui fut envoyé comme ambassadeur à Rome. Quand il revint, de graves soupçons s'élevèrent contre lui, d'avoir trempé dans de ténébreuses intrigues, et même, dans un criminel complot avec un comte de Montécucullo, qui fut condamné à mort pour avoir tenté d'empoisonner le roi et le dauphin. Il prit la fuite, et son temporel fut saisi, ainsi que ses revenus patrimoniaux. Il rentra pourtant en grâce après trois ans d'exil, et fut alors envoyé aux Etats de Bourgogne comme député du clergé, et nommé Élu-général, mais, selon Saint Julien de Balleure, ayant été chargé de porter officiellement la parole pour déclarer que les Etats, sollicités de consentir le vote d'un supplément à la taille sous le nom de taillon, s'y soumettaient pour un trentième denier, il trahit son mandat en disant qu'on s'était mis d'accord au treizième denier, ce qui fut cause que, depuis ce temps, la Bourgogne fut imposée sur ce pied. Mais aussi on avait, à la suite de cette trahison, et pendant longtemps, refusé l'entrée aux Etats des députés du clergé de l'Auxerrois. Ce prélat donna aussi des exemples d'une odieuse cruauté, en vengeant sanguinairement de sa main le délit d'un braconnier surpris dans ses chasses, et en faisant crucifier un garde qui avait, sans son aveu, vendu quelques-uns de ses faucons, férocité monstrueuse, dont l'horreur eut tant de retentissement, qu'il eut besoin de solliciter l'absolution personnelle du pape (1). Lui et son oncle étaient d'ailleurs de grands dépensiers, mais aussi de grands bâtisseurs et de fastueux amis des arts. Ils ont laissé à Auxerre, à Varzy et à Régennes de beaux édifices.

Après lui Jean de la Rochefoucauld toucha pendant deux ans les revenus de l'évêché, sans venir jamais prendre autrement possession.

Puis, Robert de Lenoncourt, qui entra un jour dans sa cathédrale, et, partant aussitôt après, s'excusa par lettre de ne pouvoir rester dans le diocèse. Il était déjà archevêque d'Embrun et cardinal, quand, par un scandaleux cumul, il fut investi de l'évêché d'Auxerre. Et, en laissant, deux ans après, l'évêché à son neveu, il signait prince et archevêque d'Arles. Quoiqu'il fût resté si peu, il avait trouvé le temps d'aliéner beaucoup de terres du monastère de la Charité, dont il était aussi prieur, et de faire une coupe blanche dans la forêt de Bertrange qui était

---

(1) Lacurne de Sainte-Pallaye, *Mémoire sur la Chasse*, t. III, p. 256.

de haute futaie, ce qu fit dire que c'était là sans doute que se tiendrait le jugement dernier, parce que les troncs des arbres qu'avait coupés le cardinal étaient assez nombreux pour fournir des siéges aux ressucités du monde entier. De ce neveu, Philippe de Lenoncourt, Lebeuf ne dit autre chose, si ce n'est qu'à Rome il fut trouvé le « plus beau chevalier français qu'on eût vu depuis long- « temps, qu'ensuite il embrassa l'état ecclésiastique et tint « quelques abbayes en commende dès l'âge de vingt-trois « ans, nonobstant quoi il prit possession de l'évêché « d'Auxerre, et y fit son entrée en grande cérémonie. » Il en fut dressé un procès-verbal, qu'on trouve dans le *Gallia christiana*, et où l'on apprend que le portage n'était, de la part des barons, qu'un simulacre, car il y avait à côté d'eux quatre hommes robustes auxquels on laissait le fardeau matériel. Après cette pompeuse installation le prélat partit et ne revint plus jamais. Il était membre du conseil et confident du roi de Navarre, et, après la mort de ce prince, il entra dans le Conseil du roi, puis il traita de son évêché avec le cardinal Babou de la Bourdaisière, qui lui donna en échange l'abbaye de Métais. Quant à ce cardinal, qu'on avait fait évêque d'Angoulême à l'âge de vingt ans, et cardinal à vingt-neuf, il était ambassadeur à Rome, et pendant les huit ans de son évêché, on ne le vit pas une seule fois dans son nouveau diocèse, bien qu'il fût venu plusieurs fois en France. Pour tous ces prélats de cour, l'évêché d'Auxerre n'était qu'un riche domaine, qu'ils prenaient comme un supplément de traitement. Lebeuf dit même que cela était assez clairement indiqué dans la bulle qui transférait le cardinal de la Bourdaisière du siège d'Angoulême à celui d'Auxerre, dont le revenu était beaucoup plus important.

Faut-il s'étonner, qu'à la suite de tant d'abus, la réforme ait trouvé un si grand nombre de partisans dans ce diocèse. Luther en avait donné le signal en 1520, et peu d'années après, dans l'Auxerrois, et surtout dans les villes du bord de la Loire, où la navigation fluviale et la grande route de Paris à Lyon, qui suivait alors ce trajet, amenaient un grand nombre d'étrangers, on la voyait se propager « par nombre de prédicateurs et par des maîtres « d'école qu'ils instituaient (1). » L'évêché d'Auxerre s'empressait, dès 1531, de leur opposer des prédicateurs orthodoxes, dont les efforts réussirent à Cosne, à Donzy, et surtout à Clamecy, mais qui n'obtinrent guère ailleurs de résultats. Alors, à l'exemple de Paris, où, dès 1526, on avait commencé a poursuivre les hérétiques et à les faire monter sur le bûcher, et où, après quelques années d'interruption, on avait en 1535 et 1536, donné de nouveaux exemples de ces cruautés, on se mit aussi à recourir aux plus sanglantes rigueurs, aux flagellations publiques et aux supplices. Le bailliage prononça et fit exécuter des condamnations capitales, on dressa les échafauds, on alluma les bûchers. En 1538 on brûlait à Auxerre un médecin d'Entrains et sa femme, « pour les blasphèmes « hérétiques exécrables par eux dits et proférés à l'hon- « neur de Dieu et de la glorieuse vierge. » On en fouettait d'autres sur la place publique. En 1551 on étranglait, puis on brûlait un prêtre de Gien qui, en violant ses serments canoniques, s'était marié, et un nommé Gaboret, convaincu d'hérésie. Pour atteindre les coupables dans les lieux de leur résidence, le prévôt des maréchaux recevait l'ordre « de se rendre avec des délégués de

---

(1) Lebeuf, *Prise d'Auxerre par les huguenots*, p. 82.

« l'évêque, dans toutes les parties du diocèse, et d'exter-
« miner les hérétiques, » et ne s'acquittait que trop
consciencieusement de cette barbare mission. Nous
sommes entrés sur ce sujet dans de grands détails, tant
dans notre *Histoire des Guerres du Calvinisme,* que nous
avons publiée en 1863, que dans un extrait des comptes
des receveurs de l'Auxerrois, d'après l'inventaire des
archives de Dijon, inséré au Bulletin de la Société des
sciences de l'Yonne de 1875. Rien n'y fit chez nous, pas
plus qu'ailleurs. On ne réussit qu'à exalter à un degré
inouï tout ce qu'il y avait d'énergie dans les cœurs.
Loin d'épouvanter les sectaires et de dissoudre leurs
associations, qui se propageaient dans toutes les classes
de la société, même parmi les membres du clergé tant
séculier que régulier, et en grand nombre dans la noblesse,
les exemples de ces sanglantes répressions ne servaient qu'à accroître leur nombre et leur ferveur.
On vit des condamnés au feu qui ne voulaient pas
même appeler de leurs sentences, et qui mouraient avec
la constance inébranlable des martyrs de nos premiers
siècles.

On songea enfin à essayer des moyens opposés, et, sur
la demande de la noblesse et du tiers-état dans les Etats-
Généraux convoqués à Orléans en 1560, on proclama,
par un édit du 7 janvier 1561, la liberté de conscience.
On enjoignit aux parlements et aux tribunaux de sus-
pendre toutes poursuites pour le fait de la religion, et de
mettre en liberté tous les détenus pour cette cause. On ne
prohibait que les réunions séditieuses. Cependant, par
un nouvel édit du 31 juillet, on ne tolérait les assemblées
des réformés qu'autant qu'elles ne seraient pas publiques.
Mais on recommandait la paix et l'union, et on défendait

de faire violence, sous quelque prétexte que ce fût, de religion ou autre, et ce sous peine de la hart.

Vaines recommandations, qui étaient également dédaignées et méprisées par les deux partis, dont chacun était favorisé et appuyé, dans une pensée plus politique peut-être que religieuse, par de puissants personnages qui se disputaient la prééminence dans l'état, d'un côté le duc de Guise et ses enfants, de l'autre le prince de Condé, ses parents et ses amis. Les protestants, voyant, dans la tolérance des édits, un prélude au triomphe et à la domination de leurs doctrines, rêvaient déjà l'abolition de la religion catholique, tournaient publiquement en dérision ses mystères, ses dogmes et ses symboles, troublaient quelquefois les processions par leurs moqueries, quelques uns mêmes commençaient à briser les statues des églises. D'un autre côté les catholiques ardents se révoltaient à la pensée de voir ces sectaires, traqués naguères comme des criminels de lèse-majesté divine et humaine, prêcher librement leurs blasphèmes et vociférer leur incrédulité. Les moines, sortis pour la plupart des rangs du peuple, reproduisant dans leurs sermons les agitations, les préjugés, et les passions populaires, s'efforçaient de les enflammer et provoquaient imprudemment de sanglants excès. Un d'entre eux, du couvent des Jacobins d'Auxerre, appelé Pierre Divolé, homme d'un grand savoir d'ailleurs, mais d'une fougueuse éloquence, se distinguait entre tous par la véhémence de ses sermons incendiaires. Un jour, prêchant dans la cathédrale d'Auxerre devant les magistrats, il s'éleva avec une si grande violence contre ce qu'il appelait la coupable tolérance des puissants du jour, il invectiva si furieusement la reine-mère, le lieutenant-général du royaume et les membres de leur conseil, que les magistrats du bailliage dressèrent à l'instant contre ce prédicateur séditieux une information, qui fut envoyée au gouvernement, mais que le crédit du duc de Guise parvint à faire mettre à néant.

On ne tarda pas à voir les effets de ces violences de langage. « Le 9 octobre 1561, quelques prêtres, dit Lebeuf,
« trouvèrent, entre sept et huit heures du matin, les
« huguenots d'Auxerre assemblés et faisant leurs prières
« dans une espèce de grange ou de pressoir. Au moment
« même de cette découverte on sonna le tocsin de la ville.
« Ce bruit les fit séparer et attira beaucoup de peuple,
« deux mille environ, au lieu où on les avait surpris.
« La populace, fâchée de ne les avoir pas trouvés sous
« ses mains, commença, vers dix heures, à se jeter dans
« leurs maisons et à en piller une trentaine ou environ.
« Le magistrat fit tous ses efforts pour les arrêter. Il n'en
« put venir à bout, mais, sur la fin du tumulte, il en fit
« mettre trois en prison. Le comte de Saulx-Tavannes,
« lieutenant-général en Bourgogne, vint, par ordre du
« roi, pour punir ces désordres. Huit personnes furent
« conduites au gibet, dont cinq huguenots et trois catho-
« liques, et cinq autres huguenots furent bannis du
« pays. »

Tavannes était un intraitable ennemi des huguenots. Il le prouva bien à la Saint-Barthélemy dont il fut un des principaux moteurs. Ses Mémoires racontent aussi qu'il fit pendre les agresseurs catholiques. Ils ajoutent que les instructions qu'il avait reçues à cette occasion de MM. de Guise, étaient de tout tuer, et celles de la reine mère, de tout sauver. Mais que, connaissant le dessein de la reine de maintenir la division, il ne put l'approuver et qu'il se résolut de maintenir les catholiques et la force de son côté. Voilà pourquoi, avec les cinq huguenots il fit pendre trois catholiques, comme coupables sans doute de s'être conformés à l'édit, en ne tenant, pour prier, qu'une assemblée privée, ou d'avoir défendu leurs maisons contre l'attaque des émeutiers qui voulaient les piller.

Malgré ces agressions et ces injustices, les protestants ne perdirent pas courage, et ayant constitué un prêche dans le bourg de Chevannes, distant de huit kilomètres, ils y allaient régulièrement. Mais, un jour qu'ils en revenaient, ils trouvèrent les portes de la ville fermées, et une troupe de catholiques en sortit pour les repousser. Il y eut un combat, dans lequel quinze cavaliers de leur secte vinrent à leur aide, et ayant tué trois de leurs agresseurs et blessé trois autres, ils rendirent le passage libre. C'était la guerre civile qui se déclarait.

Elle avait déjà commencé à la Charité, où les protestants étaient en majorité. Ils avaient, en 1560, élu pour gouverneurs de la ville, deux des leurs. Cependant, catholiques et protestants étaient alors convenus de se maintenir en paix et en liberté de conscience. Les protestants ne s'en étaient pas contentés, car un seigneur du pays, du nom de Mouy de Saint-Fal, avait été introduit par eux, dans la ville, avec trois compagnies de gens d'armes, et, bien qu'il eût fait publier une défense à toutes personnes, sous peine de la vie, d'entrer dans les églises pour y voler et piller, néanmoins, selon le récit d'un religieux appelé Noël Coquille, le prieuré avait été envahi, les autels détruits, les images brisées, les ornements et les vaisseaux sacrés enlevés. Le gouverneur Mouy de Saint-Fal avait pourtant fait tout rapporter, et en avait dressé un inventaire. Mais les catholiques prétendaient que c'était pour en disposer à sa volonté. Aussi, dans les premiers mois de 1561, ils avaient fait une tentative pour s'emparer de la ville, mais sans pouvoir y réussir. Alors, le grand-prieur d'Auvergne, appelé à leur aide, était arrivé, demandant la reddition de la place, au nom du maréchal de Lafayette, lieutenant et gouverneur pour le roi dans le Nivernais, avec une troupe de quatre mille hommes de pied et cinq cents cavaliers, et, après un premier assaut sans résultat, mais qu'on se préparait à recommencer le lendemain, la ville avait été rendue par une capitulation qui promettait le respect des personnes et des biens, et la liberté de conscience sans aucun trouble. Quarante gentilshommes seulement devaient, aux termes de cette convention, y entrer pour faire maintenir le bon ordre. Mais dès le lendemain la capitulation était violée, en proclamant que l'on ne devait pas tenir parole à ceux qui en avaient manqué à Dieu et à leur pays. Tout le corps d'armée envahissait la ville. Les maisons des protestants étaient forcées et pillées. La plupart d'entre eux s'enfuirent et ceux qui étaient restés furent emprisonnés. Le maréchal de Lafayette, arrivé le lendemain, fit publier que tout le monde eût à se trouver le jour suivant à la procession de la Fête-Dieu, sous peine d'être puni. Alors reparurent plusieurs huguenots, qui se rachetèrent en donnant tout ce qui pouvait être employé pour les besoins de la guerre. Mais on en pendit un, comme plus coupable que les autres, et l'on retint en prison le lieutenant-général du bailliage. Les absents furent bannis et leurs biens confisqués. On alla dans un château du voisinage, appartenant au bailli de Vézelay, frère de Théodore de Bèze. Tous les protestants qui s'y trouvaient furent faits prisonniers et l'on mit le feu à la maison. Après quoi Lafayette partit, en laissant une garnison et un gouverneur catholique.

Un nouvel édit, modifiant le premier, était promulgué le 15 janvier 1562, à la suite d'une assemblée de magistrats, tenue sous la présidence du chancelier de Lhospital. Le culte protestant y était interdit dans les villes et permis dans les campagnes ; toutes les peines portées contre les hérétiques étaient suspendues, le respect des églises et de la religion catholique ordonné, la paix de nouveau recommandée.

Mais, le 1er mars, le duc de Guise passant dans le bourg de Vassy, ses gens entraient dans un prêche protestant, y faisaient un affreux massacre, soixante personnes y étaient tuées, plus de deux cents autres blessées, et le duc faisait entendre de sanglantes menaces contre la tolérance et les édits qui l'avaient ordonnée. Le 10 avril et jours suivants, son exemple était suivi à Sens, où une centaine de protestants étaient assassinés, leurs corps traînés à la rivière, et trente de leurs maisons brûlées. Des faits semblables se reproduisaient en d'autres lieux.

Alors, le prince de Condé, l'amiral de Coligny, et d'Andelot, son frère, appelaient aux armes, dans toute la France, leurs coreligionnaires et s'emparaient d'Orléans, où ils organisaient leur armée, en même temps que leurs partisans se saisissaient d'un grand nombre d'autres villes, et y exerçaient d'affreuses représailles sur les catholiques et les édifices religieux. Le clergé conservait son ascendant sur le peuple. Mais les gentilshommes, qui partout étaient en grand nombre pour le parti de la réforme, fortifiaient leurs châteaux, forçaient les maisons de leurs ennemis, pillaient les églises, tenaient la campagne, et interrompaient la circulation des routes. Les

armées des deux partis se mirent en mouvement. La reine-mère s'efforçait de calmer ces fureurs, mais, sans esprit de suite dans sa politique, elle ordonnait successivement le pour et le contre. Elle envoya à la Charité un nouveau gouverneur avec des lettres qni recommandaient des mesures de conciliation, et, huit jours après, elle adressait des ordres contraires. « Les huguenots, dit
« Lebeuf, souffrirent quelque injustice à l'occasion de ce
« différend. Mais ce n'était rien, en comparaison de ce
« que les soldats, envoyés par le duc de Guise, entre-
« prirent sur eux. S'il faut en croire leur historien, ceux-
« ci exercèrent des cruautés inouïes autour de cette ville,
« du côté du Berry, pour se venger de ce que les habi-
« tants de la Charité n'avaient pas voulu les recevoir. »

Cet exemple ne fut que trop bien suivi par les catholiques d'Auxerre, qui, au mois d'août suivant, inaugurèrent par quatre odieux assassinats, un régime de massacres qui devait avoir de longues et abominables suites. « En
« dépit de l'édit du mois de janvier, dit Lebeuf, dont
« nous empruntons le récit (1), ils prirent ensemble la
« résolution de chasser les huguenots de la ville. Les
« exhortations du gouverneur furent si pressantes, que
« le prévôt, qui était huguenot, quitta la maison dès le
« 17 mai, et, à son exemple, plusieurs autres prirent le
« parti de se retirer à la campagne. Le nombre de ceux
« qui sortirent de la ville n'était pas apparemment encore
« jugé assez considérable. Les magistrats catholiques
« firent afficher, au mois de juillet, un arrêt par lequel
« il était permis d'user envers eux de force et de violence.
« Jacques Creux, surnommé Brusquet, qui n'était encore

(1) *Prise d'Auxerre*, p. 94.

« que concierge des prisons, crut devoir ne pas attendre
« davantage. Ceux à qui il en avait parlé, et qui étaient
« des mariniers pour la plupart, entrèrent le dimanche
« 23 août chez un potier d'étain, nommé Cosson, et firent
« sur sa personne un exemple terrible, et qui fut ap-
« prouvé par le gouverneur et le président. Les mémoires
« des huguenots portent que son corps fut traîné à la
« rivière et jeté du haut du pont dans l'eau. Deux jours
« après, la femme du châtelain d'Avallon fut aussi
« précipitée dans la rivière. L'official livra même aux
« catholiques un prisonnier, nommé Edme Baleure, juge
« de Corbelain, auquel ils firent le même traitement. Ces
« violences ne convertirent pas les huguenots. Ils aimè-
« rent mieux abandonner au pillage leurs maisons et
« leurs vignes, que de renoncer à leur fausse religion.
« Le temps des vendanges étant venu, les catholiques
« firent la récolte pour eux. La maison du sieur de la
« Chesnault, gentilhomme du voisinage, fut pillée par
« l'avocat Bougault et les siens. Le neuf octobre, on fit
« irruption dans celle d'Etienne Sotiveau, avocat du roi.
« Ce magistrat fut si maltraité, qu'il fut laissé pour
« mort. »

Il y en avait plus que n'a dit Lebeuf, dans ces massacres du 17 mai. Ce n'était pas un seul prisonnier, c'en étaient deux qui avaient été livrés à la fureur des assassins. Et puis les détails étaient horribles. La femme du châtelain, violemment dépouillée de ses bijoux et de ses vêtements, avait reçu plusieurs coups d'épée, puis avait été traînée à la rivière, et, vivante encore, jetée à l'eau. Jeune et forte, elle s'y débattait, et fut alors assommée par des gens qui la suivaient en bateau. Son corps, nu, fut ensuite livré en spectacle à ses bourreaux. Un pauvre

homme, touché de pitié, avait apporté un linceul, pour la couvrir, mais on le repoussa, et on alla l'enterrer toute nue dans un champ. Ce fut alors une terreur universelle parmi ceux, en grand nombre, que la rumeur publique soupçonnait d'être favorables à la réforme. Ils s'empressèrent de fuir, abandonnant leurs affaires et désertant leurs maisons, qui furent pillées et saccagées par cette multitude en fureur. Ce n'était là que le prélude de bien d'autres massacres, que nous aurons à raconter plus tard. Si les catholiques étaient maîtres de la ville, il en était autrement de la campagne, où les gentilshommes protestants avaient le champ libre. Un d'eux, Marafin, seigneur de Guerchy en Nivernais, qui l'était devenu d'Avigneau, près d'Auxerre, en épousant l'héritière de ce domaine, et qui était enseigne de la compagnie de l'amiral de Coligny, commandait une troupe d'une vingtaine de cavaliers, avec lesquels il parcourait sans cesse les environs d'Auxerre. « Lebeuf raconte qu'une populace de
« catholiques s'avisa de faire une sortie sur eux, soit que
« ce fût le vin nouveau qui leur avait inspiré cette témé-
« rité, soit qu'ils se crussent les plus forts par le nombre.
« Ils voulurent en venir aux mains, et aussitôt, ils furent
« repoussés dans la ville. Il y eut quatorze tués sur place
« et plusieurs autres blessés. »

A Gien, Entrains et la Charité, il y avait eu aussi bien des agitations, des désastres et des violences dans lesquels les protestants avaient commis au moins autant de méfaits que les catholiques.

La ville de Gien, où depuis longtemps il existait beaucoup de protestants, s'était déclarée pour eux dès le mois d'avril. On y avait saccagé les églises, abattu les autels et enlevé les ornements et vases sacrés, sans pourtant faire d'autre mal aux prêtres qui y demeurèrent. Mais le culte calviniste y fut établi. On y leva des soldats, avec lesquels on fit une double tentative sur Bonny et sur Cosne, et toutefois sans succès. Ces villes voulurent rester aux catholiques, et on se le tint pour dit. Là firent leurs premières armes deux gentilshommes qui acquirent depuis, dans l'Auxerrois, un nom redouté, Jehan de la Borde, seigneur de Serin, et Le Bois de Mérille. Après quelques semaines d'occupation, ils rejoignirent à Orléans l'armée du prince de Condé. Au mois de janvier 1563 les troupes du roi vinrent en force assiéger Bourges. Il fallut bien abandonner Gien, et tous les protestants en sortirent, pour se réfugier à Orléans.

À Entrains aussi depuis assez longtemps la majorité des habitants était pour le protestantisme. Au mois de juin 1562 cette ville fut occupée par les troupes d'un capitaine catholique, qui, par ses rigueurs et ses menaces, contraignit le plus grand nombre d'entre eux d'en sortir. Il ne restait guère de leur parti que des vieillards, des femmes et des enfants, qui, pour leur sécurité, faisaient extérieurement quelque profession de la religion catholique. Selon ce que raconte Théodore de Bèze, dans son *Histoire des églises réformées* (1), les catholiques avaient résolu d'exterminer tous ceux qu'ils soupçonnaient de conserver de l'attachement pour l'hérésie, et ils avaient envoyé à Auxerre, pour recevoir des instructions à ce sujet, un prêtre appelé Edme Blondelet. On avait même, dit-on, choisi la veille de Noël pour l'exécution de ce sinistre projet. Mais, le 13 décembre, la ville, qui était mal gardée, fut surprise par un capitaine huguenot appelé Louis Blos-

---

(1) Liv. 31 et 42.

set, qui s'en empara avec la compagnie qu'il commandait. Il fit pendre et arquebuser le prêtre Blondelet, ainsi que son bedeau, que l'on appelait le Dangereux. Ce massacre était odieux, et l'histoire du complot pouvait bien avoir été inventée pour en atténuer l'horreur. Les catholiques tentèrent sans succès de reprendre leur ville. Les esprits y étaient sans doute fort ardents, car aucun prêtre n'osa y rentrer, même après le retour de la paix, jusqu'en 1565, où le roi Charles IX, passant par là, à son retour d'un voyage dans le Midi, ordonna la réouverture de l'église.

Les protestants d'Entrains, voulant rouvrir les portes de la Charité à leurs coreligionnaires de cette ville, et les soustraire aux vexations des soldats du duc de Guise, arrivèrent sous ses remparts dans la nuit du 3 mars 1563, y appliquèrent leurs échelles, surprirent sa garnison endormie, pendant que leur cavalerie y entrait par une des portes, qu'elle avait forcée. La résistance fut pourtant énergique. Dix bourgeois et dix prêtres y furent tués. Le surplus des religieux put quitter la ville. Et tout ce qui restait des richesses du prieuré fut pillé et confisqué. Dès le lendemain, les troupes catholiques du voisinage se présentèrent devant la place. Mais, n'étant qu'au nombre de trois compagnies et dépourvues d'artillerie, elles durent se retirer. Six jours après, les garnisons de Nevers, Cosne, Auxerre, Gien et Bourges vinrent l'attaquer avec six pièces de canon. Le Bois de Mérille, qui la défendait, n'avait sous ses ordres que soixante-sept soldats. Sson habileté et son courage inébranlable firent, toutefois, ce que notre siècle a vu faire au général Barbanègre, qui, avec cinquante hommes, défendit contre une armée la petite ville de Huningue. Pendant huit jours, ce vaillant capitaine résista au feu des canons et aux assauts. Il tua une centaine d'hommes aux assiégeants, sans perdre un seul des siens. Et, après ce temps, ceux-ci, désespérant du succès, levèrent le siége. Ainsi Entrains et La Charité restaient, dans l'Auxerrois, les citadelles du protestantisme.

Cependant les huguenots de France avaient appelé à leur aide les protestants de l'Allemagne, et une nombreuse armée de reîtres et de lansquenets, qui pillait et dévastait tout sur son passage, était conduite par d'Andelot à Orléans en traversant le pays Auxerrois. Le bourg de Saint-Cyr-les-Colons, ayant voulu imprudemment lui fermer ses portes et se défendre, fut forcé, quarante de ses habitants furent tués et plusieurs des plus riches emmenés prisonniers. Celui de Jussy s'étant mis, selon le conseil insensé d'un moine, à tirer sur ces troupes qui passaient, fut saccagé, pillé et brûlé. Mailly-le-Château était pris par un détachement de cette armée, mais, après son passage, repris par les catholiques. Renforcée par ce secours, l'armée protestante était allée au-devant de l'armée royale et lui avait livré bataille, le 10 décembre, près de la ville de Dreux. Les deux généraux en chef, savoir le prince de Condé et le connétable de Montmorency, étaient, de part et d'autre, restés prisonniers. Mais l'avantage appartenait aux catholiques, et le duc de Guise, qui était demeuré vainqueur, était venu assiéger Orléans, où il fut assassiné par Poltrot. On se décida alors à faire la paix. Le traité, conclu à Amboise, reconnaissait encore la liberté de conscience. Le culte réformé obtenait le droit de se pratiquer dans les châteaux des gentilshommes et aussi dans les villes où il s'était maintenu jusqu'alors. Mais, en dehors de celles-là, il ne pouvait être exercé que dans les faubourgs d'une seule ville par bailliage ou sénéchaussée. Entrains et La Charité conservèrent donc leurs prêches. Cette dernière ville n'en devait pas moins être rendue au roi. Ce fut une grave difficulté. Quand le duc de Nevers se présenta pour en prendre possession au nom du roi, on hésita à le recevoir. Il y eut une sérieuse collision où vingt-deux protestants furent tués. Les autres se soumirent, mais leurs maisons furent livrées au pillage des soldats, ce qui laissa dans les cœurs de profonds ressentiments qui devaient éclater plus tard.

Cette paix et l'édit qui la suivit furent partout mal accueillis des catholiques, et surtout à Auxerre. « A peine « par toute la France se trouva-t-il une ville, dit Théodore « de Bèze, qui ait plus ouvertement et plus félonnieuse- « ment résisté à l'édit. » Les protestants ne purent obtenir ni une école pour leurs enfants, ni une place aux cimetières pour leurs morts. Ils demandaient inutilement pour leur culte le village de Saint-Georges ou la ville de Saint-Bris. On leur assigna Cravant, à dix-huit kilomètres d'Auxerre. « Les vignerons et gens rustiques de cette ville « reçurent, dit Georges Viole, des exhortations pour ne « pas souffrir leurs assemblées. » Ils durent se réfugier dans un hameau voisin de cette ville, et, étant avertis qu'on les y menaçait d'un mauvais parti, ils crurent devoir y aller en armes. Ils n'en furent pas moins attaqués. L'engagement fut vif et il y eut des morts de part et d'autre. Ils étaient en danger d'y rester tous, si quelques gentilshommes du voisinage n'étaient montés à cheval pour venir à leur secours. Sur le bruit de ce combat et sur leurs vives plaintes, ils obtinrent alors de se réunir dans un faubourg d'Auxerre, celui de Saint-Amatre. Mais c'est en vain que les lettres du roi réclamèrent et ordonnèrent pour eux tolérance et justice. Ils furent en toute occasion l'objet de vexations et d'oppressions intolérables. Dans leur désespoir, ils eurent la pensée d'appeler de ces tyrannies au jugement de la postérité, et, ayant gagné un couvreur qui travaillait à la flèche de l'horloge publique, ils firent enfermer dans la boule de métal qui surmontait cet édifice un écrit signé d'une centaine des plus notables d'entre eux, et qui contenait une protestation contre l'injustice de leurs contemporains. Cet écrit, qu'il nous eût été si curieux de connaître, fut trouvé un siècle plus tard. On le jeta au feu en y voyant les noms des principales familles du pays. Les mêmes hostilités se produisaient dans bien des villes. Les chefs du parti en portèrent des plaintes vives et réitérées. Loin d'y faire droit, le roi rabroua fort rudement l'amiral de Coligny. Les protestants étaient aussi parfois fort imprudents, et l'audace de quelques-uns avait peut-être contribué à indisposer contre eux la reine-mère et le roi. On reprochait à ceux d'Auxerre de troubler les processions extérieures par leurs dérisions, et il s'ensuivait parfois des conflits déplorables. Ainsi, en 1167, le jour de la Fête-Dieu, le cordon qui soutenait, le long d'une rue, des draps et tapisseries étant venu à tomber, on les accusait de l'avoir coupé malicieusement. Le reproche était-il fondé? Ce point est demeuré incertain. Quoiqu'il en fût, on s'arma de pierres pour attaquer et poursuivre celui à qui on imputait ce scandale. On essaya de forcer les portes de la maison où il s'était retiré. Ses amis le voulurent défendre et un coup de pistolet blessa au visage un des agresseurs. Il fallut toute l'énergie des soldats qui escortaient la procession pour arrêter ces désordres.

Cependant, la réforme ayant été écrasée en Flandre par la force des armes, le duc d'Albe, qui l'avait vaincue, avait donné à la reine-mère et au roi le conseil d'en faire autant en France, en frappant, comme il l'avait fait lui-même, les chefs du parti. Le prince de Condé et l'amiral de Coligny surent qu'ils étaient spécialement menacés. Ils tinrent alors, avec les autres chefs, plusieurs assemblées dans leurs châteaux de Châtillon-sur-Loing et de Vallery, et se résolurent à un coup de main hardi. C'était de s'emparer des personnes mêmes de la reine-mère et du roi, qui se trouvaient au château de Meaux, pendant qu'un complot général leur livrerait les principales villes du royaume. Ils échouèrent dans le premier acte de cette entreprise. Mais le second leur réussit. Dans la nuit du 27 septembre 1567, ils surprirent un grand nombre de villes et en particulier celle d'Auxerre. Le lieutenant-général du bailliage, Jacques Chalmeaux, et le seigneur de la Maison-Fort, gouverneur de la ville, étaient à la tête de ce complot. Ils avaient donné dans la journée l'ordre à tous les habitants de déposer leurs armes à la mairie. Des troupes de cavalerie arrivèrent de nuit et secrètement aux portes, dont une leur fut ouverte par trahison. Une autre fut forcée de l'intérieur par une bande armée, et des flots d'assaillants s'y précipitèrent. Quand le jour vint, les mesures étaient prises pour que toute résistance fût impossible. Un grand nombre de prêtres et d'habitants s'enfuirent dans les villes voisines. Les autres furent comprimés, d'abord par des promesses de modération, puis par la violence et la terreur. De tous les villages voisins arrivèrent, le lendemain, des gens affamés de brigandage, et alors, avec l'aide de ces auxiliaires, commencèrent de toute part le pillage et la dévastation des églises, des couvents, de l'évêché et des maisons des chanoines. Les autels et les croix furent abattues, les chaises, les stalles, les tableaux et les statues de bois brûlés, les figures de pierre, les vitraux brisés, les reliques violées, foulées aux pieds et livrées au feu, les reliquaires de métal, les tombes et les colonnes de bronze, les cloches, les chandeliers, les bénitiers emportés et fondus, les ornements sacerdotaux, les livres des bibliothèques lacérés ou enlevés, le feu mis à la charpente de la tour de Saint-Pierre. En un mot, selon les expressions de Lebeuf, il ne resta plus à bon nombre d'églises que les quatre murs et une partie de la couverture. On en avait arraché le bois, la tuile, le fer, le plomb et les vitraux. Les édifices publics et les façades de maisons particulières portant quelque emblême religieux ne furent pas même épargnés. On n'avait conservé que la seule église des Cordeliers, pour servir au culte calviniste. On peut lire dans notre *Histoire des guerres du Calvinisme* des détails complets sur cet abominable saccagement.

Un des capitaines qui avaient exécuté cette surprise et ces dévastations, Jehan de la Borde, prit le titre de gouverneur pour le roi sous l'autorité du prince de Condé. Il fit tenir une assemblée à l'Hôtel de Ville et réclama trois mille livres pour l'entretien de sa troupe, qui restait comme garnison, et ce sous peine de pillage général. Il fallut y souscrire, les répartir immédiatement, et les payer sans délai.

Quelques semaines après, cette garnison allait, avec des canons, dont un qu'elle avait fondu elle-même, attaquer la ville de Cravant, qui se défendait avec énergie et la repoussait. Elle se rabattait alors sur Irancy, qui était pris d'assaut, avec un grand carnage et un saccagement impitoyable. Coulanges-la-Vineuse se rachetait par une somme d'argent, mais son église n'en était pas moins pillée. Furieux de leur échec à Cravant, les soudards protestants allèrent se venger sur les abbayes situées dans le voisinage. Le monastère de Pontigny fut affreusement dépouillé et ruiné. Les tombeaux de saints ou illustres personnages indignement violés et mutilés. Les moines avaient heureusement transporté et caché, tant à Saint-Florentin qu'à Chablis, leurs archives et leurs effets les plus précieux. Ce qui en était resté fut enlevé, et les pillards, après avoir mis le feu à l'église, revinrent à Auxerre en profanant, dans un simulacre de procession, des chasubles et autres ornements étalés sur leurs corps. Le gouverneur Jehan de Laborde, contre lequel beaucoup de plaintes avaient été portées, fut remplacé par Marafin de Guerchy, dont la domination ne fut guère plus douce, car, redoutant quelque surprise, il tint les habitants jusqu'à la paix sous un tel régime de terreur, que, selon les termes d'une relation contemporaine, deux catholiques ne pouvaient causer ensemble dans les rues, sans s'exposer à recevoir des coups de bâton.

La ville d'Entrains avait été aussi, et en même temps qu'Auxerre, occupée par une troupe de soldats protestants. Ils faisaient des incursions et des dévastations qui rendaient au loin leurs noms redoutables aux catholiques. Le prieuré de Revillon fut ruiné par eux, ainsi que d'autres qui étaient à leur portée. Le duc de Nevers, traversant l'Auxerrois avec une escorte de cent chevaux, pour aller voir la duchesse qui venait d'accoucher, ils osèrent l'attaquer auprès de Donzy, et dans le combat il reçut au genou une balle d'arquebuse, dont il resta estropié toute sa vie. De ce moment il fut pris d'une grande haine contre les huguenots, avec lesquels, jusque dans ces derniers temps, il avait été soupçonné d'avoir de secrets rapports, et, quand la paix fut conclue, et qu'Entrains fut rentré en son pouvoir, il en fit raser les tours et les fortifications. Cependant, plus tard, le parti catholique, redevenu maître dans la ville, obtint de lui la permission d'en relever les murailles. A Mailly-la-Ville aussi, les protestants s'étaient saisis de cette place, et les soldats qu'ils y appelèrent faisaient, dans leur voisinage, des incursions et des brigandages.

A Gien, où la réaction catholique de la fin de l'année 1562 avait laissé beaucoup d'irritation chez les protestants, ils s'étaient, dès le mois de septembre, rendus maîtres de leur ville, et leur capitaine ayant appelé à son aide une troupe d'aventuriers du Berry, que l'on appelait les Pieds-Nus de Bourges, on s'était mis à piller, ruiner et démolir les églises et les couvents. Les chanoines et quelques autres prêtres s'étaient réfugiés dans le fort château de la Bussière, à deux lieues de la ville. On alla les y attaquer, et, les ayant fait capituler par famine, avec promesse de vie sauve, on les massacra tous avec d'horribles mutilations; puis, au retour à Gien, on fit la même procession sacrilége qu'à Auxerre, avec leurs surplis, leurs chasubles et leurs étoles. Il y eut en cette occasion des actes de férocité à peine croyables, et, chose révoltante, encouragés par les magistrats. Nous répéterons à ce sujet, comme nous l'avons dit dans notre *Histoire des guerres du Calvinisme*, qu'il y a, dans les agitations publiques, des hommes plus dangereux et plus haïssables que les scélérats qui obéissent à la férocité de leurs instincts. Ce sont ceux qui, d'une position élevée, applaudissent par lâcheté ou par ambition à tous les excès.

Cependant, l'armée qui s'était formée autour du prince de Condé, après sa vaine tentative sur Meaux, était venue audacieusement bloquer Paris. On se livra dans la plaine Saint-Denis une grande et sanglante bataille sans résultats. Puis, comme précédemment, les deux partis firent appel à l'étranger, et une armée allemande passa par Auxerre pour gagner Orléans. Une armée catholique la côtoyait sans l'attaquer, et traversa aussi l'Auxerrois, qui fut réquisitionné et affamé par toutes deux. Les protestants prenaient Beaugency et Blois, et tenaient Chartres assiégé. La Rochelle se livrait à eux. L'imminence et la gravité du danger effrayèrent la cour, qui se décida à leur offrir le renouvellement de l'édit d'Amboise, avec abolition de toutes les restrictions qui l'avaient modifié depuis 1563. Les auxiliaires allemands seraient congédiés avec des sommes d'argent fournies, tant par le roi que par le parti de la réforme, et la liberté religieuse maintenue partout, jusqu'à ce qu'il plût à Dieu que tous les sujets du roi fussent réunis dans une même religion. Ces propositions furent acceptées, et, le 23 mars 1558, on signait la paix à Lonjumeau. Les réformés licencièrent leurs armées, mais les catholiques ne firent pas de même. Et, en s'en allant, les capitaines huguenots disaient : « Nous avons fait la « folie, ne trouvons donc pas étrange si nous la buvons. « Mais il y a apparence que le breuvage sera bien « amer. »

Personne ne croyait à la durée de cette paix. A Paris, le Parlement, la Sorbonne et l'Université protestaient. Dans les églises, les prédicateurs faisaient entendre les plus violentes objurgations. Parmi eux se distinguait, par la véhémence de ses anathèmes, le dominicain d'Auxerre Pierre Divolé. Mandé par le roi avec plusieurs autres pour recevoir des remontrances, il persévéra dans une exaltation que rien ne put calmer, et, de retour à son couvent, il mourut le lendemain d'une apoplexie, suite de son emportement.

Ce fut surtout à Auxerre que l'on ne pouvait croire à une longue existence de la paix. Les catholiques, qui y étaient en grande majorité, surtout dans les classes inférieures, profondément ulcérés des dévastations et des exactions que leur ville avait subies, ne songeaient qu'à une prompte revanche. Ils se la donnèrent dès le 25 avril, dimanche de la Quasimodo. Deux d'entre eux, hommes ardents et déterminés, Jacques Creux et Thuillant, qui épiaient toutes les occasions d'agir, s'aperçurent que les protestants, qui étaient allés au prêche dans le faubourg Saint-Amatre, avaient laissé leurs armes dans le corps de garde de la porte d'Égleny, sous la surveillance de deux hommes seulement. Ils entrèrent, sous prétexte de se chauffer, en cachant les pistolets qu'ils portaient sous leurs vêtements, et, faisant tomber les armes qui étaient au ratelier, ils se jetèrent sur les deux sentinelles, abattirent la grille de la porte et appelèrent à leur secours. Aussitôt, on ferma toutes les issues par lesquelles les huguenots auraient pu rentrer dans la ville, et on se mit à crier : Liberté, liberté, les huguenots ne sont plus à Auxerre! Tout le monde s'arme aussitôt. Les protestants qui restaient dans la ville, attaqués et poursuivis, se réfugient dans la maison, probablement fortifiée, du capitaine de la Borde. On les y assiége, et, pour en venir à bout, on y traine des barils de poudre où on met le feu, et on la fait sauter en tuant tous les gens qui y étaient renfermés (1).

On fit à peu près de même à Entrains. Lors de la

---

(1) Archives de l'Yonne, Enquête de 1613.

rentrée des catholiques dans cette ville, on tua neuf personnes, on força des femmes, et on commit toutes sortes d'excès (1).

Ces violations audacieuses de la paix furent suivies d'actes non moins violents. Jacques Creux et Thuillant commandaient à leur gré dans Auxerre. Ils formèrent des bandes qui, sous leurs ordres, allaient dans la campagne à la chasse des huguenots, et pour dévaster leurs maisons. C'était la guerre civile qui se poursuivait au dehors, pendant qu'à l'intérieur on faisait des visites domiciliaires chez tous les protestants et chez ceux qui étaient suspects de les recéler. On leur avait donné une telle épouvante, dit Georges Viole, qu'ils abjurèrent publiquement leur hérésie. Après quelques semaines, beaucoup de ceux qui étaient partis obtinrent de revenir moyennant une pareille abjuration. Quant aux autres, ils durent se bien cacher pour échapper aux meurtriers. Sur les plaintes véhémentes qu'adressa alors au roi l'amiral de Coligny, on envoya un maître des requêtes pour faire une information. Mais, au milieu de ces troubles et de ces terreurs, personne n'osait parler, et il s'en retourna sans avoir rien fait. Le Roi avait nommé gouverneur Aymar de Prie, baron de Toucy. Ce seigneur, ne trouvant ni troupes, ni autres forces, et se voyant impuissant à empêcher les désordres qu'il avait sous les yeux, écrivit pour en demander. On lui envoya trois compagnies de gens de pied d'un régiment italien. Ces étrangers, au lieu de rétablir la paix, se joignaient souvent aux bandes de la populace dans leurs tournées contre les huguenots. L'amiral ayant envoyé au lieutenant-général de Bourgogne, par un gentilhomme,

(1) De Thou, liv. XXV.

une somme de cinquante mille francs sur celle que le parti protestant devait, d'après le traité, payer pour faire partir les reîtres, cet officier fut attaqué par des hommes de la garnison d'Auxerre, qui lui tuèrent plusieurs de ses gens, en blessèrent d'autres, et lui prirent son argent, ses hardes et ses chevaux. En vain l'amiral envoya plaintes sur plaintes. Il ne put rien obtenir. Quelque temps après, un de ses officiers, qu'il envoyait à Auxerre pour une autre affaire, fut assassiné dans les rues de cette ville, malgré une escorte que lui avait donnée le gouverneur. L'émeute dans laquelle il fut tué était si violente, que la dame de Prie, femme du gouverneur, en mourut de frayeur. Les assassinats qui se commettaient journellement étaient innombrables. Le prince de Condé qui, de son château de Noyers, adressait aussi ses plaintes au roi, vers la fin du mois de juillet, disait que jusqu'à ce jour il n'y en avait pas moins de cent vingt à cent quarante.

De semblables choses se passaient en même temps dans beaucoup d'autres villes. L'amiral, ne se croyant plus en sûreté à Châtillon, était venu à Tanlay chez son frère d'Andelot, où, n'étant qu'à peu de distance de Noyers, ils pourraient se consulter avec le prince de Condé. Un message leur apprit, à n'en pouvoir douter, que Tavannes, lieutenant-général de Bourgogne, avait l'ordre de les venir enlever, et qu'il était sur le point de le mettre à exécution. Ils se décidèrent alors à partir et à passer la Loire pour aller recommencer la guerre dans les provinces de l'ouest, et le 23 août ils se mirent en route avec leurs femmes et leurs enfants. Deux cents gentilshommes de l'Auxerrois, réunis par leurs émissaires et commandés par Le Bois de Mérille, vinrent au-devant d'eux pour les escorter. Ils passèrent la Loire à gué près de Cosne, et peu après la guerre commença. Une partie des gentilshommes de leur escorte les suivit. De ce nombre était l'ancien gouverneur d'Auxerre, Jehan de la Borde, qui, peu de mois après, mourut assassiné, en violation de la capitulation de la ville de Mirebeau, qu'il avait défendue avec une grande énergie. D'autres se disposèrent à faire la guerre sans quitter le pays et à cet effet s'emparèrent de places qui pussent leur offrir un solide appui, en leur servant à la fois de bases d'opérations et de refuge au retour de leurs expéditions. C'est ainsi que deux d'entre eux s'étaient saisis, l'un du prieuré d'Escamps, fameux déjà comme place de défense au temps des guerres de Charles VII contre les Anglais, et l'autre de la ferme fortifiée de Gurgy, appartenant à l'abbaye de Saint-Germain. Mais tous deux furent escaladés et pris par un corps de deux cents arquebusiers de la garnison d'Auxerre, et tous les prisonniers furent égorgés. De part et d'autre on en était arrivé à une guerre d'extermination.

Deux édits furent publiés au nom du roi le 8 septembre, l'un pour interdire d'une manière absolue dans le royaume tout exercice du culte réformé ; l'autre pour révoquer de leurs fonctions tous les magistrats et officiers civils appartenant à cette religion. Bien qu'il interdît, dans une de ses clauses, toute persécution personnelle contre ceux qui vivraient paisibles sans exercer le culte réprouvé, le premier de ces édits était rédigé avec une violence de langage propre à exciter la colère des masses, auxquelles malheureusement ne manquaient, ni les agitateurs aux rancunes furieuses, ni les meneurs aux passions féroces, et dont les mains s'étaient déjà tant de fois trempées dans le sang des malheureux réformés. Un projet infernal fut arrêté et organisé à Auxerre par ces assassins, pour exterminer tous ceux qui avaient fait profession de protestantisme, bien que depuis ils eussent fait abjuration de leur hérésie. Mais, comme cette abjuration avait été obtenue par la terreur, on les soupçonnait, selon les expressions de Georges Viole, de n'être pas francs dans leur conversion.

Cet abominable complot reçut son exécution le 18 octobre 1568. Il commença, comme l'avait fait à Sens le massacre du 12 avril 1562, par une procession générale, tant pour remercier Dieu de ses bienfaits, que pour la prospérité du roi. Les nouveaux convertis purent être émus de cette solennité inusitée, et y entrevoyaient peut-être quelques mauvais desseins contre eux ; néanmoins ils y assistèrent, et aucun d'eux n'y donna de scandale. Mais, selon Lebeuf, on s'aperçut du *secret* dépit qui les possédait, et, selon Viole, on vit que tout ce qu'ils faisaient n'était qu'*un masque* de religion. Quoiqu'il en soit, à un signal donné, on se rua sur eux, on les poursuivit partout où ils cherchèrent à se réfugier, « et l'on en massacra cent « cinquante, dont les corps dépouillés furent trainés « nuds, partie dans la rivière, partie sur des fumiers, et « en diverses voieries et cloaques de la ville, sans leur « donner aucune sépulture. » Le lieutenant-général Chalmeaux, homme de parti sans doute, mais homme aussi éminent par sa science et son intégrité que par sa dignité, avait le premier jour échappé aux assassins. Mais le lendemain, ayant voulu sortir sous un déguisement, il fut pris, ramené, pendu à une goutière, puis achevé sur un fumier, où son corps, dit Viole, resta un bon espace de temps.

Peu après que se furent commises ces atroces barbaries, les chefs huguenots avaient sollicité de nouveau l'appui de l'Allemagne protestante, et l'Électeur palatin levait pour eux une armée, dont il confiait le commandement à Wolfgang de Bavière, duc de Deux-Ponts. Pour faciliter le passage de ces auxiliaires à travers la Bourgogne et l'Auxerrois, il parut essentiel aux gentilshommes de ces contrées, qui n'avaient pas cessé de tenir la campagne, d'y avoir une forteresse importante qui leur servît de point d'appui et de ralliement. Vézelay fut choisi pour cette destination, et, au mois de février 1569, un seigneur du pays appelé du Tharot, et ses amis, s'en saisirent, en l'escaladant à la pointe du jour, au moment où, se croyant tout à fait hors de crainte, l'on venait d'en retirer les gardes, et ils s'empressèrent d'y installer une garnison assez nombreuse pour le bien défendre. Le pillage et la dévastation de l'abbaye s'ensuivirent, et la vénérable église de la Madeleine fut convertie en écurie pour les chevaux de cette garnison. Ce fut un grand émoi dans tout le pays quand on apprit ce triste événement. On s'écria qu'il fallait à tout prix reprendre aussitôt cette place, et une multitude nombreuse de volontaires, sous le commandement du grand agitateur Jacques Creux, accompagnée de quelques troupes envoyées par le duc d'Aumale, gouverneur de la Champagne, partit aussitôt pour en faire le siége et pour empêcher le passage du duc de Deux-Ponts. Elle ne l'attendit même pas, et, en voyant, dit un historien contemporain, la résistance et la résolution des tenants, elle revint, sans avoir même tenté une attaque sérieuse. L'armée allemande tourna Dijon, passa devant Beaune, Saulieu et Avallon, et arriva devant Vézelay, où elle fit un assez long séjour. Son chef était tombé malade, et on attribuait son mal au poison. Un médecin d'Avallon avait, disait-on, fait empoisonner un certain nombre de bouteilles de vin qui avaient été servies sur la table du duc. La vérité est que le duc, peu sobre, selon les habitudes allemandes, s'était gorgé avec excès des vins exquis de la Bourgogne, et il devait expier quelques semaines plus tard, par une mort prématurée, les exagérations de son intempérance.

Quand il se remit en marche, il gagna Pouilly, où il passa la Loire sur un gué que lui indiqua le seigneur d'Avigneau, Marrafin de Guerchy. Puis, comprenant la nécessité de s'assurer un pont fortifié pour faire en tout temps traverser ce fleuve à ses troupes, il investit, sur les deux rives, la Charité, qui était dépourvue de garnison, et le 20 mai battit en brèche des deux côtés à la fois cette ville, dont le commandant s'enfuit sous le prétexte d'aller demander du secours au duc d'Anjou, qui commandait dans le Limousin l'armée royale. Les Allemands furent alors introduits dans la ville par la connivence des habitants protestants, et, selon le récit de Noel Coquille, ces mercenaires, exaspérés par la mort de leur général, survenue à ce moment-là, se mirent à piller partout et à massacrer tous les catholiques qu'ils purent trouver, surtout les prêtres et les religieux. Il se passa là des scènes de carnage et de cruauté, au dire de Coquille, qui dépassaient tous les actes de barbarie que l'on eût encore vus. Des prêtres furent écorchés vifs, d'autres enterrés vivants jusqu'au cou, et leur tête servit de but dans des jeux atroces; d'autres furent décapités afin de se servir de leurs têtes comme de boules à jouer. La pendaison, la noyade et la fusillade se trouvaient même réunies dans d'autres et horribles massacres. Le château ne se rendit que trois jours après. Les laïques furent mis en liberté. Les ecclésiastiques furent les uns dépouillés, les autres retenus en prison. D'autres, et Noël Coquille fut de ce nombre, purent pourtant s'évader et se réfugier à Nevers. Il porte à huit cents le nombre de personnes qui perdirent la vie dans cette affreuse catastrophe. Il est toutefois difficile de ne pas voir là une grande exagération. Marrafin de Guerchy, dont le manoir patrimonial était voisin de cette ville, en fut ensuite nommé gouverneur.

Elle était d'une trop haute importance pour, qu'après le départ de l'armée allemande, les catholiques ne songeassent pas aussitôt à la reprendre. Sansac y fut envoyé par le roi avec sept à huit mille hommes et quinze pièces de canon. Dès que la brèche fut praticable, il fit donner de deux côtés à la fois un assaut qui fut repoussé avec des pertes énormes. Il en tenta aussitôt après un second, où, pour donner du cœur aux soldats découragés, les chefs montèrent en très grand nombre. Le résultat fut encore plus désastreux. Marrafin de Guerchy et Briquemaut, son lieutenant, opposaient à tous ces efforts la plus indomptable énergie. Un mois s'était écoulé dans ces attaques, rendues inutiles par l'habileté et la vigueur de la résistance. Le bruit se répandit alors que l'amiral de Coligny, qui venait de lever le siége de Poitiers, accourait au secours de ses coreligionnaires. Sansac avait déjà perdu plus de douze cents hommes. Ses approvisionnements commençaient à s'épuiser. L'explosion d'un magasin à poudre acheva de démoraliser ses troupes, et il se décida à la retraite. Le capitaine Blosset et le Bois de Mérille arrivaient, en effet, avec une nombreuse cavalerie. Ce renfort et le départ des assaillants donnèrent un surcroît d'audace aux huguenots. Marrafin marcha sur Donzy, et l'ayant emporté de vive force, y laissa le Bois de Mérille pour capitaine. Là se renouvelèrent les horreurs de la Charité. Onze prêtres y furent massacrés, l'église collégiale de Saint-Caradeuc fut pillée, saccagée et livrée aux flammes. Il en fut de même du prieuré de Saissy-les-Bois, situé à peu de distance de Donzy. Deux grands monastères qui se trouvaient aux portes même de cette ville, celui du Pré et celui de L'Épeau, eurent le même sort. Leurs églises, la première du xiie siècle et la seconde du xiiie, étaient de magnifiques édifices, d'un grand style et décorées d'admirables sculptures. Elles furent livrées aux flammes, et n'ont jamais été relevées. Leurs ruines sont encore debout pour protester contre le vandalisme de leurs destructeurs. La tour et le portail de la première, qui sont restés debout, conservent encore de précieux restes de leurs belles sculptures de la période romane.

De là les excursions des soldats protestants se portèrent à Cosne, où ils ne purent entrer, mais ils se vengèrent sur les splendides abbayes de Saint-Laurent, de Roches et de Bouras, sur la chartreuse de Bellary, sur le monastère de Saint-Léonard, près de Corbigny. Tous furent livrés au pillage, au saccagement et aux flammes, ainsi que les églises de Pouilly, de Coulanges-sur-Yonne, de Courson et plusieurs autres encore. Après quoi, de concert avec les garnisons d'Entrains et de Vézelay, ils s'étendirent du côté d'Auxerre, et ne désespérèrent pas de s'emparer de cette ville. Louis Blosset, seigneur de Fleury, vint avec une troupe de cavaliers, et entra en négociations avec le gardien ou châtelain du château de Régennes, qui pouvait leur servir utilement dans l'attaque qu'ils méditaient sur Auxerre, et le 6 août 1569 il y entra par la trahison de ce gardien. Delà il pouvait intercepter la navigation de l'Yonne, faire des courses dans la banlieue et jusque sous les murs d'Auxerre, et se mettre en communication avec les quelques partisans secrets que, malgré le grand massacre du 18 octobre, il pouvait avoir conservés dans cette ville. Vivement émus de cette prise, les habitants d'Auxerre écrivaient à toutes les villes voisines et aux seigneurs catholiques pour avoir du secours afin de reprendre cette forteresse. Ils n'obtinrent rien, sauf quelque artillerie du château de Seignelay. Dès le 10 août Jacques Creux n'en investissait pas moins la place avec ses troupes de volontaires. Mais, deux d'entre eux ayant été blessés, ces soldats peu aguerris se décourageaient au bout de quelques jours. On requit alors la milice du pays, que l'on mit sous le commandement d'un gentilhomme expérimenté. Puis un vieil officier qui avait fait les campagnes d'Italie, Guillaume Roy, seigneur de la Grange-aux-Roy, vint de la Puisaye avec une compagnie de cent arquebusiers. Le canon ayant fait brèche, on put, à l'aide d'un train de bois qui descendait la rivière et que l'on fit entrer dans le canal que formait le fossé du château, monter à l'assaut, et la place fut emportée. Louis Blosset parvint à se sauver avec quelques-uns de ses gens. Mais les autres furent tués ou faits prisonniers. Ces derniers étaient réservés pour périr par de longs et cruels supplices. Il y en avait un parmi eux, que l'on appelait Cœur-de-Roi, qui était l'objet de haines violentes, à cause, selon de Thou, de la rigueur qu'il avait montrée dans ses fonctions de préposé de la halle aux grains, et, selon Georges Viole, parce qu'il était un des plus exaltés parmi les protestants. La populace le mit en pièces, lui arracha le cœur, qu'elle porta en procession dans tous les quartiers de la ville, et le fit ensuite griller sur des charbons et couper en petits morceaux, qui furent vendus publiquement et mangés par les acheteurs. C'est le trait le plus horrible de toutes les férocités que suscitèrent les passions violentes de cette triste époque. Trois cents hommes des garnisons de Vézelay et de la Charité s'étaient mis en marche pour secourir les assiégés, mais ils arrivèrent trop tard.

Pendant que ces choses se passaient dans l'Auxerrois, l'armée protestante avait été battue à Jarnac et à Montcontour. Le prince de Condé avait péri dans la première de ces deux batailles, et l'amiral de Coligny s'était retiré, avec ce qui lui restait de troupes, dans la Guyenne et le Languedoc. Noyers, assiégé par Sansac, avait été pris. On se décida alors à faire le siége de Vézelay. Cette ville s'était renforcée d'une partie de la garnison de la Charité, et beaucoup de gentilshommes, et entre autres, Louis Blosset, échappé de la prison de Régennes, s'y étaient jetés pour la défendre. La place était très forte, comme on en peut juger encore, et les assiégés, aussi habiles que déterminés. Le capitaine Sarrazin, homme d'un grand courage et d'une expérience consommée, qui la commandait, ayant été tué dans un assaut, fut remplacé par Louis Blosset, qui montra la même énergie et la même habileté. Après deux mois de siége, Sansac dut renouveler son artillerie et ses approvisionnements. Ce fut sans plus de succès. Un mois après, il fut forcé de se retirer, avec une perte de quinze cents hommes. Blosset avait, de son côté, perdu la moitié de son monde, tant par les armes, que par la contagion qui s'était mise dans la ville, et dont, si l'on en voulait croire l'un des historiens de Vézelay, l'abbé Martin, tous les habitants étaient morts. C'est une exagération évidente, car, quatre ans après, en

1573, le comte de Tavannes écrivait au roi que la ville était fort habitée, mais que la plupart étaient huguenots.

Redevenues libres, les garnisons de Vézelay, la Charité, Sancerre et Entrains reprirent leurs excursions. Elles en faisaient parfois de très productives, et parfois aussi de fort désastreuses pour leurs troupes, jusqu'au cœur de la Bourgogne, de la Beauce et de la Champagne. Elles occupaient, à la fois, la forteresse de Mailly-le-Château, et plusieurs autres dans la Puisaie et le Gâtinais, et, par ce moyen, trouvant sur leur passage des places de refuge, elles exerçaient sur toute la contrée une domination oppressive et ruineuse. On les vit successivement à Lormes, à Joux-la-Ville, à Villeneuve-l'Archevêque et à Provins. Cependant, l'amiral de Coligny, après avoir porté la guerre avec avantage en Languedoc, revenait l'année suivante vers Paris, par le Bourbonnais et la Bourgogne, et, s'appuyant sur la Charité et Vézelay, cantonnait ses troupes dans l'Auxerrois, la Puisaie et le Gâtinais, où elles vivaient avec grands pillages, aux dépens du pays. De là, il entama avec la cour des négociations, d'où sortit le 18 août 1570, à Saint-Germain, une nouvelle paix. Cette fois encore, la liberté de conscience était reconnue et consacrée, la mémoire de tous les troubles éteinte et abolie, le libre exercice du culte protestant maintenu dans les villes où il existait déjà, et dans deux villes de chaque province, en même temps que dans tous les châteaux des gentilshommes. Quatre places de sûreté étaient réservées aux protestants. C'étaient la Rochelle, Cognac, Montauban et Sancerre. Vézelay était ville de culte pour la Champagne, et Mailly-la-Ville pour la Bourgogne et l'Auxerrois. L'opinion publique n'était pas plus confiante dans la durée de cette paix qu'elle ne l'avait été pour les précédentes. Le traité avait été négocié pour le roi, par le comte de Gontaut-Biron, qui était boiteux, et par le seigneur de Malassise, et on l'appelait la paix boiteuse et mal assise.

Ces appréhensions n'étaient que trop justifiées. Après deux ans de dissimulation, éclatait l'infernal complot de la Saint-Barthélemy. Louis Blosset, le défenseur de Vézelay, l'avait pressenti, et, avant même les fêtes données pour le mariage du jeune roi de Navarre avec la sœur du roi, il prenait congé de l'amiral, et quittait Paris, en l'engageant à suivre son exemple. Coligny ne le crut pas, et avec lui et des milliers de protestants, fut assassiné, le 24 août 1592, Marrafin de Guerchy, en le défendant, et, deux jours après fut pendu Briquemaut, qui, avec ce dernier, avait dirigé la défense de la Charité.

Dès le lendemain, 25 août, l'ordre était expédié à tous les gouverneurs de province, « de tuer ou laisser tuer « les chefs et factieux. » Il ne fut que trop fidèlement exécuté à la Charité, où vingt-deux huguenots furent massacrés par la compagnie du duc de Nevers. Aucun document ne nous a fait connaître si ce commandement sanguinaire fut suivi de nouveaux égorgements dans les autres villes de l'Auxerrois. On sait seulement que ce ne fut pas faute de zèle, car on vit le procureur du roi d'Auxerre porter lui-même à Lyon, au gouverneur Mandelot, l'ordre d'exterminer les huguenots, de la même manière qu'à Paris. S'il ne fut fait autre chose à Auxerre, c'est seulement parce que, comme l'a dit un historien, la besogne était faite d'avance, et quant aux autres villes, c'est, selon Claude Haton, « qu'ils furent les premiers « avertis du saccagement de Paris, et eurent moyen de « s'enfuir avant qu'on ne s'avisât de mettre la main sur

« eux. » Mais les bandes d'ardents catholiques, ou, comme on disait alors, les confréries, se mirent en campagne pour attaquer et dévaster les châteaux des gentilshommes huguenots, et, comme le raconte encore le même annaliste, « les gentilshommes, et demoiselles hugue« notes des villages, quelque châteaux et maisons fortes « qu'ils eussent, perdirent tout courage de plus tenir « bon en leursdites maisons et chasteaux, après qu'ils « furent certains des désastres advenuz sur leurs chefs « et séditieux frères, et quasi tous prindrent le chemin, « les anlcuns de Sedan, d'aultres en Allemagne, et les « aultres à Genève, en mettant de grandes croix blanches « sur leurs chapeaux, et les femmes, des patenostres en « leurs mains ou à leurs ceintures. »

Ceux qui étaient restés dans leurs maisons, payèrent cher cette imprudence. Beaucoup aussi de ceux qui avaient pris la fuite, furent assassinés ou rançonnés sur les routes. Parmi les chefs des bandes qui se mirent à leur poursuite, se distinguaient le fameux Jacques Creux, dit le capitaine Brusquet, et un certain Laprime, de Cravant, dont le nom ne paraît que cette fois dans l'histoire. Vainement de nouveaux ordres du roi vinrent révoquer les premiers commandements, et prescrire de laisser en paix ceux des réformés qui n'avaient pas quitté le pays. Ces deux bandits n'en restaient pas moins acharnés dans leur œuvre de meurtre et de brigandage. Le comte de Chabot-Charny, lieutenant du gouverneur de Bourgogne, adressait sur ce sujet deux lettres aux magistrats d'Auxerre, la première, à l'effet de leur faire connaître le mécontentement du roi pour ces désobéissances ; la seconde, du 5 octobre, « pour leur enjoindre « d'informer contre ceux qui avaient commis pillages et

« rançonnements, et même contre un capitaine Brusquet, « de leur ville, et un Laprime de Cravant, afin que la « punition en fût faite, et de les mettre en prison, si on « les pouvait attraper. » On ne sait ce qui arriva alors de ces deux personnages qui, selon Lebeuf, ne pouvaient modérer leur zèle. On leur portait trop d'intérêt pour les livrer. Le premier avait été le moteur et le chef des massacres dans l'émeute du 23 août 1562, et dans toutes celles qui suivirent. Le métier lui avait profité, et ses services l'avaient élevé en grade, en fortune et en considération. En 1563, il n'était que « Jacques Creux, geôlier « des prisons ». En 1568, il est appelé dans une délibération du chapitre, « le capitaine Brusquet, nommé « Jacques Creux. » En 1569, dans un acte d'acquisition, il est devenu « honnête homme, Jacques Creux, capitaine « pour le roi des gens de cheval de la ville d'Auxerre. » Et enfin, dans un procès-verbal d'enquête de 1571, il est qualifié « noble homme, capitaine de cinquante ar- « quebusiers à cheval et trois cents hommes à pied, « pour le service du roi. » Lebeuf nous apprend enfin qu'en 1576, il commandait une troupe soldée par la ville. Le pillage et le rançonnement l'avaient mis en état d'acheter des terres et de se bâtir une maison. Il est vrai pourtant que, s'il avait fait voir à Auxerre la férocité d'un assassin et l'avidité d'un pillard, il paraissait avoir montré à Vézelay et à Régennes le courage d'un soldat.

Les abjurations avaient naturellement suivi ces mesures de rigueur. Les convertis comparaissaient devant le vicaire-général de l'évêque, qui constatait, par un procès-verbal, leur résipiscence, et leur en délivrait un extrait qui leur servait sans doute de carte de sûreté. Il existe, dans les archives de l'Yonne, un acte de ce genre, qui contient cent deux noms, tant de la ville que des paroisses voisines. Mais ceux qui avaient abjuré n'en étaient pas moins l'objet d'une suspicion ombrageuse et d'une étroite surveillance. On en faisait le dénombrement en 1573, par les ordres du roi, et en 1574, de nouveaux ordres prescrivaient contre eux un redoublement de vigilance.

La guerre avait recommencé en 1573, par les siéges de Sancerre et de la Rochelle. Cette dernière ville ne capitula qu'après dix mois d'attaques, et, par un traité qui garantissait à elle et à celles de Nîmes et de Montauban le libre exercice de leur culte. Sancerre tint quelques mois de plus, au milieu des tortures de la plus affreuse famine, et lorsque Henri III eut succédé à son frère Charles IX. La capitulation lui assurait aussi la liberté de conscience. Sauf cette exception, et celles de Vézelay et de la Charité qui restaient sous le régime de la paix de Saint-Germain, le protestantisme était abattu dans notre contrée. Mais il en était autrement dans l'Ouest et dans le Midi. La guerre s'y ralluma en 1575, lorsque le jeune roi de Navarre, et le fils du prince de Condé tué à Jarnac, se furent évadés de la cour. Et, cette fois, ce fut avec la coopération du duc d'Alençon, frère du roi, qui n'avait pas embrassé le protestantisme, mais qui s'était joint aux protestants, parce qu'il était mécontent et dévoré de passions ambitieuses. Ils avaient encore obtenu des secours de l'Allemagne, et une armée, commandée par le prince Jean Casimir, fils de l'Électeur palatin, et qui, avec dix mille reîtres, lansquenets et soldats suisses, comprenait deux mille réfugiés français, ayant traversé la Bourgogne et le Nivernais, passa la Loire, près de la Charité. Le duc de Mayenne les suivait, et, en traversant l'Auxerrois, ses troupes où, comme dans les guerres précédentes, se trouvaient aussi des allemands catholiques, y faisaient tant de ravages, que la ville de Clamecy, informée de leurs dévastations, refusa de leur ouvrir ses portes. « Par ainsi, dit Claude Haton, ce pays de France « était mangé de toutes parts. Mais avait le camp du « sieur duc du Maine la renommée de faire plus de dom- « mages, de ravissements, rançonnements et tous aultres « maux que celui desdits reîtres, mettant le feu en cer- « tains lieux. » L'armée du prince Jean Casimir, après avoir opéré sa jonction avec les troupes protestantes de l'ouest, revint sur la rive droite de la Loire, et traversa le Donziais. La ville de Saint-Verain, qui refusait de la recevoir, fut investie et, malgré les brèches que le canon avait faites à ses murs, repoussa un premier assaut. Mais les Suisses étant revenus par trois fois à la charge, elle fut forcée. Tout ce qui s'y trouvait fut taillé en pièces, et les maisons pillées et brûlées. Il n'y eut de sauvé que quatre cents hommes qui s'étaient réfugiés dans le château, et à qui le prince Casimir fit donner quartier. Les éclaireurs de cette armée arrivèrent jusqu'aux portes d'Auxerre, mais elle prit par la Puisaie et le Gâtinais pour gagner la Beauce, puis, le 2 mai 1576, revint et arriva en vue de Sens. Des conférences s'établirent à Etigny, entre les princes et la reine-mère. Elles aboutirent à une paix nouvelle. C'était la cinquième depuis le commencement des troubles. Libre exercice du culte partout, excepté à Paris et là où le roi résiderait, défense d'inquiéter les prêtres et religieux mariés, chambres miparties de catholiques et de protestants dans les parlements, désaveu de la Saint-Barthélemy et de ses suites, octroi de places de sûreté, promesse de réunir dans les six mois les États-Généraux, apanage des duchés d'Anjou, Touraine et Berry constitué au duc d'Alençon, et avantages particuliers aux autres chefs, tout s'y trouvait, mais tout cela ne devait pas durer longtemps.

La population d'Auxerre avait, à l'occasion de ces conférences, donné une nouvelle preuve de cet esprit de violence turbulente, dont le renom était proverbial (1) et qui lui attira alors une sévère répression. Le fait est ainsi raconté par Jean de Tavannes, dans ses Mémoires.

« En l'année 1575, je fus lieutenant-général du roi
« Henri III, à Auxerre, en la guerre qu'il avait contre
« son frère, le duc d'Alençon, qui était assisté des hu-
« guenots et de 8,000 reîtres. Je n'avais que cent arque-
« quebusiers étrangers, si bien conduits, que les ennemis
« passèrent sans m'attaquer. Le peuple, glorieux de cet
« acte, se rend inobéissant, tue à la porte (avant que j'y
« pusse être), des députés de la reine, traitant la paix
« entre ses enfants, par le commandement de Leurs
« Majestés. Je fis justicier les meurtriers au milieu de
« la place d'Auxerre, assisté de douze des miens, à
« cheval, n'ayant les habitants, quoique je commandasse,
« permis l'entrée aux cent arquebusiers que j'avais aux
« faubourgs. A l'instant, le peuple de la ville prend les
« armes, vient pour sauver les personnes avec force
« arquebusades. Je fis ferme, soutins le faix courageu-
« sement, pendant que le seul procureur du roi, de mon
« parti, avec un de nos gens, reprenaient les échappés
« du bourreau par le bruit des arquebusades. En même

(1) Peuple d'Auxerre, enfant du vin,
Apre de la gueule et léger de la main.
(<i>Proverbe du XVe siècle</i>).</center>

« temps, un des criminels est pendu. Ce que voyant le
« peuple, et me considérant résolu à la mort, quoique
« les derniers tirassent, les premiers s'étonnent et se re-
« tirent. Je fis achever la justice, la force me demeura. »

Le clergé et le parlement protestèrent contre les conditions de ce traité. L'exercice du culte protestant fut empêché dans un grand nombre de villes. Les princes ne purent obtenir les avantages qu'on leur avait promis, et, par forme de compensation, en prirent d'autres. Les contributions levées pour les dépenses de la guerre furent accueillies avec la plus grande défaveur. C'est dans ces circonstances que, sous les inspirations ambitieuses des princes de Guise, naquit la pensée d'une grande ligue ou association catholique, destinée, disait-on, à défendre la religion que le roi attaquait. Elle fut reçue avec ardeur dans le parti exalté. Pour en neutraliser les effets, le roi tenta de s'en faire attribuer la direction par les États-Généraux qu'il avait convoqués à Blois, en même temps que ceux-ci lui imposaient la rupture des conditions accordées aux protestants et lui fournissaient les ressources nécessaires pour les écraser. Mais, tout en accordant les subsides, le tiers-état refusa de voter pour la reprise de la guerre. Malgré cette résolution, le roi adopta le projet de ligue et invita toutes les provinces à s'y affilier. Alors les protestants reprirent les armes, et parmi eux, un certain nombre de ceux de notre contrée et des régions avoisinantes, sous le commandement de Morogues, que le duc d'Alençon avait, le lendemain de la paix d'Etigny, nommé gouverneur de la ville de la Charité, en lui recommandant de ne molester ni les catholiques, ni les protestants. Ils se rendirent maîtres de cette ville, le 3 novembre 1575, en ôtant de la garnison les catholiques, en tuant ceux des habitants qui voulaient leur résister, en désarmant les autres, et, selon l'usage invariable des deux partis, en livrant leurs maisons au pillage. Selon la tradition de ceux qui les avaient précédés en 1569, voulant réunir des approvisionnements et se procurer des ressources pour la résistance, ils se mirent à parcourir les campagnes, à imposer aux paroisses des contributions en argent et en denrées, à enlever les bestiaux et les récoltes, et à faire des excursions lointaines, en emmenant prisonniers et mettant à rançon les voyageurs qu'ils rencontraient sur les routes. Les plaintes et les clameurs qui s'élevèrent de toutes parts amenèrent le roi à lever des troupes pour assiéger cette forte place, et recommencer la guerre. Les villes et les campagnes de l'Auxerrois furent frappées de réquisitions énormes, pour fournir des vivres, des chevaux, des voitures et des pionniers. Le désordre fut tel, que les compagnies de gens d'armes que l'on réunit, se mirent à piller et ravager pour leur compte, et elles le firent avec tant d'emportement et d'audace, que le parlement s'en étant vivement ému, fit arrêter un grand nombre d'officiers et de soldats, et en fit pendre plus de cinquante (1).

Le duc d'Anjou qui, ayant obtenu satisfaction pour ses apanages, était redevenu du parti catholique, reçut le commandement d'une armée de vingt mille hommes qui, avec une nombreuse artillerie, comprenait un corps de lansquenets allemands, pour assiéger la Charité. Il y vint au commencement de 1577, accompagné des ducs de Guise, d'Aumale et de Nevers. Dès les premiers jours, les lansquenets se montrèrent si indisciplinés et si ardents

---

(1) Claude Haton, p. 894.

au pillage, qu'on ne put les conserver, et qu'on les renvoya avant la fin du siége. Ils n'en pillèrent que mieux en s'en retournant dans leur pays. La place fut vigoureusement battue depuis le 20 avril jusqu'au 34, et le 1er mai, la brèche étant praticable, on se préparait à l'assaut. Alors les assiégés se rendirent. La garnison obtint les honneurs de la guerre et fut conduite, avec une escorte, au château de Sauvages, qui appartenait à Morogues. Les habitants protestants devinrent à leur tour l'objet des vengeances des catholiques. Toutes les maisons furent pillées, selon l'usage invétéré du parti vainqueur, et le duc de Nevers, qui conservait une longue rancune contre cette ville, de ce qu'un jour, passant en barque sous le pont, une pierre, jetée à dessein ou tombée d'elle-même, était tombée sur sa cabane, fit couper deux arches de ce pont, abattre les tours carrées du château, et transporter à Nevers trois des cloches de l'église de St-Victor. On mit ensuite à la tête de la ville un nouveau gouverneur, avec soixante hommes d'armes, commandés par le capitaine Helyot. Le gouverneur, qui voulait maintenir la discipline parmi les soldats, fut chassé par eux, et Helyot, resté seul maître, se livra sur la ville et la campagne à tous les genres de brigandage. En vain, le duc de Nevers voulut le renvoyer, et obtint pour cela un ordre du roi. Il résista à toutes les injonctions, et il fallut qu'une émeute générale des habitants se saisît de lui et le mît en prison. Le bailli du prieuré étant venu ensuite le mettre en liberté, il se jeta dans le château de Dompierre, d'où il continua pendant un an ses oppressions et ses pillages, jusqu'à ce que le 1er janvier 1578 un soulèvement universel du pays vint l'attaquer dans son repaire et en faire justice.

La guerre avait continué dans le midi, mais après la prise de quelques places, on avait signé, le 17 septembre 1577, un sixième traité de paix, qui reproduisait celui d'Etigny, en réduisant à une ville par bailliage le culte protestant. On y inscrivait une clause qui cassait et annulait toute ligue, association et confrérie faite ou à faire, sous quelque prétexte que ce fût. Sur de nouvelles émotions, il y eut un septième traité l'année suivante, à Nérac, et, en 1580, un huitième, à Fleix en Périgord. Les graves révélations qui étaient venues au roi, sur les progrès secrets de la ligue, n'étaient pas étrangères à ces pacifications successives. Les municipalités étaient entraînées dans le mouvement par les agents des princes de Guise et du clergé. Ils trouvèrent d'abord peu d'échos dans l'Auxerrois, qui était ruiné par tant de passages de troupes, de réquisitions et de pillages. Le corps municipal d'Auxerre constatait son abstention dans une délibération du 26 mai 1577, et son exemple était suivi par les autres villes, à l'exception peut-être de la Charité, où les passions étaient exaltées par les récents excès des protestants. Depuis cette époque jusqu'à 1585, il y eut d'autres sujets d'émotions et de ruine dans le pays. C'étaient les troupes de vagabonds, à qui de longues habitudes de guerre civile, de désordre et de brigandage ne permettaient pas de vivre dans un repos sédentaire et dans une calme soumission aux lois, et qui, se réunissant en troupes nombreuses, qui s'élevaient parfois jusqu'à plusieurs centaines, arrêtaient les voyageurs pour les voler et les mettre à rançon, s'installaient dans les villages dont ils prenaient possession à force ouverte, pour s'y faire nourrir et s'y livrer à tous les genres d'excès. Cela dura plusieurs années. En 1579, sur des plaintes instantes portées au roi par des députés d'Auxerre, de Sens, de Troyes et d'Orléans, il fallut que les gouverneurs de Champagne et de Bourgogne envoyassent des compagnies de gens d'armes, que le ban des gentilshommes se joignît à elles avec les paysans assemblés au son du tocsin, et armés de fourches, de fléaux, de bûches et de bâtons, pour leur livrer bataille, les exterminer ou les chasser. Mais ceux qui échappaient revenaient plus tard en grand nombre, et on vit les mêmes désordres les années suivantes. La ville d'Auxerre tenait fermées plusieurs de ses portes, et avait levé, pour se défendre, un corps de deux cents arquebusiers tant à pied qu'à cheval. Les autres villes suivaient cet exemple selon leurs ressources, et ceux des villages qui n'avaient pas encore de murs d'enceinte s'empressaient d'en élever.

En 1584, quand ces désordres commencèrent à cesser, on vit la ligue s'établir et se propager dans notre contrée. Les instructions venues de ses chefs pressaient les bons catholiques « de s'organiser partout à l'exemple des « Parisiens, et d'entrer en correspondance entre eux, afin « de ne faire qu'un corps mu par une même intelligence, « et de réunir toute la France, sous la conduite des « princes catholiques et les conseils des théologiens, « pour combattre l'hérésie et la tyrannie. » La Ligue publiait, le 31 mars 1585, un manifeste de la Sainte-Union, et y déclarait « que le service de Dieu était en « péril tant que la religion réformée ne serait pas entiè- « rement abolie et exclue de la France ; que l'oppression « de la noblesse, le mauvais gouvernement du peuple, « l'accroissement perpétuel des impôts, et la dilapidation « des finances, devaient faire prendre les armes à tous « les gens de bien, et, en conséquence, elle donnait aux

« ducs de Lorraine et de Guise le titre de lieutenants-
« généraux du royaume. » Le roi se contenta d'y opposer une déclaration, où il parlait moins en souverain répondant à des rebelles, qu'en accusé qui se justifie devant ses juges. Les princes de Guise soulevaient alors les provinces dont ils étaient gouverneurs, et mettaient leurs troupes sur pied. Le duc de Mayenne partit de Dijon avec six cents arquebusiers, quatre cents chevaux, et de l'artillerie, arriva à Tonnerre, puis marcha sur Auxerre en traversant le bourg de Saint-Cyr-les-Colons, qui voulut lui fermer ses portes, et qui fut forcé et pillé, et deux de ses habitants pendus. La ville d'Auxerre aussi refusa de le recevoir, mais elle était plus difficile à forcer qu'un village, et le duc fut contraint de passer outre. Les princes étant réunis à Nemours, il y fut fait, le 7 juillet 1585, un traité avec le roi, qui, rompant tous ceux qu'avaient précédemment obtenus les protestants, interdisait tout exercice de leur culte, ordonnait que tous ses ministres sortiraient de France dans le mois, et tous leurs adhérents dans les six mois suivants. Le pape Sixte-Quint, pour appuyer cette résolution nouvelle, excommuniait le jeune roi de Navarre et son cousin le prince de Condé, et les déclarait déchus de toutes principautés. Mais le Parlement, revenu à des idées de modération et de tolérance, refusait d'enregistrer la bulle d'excommunication.

Dans l'Auxerrois la sensation produite par ces événements était profonde, mais en sens divers, selon les tempéraments et les localités. Des prédications violentes réveillaient, dans les villes, toutes les passions furieuses qui, 15 ou 20 ans auparavant, avaient enfanté tant de crimes et de désastres. Mais les gens calmes et sensés étaient consternés à la pensée des inévitables catastrophes dont on se trouvait menacé. L'abattement était général dans les campagnes. On y croyait entendre déjà le signal du renouvellement des guerres qui avaient apporté au pays tant de ruines et de malheurs. La peur amenait, chez un certain nombre de protestants, des conversions apparentes. Beaucoup d'autres s'enfuyaient. Les routes étaient couvertes de gens partant pour l'exil, traînant avec eux des vieillards, des femmes et des enfants. Beaucoup de gentilshommes revêtaient de nouveau l'armure de guerre, et, voyageant de nuit, passaient la Loire pour aller dans l'ouest ou le midi, rejoindre leurs princes, qui allaient reprendre les armes, et déjà levaient des troupes. Des fléaux naturels venaient assombrir encore l'inquiétude générale. Les trois années écoulées depuis 1583 avaient été stériles, et le blé était monté à un prix excessif. Dans bien des villes, il avait fallu établir une taxe extraordinaire, pour empêcher les pauvres de mourir de faim. Et les maladies contagieuses auxquelles on donnait toujours le nom générique de peste, et qui, par les privations, la misère et les maux de tout genre, étaient passées presque à l'état endémique dans ce malheureux pays depuis le commencement des guerres, avaient subi, à la suite de la famine, une violente recrudescence. On construisit alors, aux portes d'Auxerre, sur la rive gauche de l'Yonne, qui porte encore aujourd'hui le nom de la Maladière, un vaste hôpital, pour recevoir et traiter les pestiférés. Les registres de l'Hôtel-de-Ville, de cette époque, contiennent un grand nombre de règlements sur ce triste sujet, et constatent qu'en 1586 il y avait dans cette ville plus de quatre cents maisons infectées. Ceux du chapitre mentionnent, à cette occasion, une série de dispositions pour les prières publiques et les processions, afin de conjurer les ravages de la contagion. La guerre recommençait avec des chances diverses, dans le Poitou, la Saintonge, la Guyenne et le Dauphiné. Bientôt elle apparaissait plus près de nous, et, dès le mois de janvier 1586, quelques bandes de cavaliers calvinistes, venues d'au-delà de la Loire, avaient parcouru le pays et s'étaient montrées jusqu'aux portes d'Auxerre. Dans la Puisaie et le Donziais, il se tenait des assemblées secrètes de protestants dans les bois ; le gouverneur de l'Auxerrois avertissait les villes de se garder contre toute surprise, et un ordre du roi faisait abattre, par précaution, deux arches du pont de la Charité. Pendant ce temps, la Ligue continuait ses mystérieuses opérations. Elle achevait de s'organiser dans les villes, on y recueillait des cotisations, on se procurait des armes. Les petites localités du pays se mettaient en rapport régulier, les unes avec Auxerre, les autres avec la Charité, et ces villes avec Paris, qui avait été divisé en seize quartiers, dont chacun nommait un délégué pour former un grand conseil que l'on nommait le Conseil des Seize. On attendait le signal pour se défaire du roi et s'emparer du gouvernement.

L'année suivante (1587), le gouvernement du roi réunissait deux armées en partie formée de troupes suisses, allemandes et espagnoles. Les ducs de Guise et de Mayenne en commandaient une, et le roi prenait le commandement de l'autre qui occupait l'Auxerrois, et dont le quartier-général était à Gien. Henri IV gagnait alors sa première bataille rangée à Coutras, contre le duc de Joyeuse qui y était tué, et au mois de septembre, une armée protestante de vingt mille allemands et suisses, commandée par le comte de Dohna, à laquelle s'était joint un corps de réfugiés français sous les ordres du duc de Bouillon, entrait en France par la Champagne. Elle traversait la Bourgogne, et y était rejointe par quinze cents hommes qu'amenait du midi le fils aîné du maréchal de Coligny. Elle rançonnait à son passage la ville de Tonnerre, se dirigeait sur Vermanton et Mailly-la-ville, où elle restait deux jours, et saccageait les riches abbayes de Régny et de Crisenon; et, après avoir tenté sans succès un coup de main sur Vézelay, elle passait l'Yonne à Coulanges, forçait d'assaut et saccageait le bourg fermé de Perreuse, et arrivait devant la Charité. L'indiscipline et l'anarchie régnaient dans cette armée. La division était entre les chefs, et la révolte parmi les soldats. Ils se livraient ouvertement et sans frein à toutes sortes d'excès, se gorgeaient de fruits, de raisins et de vin nouveau qui leur donnaient la dyssenterie, et sur leur passage, brûlaient les fermes et les villages.

Ils trouvèrent la Charité occupée par une forte garnison prête à se bien défendre, les gués de la Loire rompus, des bateaux armés stationnant dans le fleuve, et, sur la rive gauche, l'armée du roi fortement retranchée pour leur disputer le passage. Ils se résolurent alors à descendre le long de la rive droite en passant près de Cosne et de Bonny pour entrer dans le Gâtinais. La ville de Bléneau voulut leur résister, mais elle fut emportée d'assaut et mise au pillage. Ils y restèrent trois jours, pendant qu'un de leurs détachements allait saccager le grand prieuré de Moutiers et la ville de Saint Sauveur. La plus grande partie des habitants de cette ville s'étaient enfuis, d'autres s'étaient réfugiés dans le grand donjon du château; mais ils n'avaient pas eu le temps de se pourvoir de vivres. On les y prit par famine, et l'on emmena, pour les rançonner, les plus qualifiés, dont une partie mourut de chagrin ou par suite de mauvais traitements. L'armée des ducs de Guise et de Mayenne, qui côtoyait celle des huguenots, passa par Auxerre et y resta quelques jours. On profita de la présence de ces princes pour achever l'organisation de la Ligue et affermir définitivement la domination de leur parti. Ils s'acheminèrent dans la direction de Courtenay, afin de barrer le passage aux confédérés, qui se trouvèrent renfermés entre eux et l'armée du roi. Après un grave échec que leur fit subir le duc de Guise à Auneau, cette troupe, si mal conduite, se débanda. Les suisses, ayant traité avec le roi, s'en retournèrent dans leur pays en traversant l'Auxerrois. Les Allemands, vivement poursuivis, revinrent, les uns par la Puisaie et le Morvan, d'autres par le Donziais, le Nivernais et le Forez, et, harcelés sans cesse par la vengeance des populations qu'ils avaient dévastées, eurent grand'peine à s'échapper. Affaiblis par les fièvres et le flux de sang, ils tombaient par centaines sur les routes, et étaient massacrés par les paysans. L'historien Davila cite ce fait, qu'il s'en trouva dix-huit qui, demeurés malades dans une chétive cabane, furent égorgés à coups de couteau par une femme des champs, qui voulait se venger des désastres qu'ils lui avaient causés. L'honneur de cette victoire était attribué exclusivement au duc de Guise. Henri III, revenu à Paris, en fut chassé par la journée des barricades. Il capitulait alors avec la Ligue et convoquait à Blois les Etats-Généraux, où les plus fougueux ligueurs étaient en grande majorité. Alors, cédant à de sinistres inspirations, il faisait assassiner le duc de Guise et le cardinal de Lorraine, et, dans l'illusion de son aveuglement, il se croyait par ce coup de force, redevenu le maître. Mais Paris lui avait voué une guerre à mort. Le grand Conseil de la Ligue donnait la lieutenance-générale du royaume au duc de Mayenne, qui organisait la résistance, en envoyant l'ordre aux villes d'arrêter tous les partisans du roi, et de se constituer en gouvernements municipaux, sous la direction de Paris, avec la terreur pour moyen d'action.

Presque toutes les villes de l'Auxerrois se signalèrent par leur prompte adhésion à ce régime : Vermanton, Cravant, Saint-Bris, Mailly-la-ville, Toucy, Gien, Cosne, la Charité, Donzy, Entrains et autres. Les prédicateurs s'appliquaient partout à susciter dans l'esprit du peuple une irréconciliable exaltation contre le roi et ses partisans. Pour y mieux réussir, on suivait partout le programme que citent les *Mémoires de Lestoille*: On inventait chaque jour de nouvelles cérémonies religieuses, des services solennels dans les églises tendues de noir, des processions lugubres et de perpétuels *requiem*. Les sermons journaliers ne ménageaient pas l'évêque Jacques Amyot, parce qu'il était du Conseil du roi, et à Auxerre, un cordelier, qui était pourtant son obligé et sa créature, disait « que ce prélat était indigne d'entrer dans l'église, « que, s'il s'y présentait, lui, Claude Trahy, sonnerait la « cloche pour l'en empêcher et lui courir sus, et que « ceux qui entendraient sa messe seraient excommuniés. » Soulevée par ces déclamations furibondes, la populace, apprenant un jour que l'évêque de Langres, qui passait par Auxerre pour se rendre dans sa résidence, était aussi du Conseil du roi, l'arrêta avec mille outrages, et faillit lui faire un mauvais parti. Il fut relâché, mais on se mit à sa poursuite et, sans la vitesse de ses chevaux, il eût été certainement assassiné. Le pieux et savant évêque Jacques Amyot avait été le précepteur des trois fils de la reine

Catherine de Médicis, puis il avait reçu le titre de Grand aumônier et membre du Conseil du roi. Il était de ceux qui gémissaient des maux de l'église et de la fureur frénétique des passions de son temps, et jamais n'avait été mêlé à la politique. En dehors de ses devoirs d'évêque, il ne s'était jamais occupé que d'études et de science, et son haut renom littéraire jetait un grand éclat sur l'église d'Auxerre.

Arrivant dans cette ville en 1589 pour y passer le carême, le vénérable évêque s'était arrêté à Varzy, et là, apprenant les excès où étaient tombés ses prédicateurs, il les avait menacés d'une juste et sévère répression. Le bruit qui s'en répandit à Auxerre y suscita de violentes colères. On entendit une jeunesse tumultueuse crier sur les places publiques qu'il fallait lui couper la gorge, et faire évêque à sa place Claude Trahy, qui le méritait mieux. Ces rumeurs arrivèrent jusqu'à lui Amyot envoya de ses gens pour savoir ce qui se passait. Mais ils furent sifflés, insultés et poursuivis « comme des chiens en-« ragés. » Sur les récits qu'ils lui en firent, le courageux vieillard, (il était âgé de soixante-quinze ans,) n'hésita pas à se mettre en route pour rentrer dans sa ville épiscopale, espérant confondre les accusations et les complots des méchants par l'autorité de sa parole et le caractère sacré de son ministère. A son arrivée, le mercredi saint, 9 mars 1589, il fut assailli par une furieuse émeute: un des meneurs frénétiques de cette population en fureur où des moines étaient mêlés, Ferroul d'Egriselles, le mit en joue à plusieurs reprises. Il put néanmoins être dégagé et entrer dans la ville, mais les injures et les menaces retentissaient partout sur son passage. Quand le cortège arriva devant la cathédrale, une mêlée terrible s'engagea entre les assassins qui en voulaient à ses jours, et les citoyens plus retenus qui s'efforçaient de le protéger. Un chanoine lui présenta le pistolet sur la poitrine, et plusieurs coups d'arquebuse furent tirés. Le malheureux évêque ne réussit à se dérober à la mort qu'en entrant dans la maison d'un chanoine, et en passant de celle-là dans une autre, pour faire perdre sa trace à ceux qui le poursuivaient. Dès le lendemain, le gardien des cordeliers allait porter, tant au Conseil de la Ligue qu'au bureau du chapitre, un acte d'accusation qui concluait à ce que l'évêque fût déclaré excommunié *ipso facto*, et déchu de plein droit de ses fonctions.

L'illustre prélat n'avait cessé, depuis qu'il avait pris possession de son siége, de témoigner à cette ville le plus grand attachement, et de la couvrir de sa protection. Il n'avait rien négligé, ni ménagé aucun bienfait, pour instruire la jeunesse de son diocèse, et développer en elle les bonnes mœurs et l'amour de l'étude. Récemment encore, il venait de faire construire à ses frais un vaste et magnifique collége, qui subsiste encore aujourd'hui, et dont il entendait léguer la propriété à ses ingrats habitants. Il dut néanmoins condescendre à se justifier, et Lebeuf nous a conservé sa réponse si digne et en même temps si péremptoire. Le Conseil de la Ligue et les chanoines du chapitre n'en accueillirent pas moins la dénonciation fanatique du moine ; il fut décidé que l'évêque ne pourrait assister à l'office divin sans scandale, et que ceux qui lui serviraient d'officiers pourraient encourir l'excommunication. Il demeura ensuite, pendant tout le cours de cette année, enfermé comme prisonnier dans son palais, en entendant souvent au dehors retentir d'odieuses injures et d'épouvantables menaces. Ce n'est même qu'à prix d'argent qu'il obtenait la permission d'y rester. Le chapitre refusait de reconnaître son autorité, et lui suscitait des procès ruineux. On avait saisi ses revenus, et, en écrivant au duc de Nevers, il se plaignait d'être « le « plus affligé, détruit et ruiné pauvre prêtre qui fût en « France, étant demeuré nu et dépouillé de tous ses « moyens, de manière qu'il ne savait plus de quel bois « faire flèche, ayant vendu jusqu'à ses chevaux pour « vivre. » Enfin, au mois de février 1570, le cardinal Cajetan étant venu en France, le pauvre évêque fut forcé de lui demander l'absolution d'avoir communiqué avec le roi, et mangé à sa table après les Etats de Blois. Ce n'est que sur le vu de cette absolution que le chapitre consentit, et de très-mauvaise grâce, à reprendre ses rapports avec lui, comme « réintégré dans ses fonctions. » Profondément ulcéré de tant d'outrages, il resta les deux ou trois années suivantes, « sans oser bouger de chez « lui, » menant une existence triste et assombrie jusqu'à sa mort, qui le délivra de ce martyre au commencement de 1593. L'Auxerrois resta ensuite sept à huit ans sans évêque, bien que, selon l'historien Mathieu, il n'y eût pas moins de vingt-quatre concurrents.

Dès les premiers mois de 1589, les forces de la Ligue étaient si formidables, que Henri III avait été amené à traiter avec le roi de Navarre, et leurs armées réunies s'étaient emparées de plusieurs villes, et notamment, dans notre contrée, de la Charité et Gien. Alors une grande partie de la noblesse de l'Auxerrois, même parmi les catholiques, s'était déclarée pour eux. Le duc de Nevers, Ludovic de Mantoue, était d'abord fort hésitant, et faisait des promesses aux deux partis. Il avait promis à Claude d'Estampes, seigneur du Mont Saint-Sulpice, et l'un des royalistes les plus décidés, de l'aider à attaquer Coulanges-la-Vineuse, puis il avait manqué à sa parole. Néanmoins Coulanges avait été occupé par d'Estampes, et les ligueurs d'Auxerre, qui avaient voulu le reprendre, avaient été repoussés à deux fois différentes. Ils avaient aussi tenté sans succès une attaque sur Seignelay, dont le seigneur était pour le parti du roi. La ville de Vézelay s'était d'abord déclarée contre la Ligue. Joachim Rochefort, seigneur d'un village que l'on appelle aujourd'hui Pluveau, mais qui signait Rochefort-Pluviaut, nom sous lequel nous le désignerons, ayant, en échange de la ville d'Auxonne, dont il était gouverneur, et qu'il avait livrée au duc de Guise, obtenu en commende la riche abbaye de Vézelay, y avait amené une garnison, à l'aide de laquelle il avait contraint la ville à se faire ligueuse. Il rendit compte au duc de Mayenne de l'appui que les royalistes se vantaient d'obtenir du duc de Nevers, et en réponse il reçut l'ordre d'entrer en armes dans le Nivernais, afin de forcer le duc à se prononcer. Ce capitaine se mit en route avec une troupe de cavaliers, et tenta de surprendre la ville de Clamecy. Il s'empara du faubourg de Bethléem, et y fit des prisonniers. Le duc s'empressa d'envoyer deux compagnies à Clamecy, qui avait tenu ses portes fermées, et la duchesse Henriette de Clèves, qui, sous une apparence frêle, cachait une âme héroïque, en conduisit elle-même une troisième. Elle pourvoyait à tout, accompagnait les soldats et visitait les remparts trois fois par jour. Rochefort-Pluviaut repoussé se mit alors en retraite, et Champlemy, lieutenant du duc, le poursuivit avec deux compagnies, attaqua et prit d'abord Mailly-la-Ville, où il laissa une garnison de cinquante hommes, et eut ensuite un engagement sérieux avec celle d'Avallon, qui s'était mise en route pour secourir Rochefort-Pluviaut, et qui ne s'en retira qu'avec de grandes pertes. Champlemy ne revint qu'après avoir répandu la terreur chez les ligueurs du pays.

Le duc de Nevers, outré de cette provocation, était décidément entré dans le parti du roi. Il se rendit à la Charité, où l'esprit paraissait encore favorable à la Ligue, et parvint à décider les habitants à vivre ensemble en neutralité, sous un gouvernement qu'ils éliraient eux-mêmes et à qui il laisserait une garnison de cent hommes. Le gouverneur, qui se montrait peu habile, fut remplacé un an après par un autre qui se fit chérir des catholiques comme des protestants, et qui les maintint en état de calme jusqu'à la fin de la guerre. Cette heureuse tranquillité s'étendit à tout le Donziais, qui resta, dans cette période, exempt des malheurs qu'entraînent les discordes civiles, tandis que, par un douloureux contraste, le reste du pays Auxerrois continua à être soumis à de grandes agitations, à des déchiremeats pleins de fureur et à toutes les souffrances de la guerre.

De ce côté, le sort des armes avait été d'abord plus favorable à la Ligue. Auxerre avait choisi pour chef militaire un ancien écuyer du duc de Guise, appelé du Carret, qui était gouverneur de Saint-Florentin, et qui, venant avec une compagnie de gens d'armes, forma promptement les troupes jusqu'alors peu aguerries de la ville. On avait, dans les premiers temps, conclu une trêve avec les gentilshommes royalistes du dehors. On la rompit bientôt, en allant, en très grand nombre, attaquer de nuit Coulanges-la-Vineuse. La garnison était endormie sur la foi du traité. On en tua quarante sur cinquante dont elle se composait. Ceux qui s'échappèrent s'étaient enfermés dans le château. On les menaça d'y mettre le feu, s'ils ne se rendaient pas. Ils consentirent à sortir et furent tous massacrés. De là, du Carret marcha sur Seignelay. La ville fut pillée, mais le château, vaste et fort, offrit aux habitants un asile assuré. Il alla ensuite à Tonnerre, d'où, après un premier succès, il fut repoussé. Là fut tué ce Ferroul d'Egriselles qui, peu de jours auparavant, avait mis en joue et voulu assassiner le vénérable évêque Amyot. Du Carret revenait par Neuvy pour attaquer le château de Sautour, mais il y trouva la mort. Ces pertes ne découragèrent pas les ligueurs auxerrois. Ayant reçu du renfort, ils tentèrent une nouvelle attaque sur Seignelay, sans pouvoir prendre le château, mais ils firent sur la ville et les campagnes avoisinantes une razzia de brigands, au moyen de laquelle ils ramenèrent trois cents vaches et quarante chevaux. Après quoi ils allèrent avec une force considérable à Mailly-la-Ville, qui se rendit sans coup férir. Puis ils se rabattirent sur Migé et sur Leugny, qu'ils n'eurent pas de peine à occuper. Ils marchèrent ensuite sur Arcy-sur-Cure, qu'ils ne purent prendre, et, tournant du côté d'Avallon, ils assiégèrent Girolles, qui se défendit avec succès. Dans leur dépit, ils se vengèrent sur le petit village d'Annéot, qu'ils traitèrent avec une rare barbarie; tout y fut mis à feu et à sang. Pendant ce temps, une autre colonne allait dans la vallée d'Aillant, où les seigneurs de Cypierre et de Chastellux essayaient d'organiser pour la cause du roi les gentilshommes, presque tous dévoués à ce parti, mais dont le défaut d'union paralysait le zèle. Cette colonne prenait Lindry et le château de Gâtines et répandait l'épouvante dans les campagnes. Champlemy, à son tour, ayant reçu à Clamecy de nouvelles troupes, se mettait en route pour attaquer Vézelay. Il canonnait d'abord le bourg d'Asquins, à deux kilomètres de cette ville, et, ayant fait brèche à ses murs, le prenait d'assaut. A ce moment, on apprenait la mort du roi Henri III, qui venait d'être assassiné à Saint-Cloud, le 31 juillet, par Jacques Clément. On s'accorda alors, de part et d'autre, à conclure une trêve jusqu'au 1er janvier 1590.

Cette trêve n'était que locale. La guerre continuait à sévir sur tous les autres points du comté d'Auxerre. Après les derniers devoirs rendus à Henri III, les chefs de l'armée royale s'étaient divisés, et une partie seulement avait reconnu Henri IV pour roi de France. Un corps de lansquenets et de reîtres, que lui amenait le comte de Schomberg, passa au mois d'août par Vermenton et Toucy, et laissa une compagnie à Clamecy pour renforcer les troupes de Champlemy. La mort de Henri III et cette division de ses partisans avaient redoublé et exalté partout l'ardeur de la Ligue. Après le passage de Schomberg, les ligueurs d'Auxerre s'en allèrent assiéger le château de Courson, mais Champlemy marcha contre eux, les battit et leur fit lever le siége. Si les villes organisaient des expéditions contre les châteaux mal fortifiés, les gentilshommes étaient sans cesse en campagne pour neutraliser leurs attaques et pour les bloquer chez elles, les affamer et ruiner leur commerce. La navigation de l'Yonne était à peu près interceptée. Pour envoyer un bateau de vins à Paris, il fallait y mettre une escorte d'arquebusiers. Ils avaient occupé sur chaque route un bourg ou village fortifié, pour couper les communications. C'est ainsi, qu'étant devenus maîtres du bourg d'Ouanne et de la ville de Toucy, ils fermaient aux Auxerrois l'accès de la

Puisaie et du Donziais. Le commerce ne pouvait sortir pour ses affaires et aller aux foires et marchés, sans s'exposer à être dévalisé. Le 10 octobre, un des plus infatigables de ces batteurs d'estrades, Edme du Pé, seigneur de Tannerre, avait fait une immense razzia sur les marchands d'Auxerre, à la foire du Deffand. La garnison de Vézelay lui avait déjà donné de pareils exemples. Elle ne bornait pas ses exactions aux personnes du parti contraire. Il lui fallait des vivres en abondance, elle pillait partout, envahissant les marchés, enlevant les bestiaux, dévalisant les marchands et les voyageurs, capturant ceux dont elle pouvait espérer des rançons. C'est ainsi qu'elle fit un jour, à la foire de Bouy-le-Tertre, un coup des plus audacieux. Ce village, situé, comme son nom l'indique, au sommet d'une très large et haute colline, au centre du Donziais, tenait dès lors une des plus importantes foires aux bestiaux, où affluaient ceux de la Puisaie. Dès son ouverture, la montagne fut cernée par des troupes de cavaliers, dont les uns gardèrent les abords, tandis que d'autres, pénétrant dans le village, dépouillaient les marchands, garottaient et entraînaient ceux qui paraissaient les plus aisés, et chassaient devant eux les chevaux et le bétail. La nouvelle n'en arriva à Clamecy, au lieutenant du duc de Nevers, que quand toutes les prises avaient déjà passé l'Yonne et étaient hors d'atteinte sur la route de Vézelay. Au reste, les garnisons des ligueurs en faisaient tout autant, et l'on peut voir, dans un procès-verbal de recherches des feux du comté d'Auxerre, de l'année 1597, par un conseiller de la chambre des comptes de Dijon, délégué par les Élus de la province, que nous avons publié aux pages 425 et suivantes du tome second de notre *Histoire des Guerres du Calvinisme et de la Ligue* un long et lamentable récit des pillages et dévastations de toutes les paroisses de la contrée, qui, selon l'expression des pauvres habitants, avaient été, pendant toute la durée des guerres de la Ligue, également pillées, ruinées et capturées par les garnisons des deux partis. La seule ressource de ceux qui étaient voisins d'un château était de s'y réfugier en hâte avec leurs bestiaux, lorsque le guetteur qui était dans le clocher du village sonnait le tocsin pour annoncer l'approche de l'ennemi. Selon une tradition racontée par M. l'abbé Henry, dans son *Histoire de Seignelay*, les bestiaux étaient tellement habitués à être ainsi conduits à cet abri, dès que le tocsin s'était fait entendre, qu'aux premiers coups de cloche ils y couraient d'eux-mêmes. Dans les villes qui étaient dominées par les suppôts de la Ligue, les hommes qui étaient suspects de modération étaient soumis à une ombrageuse surveillance, et parfois aux vexations, aux poursuites et aux fureurs des fanatisés de ce parti. Lebeuf et dom Plancher, historiens de la Bourgogne, ont eu, sur ce qui se passa alors dans l'intérieur d'Auxerre, des documents qui ont disparu depuis, mais dont ils nous ont laissé de sinistres révélations. On y faisait, selon le premier, des emprisonnements en masse, non seulement des suspects, mais aussi des tièdes, et le second, en parlant des actions barbares qui s'y commettaient, donne à entendre que la ville était souvent ensanglantée par des assassinats. C'était enfin sous un régime de terreur que toutes les têtes étaient courbées. Les registres de l'Hôtel-de-Ville d'Auxerre auraient pu nous fournir d'étranges détails sur ce triste sujet. Mais ils manquent depuis 1586 jusqu'à 1594. Une main intéressée à l'oubli des horreurs de cette époque les a sans doute fait disparaître. C'est ainsi, rapprochement curieux et significatif, qu'ont disparu les registres de cette administration, de 1793 à 1796. Tremblant de se voir surpris, on dépensait des sommes énormes pour mettre les fortifications en bon état, et on avait requis pour ce travail cinq mille paysans des environs. On avait démoli, sur la rive droite de l'Yonne, toutes les maisons qui y formaient un faubourg en face de la ville, y compris l'abbaye de Saint-Marien, et son église récemment reconstruite dans le même style renaissance que le chœur de Saint-Eusèbe. Les souffrances de la population étaient inexprimables. Les classes éclairées étaient certainement pour la tolérance et la neutralité, mais elles étaient comprimées par la violence et la terreur, et n'osaient hasarder ni un conseil, ni même une plainte. De temps en temps, on préparait quelque expédition militaire avec force promesses de victoire. On prit à cette époque Domecy et Coulanges-sur-Yonne, mais on perdit quelques autres places et en plus grand nombre, et l'on rentrait presque toujours avec la honte de la défaite. Au mois de juin 1590, et une seconde fois en 1591, on avait concerté, avec les garnisons ligueuses d'Avallon et de Vézelay, une attaque sur la ville de Clamecy. On y fut, à chaque fois, mis ignominieusement en déroute. Cette année-là, Toucy fut livré, et, à ce qu'il paraît, à prix d'argent, aux royalistes par le gouverneur que les ligueurs y avaient mis. Il en fut de même de Mailly-le-Château, qui fut vendu 4,000 francs au baron de Tannerre. Mais, peu après, cette dernière place fut reprise par Rochefort-Pluviaut, qui avait servi auparavant la cause du roi, avant d'embrasser celle du duc de Mayenne pour certains avantages accordés à son avide ambition, mais qui se réservait de la quitter quand il y trouverait

son profit. Les hommes de guerre commençaient à donner des exemples de cette vénalité qu'ils dévoilèrent avec tant d'impudeur deux ans après quand, la Ligue étant abattue, ils vendirent à beaux deniers comptant leurs forteresses à Henri IV. Voici quelle était la situation des deux partis, à la fin de 1592, dans le comté d'Auxerre. Les ligueurs possédaient Seignelay, Appoigny, Héry, Saint-Bris, Cravant, Vermenton, Vézelay, Coulanges-sur-Yonne, Mailly-le-Château, Courson, Coulanges-la-Vineuse et Gy-l'Évêque. Les royalistes avaient Châtel-Censoir, Mailly-la-Ville, Andryes, Druyes, Ouanne, Saint-Sauveur, Saint-Fargeau, Toucy, Diges, Migé, Leugny, Avigneau, Vincelles, Villefargeau, Beauvoir, Égleny et Lindry. L'exaltation des habitants de la ville et de tout le comté commençait alors à se refroidir. Leur détresse et leurs privations si prolongées et si profondes avaient fini par abattre leur hostilité furieuse. La navigation de l'Yonne était depuis deux ans si dangereuse à pratiquer, que l'on demandait douze écus, environ trois cents francs d'aujourd'hui, pour conduire un muid de vin à Paris (1). Plus de commerce, plus de sécurité hors des murs, plus de travail, une ruine universelle et les plus terribles souffrances. Dans une requête adressée au duc de Mayenne, le clergé de cette ville annonçait que, « de tout le diocèse, il n'y avait qu'environ
« la sixième partie qui fût restée au parti des catholiques,
« tout le reste étant occupé et détenu sous la subjection
« des ennemis de la Sainte-Union et en grande captivité ;
« que le roi de Navarre ayant donné à ses capitaines et
« soldats le revenu de leurs terres, jusqu'aux dixmes
« dues aux curés, et le surplus qui tient encore le parti

---

(1) Collection de Bastard, Reg. 18.

« de la Sainte-Union étant affligé, pillé et ravagé, tant
« par les courses des ennemis, que de ceux mêmes qui
« tiennent ce parti, il ne leur reste pas de quoi vivre. »
Une autre lettre portait : « Il ne nous est pas même libre
« d'aller faire nos fonctions en nos bénéfices, ne fussent-
« ils distants que d'une demi-lieue de la ville, si nous
« ne voulons être inhumainement massacrés. »

Cependant après trois ans de guerre acharnée, Henri IV
s'était décidé à abjurer et à faire profession de catholicisme. Aussi les esprits accessibles à la modération commençaient-ils à se séparer de la Ligue et à pencher de son côté. Les Etats-Généraux, convoqués à Paris en 1593, s'étaient montrés opposés à toutes les autres compétitions. On prévoyait déjà la prochaine reddition de cette capitale. Dès le 14 septembre 1592, les habitants d'Auxerre avaient adressé à la duchesse de Nevers, qui commandait en l'absence de son mari, la demande d'une suspension d'armes, mais les conditions qu'ils y mettaient l'avaient fait repousser. Le 4 mai 1593, le duc consentit à la leur accorder, en en modifiant certaines clauses. Par une singularité assez peu explicable aujourd'hui, elle ne s'appliquait qu'à la rive gauche de l'Yonne, et, sur la rive droite, à la seule ville de Cravant. L'état de guerre existait donc pour et contre les autres villes et villages du comté. Cette trêve expirait le 1er novembre 1593, mais elle fut promulguée jusqu'au 31 décembre. Dès le 24 novembre, le gouverneur de Meaux se rendait avec cette ville à Henri IV. Son exemple était immédiatement suivi par d'autres, seulement les gouverneurs se faisaient largement payer leurs capitulations, Rochefort-Pluviaut fit de même, peu de temps après, pour Vézelay et Mailly-le-Château, moyennant 10,000 écus, et la confirmation de

son titre de gouverneur. Les Auxerrois, dans une pensée de défiance, avaient refusé de se lier par écrit au renouvellement de la trêve que, dès avant le 1er janvier, leur offrait le baron de Tannerre. Alors le gouverneur de Coulanges-la-Vineuse se détachant d'eux, livrait cette place aux royalistes qui, de plus, s'emparaient du fort que Gy-l'Évêque avait élevé autour de son église. La ville de Joigny s'était rendue le 20 mars 1494, et celle de Saint-Florentin quelques jours après. Le baron de Tannerre prenait alors possession du bourg de Champs, et exerçant sans merci, comme droit de la guerre, le pillage et la spoliation, vendait à des marchands de Paris toute la récolte de vins qui s'y trouvait. Puis, se rapprochant d'Auxerre, il faisait prisonniers tous ceux de ses habitants qui se montraient au dehors, notamment ceux qu'il surprenait à travailler dans les vignes. La ville de Cravant et le bourg de Jussy se rendaient à lui, et cependant Auxerre tenait toujours. Mais, quand on apprit que Henri IV avait fait le 22 mars son entrée à Paris, on arrêta de demander à Tannerre quinze jours de trêve, qui furent accordés, et le 2 avril, on se soumit, à condition, entre autres clauses,

Qu'il ne serait fait dans la ville aucun exercice de la religion réformée ;

Que les ecclésiastiques reprendraient possession de leurs biens, et qu'il leur serait fait remise de tous les décimes arriérés ;

Qu'une amnistie générale serait accordée ;

Et qu'on serait exempt de taille et d'impôts pendant deux ans.

Le gouverneur ligueur, n'ayant pu s'opposer à cette capitulation, se retira à Régennes avec sa garnison. Mais le 28 juin suivant, des lettres-patentes du roi autorisèrent la levée d'une somme de 1,350 écus, pour faire le siège de cette place. Le baron de Tannerre en fit l'avance et organisa en hâte cette expédition que n'attendit pas le gouverneur; il en sortit moyennant le paiement de 350 écus, c'est-à-dire environ 8,000 francs d'aujourd'hui. On avait été loin de l'unanimité à Auxerre dans cette soumission. Le clergé s'y montra si hostile au roi, qu'il fallut conduire un de ses membres en prison, ce qui, selon les expressions de Lebeuf, rendit les autres plus sages. Un certain nombre de récalcitrants persévéra pourtant dans son opposition. Ils refusaient de faire, à la messe, les prières accoutumées pour le roi, et le prieur des Jacobins, avec le sous-prieur et un de ses religieux, aimèrent mieux quitter la ville que de s'y soumettre. Mais la faveur populaire n'était plus pour eux. Ils furent hués et injuriés, et les vignes étant sur ces entrefaites venues à geler, le peuple les accusait d'en être cause.

Cette longue période de troubles et de guerres finit à Auxerre, comme elle avait commencé, par un lâche assassinat. Le baron de Tannerre qui avait été élevé, pour ses services, à la dignité de bailli de l'Auxerrois, fut tué quelques jours après, dans un ténébreux guet-apens, d'un coup d'arquebuse. Un maître des requêtes fut envoyé de Paris afin d'informer de ce crime et d'un complot qui paraissait avoir été formé pour reprendre la ville. Il ne put rien découvrir. Les conspirateurs et assassins demeurèrent ignorés et impunis. La vengeance des ligueurs ne s'en tint pas là; on présenta des plaintes, on requit des informations sur les levées de deniers du bailli, et ce que l'on appelait ses exactions et ses concussions. Il fallut que le roi, pour arrêter ces poursuites, promulguât le 7 octobre 1594 un ordre formel portant « aveu et appro-

« bation de toutes les levées de deniers faites par le sieur
« de Tannerre, et défense de poursuivre sa veuve et ses
« enfants, pour raison desdites levées. » Un an après,
la veuve de Tannerre n'était pas encore remboursée des
1,350 écus que son mari avait avancés pour la reddition
de Régennes. Elle avait commencé des poursuites que
l'on se décida enfin à arrêter le 26 mai 1595, en répartissant la dette sur les habitants (1). La ville avait eu jusqu'alors à se garder, tant contre des conspirations nouvelles, qui ne cessèrent leurs tentatives qu'en 1596, que
contre les attaques des coureurs du baron de Vitteaux, qui
occupait, avec une garnison de deux mille hommes, la
ville et le château de Noyers, et de son auxiliaire, le
baron de Seignelay, qui lui donnait sous main une redoutable assistance. Ils ne capitulèrent qu'au mois de mai
1595, et jusque-là, Auxerre et les autres villes et bourgs
de l'Auxerrois, pour obtenir la sécurité de leurs banlieues,
payaient à ces acharnés ligueurs une contribution sous le
titre de « taille et subsides imposés par M. le duc de
Mayenne. »

Le siècle finit avec la peste, qui en 1596 sévit avec une
terrible violence. Avec tant de calamités, il survenait de
temps en temps des mesures administratives qui n'étaient
guère moins dommageables aux intérêts publics. C'est
ainsi qu'une sentence de règlement du bailliage d'Auxerre
que j'ai trouvée, à la date du 7 décembre 1581, sur les
registres de l'Hôtel-de-Ville, portait « commandement de
« planter arbres à raison de deux par arpent, fruitiers ou
« autres, dans les terres et vignes de tout le bailliage, le
« tout pour le besoin public et ayant disette et pénurie de

---

(1) Registres de l'hôtel de ville.

« bois, et défense de ne plus mettre les terres arables en
« vignes. » On avait d'immenses forêts sur ce territoire,
et, au lieu d'entretenir ou de créer des chemins pour les
exploiter, on ordonnait d'ombrager les vignes par des
arbres qui empêchaient le raisin de mûrir, et on entravait
la culture de la vigne, seule richesse du pays, en l'excluant
des terrains productifs. Aussi, avec ce régime, les forêts
étaient sans valeur, et pour tirer parti des bois, on les
brûlait sur place, afin d'en obtenir des cendres qu'on allait
vendre au loin. Avant qu'on n'appliquât aux forêts du
Morvan le flottage à bûches perdues sur les ruisseaux,
procédé qui, quoi qu'on en ait dit, n'a pas été inventé
par Jean Rouvet ou d'autres marchands de ce pays, mais
qui existait déjà depuis un temps immémorial en d'autres
lieux, notamment sur les torrents des Alpes et des Pyrénées, il passait chaque année sous le pont d'Auxerre
six mille muids de cendre qu'on envoyait à Paris.

Au milieu de tous les crimes et de toutes les sanglantes
horreurs dont les passions des hommes ont souillé la
seconde moitié du xvie siècle, c'est une consolation d'avoir
à citer une ingénieuse et salutaire institution que créa,
pour l'encouragement et la conservation des bonnes
mœurs, une digne et généreuse bienfaitrice, la duchesse
Henriette de Clèves, femme du duc de Nevers, Ludovic de
Mantoue, qui possédait une portion imposante du pays
auxerrois. Elle fonda soixante dots qui chaque année
devaient être données aux jeunes filles pauvres, dont la
conduite irréprochable avait le mieux mérité ce bienfait.
Onze de ces dots étaient attribuées au Donziais, dont
une à chacune des trois châtellenies de Saint-Sauveur,
Châtel-Censoir et Druyes avec Etais. Le dimanche de Pâques-Fleuries, toutes les jeunes filles adultes de chaque

paroisse étaient réunies dans l'église devant le curé et les notables. On y tirait au sort six jurés, moitié hommes et moitié femmes, qui délibéraient à huis-clos sur les titres d'admission des jeunes filles réunissant les trois conditions d'être pauvres, sages et chrétiennes, et venaient ensuite proclamer celle qui leur avait paru le mieux mériter le prix. Le dimanche suivant, toutes les élues des paroisses étaient convoquées au chef-lieu de chaque châtellenie, où, en présence de tous les officiers de justice et d'administration, on mettait leurs noms dans une urne, et on tirait au sort le nom de celle qui cette année devait recevoir la dot. Cette dot était de 50 francs, somme qui équivalait environ à cinq cents francs d'aujourd'hui, et qui devait être remise à la jeune fille le jour de son mariage, pourvu que jusque-là elle eût continué à être sans reproche. Les noms des autres restaient sur la liste, pour participer aux tirages des années suivantes, si elles n'avaient pas démérité, et on ne procédait à une élection nouvelle que dans la paroisse de celle qui avait été dotée. On disait à la première : Dieu vous a élue; et aux autres, Dieu vous console ! Le Parlement de Paris avait été appelé à sanctionner la charte de cette institution, dont une clause portait : « Ceux qui auront épousé « les filles dotées, seront préférés aux autres pour les « offices de notaires, sergents, geoliers, concierges, gardes « des bois, messagers et autres semblables, s'ils sont « capables. » On a beaucoup célébré la rosière de Salency, et l'on parle souvent de créations semblables à Sens et dans les environs de Paris. Mais celle de la bonne duchesse Henriette de Clèves était bien autrement large et magnifique. Elle a reçu son application dans toutes les paroisses du Donziais, jusqu'à l'an 1790, et même dans la ville de Saint-Sauveur jusqu'en 1807.

La première année du xviie siècle vit renaitre le conflit de ressort et d'attributions qui avait déjà et depuis longtemps existé entre le bailliage royal d'Auxerre et les officiers de la justice seigneuriale de Donzy. Ces derniers, se croyant forts des lettres-patentes du roi Henri II, qui en 1552 avait autorisé l'établissement à Donzy d'un siége de justice avec appel direct au parlement, et de l'arrêt du parlement qui l'avait enregistré, et laissant de côté l'opposition qu'avaient formée à cet arrêt l'évêque, la ville et le bailliage d'Auxerre, et sur laquelle il n'avait pas encore été statué, se regardaient comme indépendants de la justice royale, et s'étaient abstenus de se rendre aux assises que tenait le bailliage chaque année le 11 novembre, solennité où tous les juges seigneuriaux de son ressort devaient comparaître. Non contents de manquer à ce devoir, ils avaient entrepris sur la compétence et les attributions du bailliage, en délivrant des exécutoires pour la taxe des députés du Donziais aux Etats de Blois, et pour celle des amendes du ban et de l'arrière-ban de la noblesse dans la dernière guerre. La plupart des seigneurs poursuivis en vertu de ces exécutoires, se pourvurent par appel devant le bailliage, qui condamna d'abord les officiers de justice à se rendre à ses assises, puis fit défense d'exécuter leurs taxes, et ordonna enfin que le duc de Nevers viendrait répondre aux plaintes portées contre ses officiers. Ceux-ci, avec le duc, en appelèrent au parlement, qui le 16 mai 1603, après des plaidoieries solennelles, confirma la sentence du bailliage dans toutes ses dispositions. Restait le fond du procès, l'opposition à l'arrêt qui, sans appeler les magistrats d'Auxerre, avait entériné les lettres-patentes, c'est-à-dire la question de savoir si le Donziais avait pu être détaché de la juridiction supérieure de l'Auxerrois, question qui se compliquait de celle de la suzeraineté de l'évêque, que contestait le duc de Nevers. Ce débat avait déjà été plaidé précédemment et à plusieurs reprises. Il le fut encore bien des fois depuis sans solution immédiate. Ce n'est que plus d'un siècle après, en 1745, quand il s'était écoulé cent-quatre-vingt-onze ans depuis l'appel de 1554, que le parlement rendit son arrêt définitif, qui maintenait les droits de l'évêque et du bailliage sur le Donziais. Il réservait seulement au duc de faire cesser la juridiction du bailliage sur ses justices seigneuriales, pour les cas ordinaires seulement, sauf les procès et questions réputés cas royaux, mais en indemnisant, par le paiement d'une somme de 600,000 francs, les officiers de ce tribunal, qui, selon le droit du temps, étaient propriétaires de leurs charges, des conséquences de cette distraction. Le duc, trouvant le sacrifice trop lourd, en ajourna indéfiniment l'exécution, et la révolution de 1789 mit toutes les parties d'accord, en supprimant à la fois les seigneuries et les tribunaux de l'ancien régime, et en divisant le Donziais entre le département de l'Yonne et celui de la Nièvre.

Après cette question de judicature, il y avait encore dans le pays une grave question d'administration financière. La province de Bourgogne avait, lors de sa réunion à la France, sous le roi Louis XI, conservé son indépendance administrative. Elle ne pouvait être soumise à d'autres tailles ou contributions, que celles qui avaient été librement consenties par ses représentants du clergé, de la noblesse et du tiers-état, réunis en assemblée générale. L'emploi et la répartition, entre les diverses parties de son territoire, de la portion de ces impôts, qui était votée pour les besoins de la province, était confiés à trois

Élus-généraux, et à des Alcades, magistrats inférieurs, chargés à la fois de l'exécution des mesures administratives et de la surveillance de la gestion des Élus. Ils étaient tous nommés en nombre égal par les trois ordres ; l'Élu du tiers-état était fourni à tour de rôle par les principales villes, qui formaient ce que l'on appelait la *grande roue*, et les Alcades par les villes de second ordre, qui formaient la *petite roue*. La répartition se faisait par les Élus-généraux, entre les grandes divisions du territoire de la province, puis, dans chaque division, par des *prudhommes* choisis par ces Élus, et qui procédaient à une sous-répartition entre les diverses paroisses, et, dans chaque paroisse, entre ses habitants.

Le comté d'Auxerre était, depuis l'année 1435, par sa réunion à la Bourgogne, partie intégrante de cette province. Mais, comme depuis très longtemps déjà, le roi Charles V y avait créé une Élection, corps administratif et judiciaire, dont les membres étaient chargés à la fois de la répartition des tailles et autres impôts directs, et du jugement de toutes les difficultés qui pouvaient s'élever, tant sur ces impôts que sur les aides ou autres contributions indirectes, il avait conservé ce tribunal, nonobstant son union à la province. Il envoyait aux États de Bourgogne ses députés, qui participaient au vote de l'impôt. Les députés de son clergé et de sa noblesse fournissaient, quand venait leur tour, deux des Élus. Mais, étant gouverné, pour la répartition des impôts, par les membres de son Élection, il n'avait pas été admis à concourir à la nomination de l'Élu-général du tiers-état. De là pour lui des inconvénients graves et un dommage sérieux. Faute d'être représenté parmi les Élus-généraux, ses intérêts n'y étaient pas défendus. Le clergé et la noblesse étant affranchis de la taille, ses Élus n'apportaient qu'une faible attention à sa répartition. Le comté d'Auxerre était surchargé dans cette répartition. Sa part, fixée d'abord au vingt-deuxième de la masse imposée, fut ensuite élevée au dix-neuvième. Il arriva même plus tard qu'elle fut portée au dixième, et, sur ses plaintes vives et instantes, on crut lui faire une grâce en le réduisant au quinzième.

Ce tribunal de l'Élection, qui n'était d'abord que de trois membres, et que des créations ultérieures, moyennant finance, avaient porté successivement à quinze, se considérant comme omnipotent, était tombé dans de graves abus de pouvoir. Il avait commencé par exempter son personnel de la taille, puis on lui reprochait d'avoir accordé des faveurs semblables pour les parents et les amis de ses membres. Enfin, il s'attribuait des honoraires et des indemnités de tournée, qu'il ajoutait au chiffre de l'impôt, et dont le taux était exorbitant.

Toutes ces énormités furent dénoncées aux États en 1602, par les députés de la ville, qui en avaient reçu du corps municipal le mandat formel, et qui demandèrent que, pour y mettre un terme, elle fût admise à nommer à son tour l'Élu du tiers-état et à bénéficier de la répartition par des prudhommes. Ils eurent gain de cause; mais à la condition d'obtenir du roi la suppression de leur Élection, en indemnisant les officiers qui la composaient. C'était un lourd fardeau, car il fallait rembourser la finance moyennant laquelle quinze magistrats avaient acheté leurs charges. On ne pouvait s'entendre sur le chiffre de ce remboursement, qui excédait les ressources du comté, et ses mandataires demandaient que la province en payât une forte part. Il y eut à ce sujet, pendant plusieurs années, des assemblées générales et des négociations qui demeurèrent sans résultat, et furent suspendues par un incident étrange. Ce fut la disparition du volumineux dossier de l'affaire, que l'on devait adresser au Conseil d'État du roi, et qui contenait des titres et documents originaux indispensables au succès de l'affaire. Il resta perdu pendant quarante-sept ans. En attendant, on entama un procès contre les officiers de l'Élection, et on les fit condamner par la Cour des Aides, pour leurs exactions, à de fortes amendes et à des restitutions et dommages-intérêts. Enfin, en 1667, le dossier si longtemps cherché, et que quelque partie intéressée avait sans doute bien caché, fut retrouvé, et la grande affaire fut reprise. Renvoyée par le Conseil du roi aux États de Bourgogne, elle triompha complétement. Le chiffre de l'indemnité à payer fut fixé à 96,000 livres, dont les États mirent les trois quarts à la charge de la province. Le surplus, c'est-à-dire une somme de 24,000 livres, était réparti entre toutes les paroisses du comté. Auxerre obtenait son inscription dans la *grande roue* pour la nomination à son tour de l'Élu-général du tiers-état. Les villes de second ordre, Cravant, Seignelay, Saint-Bris et Vermenton, entraient dans la *petite roue* pour envoyer à tour de rôle un député aux États et coopérer à la nomination des Alcades. Cet arrangement fut sanctionné par un édit royal du mois d'août 1668, qui supprimait l'Élection d'Auxerre, et créait quatre conseillers de plus au bailliage, pour connaître des réclamations en matière d'aides. L'année suivante, un arrêt du Conseil réglementait la situation, et à ce moyen le comté d'Auxerre entrait en jouissance des mêmes priviléges que toutes les autres parties de la Bourgogne. La conséquence presque immédiate de ce succès fut, selon Lebeuf, une décharge considérable sur les impôts dont les contribuables de l'Auxerrois étaient accablés.

C'est au commencement de ce siècle que fut définitivement fondé, à Auxerre, le grand établissement d'instruction publique, qui depuis n'a jamais cessé de distribuer un enseignement élevé à la jeunesse de la contrée. Nous avons dit plus haut que l'illustre évêque Jacques Amyot avait construit ce collége à ses frais. Il en existait bien auparavant, sous le titre de Grandes Écoles, un petit, où un principal et quatre professeurs enseignaient le latin et le grec. Mais l'exiguité du local, et, plus encore, celle du revenu, le maintenaient dans des conditions fort humbles. Le vénérable évêque acheta de ses deniers un vaste terrain, sur lequel il éleva l'édifice qui subsiste encore aujourd'hui. Il lui assura trois mille livres de revenu, indépendamment de la prébende préceptoriale déjà attachée aux écoles. Puis il traita avec des professeurs de la Compagnie de Jésus pour le placer sous leur direction et y constituer un enseignement complet. Il fit un testament pour léguer à la ville la propriété de cette généreuse fondation et des ressources qu'il y attachait. Il composa même une fort belle inscription qui devait être gravée sur la porte d'entrée, et que nous croyons utile de reproduire :

CHRISTO SERVATORI OPTIMO

SACRUM.

RELIGIONIS VERITAS, MORUM PROBITAS,

ET BONARUM ARTIUM POLITURA

HIC

PROMERCALES HABENTUR, NON ŒRE,

SED STUDIO, PIETATE ET LABORE.
PROINDE TURPES IMPII
ET IGNARA SEGNITIE DEGENERES
AB ISTIS FORIBUS PROCUL FACESSITE.

Mais, après les insultes, les violences et les persécutions dont on avait payé ses bienfaits, outré de tant d'ingratitude, il avait déchiré ce testament, qu'après sa mort on trouva lacéré, et qui d'ailleurs n'avait pas reçu sa signature. Ses héritiers se crurent en droit de refuser de l'exécuter et revendiquaient la propriété de son édifice. Il s'ensuivit un grand procès qui dura cinq ans, et auquel le Parlement mit fin en 1607, par un arrêt solennel qui, prenant en considération le commencement d'exécution que l'évêque avait donné lui-même à ses dispositions généreuses, ordonna que son collège « de-« meurerait, comme bien public, avec ses appartenances, « à la ville d'Auxerre. »

A la suite de la longue période d'agitations, de passions effrénées et de fureurs meurtrières, qui avait troublé la seconde moitié du siècle précédent, la population de cette contrée avait bien besoin d'une sévère discipline dans l'éducation de la jeunesse, pour perdre ses malheureuses traditions de soulèvements et de violences sanguinaires. Elle mit longtemps à s'en déshabituer, et les soixante premières années du XVIIe siècle présentèrent encore de nombreux exemples, surtout dans la ville d'Auxerre, de révoltes et d'émeutes. Il y en eut une première en 1608, à l'occasion des droits d'aide sur les vins. Nous ne la connaissons que par une simple note ajoutée par Lebeuf à son récit des événements de cette époque, et portant : « Émeute du mois de décembre 1608 contre Castillon et

« Boisset. » Ces deux personnages étaient sans doute les agents des fermiers de ces droits. Ils voulaient exiger celui du vingtième sur le prix de vente des vins récoltés dans le comté d'Auxerre, qui se percevait ailleurs, mais dont une des clauses de l'acte d'incorporation de ce comté à la Bourgogne avait exempté cette contrée. Il est juste d'ajouter que la misère était grande, sans doute, alors, car la chronique manuscrite de Pierre Sallé, curé de Saint-Loup, porte que « cette année fut celle que l'on « a dite avoir été le grand hiver, » et Henri IV confirma d'ailleurs, par un édit du 10 mai de l'année suivante, l'exemption que l'on réclamait.

L'année 1626 vit deux autres émeutes à Auxerre. C'était peut-être le contre-coup des bruits inquiétants qui couraient sur des dissensions entre le roi Louis XIII et son frère Gaston, et des dispositions de ce dernier à une prochaine révolte. La première de ces émeutes survint le 29 mars, à l'occasion d'une augmentation de 400 livres que l'on avait faite sur les tailles de la ville pour un supplément de subvention accordée aux Jésuites du collége, afin d'y établir une classe de rhétorique. Les plaintes, publiquement et violemment adressées à ce sujet au corps municipal, ayant été sans résultat, la foule s'ameuta dans les rues, et le tocsin sonna toute la nuit dans la tour de l'église de Saint-Pierre, dont les rassemblements s'étaient emparé. Le lendemain matin ils se portèrent au collége, que la milice eut à défendre. Un des séditieux fut tué, ce qui les dissipa à l'instant. Mais ils se reformèrent dans la journée avec plus de violence encore, et peu s'en fallut que la populace ne devînt maîtresse de l'hôtel-de-ville. Les désordres ne cessèrent qu'à l'arrivée du comte de Clermont, lieutenant-général de Bourgogne, que l'on avait été chercher à Tonnerre, avec sa compagnie de gens d'armes. Il fut fait une justice sévère des chefs de la révolte par des sentences prévôtales (1). Cela n'empêcha pas un nouveau soulèvement au mois de juillet suivant, quand, le blé étant monté à un prix élevé, on en vit passer deux bateaux, qui étaient conduits à Paris. La multitude arrêta les bateaux, dont on ne put empêcher le pillage qu'en faisant vendre sur le champ ces grains à un prix très réduit. Mais on fut ensuite contraint par justice à indemniser très largement le marchand aux dépens de la ville (2). Notre siècle a vu renouveler ces désordres à Auxerre avec des incidents semblables, et le tocsin dans la même église, en novembre 1830.

Deux ans après, en 1628, nouvelle émeute pour une augmentation de l'impôt sur les vins. Malgré l'intervention, les efforts et les promesses des magistrats et de l'évêque, il y eut de sanglantes collisions. Les employés des Aides furent poursuivis, gravement maltraités et blessés dans l'église des Jacobins, où ils avaient cherché un refuge. Il n'y eut pas de punition pour ces graves excès. On eut à le regretter l'année suivante, où, sur un prétexte qui ne nous est pas connu, il y eut un combat entre les habitants et les neuf archers de la brigade du lieutenant du Grand-Prévôt, qui furent écrasés par le nombre, et contraints à s'échapper par la fuite, leurs effets pillés et saccagés. Cette fois, il y eut une répression sévère. L'autorité supérieure s'en prit aux magistrats, tant pour ce dernier excès que pour la mollesse qu'ils

(1) Registres de l'hôtel de ville. Lettres du père Pintreau, publiées en 1654.

(2) Registres de l'hôtel de ville.

avaient montrée dans les désordres précédents. Le lieutenant-général du bailliage, comme chef de la police, le maire, le procureur du roi, deux échevins et un bourgeois furent mandés à Paris, où on les retint comme prisonniers pendant quatre mois, et le 15 novembre un arrêt du Conseil condamna la ville en 3445 livres de réparations civiles envers les archers, et de plus, en 400 livres d'indemnité particulière et une pension viagère de 300 livres pour celui des archers qui avait été le plus maltraité, et enfin, à fournir une caution solidaire domiciliée à Paris. Les frais du procès, qu'elle eut de plus à supporter ne furent guère moins énormes que le principal de la condamnation. Trente-sept ans après on payait encore cette pension. Mais on s'en lassait sans doute, car on mettait du retard dans le service des arrérages. Alors, les tribunaux autorisaient le créancier à faire arrêter et incarcérer ceux des habitants qu'il trouverait à Paris. Les registres de la mairie constatent qu'un nommé Maujot avait été ainsi emprisonné et qu'il fallut lui rembourser 300 francs, que, pour sortir, il avait payés sauf son recours.

Vingt ans plus tard, en 1649 et 1650, au milieu des troubles de la Fronde, et à l'exemple peut-être de ses agitations et de ses barricades, il y eut, à trois reprises différentes, dans le cours de la même année, de véritables batailles dans les rues de la ville entre des compagnies de soldats et des habitants, excédés peut-être, à vrai dire, par la fréquence des passages et des logements militaires, et par les exigences et pilleries de ces troupes peu disciplinées. Elles sont racontées dans la chronique du curé Pierre Sallé, qui y met peut-être quelque partialité, car lui aussi n'était sans doute pas sans prendre

sa part des passions politiques de ce temps. La première
fois, au mois de mai, c'était entre le régiment d'infanterie
du cardinal Mazarin et les mariniers composant la milice
de leur quartier de Saint-Loup, qui étaient de garde à la
porte de Paris. Un habitant y fut tué, en même temps
qu'un officier et quatre ou cinq soldats italiens, et de
part et d'autre on se fit des prisonniers. Un an après,
jour pour jour, ce fut avec le régiment de la reine. On se
battit encore dans les rues, et l'un des soldats, resté
entre les mains des habitants, fut jugé immédiatement et
pendu sur l'heure. Au mois de novembre suivant, un
autre régiment, celui de Saint-Géran, voulut apparemment
venger les offenses de celui de la reine. « Les soldats
« entrant en ville par la porte du Temple le 16 no-
« vembre 1650, dit la chronique du curé, après avoir
« passé la Commanderie, mirent tous l'épée à la main,
« tuèrent quatre habitants, en blessèrent quatre autres,
« ce qui fit que les bourgeois prirent les armes et
« repoussèrent ces fripons qui avaient fait cette
« insulte. »

Enfin, il y eut encore deux émeutes en 1660 ; la
première pour empêcher de partir un chargement de blé
qu'un marchand avait acheté et voulait expédier au
dehors. Cette fois encore, comme en 1626, le corps
municipal n'intervint que pour retenir les grains et les
faire vendre en détail sur place et à prix réduit aux
émeutiers. Il ne tarda pas à s'en repentir, car, à quelques
mois de là, comptant sur sa faiblesse, les vignerons de la
ville se laissèrent entraîner à une autre et terrible
sédition qui leur coûta cher. L'Élection de Tonnerre
comprenait, comme nous avons eu occasion de le dire
plus haut, un grand nombre de villages du comté

d'Auxerre, et qui étaient plus rapprochés de cette ville que de celle de Tonnerre. Le fermier des Aides de cette Élection, qui résidait à Auxerre, avait, pour la facilité du service de ces villages, obtenu la permission d'y établir un bureau de recettes, qui ne concernait pas les Auxerrois et n'avait rien de menaçant pour eux. Néanmoins la populace de cette ville s'en irrita, et le 27 octobre, à neuf heures du soir, une troupe de perturbateurs s'empara de la tour de l'église Saint-Pierre, comme on avait fait en 1626, et se mit encore à y sonner le tocsin. A ce signal se réunirent les rassemblements, qui forcèrent les magasins de l'Hôtel-de-Ville et se saisirent des crochets de fer emmanchés de longues perches, qu'on y conservait en grand nombre pour arrêter et combattre les incendies dans les quartiers de vignerons, dont les maisons n'étaient couvertes qu'en chaume. Ainsi armés, les émeutiers allèrent forcer les portes du bureau de recette, pillèrent les meubles et l'argent, brûlèrent les registres et papiers, et démolirent le bâtiment. L'autorité municipale, frappée de terreur, avait montré, dans cette nuit de troubles et les jours suivants, la plus coupable faiblesse. Elle ne fit arrêter, quand l'ordre fut rétabli, qu'un seul des auteurs de ces criminels désordres. Mais, sur les plaintes énergiques de la cour des Aides, un conseiller du Parlement vint faire une solennelle information, et, sur son rapport, la répression contre les coupables fut éclatante et terrible. Puis une action civile la suivit contre la ville, représentée par ses magistrats. Le procès fut long, et au bout de cinq ans, se termina par la condamnation solidaire du maire, du prévôt, de trois conseillers du bailliage, de deux conseillers de l'Élection, du receveur de la ville, du bailli du chapitre et de six bourgeois, comme principaux habitants, en 2,000 livres d'amende, 22,000 livres de réparations civiles et 2,200 livres de frais de procédure. Cette fois l'exemple profita, et, dans le cours de ce siècle, on ne vit plus d'autre émeute à Auxerre.

L'Auxerrois et le Donziais furent affligés par d'autres et terribles fléaux. L'année 1608 fut éprouvée par de si longues et si désastreuses gelées, qu'on l'appela longtemps l'année du grand hiver. Toutes les vignes et tous les noyers furent gelés et ne donnèrent aucune récolte. Le vin gelait, sur les tables, dans les verres et les bouteilles. Son souvenir ne s'effaça qu'en 1658 devant celui de cette année, qui fut aussi rude et plus long. La chronique de Pierre Sallé porte que « les vignes « furent gelées en pied, que les arbres moururent « pour la plupart, et que la neige resta deux mois entiers « sur la terre. » De 1627 à 1638 ce fut la peste qui promena successivement ses ravages dans toutes les villes de la contrée. En 1628 le Donziais en fut affreusement ravagé. Aucune ville n'échappa à la contagion. Elle dépeupla presque entièrement celle de la Charité et les villages circonvoisins. Le prieur dom Mainvielle, qui était venu depuis deux ans pour tenter d'introduire la réforme dans le monastère, et qui n'y put réussir, se mit avec un courage héroïque au service des pestiférés et mourut victime de son dévouement (1). En 1631 ce fut Saint-Bris. Une ordonnance de police interdit à ses habitants l'entrée d'Auxerre, dont les portes restaient fermées de ce côté, et on leur enjoignait, s'ils voulaient demander des vivres ou des médicaments, de présenter leurs lettres au bout d'une perche au concierge de la

(1) Née de la Rochelle, t. III, p. 320.

porte du Pont, qui après les avoir purifiées dans le vinaigre, les portait au maire. Les années suivantes c'étaient toutes les villes de la contrée, Vermenton, Clamecy, Varzy, Cosne et Donzy. Auxerre avait été envahi dès l'année 1627, et continua à en être infecté les deux années suivantes. Après quelques années pendant lesquelles la contagion avait tourné vers le Tonnerrois et emporté 3,500 personnes dans la ville de Tonnerre, elle revint avec plus de violence en 1636 dans l'Auxerrois, et s'y maintint trois années encore. Dans la seule année 1638 il mourut 1,200 personnes à Auxerre. La lèpre, cette affreuse maladie, qui avait fait créer tant d'hospices spéciaux pendant le moyen-âge, y subsistait encore alors à l'état contagieux, et continua ainsi jusqu'à la fin de ce siècle. Un procès-verbal d'enquête de l'année 1673 constate que la léproserie de la ville d'Auxerre, qui était sur la haute colline de saint Siméon, avait encore des malades.

Dans la première moitié de ce siècle fut accomplie la réforme d'un grand nombre de monastères, où régnaient depuis bien longtemps le mépris de la règle, l'indiscipline, et trop souvent de honteux désordres. La réduction, que la mise en commende avait apportée à leurs richesses, ne les avait pas amendés. Le scandale qu'ils donnaient fut loin d'être étranger à la naissance et aux progrès du luthéranisme en Allemagne, et du calvinisme en France. Tant que durèrent les guerres de religion, il ne se fit rien pour arrêter cette corruption. Lorsque la paix fut rétablie et affermie, les chefs d'ordre et les évêques entreprirent de grandes mesures de réforme, qui ne s'accomplirent pas sans d'énormes difficultés et de longs retards. Le mal était immense et presque général.

Il y a dans une savante notice que M. Leclerc de Fourolles a consacrée, dans les Annuaires de l'Yonne de 1842 et 1843, à l'histoire de l'Abbaye de chanoines réguliers de Saint-Pierre d'Auxerre, des détails d'immoralité, de débauches et de crimes, empruntés à une chronique manuscrite contemporaine, d'un ecclésiastique de cette église, et si monstrueux que, les supposant exagérés par la passion, nous n'osons pas les reproduire. Les efforts des évêques Gilles de Souvré et Dominique Seguier, pour mettre un terme à de tels désordres, durèrent huit ans, et le dernier de ces prélats n'y parvint qu'en 1635, et en chassant, moyennant une pension, les chanoines titulaires, pour en mettre à leurs places trois autres de la congrégation de Sainte-Geneviève de Paris, qui, lorsqu'ils furent informés de tant de corruption, n'avaient obéi à cet appel que sur une injonction du cardinal de La Rochefoucauld, commissaire apostolique et délégué du roi pour la réforme religieuse. Mais l'abbé et le curé y étaient restés, et pendant huit ans, appelant à leur aide tous les mauvais sujets de la paroisse, ils suscitèrent tant d'injures, de menaces, de violences et même d'émeutes, qu'il fallut à ces nouveaux venus un rare héroïsme pour ne pas abandonner ce poste de combat. Ce n'est qu'après de longs procès et deux arrêts du parlement, que le départ de ces obstinés défenseurs de la tradition dissolue, laissa enfin le champ libre à la salutaire réforme. Il en fut de même, si ce n'est pis, à l'abbaye de Saint-Germain. Georges Viole, qui en fut plus tard prieur, n'a osé en parler qu'à mots couverts. Lorsque l'archevêque de Sens, Octave de Bellegarde, qui en était abbé commendataire, voulut, en 1625, y établir la réforme, il appela de Lons-le-Saulnier, pour la gouverner, un vénérable et savant personnage,

qui d'abord les moines fermèrent brutalement leur porte, et qui, pour y entrer, eut besoin de recourir à la justice et d'obtenir une sentence du bailliage. Puis, une guerre acharnée lui fut déclarée. Elle dura un an entier, avec des procédés inouis de grossièreté et de violence. Après quoi survint un événement étrange et mystérieux. Il disparut, sans que jamais on ait su ce qu'il était devenu. Georges Viole raconte « qu'il s'en alla de nuit, sans qu'on ait pu
« découvrir, de vrai, le sujet d'une si soudaine retraite,
« si ce n'est qu'on a présumé qu'il avait été menacé par
« quelques libertins qui ne pouvaient souffrir ses cor-
« rections ou ses réprimandes. Tant y a que, depuis ce
« temps, le monastère demeura, à l'égard des religieux,
« comme un vaisseau sans pilote, agité de vents et de
« tempêtes au milieu de la ruine, car, l'abbé Octave de
« Bellegarde n'étant que commendataire, les religieux
« prétendaient qu'il n'avait aucune juridiction sur eux. »
Enfin, en 1629, après trois ans de révolte et de guerre, il put les amener à souffrir l'entrée au monastère de dix nouveaux religieux de la congrégation de Saint-Maur, qui y resteraient soumis à la règle, en même temps que les anciens useraient, à leur guise, de leur liberté précédente, et avec la condition qu'on n'en recevrait plus de nouveaux que pour vivre dans la nouvelle observance, et rester soumis à sa discipline. Et, pour faire accepter cette transaction, il lui fallut ajouter, à cette occasion, une somme de 2,000 livres à la manse des religieux, et leur donner les revenus du prieuré de Saint-Florentin. Georges Viole fut, de 1632 à 1635, le troisième prieur de cette abbaye réformée. Il eut ensuite la même charge dans les monastères des Blancs-Manteaux à Paris, de Saint-Pierre de Corbie, et de Saint-Fiacre, en Brie. Puis il revint à

Saint-Germain, jouir du repos acheté par les longues années de ces fonctions, et se consacrer aux recherches et aux études historiques qui nous ont laissé de si nombreux et si précieux documents sur les annales de la contrée. L'abbaye de Saint-Laurent-lès-Cosne, dont le Parlement avait dû déjà, en 1548, réprimer par un arrêt, les désordres scandaleux, et que cette punition n'avait pas corrigée, et le couvent de femmes de Saint-Julien d'Auxerre, sont cités par M. Leclerc de Fourolles, parmi les plus désordonnés du diocèse. L'évêque André Colbert ne parvint que longtemps plus tard, et non sans grande peine, à y établir la réforme. Il faut ajouter à cette liste le monastère de Crisenon, sur la démoralisation, à peine croyable, duquel, un dossier des archives de la préfecture de l'Yonne contient de bien étranges renseignements. La grande abbaye de Cluny avait eu elle-même besoin de la réforme, et l'avait acceptée. Son abbé, voulant l'introduire à la Charité, y envoya en 1626, le vénérable prieur Mainvielle, qui lutta vainement pendant deux ans, pour réformer la vie libre et scandaleuse des moines. Il n'en put gagner que deux, qui, quand vint la contagion meurtrière de 1628, montrèrent comme lui un grand dévouement pour secourir et assister les pestiférés, pendant que les autres, dans leur lâche égoïsme, avaient muré la porte de leur cloître, pour n'avoir aucune communication avec eux et avec la ville. Ce n'est qu'en 1634, et sur les ordres les plus sévères du cardinal de Richelieu, qui était alors abbé commendataire de Cluny, que la réforme fut imposée à cette maison. Ceux des moines qui ne voulurent pas s'y soumettre furent exilés. Mais, après sa mort, la réforme avait été abandonnée, et le désordre y était revenu. Il se prolongea encore pendant plusieurs années, jusqu'à ce que Mazarin, son successeur, rétablît d'autorité cette réforme salutaire.

Nous avons dit plus haut combien la magnifique église de cette abbaye avait été, dans ce siècle, lamentablement éprouvée. En 1605, la foudre avait écrasé le grand clocher central. Pour pourvoir aux dépenses de sa réparation, les religieux vendirent, en 1628, le droit de justice qu'ils avaient sur la ville, au duc de Nevers, dont les successeurs l'ont conservé jusqu'en 1790. En 1633, un accident semblable fit écrouler la tour méridionale du portail, qui n'a jamais été relevée, et dont la ruine entraîna celle de plusieurs des travées antérieures des nefs. Et enfin, en 1645, une violente tempête renversa le sommet de la tour centrale qui venait d'être reconstruite. Ce n'est que vers la fin du siècle que l'on put, tant bien que mal, pourvoir à tant de désastres. Les habitants y contribuèrent, au moyen de l'abandon, qu'à titre de transaction, le prieur fit, en 1698, de ses droits de lods et ventes et de seigneurie directe sur les bâtiments de l'hôtel de ville, dont jusque-là une partie avait été occupée par ses officiers de justice et sa prison.

La ville de Saint-Verain fut aussi affligée, au commencement de ce siècle, d'un terrible désastre. Un incendie, allumé par cas fortuit, la détruisit tout entière en 1603. Il n'y avait que vingt-sept ans qu'elle avait été reconstruite après l'incendie que l'armée des reîtres lui avait fait subir en 1576.

La ville de Coulanges-la-Vineuse fut aussi, un peu plus tard, ravagée par un terrible incendie, qui, le 17 mai 1676, détruisit cent soixante-dix maisons, vingt-deux pressoirs, et une grande partie de l'église. La tradition raconte qu'à défaut d'eau, qu'il n'y avait pas dans cette ville alors dénuée de fontaines, les progrès du feu ne purent être arrêtés qu'en y jetant du vin, et que la dame du lieu employa trente feuillettes de sa récolte à cette œuvre de salut.

La guerre visita et dévasta aussi, dans ce siècle, le territoire de l'Auxerrois, et d'abord dès l'année 1616. Après la mort de Henri IV, la reine, sa veuve, régente du royaume, avait constitué un conseil de régence, composé des princes du sang et des ministres. Mais, à côté de ce conseil officiel, elle avait un conseil secret, où dominait le florentin Concini, son favori, qu'elle comblait de richesses et de dignités, jusqu'à le faire maréchal de France. Jaloux de cette faveur, de ces prodigalités et de cette influence, et cachant leur avidité personnelle sous des prétextes de zèle pour le bien public, les princes de Condé, de Longueville, de Vendôme, de Bouillon et de Nevers, prirent les armes en 1614. Un premier traité, conclu à Sainte-Ménehould, leur attribua des subsides, des pensions et des charges, sans satisfaire complétement leurs exigences, que bientôt ils élevèrent encore plus haut, et pour lesquelles, en 1616, ils recommencèrent la guerre. Le prince de Condé, qui avait des intelligences dans la ville de Sens, tenta de la surprendre. Mais il fut prévenu par l'armée du maréchal de Bois-Dauphin, et forcé de se retirer par Villeneuve-le-Roi et Joigny. Il était accompagné par les ducs de Mayenne et de Bouillon, et par le prince de Tingry. Là, ayant été rejoint par un secours de six cents reîtres venus d'Allemagne, « il les « reçut très joyeusement, dit l'historiographe Jean de « Serres (1), et leur promit de très grandes récompenses

---

(1) *Inventaire de l'histoire de France*, t. II, p. 284.

« s'il venait à bout de ses desseins. Puis, tournant ses
« forces contre la ville d'Appoigny, il la força, fit passer
« la plupart de ses habitants au fil de l'épée, et donna
« leurs biens au pillage de ses soldats. » Ce massacre
fut suivi d'horribles excès par les bandits allemands
qu'avait reçus joyeusement le prince. Georges Viole raconte, d'après un témoin oculaire, que « la ville fut
« pillée, les femmes violées, l'église profanée, le crucifix
« tiré à coups d'arquebuse, le Saint-Sacrement foulé aux
« pieds. » Le prince de Condé fit fusiller quatre de ces
misérables reîtres ; faible réparation pour tant d'horreurs.
« Le lendemain, ajoute Georges Viole, le château de
« Régennes fut pris, par surprise du prince, qui ne de-
« mandait qu'à diner, mais s'y rendit le plus fort, dé-
« sarma les soldats qui étaient dedans, et y mit le
« capitaine Georges, qui se rendit deux jours après, par
« capitulation faite de la somme de trois cents pistoles,
« que paya M. de Donadieu, évêque. » La petite armée
du prince, poursuivant sa route et ses dévastations, traversa la vallée d'Aillant et la Puisaie. Le curé de Saint-
Sauveur écrivait sur son *Rationarius*, que le 25 octobre
elle était logée dans cette ville et les environs. Cette campagne finit par un second traité, conclu à Loudun, qui
assurait aux princes de nouveaux avantages au détriment
de l'État et de ses finances. Ils ne s'en contentèrent pas,
et devinrent si arrogants dans leurs prétentions nouvelles,
que la reine fit arrêter et mettre à la bastille le prince de
Condé. Ce fut le signal d'une troisième prise d'armes.
Le duc de Nevers, qui avait levé, avec des troupes étrangères, l'étendard de la révolte en Champagne dont il
était gouverneur, fut battu, et sa ville de Rethel prise.
Alors la duchesse s'empressa de se rendre dans le Niver-

nais pour y organiser la résistance. Mais elle y fut suivie par le maréchal de Montigny, qui était dans le Berry avec des troupes, et qui, entrant dans le Donziais par la Charité, assiégea et prit successivement, par capitulation, les villes de Cosne, Donzy, Entrains et Clamecy, puis alla mettre le siége devant celle de Nevers. Elle allait subir l'assaut, lorsque survinrent des nouvelles qui arrêtèrent tout et opérèrent une réconciliation. C'étaient celles de la mort de Concini, que le roi Louis XIII, qui venait d'atteindre sa seizième année, avait fait tuer en plein Louvre, et de l'exil de sa mère, qu'il envoyait au château de Blois, pour se saisir du gouvernement. La contrée fut ainsi délivrée des ravages et des soucis de la guerre.

Elle y reparut en 1631, mais seulement pour traverser son territoire. Le frère de Louis XIII, Gaston, duc d'Orléans, prenant le parti de sa mère, qui, à raison de ses intrigues, était exilée pour la seconde fois, avait levé une petite armée, et se dirigea d'Orléans sur Auxerre, que des agents, gagnés à sa cause, avaient promis au duc de Bellegarde, gouverneur de la Bourgogne, et son partisan secret, de lui livrer. Mais, averti en route que le complot était déjoué, et que la ville, faisant bonne garde, se préparait à la résistance, il fit un détour pour l'éviter, en traversant le comté par Saint-Sauveur, Ouanne et Cravant, et marcha sur Dijon. Le roi, qui le suivait de près, et qui fut reçu en grande pompe à Auxerre, où il ne resta que deux jours, fit avorter, par la rapidité de la marche de ses troupes, cette tentative de guerre civile, et le contraignit à passer la frontière, pour se réfugier en Lorraine.

La fronde suscita de 1648 à 1652, dans l'Auxerrois comme ailleurs, de vives agitations, mais elle n'y fut nulle part triomphante. Un moment, la ville de la Charité

faillit être livrée au prince de Condé, par le comte de Langeron, qui l'occupait avec son régiment. Mais le comte de Bussy-Rabutin, lieutenant-général du roi en Nivernais, par la menace d'un assaut, détermina les habitants à le renvoyer et à recevoir les troupes royales. Seulement le pays fut pendant deux ou trois ans presque constamment sillonné, rançonné et épuisé de ressources, par le passage et le séjour des troupes. Au mois d'avril 1652, le grand Condé était revenu à franc étrier du Languedoc, où les chances de la guerre lui étaient peu favorables, pour prendre le commandement de l'armée que ses partisans avaient réunie dans le Gâtinais. Il était sur le point de se mettre en marche, pour tenter de surprendre et d'enlever, à Gien, le roi, la reine sa mère et le cardinal de Mazarin, lorsqu'il se dirigea sur Auxerre et attaqua cette ville, qui résista avec succès et le repoussa. Ce fait, que les historiens ont passé sous silence, et sur lequel nous n'avons aucun détail, n'en est pas moins constaté, quoique laconiquement, par la chronique manuscrite d'un contemporain, le curé Pierre Sallé. « La ville d'Auxerre, dit-il, eut en ce temps une
« attaque très grande. Ce fut dans le mois d'avril que le
« prince de Condé, avec son armée, voulait entrer dans
« la ville qui tint ferme pour son roi. » Le souvenir de cette attaque n'était pas encore oublié à la fin du siècle dernier, car nous le trouvons rappelé dans le discours que prononçait, devant le bailliage, le premier avocat du roi, lors de l'installation, comme lieutenant-général de ce siége, d'un descendant de celui qui avait été l'un des principaux chefs de cette glorieuse résistance (1).

(1) Journal d'affiches, annonces et avis divers de la ville et bailliage d'Auxerre. Mars et avril 1777.

L'opinion était pourtant très partagée dans cette ville entre Condé et Mazarin. Mais le maire, appelé Thomas Marie, qui réunissait à cette dignité celle de lieutenant-particulier du bailliage, avait, par son intelligence et sa fermeté, fait prévaloir la cause du roi. Dès que ce résultat fut assuré, il partit pour aller au-delà de la Loire en informer l'armée royale. Il la rencontra à Gien et reçut du cardinal des instructions pour conserver à tout prix la ville d'Auxerre dans la bonne cause, afin qu'elle pût servir de retraite au roi, si le sort des combats lui était contraire. Pendant ce temps, le prince, parti à marches forcées, surprenait et mettait en déroute les troupes que le maréchal d'Hocquincourt avait trop disséminées dans des villages, entre Rogny, Champignelles, Bléneau et Saint-Fargeau (1). Mais il échouait contre le corps d'armée, mieux concentré et plus habilement conduit, que commandait Turenne, et, repoussé avec de grandes pertes, malgré les plus énergiques attaques, il allait porter la guerre ailleurs. C'est cette série de combats, entre Condé, d'Hocquincourt et Turenne, qui a reçu le nom de bataille de Bléneau. Thomas Marie revint en toute hâte, et, trouvant en route les fuyards des régiments du maréchal d'Hocquincourt, il les rallia, leur servit de guide, et les ramena, au nombre d'environ quinze cents, à Auxerre, où ils furent refaits et réorganisés, et dirigés ensuite sur l'armée royale, avec un régiment qui était cantonné dans les environs. Le roi, sa mère et le cardinal arrivèrent peu de temps après dans cette ville, et, y ayant pris quelques jours de repos, partirent pour Dijon. Le maire fut comblé

---

(1) Pièces inédites sur la bataille de Bléneau. (*Bull. de la Soc. des Sc. de l'Yonne*, t. VIII, p. 38.)

d'éloges ; quelques mois après il était investi de la charge de lieutenant-général du bailliage et du titre de conseiller d'Etat, et en 1660 il reçut des lettres de noblesse pour les grands services qu'il avait rendus. La guerre dura deux ans encore, mais elle s'était éloignée de notre contrée et n'y reparut plus. Toutefois les levées et les passages des régiments, et les exigences arbitraires et despotiques de ces troupes, donnèrent lieu à bien des désordres et à de trop justes plaintes. En voici deux exemples, empruntés à Georges Viole, dans sa notice historique des abbés de Saint-Germain.

« Le dernier jour d'avril 1652, les habitants du bourg
« de Diges furent extrêmement maltraités par le chevalier
« de Saint-Maurice, leur voisin ; lequel, sous prétexte
« d'une commission qu'il avait obtenue de Sa Majesté de
« lever une compagnie de chevau-légers et de les
« assembler par l'espace de dix jours, mais, par effet, en
« intention de tirer des habitants de ce lieu une grosse
« somme d'argent pour se rédimer de cette prétendue
« assemblée, ramassa trois ou quatre cents paysans des
« paroisses de Saint-Maurice, Poilly, Chassy, Beauvoir,
« Lindry, Pourrain et Vieux-Champs, qui, avec vingt-
« cinq cavaliers, vinrent fondre audit bourg de Diges,
« où, après avoir commis des violences extrêmes, et des
« cruautés telles qu'on pourrait les faire dans un pays
« ennemi, emmenèrent prisonnier au château de Saint-
« Maurice, Gabriel Musnier notre receveur, qui, pour se
« rédimer, lui promit de lui payer au nom de toute la
« paroisse, une somme de 4,000 francs, réduite plus
« tard à 3,000 francs. »

« L'année suivante, qui était 1653, fut extrêmement
« funeste à la ville et aux habitants d'Irancy, sujets des

« religieux, par le carnage qu'y firent les soldats. L'église
« même fut pillée et polluée par effusion de sang, ce qui
« donna sujet à monseigneur d'Auxerre de donner com-
« mission au R. P. prieur de Saint-Germain de la recon-
« cilier le 23 février audit an. »

Viole ne cite que les faits dont avaient à souffrir les paroisses qui appartenaient à son abbaye. Mais il est probable que les autres ne furent guère plus ménagées. A vrai dire, le comté de l'Auxerrois fut presque constamment pressuré depuis la mort de Henri IV jusqu'à la majorité de Louis XIV, soit par les armées des princes quand ils étaient en révolte, soit par les bandes de vagabonds armés qui couraient la campagne après la cessation de ces soulèvements, soit même par les troupes royales, qui, dans leurs fréquents passages ou leurs séjours prolongés, ne faisaient guère moins de mal que l'ennemi. Ce pays, où les plaies des guerres religieuses du siècle précédent étaient à peine cicatrisées, vivait dans de terribles anxiétés. Il fallait satisfaire sans cesse à de nouvelles réquisitions d'armes, de munitions, de vivres et d'argent pour les troupes, et puis se garder chez soi sans relâche comme si l'ennemi eût été aux portes. Le clergé n'était pas exempt de ce service, chacun de ses membres était tenu, selon le vieil usage, comme les autres citoyens, d'avoir son arquebuse en bon état et de monter la garde à son tour. Tout ce que purent obtenir les chanoines d'Auxerre, fut de former une compagnie séparée sous le commandement du Chantre. La main vigoureuse du cardinal de Richelieu avait pendant quelque temps mis un terme aux désordres causés par les gens de guerre, mais, après sa mort, ils ne tardèrent pas à reparaître. Les troupes du roi, et particulièrement les régiments italiens levés pendant la Fronde, traitaient en pays conquis les provinces qui se trouvaient sur leur passage, se débandaient dans les campagnes, y levaient des contributions, arrêtant les voyageurs, dévalisant ceux qui refusaient de payer, et se livrant enfin à tous les excès. Une ordonnance de l'intendant de Bourgogne du mois de janvier 1647 autorisait les magistrats et même les simples habitants « à leur courir sus, à sonner le tocsin, à les arrêter « comme mangeurs de monde, etc. » Mais elle était le plus souvent sans effet contre ces brigandages. Il y eut, à diverses reprises, de grandes sévérités contre ces bandes de vagabonds errants. En 1619, plusieurs d'entre eux avaient été, par sentences judiciaires, les uns rompus, d'autres pendus et étranglés, d'autres fouettés et marqués. En 1633 on en exécuta encore d'autres, et même des femmes, sans mettre un terme à ce mal (1).

Au milieu de ces épreuves et de ces angoisses, une petite ville de cette contrée, Saint-Fargeau, entrait dans une période de rénovation, de sécurité, de fêtes et de splendeur. Mlle de Montpensier, celle que l'on appelait à la cour de Louis XIV la grande Mademoiselle, qui possédait cette seigneurie, et qui avait pris une part très passionnée aux derniers troubles de la Fronde, reçut, en 1652, après la défaite et la dissolution de son parti, un ordre d'exil dans une de ses terres, et se décida pour celle de Saint-Fargeau, où elle était assurée d'être laissée tranquille, tout en étant à portée de conserver de conserver des rapports journaliers avec le duc d'Orléans, son père, qui était au château de Blois, et avec ceux de ses amis qui

(1) Inventaire des Archives de la Chambre des Comptes de Dijon, t. Ier.

étaient restés à Paris. Le vieux château de Jacques Cœur et des Chabannes n'était, depuis longtemps ni habité ni même visité par ses seigneurs. Elle le trouva, dit-elle dans ses Mémoires si pleins d'intérêt, « dans le plus triste
« état de délabrement ; le pont-levis rompu, de l'herbe
« jusqu'aux genoux dans la cour, ni portes ni fenêtres
« dans la maison, ni meubles ni lits, des chambres
« absolument nues, et dans la chambre d'honneur une
« poutre cassée portée par un poteau ; la ville n'était
« qu'un gros et pauvre village, où il n'y avait pas même
« d'herbe à mettre au pot. » Mais, en peu de temps, grâce à son activité, et en prodiguant l'argent, tout a changé de face. Des ouvriers appelés en grand nombre ont réparé le vieux manoir, et on l'a remeublé à neuf. On va l'agrandir et le transformer par des constructions nouvelles. On l'entoure d'un vaste parc, on y plante des avenues, on y applanit un mail. Les visiteurs y accourent et s'y succèdent de tous les châteaux à vingt lieues à la ronde. Il en vient en foule de Paris. C'est une petite cour princière, et chaque jour des fêtes, des bals, des concerts, des festins, des chasses, des divertissements de tout genre et des excursions de toutes parts, même jusqu'à Auxerre, pour y entendre les prédicateurs du carême. On fait venir une troupe d'acteurs de cette ville et on y joue chez soi la comédie. Les beaux esprits y abondent, Segrais en est le poète, et Lulli y dirige la musique. La dame du logis fait elle même des vers et écrit des romans qu'elle fait imprimer en cachette par des typographes qu'elle a aussi appelés d'Auxerre, avec leurs casses, leurs caractères et leurs presses, et qu'elle tient cachés dans les combles de son château. Cette activité, ce mouvement, ces fêtes, répandaient la vie, l'animation et l'aisance à Saint-

Fargeau et dans toute la Puisaie. Cela dura cinq ans entiers. En 1657, la princesse est enfin rappelée à la cour, et la petite ville retombe dans son silence et son atonie. Mais, après une nouvelle période de cinq ans, nouvel exil, et de beaux jours luisent encore à Saint-Fargeau, où la princesse est revenue et fait de nouveau un long séjour (1).

Peu d'années après, la ville de Saint-Bris avait aussi son illustration dans la marquise de Lambert. Son mari portait les titres de marquis de Saint-Bris, baron de Chitry et Augy, lieutenant-général des armées du roi, et enfin gouverneur de la ville et duché de Luxembourg. Mais, avant qu'il eût atteint ces dernières dignités, elle résidait presque toute l'année dans son château de Saint-Bris, où le savant Fontenelle, son intime ami, et l'ingénieux et spirituel Bachaumont, son beau-père, et beaucoup d'autres hommes d'esprit et de science, lui tenaient fidèle compagnie. C'est là qu'elle écrivit pour son fils et sa fille, ces ouvrages exquis, où les personnes de goût trouvent encore aujourd'hui autant de charme que de raison et de saine philosophie.

De l'autre côté d'Auxerre, Colbert, quand il n'était encore que l'intendant du cardinal Mazarin, avait acheté en 1660, la belle terre de Seignelay, dont il fit restaurer le château. Il s'y intéressait et venait souvent la visiter. Lorsqu'il devint ministre, il mit ses soins à relever en France et à propager le travail industriel et les manufactures. Pour en faire profiter notre contrée, il fonda à

---

(1) Chaillou des Barres, *le Château de Saint-Fargeau*. — Mlle Félicité Servier, *le Mouvement littéraire dans la Bourgogne Auxerroise pendant le XVIIe siècle*. — Déy, *Histoire du comté de Saint-Fargeau*.

Seignelay des fabriques de draps et de serge, à Auxerre des filatures, des manufactures de serge. de bas de laine et de dentelles, et enfin, à Toucy et autres petites villes des fabriques de gros draps appelés poulangis. Elles réussirent pendant longtemps à Seignelay et à Toucy, et notre siècle a pu voir encore les derniers restes de ces utiles créations. Mais à Auxerre il ne put vaincre l'esprit d'apathie et de routine qui depuis bien longtemps avait succédé à l'activité industrielle du moyen-âge, qu'attestent encore les noms de plusieurs rues de cette ville. La population, comme l'a dit M. Leblanc (1), était habituée à préférer l'oisiveté et la misère à l'abondance que donnent le travail et l'industrie, et, chose triste à dire, les classes aisées l'y encourageaient. On conserve aux archives de la mairie, au nombre de neuf, les lettres dans lesquelles ce grand ministre, en envoyant des instructions détaillées pour l'exécution de ses créations si utiles, et qui eussent enrichi le pays, se plaint de la désertion de ses fabriques, suscitée par les habitants eux-mêmes, qui, par esprit, soit de routine, soit d'un étroit égoisme, détournaient les ouvrières d'y aller travailler.

A cette époque, la mauvaise administration et le gaspillage avaient appauvri et surchargé de dettes la plupart des villes de notre contrée et de toute la Bourgogne. On recourait aux emprunts avec une facilité déplorable, et que le siècle actuel ne tend que trop à imiter. La manie des procès n'y était pas étrangère. En 1637, la ville d'Auxerre n'en avait pas moins de quarante-quatre à la fois devant les juridictions de Paris, un aux requêtes du

---

(1) *Recherches statistiques et historiques sur Auxerre*, t. II, p. 96.

Palais, huit à la Cour des aides, dix-sept au Conseil du roi, et dix-huit au Parlement. Elle était alors endettée de 135,000 francs, dette équivalant à environ 800,000 francs d'aujourd'hui. Treize ans après, en 1650, ces dettes étaient montées à 400,000 francs, et en 1656, à 450,000 francs. Il en était de même, proportionnellement, des petites villes du comté. Ainsi, Donzy, quoique très petit alors et dénué de commerce, devait 40,000 francs, et Saint-Fargeau, encore moins populeux et moins riche, 35,000 francs. Colbert entreprit et mena promptement à bien la liquidation de toutes ces villes, en prescrivant la révision de tous les comptes de deniers communaux depuis 1640, c'est-à-dire dans les trente-sept dernières années, en imposant des restitutions importantes aux dilapidateurs et aux administrateurs négligents ou imprudents, en écartant ou réduisant toutes les dettes mal justifiées, et enfin en soumettant tous les habitants, sans distinction ni exemption, à de rigoureux octrois et à une considérable taille municipale jusqu'à complet remboursement. Auxerre dut, à l'aide de ces moyens, trouver et verser pendant douze ans, une formidable contribution de 38,100 francs, (environ 230,000 francs d'aujourd'hui). En même temps l'habile ministre fit promulguer un célèbre et salutaire édit, qui interdisait à l'avenir, d'une manière absolue, tout emprunt municipal sans la permission formelle de l'intendant de la province.

La population de cette ville qui, au commencement du XVIe siècle, s'était relevée des désastres des deux siècles précédents, et avait fourni en 1545, dix huit cent cinquante chefs de famille contribuables, avait depuis, suivi une marche progressive, et, malgré les malheurs des temps de guerres religieuses, elle en avait donné, en 1603,

2,331, tant pauvres que riches. En 1665, l'intendant de Bourgogne en évaluait le chiffre à 2,400. Mais l'énormité des octrois nouveaux, dont le chiffre s'accrut encore pour parer à de nouvelles dettes, et qui furent établis, non-seulement sur les marchandises de la consommation locale, mais aussi sur celles qui traversaient Auxerre, ou passaient, en descendant la rivière, sous son pont, pour se rendre à Paris ou ailleurs, et qui, en ce qui concernait les vins, n'étaient pas moindres d'une centaine de milliers de feuillettes, qui venaient non-seulement des communes voisines, mais des cantons éloignés, comme Chablis, Vermenton et Tonnerre, ne tarda pas à détourner le commerce d'un transit où il lui fallait supporter un péage si onéreux. Ces localités empruntèrent ou se créèrent d'autres chemins qui les conduisaient aux ports situés en aval de cette ville, où elles étaient affranchies de tout octroi. De nouveaux ports se créèrent aussi pour les recevoir. L'industrie des maîtres mariniers ou voituriers par eau se trouva par là si vivement affectée, que, d'une quarantaine qu'ils étaient auparavant à Auxerre, il n'en restait plus, quelques années après, que quatorze. Puis la surcharge des octrois, qui renchérit pour les habitants le prix des denrées de consommation, jointe au fardeau des lourdes tailles créées pour l'acquittement de ces emprunts toujours renouvelés, en même temps que les guerres continuelles de Louis XIV entraînaient de pesantes aggravations d'impôts, toutes ces causes avaient amené une rapide décroissance de la population et un grand affaiblissement de ses ressources. En 1682, un procès-verbal de visite par trois délégués des Etats de Bourgogne, au nombre desquels était l'évêque André Colbert, ne trouvait plus que 1,970 feux imposables, parmi lesquels

1,214 pauvres, et parmi ceux-ci, 283 qui étaient à l'aumône et ne couchaient que sur la paille, et il constatait en même temps qu'il y avait dans la ville 857 maisons ruinées ou inhabitées. C'était là le triste résultat des gaspillages et des prodigalités d'une municipalité imprudente et dépensière. De nouvelles dettes succédaient sans cesse à l'ancienne, car on ne repoussait aucune occasion de dépenses, sauf à voir ensuite comment on pourvoierait à leur paiement. Et puis il en venait d'inattendues et d'inévitables. Après la mort de Colbert, le gouvernement de Louis XIV avait trouvé d'étranges moyens d'avoir de l'argent. C'était de créer des quantités infinies de nouveaux fonctionnaires, et de nouveaux agents de tous genres, qui n'étaient propres qu'à encombrer et à rendre plus difficile l'administration des villes. On les érigeait en titre d'office moyennant finances, en autorisant les villes à les supprimer par le remboursement du prix de leur achat. Comme l'exercice de leurs fonctions eût créé une nouvelle aristocratie bourgeoise, dont prenait ombrage celle qui existait déjà, ou qui devait apporter de sérieux embarras dans les affaires municipales, beaucoup d'entre ces villes s'empressaient d'user de ce moyen pour les renvoyer ou les annihiler. Auxerre en usait avec le même empressement que si elle eût eu des finances prospères, et, pour remédier à la décadence et à la dépopulation qu'amenait leur mauvais état, ses maire et échevins avaient trouvé un singulier moyen, c'était d'emprunter de nouveau et d'augmenter sans cesse leurs octrois. J'ai relevé dans les archives de la mairie les procès-verbaux d'adjudication de ces octrois, et j'ai trouvé qu'en 1693, le nombre des denrées imposées était plus que triple de ce qu'il avait été en 1665, et qu'en

1706 le tarif de tous ces octrois était plus que double de ce qu'il avait été en 1693. Le résultat nécessaire de cette façon d'administrer, c'était la ruine du commerce. Aussi y était-on arrivé. Une seule industrie prospérait, c'était celle des commissionnaires en vins du pays, qui, depuis la suppression de l'étape, tenaient dans leurs mains toutes les affaires de la production viticole de la contrée, qui, aujourd'hui, par les transformations que les affaires commerciales ont subies, en est réduite à attendre les négociants de Bercy, ou les ordres d'achat que ceux-ci donnent à leurs courtiers. Mais alors, cette production ne s'écoulait que par l'entremise des commissionnaires d'Auxerre, sans intermédiaire à Paris. Ils étaient en relations directes avec les consommateurs et les marchands de toutes les villes du nord de la France et des Pays-Bas. J'ai pu constater le nombre de ces correspondants d'une des grandes maisons de commission d'Auxerre; il s'élevait à près d'un millier.

Ce commerce, comme tous les autres du comté d'Auxerre, était libre. On n'a jamais connu dans l'Auxerrois les maîtrises et les jurandes. En 1666, les merciers, grossiers et joailliers avaient voulu en former une. On s'y opposa, et un arrêt du Parlement rejeta leurs prétentions. Cet état de liberté bien avéré peut rendre difficile à comprendre une ordonnance de l'intendant de Bourgogne de l'année 1705, que l'on trouve dans les archives de la ville, qui permet à la communauté des drapiers et toiliers d'Auxerre de lever à leur profit un droit de deux sous sur chaque pièce de drap ou d'étoffe mêlée de laine, fil et coton, dans les villes de Coulanges-la-Vineuse, Coulanges-sur-Yonne, Cravant, Seignelay, Saint-Bris et Vermenton. Mais en voici l'explication. Le gouvernement avait créé en titre d'office, un inspecteur de la fabrication des draps et étoffes dans le comté d'Auxerre, où cette industrie était considérable dans les temps du moyen-âge, et s'était un peu ranimée sous les inspirations de Colbert. Pour se débarrasser des tracasseries de cet agent, les drapiers et toiliers de la ville s'étaient formés en communauté, et lui avaient remboursé sa finance, ce qui les mettait en son lieu et place, et, pour les couvrir d'une partie de leurs avances, l'intendant les autorisait à cette perception sur leurs confrères des villes du comté. La viticulture, qui était la richesse du pays, avait sans doute acquis dès lors dans ses procédés et ses produits, un remarquable degré de perfection. Mais l'agriculture était misérable. L'état statistique que dressa l'Intendant Bouchu, en 1665, constate que, sur les paroisses du comté d'Auxerre, il n'y en a que neuf où le froment soit cultivé, et encore en très petite proportion. Dans les autres, on ne cultivait de céréales que le méteil, le seigle et l'avoine (1). L'agriculture avait pourtant été prospère au commencement du xvie siècle. Mais elle ne s'était pas encore relevée, malgré les quelques années réparatrices du règne de Henri IV, suivies bientôt d'un régime de désordres, puis de guerres continuelles, de la ruine où l'avaient réduite les longues guerres de religion.

Tous les évêques qui gouvernèrent pendant ce siècle le diocèse de l'Auxerrois, ont laissé un grand renom de piété, de sollicitude pastorale et de charité, si ce n'est pourtant Pierre de Broc, qui occupa le siége de 1640 à 1671. Celui-ci, qui avait été l'un des familiers du cardinal de Richelieu, et qui avait fait partie de cet état-major de prélats et d'abbés, moitié ecclésiastiques et moitié

---

(1) *Annuaire de l'Yonne* de 1853, p. 301.

militaires, le cardinal-amiral de la Valette en tête, dont ce grand ministre s'était entouré, fut, toute sa vie, plus occupé d'affaires politiques et d'intrigues de cour que du soin de son église. Il ne résidait guère, et, nonobstant un arrêt du Parlement du 30 juillet 1658, qui enjoignait aux nombreux prélats de cour, « de quitter Paris en bref, et « d'aller faire leur résidence dans leurs évêchés, » il n'obtempéra guère à cette injonction, ou, s'il vint parfois dans son diocèse, c'était pour jouir des charmes de la campagne dans ses châteaux de Régennes, de Varzy ou de Villechaul. Le mécontement qu'inspiraient ses absences prolongées devint si vif, qu'au mois de mai 1663, sur une plainte formelle du procureur du roi, le bailliage rendait une sentence portant « qu'il était notoire que M. de Broc « ne remplissait pas ses devoirs de résidence, que les « pauvres en murmuraient, qu'en conséquence il était « invité à revenir dans le mois, à résider assiduement « dans sa ville épiscopale, et à y faire l'aumône plus « exactement, sinon qu'il y serait contraint par la saisie « de son temporel. » Il eut assez de crédit pour faire casser cette sentence par le Conseil du roi, et pour faire ordonner qu'elle serait biffée sur le registre, et il n'en continua pas moins à passer presque tout son temps à Paris, et à y dépenser les revenus de son évêché, qui, quoique très riches, ne suffisaient pas à son luxe, car il mourut criblé de dettes. Ainsi put-on dire aux Auxerrois, quand son successeur, Nicolas Colbert, fut nommé : « Enfin, messieurs, vous avez un évêque ! » Celui-là, en effet était un saint et digne prélat, humble de cœur, conciliant de caractère, zélé pour la religion, modeste dans ses goûts pour lui-même, généreux pour les autres, et, par-dessus tout, d'une ardente charité pour les faibles et les indigents. C'est lui qui, en exécution d'une ordonnance du roi, de l'année 1665, pour l'établissement d'un hopital-général dans toutes les grandes villes du royaume, fonda à Auxerre, sous ce titre, avec le concours du corps municipal, un grand établissement de bienfaisance, où étaient recueillis les orphelins pauvres et les mendiants valides de la ville, et qui, complété par son successeur, a subsisté jusqu'en 1799.

Son neveu, André Colbert, qui lui succéda et qui hérita de beaucoup de ses précieuses qualités, était surtout en grande estime pour la vigilance et la sagesse de son administration. C'est de son temps que la France fut affligée de la triste révocation du grand et sage édit de Nantes. Il eut à mettre à exécution cette déplorable mesure de persécution. Mais on n'eut pas à lui reprocher d'en avoir exagéré les sévérités et l'intolérance. Les documents nous manquent pour faire connaître avec quelques détails les perturbations qui frappèrent alors tant de protestants dans diverses parties de notre diocèse, notamment à la Charité et à Gien, où leur culte était resté en public exercice. Nous savons seulement que leurs temples furent démolis, leurs ministres chassés, qu'un grand nombre d'entre eux émigrèrent, malgré les édits atroces qui, en 1686, prononçaient la peine des galères et en 1687 la peine de mort contre ceux qui essayaient de quitter le royaume, et que ceux qui ne voulurent ou ne purent pas quitter la France, furent forcés, pour échapper à d'incessantes tracasseries, de faire des abjurations, à la sincérité desquelles personne ne croyait. Ils restaient en suspicion sous le titre de *nouveaux convertis*, et les archives de l'Yonne contiennent des pièces d'où il résulte que, bien des années après, eux et leurs descendants étaient encore sous le régime d'une rigoureuse surveillance. On emprisonnait ou on exilait ceux qui n'envoyaient pas leurs enfants au catéchisme, ou que l'on soupçonnait du crime de rechute. On recherchait leurs « mauvais livres »; on les empêchait de se marier entre eux, on détenait dans les couvents les femmes des expatriés qui correspondaient avec leurs maris, ou dont les dispositions inspiraient de l'ombrage. Le ministre Pontchartrain écrivait que celles qui refuseraient de se convertir devaient « être enfermées dans quelque hôpital ou autres « lieux, pour être oubliées. » Ces persécutions durèrent longtemps encore après la mort de Louis XIV. Les châteaux de la Puisaie contenaient, lors de la révocation de l'édit, un assez grand nombre de gentilshommes calvinistes que leur vie d'isolement ne protégeait pas, et qui, à tout risque, s'expatrièrent et préférèrent perdre leurs biens plutôt que de subir l'oppression de leurs consciences. Nous ne pouvons à ce sujet que répéter ce qu'en a écrit un magistrat du pays, M. B. Duranton, dans sa très intéressante notice sur la Puisaie (1).

« Il est de tradition générale en Puisaie, que ce
« décret de proscription, en frappant au cœur les villes
« qui étaient les boulevards de la réforme, eut un contre-
« coup immense dans les communes avoisinantes. Il y
« eut des perturbations profondes, des exils sans nombre,
« et l'on ajoute que les ruines immobilières qui en furent
« la conséquence, servirent à édifier plus d'une grande
« fortune. » C'étaient sans doute ceux qui faisaient parade d'un beau zèle, ou peut-être les dénonciateurs, que l'on investissait des dépouilles de leurs victimes. Et

---

(1) Annuaire de l'Yonne de 1862.

ce n'étaient pas seulement des seigneurs et des riches, que la persécution contraignait à s'expatrier, c'étaient aussi des plébéiens et d'humbles paysans, car l'auteur a pu constater par les registres de l'état civil, « une réduc-
« tion considérable sur les naissances de cette époque,
« dans un grand nombre de paroisses. » En Bourgogne, le sort des protestants était pire que partout ailleurs, car, en même temps qu'on les persécutait s'ils restaient dans leur pays, une ordonnance royale du 14 mars 1697 concernant les fonctions des maires de cette province, portait dans son article 30, que toute personne qui voudrait s'établir dans les villes et lieux de résidence devrait en demander la permission au maire, qui ne pourrait les recevoir qu'après qu'ils auraient justifié de leur bonnes vie, mœurs et religion catholique.

C'est dans le cours de ce siècle, mais avant cette période de décadence, que fut reconstruite la belle église de Saint-Pierre d'Auxerre. On l'avait commencée en 1566. Interrompus bientôt par les tristes résultats des discordes et des guerres du calvinisme et de la ligue, les travaux ne furent sérieusement repris et conduits activement qu'à partir de l'an 1620. Son élégant portail était achevé en 1658. Tout était terminé en 1667, et toujours aux frais des habitants de la paroisse, qui, à vrai dire, était à cette époque la plus riche de la ville, car elle était traversée par le grand chemin de Paris à Lyon, qui suivait alors ses rues depuis la place de l'hôtel-de-ville jusqu'au pont, et c'était dans ce parcours qu'était alors tout le commerce de luxe et de consommation. Plusieurs autres églises du diocèse, notamment celles de Coulanges-sur-Yonne, de Couloutre et d'Héry sont aussi de cette époque.

Les premières années du xviii⁰ siècle apportèrent dans

toute la France et surtout dans nos contrées, de terribles désastres. L'année 1707 avait été d'une abondance et d'une qualité extraordinaires pour le blé et pour le vin. Toutes les denrées alimentaires étaient tombées au plus bas prix. On n'avait rien vu de pareil depuis l'année 1637, que l'on appelait proverbialement l'année *d'une pinte de vin pour un godet de lait*. Les laboureurs et les vignerons, dont les maisons regorgeaient de riches récoltes, négligèrent la culture des vignes et des champs, dans la crainte d'en avoir encore d'abondantes, dont ils ne sauraient que faire. Mais de terribles gelées survenues au printemps de 1708, détruisirent une grande partie des biens de la terre. La moisson et la vendange furent si peu productives, que la disette et la cherté vinrent bientôt. Dès les premiers jours de janvier 1709, la neige couvrit la terre de manière à interrompre les travaux de la campagne. Le thermomètre descendit jusqu'à vingt-trois degrés centigrades, et ce froid excessif dura dix-huit jours. L'office divin fut suspendu dans les églises; on ne put le continuer qu'à grand-peine dans les cryptes, car le vin gelait dans les calices. Le dégel vint le 24 janvier, et l'on se consolait en voyant que la neige avait protégé les grains en terre; mais, les pluies l'ayant fait disparaître, le froid reprit quinze jours après avec la même violence, et ils furent entièrement détruits. De la vigne il ne restait intact que les racines, et il fallut couper les ceps par le pied. Les volailles et le gibier étaient morts. Les noyers périrent tous, ainsi que beaucoup d'autres essences. Des arbres séculaires éclataient avec grand fracas sous l'action de la gelée, et on en vit périr ainsi qui dataient de plusieurs siècles. Sous le coup de ces désastres et de la rareté des subsistances, le cours des denrées alimentaires monta à un prix presque décuple des cours habituels. La famine devint horrible. La faim forçait les populations à faire ressource de tout. On mangeait l'herbe des champs, et on disputait aux chiens les cadavres des plus vils animaux. « Si l'on tuait un cheval, dit un chroniqueur « Auxerrois, on voyait aussitôt cent personnes s'en arra- « cher les morceaux (1). » Les registres des actes de naissance et décès de plusieurs de nos paroisses contiennent sur ce sujet d'effrayants détails qu'y consignèrent les curés. « Le pain d'avoine valait quatre sous (environ 1 fr. 20 « d'aujourd'hui), écrit le curé de Champs. Les ouvriers ne « trouvaient pas même d'ouvrage pour un pain. Les « pauvres se nourrissaient de berlue (2). Les noyers « séchèrent à la suite de la gelée. » Le curé de Vincelles écrit sur son registre des décès : « Le blé valait, dans « cette année, jusqu'à 20 ou 25 livres (120 à 150 francs) « le pichet (mesure de soixante litres). Le pauvre peuple « vendait jusqu'à ses chemises pour se nourrir. L'on « voyait les hommes et les femmes, enfants petits et « grands, le visage et les mains terreux, râclant la terre « avec les ongles, cherchant certaines petites racines « qu'ils dévoraient lorsqu'ils en avaient trouvé. Les « autres, moins industrieux, paissaient l'herbe avec les « animaux. Les autres, entièrement abattus, étaient « couchés le long des grands chemins et attendaient ainsi « la mort. » Le curé de Lain ajoute à ces tristes détails : « Quantité de personnes sont mortes de faim, et on peut « dire qu'il en est bien mort le quart dans de certaines « paroisses (3). » Nous ne trouvons que trop bien la

(1) Continuateur des Éphémérides de Bargedé.
(2) Plante des sables calcaires à petite racine tuberculeuse.
(3) *Inventaire des archives de l'Yonne*, t. II.

justification de ce chiffre dans les actes de décès de cette année. Ainsi, à Augy, village de 60 feux, 58 décès ; à Vaux, 37 ; à Vincelottes, 34 ; à Saint-Bris, sur 280 feux, 203 ; à Chichery, 78 sur 300 habitants ; il n'y en avait eu que 18 l'année précédente. Ce n'est là que le relevé de l'année 1709. Mais la famine continua l'année suivante jusqu'à la moisson, et la mortalité persista dans la même proportion. Un chroniqueur contemporain dit qu'il y avait alors trois mille pauvres dans la ville d'Auxerre. L'évêque de Caylus avait, dès les premiers jours de ce fléau, publié un mandement admirable de charité chrétienne Il disait aux personnes dans l'aisance : « Ouvrez vos cœurs à la « misère des pauvres. Tout ce qui n'est pas nécessaire à « votre subsistance leur est dû. Ce que vous pourriez « réserver dans d'autres temps pour l'établissement de « votre famille leur appartient. Ce n'est pas une grâce « que vous leur faites, c'est une dette dont vous vous ac-« quittez. » Il en donna le premier l'exemple en vendant toute sa vaisselle d'argent, et « depuis ce temps, dit son « biographe (1), il n'a jamais eu sur sa table que des « assiettes et des plats de terre. » Avec ces ressources et celles de la charité publique il faisait chaque jour distribuer des soupes et du pain aux pauvres dans la cour de l'évêché et dans plusieurs autres villes du diocèse. Les ecclésiastiques qu'il avait préposés à ce service à Vermenton y ayant ajouté une distribution de Nouveaux Testaments, et ayant été dénoncés pour cela, il en écrivit à Mme de Maintenon, qui lui répondit : « Si le diable avec ses sept « cornes venait dans votre diocèse pour y distribuer des « potages et des Nouveaux Testaments, vous devriez,

---

(1) *Vie de M. de Caylus,* par l'abbé Dettey, t. Ier, p. 31.

« monsieur, aller au-devant de lui avec la croix et la
« bannière (1). » Le même écrivain raconte que, dans la
tournée que l'évêque fit dans son diocèse pour y porter
les mêmes secours, il ne voyait dans les campagnes que
des spectres traînant à peine une vie languissante, des
mourants et même des morts sur les chemins. C'est à
cette occasion que le vénérable prélat créa une institution
de charité qui, sous le nom de l'*Aumône générale*, a
subsisté à Auxerre jusqu'à la Révolution, et qui vers 1840
a été rétablie par de généreux citoyens, avec le titre
d'*Association pour l'extinction de la mendicité*.

Les autres années d'intempéries funestes et de disette,
après celle-là, furent dans ce siècle : 1713, où le blé
monta au quadruple du prix ordinaire ; 1729, où le froid
rigoureux et continu fit aussi beaucoup renchérir les
grains ; 1740, où il se maintint pendant deux mois, sans
relâche, à seize ou dix-sept degrés centigrades, et anéantit
presque les récoltes, ce qui la fit appeler longtemps
l'*année chère* ; le blé se vendait à 11 livres (45 à 50 francs)
le bichet, et les moulins étaient enchaînés par les glaces ;
1772, où, sur une immense étendue, la grêle frappa sur
toute la contrée et y causa d'universelles dévastations ;
1783, où les froids rigoureux et les neiges durèrent
depuis Noël jusqu'à la fin de février. Les Éphémérides du
notaire Joseph Chardon portent que « nombre de per-
« sonnes périrent sur les champs ; la circulation des
« voitures et le service des postes furent interrompus, car
« on avait de la neige jusque sous les bras ; » enfin, 1789,
plus rigoureux encore, qui rappela 1709, et mérita comme
lui le nom de *grand hiver*.

---

(1) Detley, *Ibid.*

En 1715 fut prise par le gouvernement une mesure d'une grande importance pour le commerce des vins de la contrée. M. Chardon en a parlé dans son *Histoire d'Auxerre*, mais, étant mal renseigné, il l'a fait à contre-sens. Avant le xve siècle, la vente aux négociants étrangers qui venaient s'approvisionner chez nous se faisait, non à la feuillette ou au muid, comme aujourd'hui, mais au *tonneau*. Il y avait deux sortes de tonneaux, l'un était de 900 pintes, c'était celui de Bordeaux. L'autre, de 600 pintes, était le tonneau d'Orléans. C'était dans des fûts de cette dernière capacité que le vin était enfûté et conduit à l'étape d'Auxerre, quand on ne se bornait pas à y porter des échantillons. Nous avons eu précédemment occasion de citer un acte du xive siècle, constatant la vente de seize cent vingt tonneaux, dont l'original est conservé dans les archives de la mairie. C'était alors l'acheteur qui, comme cela se fait encore dans beaucoup de vignobles du Midi, faisait soutirer le vin et fournissait ses fûts selon ses convenances. Plus tard, les habitudes ayant changé, l'étape était moins fréquentée, et, le récoltant étant souvent forcé de conserver et de soutirer lui-même le vin, pour le vendre plus tard avec les fûts qui le contenaient, l'usage avait substitué aux tonneaux des fûts moindres et d'un transport plus facile. C'étaient des *queues*, ou demi-tonneaux de Bordeaux, de contenance de 450 pintes, et des demi-tonneaux d'Orléans ou muids de 300 pintes. Les règlements sur la construction et le jaugeage des tonneaux, de 1400, 1470 et 1477, qui sont conservés dans les archives de la mairie, ne mentionnent que les queues et les muids, comme fûts en usage dans le commerce. On avait fait un pas de plus au siècle suivant, et on avait abandonné les queues, qui ne servaient plus qu'aux vendanges, pour s'en tenir aux muids. Un édit royal, rendu alors au mois d'octobre 1577, afin de réglementer d'une manière générale les poids et mesures pour la banlieue de Paris, fut suivi, l'année d'après, d'un second édit pour étendre à tout le royaume les dispositions du premier. Ils portaient que la mesure du vin livré au commerce était le muid, et que le muid contiendrait trente-sept setiers et demi de huit pintes chacun, ou 300 pintes sur marc et lie, pour fournir à l'acheteur trente-six septiers ou 288 pintes de vin soutiré. Lorsque l'habitude de l'étape eut disparu chez nous, c'est-à-dire vers la fin du xviie siècle, le commerce n'achetant plus les vins que chez le récoltant et sauf soutirage, on se mit, pour que le marchand eût ce qu'il achetait, mais rien de plus, à fabriquer des fûts de contenance de trente-six setiers ou 288 pintes. Mais on se trouvait par là en contravention avec l'édit de 1557, qui ne reconnaissait que le muid de 300 pintes. Pour mettre le texte de la loi d'accord avec l'usage et la bonne foi et satisfaire aux légitimes intérêts du commerce, Louis XIV, dans la dernière année de sa vie, le 8 avril 1715, promulgua des lettres-patentes qui autorisaient formellement le muid de 288 pintes. Déjà à cette époque on avait fait un pas de plus pour la facilité des transports, en fabriquant des demi-muids ou feuillettes de 144 pintes (136 litres), mesure d'aujourd'hui). Il en est question pour la première fois dans un acte d'adjudication municipale de la ferme du jaugeage, de l'année 1649. L'usage s'en généralisa presque aussitôt après les lettres-patentes de Louis XIV. Le muid céda presque immédiatement la place aux feuillettes, et son nom seul est resté chez nous, comme mesure de compte. Mais dans le Bordelais, la mesure de compte est toujours le tonneau, qui là est de trois muids ou 900 pintes (816 litres). C'est au tonneau que les négociants achètent les récoltes et revendent le vin en gros.

Nous ne pouvons citer avec les mêmes éloges les entraves apportées par des règlements préjudiciables à la libre culture de la vigne. Dès l'année 1395, le duc Philippe-le-Hardi avait, par une ordonnance, proscrit des vignes de Bourgogne le plant grossier, mais très productif, du gamai. Cette mesure avait été renouvelée en 1459 par le duc Philippe-le-Bon, et en 1567 et 1577 par les rois Charles IX et Henri III, et toujours inutilement ; l'intérêt particulier des vignerons parvenait constamment à éluder ces prohibitions dictées par une fausse économie politique. Plus tard on s'en prit, non plus aux plants qui donnaient d'abondants produits, mais à l'accroissement progressif des plantations. Les États de Bourgogne provoquèrent des mesures restrictives. Et, sur leurs remontrances, une déclaration royale de 1622 fit défense de planter de nouvelles vignes et ordonna l'arrachement de celles qui avaient été plantées depuis douze ans, en alléguant que les plantations trop multipliées de vignes, qui accaparaient les terres labourables, causaient les disettes dont le pays était souvent affligé. C'était assurément la plus fausse de toutes les données économiques. Le sol de la France était encore à cette époque couvert de landes et de forêts improductives. Les défricher, accroître le bétail et augmenter le rendement des terres par de larges fumures, c'était là le véritable besoin de l'agriculture. Si le paysan plantait de nouvelles vignes, c'est qu'il y trouvait son compte, et le pays en profitait avec lui, à raison de ce que la consommation croissante du vin réclamait une plus grande abondance de ce produit.

Néanmoins on s'obstina dans ces idées routinières, et le décret de proscription des vignes fut renouvelé en 1636 par une ordonnance du roi. En 1678, un règlement général de police, édicté par le bailliage d'Auxerre, ajoutant à la rigueur de ces mesures, portait « inhibitions « et défenses à toutes personnes de planter ou faire « planter à l'avenir aucunes vignes pendant le temps de « dix années, en quelque lieu et quelque endroit que ce « fût, et pour toujours dans les terres propres à faire « chenevière, porter blé et foins, à peines d'être arrachées « et de cent livres d'amende contre les propriétaires. » Mais la force des choses triompha de l'erreur des gouvernants, et leurs défenses restèrent à peu près sans exécution. Cela n'empêcha pas les États de Bourgogne de revenir à la charge en 1721 et 1724, et de demander l'arrachement de toutes les vignes plantées depuis quarante ans. On céda à leur insistance par un arrêt du Conseil du 5 juin 1731, qui ajoute aux précédents griefs contre les vignes, « qu'elles enchérissaient les bois par « les échalas qui leur étaient nécessaires. » Cette objection ne doit pas paraître peu étrange, quand on considère qu'à cette époque la plupart des forêts du Morvan et de la Puisaie étaient presque sans valeur, lorsqu'il ne leur manquait que des chemins pour les exploiter. L'arrêt du Conseil n'en fut pas moins publié pendant le mois de juin dans tout l'Auxerrois, et au mois d'octobre 1738 on y placardait encore une nouvelle ordonnance de l'Intendant de Bourgogne, portant que dans le délai de quinzaine toutes les vignes nouvellement plantées sans autorisation seraient arrachées, et prescrivant de procéder après ce délai, à leur arrachement aux frais des propriétaires. Mais il ne paraît pas que toutes ces mesures, si contraires à l'intérêt public et privé aient jamais été scrupuleusement exécutées dans l'Auxerrois, car on a vu croître sans grande interruption la marche envahissante des vignes. On en peut juger par celles du territoire d'Auxerre, dont le produit moyen était, dans le siècle dernier, d'environ quarante mille hectolitres et n'est guère moins de soixante mille aujourd'hui. Quant au gamai, il a triomphé aussi de ses ennemis, et on le voit aujourd'hui trôner, au grand profit de ses propriétaires, sur les côtes qui étaient autrefois célèbres par leur pineau certainement exquis, mais souvent ingrat par son faible rendement dans ces terrains.

Le comté de l'Auxerrois vit disparaître, dans le cours de ce siècle, une vieille juridiction qui datait du XIIIe siècle. C'était la Prévôté, qui n'avait d'attributions que sur les affaires criminelles. Son importance était grande d'abord, car elle embrassait tout le comté et primait les justices seigneuriales. Mais sa compétence fut restreinte de siècle en siècle, d'abord par l'extension que la coutume donna aux justices seigneuriales, puis par la création d'un bailliage royal à Auxerre, et enfin par l'institution des prévôts des maréchaux. Elle ne restait debout que pour un nombre restreint de délits, et seulement sur le seul territoire de la ville. La suppression en fut prononcée en 1750. On ajouta seulement à cette occasion deux nouveaux conseillers au bailliage.

De cette époque datent les améliorations apportées par le gouvernement dans les voies de communication, et notamment la construction de la grande route de Paris à Lyon par Auxerre. C'était autrefois seulement la route d'Auxerre à Autun, entretenue par les états de Bourgogne, mais assez mal, comme on en peut juger par ce fait, qu'en 1720 le pont de Cravant sur la Cure s'étant écroulé, on resta quarante ans sans le reconstruire, et que la route, si horizontale par la vallée de la Cure étant par là interceptée, la circulation dut s'en frayer une autre à travers des côtes escarpées, par Saint-Bris, Précy-le-Sec et Lucy-le-Bois, où elle est restée jusqu'en 1837. Les Etats de Bourgogne, dans ces deux derniers siècles, entreprenaient et commençaient beaucoup de projets, mais ne les finissaient guère, ou y mettaient des retards sans fin, même pour les plus nécessaires. Ainsi, par exemple, ils avaient voté une statue de bronze à Louis XIV, pour être érigée sur une des places de Dijon. Ils la firent exécuter à Paris et l'amenèrent par la rivière à Auxerre, où on la chargea sur un charriot, pour l'expédier par la voie antique d'Auxerre à Langres et à Alise, qui était, depuis des siècles, devenue la route de poste d'Auxerre à Dijon. Mais cette route était dans un si triste état, que la statue ne put y faire qu'une lieue, au bout de laquelle, près de Nangis, elle se trouva si profondément enfoncée dans d'incommensurables ornières, qu'on ne put l'en arracher. Elle y resta vingt-un ans. On avait construit, pour la couvrir, un hangar dont pendant tout ce temps les Etats payaient le loyer. C'est n'est qu'après ce long délai que, la route étant remise en état, on put l'en tirer et l'amener à Dijon. La route de Paris à Lyon passait auparavant avec de grands détours par Orléans, Gien et le Bourbonnais. C'est sous Louis XV qu'on lui substitua la grande et belle route directe par Sens, Auxerre et Avallon. Elle traversait d'abord les rues étroites et inclinées d'Auxerre. Ce n'est qu'en 1775 qu'on lui fit contourner les boulevards et les quais de cette ville. On fit aussi commencer en 1784 la construction du canal de Bourgogne, mais, interrompus en 1791, ces travaux n'ont été repris que par l'Empire, et terminés que sous la Restauration.

La grande affaire de ce siècle dans l'Auxerrois, la grande émotion qui ne cessa de l'agiter jusqu'en 1789, ce fut la guerre théologique des Jansénistes et des Molinistes. Quoique les idées qu'elle remua et les événements qu'elle amena soient aujourd'hui bien oubliés, et leur sujet à peine compréhensible pour nous, l'histoire de notre contrée ne serait pas complète, si nous ne mettions, avec quelques détails, sous les yeux de nos lecteurs, la série des faits qui ont tenu pendant bien longtemps une si grande place dans les préoccupations et les passions de la génération qui nous a précédés. Oubliés, ils ne le sont pas encore complétement par tous, et, à l'heure qu'il est, nous connaissons une personne nonagénaire, qui a conservé précieusement dans sa mémoire et dans son respect des doctrines auxquelles elle reste fidèle, et qu'elle considère comme la seule expression pure de la foi catholique, quoiqu'elles aient été condamnées par le Saint-Siège, et des noms qu'elle vénère d'autant plus, que ceux qui les portaient ont été persécutés pour des croyances conformes à ses propres convictions. Mais à la distance où nous sommes de ces événements, nous pouvons en parler avec une entière impartialité.

Depuis la fin des guerres si ardentes du xvie siècle, le clergé avait sévèrement réformé sa discipline. Les bonnes mœurs, les vertus, la science, l'attachement au devoir y étaient en honneur. Mais l'esprit d'indépendance et l'opposition au pouvoir absolu s'étaient réfugiés dans la controverse religieuse. Le besoin de liberté qui agite perpétuellement l'esprit humain s'était rejeté sur la querelle qui avait tant remué les écoles de la Grèce, que Pélage avait ranimées au IVe siècle, et qui avait trouvé un si puissant antagoniste dans notre grand évêque saint Germain, la querelle de la grâce et du libre arbitre, question subtile et oiseuse par les formes, mais qui touchait aux mystères les plus profonds de notre être. Les jésuites, exilés d'abord, revenus ensuite plus puissants qu'auparavant, dominaient l'Eglise de France. Nul ordre n'était plus recommandable par la régularité de ses mœurs et la sévérité de son régime. Mais on lui reprochait trop de complaisance, trop d'inclination pour le pouvoir absolu, trop d'indulgence aussi pour l'affaiblissement de la moralité sociale. Une réaction éclata contre ses doctrines, qui paraissaient à des esprits austères subversives de la foi chrétienne. Jansénius, évêque d'Ypres, avait conçu d'autres idées qu'eux sur la grâce. Il les émit dans un ouvrage in-fo, fruit d'un travail consciencieux, œuvre d'un dogmatisme rigoureux, et que Leibniz regardait comme profond. Il se fit de nombreux disciples parmi les hommes nourris dans des idées d'austérité et de liberté antiques, enfin parmi des philosophes de la plus haute portée, tels qu'Arnaud, Nicole et Pascal. Les jésuites, qui expliquaient les questions de la grâce par les livres d'un de leurs docteurs, Molina, engagèrent une vive controverse avec les Jansénistes, et ils avaient fait condamner par la Sorbonne cinq propositions extraites, sinon textuellement, au moins dans leur sens général, du traité de Jansénius. Elles ne forment à elles cinq que vingt lignes dans le volume in-12 où j'ai trouvé le texte de la bulle dont il va être question, ce qui n'équivaut qu'à dix lignes d'un in-fo. C'est tout ce que demandait Laubardemont pour pendre un homme. Mazarin porta les cinq propositions au tribunal du Saint-Père, et il obtint d'Innocent X en 1653 une bulle de condamnation, qui fut acceptée par l'assemblée du clergé. En 1655, un nouveau pape, Alexandre VII, exigea de tous les prêtres et religieux la signature d'un formulaire, où les cinq propositions étaient condamnées. Les religieuses de Port-Royal, et la maison où s'étaient retirés près de ce monastère quelques prêtres, magistrats et savants, pour y vivre en commun, refusèrent de la signer. Cette maison, sorte de couvent libre, formant à la fois une ferme et un collége, était déjà devenu un foyer de lumière pour la France. Elle exerça la plus grande influence sur la littérature. Port-royal prétendit que la déclaration du Saint-Père dépassait l'infaillibilité du pape. Il prit de là occasion d'attaquer l'absolutisme de l'infaillibilité et les doctrines ultramontaines des jésuites. Ceux-ci y répondirent avec une ardeur exubérante. La polémique devint incandescente, et, dans ses *Lettres provinciales*, Pascal flagella la morale relâchée des casuistes de la société avec tant de verve et de malice, avec un style si vigoureux, si flexible, si séduisant, qu'il entraina un grand nombre d'adhérents, et que l'Eglise de France se trouva divisée en deux partis ; les Jansénistes, espèce de stoïciens du christianisme, pleins de science et de vertu, mais d'une austérité peut-être trop rigide, d'un esprit trop inflexible et trop stationnaire ; les Jésuites, qu'ils assimilaient aux philosophes épicuriens, et qui avaient malgré leurs erreurs de doctrines, et l'esprit d'ambition, d'envahissement et d'intrigue qu'à tort où à raison on leur reprochait, des idées plus larges, plus sociables et plus progressives. Louis XIV n'hésita pas entre ces deux partis. Il trouvait dans les jésuites des docteurs indulgents pour ses faiblesses, des auxiliaires zélés du pouvoir. Il voyait dans les jansénistes des ennemis de l'ordre, des protestants cachés, un reste de la Fronde. Il favorisa les premiers et persécuta pendant toute sa vie les seconds, jusqu'à chasser les religieuses de Port-Royal et à faire démolir et raser leur monastère. Il ne put pourtant parvenir à éteindre le jansénisme, auquel se ralliaient, au contraire, tous les opposants secrets, que révoltaient, malgré l'éclat des grandeurs de son règne, les tristes excès de son intolérance, de son ambition sans frein, de ses guerres incessantes, de ses fastueuses dépenses et de son écrasante fiscalité. En 1713 on trouva une nouvelle occasion de l'entraîner à des persécutions contre les ennemis des jésuites, dans un livre de dévotion, les *Réflexions morales* du père Quesnel, qui était lu par tout le monde depuis quarante ans, et dont son confesseur, le père Lachaise, au dire de saint Simon, avait fait l'éloge. Une nouvelle édition de ce livre avait été approuvée par le cardinal de Noailles, archevêque de Paris, prélat d'une haute vertu, mais partisan des jansénistes. C'est sans doute pour cela que le parti opposé voulut le faire condamner. On obtint du pape Clément XI une bulle de condamnation, sous le nom d'*Unigenitus*, qui condamnait cent-une des propositions qui s'y trouvaient. Cette fois le nombre en valait la peine. Mais, après les avoir lues, nous avouons franchement n'avoir pas aperçu le poison qu'elles peuvent recéler. Il est vrai que nous ne sommes nullement théologien, et que, sur des questions aussi subtiles, il faut laisser aux théologiens une appréciation qui est de leur compétence exclusive. Quoiqu'il en soit, cette condamnation excita un vif étonnement. Le parlement ne l'enregistra qu'avec des protestations. Il s'éleva contre elle une grande clameur.

Le cardinal et dix-huit autres évêques la rejetèrent. Il y eut alors comme une guerre civile dans les esprits, et une multitude de voix s'élevèrent de toutes parts pour réprouver ce que l'on regardait comme un acte de faiblesse du Saint-Père, qui avait alors un puissant intérêt à flatter la politique de Louis XIV. Le parti des jésuites vint à bout de cette opposition par des lettres de cachet contre des prêtres, des magistrats, des seigneurs et autres personnes de toute condition. Il a été écrit qu'il y en avait eu plus de trente mille de délivrées. Le roi mourut deux ans après, et ses obsèques furent troublées par des malédictions et des insultes.

L'évêque qui, dans le diocèse d'Auxerre, avait succédé en 1704 à André Colbert, était Daniel-Charles-Gabriel de Caylus. C'était le descendant d'une race illustre. La famille de son père descendait d'un frère de ce Guillaume de Grimoard qui, au xiv⁰ siècle, après avoir été abbé de Saint-Germain, était devenu pape sous le nom d'Urbain V. Sa mère était fille du maréchal de Fabert. Un frère de son père avait épousé une nièce de Mme de Maintenon. Des considérations, tirées de cette alliance et de son respect pour le roi, l'avaient d'abord empêché de suivre dans l'affaire de la bulle l'exemple du cardinal de Noailles dont il avait été le grand-vicaire, et il l'avait reçue sous la réserve, faite par lui et par beaucoup d'évêques, de soumettre au pape leurs objections et de lui demander des explications. Mais, après la mort du roi, et les explications demandées n'ayant pas été obtenues, il en suspendit d'abord l'application, puis, en 1717, il en interjeta appel devant le futur Concile avec dix-neuf autres évêques. Il défendit ensuite son appel dans plusieurs mandements et autres écrits rendus publics, où il protestait contre l'infaillibilité du pape. Le régent fit rendre alors au nom du roi une déclaration pour imposer le silence sur la bulle ou constitution *Unigenitus*, et, ne pouvant obtenir du parlement des arrêts pour condamner les mandements des évêques opposants, il les fit interdire par le Conseil privé. La plus grande partie du clergé de l'Auxerrois avait adhéré à l'appel. L'évêque s'occupa avec soin et activité de gagner tous les autres, et il finit par y réussir.

L'abbé Lebeuf se distingua parmi ses adhérents. Lorsqu'il publia, sous le titre de *la prise d'Auxerre par les Huguenots*, sa relation des troubles et des guerres du calvinisme dans l'Auxerrois, il y glissa une note contre le prétendu dogme de l'infaillibilité du pape. Mais son livre fut saisi, et ne lui fut rendu qu'après lacération et suppression de la note hétérodoxe. Il est vrai que quelques exemplaires étaient déjà sortis de l'imprimerie, et que l'on peut, à leur aide, restituer le texte intégral. L'évêque s'en prit ensuite aux jésuites, grands partisans de la bulle, et qui dirigeaient le collége d'Auxerre, pour un livre qu'un d'eux avait publié, et des sermons que d'autres avaient prononcés, et qui, selon lui, étaient contraires à la doctrine chrétienne. Il promulgua des mandements et fit paraître des dissertations pour les réfuter, et comme ils ne se rétractèrent pas, il interdit à eux et à tous ceux de leur ordre, le pouvoir de prêcher et de confesser dans ses paroisses. En même temps, il accueillait et plaçait dans son diocèse, selon leur mérite et leur capacité, les prêtres jansénistes, expulsés ou exilés des autres diocèses pour avoir refusé de signer le formulaire qu'on voulait leur imposer. Aussi le sien en vint-il à être proverbialement appelé, le *Refuge des pécheurs*. Sa polémique était incessante. Elle s'exerçait, tant pour défendre les ennemis de la bulle dont on avait critiqué les écrits ou les mandements, que contre des évêques, ses collègues, et même contre l'archevêque de Sens, son métropolitain, toutes les fois qu'il trouvait dans leurs écrits la condamnation des doctrines à la défense desquelles il s'était voué. Ses réponses étaient des traités approfondis et étendus, pleins de science, également remarquables par la méthode, la dialectique et le style. On a publié, après sa mort, les plus remarquables de ces écrits, ainsi que ses mandements. Ils ne forment pas moins de dix volumes in-12. Il s'y trouve six réponses à l'archevêque de Sens, et plus d'une d'entre elles ne fait pas moins de la moitié d'un volume. Ajoutons que plusieurs d'entre eux sont dirigés contre l'incrédulité et la philosophie irréligieuse du siècle, qui ne sont pas moins odieuses à l'auteur que la Constitution *Unigenitus*.

Un incident assez curieux démontre, qu'en dehors de ces écrits régulièrement publiés, il n'a pas été sans prendre une grande part à une presse clandestine qui a, pendant de longues années, joué un rôle aussi actif que mystérieux dans l'histoire du jansénisme, et qui s'est publiée en France depuis 1728, sous le nom de *Nouvelles ecclésiastiques*, pour soutenir le zèle des adversaires de la bulle. Voici ce qu'en dit M. Eugène Hatin, dans l'avant-propos de son livre si savant et si curieux, sur les Gazettes de Hollande et la presse clandestine, aux xviie et xviiie siècles.

« On la trouve désignée dans les auteurs contemporains,
« dans Voltaire surtout, qui en parle fréquemment sous
« le nom de *Gazette ecclésiastique*. De tous les journaux
« clandestins, aucun ne fit autant de bruit, aucun n'eut
« une aussi réelle importance que celui-là. C'était l'œuvre,

« l'instrument d'opinions religieuses surexcitées à un
« degré que l'on n'aurait pas cru possible à cette époque
« sceptique ou railleuse, où l'on croyait si peu, où l'on
« se moquait de tout. C'était une sorte de catapulte des-
« tinée à battre en brèche cette fameuse bulle *Unigenitus*
« qui causa en France tant de scandale et souleva tant
« de passions. . . . . Il est à peine
« besoin de dire quelle colère cette feuille, que l'on répan-
« dit avec profusion, excita tout d'abord dans le camp
« des jésuites. Mais d'où sortait-elle? Quel en était l'au-
« teur? Voilà ce que, malgré toute leur habileté, et bien
« qu'ils eussent pour eux le lieutenant de police, il leur
« était impossible de découvrir. Elle s'imprimait en effet
« partout, tantôt ici et tantôt là, aujourd'hui dans une
« ville, demain dans quelque village, dans une cave ou
« dans un grenier, et *jusqu'au fond des bois*. Et quant à
« la manière dont elle était répandue, voici ce qu'en dit
« le *Journal de Barbier*. « Il n'est pas possible de décou-
« vrir l'auteur des *Nouvelles ecclésiastiques*, cela fait tant
« de cascades entre les mains de plusieurs personnes,
« d'ailleurs tous honnêtes gens, que cet auteur n'est
« jamais connu de ceux qui peuvent être arrêtés. Quand
« cet auteur a composé sa feuille sur les matériaux qu'il
« en a, on la copie. Alors on jette la minute au feu. Une
« autre personne porte la copie chez un imprimeur, cette
« personne vient prendre les exemplaires pour les distri-
« buer dans Paris. Il y a peut-être vingt bureaux qui en
« prennent cent chacun..... Et cet homme sait à qui
« donner ces exemplaires. Si l'on arrêtait aujourd'hui un
« de ces particuliers, sur le champ on avertit tous les
« autres, et on transporte les exemplaires dans un autre
« endroit, crainte de découverte, en sorte que, quelque

« personne que l'on arrête, la manivelle va toujours, et
« il n'est quasi pas possible d'arrêter le cours de ces
« *Nouvelles*. (Novembre 1731). »

« Et de fait, ajoute M. Hatin, les *Nouvelles ecclésiastiques*
« coururent pendant de longues années sans que le lieu-
« tenant de police en pût découvrir, ni l'auteur, ni le
« lieu où on les imprimait, ce qui ne laissait pas d'être
« humiliant pour le gouvernement, de ne pouvoir être
« obéi, ou de ne pouvoir découvrir où cela se faisait. En
« vain le roi menaçait les imprimeurs du carcan pour la
« première fois, et les autres du bannissement..... En
« vain l'archevêque de Paris défendait, sous peine
« d'excommunication, de la lire ou de la garder. En
« dépit de la police et de la Bastille, elle paraissait tou-
« jours plus vive, plus provoquante, plus audacieuse...
« Les *Nouvelles ecclésiastiques*, après avoir circulé quelque
« temps manuscrites, commencèrent à être imprimées
« en 1728, et persistèrent jusqu'en 1803. Pendant la
« tourmente révolutionnaire, elles s'étaient réfugiées à
« Utrecht, où elles furent publiées jusqu'à la fin. »

La police finit par apprendre qu'une de ces impri-
meries clandestines était établie dans le diocèse d'Auxerre,
et se cachait dans les forêts de la Puisaie. Elle envoya de
Paris en 1733, battre en tous sens ces régions boisées,
sans pouvoir d'abord rien découvrir. Nous avons entendu
raconter il y a longues années, à des vieillards dignes de
toute confiance, qui disaient tenir ces faits de leurs pères,
que le lieutenant de police était venu en personne à Saint-
Sauveur, d'où il avait, sans succès, pendant plusieurs jours
dirigé ses recherches dans les environs, et qu'au moment
où il revenait harassé et furieux de l'inutilité de ses perquisitions domiciliaires, il trouva dans sa voiture une édi-

tion entière des *Nouvelles*, sortant des presses et encore humide. Cette bravade perdit les auteurs de la publication. Le magistrat laissa en partant des agents secrets qui firent tant, qu'enfin l'imprimerie fut découverte dans une loge de charbonniers, au milieu des bois de Ronchères. Quelques jours après, un exempt, deux commissaires, d'autres gens de police, et un détachement de la maréchaussée de Saint-Fargeau arrivaient de grand matin chez le curé de Ronchères, l'arrêtaient avec deux ecclésiastiques qui se trouvaient chez lui, et faisaient une recherche exacte de ses papiers, dont ils remplissaient deux sacs qu'ils emportaient, pendant que la moitié de la cohorte allait à Treigny arrêter aussi le curé avec trois personnes qui l'aidaient dans son ministère, et saisissait de même tous ses papiers. Ces prisonniers étaient amenés en charrette, sous bonne escorte, et enfermés à Vincennes (1). Ce n'étaient point des hommes vulgaires. L'abbé Fleurs, curé de Ronchères, était le fils d'un avocat d'Arras, qui, après des études sérieuses en droit, avait obéi à sa vocation pour l'état ecclésiastique, et placé à Saint-Germain-l'Auxerrois, avait joui de la confiance intime du cardinal de Noailles. Le père Terrasson, curé de Treigny, était un prêtre distingué de l'Oratoire. Tous deux avaient, du temps du cardinal, prêché dans les églises de Paris avec le plus grand succès. Les églises, dit l'abbé Dettey, ne pouvaient contenir la foule d'auditeurs qui accouraient pour les entendre. Ils s'étaient bannis de Paris, quand le successeur du cardinal de Noailles avait voulu les soumettre au formulaire, et avaient trouvé le plus favorable accueil

---

(1) *Vie de M. de Caylus*, par Dettey, t. Ier, p. 420. — *Nouvelles ecclésiastiques* du 24 avril 1782.

auprès de M. de Caylus. Ce prélat, selon les *Nouvelles ecclésiastiques,* ayant alors deux grands-vicaires qui lui étaient suspects, avait principalement donné sa confiance à ceux-ci, qui, sans en avoir le titre, en réalité en faisaient les fonctions. On n'avait pas vu sans étonnement qu'ensuite il les avait envoyés dans deux petites paroisses de la Puisaie, celle de Ronchères surtout, village de trois cents habitants, perdu au milieu des bois, mais on remarquait qu'ils venaient souvent tous deux à Auxerre, et y étaient reçus par l'évêque, avec tous les témoignages possibles de confiance et d'amitié.

Leurs papiers, examinés avec le plus grand soin, ne fournirent rien contre eux. Aucun des sept prisonniers ne révéla un secret compromettant. M. de Caylus réclama vivement contre leur arrestation, et en demanda les motifs. Le cardinal de Fleury, premier ministre, se borna à répondre que le roi avait eu ses raisons, qu'il ne jugeait pas à propos de faire connaître. On renvoya, après quatre et cinq ans seulement, les ecclésiastiques subalternes. Mais le père Terrasson fut gardé neuf ans à Vincennes, et n'en sortit en 1743, qu'à cause du dépérissement de sa santé et de sa raison, et, après s'être démis de sa cure, pour être gardé à vue chez les Augustins d'Argenteuil. Il acheva d'y perdre la raison, et on le ramena à Paris, où il mourut en état complet de démence. Quant à l'abbé Fleurs, il resta à Vincennes jusqu'après la mort de M. de Caylus, et ne fut relâché, après vingt-trois ans, en 1756, qu'à la condition de ne plus jamais mettre le pied dans le diocèse d'Auxerre. Il mourut dans les environs de Paris en 1782. Les *Nouvelles ecclésiastiques* n'éprouvèrent aucune interruption de l'incident de 1733. Elles reparurent aussitôt ailleurs, et on les voit conserver à Auxerre jusqu'en

1789, où cesse la collection que la bibliothèque d'Auxerre tient de M. de Bastard, un correspondant actif et dévoué, qui met au courant de tout ce qui s'y passe. Il parait qu'elles avaient voulu reparaître à Auxerre en 1759, et que l'imprimeur Fournier fut poursuivi comme lui ayant prêté ses presses, à raison de ce qu'une vignette de cette feuille était identique à celle de l'almanach qu'il publiait. Il y eut un mandat d'arrestation contre lui, mais il put sans doute se justifier, autrement il eût couru de grands risques. M. de Caylus persévéra jusqu'à son dernier jour dans sa doctrine et dans son ardeur à la propager et à la défendre. Il avait été, dès l'année 1735, exilé dans son diocèse, avec défense d'en sortir. Mais cette sévérité n'avait jamais ébranlé ses convictions ni altéré sa fermeté. Sa haute naissance, le crédit que, malgré ses dissidences, il ne cessa de conserver à la cour, son grand savoir, sa piété sincère, son renom incontesté d'intégrité et de vertu, sa charité toujours ardente et généreuse, ses qualités affables et d'une politesse exquise de grand seigneur et d'homme du monde, qui lui conciliaient le respect et l'affection de toutes les classes de ses diocésains, la vénération et l'attachement de son clergé qui lui devint de plus en plus dévoué, et dans lequel se trouvaient, en grand nombre, des hommes éminents par la science et le caractère, le protégèrent toujours contre les coups que le parti opposé tentait de lui porter. Il est vrai aussi que sa doctrine avait pour elle le Parlement, qui, très contraire à l'ultramontanisme, déclarait dans ses arrêts, que la bulle n'était pas article de foi, condamnait les refus de sacrement aux malades qui la repoussaient, et envoyait même des huissiers pour contraindre, avec réquisition, s'il le fallait, de la force publique, les curés à administrer les récalcitrants à la bulle, ordonnait la saisie du temporel de l'archevêque de Paris qui s'opposait à ses arrêts, se laissait pour cela exiler en masse, et, rappelé ensuite par le roi, persévérait dans sa jurisprudence, faisait exiler l'archevêque à son tour, et supprimait même un bref du pape Benoit XIV, bien que, dans un lit de justice tenu en 1736, le roi eût commandé impérativement le silence et la paix à tous.

A de Caylus succéda Jean-Marie de Condorcet, ancien capitaine de chevaux-légers, qui avait quitté le service pour entrer dans les ordres, sur les conseils de son oncle, évêque de Rodez, dont, selon un livre curieux, mais qui est sans doute, ainsi que les *Nouvelles ecclésiastiques*, une œuvre bien éloignée d'une irréprochable impartialité, toute la science ecclésiastique consistait dans une aveugle soumission à la bulle (1). Il était devenu évêque de Gap, où, ayant trouvé deux vieux prêtres qui avaient autrefois appelé de la bulle, il les avait tout simplement fait emprisonner par lettre de cachet. Avant même de venir à Auxerre, il déclara nettement à des chanoines qui étaient venus le visiter, que, pour exercer le ministère sous son épiscopat, il fallait faire acte de soumission aux bulles contre Jansénius et Quesnel. Il prit, avec une solennité très sommaire, pendant l'office de complies, possession de son siège, et prononça un discours dans lequel il exhortait les fidèles « à la docilité et à la soumission, et à se « garder des anciens guides de ce diocèse. » Son premier

---

(1) Mémoire historique des faits qui se sont passés pendant la vacance du siége d'Auxerre après la mort de M. de Caylus, et de ceux de l'épiscopat de M. de Condorcet, son successeur immédiat. *En France*, 1770.

soin en arrivant, fut de faire interdire par le ministre l'oraison funèbre que l'on avait préparée pour son prédécesseur, et de renvoyer à Rome la bulle de sa nomination, afin qu'on en supprimât ces mots élogieux employés pour qualifier le précédent évêque, *vir bonæ memoriæ*. Nous ne savons s'il l'obtint. Ce fut, au reste, la seule fois que, pendant les six années de son épiscopat, il mit le pied dans son église, et quand, à diverses reprises, les chanoines, tant de vive voix et en corps, que par députations, ou par l'envoi de lettres ou mémoires, le prièrent d'y paraître et d'y venir officier, il leur déclara catégoriquement que ce ne serait que quand ils auraient signé le fameux formulaire. Selon les Mélanges manuscrits du chanoine Blonde, cet acte était ainsi conçu : « Je déclare que j'accepte la constitution *Unigenitus* « comme une règle de foi, et que, je suis dans la dispo- « sition de répandre jusqu'à la dernière goutte de mon « sang pour en répandre la doctrine. » Ils s'y refusèrent tous, et la guerre commença. Le nouvel évêque avait les dehors de courtoisie et de douceur d'un homme bien élevé, mais sous cette écorce polie, une intraitable tenacité. « Je « ne discute pas, disait-il souvent, je veux qu'on m'o- « béisse. » Les chanoines et tout le clergé du diocèse qu'avait formé à son image M. de Caylus pendant la longue durée de son épiscopat, n'étaient pas moins fermes dans leur résistance. Toutes les relations furent donc rompues entre le chapitre et l'évêque, et ce fut, pendant six ans, une suite non interrompue de querelles, de revendications, de protestations écrites et publiées, de procès, de sentences du bailliage, d'arrêts tant du Parlement que du Conseil d'Etat. L'évêque commença par révoquer tous les pouvoirs de confesser qui avaient été donnés par son prédécesseur à des chanoines et d'autres ecclésiastiques, pour les accorder aux jésuites, capucins et cordeliers, et à quelques prêtres qui paraissaient lui être dévoués. Puis il ordonna des missions, qu'il confia exclusivement à des religieux qui étaient chargés d'appliquer, justifier et exalter la fameuse bulle. En même temps, il annonça un catéchisme général pour la ville, dans la chapelle de son séminaire. Les curés déférèrent aussitôt, comme d'abus, cette mesure au Parlement, qui jugea qu'à eux seuls appartenait, d'après les canons, le droit de faire le catéchisme. Il voulut ensuite diminuer son prédécesseur dans l'estime et le respect publics, en faisant imprimer, sous le titre de *Supplément aux œuvres de M. de Caylus*, les mandements, instructions et autres pièces émanées de lui avant son appel contre la bulle, et pendant la période de son acceptation provisoire. Mais le bailliage, saisi de cette affaire par les héritiers du prélat, déclara la publication faite sans droit, et en ordonna la suppression. Il voulut déposséder les chanoines récalcitrants de leurs bénéfices, et les chapelains de leurs hôpitaux. « Ils me « déplaisent, » disait-il pour toute raison; mais le Parlement devant lequel ils se pourvurent, leur donna gain de cause. D'autres procès suivirent ceux-là, et l'évêque les perdit tous. Il s'attaqua aux créations les plus approuvées qui fussent sorties des mains de son prédécesseur. Ainsi M. de Caylus avait fondé à Varzy un collége dont le succès balançait celui du collége d'Auxerre. Il avait six professeurs d'un grand renom de savoir et d'habileté, qui avaient, par leur mérite et leur bonne administration, porté en peu d'années à cinquante le nombre de leurs pensionnaires. Il les révoqua, pour les remplacer par des sujets si peu capables et si relâchés dans leur direction et leur conduite personnelle, que l'établissement ne tarda pas à tomber complètement. Il voulut chasser du diocèce tous les prêtres, pour la plupart vieux et infirmes, qu'on y avait depuis longues années envoyés en exil par lettres de cachet. C'était se mettre en révolte contre les ordres du roi. N'y pouvant réussir, il leur interdisait tout ministère. Mais cette fois encore le droit et le Parlement y mettaient ordre. Il appelait du dehors beaucoup de prêtres nouveaux, et voulait les imposer, comme vicaires, aux curés que leur inamovibilité protégeait contre ses coups, et, si l'on en voulait croire les *Nouvelles ecclésiastiques*, il était peu scrupuleux sur leur moralité et leurs écarts. Il faisait des mandements hostiles, et le Parlement les annulait comme abusifs. Ils devinrent si agressifs et si violents, que le Conseil d'Etat s'en mêla, pour leur infliger un blâme sévère. Sans s'y arrêter, il en publia un en 1756, pour attaquer la jurisprudence du Parlement et du Conseil, en déclarant excommuniés *ipso facto* les magistrats qui rendraient des jugements relatifs aux refus de sacrements, et ceux qui auraient recours à cette voie pour les obtenir. Quelque critique que pût soulever cette jurisprudence, que le gouvernement ne repoussait pas, c'en était trop. Le Parlement condamna le mandement au feu, et le roi exila l'évêque à l'abbaye de Vauluisant. Il y resta deux ans, et n'en sortit que pour recommencer la lutte contre les curés qui ne se soumettaient pas à ses missionnaires. Les *Nouvelles ecclésiastiques* racontent, qu'après beaucoup de tracasseries individuelles, il s'avisa d'en citer cent trente à comparaître dans son château de Régennes, pour répondre à divers griefs. Le droit canonique d'alors assurait aux curés une grande indépendance. Ils refusèrent de s'y rendre, et se défendirent en réfutant les accusations devant le public. Il y en avait une qui consistait à reprocher à un certain nombre d'entre eux d'avoir de trop jeunes servantes. Ils produisirent la preuve que la plus jeune avait dépassé soixante ans. Tous ces débats valurent à l'évêque un nouvel exil à Montélimart, dans sa famille. Ils divertissaient fort les Auxerrois, qui ne ménageaient au prélat et à ses amis les jésuites, ni les pamphlets, ni les chansons. Le recueil manuscrit du chanoine Blonde contient un grand nombre de ces pièces qui ne manquent ni d'esprit ni surtout de malice. Il faut ajouter pourtant que l'extérieur plein de politesse de M. de Condorcet, ses manières empreintes d'une apparente franchise d'homme du monde et d'ancien militaire, qui contrastaient avec l'âpreté de son humeur batailleuse et l'aigreur de sa polémique, n'étaient pas sans lui avoir concilié des amitiés dans la société élevée, en même temps que les sermons de ses missionnaires, qui à l'austérité parfois renfrognée des jansénistes, substituaient, pour leur auditoire, l'attrait de la dévotion aisée, et leurs fêtes et cérémonies un peu mondaines, leur ralliaient en beaucoup de lieux, l'affluence curieuse et satisfaite de la foule. Mais l'ardeur impatiente du prélat ne pouvait se contenter de la lenteur de tels succès. Pour brusquer le triomphe de son œuvre, il entreprit une visite générale de son diocèse, où se mettant à rudoyer publiquement de vénérables curés, que leurs vertus et leurs services rendaient chers à leurs paroissiens, mais qui n'avaient pas signé son formulaire, et qui conservaient près d'eux, comme auxiliaires, de ces vieux prêtres dont les dernières années s'écoulaient dans un exil que leur avait valu leur persévérance dans leurs convictions jansénistes, et qui étaient eux-mêmes entourés de respect et d'affection, il souleva de vifs mécontentements parmi leurs paroissiens. Le public prit parti pour les victimes de cette brutale rigueur, et il y eut, en bien des lieux, à Gien, à Donzy, à Vermenton et ailleurs, des émotions qui se traduisirent en rassemblements et en témoignages bruyants de l'indignation publique. Le récit en fut transmis en haut lieu. Il fut dit que l'évêque mettait tout en combustion dans son diocèse. Le gouvernement du roi ne put supporter plus longtemps de telles perturbations, et le bouillant prélat fut transféré au siége de Lisieux. Cet évêché était moins riche que celui d'Auxerre, mais M. de Condorcet avait, disait-on, obtenu un dédommagement pécuniaire de son successeur, Jean-Marie Champion de Cicé, qui était déjà évêque de Troyes.

Celui-ci arrivait avec les mêmes convictions que son prédécesseur, avec la même résolution de déraciner le jansénisme, et d'amener le clergé et le pays à se soumettre aux doctrines qui avaient fini par prévaloir dans tous les autres diocèses. Il avait, pour l'accomplissement de ce dessein, une volonté ferme, persévérante et infatigable, qu'aucun obstacle ne pouvait abattre, et une ardeur assez énergique pour ne reculer devant aucun moyen, mais, en même temps, une prudence assez éclairée, une politique assez intelligente pour comprendre qu'il ne pouvait pas arriver à ses fins, en voulant, dès l'abord, les imposer avec violence, ni même les dévoiler avec une hautaine autorité. Le langage doucereux qu'il tint, en arrivant, et ses protestations conciliantes et pacifiques lui gagnèrent d'abord, même dans le chapitre, un certain nombre de partisans. Mais, d'autres, moins faciles à tromper, perçaient à jour, dès les premiers temps, sa profonde politique. Une fable très spirituelle, intitulée : *Les deux Chats et les Souris*, qu'un poëte anonyme adressait au clergé, et que le chanoine Blonde a transcrite dans son Recueil, se terminait par la moralité suivante :

« *Ceci s'adresse à vous, prêtres peu clairvoyants.*
« *De Condorcet l'humeur atrabilaire*
« *Vous rendit circonspects, sages et prévoyants,*
« *Mais de Cicé la douceur mensongère*
« *Vous charme, vous enchante, et vous asservira.*
« *Ce que, dans sa fureur, le premier n'a pu faire,*
« *En vous flattant, le second le fera.*

Les Nouvelles ecclésiastiques qui, à la vérité, lui étaient ouvertement hostiles, ont caractérisé plus tard (6 novembre 1776), dans ces termes rudes, mais qui ne manquent pas d'une certaine justesse, sa manière d'agir. « M. de « Condorcet se conduisait en lion fier de ses forces. On re- « trouve encore le lion dans M. de Cicé, mais, employant « toutes les ruses et la souplesse du renard. Ses discours « étaient pleins de douceur et de conciliation, mais ils « étaient toujours démentis par ses actions. En effet, il « parle d'abord avec grande estime de M. de Caylus. Il se « donne un air d'équité et de confiance envers le cha- « pitre. Il déplore les divisions et proteste de son aversion « contre les exigences du molinisme, de son respect pour « les droits curiaux. Il regarde la Constitution et le « formulaire comme très inutiles au bien de l'église. Mais « tout ce qu'il fait a pour but de les soutenir ; il ne rend « pas aux chanoines les attributions que M. de Condorcet « leur avait enlevées, et il n'a nul égard aux représen- « tations des curés. Son séminaire enseigne avec rigueur « les doctrines molinistes, et il ne place que des sujets « propres à les propager. Il ne réussit par là, continuent « *les Nouvelles,* qu'à convaincre de plus en plus les dio-

« césains de la fausseté et de la dissimulation qui diri-
« geaient toutes ses démarches. » En même temps, par
ses manières affables, sa grande fortune, le crédit dont
il jouissait, et sa tolérance, sinon sa faveur, pour des
divertissements et une facilité de mœurs que n'avait
jamais tolérés le rigorisme janséniste, il s'efforçait, non
sans quelque succès, de se faire dans le public des partisans et des amis. Les obstacles ne l'arrêtent pas. Il en
rencontre pourtant de très graves. En 1761, les jésuites
sont, par un arrêt du parlement, chassés de l'instruction
publique. Cette mesure, qui était une bien sévère revanche
des persécutions, dont, pendant si longtemps ils avaient
écrasé leurs adversaires, est exécutée à Auxerre avec une
grande rigueur, car, sous le prétexte que les membres
de cette compagnie ont fait individuellement le vœu de
pauvreté, on s'empare des propriétés de leur collége, qui
étaient le produit des épargnes de leur congrégation. M. de
Cicé s'efforce alors d'émouvoir la compassion publique en
leur faveur. Il parle toujours de conciliation et de paix,
mais il prend de sourdes mesures pour venger ces amis
de son cœur de leur exil et de leur spoliation. Quand le
collége est réorganisé avec des professeurs, tant laïcs
qu'ecclésiastiques séculiers, nommés par le corps municipal, il s'oppose à leur installation, en prétendant que
c'est à lui seul qu'il appartient de les choisir. Il se pour-
voit devant les ministres, mais il n'obtient pas gain de
cause. Sur quoi, s'armant du texte des lettres-patentes,
par lesquelles cette réorganisation a été autorisée, et qui
portent que les professeurs devront être maîtres-ès-arts,
il forme un nouveau pourvoi pour faire exclure ceux
d'entre eux qui n'en ont pas encore le diplôme. Il échoue
dans cette nouvelle tentative, et, pendant la durée de ces

procédures, le collége, dirigé par des maîtres distingués, a obtenu un tel succès, qu'il dépasse de beaucoup en renom et en prospérité ce qu'il avait été entre les mains des jésuites. Alors, le prélat, jaloux de ce succès et de cette splendeur, songe à les diminuer, si ce n'est à les ruiner, en leur suscitant un puissant rival. Il entreprend d'élever à Clamecy un autre et grand collége, et, avec de pompeuses promesses, il entraîne cette ville dans d'énormes dépenses pour cette fondation. Mais les éléments de succès y manquent, et les pensionnaires y font défaut. Il ne se décourage pas, et, par son crédit au ministère, il obtient pour cette institution, le titre d'*École royale militaire*, avec soixante bourses pour de jeunes gentilshommes qui y sont envoyés. Vains efforts. Les moyens de direction et d'instruction qu'il avait annoncés au gouvernement pour ces élèves militaires étant insuffisants, l'indiscipline se met dans leurs rangs mal surveillés. Leurs révoltes, leurs excès au dehors, amenèrent des désordres sur lesquels la justice fut forcée d'informer. Les boursiers se dispersèrent, et en moins de trois ans l'école tomba en décadence, pour disparaître bientôt après.

Cependant le parti que, par la politesse empressée de ses réceptions et ses manières ouvertes et affables, M. de Cicé s'était efforcé de se former dans les classes élevées et moyennes de la société, et surtout dans la jeunesse toujours amie des nouveautés et des plaisirs, s'était grossi de beaucoup d'adhérents, et il fut en état de se présenter, avec des forces sérieuses, dans la lutte qui s'ouvrit à Auxerre pour la composition du corps municipal, en exécution d'un édit de 1765, qui créait pour cette opération une élection à trois degrés. Deux fois pourtant il fut battu. Mais, ayant eu le crédit de faire, à deux reprises différentes, annuler le scrutin pour vices de formes, par le Parlement, son parti fut vainqueur dans une troisième épreuve. Un autre événement se joignit peu d'années après à celui-là, pour augmenter son influence et son pouvoir. C'était le coup d'État par lequel en 1771 fut frappé le Parlement. Ce grand corps était dissous, ses membres exilés. Un nouveau tribunal, moins nombreux, et qui, du nom du ministre qui l'avait créé, est resté fameux sous le nom de Parlement Maupeou, était créé pour le remplacer. L'évêque, qui était un des amis du chancelier de ce nom, et, dit-on, un des habitués des salons de Mme du Barry, entrait dans ce nouveau Parlement, avec le titre de conseiller d'honneur. Les bailliages royaux subissaient le contre-coup de cette révolution judiciaire. Celui de l'Auxerrois, qui comptait vingt-cinq magistrats, en perdait seize, et on lui en adjoignait cinq nouveaux, choisis parmi les partisans dévoués du prélat. Comme le bureau du collége était composé en majorité de délégués du corps de ville et du bailliage, la direction de cet établissement, dont l'évêque disait que c'était un volcan toujours dirigé contre lui, tombait par là entre ses mains, ce qu'il avait longtemps ambitionné, et il devenait maître d'exercer sur lui ses ressentiments et les vengeances du parti jésuite. Ce résultat ne se fit pas longtemps attendre, et cette fois, le dépit et la colère l'emportèrent sur la prudence et l'habileté.

Une délibération du nouveau bureau renvoie d'abord tous les professeurs, hors un, par le motif qu'ils n'ont pas le diplôme de maîtres-ès-arts. Et, comme ils refusent de se soumettre à ce renvoi, et déclarent qu'ils vont se pourvoir au Conseil du roi, qui déjà six ans auparavant, les a dispensés de ce diplôme, voici le grand coup dont on ne craint pas de les frapper.

On trouve des dénonciateurs pour leur imputer de donner un enseignement pernicieux à leurs élèves, et de leur faire entendre un langage irrévérent et factieux. Une instruction judiciaire est ouverte. Des écoliers qui ont été chassés pour inconduite sont entendus comme témoins contre leurs maîtres. Mais, pour toute charge, il en ressort seulement qu'on a vu entre les mains de ceux-ci des livres d'Arnaud, Nicolle, et autres écrivains de Port-Royal, et aussi quelques numéros des *Nouvelles ecclésiastiques*. Le principal, membre vénérable du chapitre, est incriminé aussi, et au nombre des faits qu'on lui reproche, celui-ci, pour lequel personne aujourd'hui ne trouverait que des éloges, c'est d'avoir donné en prix à ses élèves l'irréprochable et excellent livre des Opuscules de Rollin. Mais ce savant et vénérable recteur de l'Université n'avait pas approuvé la bulle Unigenitus. C'en était assez pour que ses livres fussent dignes de réprobation. Quoiqu'il en soit, assignés d'abord devant le lieutenant-criminel du nouveau bailliage, ils sont, avec l'aide du Parlement Maupeou, décrétés de prise de corps. Éclairés, par cette étrange procédure, sur les desseins de leurs ennemis, ils se mettent, par une prompte retraite, à l'abri du sort qui les attendait. Et alors, grâce à l'épuration que l'on avait fait subir au personnel du bailliage, le principal et les professeurs sont, par une abominable iniquité, frappés de condamnations infamantes, par une sentence du 14 août 1773.

Deux d'entre eux sont condamnés au fouet, à la marque et aux galères à perpétuité;

Deux autres sont bannis à perpétuité, et leurs biens confisqués;

Un cinquième est banni pour neuf ans;

Un dernier condamné au blâme et à l'amende.

Une disposition de la sentence porte qu'elle sera affichée dans tout le diocèse, et publiée dans chaque église à l'issue de la messe paroissiale. Cette affiche, mise par le bourreau à un poteau, sur la place du Pilori, avait le caractère d'une exécution en effigie.

Vingt ans après, M. de Cicé était à son tour proscrit, à raison de sa qualité et de ses opinions. Il mourut dans l'exil, et en exhalant son dernier soupir loin de la France, il put gémir douloureusement sur les excès d'une intolérance, dont il avait lui-même donné l'exemple, avant d'en subir les rigueurs.

Cet odieux jugement fut, non-seulement à Auxerre, mais dans tout le diocèse, l'objet de la réprobation publique, qui n'hésita pas à se prononcer hautement contre lui. Deux des maîtres frappés étaient des chanoines de la cathédrale, et le chapitre, prenant parti pour eux, décida que les revenus de leur prébende continueraient à être mis à leur disposition, comme s'ils étaient présents. L'évêque affectait de plaindre les condamnés. Mais les juges, devenus l'objet d'une indignation générale, ne craignaient pas de déclarer qu'ils n'avaient fait que céder à ses obsessions. Devant le soulèvement de l'opinion publique, il partit et resta longtemps éloigné. Moins de deux ans après, le roi mourut, et Louis XVI, en lui succédant, commençait par rappeler l'ancien Parlement, et rétablir sur leurs siéges tous les magistrats provinciaux que l'on en avait fait descendre. Le principal et les professeurs interjetaient alors leur appel, et le Parlement, en déclarant calomnieuses les accusations portées contre eux, les renvoyait absous, et les autorisait à prendre à partie les juges qui les avaient condamnés. Ils eurent la générosité de n'en rien faire, et ils trouvaient une réparation suffisante dans leur remise en possession de leur collége. Mais, au moment où ils allaient en rouvrir les cours, le crédit qu'avait conservé l'évêque obtenait du ministère que le titre et les soixante bourses de l'École royale Militaire de Clamecy fussent transférés au collége d'Auxerre, et que cet établissement fût placé sous la direction des bénédictins de la Congrégation de Saint-Maur. La situation de ce prélat, dans son diocèse, n'en était pas moins devenue très difficile. Aussi, faisait-il depuis ce temps des absences prolongées. Au reste, dès auparavant, il était peu scrupuleux sur la résidence. Il passait une bonne partie de l'année à Paris, et les *Nouvelles ecclésiastiques* remarquaient en 1782, que, depuis vingt ans qu'il siégeait, il n'avait pas encore fait la visite de son diocèse. Mais, pour l'exécution des desseins qu'il n'avait pas encore abandonnés, le temps lui venait en aide. La mort enlevait chaque année quelques-uns des chanoines et des curés que M. de Caylus avait placés, et tous les nouveaux étaient pris dans le parti opposé. Vers 1780, les deux partis étaient en nombre presque égal, et en 1789, une majorité, quoique très faible, était acquise à l'évêque qui, dans l'assemblée du clergé, l'emporta de quelques voix sur un curé, son concurrent, pour être élu député de cet ordre aux États-Généraux. Il y eut toutefois, dans le sein de cette assemblée, un curieux incident. On lui proposa d'émettre un vœu, dans son cahier d'observations adressé aux États-Généraux, pour l'exécution des lois et ordonnances sur la résidence des évêques. Elle s'y refusa. Alors un des chanoines, délégué par le chapitre, insista sur ce sujet dans un long discours qui contenait les allusions les plus mordantes, et qu'il fit ensuite imprimer sous le titre de « Discours adressé à la Chambre du clergé, le 3 avril

« 1789, par M. Villetard, chanoine de la cathédrale d'Au-
« xerre, au nom de son commettant, sur le refus fait par
« elle de demander nommément dans son cahier pour les
« États-Généraux, la résidence des évêques, nonobstant
« le vœu formé à ce sujet par un grand nombre de curés
« du diocèse dans leurs doléances particulières. » Mais,
si la majorité était pour l'évêque dans le clergé, il paraît
qu'elle était encore contre lui dans la population, car les
cahiers de plusieurs paroisses réclamaient pour que la
résidence des évêques fût obligatoire, et le cahier général
de l'assemblée du tiers-état y prit et adopta un article, demandant « que l'exécution des canons et réglements con-
« cernant la nécessité de la résidence des évêques et des
« curés soit efficacement assurée, et que pour y parvenir,
« et à la réformation des mœurs, il soit tenu tous les
« ans, dans chaque diocèse, un synode..... et, tous les
« cinq ans, des conciles provinciaux, où les habitants
« pourront envoyer des députés pour y porter leurs plain-
« tes sur l'inexécution des règlements pour la résidence,
« visite des évêques, instruction par les curés, et mœurs
« des ecclésiastiques. »

La révolution qui vint ensuite, frappa également sur
les jansénistes et les molinistes, et quand, en l'an VIII,
le culte fut rétabli, la persécution et les souffrances qu'ils
avaient endurées en commun, leur avait fait, sinon ou-
blier leurs dissensions, du moins prendre le parti de n'en
plus parler.

La direction des bénédictins dans l'École militaire
d'Auxerre n'était pas sans éclat et sans succès, quoiqu'elle fût, tant qu'elle dura, fort critiquée par les *Nouvelles ecclésiastiques*. Ils formèrent d'excellents élèves,
dont deux acquirent plus tard, dans des carrières diffé-

rentes, une haute illustration. L'un était Joseph Fourier, fils d'un pauvre ouvrier d'Auxerre, qui devint un grand mathématicien, et fut secrétaire perpétuel de l'Académie des sciences. L'autre, Louis Nicolas Davout, enfant orphelin d'un gentilhomme du Tonnerrois, élevé par son génie militaire, aux titres et dignités de maréchal de France, duc d'Auerstaëdt, et prince d'Eckmühl, sera l'éternel honneur du pays qui l'a vu naître et des maîtres qui l'ont formé. Mais, faute d'ordre et d'une comptabilité régulière, les bénédictins du collège s'étaient, en quatorze ans, endettés de 80,000 fr., quand, en 1791, leur école fut supprimée.

Pendant la première moitié du dix-huitième siècle, c'est-à-dire pendant toute la durée de l'administration de M. de Caylus, l'influente autorité de ce prélat, et les austères habitudes de son clergé, avaient préservé tout son diocèse de la contagion morale que les débordements de la Régence avaient propagée ailleurs. Les mœurs y étaient restées graves et pures. Ce point est constaté par le témoignage et les écrits d'un homme de lettres, qui ne peut être suspect de partialité en faveur de la moralité publique, Restif de la Bretonne (1). Les classes élevées tenaient à honneur de suivre, dans leur rigorisme, les instructions et les exemples des hommes d'église. Les curés avaient, dans leurs paroisses de campagne, une grande et salutaire autorité morale. La puissance paternelle y était presque absolue et universellement respectée, la sobriété pratiquée et honorée partout et la débauche à peu près inconnue. On trouve d'amples et curieux détails

(1) Voir les livres intitulés : *La Vie de mon Père*, *la Malédiction paternelle*, et les deux premiers volumes des *Mémoires de M. Nicolas*, etc.

sur ce sujet, dans les Mémoires de l'écrivain que nous venons de citer. Ce puritanisme avait même atteint dans ce pays une exagération manifeste. On en peut juger par ce fait que les représentations théâtrales y étaient absolument interdites. Aussitôt après la mort de M. de Caylus, une troupe d'acteurs, croyant que cet événement mettait un terme à leur proscription, s'était glissée dans la ville d'Auxerre et avait obtenu la permission d'y établir un théâtre en planches sur une place publique. La curiosité était vivement excitée par le programme qu'ils avaient annoncé. Mais le Chapitre qui, d'après ses statuts, avait, pendant la vacance du siége épiscopal, le gouvernement du diocèse, se hâta de publier un mandement sévère contre ces plaisirs trop mondains, et il produisit un tel effet, que le théâtre resta vide, et que, faute de spectateurs, les comédiens durent promptement déguerpir. Toutefois, pour avoir longtemps attendu, le contre-coup des mœurs de la Régence n'en finit pas moins par envahir notre contrée. Peu de temps après l'installation de M. de Condorcet, quand lui, et, après lui son successeur, furent parvenus à se créer un parti qui dénigrait les doctrines jansénistes et blâmait l'excès de leur austérité, il s'en forma un autre, dont les rangs se grossirent bientôt de nombreux prosélytes. C'était celui des amis du plaisir, qui le recherchaient avidement sous toutes ses formes (1), et dont l'ardente réaction ne tarda guère à amener un relâchement des mœurs. On en vit des exemples jusque dans le clergé et, chose triste à dire, dans le Chapitre de la cathédrale, où l'on se vit forcé de sévir contre de graves écarts. On en arriva même, chez un certain nombre de personnes de la

---

(1) Chardon, *Histoire d'Auxerre*, t. II, p. 556.

société, à une corruption effrénée, dont les scandaleux souvenirs, que nous ont transmis des contemporains, se racontent encore avec d'étranges détails. Si l'on voulait en croire les Mémoires de Restif de la Bretonne, M. de Condorcet aurait, par une conduite privée qui tenait beaucoup trop de l'officier de cavalerie, donné l'exemple de ces désordres, et les *Nouvelles ecclésiastiques* en imputent autant, quoique dans un langage couvert, à M. de Cicé (1). Mais ce n'est, ni par le témoignage d'un romancier cynique, ni par les sourdes insinuations d'une feuille vouée à un parti ouvertement hostile, que l'on peut ternir la mémoire de personnages aussi élevés. Il serait injuste aussi d'imputer ces débordements aux doctrines du parti qui avait pris la domination du diocèse. C'était seulement le contre-coup attardé des mauvaises mœurs introduites à la cour par la Régence, et dont le triste exemple s'était étendu bientôt à la ville et à la province. Mais on ne saurait méconnaître que l'austérité, peut-être exagérée, que M. de Caylus avait imposée à son diocèse, avait eu du moins cet avantage d'y retarder l'invasion de cette licence désordonnée, qui fit explosion lorsqu'elle cessa d'être aussi énergiquement comprimée.

Le dix-huitième siècle vit naître et se développer dans l'Auxerrois, un mouvement littéraire, dont Lebeuf donna le premier signal en 1716 et 1723, par son livre sur la *Vie de Saint-Pélerin*, et par son *Histoire de la prise d'Auxerre par les huguenots*, œuvre précédée d'une savante préface

(1) « Un jeune prêtre, qui est un scandale public, vivait « d'une manière si dissolue, qu'on avait été contraint de « l'interdire. Mais, dans ces sortes de cas, Mgr l'évêque ouvre « bientôt son cœur à la miséricorde.... *miseris succurrere* « *disco. (Nouvelles ecclésiastiques du 3 octobre 1786).*

où sont rapidement esquissés les principaux faits historiques qui touchent à la contrée. Ils furent suivis, vingt ans après, de ses Mémoires sur l'histoire civile de la ville d'Auxerre, et l'histoire ecclésiastique de son diocèse. En même temps et depuis, l'auteur avait donné, dans divers recueils périodiques, un nombre très considérable de dissertations, et autres écrits historiques et archéologiques qui lui ouvrirent les portes de l'Académie des inscriptions, et lui donnèrent le renom, qu'a confirmé Voltaire, d'être un des hommes les plus profondément versés dans l'histoire de la France. Plusieurs chanoines du Chapitre, Mignot, Potel, Dettey, et d'autres encore, publièrent ensuite de doctes et précieux travaux. En 1750, ces savants hommes et plusieurs de leurs amis, se réunirent pour fonder, sous les auspices de M. de Caylus, une « Société des « Sciences, Arts et Belles-Lettres. » Le prince de Condé, gouverneur de la Bourgogne, accepta le titre de protecteur de la Compagnie, et M. de Caylus en demeura le président-né. Elle comptait, avec Lebeuf fixé depuis longtemps à Paris, d'illustres correspondants, dont plusieurs, tant dans l'Académie des Sciences, que dans celle des Inscriptions, et dans l'Académie Française, Haller, Monge, Lalande, Soufflot, Bonami, La Curne de Sainte-Pallaie, Grosley, Daubenton, Nollet, Buache, Beauzée, Trublet, La Bletterie et Sedaine. Elle n'a rien publié, mais ses procès-verbaux constatent la lecture successive et périodique d'un très grand nombre de mémoires et dissertations. Potel, Pasumot et Dettey, sont les seuls qui aient fait imprimer les leurs, qu'on lit encore avec fruit. Son existence se prolongea pendant vingt ans. M. de Condorcet lui avait laissé sa liberté d'action. Il en fut autrement de M. de Cicé qui, redoutant sans doute que le jansénisme s'y abritât sous prétexte de science, ou que la haute considération qu'elle acquérait ne nuisît à sa propre influence, chercha à diverses reprises à ébranler son indépendance. Elle put pourtant, en se donnant un puissant protecteur dans les bureaux du ministère de la maison du roi, se faire instituer par lettres-patentes, sous le titre d'Académie royale d'Auxerre. Mais l'hostilité de l'évêque n'en fut pas désarmée, et, comme la Société se refusa à se soumettre à sa domination absolue, et à n'admettre aucun membre nouveau sans son autorisation, il la poursuivit de ses dénonciations secrètes, et une lettre ministérielle, qu'il obtint en 1772, enjoignit aux académiciens de cesser de se réunir jusqu'à nouvel ordre. Cette mesure survenait au moment où il allait commencer son attaque contre le collége, et il se peut qu'elle se liât dans son esprit à ce dernier projet, dans l'exécution duquel il appréhendait peut-être de voir l'Académie prendre la défense des professeurs.

Durant ce siècle furent reconstruites, dans le diocèse, sur plans nouveaux, imités, d'après le goût du temps, de l'art romain, deux églises, celles d'Irancy et de Coulanges-la-Vineuse. Celle-ci, œuvre de Servandoni, architecte de St-Sulpice, est, dans son style, un édifice fort remarquable. M. de Caylus avait entrepris la reconstruction, dans le goût moderne, du vieux château-fort de Régennes, qui était la principale résidence de nos évêques. Il mourut avant de l'avoir achevée, et, c'est sous M. de Cicé qu'elle fut terminée. Mais celui-ci n'en jouit pas longtemps, et la Révolution amena bientôt la vente et la démolition de cet édifice, qui était d'une assez somptueuse magnificence. L'art du moyen-âge était alors tombé dans un grand mépris, et non-seulement on dénigrait avec mépris les monuments de l'époque romane et des divers âges du style ogival, mais on s'en prenait aux sculptures des jubés, des autels, des retables, des tombeaux, et autres ouvrages d'art, dont les siècles antérieurs avaient décoré l'intérieur des édifices consacrés au culte. Le clergé, cela est affligeant à dire, était à la tête de cette triste croisade, contre les œuvres des vieux artistes nationaux. On s'évertuait à les expulser des églises, et parfois même à les détruire ; heureux quand on n'étendait pas cette rage de destruction à l'extérieur même des sanctuaires, comme on le fit à la façade de la cathédrale d'Autun, où l'on cacha sous une épaisse couche de plâtre, un splendide bas-relief représentant le jugement dernier, que par les soins de Mgr. Devoucoux, notre âge a vu reparaître, et à la Charité, où on élevait d'ignobles constructions, pour cacher à tous les yeux les admirables sculptures qui ornaient l'étage inférieur de la tour de Sainte-Croix. Ces beaux exemples, qui se répétaient, avec une sorte d'acharnement, dans tant d'églises et de monastères, et qui, comme on l'a dit récemment (1), semblait présager les ravages causés plus tard par les septembriseurs, excitèrent sans doute l'émulation du Chapitre de la cathédrale d'Auxerre qui, en 1744, fit d'abord démolir le grand jubé, que le commencement du seizième siècle avait élevé pour séparer le chœur de la nef. Il eût bien dû au moins profiter de cette suppression, pour rouvrir le double escalier qui donnait autrefois, à cette place, accès à la belle église souterraine du onzième siècle, que cette construction avait fermée. On peut aussi, à cette occasion, exprimer le regret que

---

(1) Notice sur le **Lavatorium** de l'ancien hôpital de Saint-Jean d'Angers, par M. A. Parrot.

M. Viollet-Leduc qui a, il y a trente ans, restauré avec tant de science et de goût, cette magnifique crypte, n'ait pas jugé à propos de compléter son ouvrage en rétablissant cette communication intérieure, qui était jadis si précieuse et d'un si grand aspect. En 1768, les chanoines entreprirent bien d'autres suppressions. Ils firent démolir les deux portes collatérales qui séparaient les bas-côtés du chœur de ceux de la nef, et qui étaient chargés de statues et de bas-reliefs. En même temps, ils firent enlever et disparaître tous les groupes, statues et autres œuvres de sculptures qui avaient été mises, à diverses époques, soit dans les chapelles, soit dans les nefs. C'était « pour rendre l'église plus propre, » dit le chanoine Blonde, dans son Recueil manuscrit. C'était « pour la « nettoyer, et parce que beaucoup de ces œuvres sont « déjà mutilées », porte une délibération, comme si ce n'était pas suivre l'exemple des mutilateurs de 1567, et encourager ceux qui devaient venir en 1793, que de détruire des œuvres dont une partie était encore intacte, et l'autre susceptible, sans doute, d'être restaurée, et vénérable encore dans son état de mutilation. La véritable cause était, de l'aveu d'un d'entre eux (1), « qu'elles ne pré- « sentaient que des légendes, et qu'il était à propos de « supprimer les images légendaires, comme on venait de « le faire dans le texte nouvellement réformé des offices. » Autre erreur, contre laquelle l'église proteste aujourd'hui, parce que, sous la poésie des représentations légendaires, on trouve toujours, avec bonheur, une signification historique qui satisfait le goût et la raison.

(1) **Mémoire sur l'église d'Auxerre**, dans le *Journal de Verdun*, attribué au chanoine Potel.

L'exagération de l'hostilité contre les légendes avait conduit les chanoines à une oblitération presque complète du sentiment de l'art. Le 16 avril 1768, ils nomment une commission « pour voir avec les ouvriers où on placera « les figures provenant de la démolition des portiques « collatéraux. » Le 12 août suivant, ils décident « qu'on « les descendra *dans les caves, au-dessous du chœur.* » La vénérable église souterraine, cette œuvre admirable du xie siècle, n'est plus pour eux, « qu'une cave au-des- « sous du chœur. » Que sont-elles devenues, ces statues? Elles ont été arrachées à leur retraite, pour les donner à des maçons qui les ont employées, comme des moëllons, dans des constructions nouvelles. On cite deux maisons voisines de la halle au blé, qui avaient été faites avec des débris de ces œuvres monumentales. Et, quand on démolit à Auxerre, des constructions du siècle dernier, il n'est pas rare d'y trouver, dans les fondations, des bustes de saints ou autres débris de sculptures. C'est ainsi qu'ils firent démolir encore une statue colossale de saint Christophe, portant à travers les eaux le Christ sur ses épaules. Celle-là, à la vérité, n'était pas d'un goût très pur, mais que dire du vandalisme qui leur fit chasser de sa chapelle un bas-relief de Notre-Dame-de-Pitié. On lit dans une de leurs délibérations : « Un de messieurs ayant « demandé que le bas-relief représentant Notre-Dame- « de-Pitié, qui était adossé à l'autel des féries, en face « de la chapelle Saint-Alexandre, fût placé dans quelque « autre endroit de l'église, où l'on pût faire la station « ordinaire du vendredi de la Passion, MM. ont conclu « de chercher l'endroit qui conviendrait le mieux. » Apparemment, on ne trouve, dans la vaste cathédrale, aucun endroit pour donner un asile à la madone bannie de sa place séculaire, car une autre délibération, prise quatre ans après, porte :

« Il a été conclu d'accorder les images de la Vierge-
« de-Pitié, à M. le curé de Vaux, qui les demande pour
« les placer dans son église. »

La pauvre exilée a disparu alors ou depuis ; car je l'ai vraiment cherchée dans l'église de Vaux, où pas plus que dans celle d'Auxerre, on ne trouve aucun reste de tant d'œuvres d'art inexorablement sacrifiées. C'est dans le même esprit qu'ils supprimèrent « le grand autel qui
« était entouré de six colonnes et de rideaux à garniture
« d'or, avec lesquels, selon un usage ancien et immé-
« morial, on fermait la vue de l'autel dans certains temps
« à la célébration des saints mystères. » Ils vendirent aussi, à cette époque, les précieuses tapisseries de la légende de l'invention des reliques de Saint-Étienne, que l'évêque Baillet avait données à l'église vers l'an 1500, et qui, heureusement, furent achetées et ont été conservées par l'administration de l'Hôtel-Dieu. Et, pour couronner l'œuvre, ils suspendirent au-dessus du nouvel autel, un grand baldaquin, soutenu par deux anges, d'un goût des plus contestables, et firent revêtir d'une cannelure peinte en grisaille les colonnes du sanctuaire. Tout cela avait subsisté jusqu'à notre temps, et vient seulement de disparaître devant un goût plus éclairé. Ces regrettables exemples n'avaient été que trop fidèlement suivis dans les autres églises du diocèse, où sont restées très rares les œuvres d'art du moyen-âge.

La fortune publique et l'aisance générale avaient, dans le cours de ce siècle, sensiblement diminué dans le comté Auxerrois, ce qui y avait déterminé une décroissance notable de la population. Ainsi, dans la ville même d'Auxerre, le nombre des feux imposables qui, à la suite de la ruine des finances municipales dans la seconde moitié du siècle précédent, et des lourds octrois imposés pour en éteindre le déficit, était tombé. en 1692, de 2,400 qui s'y trouvaient vingt-cinq ans auparavant, à 1,970 seulement, ne s'était guère relevé dans les années suivantes, car en 1725, il n'était encore que de 2,056. Mais il avait constamment décru depuis cette date. Il n'était que de 1,644 en 1755. Trente ans après, en 1785, il était descendu à 1,414, et le recensement général de la population, opéré en 1790, constatait qu'il ne s'y trouvait plus que 10,736 habitants. Les États de Bourgogne s'étaient préoccupés de cette décadence progressive, et avaient voulu ranimer l'aisance par l'industrie. Une filature de coton avait été établie en 1767 à Auxerre, et des efforts avaient été tentés pour propager ce travail industriel dans diverses localités du pays. Un relevé fait en 1772 porte qu'il y avait soixante-treize personnes qui le pratiquaient à Saint-Fargeau, vingt-trois à Toucy, vingt-deux à Coulanges-la-Vineuse, et neuf à Ouaine. Cette tentative n'eut malheureusement aucun succès durable, et à la fin du siècle il n'en restait presque rien. Une opinion assez répandue attribuait ce mal aux droits d'aides, c'est-à-dire à l'impôt sur les boissons, qui pesait fâcheusement sur l'industrie viticole, non seulement par l'exagération de ses tarifs, mais encore par la gêne intolérable de ses exercices à domicile, et par les mesures vexatoires des agents des fermiers-généraux pour assurer son recouvrement. En 1786, un commissionnaire de vins d'Auxerre, du nom de Villetard, qui était échevin de la ville et député aux États, leur proposa d'entrer en négociation pour racheter ces droits d'aides,

Cette proposition fut acceptée et le gouvernement l'accueillit. Le prix du rachat fut établi sur le produit moyen de ces droits et fixé à six millions. La province avançait cette somme, et les contrées viticoles devaient lui tenir compte des intérêts de leur part contributive. Le comté d'Auxerre, très abondant en vignes, y entrait pour deux millions cent quatorze mille neuf cent soixante-quatre livres. L'annonce de cet affranchissement excita dans tout l'Auxerrois des transports de joie inexprimables, et, dans le premier élan de cet enthousiasme, personne ne se préoccupait de l'énormité de la somme à payer pour se débarrasser des commis et des exercices. Le corps municipal d'Auxerre arrêta que l'on ferait faire des bustes en marbre du roi, du prince de Condé, gouverneur de la Bourgogne, et des trois Élus-généraux; que le secrétaire-général des États recevrait pour lui et pour ses descendants à perpétuité le titre de *Citoyen d'Auxerre*, que Villetard serait échevin honoraire et perpétuel, et qu'une inscription commémorative de ce grand événement serait gravée sur une table de marbre dans la principale salle de la Mairie. Elle fut exécutée sur-le-champ et on la voit encore dans une des salles de l'Hôtel-de-Ville. Mais, quand on vint à chercher les moyens de payer les intérêts de cette énorme dette de 2,114,964 fr. et d'y faire contribuer toutes les paroisses viticoles, l'embarras fut grand. Les délibérations se succédèrent longtemps sans résultat. On était, en 1788, tombé d'accord pour que chacun se libérât en nature sur le produit de ses vignes, ce qui, dans l'exécution, devait amener des difficultés infinies et inextricables. La Révolution, qui survint peu après, emporta pour un temps les droits d'aides et délivra le pays des embarras, pires peut-être que l'exercice de ces droits, qu'il eût éprouvés pour accomplir ses engagements. Mais, dix-huit ans après, l'impôt sur les boissons ressuscitait sous le titre de Droits-réunis.

Les dettes de l'État, déjà énormes à l'avénement de Louis XVI, et que les guerres d'Amérique avaient encore grossies, nécessitèrent dans les impôts une augmentation, que rendaient encore plus dure à supporter, l'inégalité de leur assiette et l'exemption qui en affranchissait la noblesse et le clergé, privilége contre lequel protestait déjà depuis longtemps l'esprit du siècle. De là des difficultés toujours croissantes et une agitation extrême de l'opinion publique, qui réclamait à grands cris, comme l'unique remède au mal, la convocation des États-généraux. Le roi se rendit à ce vœu presque unanime. Il décida, le 27 décembre 1788, que, dans chaque bailliage ou sénéchaussée, le clergé et la noblesse enverraient chacun un député, et que le tiers-état en aurait un nombre double. Toutes les paroisses du royaume devaient dresser un cahier de leurs vœux et observations, et choisir chacune un électeur qui se rendrait à l'assemblée générale, réunie au chef-lieu du bailliage, pour élire un nombre de députés proportionné à l'importance de leur population.

M. Courtaut a donné, dans le tome IV du Bulletin de la Société des Sciences historiques et naturelles de l'Yonne, une très intéressante analyse des cahiers particuliers des paroisses de l'Auxerrois, y compris le Donziais, son annexe. Les préjugés erronés, les erreurs économiques et l'inexpérience administrative s'y révèlent sans doute. Mais ces cahiers n'en sont pas moins dignes d'attention par la gravité, par la droiture et le bon sens de la plupart des vœux émis pour remédier au mal, par la justesse et la modération des réclamations qui y sont consignées.

On y retrouve toutes les améliorations que la législation et l'administration françaises ont opérées successivement pendant les quatre-vingts ans qui ont suivi cette grande époque.

Les électeurs du Tiers-État se réunirent une première fois à Auxerre, le 23 mars 1789, à l'effet de nommer une commission pour examiner ces cahiers, et consigner dans un cahier général tous ceux des vœux, réclamations et propositions qui paraîtraient conformes aux besoins et aux convictions de l'ensemble du pays. Son travail, que M. Courtaut a publié textuellement (1), est une œuvre des plus remarquables par la méthode, la concision du style et l'élévation des idées dans ses divers chapitres. Il traite successivement de l'administration, de la législation, des droits seigneuriaux, de la religion et du clergé, et enfin des impôts, et montre un savoir solide et étendu, une maturité et une expérience consommées, en même temps qu'un esprit de juste progrès et de sage modération dans l'application des idées nouvelles et des améliorations nécessaires. Nous devons ajouter pourtant que les griefs, réels ou supposés, contre l'administration épiscopale de M. de Cicé, et même les doléances jansénistes, y avaient trouvé leur place, car on y demande avec insistance, dans le chapitre de la religion et du clergé, comme nous l'avons dit plus haut, l'exécution des règlements sur la nécessité de la résidence des évêques, et aussi des synodes et conciles périodiques, pour assurer la résidence et les visites des évêques, et raffermir les mœurs des ecclésiastiques. Puis un article spécial, qui s'en prend à la Constitution *Unigenitus* et au formulaire,

---

(1) *Bull. de la Soc. des Sc. hist. de l'Yonne*, t. 4, p. 347.

porte : « Que le formulaire d'Alexandre VII soit abrogé,
« comme ayant été enregistré sans le consentement libre
« des magistrats et du clergé, comme rendant suspecte
« la foi des prêtres qui répugnent d'attester un fait dou-
« teux sous la religion du serment, comme propre à
« éloigner de l'état ecclésiastique des sujets qui pour-
« raient s'y rendre utiles, enfin comme contraire à la loi
« du silence de 1754, et à l'arrêt du conseil de 1784 qui
« la renouvelait avec énergie. » Le président de cette
commission était M. Housset de Champton, et le secrétaire,
M. Pasqueau de Champfort.

Après les discours des présidents des trois ordres,
M. de Cicé, au nom du clergé, et M. de Saint-Sauveur, à
celui de la noblesse, déclarant qu'ils étaient prêts à tous
les sacrifices pour le soulagement et la prospérité de
l'État, on procéda à l'élection des députés, qui furent
l'évêque pour le clergé, MM. de Moncorps pour la noblesse, Marie de la Forge et Paultre des Épinettes pour
le Tiers-Etat.

Quelques mois après, les États-généraux, transformés
en Assemblée constituante, allant beaucoup au-delà de
ce qu'avaient demandé les cahiers les plus avancés,
abolissaient, dans la nuit du 4 août, les droits féodaux, et
un peu plus tard, par l'application des mêmes principes,
supprimaient sans indemnité le régime féodal et les seigneuries. Le 20 février 1790, ils substituaient aux anciennes provinces une division nouvelle de la France en
départements, et, coupant en deux l'ancien pays Auxerrois, ils en donnaient une moitié à la Nièvre et une autre
moitié à l'Yonne. Au mois d'août suivant, par la Constitution civile du clergé, ils supprimaient les évêchés exis-
tants, et créaient de nouveaux siéges épiscopaux, un par

département, dont ils soumettaient la nomination, non au choix des corporations ou personnnes ecclésiastiques, mais à l'élection populaire; et, dans le cours du même mois, ils décrétaient la suppression des parlements, des bailliages et des justices seigneuriales, qu'ils remplaçaient par des tribunaux d'appel, des tribunaux de districts et des justices de paix, soumis aussi à l'élection. Par là tombaient à la fois le comté d'Auxerre, les trois grandes baronnies du pays Auxerrois, l'ancien diocèse d'Auxerre, le bailliage royal, et la province elle-même de l'Auxerrois. La partie septentrionale de cette ancienne province était jointe à une partie du Nivernais (la plus forte part du canton de Vézelay), à une partie de la Bourgogne (l'Avallonnais), à la plus grande partie du comté de Tonnerre, aux comtés de Saint-Florentin et de Joigny, et à une partie du diocèse de Sens, pour former le département de l'Yonne. Ainsi finirent la province et le diocèse Auxerrois ; ce pays, dont, malgré la médiocrité de son étendue, les catastrophes qu'il eut parfois à subir, les agitations passionnées qui souvent le troublèrent profondément, le passé ne fut ni sans grandeur, ni sans gloire, et qui tint toujours un rang distingué parmi les provinces de la vieille France. Là doit s'arrêter son histoire.

En résumant tous les grands faits de cette histoire, nous voyons, dans la première période, le pays auxerrois formant, avant la conquête romaine, un état séparé, compris dans la confédération Éduenne, et, après cette conquête, une *Civitas* ou petite province, faisant partie de la 4me Lyonnaise, constituée dès le milieu du IIIe siècle en un diocèse qui, comme elle, est ensuite réduit dans son étendue au commencement du VIe, et, depuis cette époque, reste soumise à la domination de la monarchie franque jusqu'au milieu du ixe siècle. A cette époque, ce territoire est érigé en un comté indépendant, puis, après peu d'années, annexé au duché de Bourgogne, tout en conservant son titre de comté.

En 1015, il est divisé en plusieurs fiefs : le comté d'Auxerre, relevant du roi ; trois baronnies, celles de Donzy, de Saint-Verain et de Toucy, relevant de l'évêque qui en est devenu le suzerain féodal ; et deux châtellenies, celle de Bléneau, attribuée au comte du Gâtinais, et qui, à la fin du xiie siècle, entre dans le domaine royal ; et celle de Clamecy, qui reste soumise à un vicomte sous la suzeraineté du comte de Nevers, et plus tard est absorbée par cette grande seigneurie.

La baronnie de Saint-Verain est réunie à celle de Donzy à la fin du xve siècle, et celle de Toucy est, au commencement du xvie siècle, subdivisée en deux ; Saint-Fargeau, qui en 1541, sera érigé en comté, puis deviendra en 1562 un duché-pairie, pour redevenir un comté en 1729 ; et Toucy, qui en 1622, est érigé en marquisat. Mais ces baronnies et châtellenies continuent à faire partie du diocèse et du gouvernement ecclésiastique de l'évêque d'Auxerre ; et, à partir de 1371 d'abord, puis après cinquante ans d'interruption, à partir de 1475, elles sont et demeureront jusqu'en 1790, soumises à la juridiction du bailliage, qui a été institué dans cette ville.

Le comté d'Auxerre, réuni à la couronne de France une première fois en 1371, par l'acquisition du roi Charles V, en sort en 1424 par la cession qu'en font les Anglais, maîtres de cette partie de la France, au duc de Bourgogne, et qui est confirmée par Charles VII en 1435 dans le traité d'Arras. Mais il y rentre en 1475 sous Louis XI, pour n'en être plus séparé, et pour rester attaché à la

Bourgogne par sa représentation aux États de cette province. Il trouve dans cette affiliation la précieuse garantie du libre vote des impôts, accrue en 1669 par une union plus étroite, qui lui assure une plus équitable répartition de toutes les charges fiscales. Son principal commerce, longtemps asservi par les envahissements de la hanse des marchands de Paris, est délivré d'abord partiellement par le Parlement en 1315, puis complétement par le roi François Ier en 1522, du joug que le moyen-âge lui avait imposé. Le servage, dont ses populations avaient commencé à être affranchies dès le commencement du XIIIe siècle, achève de disparaître à la fin du XVIe.

Mais, dans cette seconde période de l'histoire du pays auxerrois, les longues guerres du XVe siècle, d'abord contre les Anglais, puis entre Louis XI et le duc de Bourgogne, et, au XVIe, les guerres de religion, qui, dans cette contrée, plus qu'ailleurs, offrent les caractères et les violentes fureurs de la guerre civile la plus acharnée, lui infligent d'affreux désastres et de terribles dévastations, et lui laissent des plaies profondes qui furent longtemps à se cicatriser. Puis, les redevances, les dîmes et les autres charges moyennant lesquelles il s'était racheté du servage, les lourdes tailles qui pesaient si iniquement sur les seules classes laborieuses, et dont les classes privilégiées étaient exemptes, les aides qui frappaient si inexorablement les produits de la vigne, les douanes intérieures qui en entravaient si fâcheusement la circulation, tenaient le commerce et l'agriculture dans une triste stagnation, dont les conséquences s'aggravèrent souvent dans les derniers siècles par l'imprévoyante inexpérience, l'incurie et parfois les malversations de l'administration intérieure de nos villes.

En dépit de tant d'obstacles semés sur ses pas, ce pays avait constamment marché dans les voies d'un progrès qui, pour être lent, n'en était pas moins marqué de siècle en siècle. Malgré les périodes de défaillance qui se rencontrent dans les annales de son église, il a eu à toutes les époques de grands et illustres évêques, protecteurs des peuples, apôtres de la civilisation et de la paix, adversaires constants de toute oppression, appuis généreux et sympathiques du faible et du pauvre, amis des arts et de la science, qui ont enrichi leur diocèse par de splendides libéralités, et qui, par de salutaires et fécondes créations, qu'il ne faut pas juger selon les idées de notre siècle, mais selon l'esprit, les besoins et les possibilités de leur temps, se sont efforcés d'y favoriser à la fois l'adoucissement et l'amélioration des mœurs, le développement de l'instruction, l'activité du travail et de la production, et par suite, le soulagement des misères publiques. Leurs noms méritent de rester éternellement dans le souvenir reconnaissant du pays. Chez plusieurs des hauts et puissants seigneurs auxquels la féodalité l'avait soumis, il trouva de vaillants et illustres hommes de guerre, toujours empressés de le défendre contre ses ennemis. D'autres, parmi lesquels le comte Pierre de Courtenay, et sa fille, la grande comtesse Mathilde, tiennent le premier rang, ont montré une noble générosité pour le soulager dans ses misères, pour tendre une main secourable aux serfs des villes et des campagnes, pour relever leur condition, les appeler à la liberté communale, favoriser le commerce et encourager tous les genres de progrès. Quand, plus tard, il obtint un bailliage d'un ressort très étendu, les magistrats de cette juridiction, et les doctes et habiles jurisconsultes qui se pressaient autour d'elle, montrèrent toujours une noble et ferme indépendance, une intégrité traditionnelle, qui offraient à tous les droits méconnus les sûres garanties d'une protection efficace, en même temps qu'il y trouvait de précieux auxiliaires dans ses constants efforts vers la sécurité publique et la liberté. Enfin, si dans le xviiie siècle, il fut vivement agité par des controverses religieuses, il vit, pour compensation, le goût des sciences et des lettres se développer avec ardeur dans son sein, et deux de ses glorieux enfants, Lebeuf et Lacurne de Sainte-Pallaie, donner, par leurs savants et admirables travaux, le signal des profondes études sur l'histoire nationale, dans lesquelles notre siècle a suivi leurs traces brillantes et leurs féconds enseignements.

FIN DE L'HISTOIRE DE L'AUXERROIS.

ERRATA

Page	ligne	Au lieu de :	Lisez :
42	4	plus de place au moindre doute, ajoutez,	et, en ce qui concerne la ville d'Auxerre, par la trouvaille faite en 1863 de deux pièces de monnaie du IIIe siècle, dans le massif du mortier de l'une des tours, celle d'Orbandel.
52	18	consacré	consacrés
		petit monastère de Moutiers, ajoutez,	d'autres disent Villeneuve-Saint-Salve et la Celle-sur-Loire
107	10	l'autre côté de la rivière du Nouain	l'autre côté d'un affluent de la rivière
142	28	furent élevées	furent relevées
167	8	satyres	satires
220	1re	branches de la croix, ajoutez,	Une pièce trou... pendant l'impression de cet ouvrage porte à la face *Aussiodorum* entre deux grénetis, et, au revers, cette variante, de quatre annelets entre les branches de la croix, sans aucun point ou besant à leur extrémité.
220	3	antérieures ou postérieures, ajoutez,	sauf les monnaies royales qui y furent frappées jusqu'à l'érection du comté, en 860.
290	1re	Alain Buch, si célèbre depuis sous le nom de Captal de Buch,	Alain Buch, qu'il ne faut pas confondre avec celui qui fut si célèbre depuis sous le nom de Captal de Buch,
302	23	cette forteresse	ces forteresses
328	14	avant l'enlèvement	après l'enlèvement
401	15	tudié	étudié
404	15	villes du comté	villes de la province.
416		Saint-Julien de Baleux	Saint-Julien de Baleure
416		les Etats	les Estats

TABLE DES MATIERES

A

Accolay, paroisse dès 578, p. 63. — Affranchi en 1276, p. 186.

Aligny, paroisse dès 1578, p. 63.

Amyot, créateur du collége d'Auxerre, p. 444. — Menacé et persécuté par les ligueurs, p. 505. — Procès pour son collége, p. 528.

Andryes, affranchi en 1251, p. 186.

Appoigny, donné par saint Germain à son église, p. 55. — Paroisse dès 578, p. 63. — Affranchi en 1276, p. 186. — Pris et saccagé par les reîtres du prince de Condé en 1616, p. 541.

Archidiaconés, créés au nombre de deux dans le diocèse, p. 193.

Arcy-sur-Cure, paroisse dès 578, p. 63. — Pris par la bande de routiers d'Arnaud de Cervolles, et racheté par le roi, p. 314.

Auxerre, ses emplacement et nom primitifs, p. 23. — Ses premiers remparts, p. 41. — Incendié en 900, p. 87, et en 1188, p. 174. — Assiégé par le roi Robert, p. 97. — Reconstruction de sa cathédrale en 1020, p. 114 — Partagé entre le comte et l'évêque, p. 103 et 144. — Affranchissement de ses habitants, p. 175. — Reconstruction de sa cathédrale en 1215, p. 217. — Erigé en commune, p. 179, 222 et 281. — Construction de sa nouvelle enceinte de remparts, p. 164. — Pris par les Navarrais en 1358, p. 295. — Son hôtel des monnaies, p. 338. — Traité de paix qui y est conclu en 1412, p. 354. — Se rend à Louis XI en 1475, p. 402. — Le bailliage y est rétabli, p. 405. — Son commerce fluvial asservi à la hanse parisienne, p. 440. — En est affranchi, p. 442. — Son collége, p. 444. — Création d'un maire, 449. — Emeutes et assassinats de protestants, p. 460. — Surpris par eux et repris, p. 467. — Se rend à Henri IV, p. 518. — Ses émeutes au xvii⁰ siècle, p. 529. — Se défend, sous la Fronde, contre le prince de Condé, p. 544. — Sa décadence, par suite de ses dettes et de ses charges, p. 550. — Ses fabriques sous Colbert, p. 553. — Procès des professeurs de son Collége, p. 593. — Sa Société des sciences, lettres et arts, fondée en 1750, et décorée en 1770 du titre d'Académie royale, p. 599.

AUXERROIS, sa condition dans la Gaule, p. 29. — Sa réunion à la monarchie franque, p. 57. — Son comté donné par Charles le Chauve à Conrad, p. 85. — Divisé en deux fiefs, en 1015, l'un donné au comte Landry, l'autre à l'évêque Hugues, qui y crée trois baronnies, p. 101. — Son initiative dans la ligue contre Philippe le Bel, p. 269. — Est vendu par le comte Jean III à Charles V, p. 316. — Création de son bailliage, p. 387. — Est cédé au duc de Bourgogne par les Anglais en 1424, p. 372. — Louis XI en prend possession en 1475, p. 404. — Rédaction de ses coutumes en 1507, p. 422, puis en 1561, p. 428.

B

BAGAUDES, leur révolte, p. 35. — Leur république, p. 43.

BAZARNES, paroisse dès 578, p. 63.

BAILLIAGE de l'Auxerrois, créé en 1371, p. 335. — Rétabli en 1475, p. 405.

BEAUMONT, ses habitants affranchis en 1492, p. 186.

BEAUVOIR, affranchi en 1302, p. 185.

BITRY, paroisse dès 578, p. 63.

BLEIGNY-LE-CARREAU, affranchi en 1479, p. 185.

BLÉNEAU, paroisse en 578, p. 63. — Cédé au comte du Gâtinais en 1015, p. 105. — Pris et brûlé par les reîtres en 1589, p. 503.

BOÏA, pays occupé par les Boii, p. 20.

BOII, tribu germanique transportée par Jules César chez les

Eduens, entre ceux-ci, les Sénonais et les Carnutes, p. 18.

Bouy-le-Tertre, Saint Pèlerin y est martyrisé en 258, p. 32. — Sa foire pillée par la garnison de Vézelay, p. 513.

C

Cambiovicenses, tribu gauloise désignée par la carte de Peutinger, son territoire, p. 17.

Caylus (de), évêque, ses démêlés, sa polémique, son administration et ses qualités, p. 575.

Champlay, pris et occupé par les Anglais en 1358, p. 222.

Champlemy, paroisse dès 578, p. 63.

Charbuy, paroisse en 691, p. 68. — Affranchi en 1352, p. 186.

Charité (La), monastère de moines grecs au viie siècle, p. 119. — Ruiné par les Visigoths, est relevé par le comte Guillaume Ier et l'évêque Geoffroy de Champallemand, p. 121. — Etendue et magnificence de son église, p. 121. — Emeute monacale dans son sein, p. 203. — Incendié et reconstruit au xvie siècle, p. 436.

Charité (La), ville créée au xie siècle, fermée de murailles en 1081, p. 122. — Affranchie et érigée en commune en 1177, p. 162. — Prise par les Anglais en 1358, p. 290, et une seconde fois en 1368, p. 315. — Ses incendies, p. 436. — Assiégée par Jeanne d'Arc, p. 379. — Se rend à Louis XI, p. 407. — Prise et reprise sous les guerres de religion, p. 461 et suiv.

Chastellux (le maréchal de), prend Cravant et le défend en 1423, prend part à la bataille sous les murs de cette ville, reçoit en récompense un canonicat laïque, p. 364, 371.

Chatel-Censoir, saccagé et dépeuplé en 1427, p. 374.

Chastenay, paroisse dès 578, p. 63.

Chemilly, affranchi en 1416, p. 186.

Chichery, affranchi en 1352, p. 186.

Chitry, affranchi en 1275, p. 185. — Fortifie son église en 1378, p. 316.

Clamecy, laissé en 1015 à son vicomte, vassal du comte de Nevers,

p. 134. — Affranchi en 1213, p. 184. — Fabrique de monnaie du comte de Nevers, p. 176. — Cédé au comte de Nevers en 1539, pris par Forte-Épée en 1443, p. 388, attaqué sans succès sous la Ligue, p. 515. — Son école militaire créée en 1767, p. 591. — Abandonnée en 1771, ibid.

COLMERY, paroisse dès 578, p. 63.

CONDORCET (de), évêque, son administration et ses démêlés avec les jansénistes, p. 583.

CORVOL, légué par saint Germain à son église, p. 55. — Paroisse en 691, p. 68. — Pris et repris sous Charles VII, p. 373.

COSNE, ville romaine, p. 30. — Paroisse en 578, p. 63. — Forteresse élevée contre les Normands, p. 69. — Attribué à l'évêque en 1015 et son château au comte, p. 103. — Prise par Hugues le Manceau et reprise par le comte, p. 139. — Se déclare en 1417 pour les Bourguignons, assiégée et non prise par Charles VII, p. 362.

COULANGES-LA-VINEUSE, affranchie en 1279, p. 185. — Prise et reprise en 1423 et 1434, p. 369, 387. — Idem dans les guerres de religion, p. 541. — Grand incendie en 1676, p. 540.

COULANGES-SUR-YONNE, constitué en commune en 1371, p. 336.

COURSON, assiégé par les ligueurs, p. 542.

CHAMPS, pris et pillé par Tannerre, p. 518.

D

DIGES, affranchi en 1342, p. 185.

DONZY, paroisse dès 578, p. 63. — Création de sa baronnie en 1015, p. 104. — Construction de son château, p. 107. — Il est pris et rasé en 1170, p. 188. — Guerre de Hervé IV, son baron, contre Pierre de Courtenay. — Il épouse la fille de Pierre, p. 188. — Chronologie de ses barons, p. 216. — La ville est prise et brûlée par les troupes de Charles VII, p. 383, et par les protestants en 1569, p. 405. — Son procès contre le bailliage, p. 523.

Droits d'aides, le rachat en est accordé en 1787 moyennant un prix énorme. La révolution de 1789 anéantit ces droits et leur rachat.

Druyes, paroisse dès 578, p. 63. — Construction de son château, p. 141.

E

Élection d'Auxerre, sa suppression, p. 525.

Églény, affranchi en 1302, p. 185.

Entrains, ses débris et inscriptions de l'époque romaine, p. 30.— Il est pris et repris en 1425, p. 373.— Idem dans les guerres de religion, p. 467 et suiv. — Le duc de Nevers fait raser ses fortifications, p. 475.

Erard de Lesignes, évêque, ses démêlés avec le comte et les religieux de La Charité, p. 258.

Erard de Saint-Verain, sa guerre privée avec Oudard de Montaigu, p. 262.

Escamps, affranchi en 1361, p. 186. — Pris et repris en 1426, p. 364 et 369. — Idem en 1568, p. 480.

Escolives, paroisse en 578, p. 63.

États-Généraux de 1789. — Cahier du Tiers-État de l'Auxerrois, p. 608.

Eudes de Bourgogne, épouse Mathilde II, sa mort, p. 245.

Évêques d'Auxerre, leur suzeraineté sur les baronnies de Donzy, Toucy et Saint-Verain, p. 102. — Leur richesse au XIIIe siècle, p. 248. — Leur prétention au droit de portage, p. 249.

F

Ferry-Cassinel, évêque, son procès avec Étienne De Mailly, p. 345.

Féodalité, Servage, p. 92.

Fontenoy, paroisse en 578, p. 63. — Grande bataille sur son territoire, p. 79. — Son obélisque commémoratif, p. 82.

Forte-Épée, chef d'Écorcheurs, prend Clamecy en 1443, p. 388.

Fort-Épice, capitaine de routiers, p. 373.— Prend Mailly-la-Ville,

Mailly-le-Château, Saint-Verain et Avallon en 1432, en est chassé en 1433 par le duc de Bourgogne, p. 382. — Reprend ensuite Mailly-le-Château et Coulanges-la-Vineuse en 1436. Est tué à Chablis en 1439, p. 387.

G

GAUCHER DE CHATILLON, marié à Agnès de Donzy, p. 239. — Sa mort héroïque, p. 240.

GIEN, paroisse en 578, p. 63. — Laissé à son seigneur en 1015, p. 102. — Pris par Louis VII qui le rend au baron de Donzy, p. 149. — Sujet de guerre entre Pierre de Courtenay et Hervé de Donzy, est cédé au roi, p. 188, 191. — Ses agitations dans la guerre de religion, p. 475 et suiv.

GUERCHY, légué par saint Germain à son église, p. 55.

GUILLAUME Ier, comte d'Auxerre, dépouillé de ce comté en 1040, le reprend vers 1060, p. 117 et suiv.

GUILLAUME II, sa croisade et sa vie, p. 131 et suiv.

GUILLAUME III, sa vie et ses guerres, p. 149.

GUILLAUME IV, ses guerres contre les comtes de Joigny et de Sancerre, p. 154. — Avec le duc de Bourgogne contre le comte de Châlon, p. 163. — Ses démêlés avec Vézelay, p. 159.

GUY, comte d'Auxerre, sa guerre avec Louis VII contre le baron de Donzy, p. 168. — Contre le duc de Bourgogne, p. 172.

GUY DE FOREZ, épouse Mathilde de Courtenay, p. 226. — Sa guerre contre le comte de Champagne, p. 228. — Sa croisade et sa mort, p. 234.

GUY DE MELLO, évêque, son caractère et ses démêlés avec la comtesse Mathilde et le comte Eudes, p. 235, 243.

H

HENRIETTE DE CLÈVES, duchesse de Nevers, sa fondation pour les jeunes filles, p. 521.

HERVÉ DE DONZY, sa guerre contre Pierre de Courtenay, p. 186. — Épouse Mathilde, p. 188. — Va à la guerre contre les Albigeois et à la croisade, p. 212-214. — Son retour, p. 215. — Son caractère, p. 215. — Sa mort, p. 216.

HUGUES, COMTE DE MACON et évêque d'Auxerre, sa guerre de Bourgogne, p. 96. — Acquiert la suzeraineté d'une partie du comté d'Auxerre et y crée trois baronnies, p. 102. — Sa guerre contre le duc de Normandie, p. 111. — Reconstruit la cathédrale d'Auxerre, p. 114.

HUGUES LE MANCEAU, baron de Saint-Verain, sa guerre contre le comte d'Auxerre, p. 134 et suiv.

HUGUES DE NOYERS, évêque, son caractère, ses démêlés avec le comte Pierre, p. 194 et suiv. — Ses poursuites contre les hérétiques de la Charité, p. 200. — Contre les Caputiés, p. 204.

I

IOLANDE DE BOURGOGNE, fille d'Eudes comte d'Auxerre, mariée à Tristan, fils de saint Louis, p. 245. — Puis à Robert de Béthune, p. 246. — Obtient le comté de Nevers dans le partage avec ses deux sœurs, *ibid.*

IRANCY, affranchi en 1328, p. 163. — Forcé et saccagé par les reîtres protestants, p. 473.

J

JEAN Ier de Châlon, épouse Alix de Bourgogne, héritière du comté d'Auxerre, p. 242.

JEAN II, est à la tête de la Ligue contre les exactions de Philippe le Bel, p. 275. — Donne une charte de liberté à Auxerre, p. 281.

JEAN III, blessé et prisonnier à Poitiers en 1346, p. 285. — Vend le comté d'Auxerre à Charles V, p. 316.

JEANNE D'ARC allant trouver le roi passe par Auxerre, p. 377.

JEAN DE CLAMECY, comte d'Auxerre en 1437, p. 390. — Cède ce comté à Louis XI en 1470, p. 391.

JUSSY, forcé et dévasté par les reîtres en 1562, p. 469.

K

KNOWLES (Robert), prend en 1358 la Charité, Châteauneuf et Malicorne, et est du nombre des capitaines navarrais qui prennent Auxerre, p. 268 et suiv. — Rend les joyaux de l'abbaye de saint Germain et le titre de la dette de cette ville, p. 321.

L

LANDRY, comte d'Auxerre en 1015, p. 101.

LATRÉ, aujourd'hui hameau, paroisse en 578, p. 63.

LEVIS, paroisse en 578, p. 63.

LICHÈRES, affranchi en 1278, p. 186.

LINDRY, affranchi en 1470, p. 186.

M

MAILLY-LA-VILLE, affranchie en 1229, p. 185.—Constituée en commune en 1371, p. 326. — Prise et reprise en 1423 et 1427, p. 369 et 373. — A le même sort en 1568 et années suivantes, p. 475, 515 et 541.

MAILLY-LE-CHATEAU, attribué au comte d'Auxerre sous la suzeraineté de l'évêque par le traité de 1015, p. 103. — Affranchi en 1229, p. 185. — Constitué en commune en 1371, p. 326. — Pris et repris en 1423, 1426, 1427, 1431 et 1437, p. 369, 373 et suiv. — Puis dans les guerres de religion, p. 515 et 541.

MATHILDE DE COURTENAY, mariée à Hervé de Donzy, p. 189. — Et en secondes noces à Guy de Forez, p. 226.— Confirme l'affranchissement des habitants d'Auxerre, p. 220. — Ses actes de bienfaisance, p. 237 et suiv.

MATHILDE II, mariée à Eudes, duc de Bourgogne, p. 242.

MESVES (Masava), ville romaine, p. 30. — Paroisse en 578, p. 63.

MEZILLES, légué par saint Germain à son église, p. 55.

MONNAIES frappées à Auxerre, p. 177 et 227.

MOULINS-SUR-OUANNE, légué par saint Germain à son église, p. 55.

MOUTIERS-EN-PUISAIE, prieuré et hospice des Anglais, p. 72. — Saccagé par les reîtres en 1589, p. 503.

N

Naintry, paroisse dès 578, p. 63.

Neuvy, paroisse dès 578, p. 63.

Nevers, d'abord compris dans le pays auxerrois, conquis par les Burgondes qui y créent un évêché, p. 58.

Nitry, affranchi en 1278, p. 185.

Notre-Dame-la-Dehors, monastère créé à Auxerre par saint Vigile, p. 67.

Notre-Dame-du-Pré, monastère près de Donzy, fondé par saint Pallade, p. 66.

P

Parly, l'évêque Robert de Nevers y bâtit un fort. — Son église, p. 129.

Pastoureaux, leur association, leurs actes et leur fin, p. 279.

Perreuse, forcé et saccagé par les reîtres en 1589, p. 503.

Perrigny, affranchi en 1256, p. 185.

Perrinet Grasset, capitaine de la Charité et autres places du Donziais, p. 329, 363 et 385.

Philippe le Bel, ses actes, ligue contre lui, sa mort, p. 269 et 278.

Pierre de Courtenay, comte d'Auxerre en 1184, p. 173. — Affranchit ses habitants en 1188, p. 176. — Leur donne une charte de commune en 1194, p. 179. — Sa guerre avec le baron de Donzy, lui donne sa fille en mariage, p. 188. — Ses démêlés avec l'évêque Hugues de Noyers, p. 191. — Est élu empereur et part pour Constantinople, sa mort, p. 211.

Poilly, légué par saint Germain à son église, p. 55.

Pontigny, abbaye fondée en 1114. Louis XI y fait un pèlerinage et de grandes donations, p. 409. — Saccagée par la garnison protestante d'Auxerre, p. 474.

Pouilly, saccagé par les protestants, p. 485.

PRÉGILBERT, affranchi en 1319, p. 185.

PRÉHY, affranchi en 1452, p. 186.

PORTAGE, droit réclamé par les évêques d'Auxerre, p. 249 et suiv. — Concédé par Charles V en 1371, p. 334.

R

RAINAUD, comte d'Auxerre, est tué en 1039, p. 116.

RÉGENNES, château des évêques, bâti par Hugues de Noyers, p. 195. -- Pris par les Anglais en 1358, p. 292. — Pris et repris sous Charles VII, en 1430, p. 380. — Pris et repris dans les guerres de religion, p. 485. — Surpris par le prince de Condé en 1616, p. 542. — Reconstruit au xviiie siècle, p. 601.

ROUVRAY, affranchi en 1345, p. 185. — Charte réglementant le duel judiciaire, p. 324.

S

SACY, affranchi en 1202 et 1237, p. 185.

SAINTS-EN-PUISAYE, lieu du martyr de saint Prix, p. 37. — Abbaye en 578, p. 63.

SAISSY, abbaye en 578, p. 63.

SAINT AMATRE, évêque. Son épiscopat, p. 46.

SAINT AUNAIRE, son épiscopat, ses règlements synodaux, p. 60.

SAINT-BRIS, paroisse en 578 sous le nom de Gouaix, p. 63. — Pris et repris en 1430, p. 380. — La marquise de Lambert y réside, p. 529.

SAINT-CYR-LES-COLONS, monastère en 578, p. 63. — Village pris et dévasté par les reîtres, p. 469.

SAINT DIDIER, évêque. Ses grandes donations à son église et à d'autres, p. 65.

SAINT GERMAIN, évêque. Son origine, sa vie, ses services et ses créations, p. 49 et suiv.

SAINT-GERMAIN, abbaye fondée par saint Didier, p. 65. — Célébrité de ses écoles, p. 76. — Son église est reconstruite au

IXe siècle par Conrad, p. 85.—Puis au XIVe, p. 431. — Saccagée par les protestants en 1567, p. 472. — Réformée en 1636, p. 537.

Saint-Fargeau, donné par saint Didier à son église, p. 65. — Ville prise par les Armagnacs et reprise par les Bourguignons, p. 353. — Par les Anglais en 1423, p. 370. — Mlle de Montpensier y réside, p. 548.

Saint-Laurent, monastère fondé par saint Pallade, p. 66. — Saccagé en 1299, p. 189. — En 1420, p. 352. — Et en 1569, p. 484.

Saint-Marien, abbaye fondée par saint Germain, p. 55.

Saint-Martin-sur-Ocre, affranchi en 1302, p. 185.

Sainte-Pallaie, affranchie en 1319, *ibid.*

Saint-Sauveur, prieuré créé en 820, p. 194. — Château attribué au comte d'Auxerre par le traité de 1015, p. 103. — Cédé par Pierre de Courtenay à Hervé de Donzy en 1204, p. 192. — Pris et saccagé par les reîtres en 1589, p. 503.

Saint-Verain, baronnie créée en 1015, p. 102. — Son château bâti par Wibald Ier, p. 107. — Chronologie de ses barons, p. 264 et 413. — La baronnie est cédée au comte de Nevers, p. 412. — La ville est prise et brûlée par les reîtres en 1589, p. 502. — Détruite par incendie en 1603.

Seignelay, défendu contre les Anglais en 1358, p. 293 et 303. — Tient pour Louis XI en 1472, p. 400. — Et contre les ligueurs en 1590, p. 516.

Sery, affranchi en 1319, p. 185.

Sommeville, affranchi en 1263, p. 185.

Sully, paroisse dès 578, p. 63.

Société des sciences, arts et belles-lettres, créée à Auxerre en 1750, reçoit le titre d'*Académie royale*, est interdite en 1772 sur dénonciation de l'évêque de Cicé, p. 607.

T

Thury, paroisse dès 578, p. 63.

Toucy, légué par saint Germain à son église, p. 55. — Paroisse en 691, p. 68. — Château bâti au Xe siècle par l'évêque Héribert,

p. 187. — Baronnie créée en 1015, p. 102. — Ville brûlée en 1060 par le comte de Blois, p. 118. — Se défend en 1421 contre les Anglais, p. 360. — Se rend et est brûlée en 1423, p. 367. — Erigé en marquisat en 1622, chronologie de ses seigneurs p. 205 et 233.— La ville est livrée aux royalistes par le capitaine ilgueur, p. 515.

TRUCY, affranchi en 1477, p. 186.

V

VAL-DE-MERCY, affranchi en 1342, p. 185.

VARZY, légué par saint Germain à son église, p. 55. — Paroisse en 578, p. 63. — Affranchi en 1202, p. 184. Pris par Regnaud Rongefer en 1221. — Son collége, fondé par de Caylus, ruiné par de Condorcet, p. 585.

VENOUSE, paroisse en 578, p. 55. — Affranchi en 1342, p. 185.

VERCISE (près Donzy), légué par saint Germain à son église, p. 55.

VERMENTON, affranchi en 1237, p. 185. — Pris par les Anglais en 1358, p. 303. — Se construit des remparts en 1378, p. 314. — Constitué en commune en 1371, p. 336.

VIGNERONS DE L'AUXERROIS, leurs débats et procès sur la durée et le salaire de leur travail, p. 348 et 390.

VÉZELAY, assiégé par les comtes de Brienne en 1194, p. 187. — Querelles de l'abbaye avec les habitants et les comtes, p. 147, 152, 152 et 158. — La ville est affranchie en 1222, p. 184. — Prise et défendue par les protestants, p. 432. — Livrée à Henri IV, p. 514.

FIN DE LA TABLE DES MATIÈRES.

AUXERRE. — IMPRIMERIE DE GEORGES ROUILLÉ.